ニコラウス・ペヴスナー

十九世紀の建築著述家たち

Some Architectural Writers of the Nineteenth Century

吉田 鋼市 訳

中央公論美術出版

Some Architectural Writers of the Nineteenth Century
by
Nikolaus Pevsner

Japanese Translation by Koichi Yoshida
Published 2016 in Japan
by Chuo-koron Bijutsu Shuppan Co.,Ltd.
ISBN978-4-8055-0766-7

1．ホレス・ウォルポール他、ホルバインの部屋、ストローベリー・ヒル、トウィッケナム、1759年

2．ジェームズ・エセックス、リンカーン大聖堂の装飾衝立、1761年

3．ジェームズ・エセックス、内陣仕切り詳細、リンカーン大聖堂、1761年

5．ジェームズ・ワイヤット、フォントヒル・アベイ、ウィルトシャー、1796年起工。J・P・ニール作画、W・トンブレソン版画

4．ジェームズ・エセックス、キングス・カレッジ・チャペルの東側窓、ケンブリッジ、装飾衝立と共に1770-5年施工、図面はロンドンのブリティッシュ・ミュージアム所蔵

6．ジェームズ・ホール卿、その著書『ゴシック建築の起源と原理試論』の口絵、1813年

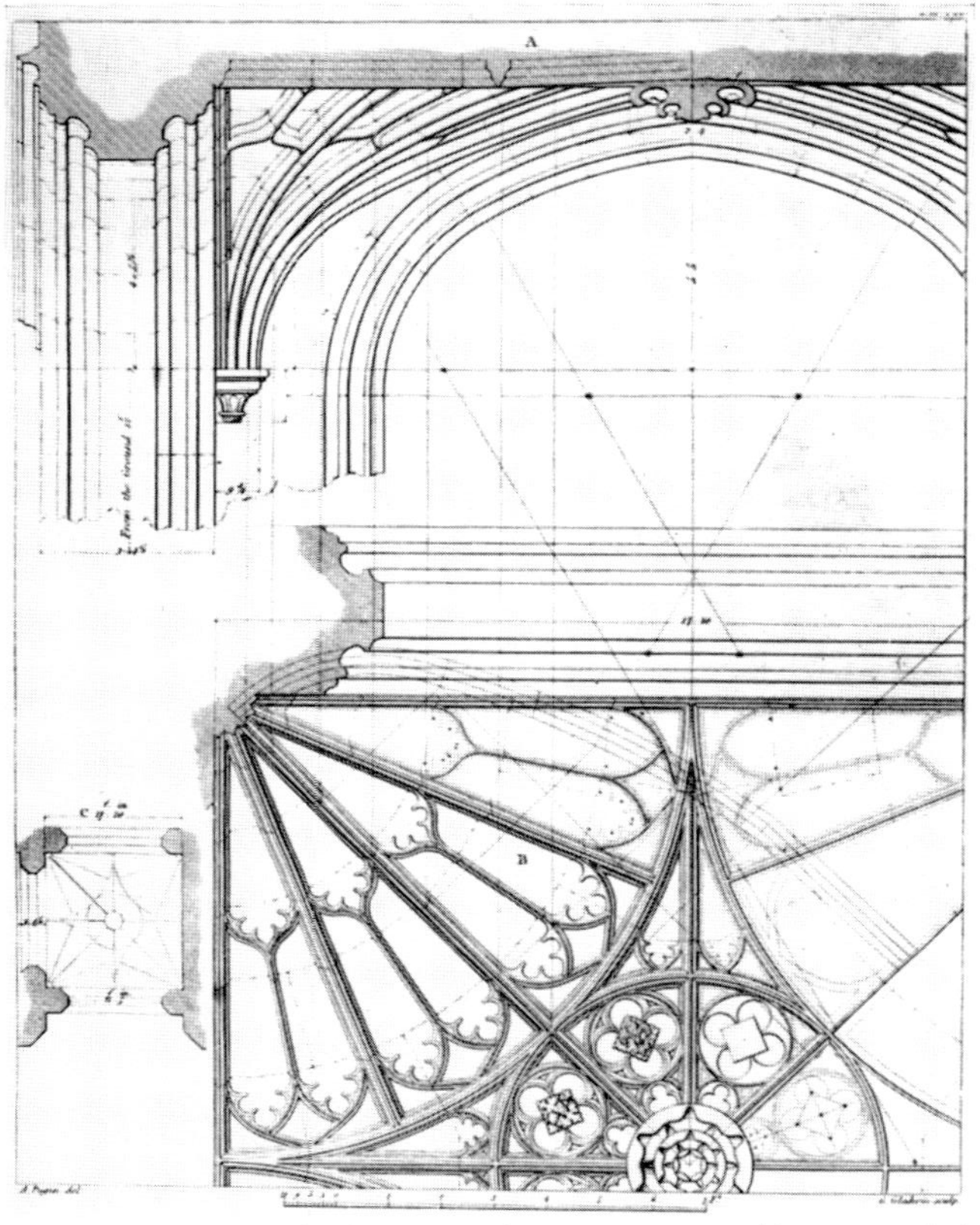

7．A・C・ピュージンとE・J・ウィルソン、ハンプトン・コート宮のアーチの詳細。『ゴシック建築の実例』より、1822年

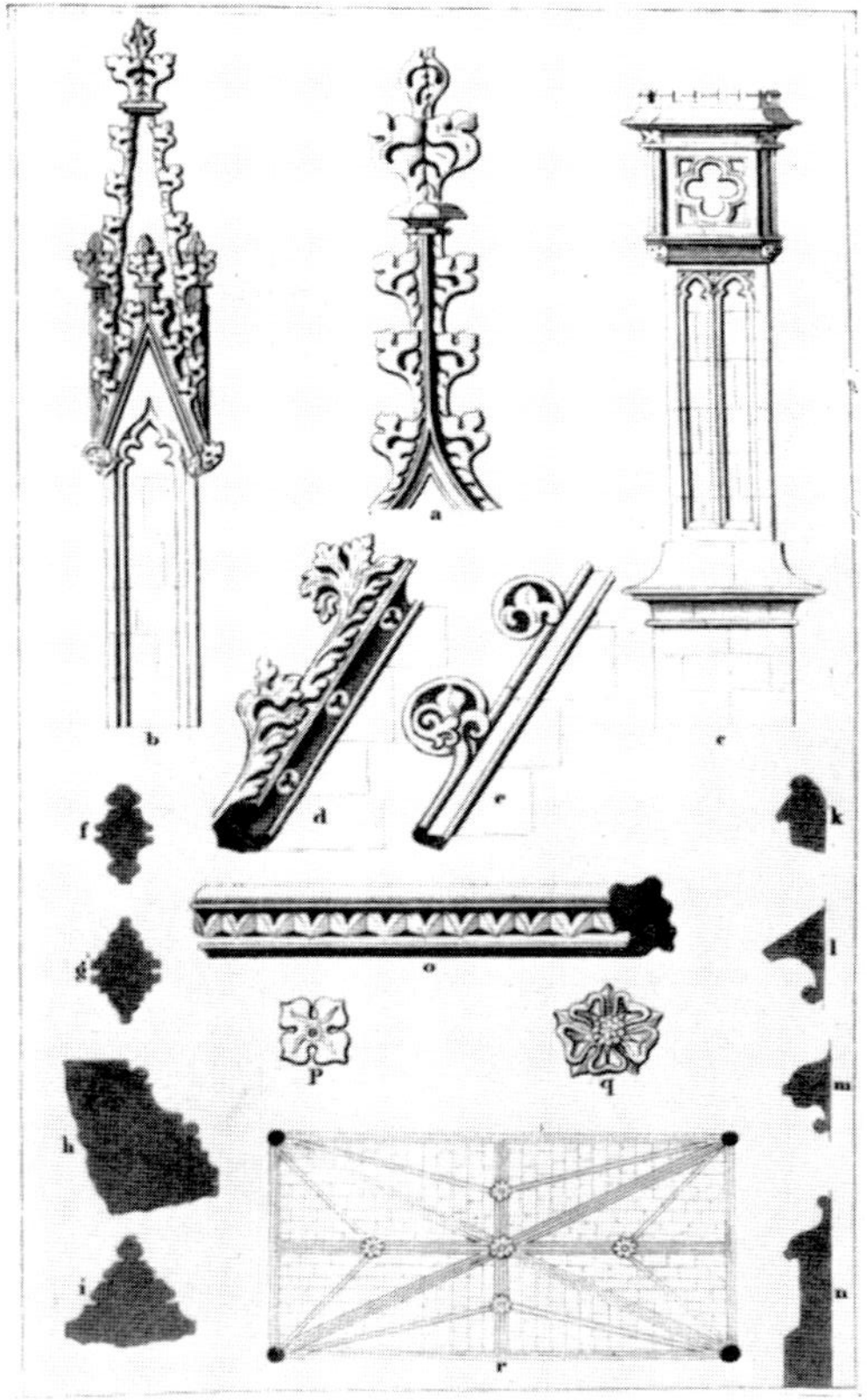

8．トーマス・リックマン、パーペンディキュラーの詳細。「ノルマン征服から宗教改革までのイギリス建築の諸様式識別の試み」より、1817年

9．トーマス・リックマン、フィッツウィリアム・ミュージアムのためのデザイン、ケンブリッジ、1829年。R．I．B．A．ドローイング・コレクション

10．トーマス・リックマン、フィッツウィリアム・ミュージアムのためのデザイン、ケンブリッジ、1829年。R．I．B．A．ドローイング・コレクション

11. トーマス・リックマン、フィッツウィリアム・ミュージアムのためのデザイン、ケンブリッジ、1829年。R.I.B.A.ドローイング・コレクション

12. トーマス・リックマン、セント・ジョージ、エヴァートン、リヴァプール、1812-14年

13. トーマス・リックマンとヘンリー・ハッチンソン、ハンプトン・ルーシー教会の南側側廊、ウォリックシャー、1822-6年

14. トーマス・リックマンとヘンリー・ハッチンソン、ハンプトン・ルーシー教会の南側側廊、ウォリックシャー、1822-6年

15. J・ポッター、セント・メアリー、シェフィールド、1826-9年
16. J・ポッター、セント・メアリー、シェフィールド、1826-9年

17. W・トーマス、セント・マチュー、ダデストン、バーミンガム、1829-40年

18. アルシス・ド・コーモン、ゴシックの詳細。『主としてノルマンディーの中世建築について』より、1824年

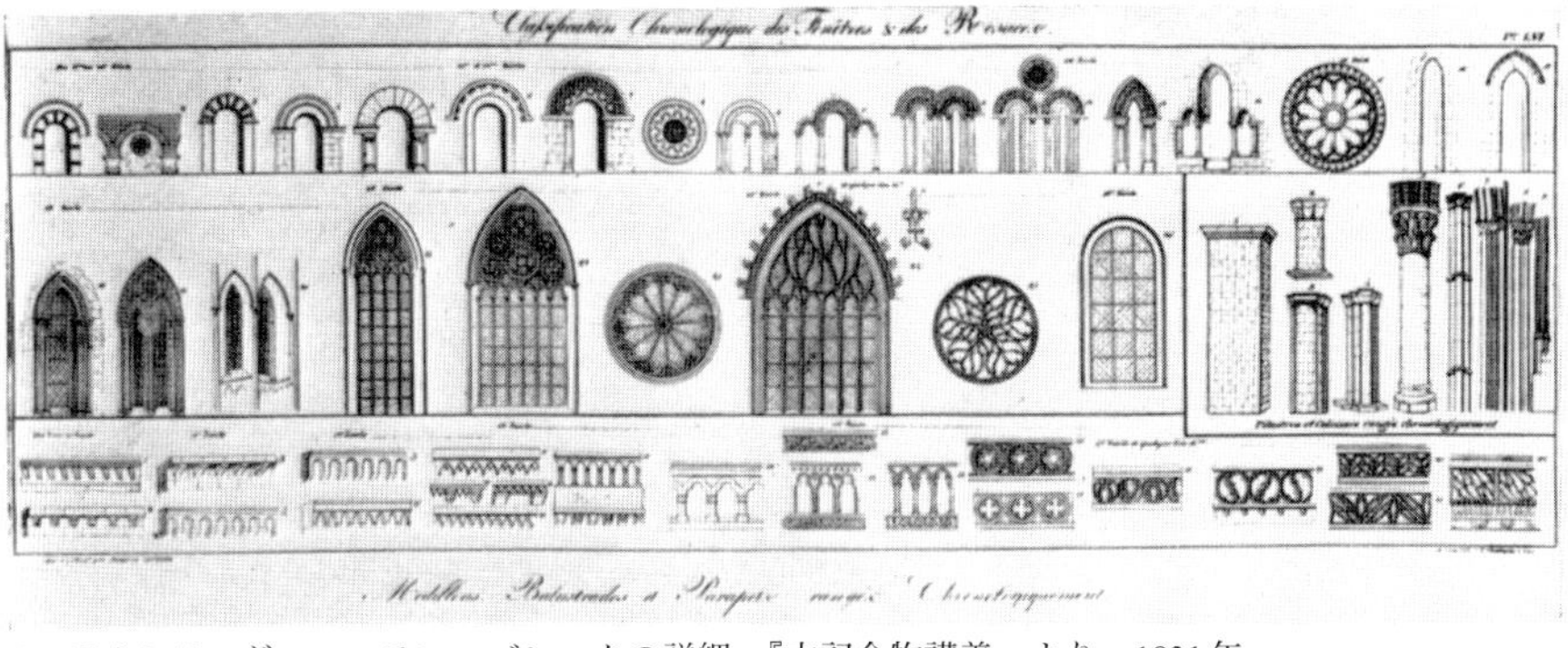

19. アルシス・ド・コーモン、ゴシックの詳細。『古記念物講義』より、1831年

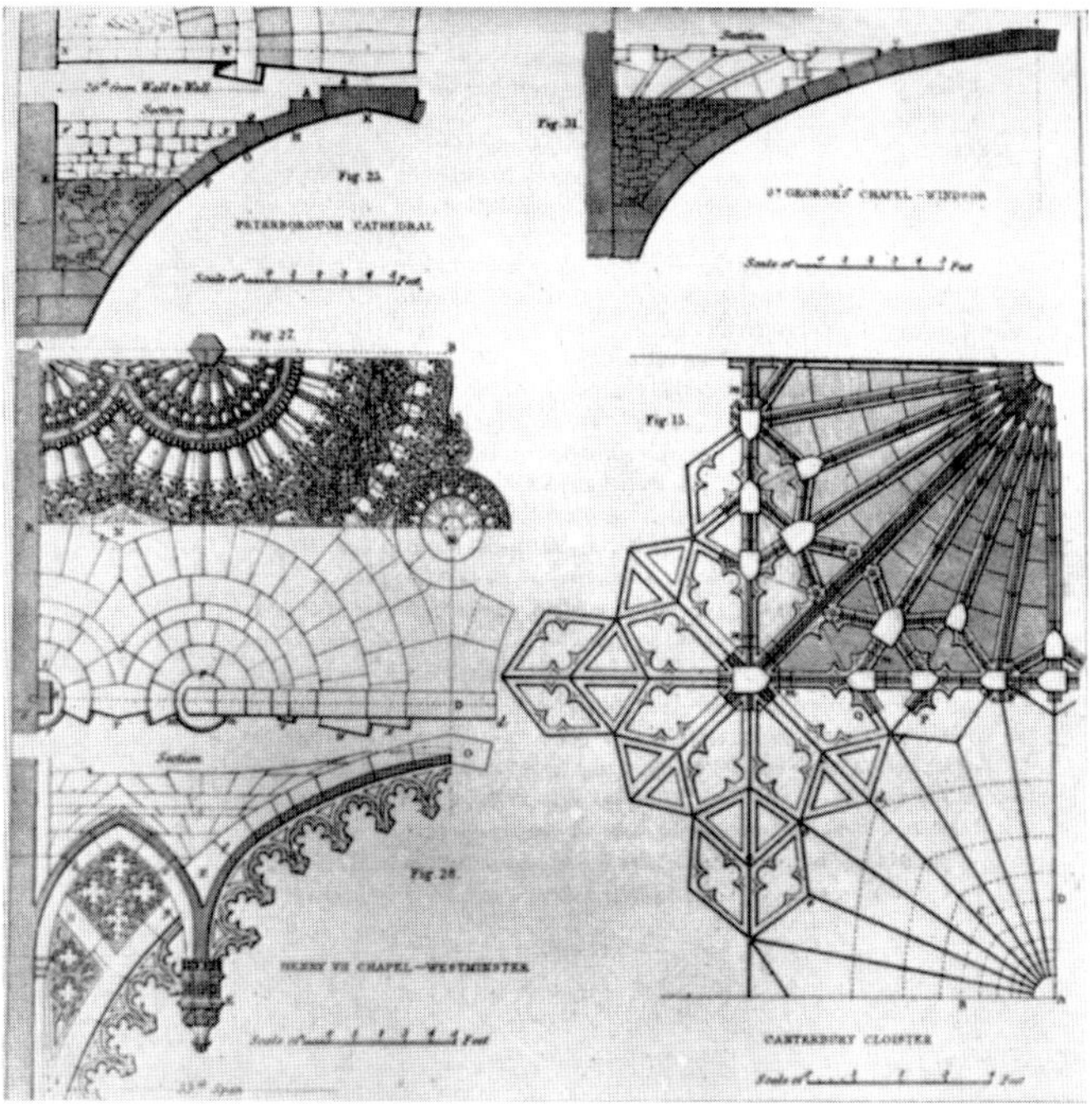

20. ロバート・ウィリス、扇状ヴォールト。「中世におけるヴォールトの建設について」より、1842年

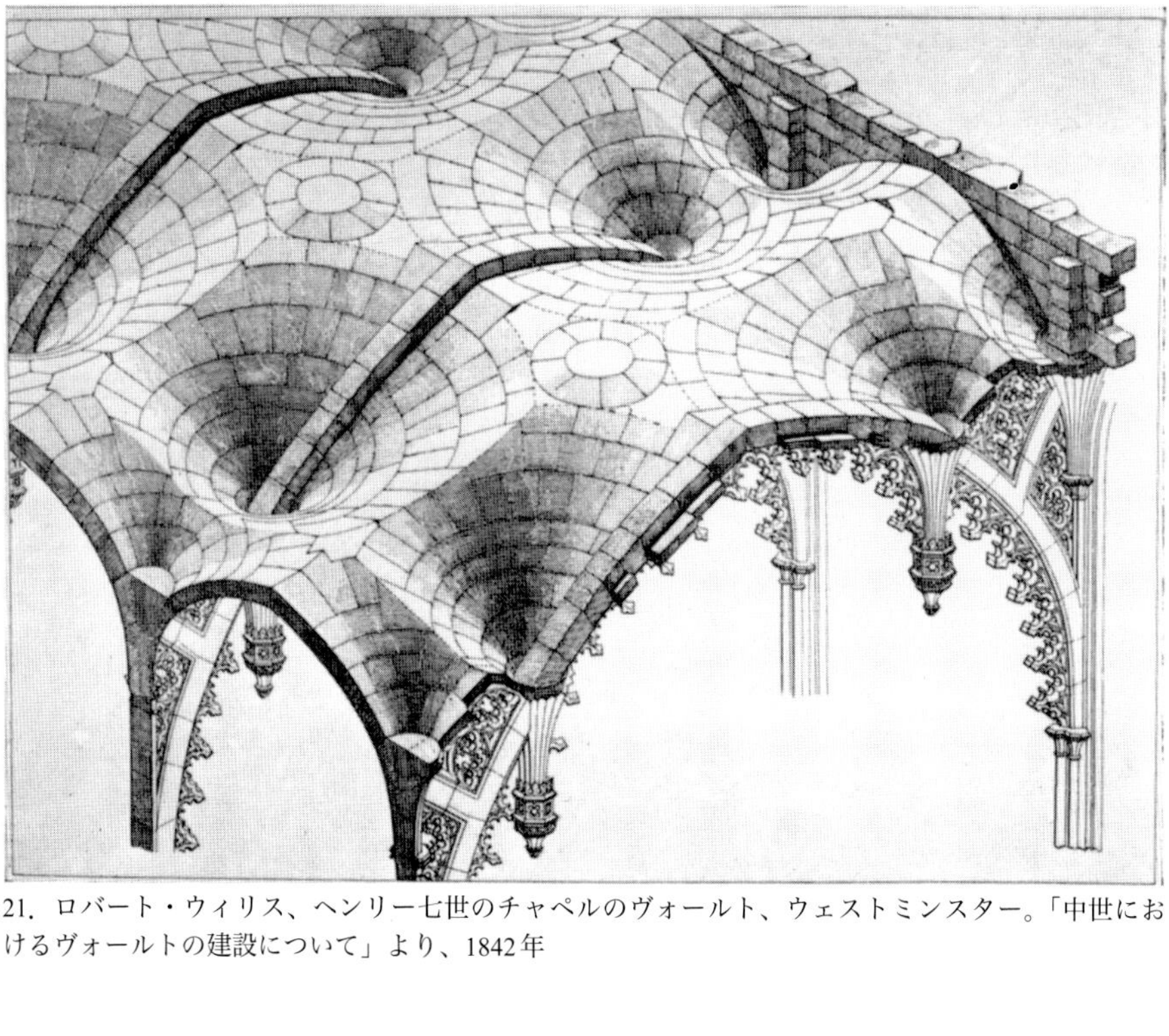

21. ロバート・ウィリス、ヘンリー七世のチャペルのヴォールト、ウェストミンスター。「中世におけるヴォールトの建設について」より、1842年

22. ロバート・ウィリス、キングズ・ウォーク墓地礼拝堂、ウィズベック、ケンブリッジシャー。1841年、ネイル・ウォーカーとトーマス・クラドック『ウィズベックと沼沢地域の歴史』より、1849年

23. ロバート・ウィリス、ヌヴェール大聖堂の戸口。「フランボワヤン様式の特徴的な相互貫入について」より、1842年

24. ロバート・ウィリス、ウィンチェスター大聖堂の身廊。『ウィンチェスター大聖堂の建築史』より、1846年

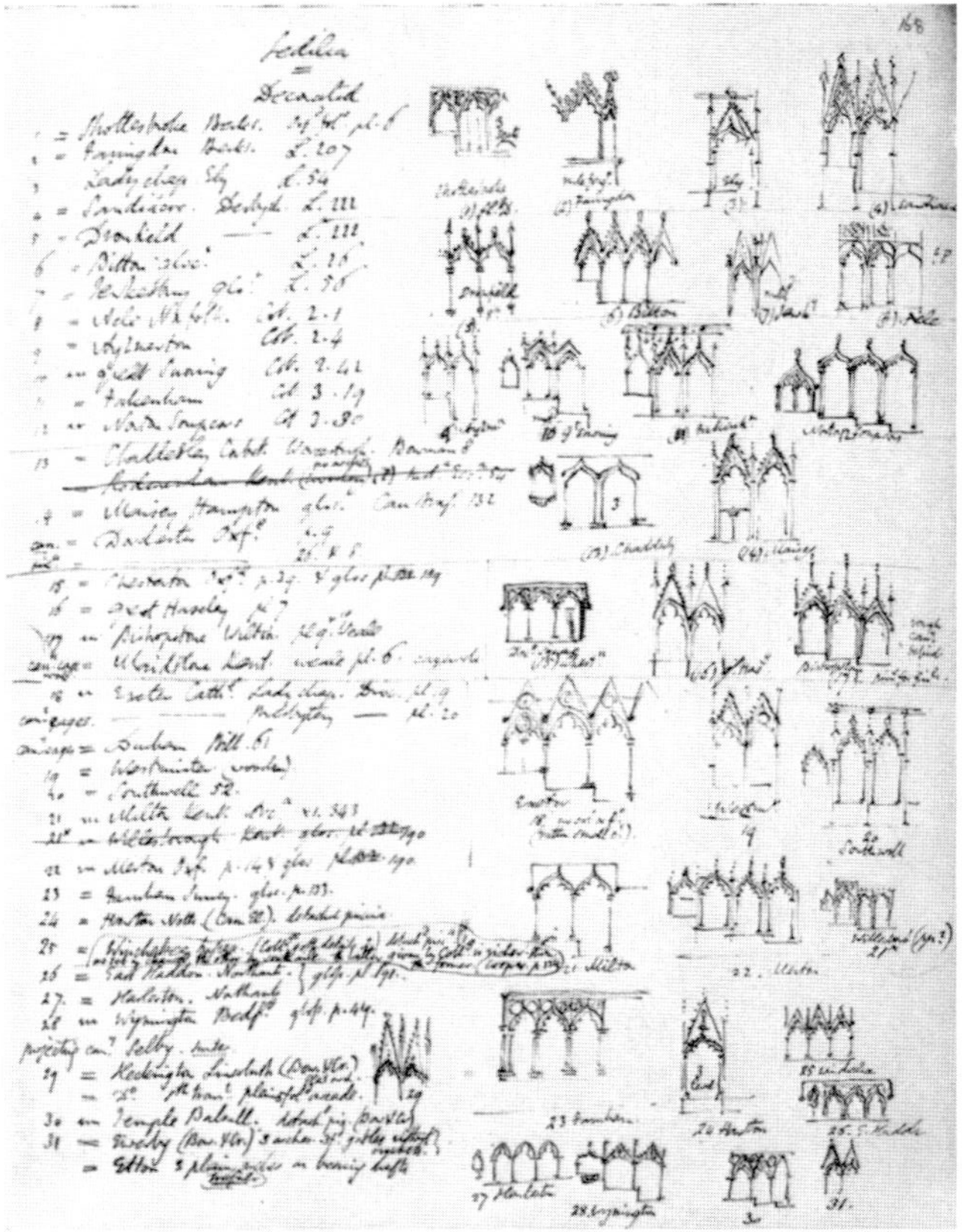

25. ロバート・ウィリス、司祭席を描いた紙片、ケンブリッジ大学図書館（Add. 5023）より

26. レオ・フォン・クレンツェ、万聖宮廷教会、ミュンヘン、1827年起工。ポッペルの版画より

27. T・H・ワイヤットとD・ブランドン、ウィルトン・パリッシュ・チャーチ、ウィルトシャー、1840年起工

28. トーマス・ホープ、サン・ミケーレ、パヴィア。『建築歴史論叢』より、1835年

29. ルートウィッヒ・グルナー、カジノ、バッキンガム宮殿、1844年。『バッキンガム宮殿の庭園にあるパヴィリオンの装飾』1846年より

30. C・R・コッカレル、王立商品取引所のためのデザイン、1839年。R.I.B.A.ドローイング・コレクション

31. C・R・コッカレル、クリストファー・レン卿への賛辞、1839年。B・O・クライトン夫人コレクション

32. T・L・ドナルドソン、ドクター・ウィリアムズ・ライブラリー、旧ユニヴァーシティー・ホール、ゴードン・スクエア、ロンドン、1848年

33. A・W・N・ピュージン、「キリスト教建築の現在の復興」、『キリスト教建築復興のための弁明』の口絵、1843年

34. A・W・N・ピュージン、セント・オズワルド、オールド・スワン、リヴァプール、1840-2年、同時代の印刷物より

35. A・W・N・ピュージン、セント・ジャイルズ、チードル、スタッフォードシャー、1841-6年

36. A・W・N・ピュージン、セント・オーガスティン、ラムズゲート、ケント、1846-51年
37. A・W・N・ピュージン、セント・オーガスティン、ラムズゲート、ケント、1846-51年

38. A・W・N・ピュージン、セント・メアリー、ダービー、1837-9年

39. ジョージ・ギルバート・スコット卿、セント・ジャイルズ、キャンバーウェル、1842-4年

40. ウィリアム・バターフィールド、キーブル・カレッジ礼拝堂、オクスフォード、1868-76年

41. ウィリアム・バターフィールド、オール・セインツ、マーガレット・ストリート、ロンドン、1849-59年

43. ジョン・ラスキン、サン・ミケーレ、ルッカ、1845年。アシュモレアン・ミュージアム内のドローイング、オクスフォード

42. ジョン・ラスキン、カーサ・コンタリーニ=ファザーン、ヴェネツィア、1841年。アシュモレアン・ミュージアム内のドローイング、オクスフォード

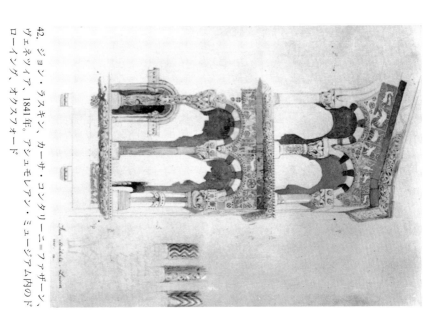

44. T・N・ディーン、庭園側正面、クライスト・チャーチ、オクスフォード

45. オーウェン・ジョーンズ、栗の木の葉。『装飾の文法』より、1856年

46. ジョージ・ギルバート・スコット卿、聖マグダラのマリア教会の側廊、オクスフォード、1840年

47. ジョージ・ギルバート・スコット卿、セント・ジョージ、ドンカスター、1854-8年

48. ジョージ・ギルバート・スコット卿、セント・ジョージ、ドンカスター、1854-8年

49. 修復前のオクスフォード大聖堂、同時代の印刷物より

50. ジョージ・ギルバート・スコット卿、オクスフォード大聖堂の東端部、1870-6年

51. ジョージ・ギルバート・スコット卿、ブロード・サンクチュアリー、ウェストミンスター、1854年

52. ジョージ・ギルバート・スコット卿とマシュー・ディグビー・ワイヤット卿、セント・ジェームズ公園から見た外務省、1868-73年

53. ジョージ・ギルバート・スコット卿、セント・パンクラス駅、1868-74年

54. W・H・バーロー、セント・パンクラス駅の鉄骨屋根、1868-74年

55. ジョージ・ギルバート・スコット卿、主階段室、セント・パンクラス駅、1868-74年

56. ジョージ・ギルバート・スコット卿、グラスゴー大学、1866年起工

57. アレクサンダー・トムソン、カレドニア・ロード教会、グラスゴー、1856年以降

58. ヤーコブ・イグナーツ・イットルフ、北駅、パリ、1859-62年

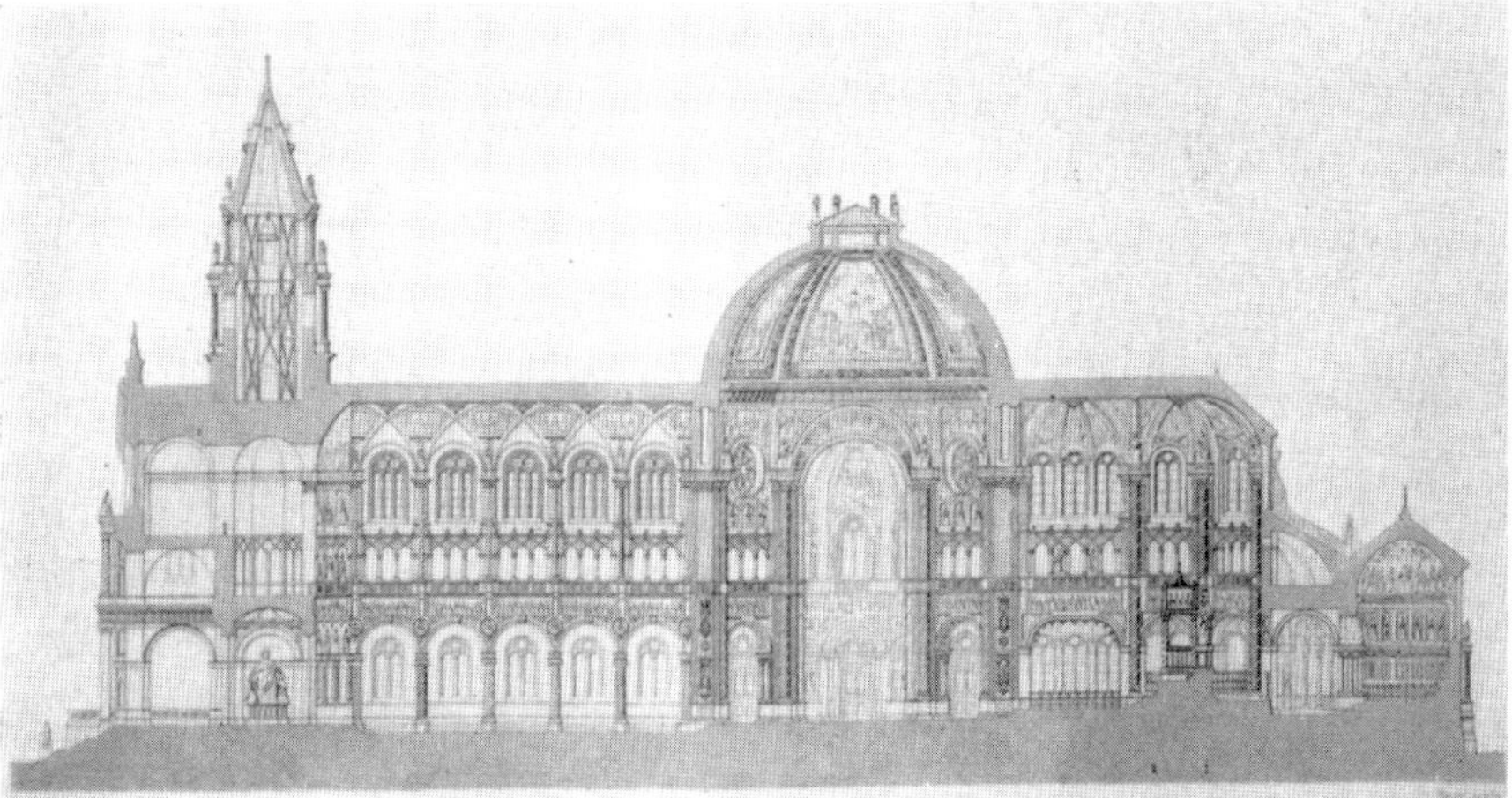

59. A・J・マーニュ、ある教会のためのデザイン。「ルヴュ・ジェネラル・ダルシテクチュール」、1848年より
60. A・J・マーニュ、ある教会のためのデザイン。「ルヴュ・ジェネラル・ダルシテクチュール」、1848年より

61. アンリ・ラブルースト、サント・ジュヌヴィエーヴ図書館、パリ、1842年起工

63. ウジェーヌ・ヴィオレ＝ル＝デュク、ロジエ邸、パリ。『現代住宅』1875年より

62. ウジェーヌ・ヴィオレ＝ル＝デュク、エンジェル・クワイア、リンカーン大聖堂。ヴィオレ＝ル＝デュク資料の中の1850年のドローイングより。写真資料館

64. ルイ＝オーギュスト・ボワロー、サン・トゥジェーヌ、パリ、1854-5年

65. ウジェーヌ・ヴィオレ＝ル＝デュク、クレルモン＝フェラン大聖堂のファサード。1864年のドローイングより、建築部門。写真資料館

66. トーマス・ハリス、ニュー・ボンド・ストリート155番地、ロンドン。「ヴィクトリア朝時代の建築の諸例」1862年より

67. トーマス・ハリス、ハローの連続住宅、ミドルセックス。「ビルダー」1862年より

68. ロバート・カー、ベアウッド、バークシャー、1861-8年

69. ゴットフリート・ゼンパー、歌劇場、ドレスデン、1838-41年、1869年焼失

70. ゴットフリート・ゼンパー、歌劇場、ドレスデン、1871-8年

71. ゴットフリート・ゼンパー、美術館、ドレスデン、1847-54年

72. フィリップ・ウェブ、レッド・ハウス、ベックスリー・ヒース、ケント、1858年

73. フィリップ・ウェブ、レッド・ハウスの暖炉、ベックスリー・ヒース、ケント、1858年

74. フィリップ・ウェブ、スミートン・マナーハウス、ヨークシャー、1877-9年

75. モリス商会によって復活されたサセックス・チェア、1870年以前

76. モリス商会のためにフィリップ・ウェブがデザインしたテーブル、1870年ころ

77. ウィリアム・モリス、クロンプトン更紗木綿、1895年

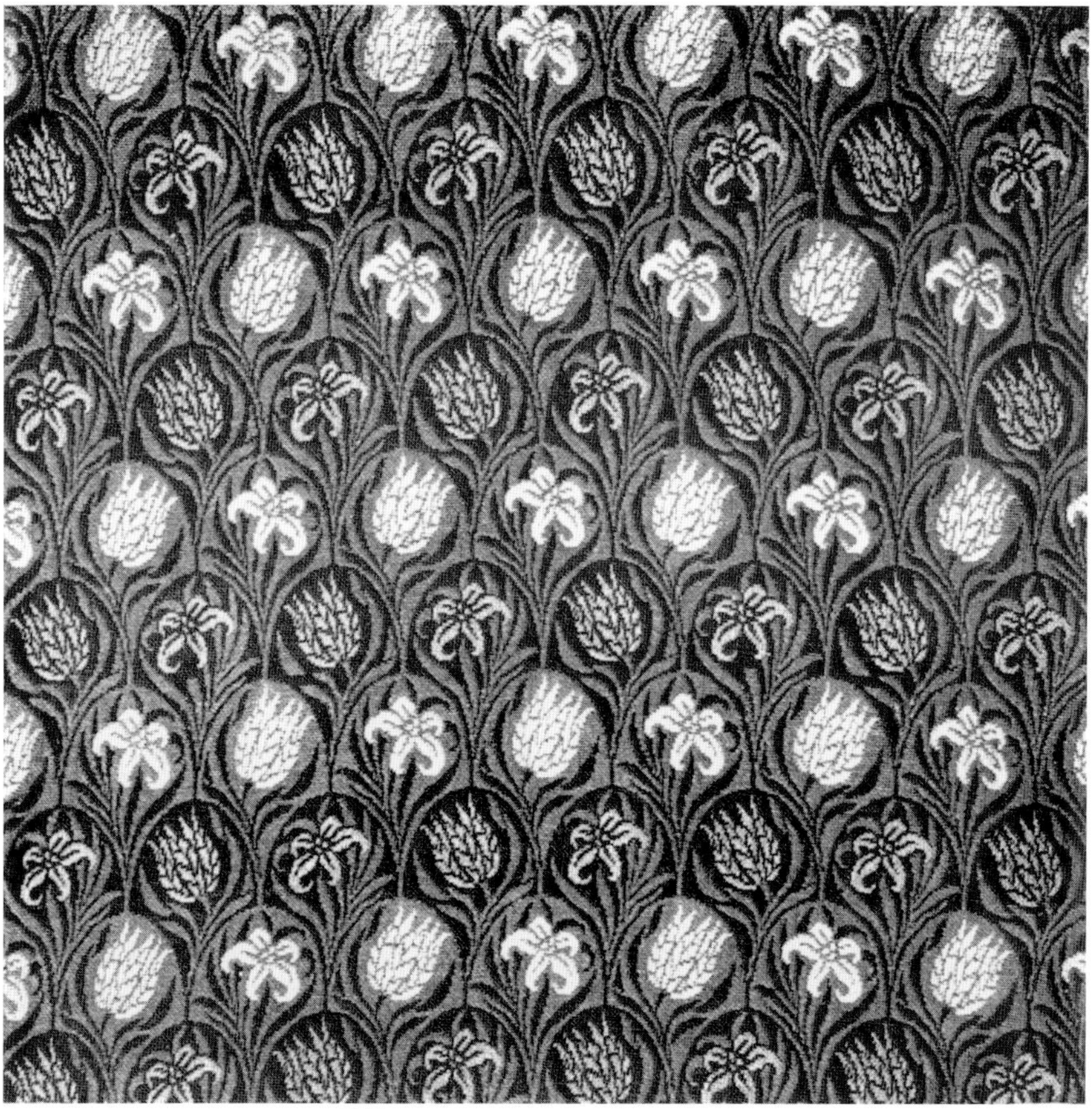
78. ウィリアム・モリス、ユリ模様のカーペット、1870年ころ

十九世紀の建築著述家たち

目次

序文

本書は、わたしがオクスフォードで一九六八年から六九年の学期で行ったスレード講座の講義をかなり拡大したものである。それより三十五年前に、H・S・グッドハート＝レンデルが同じ講座の講義を行っていた。彼の講義は、概ね『摂政時代以降の英国の建築』と同じものであったが、この本が一九五三年まで出版されなかったことはたいへん不幸なことであった。というのも、彼の講義は鮮やかな言葉で語られ、より若い研究者たちが再発見するはずの発見に充ちた好ましいものに違いなかったからである。クラーク卿は、その著書『ゴシック・リヴァイヴァル』の一九五〇年の再刊で、グッドハート＝レンデルを「われわれすべての父」と呼び、「彼の不出来な子供たちへの親切」と記録している。『ゴシック・リヴァイヴァル』の初版は一九二八年であるから、この言葉はたいへん心が広いということになる。グッドハート＝レンデルは、『摂政時代以降の英国の建築』の諸言で、将来もっと大きな本を書くと言っているが、彼は結局それを書き始めることがなかったことはさらに不幸なことであった。彼のこの題材に関する知識は、五十年代初めには無比のものだったからである。しかるに、彼はスタミナを欠いていた。このスタミナの欠乏は、われわれのうち彼を知っていた人が覚えている彼のあらゆる魅力的な性質と相殺されるものであった。彼が一九五三年の本でヴィクトリア朝およびヴィクトリア朝後の建築を扱ったやりかたに、わたしが同意するわけではない。彼は、ほとんどいつもわたしが反対しているものを擁護しているし、わたしが擁護しているものに反対している。そして、これまでのところ誰も擁護や論駁なしに十九世紀について書けなかった。グッドハート＝レンデルは、徹頭徹尾パリのボザールの理論と様式を支持しているし、徹頭徹尾二十年代以降のモダンな考えとその先駆者たち――「ビアズリーの絵のマッキントッシュによる幼稚な模倣」をあちこちで変換してできた「ゼラチン状態 gelatinous ismus」と彼は書いている――を侮蔑している。これはあまりにも悪いし、事態はさらに悪く、モダン・スタイルに関わることを切望していた学生たちの願いを裏切ってボザールを強要することを試みることができる建築協会会長という地位にグッドハート＝レンデルが付いたことは、たしかに悲劇的であった。

とはいえ、グッドハート＝レンデルの本は輝きを失っていない。いまではこのような本は書かれ得ないだろう。われわれはいまあまりに多くのことを知っている。これは、主としてヘンリー＝ラッセル・ヒッチコック教授の貢献によるものであるが、彼のスタミナを本心から疑う人は誰もいないであろう。彼は忙しい耕作作業を続けた。十九世紀と二十世紀の耕作を優に二十年間以上も続けた。その成果が、二つの記念碑的な本、一九五四年の『英国の初期ヴィクトリア朝建築』と一九五八年の『十九世紀と二十世紀の建築』である。そして、グッドハート＝レンデルがイギリスとフランスにとどまっていたのに対して、ペリカン美術史叢書におけるヒッチコックは国際的である。初版が一九三六年に出たわたしの『モダン・デザインの展開』もまた国際的ではあるが、それは簡潔に過ぎ、――いまでこそそれがわかるのだが――グッドハート＝レンデルの講義が党派的であったと同じく、すでに述べたように反対陣営側に党派的であったにすぎない。その後のジークフリート・ギーディオンの『空間・時間・建築』は、十九世紀に関する建築史の成長しつつある軍勢に一九四一年に加わったものであるが、これもまた党派的であり、この意味で危険性をもっている。その危険性を、わたしは本書のタイトルで、いくつかの人々と傾向を選んで扱ったにすぎないということを明らかにして避けようと考えている。ギーディオンは、彼の十九世紀が十九世紀そのものであるという印象を伝えている。そうではないことは、多くの若い研究者にはすでに明らかとなってきた。「アーキテクチュラル・レヴュー」誌や「アーキテクチュラル・ヒストリー」誌や他の雑誌に新しい題材が提示されずに一年が過ぎることはないし、一九五八年設立のヴィクトリアン・ソサイアティーがなんらかのヴィクトリア朝の建物のために戦わずに一月が過ぎることはないのである。

そういうわけで、グッドハート＝レンデルの三十五年後のスレード講座の講義がヴィクトリア朝建築に関する特別な視点を提示すべきであることは、わたしには当然のことであった。わたしは建築についての著作を選んだ。建築家たちが建築について言わざるをえなかったことを読むのは、常にわたしの情熱の対象であったし、また一九三六年のわたしの本の最初の部分で、モリス以前の何十年かだけで、しかもたいへんラフな形ではあるが、それをやっているからである。一八五〇年ころについては、わたしは一人の建築家、マシュー・ディグビー・ワイヤット卿と、一つのイベント、一八五一年の大博覧会を扱った二つの小さな本で、少し詳しく調べてきた（『マシュー・ディグビー・ワイヤット卿』ケンブリッジ、一九四九年。『ハイ・ヴィクトリアン・デザイン』ロンドン、一九五一年）。これらすべてを集めてもさしたる量にならなかったので、わたしは抽出した本や文書の内容を集め、その題材の全体になんらかの形を与える好機だと考えた。

なんらかの some 形――この本のタイトルも "some" という語を含んでいる。(訳1) この本の各章は何人かの建築の書き手を扱っており、すべての書き手を扱っているわけではない。すべての書き手を一斉にとらえることは不可能であろう。たとえばピーター・コリンズ教授の『近代建築の理想の変遷』（ロンドン、一九六五年、現在ペーパーバック版がある）は、とりわけフランスに関して（それをわたしの本に求められても空しい）、もっと多くの題材を含んでいる。若い同僚たちがその違いを容易に指摘しうることをわたしは疑わない。現に、ピーター・ハウエル氏がすでにそれをやっている。わたしはまた、教え子や彼らの論文からおおいに恩恵を受けている。まず、フィービー・スタントン、ロビン・ミッドルトン、プリシラ・メトカーフ、ジョージ・マカーディをあげるが、わたしは彼らに感謝する。同様に、その親切な対応に対してケンブリッジのセント・ジョン・カレッジに、校正刷りを読んで索引をつくってくれたことに対してジュディー・ネルンに、いらいらするほどこみいった原稿を非常にきれいにタイプ打ちしてくれたことに対してドロシー・ドーンに、感謝する。

原稿の質は、その本の由来を反映する。スレード講座の講義は十四回に達した。それは枠組みを与えたにすぎない。

細部につぐ細部の記述、引用文につぐ引用文によるその中身は、この講義がとるよう意図された方向を曖昧にしたかもしれない。そしてその最終成果は、読者にはなにかの役にたつ資料 matériaux pour servir... にすぎないという印象を与えるかもしれない。たぶん、わたしはビローン(訳2)の台詞を心に留めるべきだったであろう。

たえずこつこつ研究をかさねるものが手に入れるのはなに一つありません、
他人の著作からのくだらぬ知識以外には。(小田島雄志訳)

たぶんわたしは特大版詩華集への誘惑を避けるべきであったろう。ともあれ、わたしはこの本がティツィアーノやレンブラントの巧手による絵ではなく、主題と絵画的効果が一つ一つの小片でつくられるモザイクだということをよく知っている。

さらにまた、誰を入れて誰を外すかという選択すら、時に恣意的なものに見えるかもしれない。そこで、最後にそれを説明しておこうと思う。新古典主義の書き手はすべて外している。ソーンはまったく入れず、シンケルとカトルメール・ド・カンシーは必要なところに少しあるだけである。コッカレルもほとんどない。資料がいまなお集められていないからである。ほんとうの始まりは、十八世紀末期と十九世紀初頭の英国の考古学者たちによるものであり、最初の伝記的な章はリックマンに関するものである。予想される通り、偉大なゴシック趣味者たちがこれに続く。ピュージン、ケンブリッジ・キャムデン協会、ラスキン、そしてスコットである。これはクラーク卿の走ったあとそのものであるが、コーモンに関する章と、ヴィオレ＝ル＝デュクおよび彼の先駆者たちに関する章によって補強されている。しかし、イタリア派系統が同じく念入りに扱われている。ヒュプシュとホープ、ドナルドソンとイットルフ、カーとファーガソン、そしてゼンパーである。アメリカの書き手は外している。アメリカの人々自身がすでにたくさんこれについて書いているからである。ただ、フィービー・スタントンの『ゴシック・リヴァイヴァルとアメリカの教会建築』(ボルチモア、一九六八年）と、ホレーショ・グリーノーのエッセイ集『形と機能』の復刻版（H・A・スモール出版社、バークレー、一九四七年、ペーパーバックもある）、モンゴメリー・シャイラーの『アメリカの建築とその他著作物』の復刻版（W・H・ジョーディ&R・T・コー出版社、ケンブリッジ、マサチューセッツ州、一九六一年）、ヘンリー・ヴァン・ブラントのエッセイ集の復刻版（W・A・コール出版社、ケンブリッジ、マサチューセッツ州、一九六八年）、ジョン・ウェルボーン・ルートの著作の復刻版（D・ホフマン出版社、ニューヨーク、一九六七年）、そして言うまでもないが一度ならず再版されているサリヴァンのエッセイ集、には言及している。

そして、一八九六年に亡くなったウィリアム・モリスで終えている。それはおもに、一九三六年のわたしの本が、ヴァン・デ・ヴェルデのような書き手とドイツ工作連盟の書き手と共にモリスから始めているという個人的な理由による。しかし、モリスは単に二十世紀の先駆者であるのみならず、ゴシック・リヴァイヴァルの完成者、特にラスキンの完成者でもある。それで、わたしは、三十五年前のわたしの以前の本がモリスから初めているのと同様に、この本をモリスで終えることが正しく適切だと判断したのである。

追　記

二冊の本が出たが、使うには遅すぎた。一九七一年にミュンヘンの新博物館で行われた展覧会のカタログである『隠された理性』であるが、これは一九〇一年までのヴィンケルマンからの一連のまとまった引用を含んでいる。いくつかの引用は本書のなかにあるのと重なるが、その他のものはこの本によってほしい。ロバート・マクラウドの『イギリスの建築イデオロギー　一八三五〜一九一四』の場合はこれとは異なる。この本は、多くの問題を提示している。その問題はわたしの問題でもある。そしてこの本は本書よりもずっと簡潔であり、もっとわかりやすい。しかし、マクラウド氏はグリーク・トムソンやファーガソンやカーを取り込んではいるけれども、これら二冊の本は本書とほとんど重ならない。それに、彼の本の半ば近くは、一八八〇年以降の出来事と著作物を扱っている。そのクライマックスはレザビーの章である。

第一章　ウォルポールとエセックス

ホレス・ウォルポール(1)は、一七四七年に「小さな慰みの家」(2)たるストローベリー・ヒルを購入した。彼が「将来の胸壁」について初めて語ったのは一七四九年のことであったが(3)、「魅力的で尊いゴシック」(4)と彼が呼ぶものへの彼の嗜好は、さらに日にちが遡る。「尊い venerable」という言葉を、彼や彼の友達はそれほどまじめに考えておらず、「魅力的 charming」という言葉は、彼が実際にストローベリー・ヒルに建てたものの性格にぴったりあった形容句であった。一七五〇年の手紙の中で(5)、彼はゴシックと中国風を一緒に並べて語り得たし、両方とも「風変わりな新奇性の雰囲気」と見なし得た。たとえば、自分の階段を「くるんで手紙の中に入れて君に送りたくなるほど可愛くて小さい」(6)と書いているし、階段室の窓を「金持ちの聖人たちで太らせられた痩せた窓」(7)と語っている。かくして、この家は一七五三年から一七七六年の間につぎつぎと部屋を加えていって成長していった。一七五四年に図書室、一七五九年にホルバインの部屋（写真1）、一七六三年に扇形漆喰天井のギャラリー、一七六一年から七一年にかけてラウンド・タワー、そして一七七六年にボークラーク・タワーである。最初のころは、ホレス・ウォルポールと彼の友人の何人かが設計をしていたが、ボークラーク・タワーはプロの建築家、ジェームズ・エセックスによって設計された。そして、この家の近くの新しい事務所棟は、もう一人のプロの建築家ジェームズ・ワイヤットによって、だいぶ後の一七九〇年に建てられた。ホレス・ウォルポールはこの二人に高い敬意を表していた(8)。

実際、ストローベリー・ヒルには注目すべきゴシック主義の展開があり、それは十九世紀の先駆であるので、ここに指摘しておかねばならない。ホレス・ウォルポールの各部屋は、たしかに魅力的で風変わりであるが、それらをつくりあげている要素のなかには本当のゴシックの正確なコピーがある。この考古学的正確さへの関心は、ロココの心的傾向と対照的である。図書室の本棚は旧セント・ポール聖堂の内陣仕切りのわき出入り口のダグデールの挿絵から採られ、同じ部屋(訳3)のマントルピースはジョン・オブ・エルサムの墓碑から採られ、図書室のマントルピースはカンタベリー大聖堂のペッカム大主教の墓碑から採られ、ホルバインの部屋のマントルピースは同じくカンタベリー大聖堂のウォーラム大主教の墓碑から採られ、そしてギャラリーの天井はヘンリー七世の礼拝堂の側廊から採られている。墓碑を暖炉に使うことの違和感はすでに感じとれなくなっているが、正確な複製への欲求は記憶されるべきだろう。

ホレス・ウォルポールのゴシック建築、現実に建てられた建築への関心はほんものであるが、彼はさらに強くゴシックのホラー物と戯れていた。一七六九年三月十五日に、彼は「われわれの建築の歴史、……とりわけ美しいゴシック」を書く準備をしようと思うと書いている。(9) 彼をジェームズ・エセックスに結びつけていたのは、この関心である。もっとも、晩年にジェームズ・ワイヤットを賞賛するようになるのはまったく違った理由からではある。ここに引用した手紙を書いたほんの二、三カ月後、ウォルポールはエセックスが取り組みつつあるゴシック建築の歴史に関する助言を求めてきているとウィリアム・コールに語っている。(10) そして、ホレス・ウォルポールはその本が三つの部分からなること、その第一部は彼自身が書き、「古代ローマの円形アーチからゴシックの完成まで」と、さらに「粗悪なゴシック」とジェームズ一世の粗野なスタイルまでを書くことを示唆している。この第一部はイニゴー・ジョーンズで終わることになっていた。第二部は「建物のアートとプロポーションと手法に関する見解」になるはずで、これはエセックスが書くはずだった。そして第三部は、それぞれの建物の時代を特定する目的をもつもので、これはコールが書くべきだった。しかし、ウォルポールもコールも下りてしまい、エセックスだけが一人で仕事を続けた。(11) 実際、一七七〇年十二月十五日に、ウォルポールはコールに「エセックス氏はあらゆる材料を準備している」と語り、また「これは、わたしが生きている間は決して公刊されないであろう」とも語っている。(12) 実際、その通りになったし、彼の死以降も公刊されていない。

ジェームズ・エセックスこそは、ゴシックの正確さにこだわった最初の人である。彼はいくつかの大聖堂から建築家として委任され、オリジナルのものと厳密に一致するような仕事をしている。その一例が、リンカーン大聖堂の主祭壇の外枠飾りである（写真2、3）。それは、一七六一年の仕事であるが、いまもなお、経験豊富な訪問者を欺いている。

エセックスは一七二二年の生まれで、ホレス・ウォルポールより五歳年長である。彼は建具屋の息子で、建築家として育てられた。彼は、イーリー大聖堂、リンカーン大聖堂、ウィンチェスター・カレッジの修復建築家として働き、ボークラーク・タワーと同じ年に、ケンブリッジのキングス・カレッジの礼拝堂の新しい祭壇部分を設計している（写真4）。彼は早くも三十年代にケンブリッジでホレス・ウォルポールに出会っている。彼の考古学的な興味はその時までさかのぼる。そのことは、ブリティッシュ・ミュージアムにある未刊行の草稿やノートやスケッチなどから知りうる。[13] これらは、ケンブリッジの大学司書T・カーリッチの所有物でなかったら、知られざるままであったろうし、破棄されていたかもしれない。カーリッチは、これらの資料を保管していて、最終的にブリティッシュ・ミュージアムに寄贈した。[14] また彼は、一八〇九年に古物研究協会で読み上げた論文の中に、きわめてわずかであるがこの資料を使っている。しかしながら、彼の論文はまた別の文脈のものであり、後にも再度は言及しない。

エセックスの文書は、彼がすでに一七三七年にはケンブリッジ近くのバーンウェルのノルマン風礼拝堂を念入りに描いていること、[15] 一七四〇年には「Antiquille」もしくは「ケンブリッジの古遺物」と名付ける予定の本を計画していたこと、[16] そして一七五六年にはキングス・カレッジの礼拝堂の実測図面の本に取り組んでいたことを示している。この文書のいくつかは、それ以前のものよりもよく残されている。[17] この時期のすぐ後に、図版入りの建築史という考えが彼に浮かんだに違いない。マクセンティウスのバシリカ（いわゆる「平和の神殿」）や旧サン・ピエトロやソールズベリー大聖堂などの建物の念入りな図面が残されており、その日付けは一七五八年である。これらの年月の間に、それは一つのゴシック建築の歴史となった。もっとも、なおかつストーンヘンジ、聖書の幕屋、古代ローマ建築、初期キリスト教建築、ゴート族の貢献などなどでゴシック建築史を始める意図ではあったが。この文書の中には、たくさんの図面（そのうちのいくつかは何の図面か特定されている）があり、また一七六九年と一七七九年に書かれた参考文献表がある。[18]

導入部に予定されたところを読んでいる間に、「一般のゴシック建築を構成している要素はどの部分か、それぞれの個々のスタイルに属しているのはどの部分か」[19]を考えるその本の仕組みに気づかされる。しかし一方で、ウィトルウィウスとウォットンの用・強・美の原理から始め、ゴシック建築もまた決まった規則に則っており、「比例も規則性も欠いていない」[20]と主張し、また建築を「比例とオーダーと規則性」に支配されているものとして、建物と区別して定義している。建物は必要からなり、建築は宗教からなる。[21]ゴシック建築への最良の導入は以下の部分である。

一般に考えられているほど野蛮でも粗野でもまったくないにも関わらず、ゴシックと呼ばれるものほどあまり知られておらず、理解もされていない様式や建築はない……ゴシックの作品を注意深く見る者は誰でも、その多くの作品が深く考えられて設計されており、見事に施工されていることを発見するだろうからである……それらは、好奇心に富む見学者に喜びを与え得るし、勤勉な建築家に教訓を与え得る……それらの多くのヴォールト屋根よりすばらしい考案はないし……あのように細く見える柱の上にあのような石塊を支えている手法ほど大胆で驚異的なものはない。[22]

しかし、十分に理解するためには、「もっと多くの時間がこれらの部分の実測に費やされねばならない」とエセックスは続けている。つまり、ここには美的かつ構造的基盤に立ったゴシックの擁護がある。そして、さらに細かな議論に至るために、エセックスは「われわれが不適切にゴシックと呼んでいるこの様式の建物の主たる特徴は、尖頭アーチである」[23]という彼の先人の著作家に同意する。しかし、彼は尖頭アーチがどのようにして北方で始まったのかについて当時流通していた三つの理由の三つ目を考慮にいれていない。すなわち、一つは浪漫主義的、二つ目は歴史的、三つ目は純粋に形式的な理由である。最初の二つの理由は、およそ一七〇〇年ころに初めて定式化されたものと思われる。[24]

浪漫主義的な説明は、ゴシック様式を森の樹木の列に由来するとする。J・F・フェリビアンは、一六九九年刊行の『古代建築とゴシック建築に関する論考』で、たくさんの細い柱とその上に載っているヴォールトは「あたかも木々の幹と枝のよう」だと書いている（一七三頁）。歴史的な説明は、スペインのサラセン人が北方より前にゴシックの形態を使ったとするものである。この見方は、ジョン・エヴリンによるフレアールの『対照』の翻訳の中の、「建築家と建築に関する解説」の第二版に初めて見られる。(25) この版は一七〇七年の出版であるが、レンへの献呈は一六九七年であり、現にレンはこの説を信じ、彼自身、一七一三年のウェストミンスター・アベイに関する覚え書きの中にこの説を提示している。(26) 彼は、エヴリンよりも前にこの見方を知っていたこともあるかもしれない。いずれにしても、この説はすでに一六九九年には、フランスに登場していた。(27) ついでながら、ウォーバートン主教はポープの本を出した際に、二つの見方を結合させようとしている。すなわち、ゴート族はスペインを支配した後、「森の神を崇めることに慣れてきており……彼らの新しい宗教が覆いのある建物を要求したとき、巧みにそれらを森に似せることを考案した……彼らはその考案をサラセン人の建築家の助けを得て実施した……たいへん幸運にもサラセン人の建物のエキゾチックなスタイルはその目的に合致した……樹木が茂った規則正しい水の通路は、ゴシック大聖堂の遠望図を思い起こさせる」。(28)

ゴシック様式、あるいはむしろ尖頭アーチの起源に関する三つ目の説はイギリスのものである。それは、イングランドのノルマン様式では非常に頻繁にみられるものであるが、単純な円形アーチのアーチ列がアーチと交差する際に、交差する部分は尖頭アーチをなすという事実に基づくものである。この見解は、初めてトーマス・グレイによって唱えられたように思われるが、彼は詩人であり、ホレス・ウォルポールおよびエセックスの友人であった。グレイの死亡は一七七一年。彼の詩を編集したウィリアム・メイスンは、彼は「ゴシック建築に関する卓越した知識」をもっていて、その知識によって「われわれのどの大聖堂のいかなる部分であれ、それが正確にいつ建てられたかを一目で断言」できたと語っている。(29) しかし、グレイはゴシック建築に関する自分の考えを公表しなかった。(30) この交差アーチの理論は、一七七一年、ジェームズ・ベンサムの『イーリーの修道院大聖堂教会の歴史と古代遺物』(31) において初めておおやけに提示された。ただし、グレイへの言及はなかった。

エセックスは、この樹木の理論についてはなにも言っていない。彼はサラセンの理論を「全然ありそうでない」[32]としているし、グレイとベンサムの理論も、ただ「彼らがいわば偶然に尖頭アーチの中へよろめきつつ入り込んだ」[33]だけのものとしている。そして尖頭アーチがもっと重大な利点をもっていることがわかっていなかったならば、それは流行していなかったであろうとしている。ここでは、エセックスはまったくオリジナルであり、――彼自身、自分の見解を新しいとしている[34]――彼の書いたものは次の世代に影響を与えた。彼は図面を添えて以下のことを指摘している。正方形以外の平面図のベイにヴォールトを架けるとき、石工たちがヴォールトの高さを等しくしたいと考えたならば、円形アーチとリブは弓形アーチや上心アーチと混ざらざるを得ず、そこで尖頭アーチが受け入れられると、すべてはアーチの尖る程度の問題になってくると。[35]

一連の図面がまたエセックスによって描かれており、それらはきわめて精細に、アーチはいかに据えられるべきか、[36]どんな種類のゴシックのヴォールトが存在しているか、[37]を示している。また、トレーサリーの発展を示す一連の窓の図面があり、バットレスやニッチの一連の図面があり、[38]さらにはギリシア神殿や初期キリスト教教会堂の類型まである。[39]そこには、たとえばサンタ・コスタンツァ（つまりはサン・タニェーゼ）、サン・ステファノ・ロトンド、イェルサレムの聖墳墓教会、ベツレヘムの降誕教会が含まれる。[40]

エセックスはイギリスのゴシックを五つの時期に分けている。尖頭アーチが到来する以前の三百七十年間――この時期、アングロサクソンの建築はまだはっきりしていなかった――、古期ゴシック、すなわちわれわれがノルマンと呼ぶところの百三十年間、ヘンリー三世の死以降の百五十年間、ヘンリー四世からヘンリー七世までのモダン・ゴシックの百年間、そしてヘンリー八世以降の衰退の五十年間、である。[41]さらに彼は、ウォルポールの考えを踏襲して、ゴシック建築は「エリザベスとジェームズの時代」を含むべきであり、イニゴー・ジョーンズでようやく終わると付け加えている。[42]彼は衰退を、一般的にあらゆる様式において完成が始まるところで生じ、「部分の混乱」と「馬鹿げた装飾の多様性」として特徴づけられると定義している。[43] 完成は、彼にとっては十三世紀であるが、このことは、厳粛なゴシック模倣の好まれた様式が一八四〇年までは垂直様式であり、[44] エセックスの完成物が模倣の対象となるのが一八四〇年以降であることを考えると興味深い。

エセックスは同時代のゴシック模倣に寛大ではない。古い建物を修復するときに「愚かさと無知」で駄目にしている「思い上がったサーヴェイヤー」とか、「調和しない部分をごちゃ混ぜに」集めて、「一列の箒の柄の上に尖頭アーチの列を置く」建築家とか言っている。[45] いくつかの大聖堂で彼自身が行った目を見張る仕事や、リンカーン大聖堂やイーリー大聖堂、[46] クロイランド修道院、[47] ロチェスターの古橋で彼が実施し報告を書き上げた念入りな調査のことを考えれば、[48] 彼がそう感じるのも十分な理由がある。実際、彼の筆記帳類は建物に関する記述と小さな描画で満ちており、そのうちの一つが後に地誌目録となっているほどである。[49] われわれは、エセックスの一七六六年の研究旅行の後を辿れるが、彼はその旅行でたとえばダービー（「絹織物工場は見る価値がある」）、バーミンガム、ハグレー、ウィンチェスター、ポーツマス、ソールズベリー、ロングフォード・キャスル、スタウアヘッドに行っている。[50] ほかの筆記帳には必要経費の記述があり、[51] またエセックスは建物に関する他の著者の文章を収集しており、時には一七三七年のフレジエの『石切りの理論と実践』といった本の表題を集めている。[52] また彼は、カンタベリーのジェルヴァス、ウォートンの『妖精の女王』論、ウィテーカーのマンチェスター史、グルロの『コンスタンティノプル旅行記』、モンテスキューの『趣味論』などの本や、[53] またケンブリッジのグレイト・セント・メアリーの歴史に関する資料などを抜粋している。[54]

最後になるが、エセックスの筆記帳はフランス語の語彙集[55]と、簡潔な英語の語彙集[56]（billet、nailhead、zigzag、corbel-tableといった言葉が彼の時代にすでによく使われていたことを示していて重要である）[訳4]、それにいくつかの年代記[57]を含んでいる。古代ローマの煉瓦の大きさの一覧表、[58] 六百年間にわたる穀類の値段表は、[59] たしかに表による情報へのこの学者の愛着の証拠である。筆記帳の一つは「理論と実践的展望　第一部」[60]と名づけられており、二つの筆記帳は装幀された手紙類を含んでいる。[61]

つまるところ、エセックスが残したものの豊かさは、彼の正確さへの努力と同じく驚くべきものである。

註

1 ホレス・ウォルポールに関する最良の概説書は、R. W. Ketton Cremer（London, 1940, third ed.1964）である。彼の書簡はすべて、ウォルポール研究の第一人者、W. S. Lewis によって刊行中で、現在三十四巻まで出ている。*The Yale Edition of Horace Walpole's Letters*（New Haven, 1937-69）

2 一七四七年六月八日の Conway への手紙。*Letters of Horace Walpole*, ed. Mrs. Paget Toynbee, I（Oxford, 1903）

3 George Montagu への手紙。Yale Ed., IX, 102

4 一七四八年七月二五日の Montagu への手紙。Ibid., 64

5 Ibid., XX, 166

6 Ibid., 361

7 Ibid., 381

8 この家の歴史に関するすべてのことは、W. S. Lewis, 'The Genesis of Strawberry Hill', *Metropolitan Museum Studies*, V, 1934-6 を参照。

9 H. Zouch への手紙。*Yale Ed.*, XVI, 27

10 Ibid., I, 190-1

11 一七七二年十月二四日の George Montagu への手紙。Ibid., X, 285.

12 Ibid., I, 204

13 Add MSS. 6760-73, 6776. また、Add. MSS. の他の巻の書簡、とりわけウィリアム・コール宛の書簡を参照。この史料で唯一公刊されているのは、Donald R. Stewart, 'James Essex', *The architectural Review*, CVIII, 1950 である。Paul Frankl の *The Gothic ; Literary Sources and Interpretations through Eight Centuries*（Princeton, 1960).〔パウル・フランクル『ゴシックとは何

か――八世紀にわたる西欧の自問』黒岩俊介訳、中央公論美術出版、二〇一六年〕は、ゴシック様式に関する文書の最も包括的な本（実に八七五頁に及ぶ！）であるが、比較的イギリスに関しては弱く、とりわけエセックスに関しては弱い。また、彼の視点は、わたしの視点とは大いに異なっている。

14　'Some Observations on the Gothic Buildings abroad...', *Archaeologia*, XVI, 1810, 309ff.　本書の三七頁も参照。

15　Add. MS. 6770.

16　描かれたタイトル・ページが6770にある。

17　印刷された内容説明書が6772にあり、最良の図面類は6776にある。

18　Stewartの前掲論文、参照。

19　6762, IIV.

20　6762, 62V.

21　6765, I.

22　6771, 23.

23　6771, 23.

24　R. Middleton, 'The Abbé de Cordemoy and the Graeco-Gothic Ideal', *Journal of the Warburg and Courtauld Institutes, XXV*, 1962, 303 and 301を参照。この論文とその続編（ibid., XXVI, 1963）は、フランスの初期ゴシック主義に関する最も重要な報告である。さらに詳細な報告は、Middleton博士のPh.D. 論文'Viollet-le-Duc and the rational Gothic Tradition'（Cambridge, 1958）である。また次の二つのすぐれた論文も参照。E.S. de Beer, 'Gothic : Origin and Diffusion of the term', *Journal W. and C.I.*, XI, 1948とA.O.Lovejoy,'The first Gothic Revival', in *Essays in the History of Ideas*（Baltimore,1948）.〔アーサー・ラヴジョイ『観念の歴史』鈴木信雄訳、名古屋大学出版会、二〇〇三年〕。

25　*A Parallel of the ancient Architecture with the modern*（1707）. この本とエヴリンの建築観については、K.Downes,'John Evelyn and Architecture' in *Concerning Architecture*, ed. Sir John Summerson（London,1968）,28ff. を参照。

26 S. Wren, Parentalia（1750）, 297.

27 Florent le Comte, *Cabinet des Singularitéz,* I, II. ついでながら、ドイツの美学の標準書、*Theorie der Schönen Künste* の著者である Sulzer もまた、サラセン起源説を信じていた（J.von Schlosser : *Präludien*（Berlin, 1927）, 288 参照）。また、一八四九年になっても、E. A. Freeman（p.101 参照）がその著書 *History of Architecture,* p.xi で、「アラブの建築なしには、ゴシックは理解できない」と書いていたことは指摘しておく意味がある。

28 *The Works of Alexander Pope,* edited and annotated by Bishop Warburton,（London, 1751）, III, 267.

29 W. Mason, *The Poems of Mr Gray*（York, 1778）IV, 45.

30 それらは、ようやく一八一四年に ‘Architectura Gothica’ として出版された。*The Works of Gray,* ed. Milford（London, 1843）, V, 325-32. P. Frankl, *The Gothic,* 403 を参照。

31 James Bentham, The History and Antiquities of the Conventional and Cathedral Church of Ely（Cambridge, 1771）, 37 および Frankl, *The Gothic,* 411.

32 6762, 21.

33 6771, 27.

34 6771, 27.

35 「異なる直径のアーチに同じ高さが要求されるところでは」（6762, 25 ff. また 6771, 230-277）。この議論は、二十世紀の文献にもなお使われている。たとえば、Francis Bond, *Gothic Architecture in England*（London, 1906）, 309 を参照。

36 6762, 47 ff.

37 6771.

38 6772, 29 ff.

39 6765, 41 v.

40 6765, 56 v, 47 v, 58 v, 67v.

41　6771, 203 ff.
42　6771, 201.
43　6762, 5.
44　たとえば、ベンサムのイーリーに関する本（5頁と41頁を参照）によれば、ウェストミンスター・アベイのヘンリー七世礼拝堂がイギリス建築の頂点である。
45　6762, 62 v, 16 v.
46　6761, 72 ff. ; 6763, 1 ff., ; 6764; 6769, 174-152.
47　6760, 45 ff.
48　6763, 29 ff.
49　6768, 301 ff.
50　6767.
51　6768, 6769.
52　6769, 15.
53　6769, 17 ff. ; 6771, 290; 6762, 65 ; 678, 179 ; 6768, 3 ; 6771, 222 ff.
54　6761, 37 ff. ; 6770 も。
55　6772, 113 ff.
56　6770, 167
57　たとえば 6771, 190 ff.
58　6760, 54.
59　6761, 84.
60　6773.

61 6771, 6772.

第二章　ゲーテとシュレーゲル

ホレス・ウォルポールがエセックスの学識を称賛していたことを示す証拠は十二分にある。ジェームズ・ワイヤットのゴシック風の建物にウォルポールが心動かされたのは、少し違っていて、それは「落ち着いた気品」とすぐれた施工によるものである。ワイヤットのリー・プライアリーは、ウォルポールにとっては「ゴシック趣味の神髄」である。(1)しかし、これ以上はウォルポールの言に期待するのはやめにしよう。なぜなら、フォントヒル（写真５）の起工はようやく一七九六年になってからであり、ストローベリー・ヒルのゴシックとワイヤットの成熟したゴシックとの間の姿勢の変化は、ウォルポールの死後のことだからである。さて、ワイヤットの成熟したゴシックは、安易で少し芝居がかっているが、ゴシック様式についての浪漫主義的な解釈を示しており、ストローベリー・ヒルのロココ的な解釈とは完全に異なっている。イギリスではワイヤットがこの変化を体現しており、ヨーロッパ大陸では、それよりおよそ二十五年ほど早く、ゲーテの「ドイツ建築について」に現れている。「ドイツ建築について、エルヴィン・フォン・シュタインバッハの霊に」は、一七七二年に書かれ、刊行された。エルヴィン・フォン・シュタインバッハはストラスブール大聖堂の石工長で、ゲーテはその大聖堂の荘厳なファサードがエルヴィンの仕事だと信じた。要するに、ゲーテの論考は、ストラスブール大聖堂の偉大さへの熱狂的な喚起である。(2)その一節を引くに超したことはないであろうし、注釈もいらないだろう。(3)

気高いエルヴィンよ。私は汝の墓地の周りを歩き回った。そして「一三一八年二月十六日、ストラスブール聖堂を施工監督したマイスター、エルヴィン没す Anno domini 1318 XVI Kal. Febr. Obiit Magister Ervinus, Gubernator Fabricae Ecclesiae Argentinensis」と記されているはずの汝の墓石を探した。しかし、それを見つけることはできなかった。土地の人も誰も教えることができなかった。私の畏敬の気持ちがこの聖なる場所で迸ったかもしれないのに……

しかし、なぜ記念碑が必要であろう。汝自身がいとも壮麗なるものを立てているのに。そして、その周囲を這いまわる蟻どもが汝の名前に無関心であっても、汝は雲間に山々を聳え立たせた建築家と運命をともにしている……

神の木のように完全で偉大で、最も小さな部分まで必然的に美しいバベルの塔の構想を心に生み出すことができた人はわずかである……

なぜ記念碑が必要であろう。しかも、私の手によって。庶民が聖なる名を口にするのは迷信か冒涜である。脆弱な趣味人は汝の巨像を前にして眩暈でよろめく。しかるに全的な精神は解釈者なしに汝を知るであろう。おお、卓越せる人よ、栄光ではなく死に向かう旅路になるにせよ、修繕した小舟に乗って私が再び大海に漕ぎ出だすに先立ち、見よ。ここ、私の愛するものの名前があちこちに生い茂っているこの聖なる林に、私は汝の尖塔のようにすらりと聳え立つ一本のブナの木に汝の名を刻みこむ……

貧弱な趣味だと言ってイタリア人は通り過ぎる。子供っぽいとフランス人はたわごとを言い、得意気にギリシア風の嗅ぎ煙草入りをポンと開ける。君たちは厚かましくも軽蔑するが、いったい自分でどれだけのことをしてきたのか。おお、ラテンの異国人たちよ、君は墓石から立ちのぼる古代人の精霊に束縛されてこなかったか。君は比例を求めて強大な遺片の中をしのび歩き、聖なる残骸によって四阿を修繕し、そして巨大な建物を微細にわたり説明できるからといって、まるで自分が芸術の秘密の保護者であるかのような顔をしている。もし君が測るよりもただ感じ、君が見とれている塊量の精神が君に宿っているならば、それらがうまくできており美しいからというだけの理由で模倣はしなかったであろう。そして君が必要と真実によって君のデザインを創造していたならば、そこから生きた美が造形力となって溢れ出たことであろう……

これが万事の成り行きである。芸術家の気まぐれは金持ちのわがままに仕え、地誌学者は口を開けて見とれ、哲学者と呼ばれる好事家は今日にいたるまで、美術の規則とか歴史とかを原初の神話からこねあげて作り出している。そして真の人間は、神秘の入口で悪霊によって殺されてしまうのである。

天才にとって有害なのは、範例よりも規則である。天才以前にも、幾人かの人がいくつかの部分をつくりあげていたかもしれない。だが、天才にして始めて、魂の内部から個々の部分を一つの永遠なる全体に融合せしめたのである。しかし流派や規則は、あらゆる認識と行動の力を束縛する。おお、新しいフランスの哲学的鑑識者よ、必要を知覚した原初の人間が、四本の樹幹を打ち込み、その上に四本の棒を組み合わせ、その上を枝や苔で葺いたという説がわれわれにとって何の意味があろう(4)……

はじめて大寺院に足をはこんだとき、私の頭はよき趣味の通念でいっぱいになっていた。風聞によって私は塊量の調和や形態の純粋さを称賛し、ゴシックの装飾の錯綜した気まぐれにたいして公然と敵意を示していた。私はゴシックという表題のもとに、辞書の項目のように、乱雑さ、無秩序、不自然、寄せ集め、つぎはぎ、過剰などという、かつて私の頭をよぎったありとあらゆる誤解した同義語をかき集めていた。見知らぬ世界のすべてを野蛮と名づける連中の愚かさと大して変わらず、私は、わが市民貴族が家を飾り立てる小ぎれいにつくられ派手な色彩を施された智天使像や絵画にはじまり、古いドイツ建築のいかめしい遺物――たまにその奇想天外な雷文に出会うと私は一同と声を合わせて「装飾過重」の歌を歌った――にいたるまで、およそ自分の体系に合わないものをすべてゴシックと呼んでいた。そして大寺院に向かって歩いて行く時、私はなにか不格好でちぢれ毛の怪物を見る思いで身震いがした。

大寺院の前に歩みよったとき、その光景はなんという予期せぬ感情で私を驚かせたことであろう。一つの全体、偉大という感覚が私の魂を満たした。それは調和した無数の細部より成り立っていたので、味わい享受することはできても、理解し説明することはまるで不可能であった。天国の喜悦とはこのようなものだと、人々は言う。この神聖にして世俗的な喜悦を享受し、われわれの古き同胞たちの偉大な精神をその作品のうちに味わうために、私はいくたびここに立ち戻ったことであろう……「これらの塊量は、すべて必然的なものであった。きみはそれらをきみの街のどの古い教会にも見ないだろうか。私はその恣意的な比例を調和にまで高めたに過ぎない。二つの小さな入口を両脇に従えた主入口の上に、大きな薔薇窓がいかに身廊に応えるように開かれていることか。それは通常は採光のための穴に過ぎなかった。そしてそのはるか上方の鐘楼がいかに小さな窓を要求していることだろう。これらすべてが必然であり、私はそれを形作って美しくした」。(訳5)

ゲーテがこれらすべてをヘルダーとハーマンとヤングに負っていることは必ずしも立証の必要はない。彼が趣味を嘲り、原始的本能と全体性を尊び、規則による評定ではなく感覚に訴えたことは明白だからである。

しかしながら、同じくよく知られたことながら、まもなく彼はこのゴシック建築への熱情から離れる。ただ一七八六年から八八年にかけてのイタリア旅行は、古典主義、パラディオ、そしてヴィンケルマンによるギリシアの静かなる偉大（stille Grösse）の理想への内的な展開の終わりに過ぎなかった。そして、ボワスレー兄弟の熱意に煽られて彼は、数年の間、特に一八一〇年以降、再びゴシック様式に得心していたように見え、少なくともゴシック様式に寛容であったように見えるけれども、おおむね浪漫主義者たちは彼に期待できないことを知っていた。しかし、彼の「ドイツ建築について」は浪漫主義者たちによるゴシックの建物の賞賛の出発点であり続けた。二十三歳のゲーテの激しい感情と激しい文体は、彼ら浪漫主義者たちの書いたものをはるかに超えている。鍵となる文献が、ゲオルク・フォルスターの一七九一年から九四年にかけての『ニーダーラインの光景』、ヴィルヘルム・ハインリッヒ・ヴァッケンローダーの一七九七年の『芸術を愛する一修道僧の真情の披瀝』、ルートウィヒ・ティークの一七九八年の『フランツ・シュテルンバルトの遍歴』、エルンスト・モリッツ・アルントの一八〇四年の『一七九八年と一七九九年のドイツ、ハンガリー、イタ

リア、フランス巡回旅行』、そしてシュレーゲル一家の著作である。(5)

フォルスターはケルン大聖堂を、燦然としていてぞくぞくさせられ崇高だと言っているし、アルントはニュルンベルクの聖セバルドゥス教会に入ったときの「深い畏敬と敬虔なおののき」を語り、とりわけ「よく響く暗さ」や「高くほっそりとした円柱」や「目もくらむような天井」について触れているし、(6)ヴァッケンローダーはデューラーを雄々しく、力強く、誠実で、真面目で、真っ直ぐだと言い、「イタリアの空の下のみならず……尖りヴォールトの下でも真の美術は育ち得る」、なぜなら「ローマもドイツも一つの地球上にあるのではなかろうか」という有名な一節を書いているし、ティークはストラスブール大聖堂について、「私は、この強大な構築物……無限のイメージを構想し実施した精神の前に心の中で跪く」と叫んでいる。

フリードリヒ・シュレーゲルは、他の二人の兄弟よりも創意に富んでおり、建築よりも初期の絵画にもっと多くの賞賛の言葉を書いている。たとえば「こつこつと仕上げられた……厳格で無味乾燥とすらいえる形と正確な輪郭の……キアスクーロも汚れもない……半陰の……子供のような天真爛漫さと極限」をもつ絵画について書いている。(7)シュレーゲルはさらにこう書いている。これらの早い時期の作品は「後の時代のものよりも、美術の本来の着想と目的をより純粋に偽りなく示し」(8)ており、したがって「それらが第二の天性となるまで忠実に模倣される」(9)べきである。ルーベンスはまったく間違った時代の趣味に毒されているが注目すべき人で、(10)プーサンの美術は「堅苦しい流派の衒学趣味」(11)で、ラファエロはすばらしい若い時代のあとで、ミケランジェロにそそのかされて「敬虔な愛の道を捨てた」と。(12)

ある意味で、シュレーゲルは二十世紀においてドイツ美術史の中心課題となる問題を予告している。彼には対極性を際立たせようとする傾向があり、ナショナリストでもある。「男らしさと偉大さの感覚をもつドイツ人は粗野に陥る傾向があり、快活さと優美さを愛するフランス人は狭量で気障になる危険がある」。(13)シュレーゲルの中世と近世の画家の比較もまた洞察力に富んでおり、影響力のあるものであった。彼は言っている。ケルン一派の名匠たちは「慎み深いギルドの仲間」だったが、今日の大画家は「深く考え、重要で価値ある仕事を見つけるよう努め」なければならない。宗教と哲学的神秘主義から離れてのみ、絵画は「ヒエログリフ……真の聖なる象徴」として創造され得る、と。[14]

一方のナショナリズムについては、あまり言わないほうがよいだろう。ドイツ人は、「世界で最も高貴な民族」である。[15] サン・ドニは、フランスにおいてもなお「ドイツ的忠実さと温かさの痕跡がたくさん残っていた」古い時代のものである。ルイ九世とジャンヌ・ダルクはドイツの遺産であり、[16] フランドル地方は、ドイツ的過去から切り離された時にたいへんな遅れをとった、[17] 等々である。

ゴシック建築については、シュレーゲルのそれに対する注目は、最初はボワスレー兄弟（彼らについては後に述べる）によって与えられたものである。彼は、一八〇三年にパリでボワスレー兄弟と会っている。そして兄弟がシュレーゲルの家に引っ越してきて、彼らは一緒にフランドルとラインラントを旅行している。ゲーテによると、シュレーゲルはゴシック様式を、大きなスケールによる無限と小さなスケールにおける自然の充実の統合としてみごとに定義している。[18]「私はゴシック建築に非常な愛好心をもっている」。それは「底知れない彫琢の手腕」を有しており、さらに「作品全体で……偉大さや、広大さと驚異といった感覚」を抱かしめる。[19] それは、フィオリロが『絵画史』で言ったように、ゴシックではなくドイツ的と呼ばれるべきである。外国ですら、偉大なゴシック建築の作品はドイツの石工たちによって建てられたのである。これらすべては、感覚的にも、思考と表現においても浪漫主義であり、したがってシュレーゲルが浪漫主義という言葉をゴシックの同義語として使っていることを知ることは驚くべきことではない。[20] ケルン大聖堂は、彼にとって「浪漫主義建築の全盛期の様式」を示していた。[21]

フリードリヒの兄、アウグスト・ヴィルヘルム・シュレーゲルの影響は、より深くはないが、より広範である。一八〇一年にベルリンで行われたが、一八八四年まで出版されなかった[22]文学と美術に関する彼の講演で、彼はゴシック建築の特徴に関する一節を含む建築理論の体系を概術している。その講演で、彼は、あらゆる建築において、美は「まずなによりも有用性の外観から成り立って」いなければならないと語り始めている。そして「空想は理性に従わなければならない」とし、このことは「恒久的に使われる三次元のもの」をつくる際にも正しいとする。建築は自然を模倣するのではなく、「自然の方法」を模倣するのであり、これは「力学的な形態と動物的な装飾の表示」を意味するとする。あるいはまた、「数学的に構築可能な」結晶体の幾何学的形態に関する言及があり、垂直線は重力を表し、水平線は均衡を表し、したがって左右対称は、われわれの内的器官が左右対称に配置されていないが故に、外観のみに要求される、といった言葉が続く。(23)

ゴシック建築は——この講演では概略にしか触れられていないが——「ギリシア建築の単純さに対する無際限性」をその原理として有するとし、その後でシュレーゲルは、一つの主要な教会（カトリックの大聖堂）の各部分を、その機能にしたがって祭壇、身廊、聖歌隊席、オルガン、脇祭壇、礼拝堂、塔、鐘、入口と順に語っているように思われる。(24)彼の弟が一八〇三年に刊行した「エウロパ」誌への寄稿においては、彼はもう少しはっきりしており、ゴシック建築は「不可能の限界に達しているように見える。その部分は古代の建築の部分のようには引き締まってはいないが、むしろ動物の体の筋肉のようであるとしている。(25)この各部分による整理というやりかたは、後にリックマンとコーモンのところで出てくるであろうし、筋肉（もしくは腱）との比較はラスキンのところで出てくるであろう。

シュレーゲル兄弟が国際的な注目を受けたとすれば、それは主としてスタール夫人のおかげである。アウグスト・ヴィルヘルムは一八〇四年から五年にかけてレマン湖のほとりのコペにある彼女の家に滞在しており、フリードリヒもそこに彼を訪ねた。そしてアウグスト・ヴィルヘルムは彼女とともにヨーロッパを旅行した。彼女の『コリンヌもしくはイタリア』はフリードリヒによって翻訳され、彼女は一八一〇年に『ドイツ論』を完成させた。それは一八一三年に出版された。彼女の国民的性格に対する扱い方、フランスとドイツの特徴の比較——フランスにおける軽薄ではあるがよき趣味、ドイツにおける深くはあるが誇張の傾向——は、明らかにシュレーゲル兄弟からもたらされたものである。しかしフランスは、ドイツの理念の豊かさや哲学的性向や熱狂と張り合うつもりは毛頭ないと、彼女は書いている。この本の大部分は文学を扱っているが、その作品が「イタリア流を無視し得ないであろう」(26)ドイツの最初期の画家に関する一節や、「新しい学派」が新たな方法で考えているゴシック建築に関する一節が、ときたまある。スタール夫人自身は、ゲレスから引用して、ゴシック教会を「枯れた枝と葉が石化した森」(27)にたとえている。このこと自体はたいしたことではないが、スタール夫人がなしたことは、他の国々における浪漫主義的な思考と感情に対するドイツの貢献を考えれば、注目に値する。イギリスにとっては、これはとりわけ鼓舞的であったことが示されている。われわれは、コールリッジとカーライルともっと後のケネルム・ディグビーが、彼女によってシュレーゲル兄弟への関心をもたされたことを知っている。(28)

したがって、十九世紀初期の建築思想へのドイツの貢献は、哲学的な思想への貢献にくらべて小さいが、情緒的な関与の一つであった。しかしイギリスにおいては、情緒と浪漫主義がすべてではなかった。ゴシック建築に関する調査と理論化もまた、エセックスの例に続いて進んでいた。これからそれを示さねばならない。

註

1 Hannah More への一七九〇年六月二十五日の手紙。Yale Ed., XXXI, 343.

2 ゴシック様式に関するドイツの最初期の著作については、W. D. Robson-Scott 教授の最近の傑出した本、*The Literary Background of the Gothic Revival in Germany*（Oxford, 1965）を参照。ゲーテと美術、あるいはゲーテと建築に関するより広範なドイツの文献については、*Studies in Art, Architecture and Design*（London, 1968）〔ニコラウス・ペヴスナー『美術・建築・デザインの研究Ⅰ、Ⅱ』鈴木博之・鈴木杜幾子訳、鹿島出版会、Ⅰ、一九七八年、Ⅱ、一九八〇年〕に再録されたわたしの論文 'Goethe and Architecture' で触れている。それ以降では、Herbert von Einem, *Goethe-Studien*（1970）が出ている。これは二つの新たな論文を加えた彼の *Goethe und die Kunst* の拡大版である。

3 *Architectural Review*, XCVIII（1945）, 156 ff. における Geoffrey Grison とわたし自身の翻訳からの引用。

4 これは、一七五三年に出版された Laugier の *Essai sur l'architecture*〔マルク＝アントワーヌ・ロジェ『建築試論』三宅理一訳、中央公論美術出版、一九八六年〕への言及である。ロジエはより穏健なやり方ではあるが現実にはゴシック様式の擁護者であったから、ゲーテは彼に対して公平ではない。ロジエに関しては、W. Herrmann のすぐれた著書 *Laugier and eighteenth century French Theory*（London,1962）を参照。

5 Robson-Scott と Frankl に加えて、H. Lippuner, *Wackenroder und Tieck und die bildende Kunst*（Zurich, 1964）を参照。

6 *Reisen durch einem Theil Deutschlands, Ungarns, Italiens, und Frankreichs in den Jahren 1798 und 1799,* IV, 347.　ケルン大聖堂に関する評言については、H. Lützeler, *Der Kölner Dom in der deutschen Geistesgeschichte,* Bonn 1948（Akademische Voträge und Abhandlungen XII）を参照。

7 *Europa,* ed. E. Bechler（Stuttgart, 1963）, pt. I, 114. もちろん、*Kritische Friedrich Schlegels Ausgabe,* IV（Munich-Paderborn-Vienna, 1959）も参照。さらなるシュレーゲルの文献については、いまは E. L. Stahl and W. E. Yuill : *German Literature of the Eighteenth and Nineteenth Centuries*（London, 1970）所収の記念碑的な文献一覧を参照。より古い文献については、いまでも E. Sulzer-Gebing : *Die Brüder Schlegel in ihrem Verhältnis zur Kunst*（Munich, 1897）が頼りになる。

8 *Europa,* pt. II, 2, p.2.

9 Ibid., pt. II, 2, p.144.

10 *Krit.* Ausg. 173.

11 *Europa,* pt. II, 2, p.29.

12 Ibid., pt. II, 2, p.26.

13 Ibid., pt. I, p. 105.

14 Ibid., pt. II, 2, pp. 137-44.

15 *Krit.* Ausg. 189.

16 Ibid., 158.

17 Ibid., 164.

18 Ibid., 199 ff.

19 Ibid., 160.

20 Ibid., 162-3.

21 Ibid., 185.

22 A. W. Schlegel, *Kritische Schriften und Briefe,* II（Die Kunstlehle）（Stuttgart,1963）.

23 A. W. Schlegel, 140-7.

24 Ibid.

25 *Europa,* pt. II, 1, p. 30.

26 Chap. XXXII.

27 Ibid. このフェリビアンとウォーバートン流の思いつきは、「人は聖なる樅の森に立っている」（*Reisen,* 1804, IV, 347）というニュルンベルクの聖セバルドゥス教会での先述のアルントの印象にも表れている。

28 カーライルは一八三〇年の論考で、スタール夫人を「なんであれ我々の間にあるドイツ文学の知識の親」（*Critical and Miscellaneous Essays,* Centenary ed., XXVI, 476）と呼び、一八二六年のノートでシュレーゲルとシャトーブリアンを並べて書いている（J. A. Froude, *Thomas Carlyle*（London, 1826）, I, 372）。August Wilhelm Schlegel とイギリスについては、W. F. Schirmer in Shakespeare Jahrbuch LXXV, 1939 を、Coleridge とイギリスについては E.C. Mason, *Deutsche und englische Romantik*（Göttingen, 1959）を参照。

第三章　イギリスの古物研究家たち

以下に述べる十八世紀末期と十九世紀初頭のイギリスの出版物は、スケールとしても価値としても例外なくマイナーであるが、総体としては重要であり、質においても広がりにおいても予想以上の強い影響をフランスに与えた。故パウル・フランクルは、『ゴシック』においてそれらの出版物の大半を扱っており、簡潔に触れると以下のようになる。すなわちそれらの本と論文は、一七九〇年に刊行されたマイケル・ヤングの「ゴシック建築の起源と理論」、ジョン・カーターの一七九五年の『ウェスミンスターの聖ステパノ聖堂参事会教会物語』と一七九五年の『イギリスの古建築』等、ジェームズ・ホール卿の一七九七年の「ゴシック建築の起源と原理試論」、ジェームズ・ベンサムの一七九八年の『イギリスのゴシック建築とサクソン建築の歴史』、ジェームズ・ミルナーの一七九八年の『ウィンチェスター大聖堂の歴史』、トーマス・ウォートン、ベンサム、F・グロース、ミルナーによる一八〇〇年の『ゴシック建築試論』であり、それ以降もたくさんある。ミルナーの論考「尖頭アーチの起源と展開について」は、グレイやベンサムの説にしたがって、尖頭アーチの由来をノルマン様式の交差アーチから引き出しているが、一方で彼がまた浪漫主義の世代に属することをも示している。すなわち、ゴシックの建物がそれを見る者に彼がバークの言葉を使って呼ぶところの「人工的な無限性」を感じさせるが故に、ゴシックの建物が他のどんな建物よりも「畏敬の印象」をよく伝えることを彼もまた認めているのである。(1)

価値のある成果を伴った一連の古物研究は、マイケル・ヤング師の「ゴシック建築の起源と理論」から始まる。(2) これは奇妙な論考であるが、森とゴート族の理論や、交差アーチとサラセン人の理論を「実りがない」としてきっぱりと退けていることで注目される。そのかわりに、「建築に推奨されてきたように思われるアーチの実際の特徴」は何かを問うている（七二頁）。もちろん、それはすべて構造的なことであり、アーチは「横荷重」を減じ、側壁が少なくてすむ、等々とする。ヤングは工学の論文を用いており、数学の計算も使っている。その成算のありそうな手順の成果はあきらかに奇妙である。すなわち、尖頭アーチは、

ことにこれらの宗教的な建物の様式に用いられて、中世において流行した。それは、屋根を非常に高く架けることができ、アーチの先端にはなんら大きな荷重がかからず、アーチ列の層が次々に重ねられるはずである。しかし、非常に高い建物がゴシック・アーチによって建てられた際には、多くの頂部の部分は……窓や他の開口で十分採光されねばならない。（八三頁）

となる。そのほかのことでは、ヤングは楕円アーチを強度の点から好ましく、正しい均衡からのずれも少ないとしている。

一七九〇年以降については、一七九七年は、ジェームズ・ホール卿の「ゴシック建築の起源と原理試論」が『王立協会紀要』に初めて発表された年であった。一八一三年には、そのずっと豪華な印刷物の本が出ており、ついでながら、フリードリヒ・シュレーゲルがそれを読んでいる。(3) ヤングが科学的であろうとした一方で、ホールは空想的ではないにしてもまったくそうではなかった。ホールにとって、ゴシック様式はヤナギの木の建物から発生しており、一八一三年の本の口絵は、これを陽気な無責任さで示している（写真6）。その背景に、フェリビアンとウォーバートンのゴシックの森の概念があることは疑いがない。

ホールの「試論」は、一八〇〇年から〇一年にかけて『農業再創造』誌の二巻から四巻に発表されたジェームズ・アンダーソンの「ギリシアとゴシックの建築様式の起源と美点と欠点に関する考察」に順序よく受け継がれる。アンダー

ソンの論考は、フランクルに詳しくとりあげられており（四九三頁～六頁）、実際とりあげる価値がある。アンダーソンは主に合理的な農業に興味を持ったスコットランド人で、一七九七年にロンドンに移り、一八〇八年に六十九歳で亡くなっている。(4) その論考は、イギリスの古典主義建築に対する激しい攻撃で、ゴシックの基盤に立った訴えであった。彼はギリシア人を非難しているのではなく、当時の「頑迷なギリシア風方式擁護者」を非難している。(5) 柱廊の建築がギリシアであり、それはうまく合わせられないし、窓や内部の分割も許さない。(6) イニゴー・ジョーンズのホワイトホールは「稚気」であり、セント・ポール大聖堂は「最も派手な類の不条理」である。(7) 代わってゴシックを採用しよう。アンダーソンはエセックスやヤングにならってゴシックの構造的利点を書き留めている。彼にとって、ゴシックは「特殊な美術分野」すなわち聖なる構築物「への科学的原理の特別な応用」であった。(8) 尖頭アーチは、「減少される（べき）外に向かう力」、控え壁、控え壁に安定を与えるピナクル、「単なる付随的なスクリーン」となる窓、を可能にする。(9) しかしアンダーソンは、構造的な言及をしているだけではない。彼はまた、「将来、賞賛を引き起こすであろう驚嘆すべき構築物」(10) についてロマンティックに書いてもいるし、ウェストミンスター・アベイを「きわめて重要な一つの偉大な全体」と呼んでいる。(11)

ジェームズ・ダラウェイ師の一八〇六年の『イギリス建築所見』は、まさにアンダーソンの裏返しである。(12) この本の半分は古典主義の建築を扱っており、半分は中世の建築を扱っている。そして、一方を他方よりも重視する意図はない。たとえば、オクスフォードとケンブリッジの章とバースの章は、十八世紀のパラディオ主義建築を率直に賞賛している。彼の中世建築の諸相に関する解説は無頓着であり、時代判定もしばしば間違っている。ダラウェイの好みは、十五世紀のゴシックである。グロスター大聖堂の聖歌隊席は、一四〇〇年以後のものであるが、「ゴシックが達し得たあらゆる完璧さを含んでいる」としている。(13) 彼はまた、ゴシックの施工者としての石工に賛辞を呈しており、レンやさらにはスフロをも例示としてあげている。(14) というのも、ダラウェイは時に海峡を越えて見ているからである。ついでながら、彼がほとんど正しくサン・ドニ聖堂の時代判定しており（一一四〇年に竣工）、「フランスの古物研究家たちが、この新しいモード［すなわちゴシック］が、より早くではないかもしれないにしても……フランスに……少なくとも同じ世紀には登場していたと主張するであろう」と書いていることは記しておく価値がある。

しかし、ダラウェイの時代判定がいかに気まぐれかを考えることはそれほど重要ではない。同様に、それよりもずっと独断的になされているF・セイヤーズの『論説』（ノーウィチ、一八〇八）の断定を考えることも重要ではない。セイヤーズはヨーロッパ大陸の尖頭アーチの「たくさんの標本」は、イギリスの例よりも早い時期のものだと確信していたが、そのリストの中にストラスブール大聖堂の主入口を一〇二七年のものとして入れているし、ついでにシチリアのモンレアーレを七世紀のものとして入れている（二三〇〜八頁）。したがって、これは深刻に考えられるべきではない。

これとほぼ同じころか、二、三年早く、G・D・ウィティングトンが同じことを言ったが、それはまた別の事情であった。というのは、ウィティングトンは、一八〇七年に二十九歳で亡くなっているのだが、亡くなる時、彼はフランスのゴシック建築に関する本を書いていたのである。われわれは、このことを彼の死後の一八〇九年に出版された『フランスの教会建築の歴史的概観』の序文で知っている。[15] その序文は、アバディーンの第四代伯爵によるものであるが、彼自身は高名なギリシア愛好家でアテネ学会の創設者でもあり、バイロンの言う「旅した領主、アテネ人アバディーン」であった。ウィティングトンの本の序文は、書いて出版されたものとしては彼の最初のものであった。そこで、彼はフランスとイタリアの旅行のことを語っているが、どちらもともに一八〇二年と一八〇三年に実施されたものであった。この本は未完成で、ゴシック建築の起源を扱うはずの第三部は、まだ手つかずのままである。しかし、われわれはフランス中世建築の略史をもったし、フランクルによれば、一六九九年のル・コントを除けばこの種の最初の本である。それは、様々な面で欠点が多いが――たとえば後期ゴシックのフランボワヤンの傑作はウィティングトンにはまだ知られていなかった――この論文は非常に重要である。それは、イギリスのものに対する「フランス様式の優先的卓越性」を示すものである。そのおおもとの起源については、アバディーン伯は東方諸国を主張しているが、それがまたウィティングトンの見解であるかどうかはわからないままである。[16]

それはともあれ、ウィティングトンは確かにサン・ドニのゴシック様式における究極の重要性を認識していた。彼はサン・ドニの正しい建設年を知っていたし、それを「フランスに現存する［ゴシックの］装飾をもつ建物のおそらく最も古い完全な標本」だとし、「尖頭アーチの使用におけるイギリス人美術家の他の国々の美術家に対する優越性という我々の信念は、かなり揺るがせられざるを得ない」と付け加えている。(17) ついでながら、ウィティングトン自身の好みは、ダラウェイの垂直様式好みと違って、十三世紀のフランス高期ゴシックであった。彼はそれを「中世の卓越性の頂点」で「いかなる時代においても国においても決して超えられなかった」としているが（六四頁）、ジェームズ・エセックスのところで述べたように、こうした好みがようやく一八四〇年ころになってピュージンやスコットによってよく知られるようになることを考えれば興味深い。(18)

ウィティングトンが死んだ年に、『ロンドン建築協会の試論集』という本が出た。フランクルはこの本に触れていない。そこには、ゴシックの建物の「構築の魔術」や、より軽い材料によるヴォールト天井の巧みな充填や、ゴシックのヴォールトを建てる際に仮枠の節約を称賛したE・エイケンの「近代建築について」（第一部）という論文が含まれている。また、S・ビーズリー・ジュニアの「ゴシック建築の起源と発展試論」もある。これはより伝統踏襲的であるが、ウォーバートン、ダラウェイ、ヤング、さらにはバターリャのマーフィーやペイン・ナイトも引用されており、またビレットとネイルヘッドとシェヴロン(訳6)はサクソン的だとされている。

さらに一年後、つまりウィティングトンの本が出版された年に、ケンブリッジの大学司書T・カーリッチが古物研究協会で論文を発表したが、これについてはエセックスに関わる部分ですでに触れた。その論文は『アルカエオロギア』誌の十六巻（一八一〇年）に掲載されているが、「海外、特にイタリアのゴシックの建物およびゴシック建築全般に関する若干の考察」というものである。カーリッチは、イギリスの最初期の建築をノルマン・ゴシックと呼び、それ以降の建築を順にゴシック、装飾体ゴシック、華麗体ゴシック、初期イタリア様式ロンバルドと呼んでいる。(19) そして、少し前のヤングと同じく、先頭アーチの起源を重要な問題とはしない。「われわれは発明と……発明されたものの使用へと導いたであろうものとを、注意深く区別しなければならない」。「尖頭アーチだけがゴシック建築を構成しているわけではない……その軽い支柱、長く細い柱、優雅な葉模様とヴォールト天井、トレーサリー、その他たくさんの優美な形態……それらが同様にゴシックの一般的性格にとって必須なのである」（二九五〜六頁）。ついでながら、カーリッチは現存のゴシックの建物を修復することにあえて否を唱えている。「［ゴシックの建物が］近代化されたり、（いわゆる）改良されたりするのを見るのは悲しむべきことだ」。「それらを改良することは絶対に不可能である」し、かりに改変が説得的であったとしても、それは「欺瞞」である。(20)

二年後の一八一一年、かつてミドルセックス州のサーヴェイヤーだった人で、興味深い本『劇場論』の著者でもあるマイナーな建築家、ジョージ・ソーンダースが古物研究協会で論文を発表し、それは後に『アルカエオロギア』（十七巻、一八一四年）に掲載されている。それは、「ゴシック建築の起源に関する考察」と題するもので、主としてヴォールト架構を論じている。彼は、リブはそれなしには極度に弱くなってしまう交差ヴォールトを強化することに役立っており、セル(訳7)（彼はそれをパネルと呼んでいる）を非常に薄くさせていると言っている。そして、リブはセルの前につくられており、アーチの尖る度合いを変えることによって、ヴォールトはみっともない外観の支柱なしで長方形の平面図のベイに架けることができると彼は強調している。この後のほうの議論を、ソーンダースはエセックスとカーリッチから引き継ぎ、ヴォールトのセルの薄さの議論をビーズリーから引き継いでいることが気づかれるが、その他の点は彼のオリジナルであり、彼がゴシック様式の発生場所として、アーチではなくヴォールトを強調していることは重要である。ついでながら、ダラウェイと同じように、彼もスフロに言及している。

『アルカエオロギア』誌の同じ巻に、もう一人別の建築家、サミュエル・ウェアー――彼はバーリントン・アーケイドを建てた――の論文があるが、これは一八一二年に古物学協会で発表された。その表題は「ゴシックのヴォールト架構に関する考察」で、これはめずらしく体系的な仕事である。ウェアは、壁の上に載るヴォールト（トンネル・ヴォールト、ドーム、ドーム風ヴォールト）と支柱の上に載るヴォールトを区別する。後者には、交差ヴォールト、「交差リブ」ヴォールト、「同じ湾曲の」リブ付きヴォールト——扇状ヴォールトのことを言っている——が含まれる。彼は、「より高度な科学」を含んでいるからとして古典主義の建物よりもゴシックにより高い評点を与え、推力の削減と必要な仮枠の少なさの故に、先頭アーチとリブ・ヴォールトの構造的利点を主張している。ゴシックに関しては、彼はE・-M・ゴーテの『橋梁建設論』（パリ、一八〇九年〜一六年）に言及しており、古典主義建築に関してはレンに言及している。ゴーテの『橋梁建設論』はヤングとビーズリーもまた用いている。

この小さな古物研究家のグループの貢献はわれわれにとってはマイナーなように見えるかもしれないが、フランスの考古学を立ち上げた人たちにとってはそうは見えなかった。フランスの考古学を立ち上げた人というのは、オーギュスタン・ル・プレヴォ、M・ド・ジェルヴィル、アルシス・ド・コーモンである。(21) オルデリック・ヴィタリスの本の出版（レオポルド・デリルと共同）で知られるル・プレヴォは、一七八七年の生まれ、ジェルヴィルは一七六九年の生まれ、そして三人のうちでとりわけ重要なコーモンは一八〇一年の生まれである。一八一三年にジェームズ・アンダーソンによって考古学研究に導かれていたル・プレヴォは、ウィティングトンの本を翻訳しており、ジェルヴィルは一七九三年に革命を逃れてイギリスに亡命し、一度中断はあるが一八〇一年までイギリスに滞在している。一八二四年に、ジェルヴィルは「ロマネスク建築も、通常ゴシックと呼ばれている建築も、フランスの古物研究者たちの注意を引いて来なかった。私はこれを専門に研究している人を誰も知らない……我々の教会建築に関する研究を我々に教えてくれる著作家を探さなければならないのは、イギリスにおいてである」と書いている。「我々の」という言葉を彼は特にノルマンディーを意味させており、(22) たしかにノルマンディーとそこの建物に関するまとまったイギリスの文献はあった。それについては後ほど触れる。ジェルヴィルはまた、ベンサム、ウィティングトン、ミルナーにも言及している。(23) コーモンはイギリスの本をジェルヴィルから借りており、「私はイギリスの古物研究家を引用するが、それは中世の建築を研究している人をほかに知らないからである」と書いている。(24)

ジェルヴィルとコーモンの記述はスタンダールによっても確かめられる。すなわち彼は一八三八年に、「我々の考古学は、乗合馬車や鉄道や汽船と同様にイギリスからやって来た」と書いている。[25]

当然、ジェルヴィルとコーモンはなによりもノルマンディーの文献のことを考えたに違いないだろうが、彼らが感謝をこめてとりあげているのが、デュカレルの『アングロ・ノルマンの古代遺物』（ロンドン、一七六七年、コーモンによる翻訳本はカーン、一八二三年）、J・S・コットマンの『ノルマンディーの古代建築遺産』（二巻本、一八二〇～二年、本文はドーソン・ターナーによる）、シャルル・ノディエとテイラー男爵とド・カイユーの『古フランスのロマンティックで絵画的な旅』（二十巻本、一八二六～六四年）、[26]そしてジョン・ブリットンとA・C・ピュージンとJ・&H・ル・キューの『ノルマンディーの古建築実例』（一八二五～八年）である。

註

1 Frankl, *The Gothic,* pp. 445-6.
2 *Trans. R. Hibernian Academy,* III, 1790, 55 ff.　Frankl はこれに触れていない。
3 *Krit. Ausg.* IV, 198.
4 彼は、フォース湾の吊り鉄橋のデザインを発表したジェームズ・アンダーソンとは別人。なんにしてもフォース湾の話は一八一八年以降である（*Report relative at a Design of a Chain Bridge...over the Firth of Forth*）。
5 *Recreations in Agriculture,* IV, 394.
6 Ibid., IV, 274 ff.
7 Ibid., IV, 282 and 286-7.
8 *Recreations in Agriculture,* IV, 383.
9 Ibid., II, 424, 427; III, 130.
10 II, 418.

11 IV, 386.

12 Dallaway の最もよく知られた本は、*Anecdotes of the Arts in England*（London, 1800）で、これは特に彫刻について多くの情報を与えてくれる。

13 *Observations*, pp. 30, 67.

14 Ibid., p. 42. スフロとゴシックの原理に関しては、R. Middleton, 'Viollet-le-Duc and the Rational Gothic Tradition'（Ph.D. Thesis, Cambridge, 1958）を参照。

15 わたしの引用は一八一一年の第二版によるものである。

16 pp. vi, ix, xix.

17 pp. 137, 139.

18 しかし、ウィティングトンですら、なお初歩的な間違いを犯している。たとえば、La Charité の聖歌隊席を彼は一〇八四年以前とし、「現在の姿」の Bourges は一三二四年ころとしている。ウィティングトンの本は Milner によって攻撃され、John Haggitt 師はそれに対抗するために *Two Letters to the Fellows of the Society of Antiquaries*（Cambridge, 1813）を出版した。そこで、彼は正しくも Milner は尖頭アーチの点からのみ考えており、ウィティングトンは様式から考えていることを強調している（pp.8, 49）。Haggitt は Lord Aberdeen と同じようにゴシック建築の中東起源説を信じていた。

19 Frankl はイギリスの様式区分の術語を、一七六三年の Thomas Warton の *Observations on the Faerie Queene of Spencer* まで辿っている。Warton によれば、順に Saxon, Gothic Saxon（1200-1300）, Absolute Gothic（1300-1441）, Ornamental Gothic（1441 以降）となる。Frankl はまた John Britton の *Architectural Antiquities*（vol. I, 1807）をあげており、それによれば Anglo-Saxon, Anglo-Norman, English（1189-1272）, Decorated English（1272-1461）, Highly Decorated English（1461-1509）, Debased English or Anglo-Italian（1509 以降）となる。Schlegel は *Letters from his Journey through the Netherlands, the Rhineland, Switzerland and part of France*（*Krit. Ausg.*, IV, 162）の中で、イギリスでの Norman という用語の使用に言及している。Young は Saxon, Norman, Gothic という用語を使い、その特徴を巧みにトスカナ、ドリスとイオニア、コリントとコンポジットと比較して

いる（56）。Anderson は Norman Old Gothic と Gothic Modern Gothic と名付けており（II, 420）、Dallaway は Saxon, Anglo-Norman, Semi or Mixed Norman, Lancet Arch Gothic, Pure Gothic（1300-1400）, Ornamented Gothic（1400-60）, Complete or Florid Gothic（1460 以後、pp.49 ff., also 32）という用語を使っている。Sayers は、すべてを Norman と呼んでいる。そして Kerrich の Ornamented Norman（1300-1460）と Florid Norman（1480 以後）（70-5）である。

20 298-9. John Carter は *Gentleman's Magazine* 誌上の一七九八年から一八一七年までの匿名の論文で、彼が「刷新者 innovators」と呼ぶものに不満を言う点で Kerrich に先行している。

21 プレヴォについては、A. Pessy による A. Le Prévost, *Memoires et notes pour servir à l'histoire du Département de l'Eure,* I（Evreux, 1862）, p. viii の序文を、そしてM・ド・ジェルヴィルについては、L. Delisle, Nottice sur la vie et les ouvrages de M. de Gerville（Valognes, 1853）を参照。これらの本を参照するにあたっては、Caen の市立図書館の Geneviève Le Cacheux　嬢の世話になった。アルシス・ド・コーモンについては、M. E. de Robillard de Beaurepaire, *M. de Caumont, sa vie et ses oeuvres*（Caen, 1874）を参照。最初期のフランス考古学全般に関しては、P. Léon, *La vie des monuments français*（Paris, 1951）とより古い史料である J. –A. Brutails, *L'archéologie du moyen-âge et ses méthodes*（Paris, 1900）を参照。

22 P. Yvon, 'La renaissance gothique en Angleterre dans ses Rapports avec la Normandie', *Bulletin de la Société des Antiquaires de Normandie,* XXXVIII, 1927-9, 554 ff. また、わたしは見ていないが、P. Yvon, *Le Gothique et la renaissance gothique en Angleterre*（1750-1880）（Caen and Paris, 1931）も参照。

23 *Mémoires de la Société des Antiquaires de Normandie,* I, pt. 1, 1824, 781.

24 *Mém. Soc. Ant. Norm.,*I, pt. 2, 537 and 606. また、*Cours d'Antiquités Monumentales,* IV（Paris, 1831）, pp. 8 ff.　を参照。

25 Paul Léon op. cit., 91 からの引用。

26 E. Maingot, *Le Baron Taylor*（Paris, 1963）を参照。

第四章　モラー、ブリットン、ウィルソン

以下に述べる一八二〇年代の三つの出版物、特に最初の二つは、十九世紀初頭のイギリスの古物研究の出版物とはまったく異なっている。それらは、大判の高価な図版の本であり、イタリアや古代ローマや古代ギリシアを扱っておらず――なぜならそうしたものはずっと以前からあったから――そのかわりに北方の国々とその建築遺産を扱っていたが、そうした本は流行になっていた。

三つのうちで最も早いのがドイツの出版物で、それはその本文からしても図版からしても少し書いておく価値がある。それはフォリオ版のゲオルク・モラーの『ドイツ建築の記念碑』で、一八一五年から出版され始め、一八二一年に完了している。図版は、カール大帝時代のロルシュから始まって十四世紀のオッペンハイムにまで至り、ロマネスクのマインツや過渡的なゲルンハウゼンとリンブルク、そして十三世紀のマールブルクを含んでいる。本文の完成度の高い時代判定は、注目すべきである。それは、「古い建物の年代を決める」必要から発しているが、単に記録された年代（たとえば現状のストラスブールに対して一〇一五年～二八年）を信じるだけではなく、より早い時期や同時期やより遅い時期の建物と比較して記録の年代と外観とを整合させようとしている。[1] この方法は、ロマネスクからゴシックへの推移についての十分に説得的な根拠をモラーに与え得た。彼は、たぶん「しばらくは不一致で不適合」であるだろう状態の「逸脱」と「変異」に注意を向けた。また、十三世紀の盛期ゴシックは一つのものであり、「同じ様式がヨーロッパのすべての国々にほぼ同時期に見られる」という鋭い発見をしている。十四世紀後半までの十三世紀半ばは建築の頂点である。

モラーはゴシック様式の起源に関する様々な理論を数え上げているが、そのどれをも信じていない。発祥地について

は、北方の気候をもつ場所のみを候補地とし、場所を限定している。けしからぬことに、彼はフランスとイギリスをさっさと片付けており、フランスはノートル・ダムのみ――フランスの大聖堂に関する彼の知識は明らかにきわめて僅かである――、イギリスはヨーク大聖堂しかとりあげていない。それで、当然のことながらドイツが勝つ。後にその巨大な未完成品を完成させる際に用いられたケルン大聖堂のオリジナルのデザインを一八一四年に見つけていたこの人にとっては、これは恐らく何の不思議もないであろう。

であるならば、モラーがゴシック様式は現代の新しい建物に用いられるべきか否かという問いに至り、否と答えていることは非常に興味深い。「我々はこれらの作品に感嘆せざるをえない……しかし、我々は似たようなものを作り出すことはできない。なぜなら、そうした建物の様式が生まれた状況は、もはや同じではないからである」。そうしたものを作り出せば、それは「不条理で馬鹿げた構成」となるであろう。モラーによれば、このことはギリシアの様式には当てはまらない。なぜなら、それは「美の賢明な理解と正しい感覚の結果」だからである。したがって、「その応用可能性は決してなくならないであろう」。(2) 実際、彼のダルムシュタットの古典主義の劇場やマインツのイタリア風劇場に見る通り、モラーは古典主義的でイタリア的伝統の建築家であった。(3)

モラーの図版はドイツ以外で熱心に研究された。同様に、一八二三年から出版され始めて一八三一年に完了した豪華本、ズルピッツ・ボワスレーの『ケルン大聖堂の歴史と記録』も熱心に研究された。(4) モラーの英語翻訳版の文章もまた熱心に読まれた。それが尊重されていたという証拠として、シンケル、ブラウンシュヴァイクのオッテ、ミュンヘンのクレンツェとゲルトナー、ペルシエ、フォンテーヌ、パリのル・バとガウ、その他の六人と共に、モラーが新しくできた英国建築家協会の最初の名誉会員の中に選ばれている事実がある（一八三五年五月四日）。(5) リックマンと共に、モラーは一八二五年に至るまで最も尊敬すべき学識者を代表していた。

イギリスの中世建築の図版の出版については、ジョン・ブリットンが大きな事業家となった。(6) 彼は一七七一年の生まれである。波乱に富んだ様々な経験の後に、彼は一八〇一年に『ウィルトシャーの美』の刊行によって出版業に転じた。

彼はその事業を、一八〇一年から一八一四年までの二十巻で刊行された名高い『イングランドとウェールズの美』へと発展させた。この『美』シリーズ刊行中に、彼はより学術的で建築的な分野に進んでいった。『グレイト・ブリテンの建築遺産』が最初に出て（一八〇七年以降）、続いて『イングランドの大聖堂遺産』が出たが（一八一四年以降）、それらは完成しなかった。それらは非常に重要な出版物である。なぜなら、それらは建築家や学者に、模写あるいは検討すべき中世建築の正確なディテールを初めて提供したからである。

ブリットンは、一八二三年から五年にかけて出した『ゴシック建築の実例』において、こうした正確さの努力の極みに至った。ブリットンは出版業者だったから、彼の名前は表紙にはない。その著者は、図版についてはより有名なピュージンの父であるA・C・ピュージンであり、文章はリンカーンの建築家、E・J・ウィルソンである。図版は最上のレベルのものであり（写真7）、文章は建築の学術に相当な貢献をしている。[7]『建築遺産』の第五巻はまた、長文の歴史的記述を含んでいるが、それは一八二六年、すなわちウィルソンが『ゴシック建築の実例』に書いた文章の三年後まで、出版されなかった。二つとも概述しておかなければならないが、二つとも、次章で扱うことになるリックマンの画期的な小さな本の後で出てきたということは最初に記憶されるべきである。

しかし、ウィルソンが言わねばならなかったことは、それ自体で興味深い。[8]第一巻の序文で、ゴシックは後期パーペンディキュラー期の「手のこんだディテールの過度の洗練」によって「不評に陥った」と彼は書いている。エリザベス朝とジェームズ一世時代の「野蛮な混合」がそれに続き、さらに「イタリア趣味の衒学的な見せかけ」が続く。十八世紀にゴシックが再びとりあげられた時、ケントは「ひどく忠実性を欠いて」いたし、ストローベリー・ヒルは「不調和の山」であった。[9]これがエセックスによって変わったが、彼は「古いイギリス建築の模倣において正しい感覚をその作品で示した最初の専門的な建築家であった」。彼の作品は、「その古い例への忠実さにおいて凌駕し得ない」が、無味乾燥で大胆さに欠けるきらいがある。ウィルソンはこの序文をワイヤットで終えているが、二年後の第二巻において、また別の序文を書いている。そこで彼は、以前の著作家たちに簡潔に言及し、さらに大胆にもイギリス建築の年代史素描までしている。[10] 彼は、アングロサクソンに関しては「なにごともまだ十分には確かめられていない」と言っており、ノルマンという語によってロマネスクの名前を暗示している。実際、ロマネスクという語は、一八一八年のM・ド・ジェルヴィルによる「ロマネスク」の主張に従って、一八一九年にウィリアム・ガンによって英語に導入されていた。[11] ウィルソンは一一八九～一二七二年に、アーリー・ゴシック、シンプル・ゴシック、ランセット・ゴシック、イングリッシュ、アーリー・イングリッシュといったものを入れ込んでおり、一二七二～一三七七年にピュア・ゴシック、アブソリュート・ゴシック、デコレイテッド・イングリッシュといったものを入れ込んでいる。ウィルソンは一二七七～一三七七年の時期の窓のトレーサリーを「極度に美しい」としているが、彼がとりあげた例（ヨーク大聖堂の西側、カーライル大聖堂の東側、リンカーン大聖堂の南側のトランセプト）は、疑問の余地なく彼が、ハイ・ヴィクトリアン期のお好みであった一二五〇～一三〇〇年の幾何学的トレーサリーを言おうとしているのではなく、デコレイテッド期の流線形トレーサリーを言っているのがわかる。一三七七年以降はオーナメンタル・ゴシックが続き、一四六〇年以降はフロリッド・ゴシック、もしくはフロリッド・イングリッシュかハイリー・デコレイテッド・イングリッシュが続く。パーペンディキュラー・イングリッシュも使われており、これはウィルソンの造語ではないが、もちろん時代に受け入れられた。

自分自身の時代のネオ・ゴシックについては、ウィルソンは批判的である。「都市の商人たちが城郭に住んでいるのが……見られる」。しかし、「職人の無知」が「面白味のないカリカチュア」をつくりがちだ。しかも「現代の室内の洗練された要求」は模擬ゴシックでは満足し得ない。[12] この本には「ゴシック建築を記述する技術用語」と名付けられた語彙集が閉じこまれていて、それは今日使われている用語のどれが一八二二年、つまりこの語彙集の時代にすでに用いられていたかを示す便利な証拠として役立つ。その中には、ambulatory, billet, bowtel (for torus), chevron, corbel table, crocket, cusp, fillet, finial, hood-mould, mullion, ogee, oriel, parclose, pendant, respond, spandrel, squinch, staunchеon, transom, wall-plate, zigzag があり、[訳8] きわめて多い。

しかし、この時期、中世研究の動きは早く、ウィルソンの第二巻の諸頁の記述は、三年後の一八二六年、ブリットン自身の『建築遺産』の第五巻の百八十頁分によってすぐに凌駕された。この百八十頁分の長い節のタイトルは、「イギリスのキリスト教建築年代史」である。ウィルソンの記述にくらべると、ブリットンのものはどちらかというと資料編纂であるが、役立つものである。たとえば、そこにはウォットン、オーブリー、レンから始まって一八二五年までのイギリスの中世建築に書かれたものすべてについての長い概説がある。モラーの英訳版（一八二四年）への言及ももちろんある。(13) ブリットンは全部で六十六件の文献をあげている。末尾には補遺があって、そこには建築家と建物創立者の索引、建物、記念碑、説教壇、洗礼盤、十字架の年表、そして十頁にわたる語彙集がある。その語彙集には、今日使われていてウィルソンにはない archivolt, clustered columns, groin, herringbone, label, nail-head, reredos, rose-window, set-off, severy, tabernacle, triforium, weepers という術語がある。(訳9) 様式の名前に関しては、ブリットンはあまり明確ではない。彼は、サクソン（ウィルソンと同様に、彼は「いまイギリスに残っているもので、完全なサクソン・チャーチの例が一つでもあるかどうかは……疑問であろう」と言っている）(14)、ノルマン、そしてその後のポインティッド・ファースト、ポインティッド・セカンド、ポインティッド・サードに分けているにすぎない。彼が最も高く評価しているのは、ウィルソンと同じく、エドワード三世の時代（「その優美さ、プロポーションの優雅さ、過剰ではない装飾の豊かさ、施工の科学的技能として恐らく」頂点）(15) であるが、ウェストミンスター・チャプター・ハウス、すなわちヴィクトリア朝の人たちがセカンド・ポインティッドと呼んだ時期のものも、ほとんど同様に賞賛の対象となっている（それは「最高の卓越」に近づいている）。(16)

ブリットンの記述には、これ以外には個人的なことを述べた部分はあまりない。彼は反カトリック主義者であり（「不自然で迷信的な独身主義の聖職者」「盲目の……教皇の貪欲さの代理人」「教皇専制の侵略」）(17)——カトリック教徒解放法の三年前——建築に関しては機能主義者のようにみえる。もっとも、「建築のよさは、建物をその個別の目的に賢明かつ巧みに適用することと、適切で趣味のよい表示あるいは内外の装飾とにある。あらゆる重要な建物は、その目的をはっきりと積極的に示しているべきである」と最初の部分で短く述べているにすぎない。(18) しかし、ブリットンはこの主張を深くは追及せず、結局、終始、学者というよりも通俗普及者にとどまった。ブリットンの記述と、その二、三年前にリックマンを舞台に登場させた記述との対照は、実際、まことに印象的である。

註

1 Priestley と Weale が一八二四年に *An Essay on the Origin and Progress of Gothic Architecture* のタイトルで出版した英訳版を参照（pp. 1-8）。W. H. Leeds は一八三六年に *Moller's Memorials of German Gothic Architecture* というタイトルで別の翻訳版を出している。

2 pp. 51-3.

3 モラーに関しては、M. Frölich and H. G. Sperlich, *Georg Moller, Baumeister der Romantik*（Darmstadt, 1959）を参照。

4 ドイツの文献と課題全般に関しては、Frankl の *The Gothic* にまさるものはない。これは読まれるべきである。

5 これとノルマンディー古物研究協会の通信会員とを対応させてみるのは面白いだろう。Britton と Pugin 父は一八二五年に選ばれ、一八二七～八年に Douce と Sir Walter Scott、それに古典主義者の Raoul-Rochette（二八九頁以降を参照）も選ばれている。さらに後に、Quatremère de Quincy（一八二九～三〇年）と Hittorff（一八三一～三年）が選ばれているが、二人とも古典主義者である。イギリス人としては、建築家の Goodwin（一八四三～四年）が、そしてドイツ人としては Wetter（一八四三～四年）が特に注目される。

6 詳細な報告書がようやく利用可能になった。J. Mordaunt Crook, 'John Britton and the Gothic Revival', in *Concerning Architecture*, ed. Sir John Summerson（London, 1968）, 98ff. がそれである。P. Ferriday の *The Architectural Review*, CXXII, 1957 の論文も貴重である。Weinreb 氏がモラーの一八一五年版の二巻本を持っていて、そこには生徒を紹介するモラーからブリットンへの手紙が挟み込まれていることを Howell 氏が親切にもわたしに教えてくれた。

7 ウィルソンに関しては、S. Lang, *Journal of the Society of Architectural Historians*, xxv, 1966, 240-67 を参照。ジョン・ブリットンはまた、ウィルソンの死亡記事を書いている（*Builder*, xiii, 4（6 Jan. 1854））。

8　ただし、彼は Frankl の本では二行の脚注で触れられているにすぎない。
9　*Specimens of Gothic Architecture*, I, ix-xiv.
10　*Specimens of Gothic Architecture*, II, xi-xvii.
11　ガンについては、*An Enquiry into the Origin and Influence of Gothic Architecture*（1819）を参照。ジェルヴィルについては、一八一八年十二月十八日の手紙を参照。そこで彼はロマネスクを「運よく思いついた自分流の言葉」としている（M. F. Gidon, 'L' invention de l'expression architecture romane', *Bull. Soc. Ant. Norm.*, XLII, 1934, 285-8.
12　*Specimens*, II, xix-xxiii.
13　ついでながら、一八二一年と年代が間違えられている。
14　*Architectural Antiquities*, V, 129, 30.
15　Ibid., 154.
16　Ibid., 151.
17　Ibid.,19, 28.
18　Ibid., 5.

第五章　リックマンと国教財務委員会委員たち

リックマンは、しかるべき評価をすぐには受けていない。それは、彼の最初の論文がリヴァプールの無名の雑誌に出たからである。

トーマス・リックマンは一七七六年に生まれ、一八四一年に死んだ。彼は食糧雑貨店兼薬局の息子で、当初は父親の店で働き、その後医学を学び、ルーイスで二年間医者として働いた。それから一八〇三年から一八〇八年まで、ロンドンの穀物問屋の会社で働き、一八〇八年から一八一三年までリヴァプールの保険会社で働いた。リヴァプールにいる時、彼は教会を描くことに精を出し、北部地方およびリンカンシャーまで旅行している。一八一二年ころ、彼はチェスター大聖堂の建築史を書いているが、それは一八六一年まで印刷されなかった。(1) 同じ年に、彼は建築家としての仕事を始めたが、この仕事は彼がついにたどりついたもので成功もした。一八一二年から一四年までリヴァプールのエヴァートンの聖ジョージ教会と、一八一四年から一五年までリヴァプールのトクステスのセント・マイケル・イン・ザ・ハムレット教会から始まって、多くの教会堂がそれに続いた。コルヴィン氏は、八つの改築を含む五十五件のリストをあげている。彼はまた多くの教会以外の建物を設計しており、その中ではケンブリッジのセント・ジョン・カレッジのニュー・コートが最もよく知られている。これは、一八二七年から三一年まで、リックマンと彼の弟子のヘンリー・ハッチンソンによって設計された。ハッチンソンは一八二一年にパートナーになり、一八三一年に死んでいる。一八三五年から一八四一年まで、R・C・ハッセイがリックマンのパートナーであったが、彼はリックマンの健康が衰えたために仕事の大半を実施した。

しかし、リックマンが長く続く名声を得たのは著作家としてである。一八一五年に、彼はジェームズ・スミスの『科学と芸術大観』（リヴァプール、一八一五年）に、「ノルマン征服から宗教改革までのイギリス建築の諸様式識別の試み」という論考を載せた。それが一八一七年になって本として出版されてからようやく、イギリスはそれを認識し始め、しばらく後にフランスもそれに続いた。それは七版を重ね、最終版は一八八一年にまで至った。この本について専門家でなくとも知っていることは、それがイギリスのゴシック様式の三段階を示す用語としてアーリー・イングリッシュ、デコレイテッド、パーペンディキュラー(訳10)を確立させたことである。(2) 実際、リックマンはアーリー・イングリッシュと言っただけでなく、デコレイテッド・イングリッシュとも言っており、このイングリッシュという言葉の導入の理由を、ゴシックがイギリス的だからというよりも――もっとも、「多くの例において、大陸の近隣諸国よりも優先的な要素を「イギリス人はたしかに導入している」」と彼は言っている――それぞれの国がそれぞれ独自のゴシックをもっているからだと説明している。(3) そして、この各国独自のゴシックという一面の真実は、三十年代にヒューエルとウィリスに刺激を与えることになった。このことはまた、リックマンが単なる用語命名者以上の存在であったことを示している。

リックマンが自分の本の一等最初に、「われわれの教会建築の管理者に、なされるべき必要な修復を相当な正確さで判断しうるであろう現存の建物に関する明確な特徴の所見を提供すること」と「彼らにイギリスの諸様式を模倣した教会堂のための様々な意匠の決定をよりよく可能にすること」という二つの目的を書いていることが、まず興味深い。この目的には、二つとも自己宣伝の雰囲気以上のものがある。そしてリックマンはまた、それほど目立った風にではないけれども、その本が「図版やその修正図面を見て、多くの人々がすぐに判断し(4)、ある教会の「時代と様式の違いを識別する」ことを可能にするはずだとも述べている。(5)

これらすべては実際的な目的であり、事実、リックマンは実際的な人だった。そうでなければ、彼はあれほど成功した建築家にはならなかったであろう。それが証拠に、彼が設計した教会堂はほとんどすべていくつかの種類のゴシックであるが、彼は古典主義の様式になんら異議を唱えていない。実際、彼は自分の時代に「どっしりとしたドリス式」（このころはグリーク・リヴァイヴァルといわゆるワーテルロー教会群の最盛期であった）と「美しくすっきりとしたギリシアのイオニア式」を用いることを称賛しているし、「我々がそれぞれの原理に則って建てられたギリシア風、ローマ風、イギリス風の建物をもつことになる」時代の到来を期待している。[6]

ただ単にゴシック建築の原理がギリシアやローマの建築の原理ほど知られていなかったにすぎず、そこで彼は本を書かねばならなかった。彼にとっての進展はここにある。ローマの様式は「サクソンと初期ノルマンに入って質が下がった」。コラムがピアになった時、つまり「シャフトの導入」によって改良が始まった。[訳11] ゴシック様式の創造についてシャフトを強調したことは注目される。一方で彼は、尖頭アーチがその「すぐれた軽さと適用可能性」の故に受け入れられてきたと付け加えつつ、円形アーチの交差をもゴシックの起源として受け入れている（グレイ・ベンサム理論）。「イギリス方式の完成」はデコレイテッド・イングリッシュ様式で、その後、衰退がパーペンディキュラーの「一連のパネル」[訳12]で始まり、それは「小さな部分の絶えざる繰り返し」によって眼を飽きさせることによって終わり、エリザベス様式がそれ、つまり「他のなによりも堕落したイギリス風」に代わる。[7]

こうした全般的な導入部解説の後に語彙集が続く。そこには、後のウィルソンやブリットンの語彙集と同様に、crockets, finials, mullions, spandrels, transoms[訳13] といった用語があり、またテューダー・アーチとも呼ばれる「四心アーチ」や「水をたくわえておく」基盤や、「球面正三角形」といった語も見られる。[8] 語彙集の後に、より詳細な様式に関する個別記述が次々に展開される。それぞれが、ドア、窓、アーチ、ピア、バットレス、笠石（つまりコーニス等）、ヴォールト、ニッチ等々および装飾の項目の下に書かれている。こうした整理の仕方が、アウグスト・ヴィルヘルム・シュレーゲルによってすでに採用されていたことは注意されるだろう。サクソンについては、リックマンはやはり後のウィルソンとブリットンと同様に、どの建物もそれまでは年代が確かめられてこなかったと言っただけであるが、——もっとも彼はバートン・オン・ハンバーとクラファム・イン・ベッドフォードシャーについては言及している[9]——ノルマンとその後の時代については彼は詳細に述べており、要を得た評がそれぞれに続く。

彼の記述は以前のどれよりも正確である。たとえばノッティンガムシャーのニューアーク教会の尖塔についての彼の記述を、ここに掲げる。(10)

それは教会の西端部に接して立ち上がる。その低層部はアーリー・イングリッシュであるが、主たる美は塔の高層部と尖塔にある。高層部は引っ込んだパネルの帯飾り（それは塔の全周囲を取り囲んでいる）から立ち上がる。高層部はそれほど突出していない各面の平らなバットレスから成り立っており、塔の周囲で都合八つのバットレスとなる。この部分は三層からなっており、下の二層には簡素で小さなセットバックする段が付き、最上層はオジー・アーチの頂部と天蓋をもつパネルとなっている。天蓋の上はクロケットで豊かに飾られたバットレスの三角の頂部があり、コーニスの下のバットレスを終わらせている。これらのバットレスの中間には、二つの美しい二分割窓があり、その窓は水切り石の豊麗な天蓋と、その上のクロケットが付き、豊麗なフィニアルで終わる全体の天蓋がついている。この天蓋の先端部、窓の頂部と頂部の間には簡素で小さなニッチの中に一つの彫像があり、窓の両側にはクロケット付きのオジー・アーチの天蓋をもつニッチの中に他の彫像が置かれている。これらの窓のトレーサリーは大変よいもので、窓とニッチのアーキトレーヴも両方ともシャフトで構成されている。コーニスは花やその他の装飾で密に埋められており、その隅からは低い八角形の台座が立ち上がり、その上にフィニアルのための彫像を頂部に置いた美しい小尖塔が置かれる。パラペットは窪められた四つ葉飾りのパネルで飾られ、尖塔は交互に代わる面に簡素なリブと付加的な斜面をつけている。そこには交互に代わる面に豊麗なクロケットをもつ四つの窓があり、窓は最上部のものを除いて列をなしている。全体として、構成と施工においてこれ以上の例はおそらくないであろうし、同等程度のものもほとんどない。

そして、次はパーペンディキュラーの細部に関する彼の記述である（写真8）。

内陣間仕切りにつけられた……小さなバットレスは……これまで使われたいずれとも異なっており、この様式のよき標識となっている。正面の隅に置かれた小尖塔の正方形の台座は下まで続いており、各面に台座よりももっと小さな面の小さなバットレス（バットレスとバットレスとの間には小さな石膏装飾が残されている）を備えている。これらのバットレスにはセットバックする段があり、格段にある小さな石膏装飾がバットレスに繰形を施している。バットレスの繰形は二本の長い凹面とその間のフィレットからなり、石膏装飾の上は槍の穂形の外観を呈す。このバットレスを言葉で言い表すのは容易ではないが、一度見ると容易に認識されるであろう。(11)

こうした記述を心に留めてリックマンによるケンブリッジのセント・ジョンズ・カレッジのニュー・コートへ行くと、この古物研究家の正しさが少しも見つからないので驚かされる。聳え立つ尖塔や小尖塔はどの権威ある識者も是認しないし、裏の庭園とニュー・コートを分けるアーケード的なものも中世以後の例（たとえばホークスモアによるオクスフォードのオール・ソウルズと当時新しかったウィルキンズによるケンブリッジのキングズ・チャペルの内陣間仕切り）からとられている。そしてニュー・コートへの玄関建物は、トレーサリーで飾られた古典主義のペディメント――ジョージ朝期の破格的な使用で次の世代の嫌うこととなった――を備えている。一八二九年のフィッツウィリアム博物館のためのリックマンによるゴシック意匠もまたまさに不正確である。これは三つの応募案の一つで、他の案はいわゆるギリシア風とローマ風である（写真9、10、11）。ゴシック風の案はジョージ朝風というよりもフォントヒルの塔風の浪漫主義的であり、明らかに博物館という機能を軽視している。

教会建築については、リックマンははるかに正確であり得た。実際、最も不正確だったのは、彼の最も早い時期の作品、楽しくも奔放な鋳鉄のアーチとトレーサリーをもつ一八一二～一四年のリヴァプールはエヴァートンのセント・ジョージ教会である。鋳鉄という材料はリックマンが選んだのではなく、鉄の親方、ジョン・クラッグが選んだ。そしてリックマンは、「彼の鉄細工は、彼が頭の中でなんらかの美を生み出すよう曲げるには堅すぎた」と不平をこぼしている。[12] しかし結果を見ると、彼自身が楽しんだに違いないと思わせられる。実際、実践的な建築家として、彼は自分の正確さの原則に従って設計をするという道義的義務といったことは決して考えなかったに違いない。彼が仲間のゴシック趣味者の多くよりもどれだけまさっていたかは、一八二一〜六年にハッチンソンと共に建てたウォリックシャーのチャールコート近くのハンプトン・ルーシー教会のようなものに明らかである（写真13、14）。とりわけ内部はまったく説得的である。それに対して外部――多角形のアプスはジョージ・ギルバート・スコット卿による一八五六年の増築――は、窮屈で細いバットレスが密にあり、西の塔には高い小尖塔群が見られる。これらは、いわゆる国教財務委員会教会に共通の特徴である。たしかに、リックマンは単独もしくはハッチソンと共同で他のどの建築家よりもたくさんの国教財務委員会教会を設計している。その総数は二十一に及び、いずれも簡素である。

安価であることに関しては、「最小の費用で……最大数を適切に供給すること」[13] が国教財務委員会の要求の一つであった。もっとも、当初はそれは決定的な要求ではなかったが、国教財務委員会教会がイギリスの十九世紀における驚異的な教会建築活動の始まりを示すことになってから、一つもしくは二つの条項がそれに充てられねばならなかった。

数年にわたる激しい陳情活動の後に、百万ポンドの新しい教会建設費付きの一つの法律が一八一八年に議会を通った。その主たる理由は、産業革命の結果、非常に多くの人々が田舎から都市へと移動し、そうした都市では十分な教会、当時の言い方で言えば十分な座席がなかったからである。人口八万のマンチェスターに座席はわずかに一万一千、人口五万五千のシェフィールドにわずか六千三百、人口三万四千のストックポートにわずか二千五百である。われわれにとっては、これは十分余裕があるように見えるかもしれないが、真っ当な人なら誰でも規則正しく教会に通うのを当然と考えていた当時の議会にとっては、これは嘆かわしいことであるのみならず不名誉なことであり、実際危険なことでもあった。

一八一五年に法案のために働いた人たちから首相に手渡された備忘録には、「この国の教会と国家がともに、人々、特に中下層の人々の祈りの場所の不足によってさらされている危険」のことが読みとれる。一八二〇年の「クォータリー・レヴュー」誌は、もっとざっくりと明確に言っている。「我々が建ててきたのは工場と刑務所であるが、前者は後者の住人を生み出している」。そして結論は「人々をよき国民にする唯一の方法は、彼らをよきキリスト教徒と善人にすることである」[14]。カーライルもかつて同様なことをもっと辛辣に言った。「マンチェスターの工員たちが穏やかに紡まんがために……神を信ぜよ」[15]

百万ポンドで、結局、九十六の教会が建てられた。明らかに、それほど安くはなかった。そのうち三十一はロンドンにあり、十九はランカシャーに、そして十六はヨークシャーにある。費用は、平均で五千ポンドと一万五千ポンドの間にある。六十二の教会は一万ポンドを超えており、いくつかは二万ポンドすら超えている。費用は国教財務委員会が全部払った。その様式は多くはゴシックであったが、かりに手が込んでいたとしても考古学的に正確な再現とはまるで違ったし、簡素なほうはゴシックといっても尖頭アーチだけだった。その一例が、J・ポッター設計のシェフィールドのセント・メアリー教会である（写真15、16）。これは一八二六～九年におよそ一万四千ポンドで建てられたものであるが、そこには密に置かれたバットレスと高い小尖塔という典型的な特徴が見られる。西の塔の左右の入口のベイもまた典型的であり、内部は身廊が広く、側廊は身廊と同じくらい高く、窓は高く薄く（ここでは三分割窓）、三つの二階廊と、非常に薄いピアに載る風変わりな石膏ヴォールトと、浅い内陣がある。要するに、この教会の内部の全体的印象は、本当の中世建築の内部とほとんど何の関係もない。そして、非常に安い教会、たとえば一八三九～四〇年にウィリアム・トーマスの設計で建てられ、国教財務委員会ではなくバーミンガム教会建築協会が費用を支払ったバーミンガム近くのダデストンのセント・マチュー教会（写真17）ともなると、本当にこの頃のゴシックというのは長く狭い躯体と、長く細い窓以外のものを意味せず、強いて歴史的な名前をつけてもアーリー・イングリッシュとしか言い様がない。この様式が選ばれたのは、バージェスが言ったように、それが「ほかのどれよりも餓死状態を生き抜いた」[16]からである。人々が国教財務委員会教会を侮蔑して語る際に通常思い浮かべるのは、この最小限アーリー・イングリッシュのタイプである。こうした教会のほとんどは、最初の補助金ではなく、二度目の補助金のものである。というのは、一八二四年に五十万ポンドという新たな補助金が認められからである。そしてそれは、四五〇の教会に使われたが、つまり教会は五パーセントから五十パーセント、平均して十パーセントの助成金を受け取ったにすぎなった。そのうち九十四の教会がロンドンにあり、九十がヨークシャーにあり、六十三がランカシャーにある。

リックマンの二十一の国教財務委員会教会のうち、いくつかは豪華なものであり、二～三のものはまた考古学的にも最も信頼すべきもの（ハンプトン・ルーシー教会にはすでに触れた）に入るが、その他のものは通俗的なイメージに合致する。チョーリーのセント・ジョージ教会（一八二二～五年）、プレストンのセント・ポール教会（一八二三～五年）、ダーウェンのホーリー・トリニティー教会（一八二七～九年）はすべて、北と南と西の三つの二階廊と、細いバットレスという国教財務委員会教会の特徴を持っている。チョーリーとプレストンにおいては、二階廊は鉄の柱の上にある。ダーウェンには長く細い二分割の窓があり、プレストンには一対の長く細いランセット・アーチがあり、チョーリーとプレストンには平らな天井がある等々。

十九世紀のある建築家が書いていることと彼が建てるものとの不一致に注目したのは、これが初めてであるが、後にもっと多くの例やもっと驚くべき例を提示することになるであろう。リックマンの建物の性格と品質の不規則性は、彼の書いたものの中にはそれに類するものがないのである。一八三二年に彼は「フランスの教会建築に関する四つの書簡」を書き、それは『アルカエオロギア』誌の二十五巻（一八三三年）に掲載されたが、彼の観察力と記述力は損なわれていない。その書簡は、「二、三週間」の旅行の成果であり、ノルマンディーとピカルディーの百三十一の建物を訪れているが、三つ目の書簡はすべてイギリスについてである。リックマンはいまやアングロサクソン建築を詳しく書き得ると感じていて、ブリックスワース、バートン・オン・ハンバー、アールズ・バートン、バーナック、ケンブリッジのセント・ベネット、オクスフォードのセント・ミカエル、カークデール、ラフトン・エン・ル・モーゼン、レプトンに言及している。[17]その後、彼は以前と同じようにアーリー・イングリッシュと「盛期が最短」だったデコレイテッドについて記述。しかし、彼にとっての「最高点」は十四世紀後半のままであり、一五〇〇年以降は「堕落」が始まる。[18] このパーペンディキュラー偏愛において、一八三〇年代の大多数の建築家たちと、それに彼らの施主の大多数もリックマンと意見が一致していた。つまるところ、国会は様式においてパーペンディキュラーだということになる。四つ目の書簡は、最初期のフランスの建物について述べ、その後で十一世紀からフランボワヤンまでの展開を述べている。十三世紀に関しては、リックマンはアミアンとソールズベリーの比較対照をすでに行っている。[19] 彼自身の好みはイギリス寄りである。彼は、人物彫刻で溢れたフランスの入口扉を、混乱させられるものであり「非常に不満足な外観」と見なしている。フランスのフランボワヤンもまた否定的にイギリスのパーペンディキュラーと比較されている。フランスの三心アーチがイギリスの四心アーチに対立するものとして書かれているが、繰形は両国とも同様であると記されている。「ピアの側面から飛び出す[20]」アーチをもつ円いピア、つまり柱頭もアバクスも一切もたない円いピアが特記されている。

註

1 *Journal of the Architectural, Archaeological and Historic Society for ... Chester*, II, 277 ff. 所収。これの印刷物としては、Canon Blomfield によって書かれた回想録のほうが早い。リックマンについてさらに詳しくは、H. M. Colvin の *A Biographical Dictionary of English Architects*, 1660-1840（London, 1954）を参照。この本は読者を決して失望させないであろう。

2 この三つ用語の先取使用権は確定していない。アーリー・イングリッシュについては、Howell 氏が G. Millers, *A Guide to the Cathedral Church at Ely*（Cambridge, 1805）, 7 にわたしの注意を向かわせた。デコレイテッド・イングリッシュは、ブリットンの *Architectural Antiquities* の第一巻（1807）に登場している。パーペンディキュラーについてはリックマンが最初であったと思われる。気に入られている他の術語では、Geometrical-Curvilinear-Rectilinear というのがある。この術語の後の二つは、*The British Critic*, II, 1826, 378 に最初に導入された。それらは後に用いられ、Geometrical は一八四九年の Edmond Sharpe の *A Treatise on the Rise and Progress of Decorated Tracery in England*, pt. II, chap. I, p. 57 に加えられた（「geometrical という用語の使用が提案されている」)。しかし、リックマンは上掲の「試み」で、このような geometrical の意味で geometrical tracery という言葉をすでに使っていた。ついでながら、Sharpe の Treatise は、第八章で扱うウィリスに献呈されている。

3　*An Attempt* ...（1817）, 37.

4　Ibid., 109.

5　Ibid., 37.

6　*An Attempt* ...（1817）, 7.　リックマンはレンの時代だけには疑いをはさんでいる。彼は、レンはローマの様式と同じようにはイギリスの様式を学習しなかったという残念さを表明している。レンは「我々がもっている最も壮大で近代的な建物」（すなわちセント・ポール大聖堂）を与えてくれたのであるが、「彼が完成させなければならなかったイギリスの建物」（すなわちウェストミンスター・アベイ——レンとホークスモアを間違えている）「の外観を損なわせてしまった」と彼は書いている。

7　Ibid., 1-8.

8　Ibid., 39-42, 57, 59.

9　Ibid., 45.

10　Ibid., 82-3.

11　Ibid., 95.

12　T. Miller Rickman, *Notes on the Life and ... Work of Thomas Rickman*（London, 1901）, 13.

13　M. H. Port, *Six hundred New Churches*（London, 1961）は関連の情報をすべて載せている。この引用についてはその二十四頁を参照。

14　Port, 27 ; *Qu. Rev.*, XXIII.

15　*Past and Present*, Book III, Chap. 15. また H. L. Sussman, *Victorians and the Machine*（Cambridge, Mass., 1968）も参照。

16 *Art applied to Industry* (London,1865),110-11.

17 一八三三年にも彼は *Archaeologia* に別の書簡を書いており、それは一八三四年に掲載されている (vol. XXVI)。その中では彼は、アングロサクソンの建物だけを扱っており、たとえば長短積みや、アーチの代わりの三角形や、窓の粗雑な手摺り子について述べている。

18 *Archaeologia* (1833), 17-19.

19 優に百年以上も後のわたしの *Outline of European Architecture* 〔ニコラウス・ペヴスナー『新版ヨーロッパ建築序説』小林文次・竹本碧・山口廣訳、彰国社、一九八九年〕でもなお、よりよき比較ができなかった。

20 *Archaeologia* (1833), 30.

第六章　コーモン

リックマンが一八三二年の旅行で出会った人に、ルーアンにおけるオーギュスタン・ル・プレヴォとカーンにおけるアルシス・ド・コーモンがいる。この二人については、イギリスの考古学者たちが二人に与えた影響の故に、すでに簡単に触れておいた。(1) 二人のうち、コーモンのほうがずっと大きい存在である。とはいえ、かなり後の『西洋の修道士』の著者、モンタランベールが一八三九年の『芸術におけるヴァンダリズム』で、コーモンのことを書き、「彼はすべてを見、すべてを調べ、すべてを見抜き、すべてを書いた」と記しているが、コーモンの最初かつ最重要の著作で一八二四年に出た『主としてノルマンディーの中世建築について』(2) には、リックマンの名前が出てこない。リックマンの「諸様式識別の試み」はまだ強い影響を与えてはいなかった。だからコーモンは、この年代判定のための最も学術的な論文の恩恵を受けていない。彼の『中世建築について』は基本的に彼自身のものであり、学術的な仕事としてはリックマンのものを凌いでいる。コーモンは当初は建築のほかにも自然史、地質学、農業に関心を抱いており、すぐにフランスの最も聡明な古物研究家となった。(3)

『中世建築について』の冒頭で彼が述べているのであるが、彼の目的は他の人々が「ある記念物の年代を一目で、少なくともざっと分かる」ようにすることであり、同時に「記念物の科学を……一般に普及させること」である。(4) その後で、彼は中世建築を、われわれがプレ・ノルマンと呼ぶものに相当する第一次の「ロマネスク」――この語を彼はジェルヴィルからとっている――、「第二次ロマネスク」、「第一次ゴシックまたはランセット・ゴシック」、「第二次ゴシックまたはレイヨナン」、「第三次ゴシックまたはフランボワヤン」に分けている。因みに、「ランセット・ゴシック」、「レイ

ヨナン」、「フランボワヤン」の用語をコーモンはプレヴォから引き継いでいる。(5)

古い時代の建物に関しては、コーモンは文献を引用している。すなわち、トゥールのペルペトゥースとクレルモン＝フェランのナマンティウスについてはトゥールのグレゴリウスを、モンクウィアマウスについてはベーダを、そしてヘクサムについてはエディウスを引用している。(6) しかし、彼は文献にのみ頼っていたのではない。たとえばクータンスでは、それがランセット窓を持っているにも関わらず、M・ド・ジェルヴィルが文献だけに基づいてその年代を一〇五六年以前としていたのに対して、コーモンは非常に友人に対して礼儀正しかったので、あからさまには彼に反論しなかった。(7) 結局、そのかわりに彼がやったことは、ジェルヴィルの矛盾がはっきりわかるかなり後のもう一つのイギリスの旅行記を翻訳して示すことだった。

その旅行記というのが、ヘンリー・ガリー・ナイトの『ノルマンディー建築旅行』である。旅行は、リックマンの旅行の一年前の一八三一年に実施され、旅行記は一八三六年に出版された。(8) ガリー・ナイトはアマチュア研究家で、国会議員であり、シチリアのノルマン建築に関する続編を出して、ノルマンディーの本の継続を行っており、一八四二～四年には二巻本の大作『イタリアの教会建築』を出している（後記一〇三頁を参照）。彼は、ピール、ウィリアム・エワート、トーマス・ホープ、モンクトン・ミルンズ等ともに、新しくできた国会議事堂のフレスコ歴史画を推進する一八四一年の美術特別委員会のメンバーであった。(9) その委員会は、アルバート公が委員長を務める王立美術振興委員会によって召集されていた。アルバート公は自分が受けたドイツ風教育と浪漫主義的共感にしたがってナザレ派、とりわけコルネリウスを称賛しており、ラファエロの成熟以前の時期の絵画を蒐集していた。(10) したがって、ガリー・ナイトの仕事は非常にぴったり合った。ノルマンディー旅行は、ナイトのイギリスの馬車で行ったが、リックマンのパートナーである先述のリチャード・ハッセイが同行していた。つまり使徒伝承は確保されていたわけである。この旅行記は、考古学的厳格さにおいては、これまで述べたものに劣る。たとえば、「ディエップは主に煉瓦造でつくられた古風なきちんとした街である」(11) とか「ルーアンを散策しながら、その芸術家はいたるところで、あらゆる高さと幅をもつ妻壁のピクチュアレスクな組み合わせと多様性に引き付けられた」[12]とか「[サン・ワンドリールの] 古い修道院は、イギリス風趣味の楽しい住まいや公園に容易に変えられるかもしれない」[13]とか「美しい谷、あるいは峡谷。その険しい斜面は雑木と岩で多様な姿をなし、小さな川が流れる……川は底をまがりくねりしながら急流をなす」[14]といった具合である。

彼は，大抵は悪い道路のことや古い建物を取り壊している農夫のことを書いている。[16]どの村もビリアードのサロンを[17]持っているし、どの町も公共図書館を[18]持っていると彼は書いており、また中世の文献からラテン語の史料を引用している。[19]年代判定に関しては、彼は著しく知識が豊富であり、要領を得ている。「古物研究の調査においては、真実は正確な年代にかかっている」と彼は序文で書いている。[20]彼はまた後に、「フランス人は……なにはともあれ、なにがしかカロリング朝の存在を打ち立てようという筆舌に尽くしがたい熱望を抱いており」[21]、それで年代を早く見すぎる傾向がある、と述べている。このガリー・ナイトに関する脇道の話ですでに取り上げたクータンスは、その最たる例である。それは、「ノルマンディー古物研究協会」、つまりはM・ジェルヴィルが言うような一〇三〇～六年ではありえない。[22]「それはカーンのサン・ステファン［それは「装飾を嫌って崇高を目指している」[23]］に似ているだろうか……それはその頃の……世界のどの地方の……どの建物に似ているだろうか」と彼は問い、証拠とともにこれが十三世紀のものであることを示している。そしてモルタンがクータンスに続くのであるが、ジェルヴィルはモルタンの時代判定も間違っている。[24]モルトメールについても同様な扱いがなされている。[25]ベルネイの場合には、彼はそれが「ノルマンディーで……最も古いなにかしら重要な建物である」[26]ことを認めているが、これもまた正しいことがわかった。リジウーは十一世紀ではありえず、一一七八年の献堂式が適用されるであろうし、セエズは一〇五三年の年代とは関連があり得ない。その身廊は一一五〇年の火災の後で建てられたに違いないし、東端部は一三五三年の火災以後のものである。

彼の観察は終始、たいへんすぐれている。「最良の証拠は……建物そのものの中にある……この証拠は一つの事実であり、一つの事実は大量の推論や推測や見解よりも重い」。たとえば、幅広の継ぎ目は早い時期のものであり、正層で積んだ四角い切石は十一世紀後半に始まる。[27]一方、彼の好みは曖昧である。彼は自由主義者として、中世に反感をもっていた。たとえば、彼は中世を「聖職者に支配されている」[28]とし、とりわけ中世の彫刻は「ぞっとするイメージ」[30]とか「不格好な品種」[29]と呼んだ。建築に対してすら、少なくとも一度は、「我々の模倣の対象としての古典時代の建物」[30]に対する好みを告白している。しかしゴシック建築については、十三世紀後半から十四世紀半ばまで、[31]すなわちサント・シャペルとルーアンのサン・トゥーアンを黄金時代とし、[32]「フロリド」[33]ゴシック期に衰退を見ている。後期ゴシック建築は「過剰で鈍感」で、キングス・カレッジの礼拝堂にすら「堕落の因子」がある。[34]

キングス・カレッジの礼拝堂はイギリスのものであるが、ガリー・ナイトはノルマンディーの建築変遷に関する三十五頁の記述の後に、それに並行するイギリスの建築変遷に四十頁を割いている。そこにもまた、興味深い所見が見られる。彼は、バーナックの塔とウィッティンガムの塔を除いて、アングロサクソンの痕跡を認めていない。彼は、正しくもノルマン様式をエドワード懺悔王から、つまりノルマン・コンクエスト以前から始めている。彼はロッシュとカークストールの両方をゴシックへの過渡的なものとしているが、この二例は後にビルソンやボニー教授が後の世代のために拾い出すことになる。そして彼は、尖頭アーチの使用においてフランスがイギリスに先行していることと、サン・ドニの重要性を強調することでウィティングトンの説を踏襲している。[35]

しかし、ガリー・ナイトはもちろんコーモンの『中世建築について』を利用することができた。それで、もう一度この学術的に時代を画す著作に戻るのがよいだろう。それは、『中世建築について』が単に学術的であるからだけではない。コーモンはまた、ゴシック様式の情緒的な側面――「すべてが天に向かう方向をとる」[36]――も認識しており、スタール夫人や浪漫主義文学に言及している。[37]しかし、「神秘的な」とか「陰鬱な」という言葉はめったに見られず、総じてコーモンは的確に記述し、記述をたよりに年代判定をしている。尖頭アーチの起源についての陳腐な問いが弱められているのが特徴である。[38]交差する円形アーチから――たぶん。東方から取り入れられた――たぶん。どちらにしても、ゴシック様式はフランスでつくりだされ、[39]そしてイギリスはかなり遅れたと彼は書き、[40]その後にロマネスクの文脈による尖頭アーチの記述が続く。「根源的ゴシック」については、コーモンの記述の例をあげると、彼は素材を網羅し、次のように記述していく。一対あるいは三連のランセット窓、スパンドレルをはさむ円形飾りや四つ葉飾りや三つ葉飾り、イオニア式よりもコリント式に近い柱頭、輪状平縁をもつ円柱、尖頭アーチもしくは尖頭三つ葉アーチのパラペット、ほとんど信じられないぐらい「ほっそりした長い柱の束」の上にあって「交差する……いくつかのリブ」を備えたヴォールト、ほとんど八角形ではない塔の上の八角形の小尖塔、こんどは正方形もしくは八角形の小塔、そして十二世紀後半になってようやく登場するフライイング・バットレス、である。これらすべての特徴は、また分かりやすいように描かれた挿図を伴っている（写真18）。コーモン自身の好みはガリー・ナイトの好みと似ている。ゴシック建築の頂点は、サント・シャペル、ランス（大聖堂とサン・ニケーズ聖堂）、ロワヨーモン等のルイ九世の時代である。[41] 十三世紀の後に退廃、「装飾の増加、線の正しさの欠如」が始まる。ただし、一三一八年起工のルーアンのサン・トゥーアンはなお退廃の兆候を示していない。[42] 衰退を無視してコーモンの分析は冷静に続くが、ただし「縮れたキャベツ」つまり二段の葉模様の柱頭などといったより簡潔な記述にはなる。[43]

コーモンが当初、イギリスの考古学者に敬意を表していたことは、すでに述べた。ドイツの文献に対する謝辞は、『中世建築について』の中で一度切りである。それはボワスレーのケルンについてのフォリオ版で、それは——思い出してほしいが——まだ出始めたばかりで（一八二三年）、一八三一年まで完成されていなかったのである。

一八三一年はまた、コーモンの『古記念物講義』の第四巻、中世教会建築を扱った巻が出た年である。『講義』は、一八三〇年に行われた講義を印刷したものである。コーモンは、そこでは狭いノルマンからフランスの国全域へと広げており、中世様式の調査からケルトとガロロマンの古代遺物で始める調査へと広げている。イギリスの文献については、ブリットンとピュージンが付け加えられているが、ガリー・ナイトは「数年間いらいらしながら待たれ」ていた。リックマンは少なくとも一度は言及されている。[44] フランスの文献がたくさん引用されていることは言うまでもない。そこにはまた、イタリアとドイツの文献もあるが、結局コーモンは「ロンドンで出版された著作物がいちばんためになる」[46]と念を押している。[45] ドイツについては、ボワスレーとそれにもちろんモラー、だけではなく、スティーグリッツとヴィーベキング[47]にも触れている。コーモンはスティーグリッツをそれほど信頼できないが、その本は自分たちには興味深いものをたくさん含んでいるとしている。スティーグリッツは、ギリシア人とドイツ人のみが完全にオリジナルな建築様式を生み出したと述べている。ギリシアのものは「彫塑的」で、ドイツのものは「浪漫的」である。たしかに、シュレーゲル一家の影響が大きかった。ゴシック建築は、尖頭アーチのような素材の結果ではなく気分の結果である。浪漫的な気分が「天国にまで伸びるヴォールト」と、「空想の自由な遊戯」から生じているように見える細部をつくりだした。[48]とはいえ、スティーグリッツはまたたくさんのドイツのゴシックの建物を論じている。モラーについても、すでに十分言及されている。[49]

コーモンの『講義』の第四巻は優に三百頁を超える。それは『中世建築について』の拡大版であり、『中世建築について』と同様に「最も厳格な公正さをもって」事実を示すことを意図している。[50]根源的ローマネスク」となり、「第三次ロマネスクあるいは過渡期」が加わる。各章において、まず建築の要素や部材が議論され、次に実例が来る。細部の観察資料の数は印象的である（写真19）。ゴシックの起源にはそれだけで五十頁が割かれており、コーモンはその起源を個々の要素よりも「抗しえない改善の必要」[51]に帰している。ゴシックの要素が現れる最も早い年代をコーモンは理知的に論じているが、明らかにジェルヴィルを傷つけるであろう明確な答えを避けている。そこで、あとは先述の彼のガリー・ナイトの翻訳である。その後で、彼は十二世紀後半と十三世紀に当たる当時の呼び名で「第一次オジーヴ式」、「第二次オジーヴ式」すなわち十四世紀、「第三次オジーヴ式」すなわち一四〇〇～一四八〇年頃、そして初期ルネサンスを含む「第四次オジーヴ式」にざっと触れている。

コーモンにとっての頂点、「よき時代」は、まさにガリー・ナイトと同じ、「魔術的な効果」と「天への渇仰」と「大胆さ」を伴った十三世紀であった。[52]これはまた、「いわゆる個性がまったくなかった」が故にかつての石工の無名性が、「個性化」し始める時期でもあった。コーモンは誇らしげに、「私が積み上げた履歴において、誰も私を超えられなかった」と最後に言っているが、それは正しかった。彼は、語り書くことだけに満足しないフランス人だったので、組織することをも望んだ。現に、コーモンは一八二三年にノルマンディー古物研究協会（その名前はイギリスの古物研究協会に倣った）を設立し、一八三四年にフランス考古学会をつくった主導者である。同じ一八三四年に、彼はまた考古学会議を開き、『ビュルタン・モニュメンタル』という雑誌も出版した。この二つは、いまでもフランスにおける建築研究の主たる媒体である。この『ビュルタン・モニュメンタル』にコーモンは、彼の最も興味深い論文のいくつかを掲載している。(53)

彼はまた最初の記念建造物目録である『カルヴァドスの記念建造物統計』を書き、出版している。これは一八四六～六七年に五巻本で出ているが、コーモンの『講義』の第四巻の冒頭ですでに予告されていた。(54) 確かにフランスにおける目録化事業には、一八一〇年に碑文文芸アカデミーが建造物目録のための部局監督官を要請したことから始まって、長い前史がある。コーモンはまた、M・ド・ジェルヴィルが一八一四年以降、ラ・マンシュの四百～五百の教会を、目録化の意図をもって調べていたことを知っていた。しかし、こうした活動のすべてにおいて、コーモンは他の人々の先頭に立っている。イギリスにおいては、考古学協会の発足は一八四三年という遅さで、目録化事業は一九〇八年の王立歴史的記念建造物委員会の設立とともにようやく始まるのである。それ以来、二十三巻が刊行されたが、国全体をカバーするに必要なものの二十分の一以下であった。(55) 目録化を最もよく果たしている国は、ドイツとスイスとオーストリアである。現在のドイツ連邦共和国で出版された巻の最近の計算によれば、約四百五十巻がこれまで刊行されている。(56) ドイツがいつこの仕事を始めたかは、なにを最初の本当の目録と呼ぶべきかによるから、答えるのが難しい。いずれにしても、普仏戦争以後にそのスピードが増し始めた。一方、フランス自身は、コーモンの英雄的なスタートの後は、まったくあきらめてしまった。

コーモンが情報を共有しようとしたもう一つの手段も言っておかねばならない。それは『ビュルタン・モニュメンタル』に掲載した、主としてフランスであるがドイツも含めて一八四一年以降、彼が行った実地調査旅行の報告である。たとえばドイツ旅行で、(57) 彼は公的建築家（地方建築監督官と国家建築士）であるヨハン・クラウディウス・フォン・ラサウルクスとコブレンツで数時間過ごしている。ラサウルクスはすでに一八三八年にコーモンに手紙を書いており、それは『ビュルタン・モニュメンタル』に掲載されている。[58] その手紙は、ボワスレーとモラーから始まるドイツの古物研究出版物のリストを含んでおり、安価さが大事なところでは尖頭アーチよりも円形アーチの使用を薦めている。同じ旅行で、コーモンはボワスレーと会うことを望んでいたが、それはかなわなかった。ボワスレーはプロイセン王と共に旅行に出かけていたからである。ラサウルクス（彼についてはもう一度取り上げることになる）は、一八二九年の『クレレ建築雑誌』に、どのようにしてヴォールトを「自由な裁量で」建てられるかという提案を書いている（「軽いヴォールトをつくることによる手順の記述」）。この論文は、ただちに英語（『英国王立学会誌』第一巻、一八三〇～一年）とフランス語（『土木工学誌』一八三三年、また『ビュルタン・モニュメンタル』第四巻、一八三八年、四五八頁以降にも）に翻訳された。[59] コーモンはまたヨハンネス・ヴェッターと数回会っている。彼はマインツに住んでいて、一八三五年にマインツ大聖堂の記憶に残る案内書をつくり、そこでゴシック様式を要素の分析によって定義していた。その定義というのが、ヴォールト、ピアによるその支持、バットレスとフライイング・バットレス、そして横荷重を減ずる尖頭アーチである。その成果が「高くそびえる石の骨組みと、開いたままか軽い材料の薄い曲面で充填された隙間」である。[60] 当時はまだ国境を意識していなかった中世考古学者たちのこの小さな共同体の働きを見るのは喜ばしい。実際、一八三〇年代のイギリスは、この国際的共同体において重要な働きをしてきた。それはおもにウィリアム・ヒューエルとロバート・ウィリスの二人のおかげであるが、二人ともコーモンと同様な意味では専門家ではなかった。

註

1 前掲、三九―四〇頁

2 *Memoires de la Société des Antiquaires de Normandie*, I, 1824, pt.2.

3 Frankl はコーモンに弱いので、もっと総体的な議論のためには、de Robillard de Beaurepaire と Paul Léon（*La vie des*

monuments français）を参照しなければならない。二人の本については第三章の註21を参照。

4 *Sur l'architecture du moyen-âge particulièrement en Normandie*, 536-7

5 プレヴォもコーモンと同様に自然史に関心を持っていた。一八三四年から一八四八年まで、彼はBernayの代議士であった。彼は、*Voyage Pittoresque* の準備のためにTaylorとNodierのノルマンディー旅行に同行している。

6 *Sur l'Architecture*, 547-56.

7 Ibid., 590. コーモン以前のフランスの考古学を考えれば、ジェルヴィルをあまり責めるべきではない。Mabillon や Montfaucon のような学識者は、相変わらず十二世紀の彫刻をメロヴィング朝やカロリング朝のもの、サン・ジェルマン・デ・プレの西の塔を六世紀のもの、サン・ドニの西側正面を八世紀のものと見なしていた。Alexandre Lenoire は一八〇六年になっても、コルベイユの *figures colonnes*（「円柱の姿形」の意か——訳者）を六世紀のものと見なしていた。

8 引用は一八四一年の第二版による。コーモンの翻訳は、*Bulletin Monumental*, IV, 1838, 41 ff. に掲載された。

9 T. S. R. Boase, 'The Decoration of the new Palace of Westminster' in *Journal of the Warburg & Courtauld Institutes* XVIII, 1954. を参照。

10 *An Architectural Tour in Normandy*, 87.

11 Ibid., 2.

12 *An Architectural Tour in Normandy*, 22

13 Ibid., 10.

14 Ibid., 110.

15 Ibid., 92.

16 Ibid., 91, 95, 110.

17 Ibid., 41.

18 Ibid., 53.

19 Ibid., 10-11.
20 Ibid., iii.
21 Ibid., 120.
22 Ibid., 99 ff.
23 Ibid., 56.
24 Ibid., 129. また摘要 209 も。
25 Ibid., 40.
26 Ibid., 173.
27 Ibid., 196.
28 Ibid., 64.
29 Ibid., 193, 204.
30 Ibid., 195.
31 Ibid., 254.
32 Ibid., 215, 24.
33 Ibid., 216.
34 Ibid., 216, 257.
35 Ibid., 210.
36 *Sur l'architecture*, 600.
37 Ibid., 601.
38 Ibid., 585-93.
39 Ibid., 596.

40 Ibid., 640-1

41 *Sur l'architecture*, 632-3. また641の「ゴシック建築の歴史で最も輝かしい時代」の部分を参照。

42 Ibid., 642.

43 Ibid., 645, 52.

44 *Cours d'antiquités monumentales*, 293, 13-17.

45 Ibid., 36

46 Christian Ludwig Stieglitz, *Von altdeutscher Baukunst*（Leipzig, 1820）. W. H. Leeds がモラーの第三版を出した際には、彼はその版にStieglitzからの注記を書き加えている。

47 *Mémoire sur l'état de l'architecture civile dans le moyen-âge*（Munich, 1824）. わたしはまだこの本のコピーをイギリスでもドイツでも見つけることができていない。Frankl（p.519）もまた見つけていない。ブリティッシュ・ミュージアムのコピーは焼けてしまった。しかし、ブリティッシュ・ミュージアムにはウィリスの *Remarks on the Architecture of the Middle Ages*（以下の第八章を参照）のコピーがあり、そのコピーにはCresy（一〇三頁参照）の手書きの草稿が付いていて、その数頁がWiebekingの本、おそらく間違いなく当該の本からとられている。Wiebekingはまた七巻本の *Architecture civile* も書いているが、これは大半がエンジニアリング関係（水工学、橋梁、道路建設）のものである。Cresyが写した一節の中で、彼は中世のヴォールトを架けた教会がどのように建てられているかを書いている。たとえば、フライイング・バットレスの上のピナクルは、「無駄な飾り」ではなく構造的な必要性による。最も興味深い一節は、リブ・ヴォールトに関するもので、とりわけ、アーチやリブが特別の仮枠で造られた後にリブの間の曲面部分がいかに建設されるかという議論の多い件に関するものである。曲面部分に「リブの中心上に曲げやすい下地板」を置く。「隅部やリブに近いところに枠組みのヴォールトをつくることから始め、止め具まで進める。小さな隙間は、足場なしでヴォールトを架ける。吊り挟み梁のリブをつくるのに役立つ曲面部分をつくる。足場の突き梁を支えている小屋組の小屋梁に足場を縛る。四つの横断アーチの間にヴォールトを架け終えるのは、この方法による」。

48 Frankl, *The Gothic*, 466.

49 四三頁を参照。

50 Caumont, *Cours*, IV, 5.

51 Ibid., 214.

52 Ibid., 269.

53 このフランスの学会は外国人会員も擁していたが、このことは当時のフランスが考古学においては後にそうなるほど国内閉鎖的ではなかったことをはっきりと示している。一八四〇年時点での外国人会員は次の通りである。すでに触れたか、まもなく触れるであろう人々である。Rickman、Parker（一八二頁参照）、Britton、Gally Knight、Whewell（次章参照）、Wetter（後述の本文参照）、Lassaulx（後述の本文と七五頁参照）がそうで、そして一八四二年に、Boisserée と Hübsch が選ばれている。

54 「私は開始した……」。(p.1)

55 この計算は、つい最近まで一七一四年以降の建物がまったく含まれていなかった――もちろんそれはイングランドの建築的に価値ある建物の大部分を落とすことになる――ということを考えた結果である。財務省が委員会に許すペースで行くならば、王立委員会の業務の完成には最も寛大に見積もってもあと六百年かかることになるだろう。スコットランドは十八の州をカバーする二十一の巻をこれまで出し、ウェールズは九つの州をカバーする十一巻を出している。

56 *Deutsche Kunst und Denkmalpflege*, XXVI, 1968 and XXVII, 1969; Kunstchronik, XXII, 1969, 132 ff. また、より古いリストについては、*Deutsche Kunst und Denkmalpflege* 1940-1, 71 ff. and XI, 1953, 70 ff. 同じ雑誌の XXVII, 1969, 54 ff. and 197 ff. にはまことに嬉しいことに、かつてはドイツ東部であった東ドイツ、デンマーク、オランダ、ベルギー、ルクセンブルグ、スイス、オーストリア、チェコスロヴァキア、アルザス・ロレーヌ、アルト・アディジェのリストが付け加えられている。ドイツの目録化事業に関する情報を与え、一九六八年と一九六九年の資料に目を向けてくれた Wolfgang Götz 博士に感謝しなければならない。一九三六～九年の帝国時代にもなんとか四十二の巻を出し、一九四八～六七年の連邦時代に八十四の巻を出している。一九三六〜六七年のスイスの得点は四十二巻である。これらすべてはわれわれを深く恥じ入らせる。J. Braun, 'Die Inventarisierung der Denkmäler im Deutschen Reich' in *Stimmen der Zeit*, XCII, 1917, 680 ff. はいまなお読む価値がある。

57　一八四二年に実施され、一八四三年の第九巻に掲載された。

58　Vol. IV, 458 ff.

59　英語の翻訳はヒューエルによるものであるが、ヒューエルについては次章を参照（七四頁以降）。ラサウルクスはこの論文の終わりに、もし将来、自分が教会を建てねばならないとするなら、自分はルントボーゲンシュティールで建てると言っているし、実際に彼はそうした。彼の最初期の教会はゴシックだったが、一八二四年からロマネスクになる。Albrecht Mann, *Die Neuromantik*（Cologne, 1966）と Frank Schwieger, *Johann Claudius von Lassaulx*（Neuss, 1968）を参照。後者はラサウルクスのスタイルという観点から見れば失望させられる本である。この本は解説付き目録を含んでいて、修復家としてのラサウルクスを強調している。彼は、一八二二年にパリを訪れている。彼はコーモンとヒューエルと同様に、シンケルとモラーを知っていた。彼がフランス考古学会の外国人会員であったことはすでに述べた。彼はまた、一八三八年までには英国王立建築家協会の名誉通信会員になっている（*Transactions* を参照）。

60　さらなる詳細は、Frankl, *The Gothic* を参照。

第七章　ヒューエル

ウィリアム・ヒューエル、後のケンブリッジのトリニティー・カレッジの学長、は一七九四年に生まれた。[1] 父親は大工だった。その息子はグラマースクールに行き、一八一二年にケンブリッジに入った。彼はそこで活躍し、一八一七年には学生会の会長になっている。同じ年に、彼はトリニティーのフェローに選ばれている。彼の専門は数学だったが、一八一九年に力学の教科書を書き、それは高い評価を得た。彼は、一八二〇年に王立協会フェローになり、一八二五年に司祭に任命され、一八二八年に鉱物学の教授となり、一八三八年に論理学の教授になり、そして一八四一年にトリニティーの学長となった。彼は、最初はコーデリア・マーシャルと結婚し、彼女の死後はアフレック夫人と結婚した。コーデリアは、そのエジプト風ファサードと独創的な排水装置[2]で知られるマーシャル工場を建てたリーズの亜麻繊維産業一族の出である。二人の妻の援助と彼自身の俸給や印税から、彼はヒューエル・コートの敷地購入と建物建設のための十分な資金を得た。その総資金は十万ポンドと見られている。[3] 彼は一八六六年に亡くなり、一八六七年に彼の財産の一部で国際法の講座がケンブリッジに設けられた。

すでに一八二三年に、彼は建物を見るためにピカルディーとノルマンディーを旅行している。彼はケネルム・ディグビーに伴われていたが、あるいは彼がディグビーを伴っていたというべきかもしれないが、ヒューエルはディグビーのチューターだった。ディグビーについてはシュレーゲルのところで述べているし、まもなくもう一度触れることになる。一八二九〜三一年、ヒューエルは再びノルマンディーと、同時にドイツを旅行している。この本の文脈の中に彼が場所を保っているのは、このドイツにおける「わずか二、三カ月のせわしない旅」の成果の本による。その本、『ドイツの教会についての建築的覚書』は一八三〇年に匿名で出て、一八三五年に第二版が著者名入りで出て、一八四二年に第三版が相当な拡大版で出た(4)。第二版と第三版における主たる追加部分は、一八三五年のクラインの『ライン旅行(5)』にラサウルクスが寄稿したラインラントに関する覚書の翻訳である。この覚書は一八三一年にリックマンが同行して実施されたピカルディーとノルマンディーの建築旅行の間に書かれたのであるが、実際、この旅行がリックマンに『アルカエオロギア』への書簡を書かせたのである。ヒューエルとリックマンが仲間意識で結ばれていたのと同じ様に、ラサウルクス──ヒューエルは彼を「私の大切な友達(6)」と呼んでいる──がヒューエルをコーモンに結びつけた。コーモンについてはすでに述べたが、彼は一八四二年、つまりヒューエルの第三版が出た年に、ラサウルクスと会っている(7)。

ヒューエルはモラーのテクストと図版をよく知っていたように見える。彼はまた、リックマンに多くを負っている。「あのすばらしく聡明な男」とか「彼の科学の言葉への執着」とかが、ヒューエルのリックマン評である(8)。ヒューエル自身も確立した語彙集をつくるのに熱心で、リックマンのものを拡大すべきだと言い(9)、そのために特別の章節を割き、さらに個人的な用語のために頁数を増やしている(10)。彼によって導入され、かついま一般的に使われている用語に、**cushion-capital** と **sexpartite vault**(訳14) がある(11)。この用語リストは「建築の記録をつくる作法についての提案」という名をつけられた章に入れられているが、その章の冒頭で、「どんな確かな考察も個々の事例の広範な収集による正確な知識に基づかねばならない(12)」し、加うるにその収集は慎重に模写された「繰形の断面図」を含むべきであると、述べられている(13)。現に、一八三〇年のイギリスでは匹敵するものがなかったヒューエルの本の力は、事例と確かな考察の密接な結合による。

実際のところ、確かな考察──彼は「いくぶんかの理論と体系」と書いている(14)──は、この本の最も印象的な特徴である。内容を目次で示すと、初版の序文が約三十頁、第二版の序文が約十五頁、第三版の序文が約十五頁、全般的な事項を扱っている第一章「尖頭アーチ建築の諸原因について」が約四十頁、第二章「初期ドイツ建築変遷の特徴について」が約四十頁、そしてすでに触れた「建築の記録をつくる作法についての提案」である。この章は、調査した主たる教会堂のおよそ百件のリストで終わっているが、第三版にはこれもすでに述べたが、長い補遺が付けられている。

しかし、この本の核になる部分はやはり第二章である。その章は、その明敏さと、一つの国の一つの歴史的問題を根本的に論じた最初の本であるということで、非常に注目される。その問題とは、いまの言葉でいえば以下のようになる。ロマネスク様式はすべての国で本質的に同じである。シャルトルから一三〇〇年ころまでの高期ゴシックも同様である。一二〇〇年の直前にフランスで、一二三五年にマールブルクの聖エリーザベト（ヒューエルが知っており、彼以前にもモラーが知っていたように）によってドイツで、一二四五年にウェストミンスター・アベイによってイギリスで創始された後者は、ヒューエルが一八三五年に書いたように、「ヨーロッパの大部分でほとんど一致している」[14a]。しかし、両者の間にイギリスにおいてはアーリー・イングリッシュがあり、ドイツでそれに時代的に一致するものは、それとはまったく異なっている。それをヒューエルはアーリー・ジャーマン——この用語は後に不適切だということがわかった——と呼んでいるが、当地の派手な後期ロマネスクと、まだ十分には理解されていないフランス・ゴシックのモチーフ、とりわけランのモチーフとの混合を特色とする。モラーはヒューエルよりもっとはっきりそれをとらえていた（四三頁参照）。その最良の例が、一二一九〜二七年のケルンの聖ゲレオン、いちばん遅い部分が一二四三年のゲルンハウゼン、そして祭壇の献堂が一二三五年のリンブルク・アン・デア・ラーンである。これらに、その年代が不明だが十三世紀の最初の二十五年に属するに相違ないヴォルムス大聖堂の西聖歌隊席が付け加えられるはずである。その主たる特色は、たくさんの塔が立つドイツ・ロマネスク風を残すスカイライン——ヒューエルは「花の都のよう」と言っている[15]——、特にヴォルムスにおいて言えるのだが、いくつかのロマネスク装飾の残存、一部はロマネスクで一部はフランスの初期ゴシックのクロケット型の柱頭、そして——同じフランスの様式の影響を受けているのであるが——二連もしくは三連の尖頭アーチの開口部をもつ二階廊（あるいはトリフォリウム）と六分リブ・ヴォールトである。ヴォルムスには、横溢する後期ロマネスクの真ん中に、一つのゴシックの薔薇窓がある。

こうしてヒューエルはこれらすべてを見て書いたのであるが、彼はそれを事象のつながりとして記述したのであって、建物の竣工や献堂の日付けの力に基づいてつながりを記述したのではない。彼は初版の序文で、自分で集めた年代が不足していることを詫びている。しかし彼は、学者は「起源と継承の内的な証拠」に基づいて「発展の一貫性」を示すことができなければならないと主張している。(16) この点において、ヒューエルは建築の年代を判定するための様式基準の自立性――ずっと後にドイツの美術史家が「様式批判」と呼ぶようになるもの――を始めて打ち立てた人ということになる。(17)

考古学愛好家はもちろんのこと当の建築家よりも巧みに扱えるこれらの科学者の道具を身に着けて、ヒューエルはドイツの教会堂を調査した。ケルンの十四の教会、マインツとヴォルムスの大聖堂、リンブルク、ボン、コブレンツ等々、またアンデルナッハやジンジッヒといった小さな街、さらにはバンベルクまで広げ、ランツフートやニュルンベルクやレーゲンスブルク等々のもっと後のゴシックの建物まで含めて調査した。記述は、たとえばバンベルクの例ではこのような感じである。「それは尖頭ピア・アーチと尖頭ヴォールトをもつ。ピアは華奢な柱身にくっついている。繰形は小さな凹曲面のものである。そこには縦長の葉模様の柱頭をもつ束ねられたバンド柱がある」。(18) しかし、彼は自分の意図に忠実に、建物によってではなくむしろモチーフによって記述している。たとえば第二章では、彼は平面図（両端にアプス、多角形になっているアプス、東西両方のトランセプト、同じく東西両方の塔）、ヴォールト（しばしば六分）、アーチ（しばしば変形している）、ロマネスク様式にはなかった二階廊、「三連のランセット群、時には扇形」の窓、付柱の部分の上の「円形切込み」の持送り台、(19) ドワーフ・ギャラリー(訳15)等々について書いている。

ドイツのロマネスク後期の一般的な性格や展開については、これらのディテールにまとめられているように、同時代のドイツのどんな文献よりもはるかに明確に述べられている。実際、ラサウルクスはヒューエルの本をドイツでは「十分には知られていない」「すばらしい」ものとしている。(20) それに、ラサウルクスと今日との間で、ドイツのロマネスク後期の論考においてヒューエルを超えるものはないのである。ヒューエルが書いているのであるが、変遷は「たいていは漸次的に、そして一つの部分の交替によって登場し、その様式は均衡を保とうとするはっきりとしたどんな仲介物もなく、間歇的に進み……メンツやヴォルムスのまさに揺れ動こうとするロマネスクから、リンブルクとゲルンハウゼンの成熟してはいるがまったくはゴシックの要素とはならないロマネスクへと」移っていくのである。[21]その結果は、アーリー・イングリッシュの調和とは著しい対照をなす「かなりの期間の……葛藤と躊躇の印象」となる。[22]

かくも明確に変遷を見るためには、なにがロマネスクでなにがゴシックかを示す同じく明確な図版をもたねばならなかったが、この点でもヒューエルははるかに時代に先駆けていた。フランクルは『ゴシック建築』(ペリカン美術史叢書、ハーモンズワース、一九六二年)で、この二つの様式の根本的な対照点の一つとして、ロマネスクの正面性とゴシックの斜向性をあげている。これはまさしくヒューエルが認めていたもので、彼はロマネスクは「直角の正面と隅が直角の突出部が普及している」のに対してゴシック様式では「直角の隅部は消える」[23]と書いている。また、四角のアバクスはロマネスクのものであり、「それがあるところでは……ゴシックはまだ完全ではない」[24]と書いている。

当然ながら、ゴシック様式の起源に関する激しい論争の場にヒューエルも入らねばならなかった。この問題の論争についても彼がまたしてもパイオニアだということを言う必要はあまりないであろう。起源の問題を尖頭アーチがいかにして発見されたかという問題とすることは、「つまらない問い」であり、いまでは「取るに足らないことだし解き得ないものとなった」。[25]円形アーチの交差がたしかに「尖頭アーチを提示してきた。しかし、なにがそれを採用せしめたか」。[26]ゴシックは「コラムとアーキトレーヴの水平主義」から垂直主義への全般的な展開の結果である。[27]ピアにシャフトが付き、シャフトがヴォールトのシャフトへとつながり、[28]あるいはそれを反対側へと導き、尖頭アーチは「ヴォールト架構の要求と……同じ高さで幅の異なるアーチの必要性」から採用される。[29]これはもちろんエセックスの理論であり(一六頁参照)、たしかにヒューエルはソーンダースとウェアを引用し、またカーリッチによるエセックスの文献を引用している。[30]加うるにヒューエルにとって、これは単に「実用性と利便性」の問題ではなかった。なぜなら、実用性と利便性は「決して形態や工夫を……趣味の対象物にまで高め得ない」からである。ゴシックは「生命力と統一性の原理」である。「綿紡工場や機関庫はその目的に完璧に合うようにつくられる……しかしそれは決して一つの建築様式のもとはならない」。[31]

ドイツのロマネスク後期とゴシック一般に関する記述はこんなところであるが、ヒューエルはドイツの後期ゴシックについてもよく知っていた。彼は「側廊が身廊と同じ高さ」をもつことが顕著な特徴の一つであるホール型教会の原理を書き留めており、[32] 実際に何年か後、それについて個別の論文を書いている。[33] その中で、「ゴシック建築の解体の理論」を書くことを約束し、現に六つの原理をあげて論じている。その原理の中には、「現実の構築」と「付加された装飾的構造」の差異、[34]「骨組み」と「壁細工」の差異、[35]「共存する形態の相互浸透」、[36]「たんなる気まぐれで有機的ではない」装飾、[37] といったものが見られる。彼はまた、どのようにして「不連続の迫元から突如として跳ね上がるヴォールトのリブの根幹である円形や多角形のピアが、ヴォールトを支えている」かについても記述している。[38]

ヒューエルは、後期ゴシックがどんなタイプへと十三世紀と十四世紀初期の国際様式が解消していく——そのタイプ——においても好まれないということを当然と考えていた。彼が書いているのであるが、「大多数の建築的な眼」は「フランスのフランボワヤンを一目見ただけで嫌悪感を覚える」。そして実際、イングリッシュ・パーペンディキュラーのトレーサリーは、「ドイツやフランスのより遅い時期のトレーサリーよりも実のところよき建築の相貌」をもっている。[39]

後期ゴシックが嫌いな点で、ヒューエルはコーモンと一致している。しかし、コーモン（そしてもっと前のエセックスやウィティングトン）とは違って、彼はフランスの大聖堂のゴシックもしくは十三世紀後期を頂点とは見なしていない。というのは、彼にとってフライイング・バットレスは単に「外部の骨組み」にすぎず、外部の「よきプロポーションの要素や部分の可能性」を壊しているからである。[40] 彼にとってなにが最高の時期かは、彼は決して言わない。もしそれが十三世紀後期でもなく、後期ゴシックでもないとすれば、それはウィルソンやブリットンがほかのものより賞賛しているデコレイティドであろうか。彼自身の時代のゴシック・リヴァイヴァルを彼は知っていたし、それを評価していたように見える。もっとも、ゴシックは「最初は軽蔑され、その後便利だとして許容され、さらに異様で無法なものとして驚かれ」、そしていまや「美しくすばらしいものとして褒められている」というような彼の発言は、[41] どっちともとれる曖昧さを残している。彼がイタリアのルネサンスを嫌いだったこと（「無駄な壮大さ」[42]）は、言うまでもない。イタリアのゴシックについてはたまに追記のように触れられるにすぎないし、彼がピカルディーとノルマンディー地域以外のフランスについてはほとんど知らなかったこと、そしてスペインはさらに知らなかったことは認めねばならない。というのも、トンネル・ヴォールトは、もしあったとしても、フランスの普通のロマネスクのヴォールトであるから、トンネル・ヴォールトは教会には稀にしか見られないとしか彼には言いようがなかったからである。[43] サン・リキエを見たとき、それ以前にはサン・リキエについてなにも知らなかったし、[44] スペインについては「スペインにはゴシック建築のよき大聖堂があると言われている」というのが彼が語れたすべてだった。[45] イタリアのゴシックについては、彼の情報源は彼より若いケンブリッジの友人ロバート・ウィリスであったが、それも第二版と第三版だけだった。初版については、彼はウィリスを「まったく知らずに」[46] 書いたことをとりわけ強調している。もちろんそれは本当であろう。ウィリスの本の出版はやっと一八三五年になってからだからである。晩年になってからは、ヒューエルはドイツへの関心は保っていたけれど、建築については次第に書かなくなっていった。[47] 彼はシラーとビュルガーの詩とベルトルト・アウエルバッハの『教授の妻』を翻訳し、ゲーテの『ヘルマンとドロテーア』と『ヴィルヘルム・マイスター』について書いた。彼はまた、ラスキンの『建築の七燈』について批評を書き、英国王立建築家協会の一八六二―三年のセッションで建築は模倣的な芸術と呼ぶべきか否かについて論考を発表し、一八五一年の博覧会について興味深い論評を残している。[48]

註

1　この本の文脈に関連するヒューエルについては、*German Life and Letters*, XXXII, 1968, 37 ff. の N. Pevsner の論文を参照。また、Mrs. Stair Douglas, *Life and Selections from the Correspondence of William Whewell* (London, 1881) と I. Todhunter, *William Whewell*, 2 vols. (1876) を参照。後者はヒューエルの全著作目録を含んでいる。英国人名辞典の記載は Sir Leslie Stephen によるものである。最近、R. Robson と W. F. Cannon が *Notes and Records of the Royal Society*, XIX, 1964, 168 ff. に二つの論考

を載せている。

2　手っ取り早く知るには、わたしの *Studies in Art, Architecture and Design* (London, 1968)〔ニコラウス・ペヴスナー『美術・建築・デザインの研究Ⅰ、Ⅱ』鈴木博之・鈴木杜幾子訳、鹿島出版会、Ⅰ、一九七八年、Ⅱ、一九八〇年〕I, 213 とその p.246 の文献的注記（10）を参照。

3　この情報は Robson 氏に負っている。

4　以下の頁の引用は一八四二年版による。

5　Koblenz, 1835, 439 ff.

6　第三版の序文。

7　ラサウルクス（彼については前章の註を参照、七三頁）はまた、*The Ecclesiologist*, I, 1841, 120 ff. における Edmund Sharpe にも引用されている。Sharpe は幾何学的、曲線的、直線的という用語でトレーサリーの発展を発表しことで最もよく知られているが（五八頁の註2参照）、四十年代半ばに彼が設計した教会のうちの二つは相当に興味深い。というのは、それらがほとんど全部テラコッタで造られ、造りつけの家具ですらテラコッタで造られているからである。その二つというのが、St Stephen, Lever Bridge, Bolton（1844）と Holy Trinity, Fallowfield, Manchester（1845）である。これについては、R. Jolley, 'Edmund Sharpe and the Pot Churches', *The Architectural Review*, CXLVI, 1969, 427 ff. を参照。*The Ecclesiologist*（IK, 1849, 137 ff.）がこれらを酷評していることはあまり言う必要がないであろう。*The Ecclesiologist* 誌に関しては以下の一八三頁を参照。

8　*Architectural Notes on German Churches*, XIV.

9　Ibid., 41.

10　Ibid., 136 ff.

11　Ibid., 71, 72.

12　Ibid., 133.

13　Ibid., 43.
14　Ibid., 18.
14a　Ibid., 232.
15　Ibid., 96.
16　*Architectural Notes on German Churches*, 25.
17　クータンス大聖堂の年代をM・ド・ジェルヴィルが間違ったことがここに書かれており、これは実際ガリー・ナイトの指摘よりも早い。しかし、ヒューエルはなお、最良で最も典型的な十一世紀半ばの建物の一つであるケルンのSt Mary-in-Capitolを八世紀だと認めていた（同書八三頁）。ついでながらフリードリッヒ・シュレーゲルも同じ間違いをしている。これについては、*Briefe von einer Reise ...*, *in Krit. Ausg.* IV（1959）,175を参照。
18　*Architectural Notes*, 28.
19　Lombard friezes（ロンバルド帯）のことを言っている。
20　*Architectural Notes*, 204.
21　Ibid., 24.
22　Ibid., 126.
23　Ibid., 47-9.
24　Ibid., 111. ついでながら、トーマス・ホープは一八三五年の彼の本（一〇四頁を参照）でこれをとりあげ、どのように「ピアの隅部が相互に向き合っている」かを記述している（p.435）。
25　Ibid., 306-7.
26　Ibid., 324.
27　Ibid., 313.
28　Ibid., 308. シャフトの強調はリックマンからきている（五二頁参照）。

29 Ibid., 19.
30 Ibid., 55-6. ヒューエルはゴシックの構造の「明瞭な原理」として「斜め圧力の許容」を強調している。彼はこれを「ある友人」――おそらくウィリスであろう――から引用しているが、斜め圧力に類するものはヤングやアンダーソンにおいてもすでに部分的に使われていた（三四頁と三五頁を参照）。
31 Ibid., 321-2.
32 *Architectural Notes*, 63.
33 'Remarks on the Complete Gothic and After-Gothic in Germany', *Archaeological Journal*, VII, 1850. After-Gothic という術語を彼はウィリスからとっている。
34 Ibid., 224-5.
35 Ibid.
36 Ibid., 229. これは、再びウィリスからとられている（後述の八九頁参照）。
37 Ibid., 232.
38 Ibid., 233.
39 Ibid., 234. 覚えておられるであろうが、リックマンにとっては頂点は十四世紀初めだった（五二頁参照）。
40 Ibid., 258.
41 Ibid., 2.
42 Ibid., 18.
43 Ibid., 60.
44 Ibid., 235.
45 Ibid., 33.
46 Ibid., 14. ヒューエルはウィリスの本に四頁と三十四頁で言及している。

47　しかし、建築学者としての彼の名声は存続した。Eastlake は一八七二年の *A History of the Gothic Revival in England* で、なお「膨大で包括的な情報の保管所」(p.130) と語っている。ついでながら、バーソロミューは一八三九年に（本書一三七頁参照）、ヒューエルがなした「巨大な足跡」を認めている（段落二五二）。

48　ラスキンと一八五一年の博覧会に関する論評は、後述の二一九頁と二三八頁で触れる。これらすべてについては、Todhunter op. cit., I. を参照。

第八章　ウィリス

ロバート・ウィリスは、一八〇〇年に国王の内科医の息子として生まれた。(1) 一八一九年に、彼はハープのペダルに関する装置で特許をとった。彼は一八二一年にケンブリッジ大学自費生としてカイウス・カレッジに入り、一八二六年に文学士号 B.A. をとった。一八二七年に執事に叙任され、同じ年に司祭に叙任された。一八二六年にカイウスの特別研究員となり、一八二七年に学生監、一八二九年に給仕長、一八三〇年に王立協会の会員、そして一八三七年にケンブリッジの自然哲学・経験哲学のジャクソン寄贈講座の教授になった。(訳16) 彼は紛れもなく優秀な人で、ついでながら音楽にも堪能であった。一八三二年に、彼はケンブリッジのマイナーな建築家チャールズ・ハンフリーの娘と結婚しており、おそらく彼は建築家たるものがなにをするかをすでに知っていたであろう。いずれにしろ、彼は一八三五年に最初の本として、全巻を建築史の問題に割いた本を出版する。『中世、特にイタリアの中世建築所見』がそれで、これはすぐに重大なこととしてとらえられた。なぜなら、新しく設立された英国建築家協会の「会報」の最初の巻、一八三五―六年の巻に、ウィリスはヒューエルとともに名誉会員として登場するからである。ウィリスの『所見』は、ドイツに関するヒューエルの本と同じく、先駆的な著作であり、記述の正確さや思考の明晰さや普遍的な理論への展開において、他のものよりもはるかに先を進んでいた。

ヒューエルと同様に、ウィリスもまず初めに謝っている。その本が、一八三二～三年に実施された「フランスとイタリアとドイツの大急ぎの旅行(2)」の成果以上のものではないというのである。その本の目的は、ゴシックにおける「ヨーロッパの諸様式の比較」であり、その比較は「それまでなされたもの以上に……広範囲にわたる(3)」はずであるとウィリスは請け合っている。彼の研究に有用だった既存の文献は補遺としてリスト化されているが、特に『ドイツの教会についての建築的覚書』の著者(4)に謝意を表し、リックマンの「すばらしく体系的な方法なしには(5)」その本を書けなかったであろうと述べている。リックマンやヒューエルと同様に、ウィリスも術語には敏感である。彼が用いた用語で現在よく使われているものに、continuous mouldings、Saxon mid-wall shafts、tracery bars、compound piers がある(訳17)。記述の正確さにおいては、ウィリスはヒューエルをすら上回る。その手法は建築家のものというよりもむしろエンジニアのものである。たとえば、「ジュネーブでは、図版3の図23のm、p、nはピア・アーチの断面図であるが、図22のa、bとは、単に第一次的につくられた隅の玉縁m、nと二次的な面取りpをもつことで違っているにすぎない(6)」といった具合である。

しかし、ヒューエルと同じように、彼もまた建物ごとに記述するだけではなく、建物の様々な要素ごとに書いてもいる。それで、迫元、シャフト、トレーサリー、ヴォールト――この章が最も長い――といった章があり、ウィリスもまたヒューエルとまったく同じように、こうした分析をイタリアにおけるゴシック様式の特徴の考察にまで進めている。しかし、彼の態度はある点でヒューエルとは異なっている。ヒューエルは明らかにドイツで見たものにわくわくしていた。ウィリスは――これは否定できないのであるが――彼がいう「他のすべてのゴシック様式に対するイタリアの劣性(7)」に対して軽蔑感だけを抱いていた。とりわけ彼は、水平の縞模様、たとえばバターフィールドやラスキンのお気に入りだったシエナ大聖堂の縞模様――後世の皮肉屋たちは「縞入りベーコン」と呼んだ――を「不愉快(8)」で「建築の壮大さを破壊する(9)」ものと見なし、まさに最初の部分で、「実際、イタリアには真のゴシックはない(10)」と、総括的(かつ核心的)に述べている。そして彼には十分な理由があった。ゴシック建築は、高さと長さと幅(これは大アーケードを通した側廊へのヴィスタと関わるはず)の意識を一気に刺激してかきたてる。しかし、イタリアにおいては、高さは身廊の幅の二倍強であり、大アーケードのアーチのスパンは横断アーチのスパンと同じ幅である。「ゴシック的構成としての全体の効果を積極的に破壊している(11)」のがこれらの幅の広い大アーケードのアーチである。ミラノとシエナだけが、よりゴシック的なプロポーションをもっている。また別の場所で、ウィリスは同じく明敏に、以下のような事実からイタリアのゴシック建築の特殊性を説明している。イタリアのゴシックはゴシックと古典建築の要素の「生まじめな混合を示し」ており、「時には一つの側にたち……時にはもう一方の側にたち」、垂直性を強調したり水平性を強調したり——直ちにヒューエルが思いだされるだろう——、多くは直角の隅部もった平坦で付柱的な表面を用いる、と。[12]

つまりウィリスは、ヒューエルよりもさらにはっきりと、自分の本の個別な主題をゴシックの本質についてのより一般的な観察を伝える手段として用いた。最も興味深く予言的な観察は、「力学的な構築と装飾的な構築」の違いに関するものである。彼が書いているのであるが、目は「重さが……十分に支えられている」のを見ることを望む。それ故、ゴシックの装飾の部分は構築を表現しているが、「この表面に現れた骨組みは、しばしば実際の骨組みとまったく異なっている」。したがって、我々は常に「重さが実際にどのように支えられており、どのように支えられているように見えるか」を見なければならない。[13] これはまさしく、ポル・アブラアムが一九三四年にヴィオレ＝ル＝デュクの理論を打破するために用いた議論である。[14]

ヴォールト架構は明らかにウィリスが最も興味をもった課題であり、現に次の公刊物で彼はヴォールト架構だけを論じている。というのも、ヒューエルとは違って、ウィリスはひとたび建築に意を注ぐと決めると、調査し続け、書き続けたからである。しかし、彼の本職の義務を怠ったわけではない。

一八四一年は、イギリスのゴシック・リヴァイヴァルの物語における「驚異の年」であった。この年——リックマンの死んだ年——ピュージンが『真の原理』を出版し、『エクレジオロジスト』の第一巻が出て、そしてウィリスは「中世におけるヴォールトの建設について」という論文を書いた。これは、新しく設立された英国建築家協会によって一八四二年に出版されたが、[15] たしかに時代を画するものであった。というのも、ドイツについてのヒューエル、イタリアについてのウィリスの先見性をわれわれは賞賛するけれども、ウィリスのヴォールトに関するこの長い論文とその挿図は、洞察力と細心な正確さの標準を打ち立て、これを超えるものは——イギリスであれどこであれ——なかったからである（写真20、21）。実際、一八四一年以降彼の死の一八七五年まで、ウィリスの書いたものは、ドラクロワがティツィアーノについて言った「彼がなすことがなされている」[16][訳18]と同じだと言える。この論文におけるウィリスの最初の設問は、中世の石工たちはイギリスの後期ゴシックのヴォールトのような複雑なものをどのようにつくっているかということであった。これに答えるために、彼は一五六八年のドロルムから一七三八年のフレジエまでの「石材加工法」に関するフランスの文献を調べた。[17]なぜなら、イギリスでは「この技術はどちらかといえば蔑ろにされてきた」[18]からである。彼の研究はヴォールトの上面の調査にまで至ったが、上面ではヴォールトがむき出しで見えるようになっており、[19]個々の石にはリブがアーチの基部からどのようにどんな断面で立ち上がるべきかを石工が指標として刻んだ線が残っているのである。こうしたことを、彼は一八三八～九年のサザーク大聖堂の身廊の取り壊しの際と、一八三四年のカンタベリー大聖堂のランフランク塔の取り壊しの際に発見したのである。[20]

その後でウィリスは、リブ・ヴォールトを最も簡単なものから最も複雑なものまで非常に詳しく論じている。彼の描いた図はいまも最良のものとして使われているし、彼の記述はエンジニアの技術的な図解の説明のように読める。「いまかりにリブが単一の円弧からなっているとすると、我々はその円弧の中心をアーチの迫元の高さに置くであろうし、迫元の上とか下におくこともできる」。さらにこう続く。「図9が一つのヴォールトで、その平面図と、それぞれのリブE、g、f、C、e、Dの頂点の高さが決まっており、また中間部の平面図p、v、s、n、r、mも決まっているとする……ABCDをそのヴォールトの平面図とする」。[21]すべてのこうした記述において、ウィリスはその前の本で打ち立てていた「装飾的な構築と力学的な構造」の区別を意識し続けている。[22]ついでになるが、彼はまたいまではほとんど触れられない問題も知っていた。それは平面図が規則正しく、したがって理解に容易なように見える複雑なヴォールトが、ヴォールトの曲率の違いによって下から見ると全体的に混乱したものに見えるかもしれないという問題である。このことは石工が知っておくべきことで、視覚的効果を考慮に入れることは「大きな洞察の力を示す」[23]ことになる。しかし、石工は常に成功するわけではなく、たとえばウェルズ大聖堂の聖歌隊席のヴォールトは平面図は非常に規則正しいにも関わらず、その lierne ribs[24][訳19]のパターンを「不愉快に歪んだ」ものに見えるようにしているのは、この種の洞察力の欠如による。最後の章は、扇状ヴォールトに関するもので、ウィリスはグロスター修道院の扇状ヴォールトが最初の実例ではないかという提示をすでに行っている。もっとも――これが彼の学識の厳格さの典型であるが――「そうした推測にふけるのが危険であることはわかっている」[25]と直ちに自分を戒めている。

最後に、彼が建築家のために書いているとき、彼は時に自分自身の時代の状況に目を向けていることを言っておこう。冒頭で彼は自分の方法を薦めているが、それは自分の方法のほうが「要求されるどんな時代の様式でも建物を設計する」[26]建築家に、「いまのやり方」をやっているよりも、[27]より正確にゴシックの型に一致した建物を設計させ得るだろうからである。「昔は一つだけの様式が行われていた」[28]のに対して、いまのやり方は、我々が「あらゆる様式の模倣者」であることを許すということを、彼はなんの論評もなく受け入れている。

実際、ウィリスはときに自身で設計をした。彼はケンブリッジのセント・ボトルフの西側の窓とトリニティーのグレート・ゲイト[29]の天井を設計したと伝えられているし、ただ一度だけではあるが建物全体、ウィスベックのキングズ・ウォーク墓地礼拝堂を設計している。悲しいことにいまは取り壊されたが（写真22）。この礼拝堂が建てられたのは一八四一年で、同じ「驚異の年」であるが、たしかにこの小さな建物には、なにか「驚異」を思わせるものがある。この建物を見ると、直ちに国教財務委員会委員の仕事とウィリスが成し遂げた控えめの堅固さの違いに気が付くであろう。彼の礼拝堂はパーペンディキュラーというよりも十三世紀の終わりの様式で建てられており、リックマンの滅多にない最良作と同じように説得的に見えるし、たしかにピュージンやギルバート・スコットのような世紀半ばの偉大な改革者の一八四一年およびそれ以降の作品と同じように説得的である。

しかし、われわれはまだウィリスを片付け終わっていない。というのは、彼の礼拝堂はようやく一八四一年に登場し始め、後期ゴシックにとって代わり始めた十三世紀終わりへの好みを示しているにも関わらず、彼は一八四二年にフランスの後期ゴシック建築に関する個別の論文を英国建築家協会のために書いたのである。それは「フランボワヤン様式の特徴的な相互貫入について」[30]という論文で、ここでもまた繰形の相互貫入に関する彼の分析は秀逸である。彼が示した主たる例は、ヌヴェール大聖堂の北側トランセプトの出入り口であるが、その挿図では彼は相互貫入している部分を分離して示している（写真23）。

再び一八四一年であるが、この年、ウィリスはイギリスの大聖堂の研究に取り掛かり、そこで彼の最大の栄誉を獲得することになるのである。彼はヒアフォードの報告を書き、それは一八四二年に発表された。[31] その次の年に、英国考古学協会が設立され、その後の年にグレイトブリテン・アイルランド考古学会が設立された。後者は分裂の結果できた。一八四六年に出版された『英国考古学協会誌』の第一巻には、序文にその分裂の経緯が記されている。『考古学誌』はすでに一八四五年から刊行され始めており、その発行元はなお英国考古学協会であった。第二巻はそれが変わって、こんどは発行元は考古学会になった。ウィリスは考古学会に移った。そこで英国考古学協会は大聖堂に関する記述を、特にゴシック関連の記述をしているわけではないが多才な建築学者エドワード・クレシーに頼った。クレシーは、たとえば一八四七年に『土木工学百科』といった本や、一八三九年に橋梁に関する本を出している。彼は国家衛生局の検査官であり、下水道に専門的な関心を抱いていた。[32] なお、後に違うことで彼をとりあげることになるであろう。[33] クレシーは『英国考古学協会誌』の第一巻（一八四六年）と第二巻（一八四七年）にウィンチェスターとグロスターを書き、一八四〇年にはケント州のストーン教会の挿図入り報告書を出版していた。ウィリスは一八四四年九月十一日の英国考古学協会の会合で、カンタベリー大聖堂に関する論文を発表した。そしてこれは大聖堂についての彼の二番目の論文であるが、翌年に刊行された。彼のウィンチェスター大聖堂に関する論文は、一八四五年に発表され、一八四六年に刊行された。[34] ヨーク大聖堂の論文は、一八四六年に発表され、一八四八年に刊行された。[35] それ以降、何年もの間刊行されたものはないが、ウィリスはやはり論文を発表し続けた。しかし発表したものを印刷できるものにするまでの時間がなかった。彼は、一八四七年にノーウィッチについて、一八四九年にソールズベリーについて、[36] 一八五〇年にオクスフォードについて、そして一八五一年にウェルズについて講演している。彼のチチェスターに関する論文は一八五三年に発表され、一八六一年にそこで出版された。リッチフィールドに関する論文は、『考古学誌』第十八巻（一八六一年）に掲載され、ウォーセスターに関する論文は『考古学誌』第二十巻（一八六三年）に掲載された。さらに加えて、彼は一八六〇年にグロスターに関する論文を、一八六一年にピーターボローに関する論文を、一八六三年にロチェスターに関する論文を発表している。(38) 彼のグラストンベリー修道院の報告書は一八六五年に提出され、一八六六年にケンブリッジで出版された。そして最後に「カンタベリーのクライスト・チャーチの女子修道女施設」に関する論文を一八六九年に発表した。(39)

これらの大聖堂や修道院や修道分院の報告書において、ウィリスはそれまでと同じ高いレベルの観察力と記述力を維持している。その一例が、ウィンチェスターでノルマン式の身廊がウィカムのウィリアムによってどのように変えられたかを示す記述である。(40) ウィリスはまずノルマン式の身廊の立面について書き、その後でウィカムの身廊について書き、以下のように続ける。

さてここでわれわれは、ノルマン式の構造がさきほどまで述べてきた構造に変えられたその過程について考えなければならない。石造のピア・アーチと石塊B、C、D、EはピアA、B（その柱礎と柱頭は取り去られている）を残してすべて撤去されている。同様に、その上の支柱Fとその上に載る二重アーチGも解体されている。もちろん、その上にかかるアーチは残っており、その後ろの部分も今日まで残っている。クリアストーリーのアーチとその後ろの窓も解体されたが、その間のピアは壁の最上部まで残って立っている。注意しておくべきことは、ノルマン式の構造が中心部分の堅く詰められた堅固な砕石の塊や核に付け加えられた念入りな石細工や切石の単なる殻からなっていること、したがってたいていの場合、切石や表面の石やアーチの迫石などが解体されても、砕石の構造は何年もの間、堅固に立ち続けるであろうということである。こうした例は、切石が建材として取り去られ、一方で砕石は取り去るだけの労働に見合わないとして残されたノルマン式の廃墟にしばしば見られるであろう。かくして、ベリー・セント・エドマンズやセットフォードやビンハムやキャッスル・アイカーやその他たくさんの修道院の廃墟で、ノルマン式の砕石の壁は切石の部材を少しも残さなくともなお真っ直ぐに立っている。この工程は、当時の粗野な職人たちが構築物の表面と躯体の間をつくるために必要だと考えていたごくわずかの接着剤によって補助され、また壁の巨大な規模が建物に与えている必要以上に過剰な強度によって補助されており、それが故にそうした建物は切石の装飾を失ってもそれだけで十分立つことができるのである。これから研究しなければならないこうした改変の可能性を考える前に、このことを十分理解しておくことが必要である。

私は低いほうのアーチはピアの間から切り取られ、上のほうも区切りのピア自体のみを残して解体されたことを示した。区切りのピアは床面から壁の頂部まで手を付けられずに立ち、一続きのオリジナルのアーチ、すなわちトリフォリウムのアーチのみによって繋がれている。これに加えて、切石は下方のピアの小さな部材を例外として、内側の砕石の表面全体から剥ぎ取られている。図34の左手の一部は、身廊から見たこの中間状態のノルマン式作品の一区画の半分を示している。ピアの別の面には、切石は主要部分のいたるところに手つかずのまま残っている。かくして頂部では、平坦なノルマン式バットトレスがパーペンディキュラーの窓を隔てているクリアストーリーの下の鉛葺き屋根の上にいまなお見えるであろう。そして、トリフォリウムの屋根の中には、すでに書いたがアーチS、Tがまだ残っていて、通常の平坦なノルマン式バットトレスによって分けられているのである。

残されているP、Q、Rのピアの外側の切石の部材はパーペンディキュラーの繰形に組み込まれているが、その過程は比較的簡単である。なぜなら、すでに示したように新しいピアの平面図はもとのピアの平面図と少ししか違わないからである。

このような記述が、綿密きわまりない観察の成果である。しかし、ウィリスは単に最もすぐれた観察者にとどまらなかった。彼はまた、図像的資料と記述的資料両方の疲れを知らない蒐集家でもあった。その証拠は、いまはケンブリッジ大学図書館にある彼の建築関係の書類である。(41) その書類は、盲アーケードやキャノピーや司祭席（写真25）や屋根やピアの繰形や平面図等々を小さく連続的に描いた図のあるたくさんの頁や、訪れた教会の州ごとに整理されたリストや、年代のわかった建物の長い年表や、大聖堂の資料のフォルダーなどを含んでいる。残された記述的な資料を扱った他のフォルダーもあり、サンテュラ、フォンタネッラ、ディージョンのサン・ベニーニュ、オルレアンのサン・テニャン、ヒルデスハイム、ペテルスハウゼンといった今日われわれが最も啓示的な経過を示す建物として用いているものの大半を、ウィリスはすでに知っていたことがそこでもわかる。

正確な引用と解釈に対する彼の同様な情熱は、一八四四年に彼に『中世建築用語集』という小さな本を出させた。この本の中に、彼はイギリスの中世の文献や、フランスとイタリアの本で使われている用語を集めている。末尾は彼が用いていた二十二の年代記や徒弟奉公契約書などの文献のリストと、すべての用語のアルファベット順の索引である。彼は、ピュージンの『ゴシック建築の実例』のウィルソンによる補遺を、先駆的例として謝意を表している。ウィリスはまた、中世考古学に顕著な重要性をもつ新しい資料がヨーロッパ大陸で出ていないかどうかを見ていた。それで、フェルディナント・ケラーが一八四四年にザンクト・ガレンの九世紀の平面図を始めて出版したとき[42]、ウィリスは一八四八年にそれをイギリスの読者に紹介している[43]。一八五八年に、J・B・A・ラシュスとA・ダルセルがヴィラール・ド・オンヌクールの石工結社本を始めて出版し[44]、一八五九年にウィリスによるその翻訳本が出た[45]。そして、一八六三年にジョージ・ギルバート・スコット卿の『ウェストミンスター・アベイ拾遺集』が出版されたが、その文献的な部分の仕事はウィリスの提供によるものである。

ウィリスはヒューエルのような金持ちではなかったけれども、彼が膨大な蔵書を集めていたことは疑いない。一八七二年に彼がそれを売らねばならなかったとき、その内容項目数は一四五八であった[46]。もちろん、そこには多くのエンジニアリングの本があったし、――彼の若き日を偲ばせる――神学と音楽の本もあった。建築の本については、ウィトルウィウスの二十六の版、アルベルティの六つの版、ヒュプネロトマキアの二つの版、セルリオの七つの版、ヴィニョーラの十五の版、パラディオの十の版、スカモッツィの六つの版、ロマッツォの三つの版などがあり、またバルバロとカタネオを経て、ファルダ、フェレーリオ、ロッシ、さらにボロミーニ、ガリーニ、そしてヴィットーネにまで及ぶ。フランスの本の代表は、ドロルム、デュセルソー、フレアール、A・ルポートル、古い方のブロンデル、コルドモワ、マロ、ブリズー、ボフラン、ル・ロワ、若い方のブロンデル、フレジエ、そしてデュランである。ドイツの本の代表は、ディッターリン、シュペックレ、フルテンバッハ、ゴルトマン、シュトゥルム、フィッシャー・フォン・エルラッハ、そしてボワスレーとモラーである。オランダの本の代表は、フレデマン・ド・フリース、ド・カイザー、ポスト、そしてフィングボーンスである。イギリスの本の代表は、ウォットン、ケントの『イニゴー・ジョーンズ』、ギブズ、カステルの『古代人のヴィラ』、ウッドの『パルミュラ』と『バールベック』、スチュアートとレヴェット、メイジャーの『パエストゥム』、チェンバーズの『中国の建物』と『キュー』、ロバート・アダム、キャメロン、チャンドラー、そしてウィルキンズの『マグナ・グラエキア』である。ゴシック様式に関する一八〇〇年ころのイギリスの文献が入っていることは言うまでもない（ミルナー、ウィティングトン、ガン、ダラウェイ、ホーキンス）。コーモンとディドロンとモンタランベールによって、それは彼自身の時代にまで及んでいる（コーモンの『カルヴァドスの記念物統計』と『中世建築』と『建築用語』と『初歩読本』、ディドロンの『考古学紀要』第一巻〜第二十六巻と『手引き』、モンタランベールの『ヴァンダリズム』）。彼はこうした本が出るたびに集め、一方で中世のテーマであれ中世以後のテーマであれ、蒐集活動を続けた。中世以降のテーマのものでは代表は、リーズによるバリーの旅行者クラブ関連のもの、ラウドンの『別荘建築百科』、ルタルーユィーの五巻本、一八五一年の博覧会の公式カタログ五巻本であり、中世がテーマのものでは選択は大変広く、たとえばオーウェン・ジョーンズの『アルハンブラ』、ガリー・ナイトの『イタリアの教会建築』、クヴァストの『ラヴェンナの初期キリスト教建築』、カーレンバッハの『キリスト教会建築』、ハイデロフの『中世の装飾物』、そしてE・B・ラムの古代住居建築の本がある。これらの多くは、後の章で取り扱わねばならない。加えて、ウィリスはケンブリッジ・キャムデン協会の『インストゥルメンタ・エクレシアスティカ』、ファーガソンの『美の原理』、ピュージンの論争的ではない出版物のいくつか、ラスキンの『ヴェネツィアの石』、ベレスフォード・ホープの『イギリスの大聖堂』を所蔵していた。ピュージンとケンブリッジ・キャムデン協会とラスキンとファーガソンについては、それぞれ一章全体が必要となる。しかし、すぐ次の章ではない。なぜなら、ピュージンやキャムデン協会の人やラスキンはすべてゴシック様式に深くかかわったが、われわれはまず、この時期に別の祭壇で身を捧げた人々を見なければならないからである。

註

1　以下の記述は、一九六八年にマサチューセッツ州ノーサンプトンのスミス・カレッジで行った Henry-Russell Hitchcock 記念講演の拡大版である。その講演録は一九七〇年にスミス・カレッジによってすばらしい体裁で刊行されている。ウィリスについては DNB（英国人名辞典）を参照。その記述は John Willis Clark によるものであるが、彼については以下の註29を参照。加えるに、わたしは John Venn, *Bibliographical History of Gonville and Caius College*, II（Cambridge, 1898）を用いた。

2　*Remarks on the Architecture of the Middle Ages*, iii.

3　Ibid., vi.

4　Ibid., v.

5　Ibid., 13.

6　Ibid., 28, 50, 53, 86.

7　Ibid., 102.

8　Ibid., 138.

9　Ibid., 12.

10　ついでながら、この見解はアウグスト・ヴィルヘルム・シュレーゲルが彼に先駆ける。シュレーゲルは「ゴシック建築……その性格はイタリアでは改竄されている」と述べている。*Die Kunstlehre*, ed. E. Lohner（1963）, 157 を参照。

11　Willis, *Remarks*, 130.

12　Ibid, 156.

13　Ibid., 15-16.

14 *Viollet-le-Duc et le rationalisme médiéval*（Paris, 1934）.
15 *Transactions*,I, pt. 2. R.I.B.A. については四四頁と後述の一二三頁を参照。
16 *Journal d'Eugène Delacroix*（ed. A. Joubin, edition of 1950）, II, 282. 一八五四年十月四日の記載。
17 これらのフランスの文献については、いまでは R. Middleton, 'Viollet-le-Duc and the Rational Gothic Tradition'（Ph. D. Thesis, Cambridge, 1958）を参照することができる。
18 'On the Construction of Vaults ...' I. ついでながら、ウィリスはラサウルクスを引用し、ウェアを誉め（三八頁、六七－八頁、七五頁を参照）、よい説明図の源泉としてピュージンの *Specimens* を引用している（四五頁を参照）。
19 Ibid., 6.
20 Ibid., 10-12. カンタベリーの解体については、後述の二五二頁を参照。
21 Ibid., 16 and 19.
22 Ibid., 25.
23 Ibid., 40.
24 少なくとも英語ではウィリスによる新語。「私は命名してきた……（28）」と彼が書いているから。
25 Ibid., 57.
26 Ibid., 2.
27 Ibid., 17.
28 Ibid., 23-4.
29 A. E. Shipley, *A Memoir of John Willis Clark*（London, 1913）. John Willis Clark はウィリスの甥で、ケンブリッジ大学の建築に関するウィリスの立派な本を完成させた。
30 Trans. I. B. A., I, pt.2.
31 *Report on a Survey of the dilapidated Portions of Hereford Cathedral*.

32　注意してほしいのだが、この頃はChadwickの*Inquiry into the Sanitary Conditions of the Labouring Population of Great Britain*（1842）の時代である。

33　後述の一〇三頁を参照。

34　*Proceedings of the Annual Meeting of the Archaeological Institute.*

35　Memoir illustrative of the History and Antiquities of the County and City of York.

36　*Arch. J.*, VI（1849）, 300 ff. と、Cambridge University Library Add. MS. 5036のかなり詳細な草稿と、*The Guardian*, 1 Aug. 1849の長いレポートを参照。

37　*Arch. J.*, VII（1850）, 315.

38　*Arch. J.*, XVII, 335（Gloucester）; XVIII, 397（Peterborough）; XX, 389（Rochester）.

39　London, 1869. The Cambridge University Libraryはこれの予備草稿のようなもの以上のものを所持していない。

40　*Proceedings*（1846）, 70-5.

41　Add. MSS. 5023-91, 5127-42, 7574. John Willis Clarkの遺譲による。わたしはこのウィリス書類を通して見たが、すべての頁を読んだとは言えない。その資料は膨大であり、論文を探している学生には有益であろう。最も早い文献は一八一九〜二一年の日記であるが、もちろんこれは前・建築的なものである。

42　*Bauriss des Klosters St Gallen vom Jahr 820*（Zurich, 1844）.

43　*Arch. J.*, V.

44　*Album de Villard de Honnecourt*, annoté…etc.（藤本康雄『ヴィラール・ド・オヌクールの画帳』鹿島出版会、1972年、参照）

45　*Fac-Simile of the Sketch Book of Wilars de Honnecourt* etc.

46　*A Catalogue of the valuable and extensive Library of the Rev. Robert Willis*, sold by Messrs. Hodgson Apr. 3-12, 1872. R.I.B.A.にそのコピーがある。

第九章　ヒュプシュとルントボーゲンシュティール、ホープとネオ・ルネサンス

これまで扱ってきたほぼすべてのものは、リックマンのような建築家兼学者の仕事もあるが、学者の著作であった。リックマンは、古物研究の著作の中でいま建てたい人のためにアドヴァイスをすることも時にあり、愛好家たちもそうしていた。しかし誰も、新しい建物がともかくもゴシックの模倣であるべきかどうか、あるいは実際になにかの模倣であるべきかどうかという根本的な問題を問わなかった。誰も十九世紀にいかなる様式で建てるべきかを問わなかった。この問いは、一人のドイツの建築家ハインリッヒ・ヒュプシュによって初めて問われたのである。

われわれは、ドイツの話を——非常に概略的にではあるが——シュレーゲルまでしてきた。ここでヒュプシュを論ずるにあたり、彼らの（そしてゲーテの）時代のドイツの最も偉大な建築家、カール・フリードリッヒ・フォン・シンケルを一瞥しておかねばならない。

シンケルは、いくつかのヨーロッパで最も美しいネオ・ギリシアの建物を設計する以前、また一八三一年にプロイセンの「公共事業局長 Oberbaudirector」になるずっと前、実際の建物ではなく図面と絵画においてではあるが、熱心なゴシック趣味者であった。一八一〇年、彼はこう書いている。[1]「古代の建築は、材料の塊量による効果とスケール感と堅固さを有しているが、ゴシック建築はその精神によって我々を動かす。小さな手段で大きなことを達成するのは衝撃的である。古代の建築は虚栄が強くもったいぶっている……ゴシックの建物は意味のない誇示を拒む。すべてが一つの理念から導き出される。したがってその性格は必然、厳粛、威厳、崇高である」。もちろん、後には彼の建物がギリシア風になるのと同じようにシンケルは反対の傾向のことを書いており、岩の上もしくは森の中のゴシック大聖堂という夢

は過去のものとなっている。「ギリシアを建てるということは正しく建てるということである……ギリシア建築の原理は構築物を美しくすることであり、これはずっと原理であり続けているに違いない」。

シンケルは建築理論の本に取り組んでいた。もしそれが完成されていたら、それは理論的にはやさしい本ではなかったかもしれないが重要なものになっていたであろう。「建築の目あては、使うことができ有用で目的がはっきりしたものを美しくすることである」。「建築の理想は、ある建物がその目的を、精神的にも物質的にも全体としてもあらゆる部分としても、完全に示しているときにのみ達成される」。シンケルによれば、建築には三つの側面がある。構築と、習慣すなわち歴史の承認と、自然すなわち自然に根ざした美、である。機能の側からすると、そこにもやはり三つの側面がある。平面図と構築と装飾である。平面図は、スペースの節約と部屋の配置の秩序と便利さを最大限保たねばならない。構築は最良の材料と最良の施工技術を用い、その両方が最もよく目に見える形で現わされていなければならない。装飾は、それを置く場所の最良の選択をしなければならず、最良の装飾物とそれをつくる最良の技術を用いなければならない。機能の充足だけでは十分ではない。「単なる必要はわれわれに美を与えない」。他の二つの要素、「歴史的なものと詩的なもの」を欠いている限りは、「無味乾燥と硬直」に終わるであろう。

こうしたものがシンケルのルールである。これらは、単なるギリシアの模倣であることからの防護策としては十分に通用する。現にシンケルはこう書いている。「ギリシア建築の範囲内で、その精神的原理を守りながら、世界の歴史における我々の新しい時代の条件をうまく処理することができていれば」、今日の様式が何風であるべきかの「問題の最もよき答えを見つけていたであろう」。ここでは、強調は新しい条件に置かれている。なぜなら、シンケルははっきりと模倣を非難しているからである。「歴史は前の歴史を決して模倣してはこなかった」。そして――最も印象的な一節であるが――「どの時代も、それぞれ自身の建築様式を残してきた。どうして我々は、我々自身の様式もまた見つけられないかどうかを試みてみないのだろう」。シンケル自身の後の建物がその答えである。ベルリンの建築アカデミーと、実際には建てられなかったオラーニエンブルガー・フォールシュタットの一八二六年の教会は、機能的で美しく、しかもギリシア風ではない。それでは、それらはいかなるものか。建築アカデミーには北イタリアの千四百年代の様式が見られ、円形プランの教会の意匠には、疑いなくイタリアの洗礼堂のロマネスク的なにものかが見られる。ともあれ、窓は上部が円形アーチとなっている。このことは特に一八二六年という時点では記憶されるべきことで、一八二八年に *In welchem Style sollen wir bauen ?*（いかなる様式で我々は建てるべきか）という意欲的なタイトルで出版されたヒュプシュの小冊子の説明の助けとなる。タイトルは、悲しいかな――理由は後に示すが――議論そのものよりも目立ち、またヒュプシュ自身の建物よりも目立つ。というのも、ヒュプシュの建物は「ルントボーゲンシュティール」、つまり一八二六年のシンケルのデザインの様式で、しかもずっと型にはまったものだからである。(2) ヒュプシュのジレンマは、シンケルのようなギリシア様式か十九世紀の新しい様式(3)かの問題ではなく、ギリシアかルントボーゲンの様式かの問題であった。彼はペリクレス時代のギリシアをその真実性の故に賞賛しているが、すでにピラスターという「慣習的虚偽」が建築に導入され育ったいま、もし我々がいまギリシア様式で建てるならば、その結果は「気持ちの悪い不調和」(4)にしかなりえないということはわかっていた。もし建築家たちが「古代の死んだ模倣」に満足するとすれば、彼らは「不誠実な虚栄」からか――なぜなら彼らはギリシア建築で名をなしていたから――「見せかけの理由」からか、はたまた「絶望して」しかそれをなしえない。なぜなら、彼らは「熟慮によって適切な様式を生み出す」ことが可能だとは信じていないからである。しかし、「必要という観点から」と便利さや堅固さから(5)出発するならば、そしてヒュプシュが技術・静態的条件と呼んだ「気候と建築材料」を考えるならば、(6)そうした様式は獲得可能である。ヒュプシュにとって建築の歴史は、最もマッシヴなものから最も軽いものへの展開、つまりエジプトに始まりゴシックで終わる展開であった。(7)この展開におけるたった一つの大きな技術改良がアーチであり、今日にふさわしいどんな様式もアーチ形以外ではありえない。したがって、ギリシア風のみが適していないことになる。しかし、アーチ形の様式の中でもヒュプシュは出発点としてゴシック、すなわち最も軽いもの、は取らない。そしてこれは、よく見られることだが、趣味が論理を邪魔しているところである。というのは、ヒュプシュが書いているのであるが、尖頭アーチの原理は半円アーチの原理と同じであり、ゴシックの構造は「ヴォールトの構築に合わせて有機的につくりあげられている」――非常に興味深い発言――のに対して、ロマネスクの建築はゴシックと違って「ラファエル以後と比較したラファエル前派の絵画」のようなものである。後者は描法において欠陥があるかもしれないが、しかし前者においては「人は後者の心動かす単純さを空しく探すのである」。(8) それで、今日もし「半円アーチの代わりに尖頭アーチを選ぶならば、一つの有機的な様式が同じように得られるであろう」が、しかしその制作中に、尖頭アーチの垂直主義が「われわれの要求に一致していない」ということを誰もがすぐにわかるであろう。こうして最終的な結果が決定される。ヒュプシュは次のような文章で終わりにし得た。

私は自分で決めた目標に達し、新しい様式のための厳格に客観的な骨組みを打ち立てた。それは、建築家が自身の個性によって活気づけるのに十分な詳細さをもっていると私は思う。誰もがすぐにこの新しい様式がルントボーゲン様式に非常によく似ていることがわかるであろう。否、それは根本的にルントボーゲン様式であり、古代の有害な回顧なしに自由に制限されることなく発展してきた際にできあがるようなルントボーゲン様式である。状況の性格からしても同様な結果になるし……個人的な好みに起因しているのではない……この新しい様式は、最も多様な仕事を最も直接的な方法で柔軟に解決することを可能にする……それは現在の世界に自在に入り込むであろうし、道理にかなったどんな要請にも応えるであろう……建物はもはや歴史的、慣習的な性格をもたなくなるであろう……（そして）情感もいまや考古学に教えを請わずに自らを表明するようになるのであろう。(9)

これは興味深い結果である。われわれは、新しい世紀のための新しい様式の理論と新しい世紀との衝突の中で使われるべき様式の提案というその後何度も繰り返されることになる議論の初めての例をここに見るのである。
ルントボーゲンシュティールを主張するヒュプシュの決定は、ドイツではイギリスほどは珍しくなかった。それが最初に現れたのはラインラントではないかと思われる。ラサウルクスは、早くも一八二四年にネオ・ゴシックからネオ・ドイツ・ロマネスクへと方向を変え、それ以降も、少なくとも外観はそれを守った。彼の最初のロマネスクの教会は、ファルヴィッヒの聖マルティンで、(10)一八二五年のF・ネーベルによるウルバッハ教会がそれに続いた。(11)同じ一八二五年に、ヒュプシュ自身によるヴッパータル＝ウンテルバルメンのプロテスタント教会が建てられ、たくさんの彼の教会が続いた。ただし、これより二、三年前、プロイセン王、フリードリッヒ・ヴィルヘルム四世がベルリンの大聖堂のために二つの鐘楼をもつ初期キリスト教風バシリカ聖堂のスケッチを描いていた。(12)これは実現せず、先に触れたシンケルの一八二六年の教会も実現しなかった。しかし、バイエルン王、ルートヴィヒ一世はより幸運だった。彼の要望により、彼の命ずる様式でクレンツェが一八二七年にミュンヘンに万聖宮廷教会を建て始めていたからである（写真26）。そしてすでに一八二六年には、王はより若い建築家ツィーブラントを、初期キリスト教のバシリカとロマネスクのバシリカを研究させるためにイタリアへ送っていた。それは聖ボニファティウス教会を設計させる意図があったからであるが、その建設は一八三五年に始まった。(13)その六年前、王はゲルトナーによって設計されたより有名なルートヴィッヒ教会の起工をしていた。その間、ペルシウス設計の救世主教会の建設が一八四一年にポツダム近郊のザクロフで始まっていたし、一八四五年にペルシウスの平和教会の建設がポツダムで始まっていた。(14)ルントボーゲンシュティールは、すでに気付かれたであろうが、初期キリスト教とイタリアのロマネスクとドイツのロマネスクの間を揺れ動いていたのである。(15)

こうした建物に密接に関連して、初期キリスト教とロマネスクの建築に関するたいていは豪華な挿絵を伴った本の大きな流れを見なければならない。それらに先駆けるのが——これは忘れられるべきではないが——一八一〇年のカーリッチの論説の中のイタリア・ロマネスク教会の挿絵である。それはピアチェンツァ大聖堂とパルマ大聖堂とモデーナの大聖堂を載せている。そしてすでに述べた一八一五年〜二一年のモラーの『ドイツ建築の記念碑』は、その英語版は一八二四年の出版であるが、(16)ドイツのロマネスクの建物の挿絵を載せていた。ボワスレーの『七世紀から十三世紀までのニーダーライン地方の建築記念物』（一八三三年）、もっと後のヒュプシュの『建築物』（一八三八年から）、カール・アレクサンダー・ハイデロフの『中世の装飾物』（ニュルンベルク、一八三八〜五二年）もそうであった。[17] クリスチャン・K・J・ブンゼン男爵の『キリスト教ローマのバシリカ』は一八二三年から出版され始めていたが、完成したのがやっと一八四三年のことである。[18] それは、美しい版画で、旧サン・ピエトロとサン・パオロ・フォリ・レ・ムーラからサンタ・マリア・ソプラ・ミネルヴァとサン・タゴスティーノまでの建物の透視図と平面図を示している。[19]

一方で、一八二九年、ヒューエルがドイツの後期ロマネスクの本を出す一年前に、ゴシック趣味者としてすでに触れた（九〇頁）エドワード・クレシーとG・レッドウェル・テイラーが、『イタリアの中世建築』という本に、ピサのロマネスクの建物の豪華な挿絵を載せた。[20] その僅か六年後、著名な反ゴシック主義のパリの建築家、J・I・イットルフとルートヴィッヒ・ツァントによる『シチリアの近代建築』（一八三五年）が続いた。そしてさらに七、八年後、A・F・フォン・クヴァストの『ラヴェンナの初期キリスト教建築』（一八四二年）[21] と、ガリー・ナイトの『コンスタンティヌス大帝の時代から十五世紀までのイタリアの教会建築』（一八四二〜四年）が出る。この本は、すでに触れたガリー・ナイトの図版なしの本、『シチリアのノルマン人、ノルマンディー建築紀行続編』の豪華な図版付き続編であった。『シチリアのノルマン人』は一八三八年に出版されたが、シチリアのノルマン風の建物がヨーロッパで最も早い尖頭アーチを持っており、それはサラセン人の仕事に由来するはずだということを証明しようとするものであった。『イタリアの教会建築』は二巻のフォリオ版で、絵画的なリトグラフの図版を伴ったものであった。[22] 場面ごとに小さな、あるいはそれほど小さくはない図が付けられており、しかもその建築のディテールは信頼できる。その信頼感は、たとえばパヴィアのサン・ミケーレを七世紀とし、ミラノのサン・タンブロージオを九世紀とするガリー・ナイトの年代判定よりも大きい。[23]

ガリー・ナイトは現実にはルントボーゲン様式を弁護する文章を今日までどこにも残していない。これには説明がいるだろう。というのも、四十年代のイギリスでは、円形アーチの様式、とりわけアングロ・ノルマンの様式が流行していたからである。この流行は、P・F・ロビンソンによる一八二五年のレミントンのクライスト・チャーチや、D・ロバートソンによる一八二八年のオクスフォードのセント・クレメントや、ピュージンの一八三七～四〇年のレディングのセント・ジェームズ——レディング修道院の紛れもないノルマン式の廃墟に近いが故にゴシックではなくノルマン式——といった教会によって始められた。(24)

初期キリスト教とイタリア・ロマネスクの復興は、イギリスではより稀であるが、ないわけではない。その最も著名な例が、ジョン・ショーによるワトニー・ストリートのクライスト・チャーチ、ワイルドによるストレタムのクライスト・チャーチ、それにT・H・ワイヤットとデイヴィッド・ブランドンによるウィルトン・パリッシュ・チャーチ（写真27）であり、この三つはいずれも一八四〇年に建設が始まっている。(25)

著述家のほうでこれらの建物に対応するのは、ジェームズ・バーとジョン・ショーである。ジェームズ・バーは、一八四二年に出版された『イギリス国教会の建築』という本で、「アングロ・ノルマン様式は、時に応じて採用が薦められるべき多くの美の特性と要素をもっている」と書いており、ジョン・ショーは一八三九年に、ロンバルド建築は「今日非常に重要な特質」すなわち二階席に対する適合性、それを支える細い鉄柱に対する適合性、建築材料としての煉瓦に対する適合性、そして全体として簡素さへの適合性を「かなりの程度含んでいる」と書いている。(26)

ジョン・ショーは、ノルマンではなくロンバルド建築について語っているが、これはおそらく一八三九年においては、イタリアのロマネスクやその他多くのことを扱っており大きな影響力のあった一冊の本の存在を前提にしている。その本というのがトーマス・ホープの一八三五年の『建築歴史論叢』である。(27) ホープは一八三一年にすでに亡くなっていたが、富裕の士であり、若い時は疲れを知らないフランスのアンピール様式の支持者であった——彼の『王室家具』（一八〇七年）とダチェス通りの彼の自宅の家具を見よ。後には、おもに一八二三年のことであるが、自分のサリーのカントリーハウス「ザ・ディープディーン」を建築家ウィリアム・アトキンソンの助けを得て増築した時、その頃はまだ非常に稀だったより自由なイアリア・ルネサンスの別荘様式を好んで、フランス・ギリシア様式を捨て去っている。もっともナッシュが、一八〇二年ころにシュロップシャー州のクロンクヒルでそのイタリア・ルネサンスの別荘様式を用いていた。[28] その主たる特徴である華奢な円柱によるアーチ付きのロッジアは、ルドゥーの『建築』（一八〇四年）やデュランの『講義概要』（一八〇二〜五年）にもまた見られる。[29] その様式の魅力は、それが与えてくれる非対称の構成の可能性と、用いうる要素のより大きな多様性にあった。それは、一八三五年ころから四十年代半ばまでのバリーのトレンサム・パークと、一八四五年〜五一年のアルバート公とトーマス・キュービットのオズボーン・ハウスで頂点に達した。

イタリア・ルネサンスのリヴァイヴァルにおけるアルバート公の役割は、様々な意味で重要である。彼は、国会議事堂の内装を決定する王立委員会の議長であった（前掲、六二頁参照）。思い出してほしいのだが、彼の共感はすべて、兄弟的チームワークとフレスコ画の技術の復活に勤しんでいたコルネリウスが率いていたドイツのロマン派のためのものであった。この動きは、最初は一八一六〜一七年のローマのヴィラ・バルトルディにおけるナザレ派のフレスコ画（現在はベルリンのナショナルギャラリーにある）で始まり、次いで一八二〇〜九年のカジノ・マッシーミに移った。コルネリウスは一八四一年に王立委員会のためにロンドンを訪れており、一八四四年には、アルバート公がバッキンガム宮殿の庭園に彼自身の小カジノ（この名称は実際に使われていた）を建てさせた。それは、おもにミルトンの『コーマス』とウォルター・スコットの作品から題材をとったフレスコ画で飾られていたが、それを描くために選ばれた画家たちは、エッティー、ランドシーア、マクリース、イーストレイク、レスリー、ロス、スタンフィールド、ユーウィンズであった。[30] しかし、彼らの誰一人としてナザレ派のラファエル前派の理想（もちろんラファエロ自身のスタイルも含む）に十分な共感を抱いてはいなかった。間違いなく共感を抱いていた唯一の人がダイスで、国会議事堂の女王の式服着替え室に彼が描いたフレスコ画は一八四八年に描かれ始めたが、イギリスにおける最もナザレ派的な絵である。カジノに関していえば、アルバート公の美術相談役であるルートウィッヒ・グルナーは一八四六年にそれを派手に出版している（写真29）。[31] この本のほかにも、彼は一八五四年に『十五世紀と十六世紀のイタリアの教会と宮殿におけるフレスコの装飾と漆喰の図版解説』[32] と、一八六七年に『北イタリアのテラコッタ建築』（本文はV・オットリーニとF・ローズ）を出版しており、アルバート公の助力を得てラファエルの作品の写真複製版のアルバムをつくっている。[33] 彼はまた、一八五一年の大博覧

会でイタリア・ルネサンス風の金属細工、タイル、織物のデザイナーとして登場している。(34)

しかし、イタリア・ルネサンスのリヴァイヴァルのもう一つの状況であり、実際のところ最も早い例が、一八二九〜三二年に後期クワトロチェント・パラッツォ様式で建てられたチャールズ・バリーの旅行者クラブである。一八三九年にW・H・リーズが、「近代イギリス建築論」(35)という少し大げさなタイトルの序文をつけてこの建物のすばらしい図版を出版したとき、彼はロバート・テイラー卿とワイヤットのパラディオ・スタイルを「弱々しい」「魅力のない」「活気のない」(36)ものと評し、通常、他ならぬ一つのデザインを受け入れる拠り所となる、とりわけコンペティションの際に拠り所となる愛好家たちを「うすっぺらな道楽者」(37)と評している。彼がパラディオ・スタイルやギリシア・スタイルの代わりに置きたかったのは、断然ネオ・エリザベス朝スタイル――「派手なエリザベス朝スタイルの最も趣味の悪い質の趣味の悪い模倣」(38)――ではなく、バリーのイタリア・スタイルであった。なぜなら、それは「広範な多様性」、たとえば無柱式、つまり円柱やピラスターのないファサードや(39)、何種類もの粗面仕上げや、コーニスによる水平線の強調などを可能にするからである。(40)

トーマス・ホープに戻るが、彼は『建築歴史論叢』(訳21)であらゆるルネサンスやルネサンス以後の模倣を、適切でない術語であるがCinque-centoと呼んでいる。ともあれ、概してホープは執筆を真面目にとらえた書き手だった。彼はまた長い小説も書いている。『聖アタナシウス』であるが、それが出版された時、多くの人が作者をバイロンと見なした。『建築歴史論叢』における彼のスタイルであるが、形式ばっていていくぶん尊大な傾向がある。文章は長いし――四〇〇〜三頁で八五行からなる一文の例が見られる――先行する著者たちへの謝辞がない。実際、序文はその本のすべてが自前のものであるような印象を大いに与える。ホープは、エジプト、ギリシア、トルコ、シリア、アフリカの海岸地方、スペイン、そして四度のイタリア旅行を誇らしげに述べている。

そしてその本は、エジプト建築から始まって、ムーア建築、ペルシア建築、ロシア建築や他の多くの建築を経てホープがCinque-centoと呼ぶものに至る歴史的な進行で始まる。実際、ホープは自身でしっかりと観察してきており、ダルマチアのパレンツォ（ポレッチ）の教会のような風変わりな教会が、アプスの周りを走る聖職者のためのベンチまで正確に記述されているのを見るのは興味深い。ホープは常に、非常に詳細かつ多くの例をもって記述している。(41) 以下に掲げるのがその通常の例である。

……ときどき、コラムが地面上にはなんら直接の土台をもたず、地面からかなり離れたところのブラケットの上から立ち上がっているのが見られる。たとえば、ラヴェンナのテオドリック宮殿と呼ばれる建物の正面、ミラノの宮殿の礼拝堂として使われた小さな教会堂の尖塔の周囲、パヴィア近くのカルトジオ会修道院のドーム内部、ローマのサンタ・クローチェ・イン・ジェルサレンメ聖堂の尖塔に接する部分、ローディのドームの正面、トゥールーズのサン・セルナンの内陣、ポワチエ大聖堂の東端部、ヴォルムス大聖堂の側面ポーチの上部、そしてゲルンハウゼンのフレデリック・バルバロッサ宮殿である。比較的大きくて重要なコラムはおおむね円形で簡素であるが、比較的小さくて装飾的なコラムはしばしば多角形で、溝彫りがあったり、胡麻殻決りがあったり、紐状のものや籠状のもので造形されていたり、小さなよじれ柱が垂直方向や螺旋方向やジグザグ方向に、あるいはその他の風変わりなやりかたで組み合わされていたりする。それは、我々がローマのサン・ジョヴァンニ・ラテラノとサン・パオロの回廊や、エクスのサン・ソヴールの回廊やその他のいくつかの回廊で見る通りである。あるいは、植物文様で飾られたものについてはオータン大聖堂の西側入口がある。時には我々は壊れたような小さなコラムを見る。その例が、ドフィネ地方ヴィエンヌ大聖堂の北側二階廊とヴォルムス大聖堂の南側ポーチである。さらに時には、二本か四本の細い柱が、一緒になって恋結びを形づくっていることすらある。前者の例がコモの町役場であり、後者の例がサン・クイリコのポーチである。(42)

また一つのもう少し短い例は、ロンバルド帯の仕組みに関する記述である。

壁がコラムで飾られない場合には、普通はあるいは時には、しかしそうなっている場合にはより見事に、壁の表面が窪んだパネルに分割され、その隅はわずかに突出した一種の縁やバットレスで強固にされ、その縁やバットレスは頂部でつながり、ロンバルド様式のほとんどすべての建物で見られ、壁の帯をつくっている持送り台の列の一つへと化していく。(43)

同様に、車輪窓（ボーヴェーのサン・テチエンヌのものも含む）や他の多くのモチーフを伴った通常の持送り台に関する正確な記述も見られる。フランス南部のトンネル・ヴォールト（ホープはそれを'trunk-headed'ヴォールトと呼んでいる）(訳22)の重要性は認識されており、ゴシック建築の特徴はよく定式化されている。ホープはゴシックの構造法を脊椎動物の骨格(44)や木骨造(45)と比較している。

一方で、ホープは年代に関してはまったく弱い。そもそも年代に関してあまり書いていないし、提示されている年代のどれが信頼され得るかを判断する学識をもっていなかった。すでに触れたように、一八三五年までにはイギリスやフランスに信頼できる年代判定を行い得る何人もの学者がいたにも関わらずである。ジグザグ繰形と綱形繰形を彼はサクソンとし、(46)ヴォルムス大聖堂をなんの解説もなく九九六～一〇一六年に建てられたとし、シャルトル大聖堂をある個所では一〇二〇～八年とし、他の箇所では一一七〇年としている。(47)同様に、ホープはロマネスクやゴシックのどの流派がどの流派に影響を及ぼしたか、いいかえればどのような型や要素が伝わったかの問題にまったく貢献していない。そのかわりに、彼は中世、とりわけロマネスクの建築の高い統一性は、ロンバルディアから出てヨーロッパを征服し、ローマ教皇の被庇護者として活動した熟練石工組合員たちに帰せられるという乱暴な理論をもっている。(48)

北であれ南であれ東であれ西であれ、建つところはどこであれ、ローマカトリック教会のあらゆる聖堂の建築家たちは［ホープは要約している］、自分たちの技術を同じ中心的な流派から得ている。同じ職階級の設計と指示に従い、同じ作法と趣味の原則による施工によって管理され、派遣されるかもしれない最も遠くの地区とも相互に連絡をとりあい、きわめて頻繁に文書をかわし、組織全体の財産の改善と新しい技術の獲得に絶えず努める。(49)

この理論は読者に印象づけられたとは思えない。ホープの本の影響は、すでに示したこれとは違う分野にある。後に触れることであるが、ほとんどすべての学者や理論的な建築家がゴシック様式に意を注いでいるときに、ホープはルントボーゲンシュティールのほうを好み、それをいくつかのやり方で知らしめたのである。ゴシックについては、彼はいつも誉めているわけではない。「網状組織のかたまりや、むしろ単なる導線の束［のような］ピナクルと尖頂……カスプと持送り、タバナクルとトレーサリー」(50)。ゴシックの中では、彼は、建築家は「大衆を仰天させる」(51)ために才能を浪費しているとして後期のゴシックを非難しており、「満開と完成」は十三世紀初めだとしている。もっとも、それをしも彼は「入り組んだ無用な線とトレーサリーの錯綜」(52)と評している。これは、彼がビザンティン様式について言っていることと、いかに違って聞こえることだろう。それらのドームは、「アーチの最も気高い成果」であり、「ギリシアの抑圧以降、教会建築に対する最も光輝に満ちた付加」である。「アテネの神殿ではすべてが直線であったが、コンスタンティノプルの教会堂においては曲線となり丸くなってきた——内側に凹面、外側に凸面」(53)。

しかし、こうしたホープの文章が伝えるものよりももっと強いものが、図版の伝えるものであったに違いない。そしてその図版は主としてイタリアとドイツのロマネスクであった（写真28）。もっとも、図版には同じ二つの国のいくつかのゴシックの例も含まれている。かりに明言されたというよりも暗に示しているものだとしても、ここには模倣への誘いがあった。

明らかにホープの本は、さらにもう一つのメッセージをもっており、それはしばしば彼の通りに復唱されたものである。彼の本の最後の五十頁は、ブルネレスキ（ついでながらホープは彼をドナテッロの弟子としており、また彼のパッツィ家のチャペルをカペッラ・ディ・ピアッツア[54]としている）からバロックまで、つまり彼のいうCinque-cento様式を扱っている。ホープは、ルネサンスが、「美と喜びの対象へ向けての新しい人々の心の傾向」から、俗人の富の成長と俗人職人の技術から、そして中世の石工たちが消えて残した空白から、どのように生じ得たかを説明しようとしている。しかし、細部はどんなに完璧であっても、ルネサンス建築は建築としてはゴシック建築に技術的に劣り[55]、その細部ですら、必要とされた施設とは無関係の形をとった「単なる仮装」[56]にすぎない。この判断も、ホープがパラディオを「卓越した才能」とし、ミケランジェロを「巨大な才能」と認めるのを妨げなかった[57]。しかし、「まったく望まれていた感覚」のミケランジェロも、パラッツォ・ファルネーゼでは、上階のピラスターが「上に持ち上げられ、薄切りにされ、束ねられて」[58]いる。そして彼の後にベルニーニとボロミーニとフォンタナがやってきて、彼らは「その悪い趣味で、異教徒ローマの最悪の時代の最悪の例をさらに超える」[59]。そしてフランスのロココもまたそうで、それは「無意味な虚飾の様式」[60]とすべきであり、今日でもロココを復活させようとすら試みる人がいる[61]。

それでは、われわれはどうするべきか。すでに見たように、『いかなる様式で我々は建てるべきか』におけるヒュプシュの答えは、初期キリスト教兼イタリア・ロマネスクであった。彼にそれを選ばせ、完全とは程遠い議論で擁護せしめたものは、それが柱梁式のギリシアよりも厳格でなく、円形アーチがより適合させやすく、非対称を含む多様な構成を可能にするということであった。同様な有利さが、イタリア・ルネサンスの要素とディテールを使った場合にもいえる。イットルフも一八三五年の『シチリアの近代建築』の趣意書でこう書いていた。「これだけたくさんの作品は、建築家にとって、われわれの慣習と用途と気候に容易に応用可能な幸いなモチーフの豊かな源泉となり得る」[62]しかし、ホープの最終的な答えは、ルントボーゲンシュティールもCinque-centoも両方薦めながらも、どちらでもなかった。そのかわりの彼の答えは折衷主義であり、折衷主義は一八三〇〜六〇年ころのあるタイプの建築著作家の標語の一つになりつつあった。これらのことを、今後検討していくことになる。

ホープの最後の一節は以下の通りである。なぜ、あらゆる過去の建築のスタイルを、それがどんな有用性や装飾性や技術性や趣味性を提示しているにせよ、ただ借りてくるというちょっとした望みや考えをまだ誰も抱いてこなかったように見える。それにくわえて、これまでにない便利さや優雅さを与えてくれるかもしれない他の新しい配置や形態を付け加えようという考えも誰も持たなかった。過去の時代には知られていなかった自然産物の新たな発見や新たな獲得、さらに美しくさらに多様性に富む新しい模倣の見本についても誰も考えてこなかった。そして、我々の国に生まれ、我々の土地で育ち、我々の気候と制度と慣習と調和し、一目見て優雅で適切で創意に富み、「我々自身の」という呼称に真にかなうべき建築の構想を誰も考えてこなかった。(63)

のだろうか。

註

1　この引用やシンケルの引用の多くは、L. Ettlinger, *Semper und die Antike*（Halle, 1937）pp.17-38 からの孫引きである。シンケルの理論は、ここに与えられているスペースよりもずっと大きなスペースに値するであろう。また以下の文献を使い引用もした。H. Kauffmann : Zweckbau und Monument in *Eine Freundesgabe ... für Ernst Hellmut Vits*（Frakfurt, 1963）, 135 ff. ; G. Peschken, 'Schinkels nachgelassene Fragmente eines architektonischen Lehrbuchs', *Bonner Jahrbücher,* CLXVI（1966）, 293 ff. ; 'Technologische Aesthetik in Schinkels Architektur', *Zeitschrift des Deutschen Vereins für Kunstwissenschaft,* XXII（1968）. K.G. Kaehler による一九四〇年のバーゼルの Ph.D. 論文 'Schinkels Kunstauffassung' はまだ見ていない。

2　ヒュプシュは一七九五年から一八六三年まで生きた。彼は Weinbrenner の弟子で、一八一七年から一九年までイタリアとギリシアとコンスタンティノプルを訪問、一八二二年に *On Greek Architecture* を書き、一方で一八二五年に *Entwurf zu einen Theater mit eiserner Dachrüstung*（Frankfurt, 1825）、すなわち劇場の鉄製屋根建設に関する本を書いた。そして、たとえば Karlsruhe の美術館と劇場（一八三六年からと一八四七年から）、Baden-Baden の飲泉所（一八三九年から）や多くの教会を建てた。彼は一八三七年か一八三八年の英国建築家協会の外国人名誉会員となっており、一八四二年にコーモンのフランス考古学会の外国人会員になっている（上述七二頁の註53を参照）。*In welchem Style sollen wir bauen ?* は稀少本で、Dr. Reinhold Behrens は親切にもそのコピーをわたしに貸して下さったので、Hanover を訪れた際にそれを読むことができた。ヒュプシュの教会建築と世俗建築に関する二つの論文が、故 Tschira 教授の指導の下にそれぞれ順に J. Göricke と G. Vilmar によってなされており、それらは間もなく出版されるはずである。

3 *In welchem Style sollen wir bauen ?* 18.

4 Ibid., 20-2.

5 Ibid., 1-27.

6 Ibid., 6-8.

7 Ibid., 10.

8 Ibid., 42.　Schlegel の影（二七頁参照）。

9 Ibid., 51-2.

10 P. F. Schwieger, *Johann Claudius von Lassaulx*（Neuss, 1968）, 50 and plates 33-5.

11 A. Mann op.cit., *Die Neuromanik*（Cologne, 1966）, pp.16 and 17.

12 L. Dehio, *Friedrich Wilhelm IV von Preussen ; ein Baukünstler der Romantik*（Berlin, 1961）, 34 ff.

13 B. Stubenvoll, *Die Basilika und das Benediktinerstift St Bonifaz in München*（Munich, 1957）.

14 フランスにおいては、バシリカ型とアプス型の平面図への共感や、ピアに代わるコラムへの共感は、ずっと昔に遡り、現にロココに対する反感が起こった最初期にまで遡る。Dr. Hermann が示しているように（上述三〇頁、註4参照）、Laugier がこの話に関わって来るし、R. Middleton は 'Viollet-le-Duc and the Rational Gothic Tradition' という論文で、St Germain-en-

Laye の St Louis 教会のための Potain による一七六四年という早い時期の設計や、Chalgrin による同じ年の有名で非常に影響力が強かった St Philippe-du-Roule の設計や、やはり同じ年の Trouard による St Symphorien の設計の例に言及している。現実には、まず Trouard のものが実施され（一七六七年）、Chalgrin のものが続き（一七七一年）、最後に Potain のものが実施された（一七八七年）。

15 R. N. Wornum は一八五一年の博覧会を検証した文章 'The Exhibition as a Lesson in Taste'（*The Arts Journal Illustrated Catalogue*, 1851, pp. i-xxii）で、ノルマン様式とロンバルディア様式をビザンティンの変種として扱い、これら三つすべてをロマネスクと呼んでいる。

16 上述四八頁、註1を参照。

17 Heideloff は後に、Art Union が発行する *Art Journal* の寄稿家となっている。四十年代については、Dr. Stefan Muthesius が次の二つの文献を与えてくれた。L. Runge : *Beiträge zur Kenntnis der Backstein-Architektur Italiens*（Berlin, 1846）と F. Osten : *Die Bauwerke der Lombarden*（Darmstadt, 1847）.

18 図版書の Plate 4 の日付は一八二二年。

19 ブンゼン（一七九一～一八六五）は興味深い人である。彼は一八一八年から一八三八年までプロイセンの外交官としてローマで勤務し、一八四二年から一八五四年までロンドンで大使として務めた。彼は神学関係者には五十年代の聖書校訂の業績で最もよく知られている。しかし彼はまた、五巻からなるエジプト史の本を書いた。彼はローマのプロイセン（ドイツ）・考古学協会の設立者の一人である。ラスキンは、たとえばなぜ自分が読みもしないで、彼の言い方によれば「先入観」の故に、ドイツ哲学を非難するかを説明するところなどで、時々ブンゼンに言及している（*Modern Painters*, III, Libr. Ed., V, 424を参照〔ジョン・ラスキン『近代画家論』内藤史朗訳、法蔵館、二〇〇三年〕）。ついでながらブンゼンは *Die Basiliken des Christlichen Rom* の最終章で、ローマ風、ビザンティン風ロマネスク様式に対抗して彼自身の時代のドイツ・ゴシック様式の支持者であることを表明している。もっとも、彼はドームが使われるのを望んだが。これは記憶されるべきことだが、ドームをもったゴシックというのは、シンケルの最初期の大聖堂の夢であった。ゴシック「だけが言語を話し、ゲルマンの人々の感情を吸い取ってくれる」（*Die Basiliken*, 82）とブンゼンは言っている。ブンゼンについては、魅力的な本である W. Höcker : *Der Gesandte Bunsen als Vermittler zwischen Deutschland und England*, Göttingen 1951）を参照。

20 クレシーの業績はこれにとどまらない。彼のエンジニアリングや橋梁に関する本と、いくつかの大聖堂に関する記述はすでに述べた（九〇頁）。ウィリスの *Architecture of the Middle Ages* とコーモンの *Terms* に関する手書きの覚書は British Museum にある。彼はまた、農業労働者のためのコテージに関する本を書いている。

21 クヴァスト（一八〇七～七七）は最初のプロイセン記念物保護官（Konservator der preussischen Kunstdenkmäler）であった。その任命は一八四三年。一八五三年に彼はライン中流域のロマネスク大聖堂に関する本を出版した。George McHardy 氏は、まだ出版されていない Henry Clutton に関する論文の中で、クヴァストの業績をもっとたくさん挙げている。

22 この本のカラー刷りの二つの表題紙は Owen Jones によるものである。

23 Sir Francis Palgrave によるガリー・ナイトとブンゼンについての長い論評は、*Quarterly Review*, LXXV, 1845, 334 ff. にある。

24 たぶん非常に不完全なものになるであろうが、他の最初期のノルマン・リヴァイヴァルの例のリストが有用であろう。ノルマン風の特徴を早い時期に受け入れたのは城郭である。Arundel 城の南翼のポーチは、ノーフォーク第十一代公爵によって一七九五年に設計されたとされている。Worcestershire のブロードウェイ・タワーは一七九七年～一八〇〇年から建てられており、Alistair Rowan 博士が Croome d'Abitot の不動産資料から発見されたように、ジェームズ・ワイヤットの設計である。また、エディンバラの Patterson が一八一七年頃から Brancepeth 城を建て始めていた。教会について言えば、Henry Hakewill による Old Wolverton の Holy Trinity が一八一五年にまで遡り、Bucks の Calverton が一八一八年、同じ一八一八年にソーンが同じ地区の同じ規模の教会にいかに多様な様式を与え得るかを示そうとして国教財務委員会のための有名な図面を描いている。一八二三年には Devon 州 Teignmouth の Patey が設計した教会があるし、一八二五年には Hertfordshire 州 London Colney の G.Smith が設計した教会があるし、一八二八年には Berkshire 州 Kennington の Robertson が設計した教会がある。Blore は一八三五年に Potters Bar に St John 教会を建て、一八三八年以降に Chelsea に St Mark's College を建てているし、Fowler は一八三五～八年に Devon 州 Honiton に St John 教会を建てているし、R. Palmer Brown は一八三六年に

Tunbridge Wells に Christ Church を建てている。また、ゴシックのトレーサリーの学者としてすでに触れた Edmund Sharpe は三十年代半ばに Lancashire 州にいくつかのネオ・ノルマンの教会を建てている（一八三六年の Blackburn の St Mark 教会、一八三七年の Cuerden、一八三八年の Chatburn、一八三九年の Farington）。Robin Fedden 氏は The Architectural Review, CXVI, 1954, 380-4 で、主として山荘や別荘の本からネオ・ノルマンの実例を集めているし、わたしの *The Buildings of Engrand* の各巻の序文はネオ・ノルマンの教会について要約している。

25　その完全な例外が Cumberland 州 Wreay の教会で、これは Sarah Losh 嬢によれば一八三六～四二年建てられている。N. Pevsner の The Architectural Review, CXLII, 1967, 65 ff. を参照。Metcalf 嬢は、同じ *The Architectural Review*, CXLIII, 1968, 255. で、ホープの本が刺激となったであろうということを説得的に示している。これについては後述する。

26　その論説のタイトルは *A Letter on Ecclesiastical Architecture, applicable to Modern Churches.* この論説とバーの本は、Basil Clark の必須の本 *Church Builders of the Nineteenth Century*（London, 1938）の p.42 に引用されている。

27　ホープに関しては、いまでは David Watkin のすばらしい *Thomas Hope and the Neo-classical Idea*（London, 1968）がある。

28　ついでながら、David Watkin が教えてくれたことであるが、ナッシュは一七九〇年ころの Aberystwyth のウヴェデール・プライス卿のヴィラにルントボーゲンを用いていた。それは Lipscomb の一七九九年の *Journey into South Wales* の中で、城郭風で風変わりと述べられている。*Country Life*, CXII, 1952, 33 を参照。

29　驚くべき早い例が、Ferdinad von Hohenburg によるウィーン郊外 Schönbrunn の Groriette である。これは一七七五年に建てられた。Pincio の丘にある Valadier のロッジアは一八〇六～一四年の建設である。

30　これは一九二八年に取り壊された。

31　ルートウィッヒ・グルナー（一八〇一～八二）は一八二六～三六年の期間をミラノで、一八三一～四一年の期間をローマで過ごしている。一八四一年にイギリスに移り、最後は一八五六年に版画美術館館長としてドレスデンへ行っている。*Prince Albert and Victorian Taste*（London, 1968）の著者である Winslow Ames 氏は、現在グルナーを研究中とされる。

32　この本の中にはイットルフが書いた論文もある。イットルフについては二八二―三頁と三〇七―八頁を参照。

33　これらは Windsor Castle の図書館にある。

34　宝石収納ケースについては、*Descriptive and Illustrated Catalogue*, vol. II, sec. III, class 23, no. 140 を参照。拙著 *Studies*, II（ニコラウス・ペヴスナー『美術・建築・デザインの研究I、II』鈴木博之・鈴木杜幾子訳、鹿島出版会、I、一九七八年、II、一九八〇年）には、二枚の織物の図版がある。

35　全巻のタイトルは、*Studies and Examples of the Modern School of English Architecture* であり、ウィールによって出版されている。ウィールについては一八八頁を参照。

36　'An Essay on Modern English Architecture', 3.

37　Ibid., 8. バリーは旅行者クラブの設計をコンペで勝ち取った。コンペは主要なヴィクトリア朝建築の一つの特色となった。旅行者クラブの後は、Fitzwilliam Museum、それにもちろんのこと国会議事堂がコンペで続く。コンペの不正に関する六十にも達する論説が次々と出されている。

38　Ibid., 14.

39　Nicholas Taylor は *Monuments of Commerce*（R. I. B. A. Drawings Series, London, 1968）で、一八三三年にバリーが建てた Pall Mall 街 16-17 番地のかつての建物は、最初の柱・梁構造の事務所ファサードであることを示唆している。

40　リーズは、やはりウィールによって一八三八年に出版された自著 *Illustrations of Public Buildings of London* で、すでに旅行者クラブを称賛している。一八三九年の本では、彼はイタリア・ルネサンスに関する主としてフランスの本からなる非常に有用な文献一覧を載せている。そこに載せられているのは、（訳20）Percier and Fontaine の *Palais ... modernes ... à Rome*（1798）と *Choix des plus belles maisons de plaisance de Rome*（1801）、Grandjean de Montigny and Farmin の *Architecture Toscane*（1806）、T. F. Suys and L. P. Haudebourt の *Palais Massimi à Rome*（1818）、P. Gauthier の *Les plus beaux édifices de ... Gènes*（1830-2）、J. I. Hittorff and L. von Zanth の *Architecture moderne de la Sicile*（1835）、J. Bouchet and Raoul-Rochette の *La villa Pia*（1837）、L. Cicognara の *Le fabbriche e i monumenti conspicui di Venezia*（1838-40）、そしてもちろん P. Letarouilly の *Edifices de Rome moderne*（1840）である。実際に建てられたパラッツォの非常に早い例は、一八一六年のミュンヘンに建てられたクレンツェ

の Leuchtenberg Palais である。ミュンヘンの王宮の Königsbau はその後で（一八二六〜三五年）、それが建てられた際にはすべての新パラッツォでもっと記念碑的なものとなった。フランスの展開は Hautecoeur によって十分に論じられている。ここでは、一八三九年に実施された王立商品取引所のコンペのためのハンブルクの建築家 Alexis de Chateauneuf の応募案に触れるべきだろう。そのポルティコは、ロッジア・デイ・ランツィ風のロッジアである。G. Lange, *Alexis de Chateauneuf, ein Hamburger Baumeister,* Hamburg 1965 を参照。また、K. Esdaile の Architect and Building News Jan.9 1831 と S. Tschudi Madsen, 'Chateauneuf and England', *The Architectural Review,* CXL, 1966, 366 ff. を参照。

41　例が非常に多いので、Cresy が一八三六年にこの本の索引をつくりだした。

42　*An Historical Essay on Architecture,* 254-5.

43　Ibid., 257.

44　Wetter が同じ年に同様な比較をしている。六八頁を参照。

45　*An Hisrorical Essay,* 349-51.

46　Ibid., 212.

47　Ibid., 331, 379, 428.

48　Ibid., 224 ff.; 525.

49　Ibid., 238.

50　Ibid., 360-1.

51　Ibid., 443.

52　Ibid., 419.

53　Ibid., 355, 124.

54　Idid., 533.

55　Ibid., 512-27.

56 Ibid., 529.
57 Ibid., 555, 538.
58 Ibid., 539.
59 Ibid., 557.
60 Ibid., 559.
61 ホープは、おそらくCrockford's Club や Londonderry House のような住宅の Benjamin Dean Wyatt の二十年代の室内意匠を考えているのであろう。
62 K. Hammer, *J. I. Hittorff* (Stuttgart, 1968), 106.
63 *An Historical Essay*, 561.

第十章　最初期の雑誌とドナルドソン教授

早くも一八三六年までには英国建築家協会の名誉通信会員になっていたレオ・フォン・クレンツェ（一七八四〜一八六四）は、バイエルンのルートヴィヒ一世の主任建築家であり、多才な人であった。彼は快活な人ではなかったが、沈思黙考の人でもなかった。彼については、すでに二度、ドイツにおける最初期のルントボーゲンの教会の建築家として、またドイツにおける最初期のルネサンス・パラッツォの建築家として触れた。一八三四年には彼は、政府の求めに応じて『キリスト教文化の建築のための指針』を出版した。(1) この本の意図は、地方自治体に送り、新しい教会の雛形を示すことであった。この本は三十八枚の版画の図版と約二十五頁の文章からなっており、あたかもクレンツェが万聖宮廷教会（写真26）やロイヒテンベルク宮殿を建てなかったかのように、「一般的な建築の原理について」と題したその第三章で、「ギリシア建築は最も完全で最も良く最も美しいばかりでなく……唯一の真実の建築である」(2) と述べている。だから、この言葉はキリスト教の建物についても正しいに違いない。この声明は明々白々のように聞こえる。たしかにこれは、クレンツェの心が、彼の最初の主要建築であるギリシア風のグリュプトテークとレーゲンスブルク近くのヴァルハラにあったことを示している。しかし、この声明は、実際のところ、声明通りのことを言っているわけではない。クレンツェは、なんの説明もなくギリシアの中にローマ、つまりヴォールトを持った建物を含めている。(3) そして、現に彼が提案した教会は、ほとんどすべてルントボーゲンの窓を備えており、ちょうどグリュプトテークの外部がギリシア風のポルティコをもっているのに、内部はローマの浴場を継承してヴォールトの連続であるのと同じように、つまりはギリシア・ローマ的であった。

あるイギリスの建築批評家が、これに激しい怒りを感じていた。ジョゼフ・グウィルト（一七八四〜一八六三）がそうであるが、彼は、「フォーリン・クォータリー・レヴュー」誌でシンケルとクレンツェとモラーをイギリスの建築家たちの模範として支持していた匿名の評者の見解に反対するという明確な目的の下に、一八三七年に『建築批評の諸要素』を出版した。モラーについては、ゴシック趣味者としてすでに登場しているが、取り上げられた建物は、ダルムシュタットのカトリックの教会で、パンテオン型の建物である。シンケルの建物としては、壮麗なアルテス・ムゼウムが取り上げられ、クレンツェにはグリュプトテークが取り上げられている。グウィルトは経験豊富な書き手であった。彼はすでにチェンバーズの『公共建築』を編集し直しており、ウィトルウィウスを新たに翻訳し、『アングロサクソンの言葉の基本』という本も出していた。一八四五年には、新しい『建築百科事典』を出しており、それは一八八九年の第六版まで続刊された。厳格なギリシア的視点によってドイツの建物の不純性を暴くことは容易なことであった。ギリシアの様式は、いかなる再利用であれ、最後の繰形まで正確でなければならないから、「現代の慣習には適合しない」[4]というのが、グウィルトの議論であった。グウィルトの姿勢は、どんな様式であれ、一つの様式の支持者に見えることを拒否するというものであった。彼はゴシックを誉め、イタリア・ルネサンスを誉め、ペローとアンヴァリッドのドームとガブリエルとスフロ（サント・ジュヌヴィエーヴ）を誉めたが、（ドイツのギリシア風はさておき）アダム一家（「アダム一家の作品の惨めな趣味」）とウィルキンズ（あの「建物の哀れな堆積たるナショナル・ギャラリー」）にだけは辛辣である。[5]もし彼自身の趣味を位置づけようとすれば、これらが手掛かりとなる。バリーは国会議事堂のコンペに勝つに値したが、バリーだけがそれを「イタリア・スタイル」で建てることを許されていたかどうか。[6]というのは、「イタリア派は、すべてのヨーロッパの建物が設計される際の基本であったし、いまもそうだからである」。[7]しかし、いまはフランス風が「ヨーロッパにおける最高級」を保持している。[8]

グウィルトは、自分の本をコッカレル、C・R・コッカレル（一七八八〜一八六三）でS・P・コッカレルの息子、に献呈している。[9]コッカレルは一八三九年に王立アカデミーの建築の教授になっているが、そのポストは一八三七年まではソーンのものであり、その後ウィルキンズに移っていた――これにグウィルトはぞってして、三つの感嘆符を付す。しかし、コッカレルはその講義が示しているように、また別であった。コッカレルの講義は本としては一度も出版されなかったが、その要約は「アシニーアム」誌に掲載され、さらに「ビルダー」紙に転載されている。[10] コッカレルがグウィルトといつも意見が一致したというわけではない。たとえば、コッカレルはシンケルに「大きな信頼感」を抱いていると言っている。[11] 因みに、シンケルも英国王立建築家協会の名誉会員であった。コッカレルはまた、古代の建築について、つまりは考古学に多くの時間を費やしている。というのも、彼は傑出した建築家であると同時に古典学者としての十分な力があったからである。ところで、彼の講義は理論や時事批評についてわれわれになにを与えてくれるであろうか。「今日、あらゆるスタイルが求められている」[12] が、それらの中で「ローマのスタイルが我々には最も実際的である」[13]。生徒たちは「やみくもな模倣への欲求」を戒められているが、同時に「新奇さと独創性に対する過剰な愛」も戒められている。[14] 城郭風のカントリーハウスというのは馬鹿げている。「広くて飾りたてたホールに入ると、あなたはおしろいを塗った従僕に声をかけられる」。[15] しかし、ピュージンはオクスフォードのマグダレン・カレッジの門構えで賛辞を獲得している。[16] そして、ケンブリッジ・キャムデン協会は「芸術の課題よりもほかの課題を追及」[17] したものとして悪い評点をつけられている。今日の目論見は、「あらゆる有用な要素を受け入れ使うことでなければならない……そして新しい形姿を付加し、それを人間の進歩の道に向けなければならない」。[18] このような意見は、いくらかはエンジニアの仕事に対する評価を言おうとしていると見えるかもしれない。しかし、そうではない。エンジニアの仕事の「近代的な影響」は軽視される。なぜなら、それらは「まったく実用本位」であるが、建築はそうであってはならないからである。[19] コッカレルが一貫して推奨しているのは、イニゴー・ジョーンズと、さらに強く推しているレンである。一八二三年の日記に彼はこう書いている。「我々の教授たちの一部がそうしているかもしれないが……私は、パラディオやジョーンズやレンをけなす人たちは愚か者で無礼な人だと考えている」。[19a] 特にレンに関しては、コッカレルはこう言っている。「キャラクターが［彼の］芸術の基本であった。そして詩情が［彼の］あらゆる構想に現れている」。[20] セント・ポールはプロテスタントの大聖堂として取り上げられているが、コッカレルのキリスト教徒としての宗派はプロテスタントである。彼の講義のクライマックスは、プロテスタントの大聖堂に関する記述であったように思える。その記述のなかでは、非常に風変わりな建物、[21]すなわち多角形の身廊と円形の突出部、大きな玄関ホールと広い内陣、高いドームと小さめのドーム、それに二つの塔を備えた建物が示されているように見える。コッカレルは、もちろんワイトウィックの一八四〇年と一八四五年の二つのプロテスタントの大聖堂を知っていたに違いないが、それらについてはいまはまだ十分に論じる場ではない。

コッカレルは、一八四〇年ころのイギリスにおける最も影響力のある建築家であった。彼はゆるぎなく古典主義の伝統に属しており、そのころのパリのボザールの展開に共感を抱いていた。オクスフォードのアシュモレアン・ミュージアムは彼のオリジナリティーを示しており、王立商品取引所のための設計案はレンへの恩義を示している。そして、両方とも彼のよりバロック的な古典主義への試みを示している。王立商品取引所(写真30)は、もう一つのコンペの対象で――このコンペは一八三九年に行われた――最終的にはウィリアム・タイトが、同様にレン風ではあるが曖昧でごちゃごちゃしたデザインで勝った。建築家としては、タイトはコッカレルに劣っている。後に一つの章全体で扱うことになるロバート・カーは、正当にもタイトを、「成功した商業的実践家」でまったくの「実務家」の便利で抽象的な折衷主義の支持者と評している。[22]レン・リヴァイヴァルに関しては、たしかにコッカレルだけがレンを模範として示したわけではない。もっとも、一八三九年の王立アカデミーで展示されたレンのすべての教会を描いた大きな構成図(写真31)、「クリストファー・レン卿への賛辞」は、かなりこのリヴァイヴァルを助けた。彼は、一八二三〜五年のリージェント・ストリートのハノーヴァー・チャペルと、一八二九〜三〇年のブリストルのホットウェルズのホーリー・トリニティーにおいて、すでにレンの計画から影響を受けていた。しかし、レンへの道、あるいはむしろグリニッジ・ホスピタルのキング・チャーズル・ビルのジョン・ウェブへの道の最初の指標は、フィリップ・ハードウィック設計の一八二九年〜三一年のすばらしいゴールドスミス・ホールであった。その後、コッカレルの「賛辞」の年に、王立商品取引所のための設計案は別にして、ジョージ・ゴッドウィンの『ロンドンの教会』におけるレンの詳細な描写が続く。一八四四年にゴッドウィンが編集者となっていた「ビルダー」紙は、一八四五年にセント・ベネト・フィンクの取壊しに抗議し[23]、最後に一八四八年、レンの教会建築に関するクレイトンの二つ折り版の本が現れる。

一八四三年にスタートした「ビルダー」紙は、初期および盛期ヴィクトリア朝期の最も重要な専門紙 professional paper となりつつあった。この専門的 professional という言葉は、ここでは意図的に使っている。というのは、この時期、建築は一つの専門職 profession となっていたからである[24]。

一八三五年には英国建築家協会が設立され、一八三四年には造園家にして多作のジャーナリスト、ジョン・クラウディウス・ラウドンが「アーキテクチュラル・マガジン」を始めていた。一八三七年に「シヴィル・エンジニア・アンド・アーキテクツ・ジャーナル」がこれに続き、上述のように一八四三年に「ビルダー」が出た。その四年後に、建築協会が、若い人たちのクラブであり、多いか少ないかは別にして実務研修契約をした人だけを雇用主が選んで教えていた伝統的なやりかた以外のあるべき教育の場として形成された。というのも建築家協会は教育をしていなかったからである。その目的は職業的な責任にあった。建築家協会が設立されたとき、トーマス・レヴァートン・ドナルドソンは二人の書記のうちの一人であった。英国王立建築家協会会報に掲載された彼の死亡記事では[25]、彼は、協会の「実質的な創立者」とされている。建築家協会の設立は、土木学会（一八一八年、法人化は一八二八年）、化学学会（一八四一年）、保険計理士協会（一八四八年）など——すべての組織は威信と支配を確保するために設けられた——ほぼ同時代の団体設立と並行現象をなす。ドナルドソンは、良きにつけ悪しきにつけ、新しい建築職能意識を体現していた[26]。彼は一七九五年に建築家の息子として生まれたが、洗練されたアダム風スタイルの建築家、トーマス・レヴァートンの甥の息子であった。彼は一八一九年にイタリアとギリシアを訪れており、生涯を通して、ギリシア的理想ではないにしても古典主義に身を捧げた。「ビルダー」紙は、彼の死亡記事で[27]、彼を「古き神々の最後の人」としている。しかし、彼の最初の建物、一八二六〜九年のケンジントンのホーリー・トリニティーは、国教財務委員会ゴシックであった。そして彼の作品で最もよく知られている一八四八年のゴードン・スクエアのユニヴァーシティー・ホール（現ドクター・ウィリアムズ・ライブラリー）は自国産のテューダー・ゴシックであった（写真32）。しかし、ユニヴァーシティー・カレッジの修築においては、ウィルキンズのスタイルに忠実さを保っている。また、一八四九〜五一年にピカデリーにトーマス・ホープの息子、ヘンリー・T・ホープのためにフランスの建築家のデザインに合わせて建てた住宅は、ヘンリー・コールとリチャード・レッドグレーヴの「ジャーナル・オブ・デザイン・アンド・マニュファクチャーズ」誌[28]によれば、「イギリス的よりもフランス的ななにがしか新しいスタイル」[29]と評されており、王立商品取引所の設計案は、レン風からそれほど離れておらず、そしてヴィラ[30]のような建物のスタイルは、トーマス・ホープがCinque centoと呼ぶところのイタリア・フリー・ルネサンスであった。ドナルドソンは、たとえば自分の友人であるイットルフで代表されるようなパリの公的なスタイルに敬意を抱いていた。[31]「ビルダー」紙は、それを「大きく古典的な構成のための……フランス特有の趣味」[32]と呼んでいる。

ドナルドソンはたしかに折衷主義者であった。そして、もし彼がそうではなかったならば、彼が職業的、とりわけ行政的になしたことを達成し得なかったであろう。彼は、『ギリシアとイタリアの古代の建物からとられた最も称賛すべき出入口の例のコレクション』（一八三三〜六年）、『サー・ジョン・ソーン回想録』（一八三七年）、『設計仕様便覧』（一八五九）を出版し、英国王立建築家協会の会報や新しい専門誌に数えきれない程の寄稿をしている。一八四一年には、彼はユニヴァーシティー・カレッジの最初の建築の教授となっている。

このこと自体、特徴的な事実でもあった。一八四〇年までは、唯一の建築の教授はアカデミーの教授だった。しかし、一八四〇年にキングス・カレッジが非常にマイナーな建築家であるウィリアム・ホスキングを「建設美術」の教授に選任し、一八四一年には「建築の諸原理と実践」の教授に追加選任した。[33]彼の就任講義（一八四一年一月）は、土木と建築のクラスに向けて行われた。この講義と二回目の就任講義（一八四二年一月）はわれわれに多くのことを語らない。ただ、建築とエンジニアリングはともに「最も広い意味において、厳密に完全な建築の業務」[34]であることを語っている。

それ故に、誰しもが建築家であり同時にエンジニアでもあったテルフォードを誉めるのである。もし建築家が十分に評価されていなければ、建築家を単なるドラフトマンかアーティストと見なし、「ほとんど紳士のための職業ではない」(35)として非専門家に帰せられてしまうであろう。

ドナルドソンの就任講義はさらに興味深いが、しかしそれを正しく知るためには、彼の活動、仕事、栄誉の全体を見ておかねばならない。建築家協会においては、ドナルドソンは一八三九年に外国との渉外担当の書記となり、一八六三～四年に会長を務めているが、その前の一八五一年には英国王立建築家協会の金賞を受賞している。一八六三年に彼はフランス学士院の外国人会員となっており、ウィーン、ベルリン、ストックホルム、アントワープ、ブリュッセル、ヘント、コペンハーゲン、ニューヨークの各アカデミーと、イタリアの七つのアカデミーの通信会員であった。(36)建築の出版分野では、彼は一八四八年から一八六〇年まで建築出版協会の出納係であった。(37)彼は一八五〇年の大博覧会のための建設委員会のメンバーでもあり、――その委員会の重い設計案は直径二〇〇フィートのガラスのドームを取り込んでいたが、パクストンによって退けられた――一八六〇年には後にアルバート・メモリアルになるもののための委員会を助言するメンバーの一人となっている。(38)アルバート・メモリアルは、結局はドナルドソンを含む七人の建築家が設計案を提出することになる。ドナルドソンはまたしても成功せず、周知の通り、スコットが選ばれた。ドナルドソンはその案を称賛している。

彼は寛大で公平な人であった。それははっきりしている。一八四七年に数人の非常に若い建築家たちが――二十四歳のロバート・カーがそのリーダー――建築協会をつくったとき、ドナルドソンは五十歳を超えていたが、その立ち上げの会合で新進の世代を喜ばせるようなことを言っている。「もし我々が我々の時代の建築をもつことを望むならば、大きな論点は、はっきりとしていて個性的でさわってわかるような十九世紀のスタイルであろうか」。

しかし、彼はこの言葉によってなにを言おうとしているのだろうか。明らかに鉄道の駅やクリスタル・パレスのオリジナリティーではないし、われわれがオリジナリティーと呼ぶところのどんなオリジナリティーでもない。なぜなら、われわれは彼自身の円熟したデザインがどんなものであるかを知っているし、まず初めに彼のデザインに理論的に対応するものを探さねばならないからである。この言葉をわれわれは彼のユニヴァーシティー・カレッジにおける講義開講に際してなされた『予備講演』で見つけた。[39] そこで彼はまず、聖職者の専制と「悪賢い取り決め」を激しく攻撃することによって、自分自身がプロテスタントであることを（ニューマンとピュージン、ピュージとケンブリッジ・キャムデン協会のあの緊張した時期である）立証している。建築に関しては、彼はホスキングと同様に、エンジニアを建築家と「ある程度まで同一」[40] だとしているが、これはさして重要ではない。彼の信条は、どのスタイルも他のスタイルより好ましいということではないということである。「それぞれ固有の美を持たない……スタイルはない」し、「いま流布している固定的なスタイルもない」。「融合を試み……一つの同質の全体をつくるために……我々は実験の迷路の中をさまよっている」。[41]

古代、中世、イタリアとフランスの十六世紀と十七世紀はすべて学習されている。ドイツでは、イギリスにおけるゴシックのように、ビザンティンが「国家的様式のための土台」となっている。ヒューエルとウィリスは、その「洞察力と学識」の故に賞賛される。しかし、バリーの国会議事堂も賞賛される。つまるところ、ホープと同様に、ドナルドソンの理想は折衷主義であり、折衷主義はほぼ新しい専門誌に採用された原理となる運命にあった。雑誌は多様性を必要としており、十九世紀のどの雑誌もあえて一つのスタイルを排他的に擁護することがほとんどできなかった。後に見るように、「アナル・アルケオロジーク」は例外である。

ラウドンの「アーキテクチュラル・マガジン」もたしかに例外ではない。それは、彼の広く知られた一八三三年の『山荘、農場の家、別荘建築百科事典』のあらゆるスタイルの図版付き続編であった。一方ではイタリア風別荘スタイルが強調され、他方ではリヴァイヴァルしたばかりのエリザベス朝スタイルが強調された。というのも、ネオ・エリザベス朝スタイルはそれまでは一つの選択肢だったものがちょうどそのころ、とりわけ一八三五年の国会議事堂のコンペのデザインのために、はっきりと認可され、できるだけ公的に是認されるようになってから、人気が出てきていたからである。既存のほんもののエリザベス朝と調和した正確で小規模のエリザベス朝は、ケイパビリティー・ブラウンによってバーリーとコーシャムで、そしていずれも一八〇一年にワイヤットヴィルによってロングリートで、D・レッグによってバーリーで、すでに実施されていた。しかし、この流行が最も壮麗な規模で始まったのは、一八三一年のサルヴィンとバーンによるハーラクストンと、一八三七年のバリーによるハイクリアにおいてである。より住宅的な規模においては、もっと早くバーンもサルヴィンもそれをすでに使っていた。(42)

同じころ、エリザベス朝とジェームズ一世風の邸宅の豪華で絵になるような図版を伴った本がたくさん出版された。主要なものを時代順にあげると、T・F・ハントの『現代の住宅に用いられたテューダー建築の見本』（一八三〇年）、T・H・クラークの『エリザベス女王とジェームズ一世の統治時代の住宅建築』（一八三三年）、J・ヘイクウィルの『エリザベス朝建築の正確な特徴を規定する試み』（一八三五年）、C・J・リチャードソンの『エリザベス女王とジェームズ一世統治時代のイギリスの建築一覧』（一八三七年）と同じ著者による『エリザベスとジェームズ一世統治時代の建築遺産、第一巻』（一八四〇年）と『イギリスの古邸宅からの学習』（一八四一年）、ヘンリー・ショーの『エリザベス朝建築の細部』（一八三九年）、そして最後に最も有名なジョセフ・ナッシュの『古い時代のイギリスの邸宅』（一八三九〜四九年）ということになる。(43)

エリザベス朝様式とエリザベス朝リヴァイヴァルの一般的な承認のようなものがあったわけではない。ピュージンは後者を「流行のような熱狂(44)」と呼び、バーソロミュー——彼については次章を参照——は前者を「くずの塊(45)」とし、そしてスコットはより慎重な言い方で、「芸術的に未完成で不純(46)」としている。

ラウドンに話は戻るが、彼にはこうしたためらいはなかった。彼の『百科事典』では、カントリーハウスの「理想の美」はエリザベス朝である。すでに述べたように、「アーキテクチュラル・マガジン」が『百科事典』に続く。それは、『百科事典』のわずかに一年後の一八三四年に刊行が始まり、五巻まで続く。ラウドンはその雑誌に自分自身で、思索的でかつほとんどいつも熟考に値する調子でたくさんの記事を書いている。(47)一八三五年以降最後までの巻は、ホープの『建築歴史論叢』からの長い抜粋を載せている。第五巻において、ラウドンは「イギリス全体を通じて過去二年間で実現した最も際立った建造物は、疑問の余地なくエンジニアリングと関係した建造物である」と書く。[48] これは、ホスキングとドナルドソンを先取りしている。ラウドンはまた、建築材料としての鉄の影響に非常に大胆に正面から取り組んでいる。'M'の署名の論文では、増大しつつある鉄の使用に触れられている。「建築家は、自分のデザインに新しい材料を合わせようとするのではなく、新しい材料に自分のデザインを合わせるよう自分をもっていくべきである」。この論文の著者は、鉄は石の補助材にとどまるであろうと見なしてはいるが、しかし将来、建物全体が鉄で建てられるようなことが起きれば、「プロポーションといった……慣らされた概念は、当然捨てられざるを得ない」。これが書かれたのは一八三七年、クリスタル・パレスの十四年前である。[49] しかし、ドナルドソンと同じように、ラウドンは「アーキテクチュラル・マガジン」においても『百科事典』においても、主として折衷的である。彼は、ノルマン風別荘、十三世紀風別荘、イタリア風別荘（いずれもラウドンの庇護を受けたE・B・ラムによるもの）の図版を載せているし、「現代の折衷主義的建物へのアングロ・ノルマン様式の適用可能性」に関するリヴァプールのJ・A・ピクトンの論文を出版している。[50]

「シヴィル・エンジニア・アンド・アーキテクツ・ジャーナル」はその第一巻が一八三七〜八年に出ているが、さらにずっと実務的なものであった。最初の五巻は、ジェームズ・トムソンのヴァンブラに関する論文、[51] ジョージ・ゴッドウィンの数篇の寄稿、アルフレッド・バーソロミューへの何篇かの論及を除いて、あまり関心を引かない。ゴッドウィン（一八一五〜八八）は、一八三五年にコンクリートに関する論考で、[52] 英国建築家協会が与える最初の論文賞をとっており、美術協会Art Unionの創立者の一人であり、「ビルダー」の三代目の編集者でもあり、疑いなくその時代の最も影響力のある建築編集者であった。彼は、建築に強い社会的な関心をもった人であった。初代の編集者はジョセフ・アロイシウス・ハンソムで、彼は一八四三年七月に、六カ月間だけの就任で辞任し、アルフレッド・バーソロミューが彼に代わった。しかし、バーソロミューは一八四五年に亡くなっており、それがゴッドウィンに彼の人生における大きなチャンスを与えた。[53] バーソロミューがこの新聞をどのように指揮していたかを考える価値はある。おそらく、もっと勝手気ままで好戦的であったであろうが、公平さや慎重さはもっと少なかったであろう。これが、無邪気を装って『仕様書』と題している彼の大作から少なくとも推測されることである。

註

1 *Anweisung zur Architektur des Christlichen Kultus.* クレンツェについては、O. Hederer, *Leo von Klenze*（Munich, 1964）と R. Wiegmann, *Der Ritter von Klenze und Unsere Kunst*（Düsseldorf, 1839）を参照。また、特に彼の教会建築観については、B. Zittel の *Das Münster,* V, 1952, 343-4 の論文を参照。

2 *Anweisung,* 8.

3 そのほかの様式についていうと、クレンツェはゴシックの教会を「壮大」で「魅惑的 hinreissend」であるが恣意的であるとしている。それゆえ、ゴシックの教会は今日の見本としてはごく稀にしか用いられるべきではない。ローマのサン・ピエトロは、拙い基本計画で設計されており、何世紀もの間、破滅的な結果を示してきた。より近い時代のものでは二つのバシリカ風計画案を誉めている。Chalgrin 設計の St Philippe-du-Roule と、Hansen 設計のコペンハーゲンの Church of Our Lady である。また、「かのすばらしいシンケル」には特別の賛辞が与えられており、脚注では、新しいスタイルや独創性を提案するイギリスやフランスのみならずドイツの改革者たちへの強い非難が書かれている。

4 *Elements of Architectural Criticism,* 19, 23.

5 Ibid., 31.

6 Ibid., 28

7 Ibid., 38.

8 Ibid., VII.

9 E. M. Dodd in *Victorian Architecture,* ed. P. Ferriday（London, 1963）を参照。

10 I（1843), III（1845), IV（1846）.

11 III, 85.

12 III, 31.

13 III, 85.

14 IV, 98.

15 I, 80.

16 III, 38.

17 IV, 38. ピュージンについては第十三章を、ケンブリッジ・キャムデン協会については第十四章を参照。

18 I, 60.

19 III, 31, 38.

19a 一八二三年一月二十一日付け。J. M. Crook in *The Country Seat*, ed. H. Colvin And J. Harris（London, 1970）, 227 に引用されている。

20 IV, 75-6.

21 IV, 98 ff.

22 *Trans. R.I.B.A.*, 1883-4, 219. この一節のもととなっている論文全体は、本書の補遺Iに再録している。四二五〜四五六頁。

23 III, 497.

24 これらすべての展開については、Barrington Kaye, *The Development of the Architectural Profession in Britain*（London, 1960）を参照。また、Frank Jenkins, *Architect and Patron*（London, 1961）〔フランク・ジェンキンス『建築家とパトロン』佐藤彰・五島利兵衛訳、鹿島出版会、一九七七年〕も参照。ごく最近の、しかもいくつかのあまり知られていない資料を取り入れた非常に役立つ要約が、J. Mordaunt Crook, 'The pre-Victorian Architect ; Professionalism and Patronage', in *Architectural History* XII, 1969 である。建築雑誌に関しては、Frank Jenkins : 'Nineteenth Century Architectural Periodicals', in Concerning Architecture, ed. Sir John Summerson（London, 1968）を参照。建築協会に関しては、Sir John Summerson のみごとな *The*

25　*Architectural Association*（London, 1947）を参照。

26　ドナルドソンの生涯と業績と重要性に関する最近の適切な報告がない。Miss S. Blutman の *RIBA Journal*, 3rd Ser., LXXIV, 1967, 542 の論文も十分役にはたたない。したがって、英国人名辞典とすぐ後に触れる死亡記事を参照のこと。

27　*Trans. R.I.B.A.*, New Ser., II, 1886, 89 ff.

28　XLIX, 1885, 179.

29　II, 1849-50. コールと彼の仲間と *Journal of Design and Manufactures* については、後掲二三三頁以下を参照。

30　この住宅は、Hitchcock の *Early Victorian Architecture*, 1954 の中に挿絵がいれられているが、あまりよくない。

31　*Civil Eng. and A. J.*, V, 1842,233.

イットルフのアルバート・メモリアルのためのデザインは、「彼の友、ドナルドソン」に捧げられている。*The Architectural Review*, CXLVI, 1969, 489 を参照。

32　Ibid.

33　ホスキング（一八〇〇～一八六一）は実際のところエンジニアであった。一八三八～九年に、彼はケンサル・グリーンに興味深い鉄道、運河、道路交差を三段階で建てている。しかし彼はまた、Abney Park 墓地の建物と、Cannon 通りに Behrens & Co. の事務所ビルを設計している。さらにブリットンと共同で、Bristol の St Mary Redcliffe の修復の報告論文を一八四二年に出版している（*Abstracts and Report by Messrs Britton and Hosking concerning the restoration of the Church of St Mary Redcliff, Bristol*）。一八四二～三年の講義要目では、彼は二つのコースを公表している。そのうちの一つは、「土木と建築に関連した建設の美術」というもので、たとえば排水、下水、基礎、橋梁、道路、鉄道、運河、ドックを扱う。さらに加えて、「建築の諸原理と実践」では職能、敷地の選択、暖房、照明、換気、経済的な平面計画、建築設計における美の要素、公共建築と私的建築という建物のタイプが含まれることになっている。週に二つの講義が行われることになっていた。火曜日と金曜日の四～五限である。火曜と金曜の三～四限は、「建築の諸原理と実践」とされており、敷地、基礎、壁、床、屋根等々を扱い、また建築設計における美の要素、過去の諸様式（エジプト、ギリシア、ローマ、ビザンティン、ゴシック、イタリア、ムーリッシュ、初期ヴェネツィア、イギリスと大陸の多様な尖頭様式）と、ビルディング・タイプ（教会、法廷から商店、農場、刑務所、工場まで）を扱う。

34 1841, 12.

35 もちろん、ホスキングの講座もドナルドソンの講座も、徒弟修業の代わりという意図はなかった。私的な授業からまったくのアカデミックな授業への変換が行われたのは、ようやくこの世紀の終わりのことである。

36 英国王立建築家協会は、互恵的に最初の外国人名誉会員と通信会員を選んでいる。その中には、シンケルとクレンツェに加えて、Percier、Fontaine、Le Bas、Gau、Hittorff、Poccianti（リヴォルノの水道施設 Leghorn *Cisternone* の建築家）、Moller、Othmer、Gärtner、St Petersberg の Bruloff、New York の Ithiel Town がいる。一八三八年までには、Vaudoyer、Blouet、Laves、Zanth、Lassaulx、Hübsch、Förster、Nobile、Valadier、Canina、Bianchi が加えられた。

37 Architectural Publication Society の最高の出版物は、Papworth の *Dictionary of Architecture*（1853-92）である。

38 P. Ferriday, 'Syllabus in Stone', *The Architectural Review*, CXXXV, 1964, 423 ff. を参照。

39 一八四二年の出版。

40 この『予備講演』の二十五頁に以下の記述がある。「建設が関わるところではどこであれ、いまではしばしばエンジニアにのみふさわしいとされる科学を持っている建築家のみがその自立的な使命を果たすことができる。」

41 Ibid., 28-30.

42 早い時期のバーンについては、David Walker の準備された論考があり、Victorian Society がそれを間もなく刊行する希望をもっている。サルヴィンに関しては、たとえば一八二七～三三年の Devon 州の Mamhead を見よ。さらに早いものとしては、スマークの Cumberland の取り壊された Egmont Castle（1824）と Webster の Westmorland の Underley Hall（1827-7）がある。

43 これらすべての出版物に関しては、いまでは M. Girouard : 'Attitudes to Elizabethan Architecture', in *Concerning Architecture*, ed, Sir John Summerson（London, 1968）を参照することができる。

44 *True Principles*, 62.

45 後述の一四〇頁を参照。
46 *Remarks*, 150.
47 もう一人の盛んな書き手が W. H. Leeds（彼については、既述の四八頁、七一頁、一〇六頁を参照）である。彼はまた、Candidus という筆名で書いている。
48 V, 1838, 530.
49 IV, 1837, 277-87.
50 I, 333 ; II, 257 ; III, 155 ; I, 288. ついでながら、ラウドンはまた興味深いことに、アンダーソンの一八〇〇年の論考（三四頁参照）を再版している。
51 III, 1840, 261.
52 *Transactions*, 1835-6.
53 ゴッドウィンについては、A. King, 'Another Blow for Life', in *The Architectural Review*, CXXXVI, 1964, 448 ff. を参照。また、同じ著者による 'George Godwin and the Art Union of London', *Victorian Studies*, VIII, 1964, 101 ff. も参照。

第十一章　バーソロミュー

アルフレッド・バーソロミューの名前は、「シヴィル・エンジニア・アンド・アーキテクツ・ジャーナル」の第五巻（一八四二年、三二四号）に、ケンティッシュ・タウンのために提案された教会の記述とともに登場する。それは、その評者が「様式としても……性格からしても考えられる最も奇妙なごちゃまぜの一つ」と書いているように、たしかに風変わりな建物であったに相違ない。様式は、フランスの大聖堂を模した「デコレイテッド・アーリー・イングリッシュ」であった。平面図は、二組の短いトランセプトをもつ矩形であった。東端部にはアプスと、当初の予定では百三十フィートの高さの二つの塔があった。窓は、一部ランセット窓で、一部トレーサリー窓であったが、また九つの薔薇窓もあった。材料は白煉瓦とテラコッタの仕上げ材で、要するにまったく品のない乱雑なデザインであった。「シヴィル・エンジニア」にはまた、バーソロミューの主著に対するCandidusすなわちリーズのかなり敵意に満ちた批評もあり[1]、同じ本──本章は専らこの本をとりあげている──に関するまっとうな論評もある[2]。この本は感情をかきたてる本である。リーズは旅行者クラブの出版物の序文においても（二頁）、バーソロミューを激しく非難しており、「ビルダー」紙はその第二巻で[3]、この本をピュージンを鞭打つための鞭に使った。

アルフレッド・バーソロミューは一八〇一年に生まれた。彼はロンドン子であった。彼は、「並程度の教育」しか受けておらず、J・H・グッドのところで実務研修員として働き、ソーンの弟子としてイングランド銀行の正確な図面を描いた。また、建築に関する本を読み、語学を学ぶなど勤勉に独習し、一八三一年には詩篇の新しい版であり、「教区の詩篇詠唱に使える」『聖詩』を出版した。建物はほとんど建てておらず、重要なものは全然ない[4]。彼の重要性は、まったく一冊の本による。[5] そのタイトルが、『実践的な建築家のための仕様書、構造と現代英国建築の科学における卓越性の衰退についての論考とその欠点の改善法の提案付』である。その端書の日付けが一八三九年、出版が一八四〇年である。[6] 本の半分は、推奨すべきディテールを持つ事例の仕様書からなり、残りの半分、「第一部」は著者の好き嫌いをぶちまけるために使われている。この部分は三つの引用句から始まっていて、一つはバース石の脆さに関するハンフリー・クリンカーからのもの、一つは接着されていない仕上げに関するセルリオからのもの、そしてもう一つは「未調合のモルタル塗り」に関するエゼキエル書からのものでヘブライ語による引用である。

バーソロミューの訴えの大部分は、実際のところ構造に関するものである。それらはヴィクトリア時代の説教調修辞をもった大げさな調子で語られ、二つの形容詞で十分なところで四つの形容詞が使われ、驚くほど粗雑であった。ワイヤットは「仕事が自堕落」[7] だったとしており、ソーンの「建築の小ささ」[8] がこきおろされており、デシマス・バートンのハイド・パーク・コーナーは'four-score settlements'[9][訳23] を示しているとし、クラーケンウェルのセント・マーク教会（一八二六～八年、チャドウェル・ミルン設計）のギャラリー下部のすべての平坦で教会らしくない窓の楣飾りはこわれているとし、[10] ロンドンの十三の通りの一二八八の窓の楣飾りもこわれているとしている。[11] 国教財務委員会、「一ポンドに二シリングしか出さない破産した委員会」[12] は、防火屋根と外部の漆喰不使用を主張すべきであるのに、やっていない。[13] 施工業者はへたな技術で発展している（「ロンドンの最も金持ちの施工業者のいくつかは……詐欺行為で財産を築いてきた」）。[14] しかし、幾人かの建築家は誉められている。とりわけ、ロバート・スマークは悪い建物に抵抗している故に、[15] ウィルキンズは「世界で最も学識があり文筆に通じた建築家」[16] として、それにバリー、[17]「真のイギリスの建築家の最後的人物の一人」[18] ヘンリー・ホランド、生徒を誠実に教えたロバート・テイラー卿が誉められている。それに対して、ソーンは生徒を無給の事務所員として扱い、あらゆる骨の折れる作業を彼らにさせたとしている。[20]

バーソロミューの図版も率直である。大文字Wの金属球は、なんであれ下方へ押す重さを意味し、壁は過剰に外と内にたわみ、木造の屋根トラスはつりあった一組のレスラーとなっている等々である（図1、2、3）。というのも、彼が

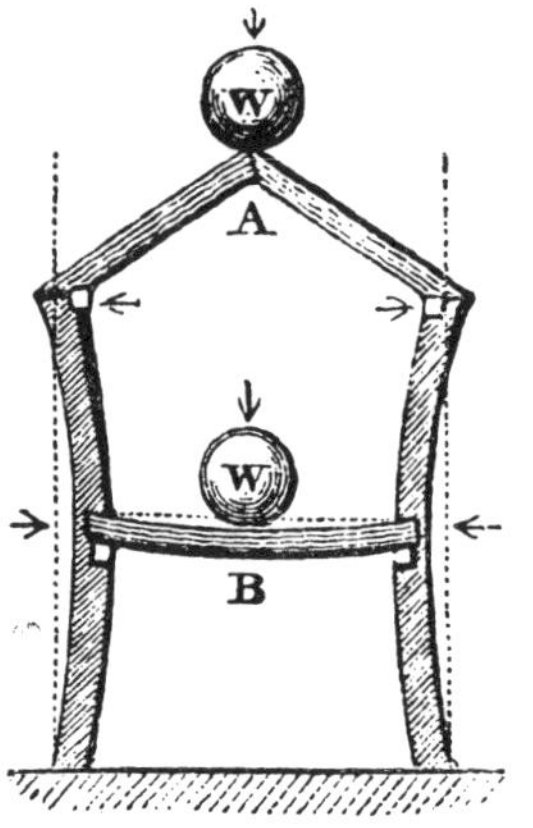
W
W
A
B
W, W, Weights.
A, An unrestrained roof, thrusting out the walls of a building.
B, A floor sunk by gravity drawing in the walls of a building.

図1．アルフレッド・バーソロミュー、推力の図解、『実践的な建築のための仕様書』1846年より

建物とその各部を考えているのもこうした見方の下だからである。これが彼に、「ビルダー」紙によればピュージンを鼓舞したというゴシック建築をとらえる方針を与えた。ゴシックの建物の要素についてのピュージンの構造的な分析が、後に見るようにバーソロミューの分析と実際は同じだと見なされるということを言う必要はほとんどないであろう。「中世の建設者はすべての強度をリブに置いた」、「リブの間のパネルは単なる薄い皮にすぎない」、そして「能動的な力が水のように簡単にリブを伝って［導き］下ろされる」[21]。横荷重に対してはバットレスとフライイング・バットレスによって支持され、垂直過重はピナクルによって押し下げられる。「あらゆる小部分が活発な活動へと導かれる」[22]。

バーソロミューがゴシック様式の解釈において重視している本は、一八二二年にエディンバラで四巻本として出たDr. J・ロビンソンの『機械論的哲学の体系』である。ロビンソンが拠り所としたのはフランスの著作であった。彼が「ゴシック建築はたぶん『合理的建築』の名に値する」と書いた時、彼はフランス人がドロルムからロンドレ、およびそれ以降も言ってきたことを単に繰り返したにすぎない[23]。バーソロミューの本は奇矯であるが、それを書くために彼はたくさんのものを読んでいた。§§83-259の五十頁近くが注釈つきの参考文献一覧となっており、そこにはイタリア人としてはアルベルティだけでなく、たとえば一七六一年のフリジの『ゴシック建築論』[24]もあり、フランス人のものとしては、ドロルムとロンドレはもちろんゴーテの橋梁に関する著作もあり[25]、ドイツ人のものとしては、翻訳本だけで、ボワスレーのケルン大聖堂のものとモラーである。イギリスのものに関しては、ほとんどなにも欠けていない。最初がアダムの『スパラト』で、終わりがレンの『パレンタリア』である。ジョン・ブリットンは何度か高い評価を得ており[26]、ホープの『建築歴史論叢』は「アマチュアの勤勉と能力の驚くべき記念碑」であり、ヒューエルは「信じられないほど短い時間でな

された……大きな前進」を示しているとしている。それに対して、ウィリスは特別な熱意もなく触れられている。それでは、建築の著作物ではなく建築そのものに対しては、彼の熱意はどこに置かれているのであろうか。その答えは、ギリシアとゴシックの建設者と、そしてレンである。ギリシアへの賛辞は、他の二つへの賛辞よりもより直接的ではないように見える。ポーデン設計のランベスの「美しいセント・マチュー教会」（一八二二年）は「純粋なギリシアという称号に値するすぐれた外観をもつ我々の唯一の現代建築」という記述が見られる一方で、[27] 彼ははっきりとギリシアの建物にアーチを許容している。なぜなら、「あんなに利口で高い才能に恵まれた民族」が、アーチを知っていたら使ったに違いないからである。[28] ネオ・ギリシアの中では、彼はドイツのもの――シンケル（彼の一八二〇～三七年の『建築設計案集成』はバーソロミューの参考文献には含まれていない）とクレンツェのことであろう――が他よりも優れていると見ていたように思える。「現在のドイツの建築流派は……計画の壮大さや彫刻的装飾の美しさにおいても……かなり高度な建設科学と一体となって……高いものを持っている。我々は我々自身の現代建築のどれにもこのようなすぐれて創造的な美をもっていない」。しかし、彼はそつなく書き加える。そ

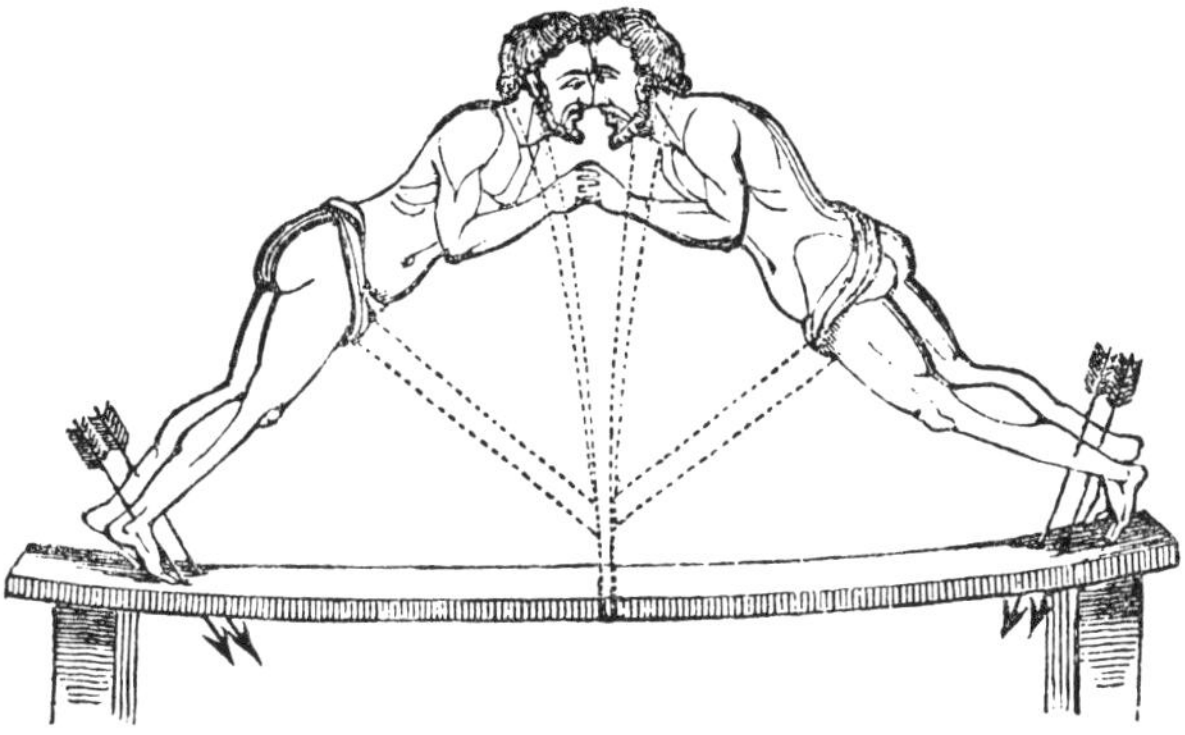

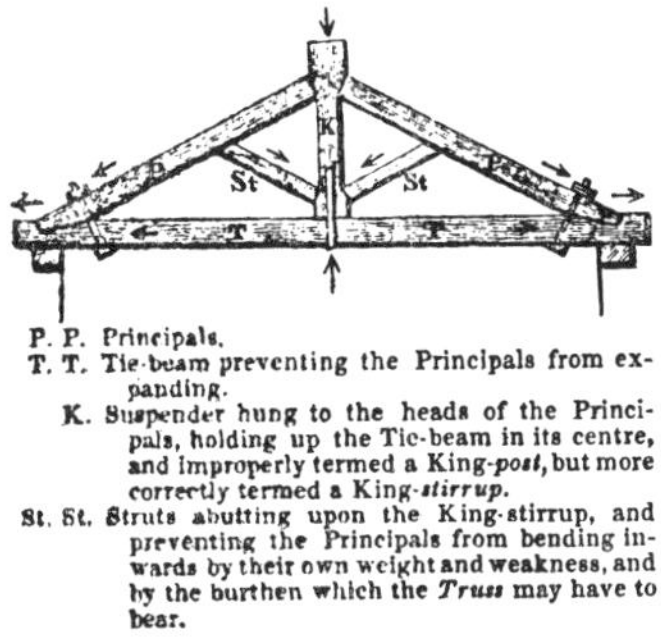

図2．アルフレッド・バーソロミュー、屋根トラスの図解、『実践的な建築のための仕様書』1846年より

図3．アルフレッド・バーソロミュー、ゴシックのバットレスの図解、『実践的な建築のための仕様書』1846年より

こにはまた「まったく驚くべき一つの粗雑さ」があって、それは「ドイツの僅かの腐敗」であり、それがなければその建物は「人間的であるよりもあまりに高邁で霊妙なものになり得るであろう」。その腐敗は、「最悪のゴシックの最悪の原理によるある種の混合」から生じる。[29]

いったい彼はなにを考えたのであろうか。実際のところ、彼はなにを知っていたのだろうか。ドイツのゴシックの建物を——「何万もの無数の」それら——彼は無条件に賞賛している。「実際、それらの中で、ギリシアやローマやエジプトの建物のすべての種類よりも一つの建物だけでより豊かな多様性を含んでいないものは、僅か、ごく僅か、ごく僅かしかない」。フライブルク・イム・ブライスガウの美しく飾られた尖塔は、彼の本の表紙を飾っている。[30]

しかし、最も熱烈で誇張した表現はレンのためにとって置かれている。彼は「千人ものジョン・ソーン卿たちの精神と身体全体よりももっと、その頭と心に科学を持っている」。「科学と人間性が、レンがなしたことすべてを可能にした」。セント・ポールは「これまで建てられたもので最も科学的で最も成功した作品である」。[31]

エンジニアもまた、バーソロミューの賞賛と賛美の中に含まれている。彼の強調が建設科学にあると考えることは当然である。「吊り橋は非常に美しく、訪問客にとっては思いがけない美しさなので……それは人間の最も気高く最も有用で最も成功した発明の一つをなしているといえる」。石橋もそれに劣っていない。「もしそれらが建築家の仕事であったなら、それらはその科学と構造によって、現代の建築のあらゆる欠陥の埋め合わせをするであろうに」。[32] しかし、実際はそうではなく、バーソロミューの要求の一つは、われわれが「すべての建築家が土木技術者であり、すべての土木技術者が建築家であった」(33)中世の状況へと戻るべきだというものである。

しかし、これはバーソロミューの大きな要求と比べれば些細なものである。その要求は、彼の本の第一部の最後に書いてあるもので、「学習と建築規則……建築の学生と教授と建設職人の試験、名誉学位の授与……そして公共建築の保存のための大きな国立大学の設立の提案」であった。(34)試験を受け、Masonを意味するmの学位を授与されるには六年の学習が必要。試験に通った者は、建築事務所員かもしくは公共建築の仕事の事務員として有給の仕事を始められるであろう。さらに四年の学習と二度目の試験を受けると、Free Masonを意味するfmの学位と建築家として従事する権利が得られる。またさらに四年とさらなる試験は、勤勉な学生をMaster Masonを意味するmmにし、公的な事務所を開き、公共建築を設計し、事務所員と見習いを受け入れることを可能にする。なおさらに六年——合計で都合二十年——と四度目の試験で、あなたはmmm、つまりMathematical Master Mason、すなわち公共建築と公共事業を行うことができるエンジニア兼建築家になる。ちなみに、あなたは「考古学」についても十分に知っていなければならない。高い評価を得た人の名前はすべて金属か石の銘板に彫るか刻むかする入念な準備がされるはずだし、そこにはその人の建物が十パーセントかそれ以上の高い評価を得た人の名前や、不名誉によって登録簿から削除された人の名前も含まれるであろう。誰かイギリスの高貴な身分の人がその大学の学長になり、国会議員が副学長になり、イギリスの主教と判事が評議員となるはずである。ソーン・ミュージアムは、その図書館の存在故にその大学と一体化されるであろう。二十七人かそれ以上の教授が任命され、十七人の熟練した職人が任命される。彼らはすべて有給で、財源は学位の段階に応じて課される授業料から得られるであろう。

これらすべてから何を考えるべきだろうか。英国建築家協会はわずか二、三年前に設立されたばかりだった。協会はこれを真面目に受け取ることができただろうか。誰か真面目に受け取ることができた人がいただろうか。それは、バーソロミューが言わねばならなかったほかのすべてのことを無価値なものにしなかっただろうか。しかし、この本は第二版を出すに至ったし、その著者の見解は他の人々の見解と十分に一致し、四十年代の洗練された意見の型の一部を形成していた。したがって、彼の見解をもう少し追ってみる価値はある。「ローマカトリック教Poperyの核」から生じたイタリア・ルネサンスは「相性の悪いものの融合物」であり、Cinque cento（ホープの用語）は頽廃しており、ルイ十四世様式ももちろん頽廃しており、イタリア風教会は「イタリアの農場の建物の百姓性contadinesseを二、三千ポンド程度の費用で混ぜ合わせた……レンの教会の幽霊」である。(35) エリザベス朝様式はさらに悪い。それは、「ひどい頽廃」「がらくたのかたまり」「幼稚なディテール」であり、もし今日それが模倣されるとしたら、我々の建築家はそれをオリジナルの不純さと同じようにすらできないであろう。なぜなら、建築家はあまりに多くの古典のディテールを知っているからである。わずかに三、四人の建築家が国会議事堂のためにエリザベス朝のデザインを提案したにすぎない。(36)

バーソロミューの本の第一部は「衰退に際して」と名付けられているから、おそらく彼に建築家たちが今日なにをなすべきかを言ってもらおうと期待するべきではない――あの大きな国立の大学を設立し任せるのが期待できないのと同様に。以下のものが、前向きな助言を探して頁をくって探し出したものである。イギリスが貧しかったとき、最も荘厳な建物がどこにでも育っていた。「イギリスが強大な帝国になった今――かつてのどの帝国よりもおそらくその属領が大きい――世界中から金を内部に引き寄せている今」、そして「われわれが蒸気エンジンと鉄道と蒸気船と多くの私的な娯楽をもっている」今、「その現代建築のほとんどすべてが、みすぼらしく弱くて悪趣味で脆いもの……醜悪な奇形になってしまった」。(37) その理由の一つは、我々が見てきたように、やり方の拙さにあるが、もう一つはいまでは過去を模倣する習慣にあることがわかる。「世界のほとんどどの時代においても、新たな必要、習慣の違い……気候と状況の特殊性が、建築家に新しい創造力を与えた……しかし、いまは変化する時代の必要を満たさないで……そして我々の時代の手細工の巧みさと機械装置の経済性の完璧さを付け加えることなく、古いものを古い人々の見方をもたずに模倣して我々の才能を縛りつけている」。(38) それで、我々は新しいスタイルを必要としている。しかし、古いスタイルの知識を得てしまった今、それができるだろうか。我々は、「どんなスタイルであれ、その中になにか新しいものを真に発明することがほとんど不可能だと考えざる」をえない。(39)「どんなスタイルであれ、その中になにか新しいもの」という言葉に注目。バーソロミューは、吊り橋について発言したことがあるにも関わらず、全的に新しいスタイルのことを考えてすらいない。結局、彼の最後の答えは、ホープやドナルドソンと同じように折衷主義であった。「現在の建築家が残された趣味の資産をもっていないと誰がいうのか。彼が、多くの異なった手法で、エジプトや古典やポインティドや、その他の本物の真の建築様式のディテールを……材料が目的にふさわしい質をもっているかに気を使いつつ、いまもなお作り上げてはいけないと誰がいうのか」。(40)

註

1　III, 1840, 301.
2　IV, 1841, 16.
3　II, 1844, 165. *Bristol and West of England Archaeological Magazine* からの復刻。
4　G. G. Pace, *Arch. Rev.,* XCII, 1942, 99 ff. 参照。本文の引用は *The Builder,* III, 1845, 29. からとった。
5　もっとも彼は *Hints relative to the Construction of Fire-Proof Buildings*（1839）という別の本も書いている。
6　わたしは一八四六年の第二版を使ってきた。
7　*Specifications,* §855.
8　Ibid., §856.
9　Ibid., §827.
10　Ibid., §481.
11　Ibid., §590.
12　記憶されているだろうが、国教財務委員会は一回目の補助金では全額を教会に支払ったが、二回目の補助金では平均して十パーセントしか払わなかった。上掲五七頁を参照。

13 Ibid., §715, 835.

14 Ibid., §716.

15 Ibid., §855. 技術者としてのスマークについては、J. M. Crook, *Arch. Rev.*, CXLII, 1967, 208 と特に *Trans. Newcomen Soc.*, XXXVIII, 1965-6 を参照。

16 Ibid., §666.

17 Ibid., §481.

18 Ibid., §703.

19 Ibid., §854.

20 実際のところ、実務研修契約の制度が十九世紀にイギリスで知られ始めたころ、その制度を樹立したのがソーンであった（B. Kayer : *The Development of the Architectural Profession in Britain*, London, 1960, 62 を参照）。

21 *Specifications*, §469.

22 Ibid., §470 ff.

23 Ibid., §§532-41. R. Middleton の上掲の二つの論文（一九頁）を参照。

24 *Specifications*, §501.

25 しかし、ゴシックの構造の解釈を彼が見つけ得たであろう Frézier はここにはない。

26 Ibid., §100 ff. 832.

27 Ibid., §697. それは東端部に塔を備えており、したがって塔に邪魔されない本当のポルティコのオリジナルはギブズによるものであった。そのオーダーは、ギリシアのドリス式である。

28 §692. 彼は、ギリシア人が「曲線の形」を嫌っていたわけでないということを付け加えている（§695）。リュシクラテス記念碑を見よ。もっと驚くべきことは、別のところで明らかに彼はコラムの上に直接置かれたアーチ（スパラトにおいて）を除外していることである。彼はそれを異端だとし、それをした人を破廉恥だとしている（§§604-5）。

29 Ibid., §705.

30 少なくとも第二版ではそうである。

31 Ibid., §384, 706, 367. ついでながら、バーソロミューはセント・ポールの着想の源泉として、Ely Octagon を例示している。

32 少なくとも第二版の §§406, 808 にはこう書かれている。

33 Ibid., §76. すでに見たように、ホスキングが同じことを一八四一年に言うことになるし（一二四頁参照）、ドナルドソンも一八四二年に同じことを言っている（一二六頁参照）。

34 Ibid., §§925 ff.

35 Ibid., §§830, 922, 934.

36 Ibid., §§624-39.

37 Ibid., §§784-5.

38 少なくとも第二版の §§646-7 にはこうある。

39 Ibid., §663.

40 Ibid., §915.

第十二章　プティとプールとフリーマン

折衷主義が、一人の賢明できわめて敏感な批評家の手の下で、ホープの威信もドナルドソンの専門的な力量もバーソロミューの迫力もなしに、いかに働いたかを、J・L・プティ師の『教会建築所見』に見ることができる。

ジョン・ルイス・プティ（一八〇一～六八）は、アマチュアの考古学者であり、リッチフィールド建築協会の書記であり、「非・高教会派の聖職者」(1)であり、いくつかの教会の設計者であり、(2)そして多くの本の著者であった。(3)『所見』は一八四一年に出版されているが、挿入されたたくさんの巧みなスケッチとともに、ピクチュアレスクな旅行を踏襲したものである。一見、ガリー・ナイトのものを思いださせるかもしれないが、学問的な野心はずっと少ない。第一巻は大雑把にいえば時代ごとに概観したものであり、第二巻は主として教会に関する一続きにつなげられた覚書きで、その半分以上はイギリスを出発してオランダ、ラインラント、スイス、北イタリア地域、リヴィエラ、フランスを経てイギリスに戻ってくるという旅行の装いをとっていた。最後に、「読者諸君、それではこれでさようならを言おう」(4)といった調子がこの本の典型である。第二巻の多くの部分に、スケッチするアーティストへの助言が見られる。たとえば、「住民たちの優雅な服装は、その群れに大きな特徴を付与するだろう」とか「アーティストがこのロマンティックな土地の風景に二、三日を割くならば、小さな村ロンコによい宿泊施設を見つけるだろう」である。(5)

しかし、この本の大半は建築家への直接、間接の助言として書かれている。実際、「模倣の価値がある」とか「今日の建築家にすばらしい示唆を与えてくれる」といった記述がしばしば見られる。(6)建築家にはそれが必要である。なぜなら、今日、あまりにしばしば、「気まぐれで慎みのない思いつき」や「恣意的な形や主義への奴隷的な服従」が見られるからである。[7] これは、古い建物の修復や増築についてと同じく新しい建物についても該当する。プティが誉めている新しい建物としては、たとえばトーマス・トラブショー設計の一八三七年のスタッフォードシャー、ブレアトンの教会、エドワード・ヘイコック設計の一八三九年のバーマスのセント・デイヴィッド教会、それに一八三八年のベイクウェル近くのスタントンのホーリー・トリニティーであるが、ごく僅かにすぎない。[8] あちこちで、そしてとりわけ第二巻の「現代の修理と改造」の章全体で、彼は「無知で出しゃばりな修復家」と「軽率に勝手な介入をする」人のあることを嘆いている。[9] しかし、彼は古い教会への介入が「必要によって絶対的に求められる」ということに疑いを抱いておらず、ただ修復家が、「一つの基準とはまったく関係なくでたらめに」新しい作品をつくるのではなく「古い作品に忠実に追従」してくれることを願っている。[10] これによって彼が言わんとしていること、弁護しようとしていることは、その章のまさに冒頭で明らかにされている。そこには、ペイン・ナイトの『風景』に倣って一つの詩が引用されている。「崩れかけている石一つ一つを敬意をもって扱え、まさに石の上に生えた苔を敬え」。ジョージ・ギルバート・スコットとの文通で間もなく明らかになるのだが（二五〇頁参照）、この敬意は「質の落ちた」後世のスタイルをも含むあらゆるスタイルの形姿にまで広げられる。そしてこの敬意は、歴史的な全体（「未来と過去を結ぶ絆」）の故に、またピクチュアレスク性の故に求められる。様々な増築を経た建物は、ピクチュアレスクであるから魅力的である。実際の場面で、いかに修復すべきか。これは、後に見るように、スコットの問題であった。

そしてここでは、他の議論においても同様だが、たしかにプティは曖昧である。実際、愛すべき曖昧さというのがプティの弱点である。消極的にも、また積極的にも、彼はすべてに公平であろうと努め、決して流されなかった。それで彼は、中世の教会だけではなくルネサンスも（同じ程度ではないかもしれないが）誉めている。十五世紀のミラノのサンタ・マリア・デレ・グラツィエ、十六世紀のジェノヴァのサンタ・マリア・ディ・カリニャーノ、ルーヴルとテュイルリー（「リヴァイヴァルの賞賛者たちによって注意深く検討されるであろう」）、アンヴァリッドのドーム（「完璧」）、ラ・マドレーヌの外観（「比類がない」）、セント・ポール（「デザインとプロポーションとコンポジションの傑作」）が、その例で

図4．J・L・プティ、サン・ミケーレ、パヴィア、『教会建築所見』1841年より

ある。[11]

中世に関しては、プティがゴシックよりもロマネスクに高い評価を与えているのが注目される。というのは、すでに触れたように、ロマネスク評価という点で、プティは折衷主義者が非常にいかがわしいと見なしていた小さな少数派に属していたからである。プティの尖頭アーチの起源に関する理論はオリジナルである。フランスの南部で、かなり急勾配の石の屋根の下に尖頭アーチのトンネル・ヴォールトが見られる。このヴォールトの横断面が屋根の横断面に合わされたと考えること以上にありそうなことはあるだろうか。[12] ゴシックの構造の解釈——リブとバットレスとフライング・バットレスとピナクルの機能——は受け入れているが、それほど十分には理解されていない。[13] 歴史的には、プティはイギリスやフランスではなく、ドイツがゴシック様式の起源の国だと信じており、これについては、彼はドイツの例をはるかに詳細に論じていたホープに従っている。[14]

ホープはまた、プティの眼をロマネスクに開かせたかもしれない（図4）。彼には、イタリアのものは、ライン地方のものはさらにそうであるが、当時、大きな可能性を持っているように見えた。ライン地方の十三世紀初期——ヒューエルの領域——に関しては、彼は一つの点において、ヒューエルよりも眼識があるとすらいえる。なぜなら彼は、ゲルンハウゼンとヴォルムス大聖堂の西端部のスタイルは、初期ゴシックの例というよりも末期ロマネスクの続き」、「修正されたロマネスク」[15]として見られるべきだと強調しているからである。「一つの様式は、これらの古い建物が我々にほのめかしてくれる示唆通りには成熟しないのかもしれないのか」[16]と彼は問うている。

第一巻の終わりは、プティの教会設計者に対する助言の重要な要約である。[17]ギリシアは、宗教建築に特有の性格を与え得ないが故に、教会には「ふさわしくない」。ルネサンスは「矛盾する原理に則っているけれども、にも拘らず、他の様式では得られないいくつかの美と利点を提供してくれるし、街においてはしばしば周囲の建物と最もよく調和するであろう」。ロマネスク、とりわけドイツのロマネスクに関しては、「もし純粋な円形アーチ様式が形成されるなら、おそらく、他の様式では正確には順応しないような多くの種類のアレンジメントに適合することになるかもしれない」。ノルマンとトランジショナルは、「学生には興味深いかもしれないが、不完全なスタイルである」[18]。アーリー・イングリシュは資金が豊かであるところでのみ使われるべきである。言い換えれば、それは貧弱なものになりやすい。ジオメトリカル・デコレイティドとフローイング・デコレイティドも費用がかかり、たとえば前者にはヴォールト架構が必要である。前者はパーペンディキュラーを残し、後者は「最も大きな自由裁量性を許し」、「幅広い改善の領域」を提供してくれる。

プティは、ホープの感覚における折衷主義者では

図5．J・L・プティ、ヴォルムス大聖堂、『教会建築所見』1841年より

なく、ドナルドソンの感覚における折衷主義者である。彼は混ぜ合わせを提案しているのではなく、利用できるすべてのスタイルに寛大だったことにおいて折衷主義的なのである。彼が最も真摯に受け取られたのは、ロマネスクの支持者としてであった。すでに見たように（一〇二〜三頁）、ロマネスクは四十年代の強い流行であった。「エクレジオロジスト」誌[19]がプティの本に異例に長い書評を載せたとすれば、その目的はもちろん、「我々の教会の権威ある命令に……まったく敵対する」本に対する反対を言うためであり、どれも「イギリスの教会建設者に使われることがほとんどあり得ない」「ロマネスクやローマ・リヴァイヴァルやロンバルディアやイタリア風のスタイル」に対する特別の反対を言うためであった。プティがパーペンディキュラー様式を推奨していることに対する「エクレジオロジスト」誌の批評もまた、同様に率直であった。しかし、ここにはこの雑誌の新しい態度の表明も見られる。老いたプティと「エクレジオロジスト」誌は、ピュージンと共に、そしてすぐ後にはラスキンとも共に、パーペンディキュラーはゴシックの衰えのスタイルだとする人すべてに対する共同戦線を張るのである。

プティは、過去の様式による建物以外の同時代の建物には、わずかに一度触れるのみであるが、彼の二つの評言は記すに値する。一つは、われわれがプティがそうであろうと予測でき、折り合う覚悟ができているものであるが、もう一つはまったく予期せざるものである。その評言とはこれである。今日の建物、とりわけ「鉄道に関わる建物」――彼は橋や高架橋を示唆している――は「機械的な美のまさに極致」である。しかし、彼はバーソロミューがすでにそう言い、スコットがそう言いつつあったようには、吊り橋のことを言うことができなかった。なぜなら、別のところで、彼はルーアン大聖堂の鋳鉄製尖塔について、「その材料の性質はすべての関心への要求をそれから奪ってしまう」と言っているからである。[20]

プティは学者としては認められない。彼は、ケルンのサンタ・マリア・イム・カピトルについて、「その部分は偉大な古代に由来するものと考えられている」とし、そのままにしておくのは十分によいとはいえないと言っている。そして彼のゴシックは重なり合う時代で混乱している。なるほど、彼はロマネスク、トランジション、アーリー・コンプリート・ゴシック、レイト・コンプリート・ゴシックについて語っているが、ロマネスクとトランジションの中間に、ただ混乱させるためだけのレイト・コンプリート・ロマネスクもしくはノルマンを置いている。そして、たとえばオッペンハイムのカタリネンキルヘをトランジションの章で論じており、これを「最も完全なゴシック」とし、建設年を一二六二〜一三一七年としている。この教会は、アーリー・コンプリート・ゴシックとレイト・コンプリート・ゴシックの間の過渡的なものとして、両方の章で再度登場する。[21]

最後になるが、プティは著作家としても認められない。彼の記述力は弱い。次の引用は、フライブルグ・イム・ブライスガウを語る際に彼が見つけたことである。「フライブルグ大聖堂は、西側に頂部がピナクルになっている高い八角形の塔を備えている。内陣はトランセプトを伴わずに設けられており、いくぶん長さが不足している。しかし、内部は見栄えがし、トリフォリウムの二階席がある……その西側入口は……その彫刻で注目に値する」。[22] ときたま、彼は詩歌の世界に入り込む。[23] これは、なにに比べても特徴的である。『所見』はきれいな本であり、きれいに書かれ、きれいな図版が載っている。それは学者に対して何の助けにもならないし、同時代の建築家に対してもなんらメッセージをもっていない。[24] 学者はヒューエルとウィリスに向かったし、建築家は新聞・雑誌に向かった。そして双方が、以下のような当時増え始めていたイギリスの中世建築に関する図版をたくさん含んだ大型本に向かった。ピュージンの『実例』[25]がその早い例であるが、『ゴシック建築の実例』(三巻本、一八三八〜四〇年)、F・A・ペイリーの『ゴシック繰形の手引き』(一八四五年)と『ゴシック建築の手引き』(一八四六年)、J・ラファエルとJ・A・ブランドンの『ゴシック建築分析』(一八四七年)、エドモンド・シャープの『建築的対比』(一八四八年)と『イギリスのデコレイティド窓トレーサリーの起源・発展論』(一八五一年)と『イギリス建築の七つの時代』(一八五一年)、ヘンリー・ボウマンとJ・S・クロウザーの『中世の教会』(一八四五〜五三年)、R・W・ビリングスの『ジオメトリカル・トレーサリーの実例図』(一八四九年)、E・A・フリーマンの『イギリスの窓トレーサリーの起源と発展試論』(一八五〇〜一年)、J・コリングの『ゴシックの装飾』(一八五〇年)と『ゴシック建築のディテール』(一八五六年)がそれに続いた。

これらの著者の一人は、また読むための本も書いていた。そして建築の歴史を読みたいと強く思っている建築家も愛好家も、ホープの『建築歴史論叢』よりももう少し短くて軽いものを望み、また一八四八年に出版されたジョージ・エイクリフ・プールの『イギリス教会建築史』が好きでなかったなら、一八四九年に出版されたフリーマンの『建築史』に向かった。

プールは、ノーサンプトンシャー建築協会の書記で、賢明な人であった。彼の本は、ウィリス、シャープ、ペイリー、その他の近い時期の学者たちの仕事に基づいており、ウォーウィックのボーシャン・チャペルやダラムの僧院寮のキャタリック・チャーチやラウスの教会の尖塔の請負契約といった記録や編年史からの抜粋をたくさん含んでいる。彼の素材に関する記述は詳細で、「ジオメトリカル」は「アーリー・イングリッシュ」や「デコレイティド」の一部をなすべきか否かといった用語上の混乱について貴重な記述を残している。その混乱は、リックマンに始まり、他の人によってより悪くされた。プール自身の好みは、ピュージン、ケンブリッジ・キャムデン協会、スコットと同じである。「デコレイティド」も「最も魅惑的な様式」ではあるが、十三世紀後半は「非常にすばらしい様式」で「おそらくあらゆる様式の中で最も完全」である。(26) 彼は「デコレイティド」の性格をエドワード二世の宮廷の自由さと巧みに結びつけ、(27) ヘンリー八世下の彫刻の「野蛮さ」とヘンリー八世以降の教会の彫刻の「醜悪さ」を強く非難している。(28) 同時代については、プールは曖昧である。彼は模倣を戒めているが——中世の建築家は「すでに建てられている建物の部分を模倣しなかった」(29)——「真に教会的な様式を復元しようと努めている」人や、「真の聖職者の精神で」教会を建てる建築家を称賛している。(30)

フリーマンはその見解においてはるかに急進的である。E・A・フリーマン(一八二三〜九二)は、あの著名な『ノルマン征服史』の著者として知られているが、その出版はやっと一八六七〜七六年のことであり、彼は一八八四年になってようやくオクスフォードの近代史の欽定講座担当教授になっている。若い時、考古学が彼の主たる関心事であった。彼は、一八三九年に設立されていたオクスフォード建築・歴史協会に加入し、一八四五年にその書記になっている。

この組織については、後に触れることになるだろう（一八二頁）。書記になった年のある講義で、彼はアングロ・ノルマンを「いまの時代にふさわしい」(31)として推奨しているが、本の中では「全体として、パーペンディキュラー……がベスト」(32)だとしている。ほんの少し前に触れたように、これはたとえばエクレジオロジストの運動の趣味と著しい対照をなす。にもかかわらず、フリーマンはパーペンディキュラーに大きな共感を抱いていた。学者に対しては、彼はヒューエルやウィリスよりもホープとプティを好んでいた。ホープとプティのより哲学的な建築の扱いの故である。彼は、ヒューエルとウィリスの関心対象は「より機械的」(33)だとしている。彼の本で最も興味深い箇所は最後の部分で、そこで彼は正直に、ルネサンスを建築芸術の堕落だと咎め、ギリシア・リヴァイヴァルを馬鹿げているとし、イタリア・リヴァイヴァルを無価値だとしている。

つまり、フリーマンは折衷主義者には属していない。ノルマンを評価し、この時代の主だったゴシック趣味者ほどは幅広く活動せず、それほど熱く献身的に活動しなかったとしても、彼は中世主義者であった。主だったゴシック趣味者の名前はよく知られている(34)。まずピュージン、つぎにケンブリッジ・キャムデン協会の創立者であるニールとウェブ、そしてラスキンである。ピュージンの『対比』は、ホープの『建築歴史論叢』の一年後に出版され、ピュージンの代表作である『真の原理』は、バーソロミューの『設計案集成』の一年後、プティの『所見』と同じ年に出ている。そしてラスキンの『七燈』は、フリーマンの『征服史』と同じ年に出ている。

註

1　*The Ecclesiologist*, X, 1850, 122.

2　Howell 氏は、わたしに一八六三年に Merionethshire 州 Caerdeon (Bentddu) に建てられたプティの教会の写真を送って下さった。そのドアの上の銘板には、プティはその教会の「創立者かつ後援者」として書かれている。

3　彼の略伝については、*Proc. Soc. of Ant.*, 2 Ser., IV, 1867-70 を参照。彼の主著は、*Architectural Studies in France*（1854）で、

もう少し短いものは *Remarks on Architectural Character*（Oxford, 1846）である。

4 *Remarks on Church Architecture,* II, 270.

5 Ibid., II, 232, 221.

6 Ibid., II, 72, 51.

7 *Remarks on Church Architecture,* I, VII.

8 Ibid., II, 47-8, 143.

9 Ibid., II, 129-30.

10 Ibid., II, 130, 134, 140.

11 Ibid., II, 219, 222, 257 ; I, 38, 25

12 Ibid., I, 114.

13 Ibid., II, 6-10.

14 Ibid., II, 80. ホープについては pp. 417-22 を見よ。

15 Ibid., I, 78, 142, 148.

16 Ibid., I, 89.

17 Ibid., I, 210 ff.

18 Ibid., I, 93. プティにとっては、Norman は「基本的にはゴシックである」。

19 *Remarks on Church Architecture,* I, 91 ff. エクレジオロジストとケンブリッジ・キャムデン協会ついては、本書の十四章、一八二頁以降を参照。*The Ecclesiologist,* Vol. XXIV, 1864 は、プティの Caerdeon の教会に対する批評を載せている（Howell 氏のご教示による）。

20 *Remarks,* II, 151 and 13.

21 Ibid., I, 146, 167, 195-6.

22　Ibid., I, 197.

23　Ibid., II, 99, 115, 125, 140.

24　しかし、かの輝ける建築批評家 Henry van Brunt は、一八八六年という遅い時期にもプティの *Architectural Studies in France* に触れている (*Architecture and Society; Selected Essays of Henry van Brunt*; ed. W. A. Coles, Harvard U. O. 1969, 176.　参照)。

25　四五頁参照。

26　*A History of Ecclesiastical Architecture in England*, 237 ff.

27　Ibid., 313-4.

28　Ibid., 260, 268.

29　Ibid., 347.

30　Ibid., 406.

31　*The Ecclesiologist*, IV, 1845, 76.

32　*A History of Architecture*, xiv.

33　Ibid., xi-xiii.

34　一八四六年に、ケンブリッジ・キャムデン協会は Oxford に彼を訪ねている。ニールとウェブがその当事者であった。W. R. W. Stephens（ed.), *The Life and Letters of E. A. Freeman*, 2 vols（London, 1895), 79-80. を参照。

第十三章　ピュージン

ゴシックは、ホレス・ウォルポールにとっては高級趣味の遊びであり、ゲーテにとっては創造的構想力の飛翔であり、ヒューエルとウィリスにとっては研究すべき歴史的現象であり、ホープとドナルドソンにとっては状況に応じて薦められるべき様式の一つであったが、ピュージンにとってそれはキリスト教徒の義務であった。

オーガスタス・ウェルビー・ノースモア・ピュージンは一八一二年の生まれであり、『実例』のA・C・ピュージンの息子である。(1)まだかなり若い時、彼はウィンザー城の家具を設計しているが、それはモレル・アンド・セドン工房からA・C・ピュージンに下請依頼のあったものである。同じく若い時、彼はゴシックの装飾で自身の事業を始めるが、それは成功せず、父親に負債を払ってもらうことになる。それは一八三一年のことで、彼は十九歳であった。同じ年に、彼は結婚している。しかし、彼の妻は一八三二年に亡くなっており、彼の両親も一八三二年と一八三三年に亡くなっている。一八三三年に彼は再婚し、ソールズベリーへ移り、そこに彼の妻と彼自身のための家セント・マリーズ・グレインジを建てた。一八三四年は彼の人生にとって鍵となる年である。この年、彼はカトリックに改宗した。改宗の一つの理由を、彼自身が「古い建築の研究(2)」としている。その一年後、彼は『対比』を書いたが、これは彼の最も挑戦的な本であり、一八三六年に出版された。ほぼ同じころ、彼は初めていくつかの建築設計の依頼も受けている。一八三七年に、住宅の仕事としては最大のものであるランカシャーのスキャリスブリック・ホールの仕事を始め、一八三九年には早くも、きちんとできる量以上の仕事を抱えていると書いている。(3)彼の二人目の妻は一八四四年に死んだ。彼はさらに二度婚約するがうまくいかず、結局一八四八年に三度目の結婚をする。しかし、一八四六年に最初の精神的な疾患にかかり、一八五二年に精神異常で亡くなった。彼は痩せていて、顔色が悪く、驚くほど早く巧みに図面が描け、「無愛想で激しい物腰」[4]で、服装に無頓着で、そして宗教的な情熱とほとんど同じ強さの情熱を海に対して抱いていた。[5]彼の建物の多くが貧弱に見えるとすれば、それはカトリック教徒解放法（一八二九年）後まもなくのカトリック教会の資金不足の故である。

哀れにも、彼は短い生涯の終わり近くにこう書いている。[6]「私は、すばらしいことを考え、すばらしいことを学び、すばらしいものを設計して人生を送ってきたが、実現したのはごく僅かだった。私には、私自身の教会[7]を除いて、すばらしい教会の建物をつくる機会が断じてなかった……十分な資金がないためか、あるいは無思慮な妨害と規制のためである」[8]。

ピュージンの『対比』は戦闘的な本で、一冊の図鑑である。われわれがこれまで出会った型の本ではない。ゴシック建築の文献は、それまで美的な弁明か考古学的な説明であった。ピュージンによって、ゴシックを建てることがまさに第一次の責務となった。『対比』で語っているのは、建築家ピュージンであるよりも、カトリック信者ピュージンである。この本は、序文と、一四四〇年と一八四〇年におけるある種の建築項目を比較する図版とからなっており、その図版の頂点が、一八四一年の第二版において付け加えられた街の全景を示す比較図であった。この比較ショーは、豪華で複雑なゴシックの表題紙と「様々な著名なイギリスの建築家の作品からの精選品」――すべてが、表題紙のゴシック体文字と比べられたサンセリフの字体のように殺風景に見える――を示す口絵の比較で始まる。その精選品というのが、ウィルキンズのナショナル・ギャラリー、ナッシュのポートランド・プレイスのオール・ソウルズ、ロバート・スマーク卿の当初のカールトン・クラブ、インウッド一家のウェストミンスター・ホスピタルである。その後に、最も面白い図版である二枚目の口絵が続く。それは、「同業者の同意なしにつくられた」広告もどきの頁である（図6）。以下はそのいくつかの例である。

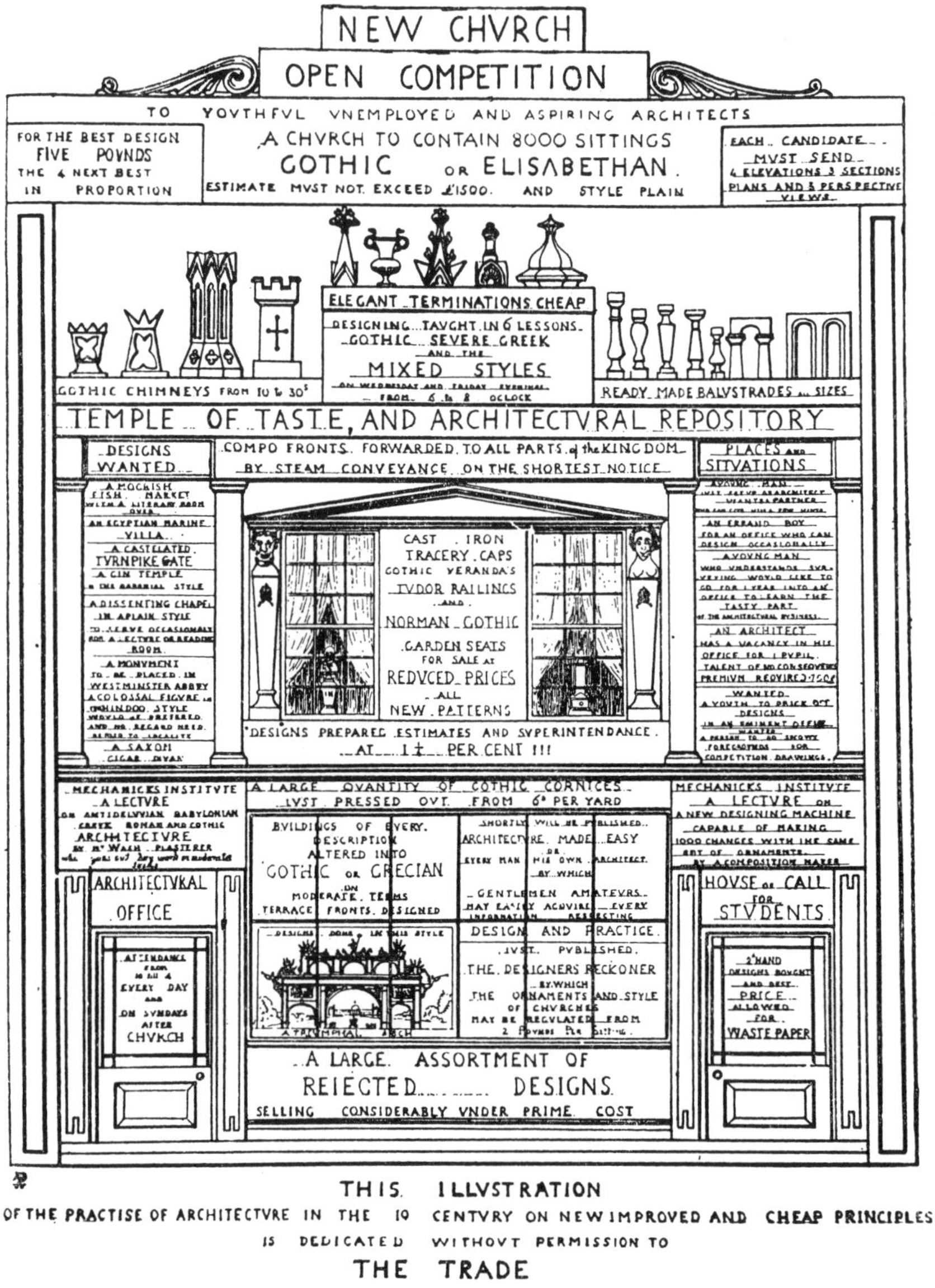

図6．A・W・N・ピュージン、広告の頁、『対比』1836年より

新しい教会の公開設計競技……八千の座席のある教会。見積額は千五百ポンド以下で、スタイルは簡素。最優秀設計案には五ポンド。

ゴシック、厳格なギリシア、混合様式など六回のレッスンで教えられる設計術。

設計立案、見積、監督は1¼パーセント！！！。

機械研究所。同じ一揃いの装飾で千の変化を生み出しうる新しい設計機械に関する講義。

並の料金でゴシックやギリシアに変換されたあらゆる類の建物。

設計案を求む。ムーア風魚市場……エジプト風海の別荘……城館風様式のジン酒場(訳24)……ウェストミンスター・アベイに置かれる記念碑、ヒンドゥー様式による巨大な人像、サクソンの煙草喫煙室。

十から三十シリングのゴシックの煙突。

この王国のすべての地域へ汽船で送られる組み立て式玄関(訳25)。

ヤードあたり六ペンスで加圧成形された大量のゴシックのコーニス。

本書の読者の誰にとっても、このジョークのすべてはすぐには理解できるものではないであろう。しかし、ほとんどすべての人がこの話をもう一度とりあげるのを拒むだろう。諸々の対比そのものを理解するのは困難ではない。ほんのわずかに触れるのみだが、たとえばタウンホールは、ダンス設計のロンドンの紙のようなゴシックのギルドホールのファサードが、フランドルの市庁舎と比較されており、私的な住宅は、ソーンのリンカーンズ・イン・フィールドの自宅とルーアンの住宅が比較されており、教会はインウッド一家設計のセント・メアリー・サマーズタウンとスカーローのスカーロー主教チャペルが比較されている。これらはまったくの建築の比較であるが、公共水道管の比較もある。一四四〇年のほうには豪華なゴシックの設備が示されており、一八四〇年のほうには使われないように鎖をつけられた取っ手つきのポンプが示されている。シルクハットをかぶった警官が少年を追い払っているが、警察署は隣である。しかし、最も毒気に満ちているのは、第二版に付け加えられたいくつかの図版である。一つは、ウィンチェスター郊外のセント・クロス・ホスピタルの貧しい人のための住居と、八つの放射状翼部と刑務所のような監視センターをもつ新しい貧民住居である。その建物には小さな絵が付けられていて、死んだ同僚の厳粛な葬儀と貧しい人の遺体の運搬が描かれ、棺桶には「解剖用」と記されている。牛肉、羊肉、ベーコン、ミルク、エール、リンゴ酒、小麦のパンの食事と、パンとかゆ、パンとかゆ、パンとかゆの食事の対比。街全体の比較は、最も包括的である。われわれに最も近い川岸には、高い尖塔を備えた堂々とした修道院教会が立っている。これはいまでは廃墟である。橋近くの荒廃した土地はいまでは新しい刑務所となっている。石橋の上にかつてはウェイクフィールドにおけるようにチャペルがよくあったが、いまは鉄の橋がある。川沿いの並木道（どのイギリスの中世の街ももっていなかったような）が、いまやむきだしで高い倉庫に取って代わられた。かつては十一の教会があったが、いまでは五つ。しかし、それらは六つの非国教徒チャペルと社会主義者科学会館によって要塞化されている。

ピュージンの本文の文章は図版と合っている。二、三頁の導入的部分の後に、彼はまっすぐ激風の部分へと入る。どの場合にも博打がしかけられていて、どの場合でもピュージンが——彼自身の条件内ではあるが——勝つ。たとえを変えれば、彼の矢のどの一つも急所を射る。導入部分もまた、すでに議論の大半を出していて、二、三年後にピュージンはもっとよく考えられた方式をつくることになる。「前の建物のほうがよりよいように見える」ことや、「いまの世紀の建築作品を中世の作品と比べれば、後者の驚くべき優秀性」が誰の眼にも明らかであることを、彼は端から当然と見なしていた。(9) 彼にとってのその理由は、もちろん宗教的なものである。「そのような効果は……その構成が宗教に心から帰依した人から発し、その宗教の礼拝のために建てられた建物によってのみ……生み出しうる」(10) のであり、したがって今日もまた、「同様な荘厳な感情によってのみ……同様な荘厳な結果を手に入れ得る」。(11) 異端信仰と宗派分裂と貪欲が信仰をこわし、「建築もその誕生を与えてくれた宗教とともに滅びる」。(12) ピュージンがここで「建築美の大きな試金石」としての「目的への適合」(13) の必要性に言及することがあったとしても、彼はそれを文字通りの意味で言っているのであって、いまだより強い議論に入ってはいない。今日の教会はちょうど、「たくさんの聴衆を狭い空間にぎっしりと詰め込みうる二、三段の階段席」を備えた「風通しがよくて換気のよい大きな部屋」である。[14] バッキンガム宮殿、ナショナル・ギャラリー、ブリティシュ・ミュージアムは「国の恥」[15]であり、ウェストミンスター・アベイは「忌まわしいモニュメント」[16]に満ちており、海水浴場、特にブライトンの「煉瓦構成の」テラスは「嫌悪をもよおす」[17]等々である。実際、「もし中世に生み出された建物の遺物がなければ、この国の建築的記念物はこの上なく軽蔑に値するであろう」。[18] そして、様々な様式の見境のない模倣がある。

我々は起伏のない地域にスイス風山小屋をもっている。最も寒い場所にイタリア風ヴィラを、王宮にトルコ風城塞を、稠密な小路にギリシア神殿を、エジプト風オークション・ルームを、そしてあらゆる種類の不条理と不一致をもっている。個々別々の建物が似合わずふさわしくないそうした様式で建てられているだけではない。リージェンツ・パークとリージェント・ストリートを見るだけで、そうした奇形の巣窟に出会う。そこにはあらゆる様式がごた混ぜになっている。[19]

スタントン夫人は、近年、ピュージンの『対比』の典拠がなにであるかを問うてきた。[20] 彼女は、シャトーブリアンの『キリスト教精髄』を過小評価している。それは一八〇二年に出版されており、もちろんピュージンはフランス語でそれを読むことができた。後に見るように、シャトーブリアンはフリードリッヒ・シュレーゲルがドイツにおいて果たした役割をフランスで果たしている。二人ともカトリックであり、二人とも芸術と建築を中世の宗教の文脈で見ていた。そのかわりにスタントン夫人は、同時代のイギリスの批評家を示している。すなわち、ジョン・ステュアート・ミルの一八三一年の『エグザミナー』紙掲載の「時代の精神」、カーライルの一八二九年の『時代の徴候』、サウジーの一八二九〜三一年の『対話』、コベットの一八二四〜七年の『宗教改革史』がそれである。しかし、彼女によると主たる典拠は——そしてたぶん彼女はそれを過大評価しているのだろう——ケネルム・ディグビーの『幅広の記念石』[21]となる。これは一八二二年に出版され、一八二三に再版され、一八二九年に四巻本の拡大版が出ている。これに続いて、ディグビーは『カトリックの道徳規範』を出すが、これは一八三一年に出版され始め、一八四二年に十四巻で終わる。一八三三年に出た第三巻は、中世建築に関する長い議論を含んでいる。しかし、ケネルム・ディグビーはその議論においてイギリスやフランスのゴシックの建物に特段に魅かれているようには見えず、情緒的にすら魅かれているようには見えない。[22]彼の共感は、明らかにイタリアにあり、それはバロックと（p.81ff.）、トリノの北のスペルガ（p.106）をも含む。実際、彼が示すものの多くは、中世の資料に関する引用である。多くの学識がこの広範囲のアンソロジーに注ぎ込まれている。考古学には、ケネルム・ディグビーはあまり詳しくなく、明らかに学問的なやり方で知識を得ようとは望んでいなかった。というのは、スタントン夫人の論文が言及しなかった別の一節があるからである。ただし、彼女は手紙でその一節にわたしの注意を促しているから、彼女はそれを知っていた。その一節は、『記念石』の一八二三年版のプロローグの中にある（p.lii）。それを理解するためには、ディグビーが一七九六年の生まれ、一八一五年にケンブリッジに進学し、ヒューエルをチューターとし、一八二三年、つまり問題の一節の年にヒューエルと共にノルマンディーとピカルディーを旅行していることを思い起こさねばならない（七四頁参照）。その一節は、「心と頭を区別し」、「歴史、ロマンス、詩、絵画、自然の美、建築を、合理的な力を働かせる目的以外の目的には合致しない」ものと見なす人々に向けられたものであり、「彼らに建築について語りかければ……彼らはカテドラルの薄暗がりの中ですら、ノルマン人、尖頭アーチ、二心アーチ double centre[23]、交差、横断リブ、流線形トレーサリーしかあなたに説明しないであろう」という部分である。ヒューエルの探求的学識にさらされた気の毒なケネルム・ディグビー。しかし、ヒューエルとウィリスもまた気の毒であった。彼らはまもなく彼らの明晰な学問の世界が、カトリック教徒とアングロ・カトリック主義者とラスキン達の情熱で曇らせられるのを見ることになるからである。

『対比』に対する激しい反駁の例は、一つあげれば十分であろう。マシュー・ハーバーションがそれで、彼は主に中部地方で活動したマイナーな建築家であるが、反駁の際にまったく違った内容の本を出版する機会を使った。その本は『現存するイギリスのハーフティンバー住宅のすぐれた実例』（一八三六年）というもので、ハーバーションは最初に、ピュージンがいかに不公平に彼の対比を選んだかを実に根気よく示しているが、話を建築から宗教、カトリック教会の「専制」と「圧政」と「ひどい罪悪」、「単に感覚に訴えるだけの……カトリック的 popish 豪華さ」へと移す際には興奮している。ハーバーションはプロテスタントとして書いているが、後にみるように、十九世紀半ばの建築の著述では常にこうした言葉がイギリスの教会を語る際に選ばれたのであり、そこではゴシック趣味者が苦しんだに違いない。[24]

ハーバーションが、一冊の本を非常に激しく攻撃し、挑発するのは容易なことだった。ピュージンは次の本ではジャーナリスト的な要素を薄めている。彼の仕事はこんどはゴシック弁護の体系をつくりあげることであり、堅固な構造を与えるために学者をうまく使った。この次の本、彼の最も影響力の大きかった声明は、われわれを再び一八四一年に連れ戻す。彼は、その本を『ポインティドもしくはキリスト教建築の真の原理』としているが、このタイトルは十分に印象的である。その議論を詳述するに際して、彼の次の二冊、いずれも一八四三年の『キリスト教建築復興のための弁明』と『イギリスの宗教建築の現状』（写真33）の議論を含めておいたほうがよいだろう。『真の原理』は、当初、一八三七〜九年のオスコット・カレッジでの講義として行われたもので、『現状』の初出は一八四二年の「ダブリン・レヴュー」誌である。

『真の原理』の名高い最初の文は、以下の通りである。「一つの建物に、利便性と構造と適切さのために必要ではない特色があってはならない」。これは、一九三〇年の機能主義の信条のように聞こえ、しばしばそのように誤解されてきた。[25] 実際のところ、それはピュージンがフランスの十八世紀の建築理論を読むところから直接に出てきた。たとえばブロンデルは言っている。「利便性 convenance」は「各部屋がその用途に従って配置されること」で、構造は解説を必要としないが、「適切さ propriété」はそれほど単純ではない。それは、本当は一つの建物はその目的にふさわしく見えなければならないという建築図像学の術語である。つまり、たとえば王侯の住まいは独立した大円柱をもつであろうし、貴族の館は半柱で、中産階級の市民にとってはピラスターですら許されない。しかし、「適切さ」はまた、ゴシック様式が教会にふさわしい唯一の様式になるかもしれないという解釈にもドアを開いている。これがピュージンの言おうとしていることである。にも関わらず、『真の原理』の冒頭の文章は機能と構造の強調をなお保っており、それは『対比』の読者には驚きであったに違いない。

その文章は、冒頭のトランペットのファンファーレだけではなかった。それは、本全体を通して繰り返されるテーマとなるのである。たとえば、十一頁には「建築において真に美しい形態はすべて、最も健全な有用性の原理を基礎としている」という文章が読める。しかし、適切さもまたもう一つのテーマとして保持され、ピュージンによって本のタイトル「ポインテッドもしくはキリスト教」と相関する方向へと力強く変えられていくのである。まず「キリスト教」については、「私は、キリスト教美術に価値と完璧さを求める。それは多神教の間違いのもとでは……得られなかったものである」(26)という文章があり、続いて「ポインテッド」については、「我々がポインテッド・アーキテクチュアをキリスト教美術として真の光のもとで見れば……その信仰は完全なので、それがよってたつ原理も完全である」(27)という文章がある。なぜロマネスクやアーリー・クリスチャンよりもゴシックがキリスト教的であるべきかは、ピュージンは決してはっきりとは論じない。それで、後に見るように聡明な何人かの批評家たちから正当に攻撃されている。この二つの基本的な信条の上に、高遠な構想が築かれている。キリスト教の信仰が真実であるので、キリスト教美術も真実を語らなければならない。「キリスト教建築の厳格さは、あらゆる欺瞞と相容れない」(28)。そして真実さの基準で判定すると、ゴシックの中世が勝り、十九世紀は劣るのである。(29)これはまたぞろ「対比」であるが、少なくともこんどはゴシック側から十分に論じられている。実際、冒頭の一節は、ゴシック建築を機能的な建築だと見なすための序章に他ならない。われわれは、利便性、構造、適切さを原理として見てきた。ピュージンはさらに続けてこう言う。純粋な建築においては、最も小さな部分にいたるまで「意味を持ち、目的に仕えなければならない」し、そのためたとえば構造は「用いられる材料に応じて変わ」らねばならない、と。そしてすぐ後で、こうフォローされている。「こうした偉大な原理が遂行されてきたのは、ただポインテッド・アーキテクチュアおいてのみである」。[30]

材料の点からいえば、ゴシック建築は石造を想定されている。ギリシア建築は——ゼンパーだけが反論することになる古い理論であるが——当初は木造を想定されていた。したがって、「ギリシア建築を例として引き合いに出すのは馬鹿げた不条理」である。[31] 要するに、ポインテッド・アーキテクチュアは決して構造を隠さず、「それを美化する」。そして「すべての装飾が必須の構造の強化から生じるべき」なので、ゴシックはまたしても正しいのである。[32] バットレスとフライイング・バットレスは露わにされた骨組みの例として使われ、レンのセント・ポールの見せかけの上階壁の背後に隠されているフライイング・バットレスは笑いものにされる。[33] ピナクルもまた、「有用な目的を果たしている」。すなわちバットレスに垂直荷重を課すという目的を果たしており、[34] 同様に、セルがより軽くより小さな石で埋められているリブ・ヴォールトも理に適っている。それに比べて、レンのドームは、内側の形も外側の形も構造的に無用である。なぜなら、誰も見られない内外形の間の煉瓦の核が荷重を支えているからである。[35]

適切さについては、ピュージンはあまり多くのことを言わない。「一つの建物の外観と内部は……それが建てられた目的と一致しているべきである」。これを教会に関して言えば、「教会は、それを建てている人の資力と数が許すのと同じ程度のよさと広さと豊かさと美しさを持つべきであり」、たしかに「彼らが住んでいる建物よりも大きく美しくなければならない。そしてこれは、言うまでもなく、ピュージンは当時の状況を対比させて言っているのであるが、「最小の費用で席が一杯の部屋が……教会の理想である」。[36]

一方、利便性については、ゴシック建築は模範例となる。ピュージンは世俗建築を例に、こう主張する。宗教建築におけると同じように、ゴシックはそれ自身の時代と同じく今日にも適している。「現在の公共的な建物の必要性と目的が我々イギリスの祖先達のものとほとんど同一であることを示すのは難しくないであろう。まず初めに、気候、それは必然的に屋根の勾配や暖かさや室内の配置に関わってくるが、それは厳密に同じである……そして次に、我々はほとんど同じ法律と同じ政治経済の仕組みによって統治されている」。[37] これは確かに議論が開かれたものになっているが、しかしピュージンは例として、その議論が少なくとも概ねは正しい建物、バーミンガムの主教の家（ちなみにその建物は彼自身の設計による）を選んでいる。[38] というのも、『現状』は当初、「ダブリン・レヴュー」誌に匿名で発表され、ピュージンはそこで「ピュージン氏の」デザインを誉めてはいないからである。主教の家について彼はこう言う。「利便性がそのデザインを決定しており、立面は内部の間取りが自然に生み出す不規則の形のままにされているのが見られるであろう」。これに対して、今日普通に行われているのは、「建物の立面図が平面図に従属してつくられるのではなく、平面図が立面図に合わせて設計されている」ことであると、ピュージンは『真の原理』にすでに書いている。[39]

ゴシックの今日の事例を出したあとで――安価さの問題はさて置いて[40]――、つぎにはそれをどのように使うかという問題が起こってくる。そこではピュージンは革命的である。実質的にはエセックスや時にはリックマンたちによってすでに扱われていたとはいえ、次の文章は新しい原理をうち立てている。「我々は、ポインテイド・アーキテクチュアの精神と原理からわずかに外れても決してうまくはいかない。我々は指導するのではなく、従うことに満足しなければならない」[41]し、「その完全な様式を復活させる唯一の望みは、過去の典拠を厳格に守ることによる」のである。[42] ピュージン氏が再びモデルとして登場する。「我々は信じるのであるが、ピュージン氏はオリジナリティーの得点に対していささかの価値も求めてはいない。彼はまた新しい組み合わせを創りだすとも言っていない。状況と資金が許す限り、中世の光輝ある……作品を単純に復活させることのみを言っている」。[43]

さらなる問題は、ゴシックのどのスタイルをまねるかということである。というのも、アーリー・イングリッシュがあるし、デコレイティドがあるし、パーペンディキュラーがあるからである。すでに見たように、ウィティングトン、ガリー・ナイト、コーモン等は遅い世紀よりも十三世紀を好んだとはいえ、これまたすでに見たように、パーペンディキュラーはその時までずっと好まれていたものであった。因みに、フリードリッヒ・シュレーゲルは十三世紀信奉者の仲間である。シュレーゲルは、ケルン大聖堂をゴシック建築の頂点と見なしており、わずか一世代か二世代あとのストラスブールを、自然な花模様に代えて「単なる渦模様」を伴った「すでに恣意的」になったものとしている。[44] いずれにしても、十三世紀は、ネオ・ゴシックの教会の本格的な型としてはごく稀にしか使われてきてはいなかった。その最良の例が、一八一九年のエドワード・ガーベットによるバークシャーのシールである。

ピュージン自身は、若い時、パーペンディキュラーの祭壇で身を捧げてきていた。国会議事堂の内外観の細部が、パーペンディキュラーの至高の証拠である。一八三八〜九年のダービーのセント・メアリーはなおパーペンディキュラーであった。しかし一八四〇年ころ、ピュージンは十三世紀の終わりと十四世紀初めの様式、ウェストミンスター・アベイとそれに続く何十年かの様式、つまりシンプルな幾何学的トレーサリーからもっと複雑なものへと変わりつつも流線形なものには至っていない様式に変更している。『真の原理』の中で（p.7）、彼は、四心アーチが二心アーチに変わった途端、「キリスト教建築の精神が衰えていった」と書いている。ヘンリー七世の礼拝堂の石製垂れ飾りは、「悪しき趣味の始まり」である。新しい主義への忠誠は、一八四〇〜二年のリヴァプール郊外、オールド・スワンのセント・オズワルド地区の実際のピュージンの建物（写真34）に最初に現れ、たとえばサザーク大聖堂（一八四一年以降）やノッティンガム大聖堂（一八四二年以降）やニューキャッスル大聖堂（一八四四年以降）に続いていった。(45) これによって、ピュージンは新生面を切り開き、セカンド・ポインティドとかミドル・ポインティドとか呼ばれるようになっていたものが、次の何十年かの完全なお気に入りとなった。その理由は簡単にわかる。パーペンディキュラーは密集した比較的浅い表面装飾のスタイルであり、初期ヴィクトリア朝もこのスタイルであった。セカンド・ポインティドはより強い浮彫とより広く大胆なモチーフをもっており、これは高期ヴィクトリアの趣味に合致した。ピュージンの教会建築でたぶん最も成功したのが、一八四一〜六年のチードル（写真35）と、一八四六〜五一年のラムズゲートのセント・オーガスティン（写真36、37）であろう。前者は、近くのオールトン・タワーズのシュルーズベリー伯爵が、カトリック教徒解放法後まもなくの時期にカトリック教会が通常使える以上のお金を使えるようにしたからであり、後者はピュージンが自分の家の近くに自分自身で建てたからである。ラムズゲートのような教会は、国教財務委員会の教会がすっかり紙みたいに薄く見えさせるほどの堅固さをもっており、(46) それに加えて、その諸部分や細部が非常に巧みにつくられているので、建物全体がそうだとはいえないまでも少なくとも建物の部分は、ここに初めてネオ・ゴシックが本物のゴシックと間違えられるほどとなった。

ピュージンの遅い方の三冊の本の多くは、『対比』と同様に、同時代の建築に対するまさに攻撃であった。テンプル教会の近年の修復とマグダレン・カレッジ・チャペルと、もちろん国会議事堂だけが、彼の酷評を免れている。オクスフォードのいくつかのカレッジの古典主義的な中庭建物 quad ――クイーンズ・カレッジとウォーセスター・カレッジのものとクライスト・チャーチ・カレッジのペックウォーター――は、「信心と学習の住まいというよりも……気がめいる病院か兵舎に似ている」としており、その頃オクスフォードやケンブリッジで古典主義で建てようとする建築家に対するピュージンの判定はこうである。「大学で異教徒的にふるまう人は、どんな慈悲も受けるに値しない」。タイトの新設の王立商品取引所は、すでに見たように古典主義でありレン風のものであるが、「古典主義が描く適用されたもう一つの陳腐な料理で、重く退屈で面白味がない」としている。新しい共同墓地は、「市場原理のこと、共同出資の問題、使われていない資本の出資」以上の問題ではないとする。そして、こうしたことはどこにでも見られるとする。[47][48][49][50][51][52]

あらゆる古き良き宿屋は、化粧漆喰のポルティコと下品な喫茶室と……人造大理石の模造コラムと構成されたガラス枠……そして勘定書にプラスされる二十パーセントを伴った醜いホテルに変わっている……我々の古き良きセント・マーチン通り、セント・ジョン通り、セント・ピーター通り、セント・マリー通りは、ベルビュー・プレイス、アドレード・ロウ、アポロ・テラス、リージェント・スクエア、ロイヤル・サーカスになりつつある……政府の説教の家、臨時的な教会が、それぞれ二、三百の費用で、シオン・チャペル、ベテルの会合所、新交流組織、社会主義者会館のそばで建てられ始めている……あらゆる亜麻布服地店がなにがしかシーザーの宮殿風のまねをし、仰天させる安売りを示すガラスの看板の正面の上に、見せかけの石のコラムが置かれる。[53]

鉄道についてだけは、ピュージンはなにがしか肯定的に述べているが、そこでもやはりゴシックである。ピュージンは鉄道自体には反対していなかった。実際、彼は「蒸気機関……最も価値ある力」とし、われわれの時代が造りだしたどんな機械の改良も、「快適さと清潔さと耐久性に貢献する現代の発明」もどんなものでも「キリスト教徒建築家は、喜んで利用するべきである」と書いている。[54] 鉄道で間違っているのは、グレート・ウェスタン鉄道の駅が――われわれは、幸いにもいまなお現存しているブリストルのオリジナルのテンプル・ミーズ駅を想像するかもしれない――「ポインティドの意匠の戯画となっていて、まねごとの城郭風効果、巨大なトレーサリー、紋章のない楯、醜い繰形、意味のない突出部など……見せかけ一杯の費用のかかる不快なデザインをつくりあげている」ことである。そうではなくて、鉄道は「自然に扱われる」べきであった。そうすれば、それらは「大きくて重い建築のためのすばらしい場を生み出して来ていたであろう。「バットレスや水垂れや弓形アーチや、横荷重とパーペンディキュラーの荷重への抗力以外ののはほとんど必要ない」。そして、彼はこう続ける。「私はためらうなく言うのであるが、自然な結論から求められることを守り、望まれたものを最も単純な……やり方で正確に建てることによってのみ」、立派で長持ちのするものを生み出すことが可能となってきたのである。[55]

しかし実際、この一節においてすら、彼は「立派で長持ちする量塊」とか「最も単純で実質的なやり方」とか言っており、したがって新しい鉄道という仕事が、新しい技術と新しい材料、つまりガラスと鉄、を要求しているということを見ることができなかった。ピュージンはクリスタル・パレスをひどく嫌っていた。彼は、手紙の中で、[56] それを「ガラスの怪物」、「クリスタルぺてん」、「ソールズベリー平原と同じくらい友好的」と言っている。[57] ピュージン自身、クリスタル・パレスの中世コーナーに関わっており、そこのピュージン達の展示物は広く賞賛されていた。彼と彼の仲間のゴシック趣味者によるゴシック様式以外のデザインについては、彼はすべて酷評している。バーミンガムの[58]「すべてのいまわしい場所の中でも最もいまわしいもの」に因んだ「バーミンガム風安ピカ Brummagem ゴシック」[59] があり、「Sheffield eternal」[訳26]、「シェフィールド城郭風暖炉の愚の骨頂」[60]があり、それらをピュージンはよく提示された十分な理由で攻撃するのである。実際、その理由を、八年後と十年後のヘンリー・コールとオーウェン・ジョーンズとマシュー・ディグビー・ワイヤットと、そのほかの何人かが取り上げることになるのである。[61]その根底には、「実用的なものを美しくするのではなく……そして最も便利な形を探してそれを飾るのではなく、偽装するという誤った考え」がある。たとえば壁紙は、「広い表面に一つの図案を繰り返すというばからしさ」があるし、カーペットは「歩くためのひっくり返した交差ヴォールト天井もしくは高い浮彫りの葉模様」というばからしさがあるし、家具は、「シンプルで便利であるべき……普通の製品がみな……非常にぎこちないものにつくられていて」[62]、たとえば「現代のゴシック風の部屋に長時間とどまり、家具の細部のどこかに誇りを傷つけられずに出られる」[63]人は、誰しも幸運だと考え得るのである。鋳鉄に関しては、ピュージンはとりわけはっきりしている。「力学的な目的の点から見れば、鋳鉄は非常に強いので、厚さがそれほど必要ではなく、したがって「首尾一貫させるためには、鋳鉄のトレーサリーの方立は、痛々しいほど薄く見えるまでに細くされねばならない」[64]。その理由は、それは非常に価値ある発明に違いないが、しかし装飾の目的には稀にしか使い得ない」。ここでもまた、ゴシックが他の理由よりもまず先に考えられている。それにまた、――その製造上の性質からして――鋳鉄は「ポインティドの意匠が示す多様性や霊感を壊す継続的な繰り返しの源泉」である。そして、最後に一掃するようにいう。「鋳鉄は一種のぺてんである。それはほとんど……鉄としてではなく」、石や木や大理石に似せるためにつくられている。[65]

産業デザインへのゴシックの原理と形態の影響を述べた後、こんどは教育への影響、新しいカトリック教会への影響を検討しなければならない。教育について、ピュージンは『弁明』の中で言っている。

現在の建築教育の原則によってなにか良い結果を得ることができるだろうか。王立アカデミー自体からキリスト教徒建築家が現れるのをみることを我々は望みうるだろうか。そこでは学生の心に致命的な誤りがしみこんでいる……異教の講義、異教のデザイン、異教の鋳型と模型、異教のメダル、そしてこうしたことの熟練の報奨としての異教の旅行。(66)

ごく大雑把に言えば、もちろんピュージンは新しくできたロンドンのユニヴァーシティー・カレッジにも反対している。それは特定の宗派にこだわらないものであり、彼はそれを大陸の「学習工場」(67)にたとえている。しかし、彼が最も強く憎悪をたぎらせたのは、新しくつくられた職工学校 Mechanics' Institutes である。その有益な組織は、バークベック博士によって一八二三年に、最初にグラスゴーにつくられ、そのあとすぐにロンドンにつくられた。(68)それらは、『対比』の中の擬似広告に登場し、『真の原理』の中ではこう言われねばならなかった。「職工学校は、不信心で過激な主義で職工の心を毒する現代の装置にすぎない」(p.33)。

この文章を思いだすときにのみ、ピュージンとニューマンが一八四七年にローマであった際、ピュージンが言った言葉にニューマンが受けた衝撃の大きさが測り得る。一八四八年、ニューマンはライル・フィリップスに「彼は間もなくオラトリア会と同時に職工学校を建てるだろう」(69)とほのめかす手紙を書いているのである。

この手紙には、引用に必要だったこと以上のものがあるが、ピュージンの発言を十分理解するためには、まず少し準備が必要であろう。ニューマンについては、一つだけ注意が必要である。「時局小冊子」は、一八三三年にオクスフォードで出版され始めた。「時局小冊子　四十」は、一八四一年に出て、W・G・ウォードの『キリスト教会の理想』は一八四五年に出た。同じ年に、ニューマンはカトリック教会に入った。彼はオラトリア会に加わり、特にイギリスに祈祷堂をつくることを切望していた。一八五一年に聖職位階制が再びつくられ、最終的にニューマンは一八七九年に枢機卿になった。注意して欲しいのだが、オラトリア会は一五五八年に聖フィリッポ・ネリによって創設されているが、つまり中世以後の修道会だということである。

ピュージンは中世のカトリックとイギリスのカトリックのため、つまりゴシックの建物と特定の礼拝の要求のために戦った。彼のカトリック教会のイメージは、イギリス中世のカトリックの儀式と習慣と装置も含んだものであった。すなわち、楽器の伴奏なしの単調な詠唱、国教財務委員会教会の浅い聖歌隊席ではなくて長い聖歌隊席、内陣間仕切りとキリストの十字架像、イギリス中世の法衣、ベンチ形の座席ではないこと、厳格な方位遵守である。(70) しかしながら、ウォルシュ主教は「福音宣教省」の要請により、すべてのゴシックの法衣を一時中断した。そして一八三九年のダービーにおけるピュージンのセント・メアリー（写真38）の献堂式の際、ある危機がこれに続いた。シュルーズベリー卿は金の布地の一式の法衣を贈呈していた。ウォルシュ主教はそれを着る用意があったのだが、シュルーズベリー卿とアンブローズ・ライル・フィリップスと共に出席したピュージンは、グレゴリオ聖歌とサープリスの聖歌隊ではなくて「女性のソプラノとバイオリン弾き」がいたことに非常にショックを受けて、その法服を着ないよう言い張った。それで主教は「フランス型の薄汚いセット」で儀式を行い、ピュージンとシュルーズベリーとフィリップスは、礼拝が始まる前に抗議して立ち去った。(71)

つまり、ニューマンとピュージンのローマでの出会いは、カトリックに対する情熱を豪華なイタリアの教会や礼拝で視覚化する人と、カトリックがイギリスの中世を指し、他のなにものをも意味しない人との出会いであった。最も啓発的な手紙が、先述の引用のもととなった手紙である。

……ピュージン氏は天才だ。私は彼の才能にたいへん敬服しているし、彼がゴシック建築の復興で我々にもたらしてくれたことに対してカトリックが彼に多くを負っていることも喜んで認める。彼の熱意、彼の細心の努力、彼の方策、彼の創造性、彼の想像力、彼の聡明な判断力、これらはすべて第一級のものだ。彼の価値を判断する学術的な資格はなくても、すべての真実と美の創造者が喜んで彼に授けた才能に対して、誰も私以上に深い敬意を感じることはできない。しかし、彼は天才のもつ価値と同じく、天才の大きな欠陥も持っている。彼は寛容ではない。より強い言葉を使ってよければ、彼は偏狭な人だ。彼は、彼自身がその主要メンバーとなっているものを除いて、どんなキリスト教美術の流派にもなにも良いところを見ない。ゴシック建築の規範は、彼にとっては信仰がポイントで、規範をあえて問おうとする人はすべて異端者である。

いまはこうした極端な考えになにがしかの擁護論があるかもしれない。ゴシック建築は教会の顔全体よりも優っているので、一つの儀式も導入されなかったし、一つの教義も公布されなかった。それはゴシックの形の中から生じてきて、ゴシックの表徴の下に続いてきたというのである。しかし、周知のことだが、実際はそうではない。にも拘らず、ピュージン氏は彼の側の半分にしかすぎないキリスト教界に立って、他の半分であるギリシアと東洋の組織や規約についてはなにも言わず、ただ異教と非難するのみ。しかし、この半分の異教はそれ以上のものであり、異教という呼称は免れないにしても、その中にサン・ピエトロの管轄権を含んでいることもあり得る……

これですべてではなく、彼の考えを支持するなにがしかのさらなる発言があるかもしれない。ゴシック建築はその導入の時期から今日まで中断されない伝統をもってきたのだから。しかし、これすら正しくはない。周知のように、ピュージン氏は復興に専念しているのだ。彼は何世紀もの間、腐敗して隠されてきたものを墓から掘り出している。そして一つ、一つ、それらを明るみに出し、真の美術の愛好家のように当初の考えを変える。ところが、彼は正しいものと間違ったものについて、確信的かつ独断的に語る。まるで連続する伝統の最も純粋で最も静穏な泉から真実を手に入れたかのように。さらにもっとある……建築のどんなスタイルも、十九世紀の生きた儀式に厳密に合致するためには、十九世紀の生きた建築でなければならない――それは死んだものであってはならない――そうでないと、儀式は変わっていくのに、建築はそれとペースが合わせられなくなってしまう。この欠陥は、現実にゴシックの場合に見られる。ゴシックはいまや古い衣装のようなものである。それは二十年前にはよく合っていたが、いまは合わせるためには変えなければならない。ゴシックは、それが使われていたところでは、かつては教会の儀式の完全な表現であった。しかし、いまは完全な表現ではない。完全な表現になるためには細部において変わらなければならない。つまり、それはピュージン氏が許さないであろう自由をもって扱われなければならない。私はそれを身につけたいと思うが、それを変えたいとも思う。いやむしろ、彼がそれを変えることを望む。それは我々がゴシック様式にことさらな称賛の念を感じないからではなくて、中世のイギリスにふさわしかった細部が、いまは信仰のポイントとなっているのを許さないだろうからである。十六世紀に誕生したオラトリオ会にとって、単純かつ無条件に十三世紀の建築を想定することは、オラトリオ会修道士にドミニコ会修道士の頭巾をかぶせ、カルトジオ会修道士の剃髪をさせるのと同じように馬鹿げたことだろう。我々は回廊や参事会会議室を望んでいるのではなく、祈祷室を望んでいるのだ……

我々の式部官司祭は、ゴシックの細部の厳格な遵守は典礼法規と一致しないと私に語っている。彼がピュージン氏と絶交するのでなければ、彼は典礼法規を破らなければならない。彼はどっちを捨てることになるか、ピュージン氏か典礼法規か？[72]

ニューマンはこれで終わりとしよう。ピュージンは、結局は、自分が敗れ、カトリックの建築がローマカトリックの建築になっていくのを見た。彼のゴシック熱は静められず、それで人生の終わりに、彼は「イギリスの分離教会のための弁明」を書き始める。これは未完成の草稿で、フェレーはその草稿から引用している。[73] ピュージンは書いている。中世の終わりに、レオ十世が新異端的傾向を主導し、イギリスのカトリックの高位聖職者には大いに破壊の責任がある。その後でこう言う。「全体として、いわゆるカトリック諸国の連合からの我々の国としての分離は、大きな恩恵であった。我々は神の慈悲によって、我々の自由と、古い法的なきまりと、根源的なキリスト教の教義を維持してきたのである」。

これは実に人間的には悲しいことだが、また少し滑稽なところもある。カトリックであるピュージンは、根本的なキリスト教の教義を捨てたいわゆるカトリック諸国のことを語る。そして、激しいイギリス国教会の協会であるケンブリッジ・キャムデン協会——まもなく話題をこれに転じねばならない[74]——は、自身をカトリックと呼び、ピュージンについて「汝、我らのものであれかし Utinam noster esses」と叫び、彼の死後、彼を「彼の時代の最もすぐれた独創的な建築的天才」(75)としている。そしてピュージンは彼らのことを、「大義のために大いに役立っている」(76)としている。

しかし、ケンブリッジ・キャムデン協会へと移る前に、一つの追記が必要であろう。ピュージンに対する軒並みの反感にもかかわらず、彼は評価を失っていない。トーマス・モズリーは、当時ニューマンが編集していた「ブリティッシュ・クリティック」誌の一八三九年四月の号で『対比』の書評をし、ピュージンは「この時代の最初のゴシック建築家」と書いており、(77)一八四三年の「ビルダー」紙（第一巻、六九号）は「認めるにせよ、認めないにせよ、ピュージンはゴシックの教皇である」と書いている。彼はまた、アルバート・メモリアルの偉大な建築家群の中に登場する。(訳27)大陸諸国での評価も早くから始まっている。その鍵となる資料が、一八四五年にトリールで出版されたアウグスト・ライヒェンスペルガーの『キリスト教的、ゲルマン的建築』である。

ライヒェンスペルガーは興味深い人である。(78)彼は一八〇八年に生まれ、一八九五年に死んだ。彼はラインラント地方に住み、ゲレスの影響下に見解と政治的情熱を育て、一八四七年に「ケルン大聖堂新聞」を創刊し、一八四八年の国会、一八五〇～六三年のプロイセン国会、一八六七年～八四年の帝国議会のそれぞれ議員で、中央党、つまりカトリックの党に属していた。彼はピュージンに関する小さな本を書いているが、(79)かりにそれがなくとも、彼がピュージンに依存していることは明らかである。「キリスト教的、ゲルマン的」建築とは、言うまでもなくゴシックである。彼は書いている。我々は「古典主義以後 Afterklassizusmus」(80)をすべて捨て去って、ゴシックという我々の「伝統的で光輝ある真正の国民的芸術」に戻らなければならない、(81)と。そしてゴシックを称賛する際に、ピュージンの議論がすぐに現れる。「基本的な構造に条件づけられず明確な目的を果たさない部材」はない。「こうした合理性なしには、いかなる美も考えられない」。(82)そして次に、ゴシックの合理性がピュージンの言葉で示される。バットレス、フライイング・バットレス、ピナクル、薄いセルのリブ・ヴォールト、これらすべてのものは、一つの目的に奉仕している。(83)因みに、この態度はライヒェンスペルガーをして、ゴシックの建物を「聖なる森」にたとえて賞賛することを妨げなかった。(84)また、ピュージンの現在の建物に対する「告発 J'accuse」も別ではない。ギリシア風は「パルテノンとプロピュライアの戯画」(85)であり、ウフィツィの十六世紀は「よそよそしくて退屈」である。住宅は内から外へと設計されるのではなく、左右対称のファサードから始められて設計されている。ガラスと鉄でできた一階の店舗は、「静的で美的な感覚にまったく反している」。その誤りは、「学術試験[86]」へと導く制度による徒弟制度の放棄にあり、機械の使用による職人的技巧の放棄にある。「機械の活発な活動の中で、アートが召使のメードとして立っている」。しかし、「実用性だけが唯一の我々の本性の必要ではない」。[87]我々は有用性の真実以上のより深い真実を必要としている。材料への不誠実さに対する弁解はありえない。木材がブロンズを模して塗られ、鉄が石を模し、石がその両方を模し、いたるところに「見せかけの豪華さと無秩序とバビロンの混乱[88]」があると書いたことにおいてライヒェンスペルガーはラスキンに先駆けている。機械と建築に関しては、ライヒェンスペルガーは非常に先見の明があった。住宅の部材は大量に鋳造され、組立てることができる。[89]

この本の後半は、多くの注目すべき事項を取り上げている。それらは、古物研究家の団体が、歴史と同じく維持保存にも関係すべきであること、調査だけでは十分ではなく、目録化が重要であること、[91]今日なされている修復の仕事は破壊であること、「最良の修復は、最小限にしか気づかない修復である」[92]こと、施工は最低価格受け入れのルールでは委託されるべきではないこと、[93]キリスト教美術の美術館が創設されるべきであること、[94]である。

ライヒェンスペルガーが『キリスト教的、ゲルマン的建築』を出版して一年後、彼はイギリスから書き送っている。ピュージンの建物は「カトリック様式が最も花開いていた時の創造物とどう比べられても心配する必要がない」。[95]この質の問題については、カトリックのドイツ人と、教会学のイギリス国教会高位聖職者たちは一致している。

註

1　ピュージンの生涯については、B. Ferrey, *Recollections of A. N. Welby Pugin*（London, 1861）と M. Trappes-Lomax, *Pugin ; a mediaeval Victorian*（London, 1932）を参照。また、D. Gwynn, *Lord Shrewsbury, Pugin and the Gothic Revival*（London, 1946）と、もっと短いものでは *Victorian Architecture*, ed. P. Ferriday（London, 1963）の A. Gordon Clark の書いた章を参照。Stanton 夫

人の一九五〇年のロンドン大学 Ph. D. 論文は、いまも加筆、修正中である。その論文は将来、おそらくピュージンに関する主要著作となるであろう。とはいえ、Stanton 夫人はより小さな本をすでに出版している。*Pugin*（London, 1971）がそれであるが、わたしはその本の校正刷りをこの本を書き終えたずっと後でようやく見た。いまのところ出版されていないものでは、S. M. Coote, 'The Convent and Collegiate Architecture of A. Welby Pugin', B.A. Thesis, Reading University 1970 がある。これもわたしはこの本の完成後に読んだ。

2　Ferrey, *Recollections*, 103.

3　Ibid., 95.

4　Ferrey, *Recollections*, 262.

5　*The Ecclesiologist*, XIII, 1852, 354-7 に転載された *Morning Chronicle* の死亡記事が最も有益である。

6　*Some Remarks on the Articles ... in the Rambler*, London, 1850.　ここでの引用は *The Ecclesiologiste*, X, 1850, 397 による。

7　これについては、後掲一六五頁参照。

8　彼は続けて書いている。時には「立腹した国教財務委員会委員」、時には「偏見をもった聖職者」、時には「進歩的な慈善家」から。

9　*Contrasts*, iii-iv.〔ピュージン『対比』佐藤彰訳、中央公論美術出版刊行予定〕

10　Ibid., 2.

11　Ibid., iii.

12　Ibid., 3.

13　Ibid., 1.

14　Ibid., 15.

15　Ibid., 31.

16　Ibid., 21.

17 Ibid., 31.

18 Ibid., 33.

19 Ibid., 30.

20 *Concerning Architecture*, ed. Sir John Summerson (London, 1968), 120 ff.

21 奇妙なタイトルは、ライン川流域 Koblenz の城郭の名前、Ehrenbreitstein の翻訳である。

22 もっとも、彼は Lamartine (p. 135) と、一八三一年に出たばかりの Victor Hugo の *Notre Dame* (p.80) を引用してはいる。後掲二八七頁参照。

23 すなわち、the two-centred arch のことである。

24 *The Finest Existing Specimens of the Half-Timbered Houses of England*, xxii.

25 機能主義理論については、E. D. De Zurko, *Origins of Functional Theory* (New York, 1957) と、より役立つ A. Bøe : *From Gothic Revival to Functional Form* (Oslo, 1957) を参照。後者にはピュージンとラスキンとモリスの章がある。P. S. Manzoni, *Il Razionalismo ; l'architettura dell' Illuminismo alla Reazione neo-espressionista* (Milan, 1966) には新しいものが何もない。十九世紀の早い時期の建築家による機能主義的発言はあちこちで見つかる。最も確信的なのはおそらく Charles Fowler の場合であろう。「建築の本来のよさとは、場合に適合していることから生じるものである。これは新奇さを気取ることなく独創性に導く」。Loudon は *Architectural Magazine*, IV, 1838 で Fowler を「理性派 School of Reason に属する数少ない近代的な建築家の一人」とし、「安全であれば十分で、十分以上のものは不要。贅沢は浪費である」という彼の原則を引用している。*The Architectural Review*, CXXXV, 1964, 174 ff. と *Archit. History*, X, 1968, 61 の J. Taylor の論文を参照。Taylor 氏はまた、Custom House の当初の建築家で、その建物に関する一八一八年の出版物の中に「意図された目的に適合することが、あらゆる美の概念を支配する」と書いた David Laing を引用している。これは、アメリカの景観建築家である A. J. Downing やアメリカの彫刻家であるホレーショ・グリーノーのものを思いださせるかもしれない。Downing は一八四二年に適合性を「有用性の美」と書いたし、四十年代もしくは一八五〇年ころのホレーショ・グリーノーは非常に興味深いので、後の章である程度詳しく言及されるであろう。

26 *An Apology*, 5.

27 *True Principles*, 9.

28 Ibid., 44.

29 一八五八年頃という遅くになっても、後にBodley & Garnerを営むことになる若きThomas Garnerが若いThomas Graham Jacksonに辻馬車で、「それは実に真実らしくて、実に、実に、実に中世的である」と話しているの見るのは面白い（*Recollections of Sir Thomas Graham Jackson*, ed. B. H. Jackson, O. U. P., 1950）。

30 *True Principles*, 1.

31 Ibid., 3.

32 Ibid., 3, 1.

33 Ibid., 3, 5.

34 Ibid., 10.

35 Ibid., 6, 8.

36 Ibid., 42-3.

37 Ibid., 37.

38 *Present State*, 102.

39 *True Principles*, 63. しかし、ほんの一頁前には、ピュージンは「不規則性を得るために不便な」建物をつくること、ピクチュアレスクのためだけに不規則性を目指すことを戒めている。その結果は、「人工の滝かでっちあげた岩」のようにこっけいなものになるに違いない。

40 「いかなる様式であれ、ポインテッドやキリスト教様式ほど安価に建てることは実質的には不可能である」（*Present State*, 103）。

41 *True Principles*, 9.

42 *Present State*, 83. これは、ヴィンケルマンが一七五四年に *Gedanken über die Nachahmung der griechischen Werke* で言ったこととほとんど同じである〔ヴィンケルマン『ギリシア美術模倣論』沢柳大五郎訳、座右宝刊行会、一九七六年〕。その名高く、よく知られた一節。「現代人が偉大でおそらく最高のものになる方法は一つしかない。私は古代人を真似ることを言わんとしている」(*Reflexions on the Imitation of the Paiting and Sculpture of the Greeks*, London, 1765 の Fuseli の翻訳からの引用)――まさしく不条理な理屈。

43 *Present State*, 113.

44 *Krit. Ausg.*, IV, 1959, 192.

45 Burges は、フランスのフランボワヤンからミドル・ポインティドへのピュージンの転向は Dr. Rock の影響を受けているとしている(*Art applied to Industry*, 1865. 後掲三三七頁参照)。

46 Stanton 夫人は、*The Gothic Revival and American Church Architecture* (Baltimore, 1968), 245 で、Robert Cary Long (*The Literary World*, 10 Feb. 1849) のたちの悪いだじゃれを載せている。「Go-thick と交代する Go-thin」がそれで、この言葉は国教財務員会教会とピュージンの教会の対照に呼応している。

47 一八四〇〜二年の修復で S. Smirke と J. Savage による (Present State, 5)。この修復に関しては *Architectural History*, VIII, 1965, 39 ff. の J. M. Crook の論文を参照。

48 Cottingham による (Ferrey's *Recollections*, 9)。

49 *An Apology*, 32.

50 Ibid., 3.

51 Ibid., 18.

52 *Present State*, 20.

53 *True Principles*, 56.

54 *An Apology*, 38-9.

55 Ibid., 10-11.

56 Stanton 夫人が教えてくれた。手紙は John Hardman 宛である。

57 これとカーライルの「このでかいガラスのシャボン玉」という言は似ている。*The Letters of Thomas Carlyle to his Brother Alexander* ed. E. W. Marrs Jr.（Harvard University Press, 1968）, 684. その他の人々の罵倒の言は、二二二頁、三三五頁、三五六頁を、誉め言葉は一八六頁、一九三頁、二三八頁、三〇一頁および注（79）、三三三頁、三三六頁を参照。

58 *Ferrey, Recollections*, 86. Birmingham については、Benjamin Haydon が、わずかに一年前（一八四〇年十一月二十五日）、「もしデザインの学校を必要としている町があるとすれば、それは Birmingham である」と書いていた。*B. Haydon's Diaries*, ed. W. B. Pope（Harvard University Press, 1963）,19 を参照。

59 *True Principles*, 24.

60 *True Principles*, 32, 23.

61 後掲二三三頁以降を参照。またわたしの *Sir Matthew Digby Wyatt*（Cambridge, 1949）と High Victorian Design（London, 1951）を参照。両方とも *Studies in Art, Architecture and Design*, vol. II (London, 1968)〔ニコラウス・ペヴスナー『美術・建築・デザインの研究Ⅰ、Ⅱ』鈴木博之・鈴木杜幾子訳、鹿島出版会、Ⅰ、一九七八年、Ⅱ、一九八〇年〕に増補収録されている。

62 *True Principles*, 23, 26, 40.

63 Ibid., 35.

64 もちろん鋳鉄のトレーサリーは、十九世紀の初めに、特に Shropshire、つまりコールブルックデール工場の近くで、非常に自由に使われていた。また、リックマンも五〇頁で触れた二つの初期の教会で使っている。このテーマに関しては、たとえば John Gloag, *A History of Cast Iron in Architecture*（London, 1948）とわたしの *Pioneers of Modern Design*〔ニコラウス・ペヴスナー『モダンデザインの展開――モリスからグロピウスまで』白石博三訳、みすず書房、一九五七年〕の中の短い要約を参照。豪華なネオ・バロックのパリのオペラ座の建築家シャルル・ガルニエが、まさにピュージンと同じように建築に鉄を使用することに反対する議論を展開していることは言及の価値があるだろう。鉄は「眼に十分な……量塊を与える」ことができない（*Le Musée des Sciences*, No. 41, 11 Feb. 1857. 引用は M. Steinhauser, *Der Architektur der Pariser Oper*, Munich 1969, 164 から）。格納庫や駅や市場の建物については、彼は鉄を受け入れていて、自分自身、もちろん隠されてはいるけれども、オペラ座のドームに使っている（ibid., 31）。

65 *True Principles*, 29-30. また *An Apology*, 40-1 を参照。そこで、ピュージンは「昔の建設者が、われわれと同じような鉄を手に入れ使う手段を持っていたら、彼らはそれを大いに使っていたであろう」と書いている。

66 p.18. C・R・コッカレルがそこの教授であったことが思いだされるであろう。

67 *True Principles*, 54. *True Principles* の出版の年に、異教的に振る舞うドナルドソンが最初の建築の教授に選ばれたことはすでに見た。

68 E. Delisle Burns, *A Short History of Birkbeck College*（London, 1924）. 構想は直ちに受け入れられ、職工学校は一八二四年には、Aberdeen、Alnwick、Dundee、Lancaster、Leeds、Newcastle で、一八二五年には、Ashton、Birmingham、Bolton、Davenport、Halifax、Lewes、Manchester、Plymouth で始められた。一八五〇年には七〇〇近くがあった。最近の要約報告と関係書目については、*Research in Librarianship*, II, Oct. 1968 の J. T. Lea を参照。

69 *The Letters and Diaries of John Henry Newman*, ed. C. S. Dessain, XII（1962）, 221.

70 *Present State*, 24 ff., 18.

71 Gwynn, po. Cit., 72.

72 *Letters*, XII, 220-3.

73 *Recollections*, 438.

74 J. M. Neale and B. Webb, *William Durandus, The Symbolism of Churches*,（Leeds, 1843）, XIX.

75 *The Ecclesiologist*, XIII, 1852, 352-3.

76 *Present State*, 56.

77　Stanton 夫人がそのようにわたしに教えてくれた。

78　Loo von Pastor : *August Reichensperger,* 2 vols（Freiburg i. B, 1899）.

79　*Augustus Welby Pugin, der Neubegrüünder der christlichen Kunst in England*（Freiburg i. B., 1877）.

80　Ibid., 7.

81　Ibid., 5, 9.

82　Ibid., 14-15.

83　Ibid., 15.

84　Ibid., 20.

85　しかし、パラディオとシンケルははっきりと除かれている。ibid., 24, 26.

86　Ibid., 23-34.

87　Ibid., 43, 40.

88　Ibid., 44.

89　彼のこの発言の根拠は、J. B. Say の *Traité de'Economie politique* にある。この本は一八〇三年に出版され、一八三〇年にドイツ語に翻訳され、一八二一年に英語に翻訳された。一八四一年には、フランス語版の第六版が出た。

90　J. B. Say の *Traité de'Economie politique,* 72.

91　Ibid., 73 と 102.　後者にはフランスの美術と記念物の委員会への言及がある。

92　Ibid., 104.

93　Ibid., 83.

94　Ibid., 104.

95　L. von Pastor : op. cit., I, 207.

第十四章　ケンブリッジ・キャムデン協会とエクレジオロジスト

ケンブリッジ・キャムデン協会の構想は三つからなる。イギリス国教会にたくさんのカトリックの儀式を再導入すること、そのために教会の建物は見苦しくなく維持され、適切に修復されていることを見ること、そして新しい教会が建てられるべき様式を見守ること、である。

この協会は一八三九年に、二人のケンブリッジの学部生によって設立された。同じ年に、オクスフォードでオクスフォード・ゴシック建築研究促進協会が設立されるが、これはまもなくオクスフォード建築・歴史協会となる。その協会は、最初からオクスフォード運動と密接に結びついていた。(1) その初期のメンバーには、神学部の欽定講座担当教授となるジェームズ・モズリー、(2) ニューマンの友人でマシュー・ブロクサム（『ゴシック建築の諸原理』を書いており、その本は一八二九年と一八五九年の間に十版を重ねた）の兄弟であるマグダレン・カレッジのジョン・ラウズ・ブロクサム、そしてわれわれがすでに知っているE・A・フリーマンがいた。フリーマンは最初の書記であるトーマス・クームの後を受けて書記になっている。クームは「クラレンドン・プレス」の経営者であり、ラファエロ前派の画家たちの友人であり、セント・バーナバスのアングロ・カトリック教会の寄贈者であった。J・H・パーカーもまたメンバーで、彼は著名な『ギリシア、ローマ、イタリア及びゴシックの建築で使われる用語解説』の著者であり、この本の初版は一八三六年で一九〇〇年までに十版を重ねている。

ケンブリッジ・キャムデン協会の創立者は、一八三六年にトリニティーに入学していたジョン・メーソン・ニール（一八一八～六六）と、二年遅れてトリニティーに入ったベンジャミン・ウェブ（一八一九～八五）である。(3) 設立の年に、メンバーは三十八人となり、一八四三年には七〇〇人になった。その中には、カンタベリーとアーマーの大主教、十六人の主教、七人の主席司祭と教区チャンセラー、二十一人の副主教と地方司祭、三十一年の貴族と国会議員がいた。最初の名誉会員にはリックマンとサルヴィンがおり、(4)最初の副会長にはヒューエルとウィリスが二人ともいたが、ウィリスは一八四一年に辞任し、何人かの人とともに抗議声明を出している。それは「教会建築の研究と実践を促進する機関から脱して、協会を論争的な神学の牽引機関と変えること」を「極めて不適切」だとするものであった。

しかし、これはまさに協会がやろうと望んでいたことであり、協会を影響力のある注目すべきものとし、最終的に大いに成功させたものであった。抗議声明は「エクレジオロジスト」誌の第一巻に掲載されたが、(5)この第一巻やそれに続く巻を調べると、ニールやウェブやその他の人達の多様だが、常に論争的な意図は疑いようがない。他の別の出版物も出されており、「エクレジオロジスト」誌以前にもそれは出ている。一八三九年の『教区委員への二、三の言葉』、(6)一八四一年の『教会建設者への二、三の言葉』――ピュージンは一八四三年に『現状』の中でこれを誉めている――、同じく一八四一年の『教会遺跡の実践的研究に関する二、三の心得』(7)がそうである。さらに注目に値する『教会分類表あるいは教会記述のための書式』(8)もあって、これは教会を訪れた人がすべての要素やモチーフを記録するために書き込むべき書式である。その初版は一八三九年で、五八項目のリストがあった。同じく一八三九年の第四版では二三六の項目になっている。一八四一年には、協会はケンブリッジのホーリー・セパルカー教会の修復にとりかかった。その建築家はサルヴィンである。

ここまでは、すべてが考古学のように見える。しかし、エクレジオロジーは少し異なったものを意味する。それは「礼拝の学」(9)つまり、一つの教会がイギリス国教会の典礼法規や儀式に合致するよういかに建てられ、改造され、再装備されるべきかの学である。それがなにかを定めようとする過程で、エクレジオロジストたちはゴシック建築への愛着、つまりピュージンやその先行者やヒューエルやウィリスと共有していた愛着にいくぶんかの齟齬を感じ始めた。なぜなら、典礼法規や儀式をうまく処理するためには、彼らはカトリックの昔ではなく、アンドルーズやバンクロフトやロードの時代に戻らなければならなかったからである。(10) にも関わらず、エクレジオロジストたちは自分たちをカトリックと呼んでいたし、この言葉を非常に好んでいて、使い得るところではどこでも使った。ニールは、ある場所で「偉大なカトリックのオークの森」(11) についてまで語っており、アングロ・カトリックという形でカトリックは生き延びてきていた。もっとも、すでに一八四四年の小冊子で、モンタランベールがそれを「正当化できない」、「聖なる名前の不法使用」で、「死罪」に匹敵する「故意の誤り」だとしてはいた。(12) カトリックの言葉にこだわることは、イギリス国教会の人たちにとって、この「時局小冊子」とニューマンの改宗の時期には危険なことであった。ニールが一八四三年に『ヒエロログス、あるいは教会訪問者たち』の中で、

おお、イギリスの古き良き時代よ！　否むしろその邪な日に、
人は聖なる信仰と古き儀式から離れていた。(13)

と拙いながらも韻文で書いたとき、それは苦難を求めることを意味し、ニールは自分のアングロ・カトリックの信仰で深刻に悩んでいたのである。一八四九年、彼はチチェスターの主教によって、イースト・グリンステッドのサックヴィル・カレッジ(訳28)の管理人に留め置かれ、十六年間もその地位のままだった。カトリックのピュージンがケンブリッジ・キャムデン協会の「カトリック風が強い考え」を称賛していたこと、そして協会が彼を称賛していたことは、協会の人たちの立ち位置を容易なものにしたわけではない。もっとも、スタントン夫人は、一八四六年の「エクレジオロジスト」誌におけるピュージンの仕事に対するより批判的な見解に注意を促してきている。(15) しかし、その頃までには協会は激しい攻撃にさらされていて、協会から「エクレジオロジスト」誌を（一時的に）分けることが賢明だと考えるようになり、現に一八四六年には協会の名前をエクレジオロジカル・ソサイアティーと変え、本部もロンドンに移している。(16) プロテスタントのアングロ・カトリック支持者に対する増大しつつある憎しみを考えれば、――一八五〇年になっても「エク

レジオロジスト」誌はこれを「儀式的な礼拝に対する清教徒的な憎悪」[17]と呼んでいる――これは確かに賢明な移動であった。

これもまた激しく反対されていたとはいえ、エクレジオロジーのより無害な面は、教会の建物の象徴性の研究と復原の試みであった。十三世紀末の本、ドゥランドゥスの『典礼解説書』が、この主題に関する中世の標準的な本であったので、ニールとウェブは一八四三年に、長い序文付きでこの本の第一冊目を翻訳した。この本を、ピュージンはすでに知っており、『真の原理』でこれに触れている。[18]それは、一つの身廊と二つの側廊、あるいは身廊と内陣と後陣、あるいはまた三連窓をもつ教会に三位一体の比喩を見る例とか、十字形と内陣の身廊への逸脱に贖罪の比喩を見る例をあげている。[19]象徴性は教会建築の法であり、「軽率に破られるべきではなく、甚だしい建築的間違いの危険を犯すことなく破られ得ないものである」と、すでに一八四二年に「エクレジオロジスト」誌は述べていた。[20]

そうしたものが、儀式的な領域から建築的な領域への移行の結果である。エクレジオロジストたちが再導入しようとやっきとなっていた「聖典礼性 sacramentality」[21]を成就させるための建築に対する要求は、サープリスを着た聖歌隊のための長い内陣、[22]二階席のないこと、オルガンのないこと、ベンチ型座席のないこと、[23]ただし「聖職者と会衆の間に存在すべき区別」の故に内陣仕切りは必要なこと、[24]石製が望ましい適切な祭壇、[25]単に「古い教会には必ずあり、したがってどの現代の設計にも導入されるべき」という理由による司祭の出入り口、[26]である。

この「したがって」は、目立って特徴的である。なぜなら、「エクレジオロジスト」誌は、ちょうどピュージンと同じように、教会のあらゆるものは「なんらかの認められた古い模範に従う」[27]べきであり、「細部は……厳密に正確でなければならない」[28]と信じていたからであり、また別のところで、「承認された完全さを進んで模倣することはなんら弱さの表われではない」[29]と言っているからである。これは、まさにピュージンである。「現実性 reality」とも呼ばれる建築における「真実性 truth」の熱狂的な強調もそうである。[30]現実性は、真実性と目的の厳粛さを意味する。一八三九年に出版されたロングフェローの『人生の讃美歌』の「人生は現実的 real であり、人生は厳粛である」という言葉がすぐに思い浮かぶ。「エクレジオロジスト」誌は、一八四六年にそれを「現実の real スイスのコテージは、それが現実で real あるというだけの理由で、すぐれてピクチュアレスクである」と説明し、真実および誠実と現実性の同一視をクリスタル・パレスにまで広げ、「賞賛を超えた構造の現実性」[31]と評している。同様に、フィラデルフィアのジャーヴァス・ホイーラーは、メインに設計した「木造コテージ別荘」についてこう書いている。「これは本質的に実質的 real である」。なぜなら、それは「構造の単純さと適合性」を持ち、「華美な板を一インチ」[32]も備えていないからである、と。そしてまた、後で触れるがエクレジオロジストたちが自分たちの盟友だと見なしていたストリートは、一八五五年の『北イタリアの煉瓦造建築と大理石建築』で、ゴシックの建築家は「現実性と真実性に対する強い愛情に接ぎ木された同じく強い自然への愛」(p.xii) を持っていると書いている。エクレジオロジストたちの間では、現実性はとりわけ材料の使用に適用された (「すべての用いられる材料を実質的 real なものにしよう」[33]) が、それは同時にさらにずっと幅の広い倫理的要求でもあった。そして、よき人とよき建築家の同一視 (「最もすばらしい建物は、最も高徳な主教によって設計される」[34]) において、再びピュージンが彼らのそばにいる。「エクレジオロジスト」誌が言っている[35]のであるが、理想的な建築家は「神の聖なる宗教のために最大限の努力をするという自らの義務について深く熟考し、心の敬虔な働きによって半ばの霊感を獲得」した人としてとらえられる。そしてその最後の成果、「すべての建物の美しい効果」は、建築家の「宗教的な義務感と生き方」に帰せられるのである。[36]しかし、一八四〇年代の建築家で、この理想に近づいた人がいかに少なかったか。つぎのような文章を読むと、『対比』が思いだされる。「職工学校」——これに再会——、「鉄道駅、社会主義者会館を経験したばかりで、彼は教会を企てるという図々しさと尊大さをもつ」[37]。あるいは「どんな聖職者でも、自分自身で会堂を建てることが許されるべきだと考えること」[38]とか、教会の設計は「店舗のファサードやクラブハウスや救貧院や党派集会所」をも設計する人々によって「製造 manufactured」されているとか、である。[39]要するに、教会建築家は教会だけを建てるべきであり、建築的職能は「事務的な精神」を離れて高められるべきだ[40]というものである。

そして、建物としての教会を軽視する当時の風潮に対するエクレジオロジストたちの暗黙の批判は、たしかに単なるジャーナリズムの闘争をはるかに超えたものであった。オクスフォード運動支持者やエクレジオロジストたちが尊厳を取り戻そうとしていたこの頃、教会における礼儀正しいマナーがどれだけ無視されていたかを想像するのは、今日のわれわれには難しい。ホワイト教授が自著の中でいくつかの事例に触れているし、J・スタンレー・レザーバロー聖堂参事会員のすぐれた本『ヴィクトリア時代の作品』(SPCK,1954) も同様である。ちなみに、この本はタイトルとは関係なくランカシャー州スイントンの一つの教会だけに関する詳細で誠実な歴史記述である。トングでは、そこの地主が、戒めが始まった時に、自分の席に昼食の盆を持ち込ませるのが常だったと、ニールが語っている。礼拝中に帽子を祭壇の上に置く習慣は、一つの教会だけのことではなかった。ノーサンプトンシャー州モールトンでは、洗礼盤は小さな臼であった。フォーディンガムでは、洗礼式の水は、司祭が自分の手に唾を吐いて間に合わされた。同じ教会では、教区司祭や教会の事務員や使用人以外は、誰も聖餐式を受けたことがなかったし、別の教会では、ある聖餐拝受者が聖餐杯を受けたとき、「ここにあなたの健康があります」と言った。もう一人の聖餐拝受者は、それはあまり適切ではないと感じたに違いない。それで彼は「ここに主イエス・キリストの健康がある」と言った。(41)

エクレジオロジストたちが情熱をもって書き、根本的な改革を主張したことは不思議ではない。一八四四年にギルバート・スコットがハンブルクのルター派の教会、聖ニコラスのコンペに勝った時、――イギリスのゴシック・リヴァイヴァル熱にとっては最初の国際的な勝利――「エクレジオロジスト」誌はこう書いている。「このような契約の一時的な獲得は、実際、その非現実性の哀れな代替物であることを我々は確信している。我々はそれを罪だと言わねばならない」。(42)そして、少なくとも一件、エクレジオロジストに共感してユニテリアン派のチャペルを建てることを拒んだ建築家の例がある。その建築家はアップジョンで、場所はボストン、年は一八四六年である。「この件を心配して祈るように考えた結果、彼はユニテリアン派の教会の設計図を誠実につくることができないという結論に達した」と彼は言っている。(43)

「エクレジオロジスト」誌は主義を論じることに加えて、新しい教会や教会の修復に連続的な批判を加えた。ゴシックだけが薦められ、賞賛を受け得たことは言うまでもない。にも関わらず、ピュージンの場合と同様に、そうすべきではなかった。エクレジオロジストたちは、ピュージンと同様に（そして後にとりあげるラスキンと同様に）、自分たちの趣味や何か他のものへの悪罵以上の議論をもっていなかった。ゴシック様式は「他のすべての様式を排除するような唯一のキリスト教様式である」[44]と述べることは議論ではない。かりに、「キリスト教の象徴性が、ポインティドの建築に最も良き模範を見た」[45]ということが真実だとしてもである。「キリスト教建築がこれまで獲得した最も偉大な栄光は、デコレイティド・スタイルの早い時期」すなわち「一二六〇年と一三六〇年の間の時期」に「達成され」たということ、したがってデコレイティド・スタイルに「ごく特殊な事情を除けば……我々は戻るべきだ」[46]と言うことも単なる主張にすぎない。

他のあらゆる様式に対する山積みの罵倒も同様に恣意的である。イタリアのロマネスクは「半異教」[47]、ネオ・イタリア・ロマネスクは「二流の建築家」[48]にしか使われない「雑種の建築」[49]である。アーリー・イングリッシュは「単なるロマネスクの改良版」[50]。パーペンディキュラーは、精神性の欠如、国家によるエラストゥス流干渉、「世俗的な華美」[51]の故に非難され、ジョージアンは、言うまでもなく「拙劣の極致」[52]とされる。

こうした発言が十分な根拠のないものであることを、反アングロ・カトリックの建築批評家たちはすぐに指摘した。ローマカトリック教の『キリスト教備忘録』[53]は、一八四二年に、ちょうどニューマンがピュージンについて書かねばならなかったのと同じように、「建築の様式が、キリスト教の十二の長い時代を経るまでは導入されていなかったキリスト教的、カトリック的様式以外ではあるべきではないと、ピュージン氏が主張しキャムデン協会がそれを増幅させているように、断言することはまったく馬鹿げている」と書いている。しかし、攻撃側の中心は、ジョン・ウィールの『季刊建築雑誌』に集まっているグループであった。

ジョン・ウィール（一七九一〜一八六二）は出版業者であり、熱烈で攻撃的なプロテスタントであった。と言いながら、ピュージンの『真の原理』を出版したのは彼である。『季刊建築雑誌』は一八四三年から一八四五年まで四巻を出した。

それらは、オクスフォード運動支持者やキャムデン協会員に対する憎悪で破裂せんばかりである。「ローマ教皇の力を復活させるため」の「いかがわしい盲信の不能症的初期症状」というのが、それらの雄叫びである。[54] それらの敵愾心は、言葉で表現されただけではなく、図像でも表現された。たとえば、一八四〇年に出版されていたジョージ・ワイトウィック（一八〇二～一八七二）の奇矯な本『建築の宮殿』のためにワイトウィックが設計したプロテスタントの大聖堂である。ワイトウィックはかつてラピッジの生徒であり、ソーンの補佐役を務め、その後プリムスで建築家として仕事をしていた。[55]『建築の宮殿』（ちなみにこの本はウィールが出版したのではない）は、あらゆる様式の大小様々な建物で一杯のある架空の王宮の地を巡る「教育的巡礼」を書いたかなりの労作である。王宮には、インド風、中国風、エジプト風、ギリシア風、ローマ風、コンスタンティヌス大帝風、ノルマン風、イスラム教風、ゴシック、イタリアのポインティッド、パラディオ風等々を経てソーン風に至る建物が見られる。王宮自体は、十本のコラムをもつ巨大なポルティコと一つのドームを備えた重厚な古典主義であり、プロテスタントの大聖堂は、「セント・ポールの比類なき美と威厳」[56] から霊感を受けたドームを備えた古典主義との混成物である。ただし、壁はオーダー柱のピラスターを備えるといった不誠実さはない。サン・ピエトロは「あらゆる邪悪に満ち満ちている」故に、サン・ピエトロからはなにも取られていない。そして内部は、トンネル・ヴォールトの妙に弱体なルイ十六世スタイルである。はっきりとプロテスタントの特徴を示しており最もオリジナルといえるのが、平面図である。すなわち、それは中心が正方形で、端部が平面の短い内陣、短い前室 pronaos、二つの長いトランセプト、それにポルティコと前室からはほとんど分離された二つの西の塔、を備えている。しかし、王宮の敷地の究極の建物は、「我々の自国の住居」[57]、つまり「アングロ・イタリアン・ヴィラ」で、そのすべての特徴は機能的に説明されている。たとえば、雨よけの軒を設け、雪のためにパラペットを取り去り、気密性が高いサッシ窓を使う、等々である。ワイトウィックは、その他敷地の条件などを考えれば、テューダー様式はイタリア風よりも好ましいだろうと付け加えている。

『季刊建築雑誌』の第三巻の「イギリスの現代ゴシック建築」という論文の一部で、ワイトウィックは二つ目のプロテスタント大聖堂を提示しているが、それはかなり凝ったパーペンディキュラー様式である（図7）。平面図は最初のものに似ているが、より過激ではなく、その説明文は、そうした平面図のほうがブリストルのセント・メアリー・レッドクリフの平面図よりも、プロテスタント教会の機能としてずっと使いやすいと、詳細に立証している。そしてワイトウィックはブリストルの「不適切さ」を暴いている。プロテスタンティズムが必要としているのは、教会が一つの講堂Auditoriumであり、同時に一つの集会場Spectatoryとなることである。しかし、セント・ポールに関しては、彼は心を変えなかった。そしてキャムデン協会員が「セント・ポールの宗教心がなく、それ故に無恥な異教主義」について書いても、彼は「キャムデン協会の教会の宗教心がなく、それ故に無恥なカトリックPopery」と反撃している。この部分には、彼はまたモンタランベールの手紙からの長い一節を嬉々として写している（前掲一八四頁参照）。

協会が難局にあったのでより攻撃的でなくなっているが、『季刊建築雑誌』の第四巻における二つ目の論文の終わりに、側廊がなく、やはり長いトランセプトをもつ「アングロ・ノルマン様式のプロテスタント教会」の図版と論考が掲載されている。しかし、真の「イギリスの古い宗教建築と住宅建築に対する感覚」[58]を除けば、アングロ・ノルマンもイングリッシュ・パーペンディキュラーも模倣されていない。なぜなら、「適合性は建築の価値の重要かつ必須の原理である」[59]からで、それは教会にとってはプロテスタントの礼拝、すなわち聴衆に対する適合性を意味し、世俗建築にとっては「ギリシアとイタリアのディテールの応用」[60]を意味するからである。それで誰もがセント・ポールを褒め、「プロテスタントのイギリスはそれを誇りにする権利と理由を持って」[61]おり、旅行者クラブとリフォーム・クラブ――リーズの旅行者クラブの本はウィールによって出版されていた――を「近代イタリアのパラッツォ風建築」[62]として褒め、そしてコッカレルのサン・ファイア・オフィスとドナルドソンの王立商品取引所の設計案を褒めるのである。[63]

ほとんどいつもイタリア風を求めるのはプロテスタントであり――結局、十九世紀半ばの非国教徒教会の標準的なスタイルは、大きなポルティコを備えた最新の古典主義ではないにしても、イタリア風である――、いつもゴシックを求めるのはアングロ・カトリックとローマ・カトリックだということは、指摘しておく価値がある。

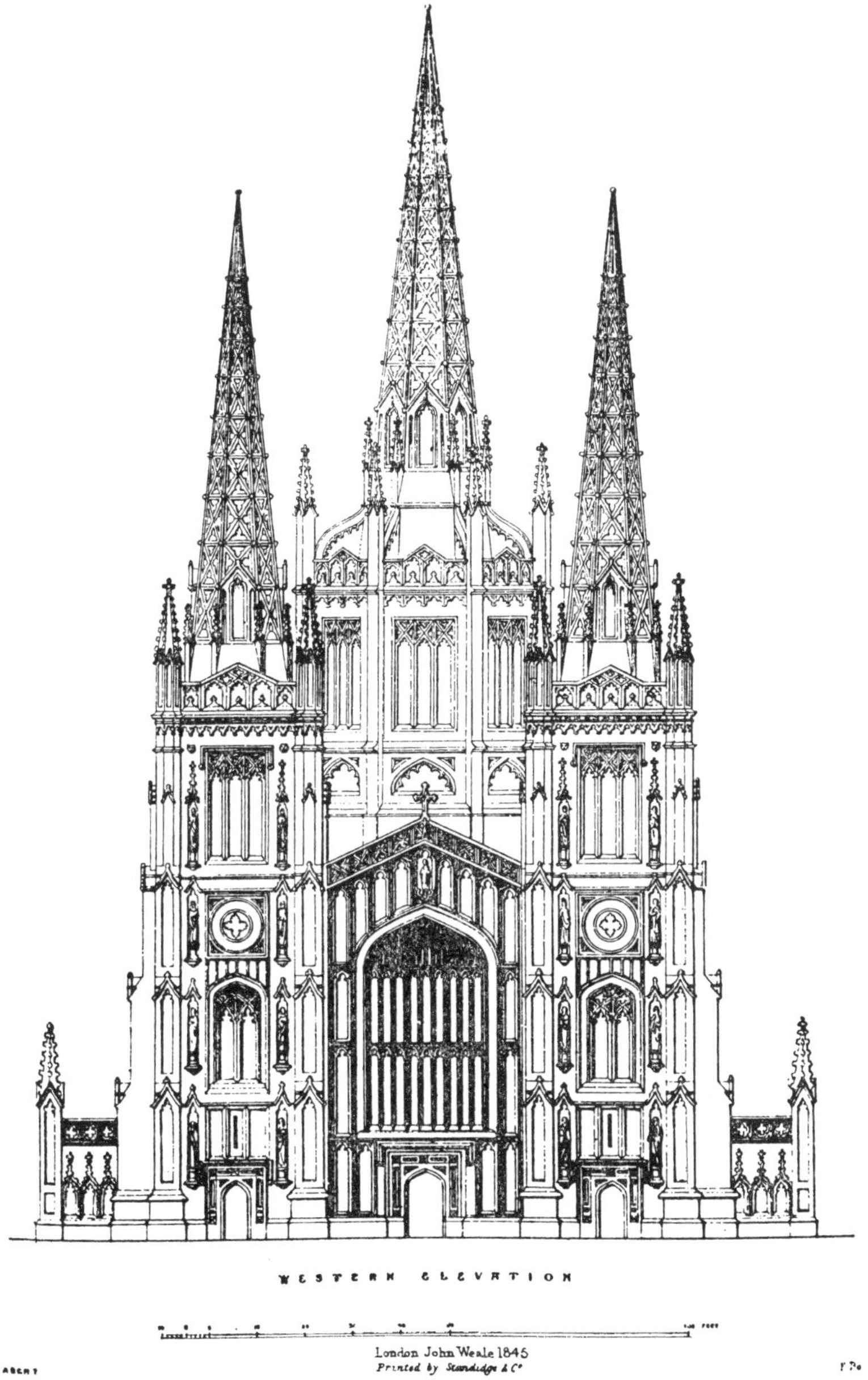

図7．ジョージ・ワイトウィック、あるプロテスタント大聖堂のためのデザイン、『現代のイギリス建築』1845年より

したがって、ウィールの陣営とニールとウェブの陣営の間には、なんの斟酌も加えられれず、実際、キャムデン協会員も自分たちの扱いの無礼さに対して苦情を言えなかった。彼らも無礼を働いてきたし、現に他の多くの人々に無礼を働いていた。ピーターボロー大聖堂は「人間の心にかつて浮かんだ中で……最も崇高」(64)で、その他のものは「もしそれと同じくらい良いミドル・ポインティドの大聖堂に置き換えることができるのであれば、取り壊」(65)されるべきである。そして新しい教会の話になると、リックマン（その時は亡くなっていた）は「極度の宗教的無知」(66)の故に非難され、ブロアによるホクストンの教会は「真に軽蔑に値する」(67)とされ、ワイルドによるストレタムのクライスト・チャーチ（四十年代のイタリア・ロマネスクの卓越した例として取り上げたことがある）は「間違った宗教の精神」を表現していて、「これ以上つまらないデザインは滅多に見たことがない」(68)とされ、ジョージ・スミスによるステプニーのセント・トーマス・アーバー・スクエアは「きわめて惨めな見本」(69)であり、イズリントンのセント・ピーターのルーミューとゴフによる塔は「アーリー・イングリッシュのごてごてした飾りが錯綜する塊」(70)であり、ジョン・レイ・モウルドによるコンスタンティノプルのクリミア記念教会のデザインは細部が「言語に絶する混乱であり、怪物の如き配置」(71)であり、ドーケスによるケント州ブロンプトンのホーリー・トリニティーは「特別に嫌悪感を覚える」(72)建物である、といった具合である。特に激しい反感を受けた建築家は、もちろん古典主義系の建築家で、まさに彼らを『季刊建築雑誌』は褒め、支持していたのである。コッカレルのケンブリッジの見事な新図書館は、「この大学の美観を損ねているあの怪物的、店舗風図書館」(73)であり、ドナルドソンとタイトは「異教の建物の実践者」(74)である。「エクレジオロジスト」誌の第三巻にある「異教徒教授」(75)欄には、もちろん王立アカデミー教授コッカレルと、ユニヴァーシティー・カレッジ教授ドナルドソンがあげられている。

「エクレオロジスト」誌がクリスタル・パレスのようなまったく新奇な建物に対してよりも、古典主義派とイタリア派に対してはるかに苛酷だということを記すことは面白い。「エクレオロジスト」(76)誌は、この建物が、それが設計された目的に適用されている方法は褒めており、「前例のない内部効果に茫然自失」と明言しているが、にも関わらず、それは「最高の価値と卓越性をもつエンジニアリングであって、建築ではない」としている。「同じ構成要素の無限の繁殖は……純粋芸術的な価値の要求を壊している」。したがって、「我々はこれらの新しい材料の建築に期待する必要はない」。そして同じ巻には、さらに容赦のない評価がライヒェンスペルガーの論考から再録されている。すなわち、彼はクリスタル・パレスを「偉大なところがなにもなく、独創的なところがなにもなく、芸術的なところがなにもない……巨大なスケールの温室」(77)だとしている。これはあまりにも悪い――ラスキンが悪いのと同じくらい悪い――が、ニールとウェブが、新しい形であっても「現実」を速やかに認める人であることを示している。ネオ・ゴシックのタイプの違いということになると、彼らは途端に領野を狭め、強力な不寛容がまかり通る。「エクレオロジスト」誌の第三巻では、ついに目次に「非難される建築家」と「認められる建築家」の項目が登場する。前者には、バリー、ブロア、コッティンガムがおり、後者にはバターフィールド、カーペンター、デリック（リーズにあるピュージのセント・セイヴィアーの建築家）、フェレー、シャープがいる。

認められるものと、それが認められる形式と理由も見ておく価値はある。リトルモアにある一八三五年のニューマンの教会（一八四八年の内陣も塔もまだなかった）は、――また一つの危険な声明――「現代の教会で最も教会らしい」(78)ものので、「徹底的にカトリック」(79)で、現に単純性と「現実性」において、ピュージンとエクレジオロジストの理想に先駆けており(80)、サルヴィンのケンブリッジのセント・ピーターは「美しく、真に教会的」(81)であり、ニューキャッスル・アンダー・ライムにあるスコットのハーツヒルの教会は「荘厳」(82)であり、同じくスコットのキャンバーウェルのセント・ジャイルズ（写真39）は、内陣が短すぎるけれどもやはり荘厳であり(83)、スコットの他の教会も条件付きではあるが賞賛を受け(84)、フェレーによるローハンプトンは「ロンドン近郊で最も称賛に値する建物の一つ」(85)であり、トレヴァービンにあるストリートの初期の教会は、「完全に正しい配置」(86)で、その「慎み深さ」と「非常に実質的な効果」(87)が賞賛されている、等々である。中でもエクレジオロジストのお気に入りはカーペンターで、彼の一八四九年の作品、マンスター・スクウェアのセント・メアリー・マグダレーヌは、真に別格であり、バターフィールドも、純粋さや模倣的なスタイルという点では全然違っていたが高い評価を受けている。それはおそらくいくぶんかは、彼がアングロ・カトリックであることや、彼がキャムデン協会に協力して教会備品の見本帳『インスツルメンタ・エクレシアスティカ』（一八四七〜八年）を企画したことによるだろう。理由がなんであれ、キャムデン協会員の一貫したバターフィールド支持は、多くが彼らの信頼によるものである。カーペンターの賞賛者にとって、フリーマンが一八五〇年に「馬鹿げていて醜い」[88]としたスタイルの評価は、容易に生まれたわけではなかった。「エクレジオロジスト」誌自体ですら[89]、マーガレット・ストリートのオール・セインツ（写真41）[訳29]に関する記事で、ミレイの絵（すなわち、おそらく『大工の仕事場』）と「同様な美の不安の萌芽」と「同様な意図的醜の好み」に気づいている。スコットも、一八五八年の『世俗的・住宅的建築所見』の中で「我々の幾人かの若い建築家が生み出そうと苦労している芸術的な醜」[90]と書いた際、たぶん同じスタイルのことを言っていたのであろう。一方、「エクレジオロジスト」誌のオール・セインツの記事は、この教会のある種の質を自由闊達に褒めてもいる。「デザインの全般的な強さと力」、その「断固として」「簡素な」正直さ、「誠実な独創性」、葉の装飾の「率直な伝統主義」、さらにはそのポリクロミーまで、褒めている。

キャムデン協会員がいくつかの特典を許したもう一人の建築家がストリートである。彼は「エクレジオロジスト」誌に、並のものよりも明白に個性的な二つの論考を書いている。その一つは「都会の教会固有の特色」[91]というもので、その異端的な提案で大きな影響力を与えることになるものである。ストリートは、都会の教会は「田舎風を避けるべき」で、割石よりも煉瓦を使うべきで、あまりお金がないときには「大きな殻として考えるべき」だと主張した。ブルックスは、この一節から霊感を得ている。様式に関しては、ストリートは都会にパーペンディキュラー（ミドル・ポインティドではなく）を使うことを薦め、ヨーロッパ大陸の教会が多くを教えてくれると指摘している。イギリスのゴシックのみに排他的に頼ることは確かに弱まりつつあった。ウェブ自身も一八四八年に『大陸の教会建築素描、あるいはベルギー、ドイツ、イタリアの教会覚書』を出しており、その中で彼はポインティドの建築を褒め、ロマネスクを何の懸念もなく受け入れ、ルネサンスの建築にすら「すばらしい」「豪華だ」「荘厳だ」などと言っている。[92] そしてもちろん、まもなくラスキンの『ヴェネツィアの石』が登場することになる。

ストリートのもう一つの注目すべき論考は、「建築の真の原理と発展の可能性」[93]というものである。それは、キャムデン協会員やピュージン、そして後に触れるラスキンやファーガソンと同様に、真実に高い価値を置き、模倣と権威信仰を非難し、建築家たちに「人間として……考え、行動する」ように望み、ポインティド・アーチが「これまでなされた……構造上の最大の発明」だとの信念を表明し、しかし一方で古典主義の建物も学ぶに値する特色、とりわけコーニスCornicioneを持っていることをはっきりと認めている。彼は、「建築は、古典主義建築の落ち着きとポインティドの垂直性がうまく結合したものが最良である」[94]と要約している。ストリートの抽象的な装飾モチーフに対する好み、たとえば犬歯飾り、玉花飾り、菱形模様、ポリクロミー、とりわけ縞模様（つまりバターフィールドとラスキンのモチーフ。写真40、41を参照）[訳30]に対する好みも、また個性的である。自然主義を超えた装飾モチーフ、とりわけ様式化が必須のステンドグラス、すなわち「高度な意味を備えた」芸術は、目指してはならない。「あなたがガラスの絵に現実的な芸術を望んでも、実際には不可能を望むことになる」。

再度言うことになるが、ニールとウェブがデザイナーとしてのバターフィールドと書き手としてのストリートに、かくも多くの自由を委ねていたことは注目すべきである。なぜなら、彼らは建築家に対しても書き手に対しても要求が多く、ずけずけと言うのが常だったからである。ホープの『歴史論叢』は「最重要のランドマーク」[95]（彼のロマネスクと十六世紀好みを考えると、確かに非常に奇妙な判断である）であり、プティの『所見』は高い水準のものではないし、外国の建物ばかりを扱いすぎているし、[96]プールの『歴史』は、当の協会と同じ早い時期に教会建築に関心を抱いてきているにも関わらず、十分には教会建築学的ではないし、[97]オクスフォード建築協会は原理を持っていない、[98]といった風である。これは、彼らの見方による真実であった。フリーマンは「形態として今の時代に適している……ノルマンを推賞している」し、パーカーは「イタリア・ロマネスクから特徴を借りてきている」[99]からである。

エクレジオロジストたちの戦いは、その最初期は激しいものであったが、最終的に彼らが十分な勝利を収めたことは疑いがない。すでに一八四七年には、彼らは「ミドル・ポインティドを学び使われるべきスタイルとして認めること」はすでに達成された、[100]ということができたし、実際、五十年代、六十年代を通じてさらなる達成を見た。今日の視点からエクレジオロジストたちを見ると、彼らの譴責と賞賛の効果は、高期および後期ヴィクトリア朝のイギリス中の教会における儀式のしつらえ、すなわちジョージ王朝期および初期ヴィクトリア朝期の教会に付け加えられた新しい長い内陣とそれらから撤去された二階席、中世の大聖堂に付け加えられた内陣仕切り、そしてミントン社製の床タイルとステンドグラス、に明らかに見ることができる。しかし、エクレジオロジストたちの影響下になされた最も包括的な変更は、修復に関するものである。実際、四十年代とラスキンとモリスの影響下に調査が行われた時期の間で、キャムデン協会の原則で修復されなかった教会はこの国にはごく僅かである。

その原則がどんなものであったかは、協会の出版物に明解に述べられている。「徹底的でカトリック的な修復」は「大胆に」行われるべき義務である。[101]これは、「建物の当初の形を回復させる」義務を意味し、「時代と純粋さ」という理由を別にすれば、創建後の仕事を保持しないということを意味する。[102]特に、パーペンディキュラーのクリアストーリーは、より早い時期の急勾配の屋根に戻されるよう取り除かれるべきである。[103]トレーサリーもミドル・ポインティドでなくなっているものは造り直され得る。[104]一八四七年の「エクレジオロジスト」誌に、E・A・フリーマンの小冊子『教会修復の諸原理』(ロンドン、一八四六年)の長い論評が出ている。その冊子の中で、フリーマンは三つの原理をあげている。破壊的と保存的と折衷的がそれで、つまり、どの時代のものであれ、それ自身のスタイルで建て、どの時代が優先されるかを考えないか、どんなスタイルであれ、すべてのディテールを維持し修復するか、いくつかの特徴を保存し、他の特徴は取り換えるかである。ニールは、――すでに見たように(一九二頁)――たぶん冗談半分の調子であろうが、例としてピーターボロー大聖堂をあげて破壊的な原理を好むと明言していた。[105]少なくとも「エクレジオロジスト」誌もそう考えていて、無情にもというわけではないが、それが「一つの建物を理論上の完全な状態にする理論的可能性を提供する唯一の方式」だと言っている。保存的なやり方は退けられる。「たまたま使われなくなって、我々がそれを使えないのであれば、あるキリスト教美術のスタイルを他のものより優れていると主張する」ことの善はどこにあるだろうか。というわけで、結局「エクレジオロジスト」誌は、むしろしぶしぶと折衷的な原理を推奨することになる。(106) それがどのになされたかは、たとえばレンのセント・マイケル・コーンヒルのスコットによる修復に見ることができる。そこでは、レンの窓や薔薇窓の中に、レンの円形窓ではなくヴェネツィア風トレーサリーが挿入されたのである。「エクレジオロジスト」誌はこれを、もう一つの同様な事例を引用しつつ、こうした建物に対して「真正の性格の上に信心深い形相と配置を付与した」ものとして褒めている。(107)

実際、こうした発言に見られるエクレオロジストたちは、一部の彼らの友人たちよりも順応しやすかった――おそらく、彼らは古い教会と同じく新しい教会にも熱心だったからであろう。もっと保存修復家的な態度の最良の（そして最も面白い）例は、F・A・ペイリーの「教会修復家、ある物語」（ロンドン、一八四四年）である。ペイリー（一八一五～八三）は、イングランド北部地方で最良のゴシック主義の建築事務所であったペイリー&オースティンのE・G・ペイリーの兄弟で、かつ『キリスト教信仰のしるし』のペイリーの孫で、われわれにはゴシックの建物と繰形に関する学究的な本の著者として知られている。彼はケンブリッジ・キャムデン協会の創設期からの会員で、一八四六年にローマン・カトリックに宗旨変えをし、その後はタルボット家、次いでスロックモートン家、さらにケネルム・ディグビー家のチューターとして生計を維持しなければならなかった。物語というのは、犬歯飾りと葉飾りの柱頭をもつ「一二〇〇年頃に使われた」様式の教会であるレザートン教会の変遷に関するものである。後に、デコレイティドの窓が付け加えられて、「キリスト教美術がそれ以上は発展させられなかった頂点」(108) を示している。その後、宗教改革と略奪があり、最後にあのキツネ狩りの教区牧師ジョリフが一七七〇年に教会を改造し、漆喰天井を取り付け、側廊の窓枠をヴェネツィア風にし、洗礼盤に赤い陶器製のワイン冷却容器を用いた。さらにその少し後に、福音主義の教区牧師のホールドワージーが、内陣仕切りを取り去り、内陣を板で塞いでしまい、バーミンガム・ゴシック意匠の鉄製ストーブを取り込んだ。物語の時間そのものはそのように動いたのであるが、そこの聖職禄所有牧師は、カーター氏から修復の計画案を手に入れていた。カーター氏は「忙しない小男」で、「まったくなんのスタイルでもない」ホテルやエジプト風墓地教会やスイス風別荘で知られていた。しかし、牧師の息子フランシスはオクスフォードにいて、オクスフォード運動とケンブリッジ・キャムデン協会の新しい教訓を吸収していた。彼は帰郷し、カーター氏に「鉄道橋や鉄道駅、刑務所、集会所、教会を同じ人が建てることは下劣だ」と異議を唱える。すべての建築は「その使用目的の……表現」であるから、今日の世俗建築にギリシア風を使うことは無意味である。われわれにはこの議論はわかるし、フランシスが勝つ。カーター氏はオクスフォードを出たウィルキンズ氏に取って代わられる。われわれは、カーター氏が帽子をかぶり口笛を吹きながら歩きまわった教会に、ウィルキンズ氏が跪くのを見る。かくして修復は、主として半ば消え去った当初の特徴を復旧することとして行われる。しかし、急勾配の屋根が新たに導入され、焼き付け床タイルが張られる。

つまりペイリーは、キャムデン協会員よりもさらにずっと強く、保存に敵対するものとしての修復に反対しているように見える。しかし、彼ですらはるかにラスキンほどは過激ではない。ラスキンは五年後にこう書いている。「いわゆる修復は、最悪の破壊のやり方である……あなた方の記念建造物に適切な手入れをしなさい。そうすれば修復する必要がなくなるであろう」[109]。その他の多くの行状によってではなく、この言において、ラスキンは初期および高期ヴィクトリア朝の態度に対する晩期ヴィクトリア朝の態度を代表しているのである。

註

1　S. L. Ollard, 'The Oxford Architectural and Historical Society and the Oxford Movement', *Oxoniensia*, V, 1940.　この協会に関する特別のモノグラフはいまだ編集されていない。それは価値のある仕事であろう。

2　彼の兄弟のトーマスはニューマンの姉妹と結婚している。ピュージンの『対比』に対するトーマスの書評は少し前に触れたが、トーマスは *The British Critic* の編集者をニューマンから引き継いでいる。ジェームズはしばらく *Christian Remembrancer* の編集者であった。

3　ケンブリッジ・キャムデン協会に関する標準的な本は、James F. White, *The Cambridge Movement*（CUP, 1962）である。わたしはこれをよく使ってきた。A. G. Lough, *The Influence of John Mason Neale*（APCK, 1962）も参照。

4　これに加えて Basevi と Cockerell も名誉会員であったが、これは注記されるべきであろう。

5　No. 2, Dec. 1841, pp. 25 and 29. これに対して、「エクレジオロジスト」誌は四年後、ウィリスの清潔さと「ほとんど比類なき機械的鋭さ」と「並々ならぬ調査と探求の力」を認めつつ、彼が「昔の人の精神の理解力」をもっていることを否定している（IV, 1845, 220; VI, 1846, 217, 226）。

6　P. 61.

7　この本は発展し、一八四七年には、イギリスの州ごとの教会建築の特徴を記した百頁を超えるみごとな補遺を伴った *Handbook of English Ecclesiology* となる。

8　White, op. cit., 54.

9　*Ecclesiologist*, VII, 1847, 86.

10　特に、*Hierurgia Anglicana*（London, 1848）, 9 を参照。

11　White, op. cit., 31.

12　*A letter addressed to a Rev. Member of the Camden Society*［i.e. Mason Neale］*on the architectural, artistical, and archaeological movement of the Puseyites*（Liverpool, 1844）, reprinted in *Oeuvres de M. le Comte de Montalembert*, VI, 1861, 366 ff. また、後に見ることになるが、非常に特徴的にこれを取り上げているウィールの *Quarterly Papers*, III, 1845, 9-10 も参照。モンタランベールはエクレジオロジストたちやピュージンのゴシック建築に対する排他的な信仰を共有していた。E. S. Purcell, *The Life and Letters of Ambrose Phillipps de Lisle*（London, 1900）, II, 231 ff に引用されている Pugin 宛の手紙を参照。

13　*Hierologus*, 101.

14　*The Gothic Revival and American Church Architecture*（Baltimore, 1968）, 26.

15　*E.*, v, 10-16.

16 *E.*,IV, 1845, 216; V, 1846, V.　また一八五〇年の会長あいさつも参照。その中で、Thorp 副主教が、協会がいまは「なんの騒々しさもなく」仕事を続行していることに喜んでいると述べている（*E.*, XI, 51）。

17 *E.*, XI, 352.

18 J. Mason Neale and B. Webb, *William Durandus, The Symbolism of Churches*（Leeds, 1843）. フランス語の翻訳版が一八四六年に出ている（*E.*, VI, 1846, 120 を参照）。これは、*True Principles* のフランス語翻訳版（Bruges, 1850）の出版と並行する例であり、その翻訳版に *The Ecclesiologist*, XII, 1851 は言及している。

19 Neale and Webb, *Durandus*, lxxix.

20 *E.*, II, 37.　ちなみに、Poole（一五〇頁参照）は、すでに一八四一年にケンブリッジ・キャムデン協会とは関係なく、同様な結論に到達している。彼はこれを Leeds で講演している。*E.*, I, 1842, 125 and X, 1851, 123 を参照。

21 この言葉については、たとえば *Durandus*, xxvi を参照。

22 *E.*, I, 45.　これについては、Leeds の St Peter（1837-41）における W. F. Hook がエクレジオロジストたちより先行している。彼らは、この教会を「今日におけるおそらく最初の真に偉大な企て」としている（*E.*, VII, 1847, 46）。St Peter については White, op. cit., 95-6 を、White 以前の文献では G. W. O. Addleshaw and F. Etchell, The Architectural Setting of Anglican Worship (London, 1948）を、White 以後では P. Stanton, The Gothic Revival and American Church Architecture を参照。

23 *E.*, III, 3.

24 *E.*, II, 91.

25 *E.*,III, 6.

26 *E.*, III, 61.

27 *E.*, I, 27.

28 *A few Words to Church Builders*, 3rd ed. 1844, 3.

29 *E.*, I, 134. また、「我々が期待できるすべてのことは、注意深く模倣することである」（*E.*, V, 1846, 53）というのもある。

30 *Durandus*, xxx.

31 *E.*, XII, 1851, 269-70.

32 A. J. Downing, *The Architecture of Country Houses*（New York, 1850）, 300-1.

33 *A Few Words to Church Builders*, 5.

34 *Durandus*, xx.

35 *E.*, IV, 277.

36 *E.*, IV, 279

37 *E.*, I, 1842, 66.

38 *Durandus*, xxii.

39 *E.*, IV, 1845, 277.

40 *Durandus*, xxii.

41 Leatherbarrow, op. cit., 74.

42 IV, 184. ルター派の礼拝は同じ頁でこうも書かれている。「異教的な最悪の宗派の一つの礼拝」。フリーマンはこれに同意して、彼の *History of Architecture*（452, 前掲一五〇頁参照）で、「我々はじっと見ている……三つの時代が生み出したものの中で最も気高い作品、その尖塔は熱狂的な人々を教会の豪華な礼拝へと呼び寄せるように見え……異国人をキリスト教徒に教え導くために設計された大建築物を」と書いている。

43 P. Stanton op. cit., 73 からの引用。

44 *E.*, I, 1842, 111.

45 *E.*, IV, 1845, 49-50.

46 *A Few Words to Church Builders*. また *Durandus*, xxiv and xxx を参照（「十四世紀の荘厳な建築」と「美しさ、細部、全体的な効果、真実性、現実性というすべての条件に十分に答えているものは、他の時期からは選べない」）。あるいはまた（ibid.,

xxxi)、「世界がこれまで見てきたキリスト教建築の最もすばらしい発展」を見よ。ラシュスとヴィオレ＝ル＝デユクが協会の名誉会員に選ばれているのは不思議ではない（*E.*, X, 1850, 349）。この二人の詳細やケンブリッジ・キャムデン協会との関わりについては、三一〇頁の註11を参照。

47 *E.*, I, 1842, 91 ff. Petit の Remarks の長い書評の中にある。

48 *A few Words to Church Builders*, 5.

49 *E.*, IV, 1845, 237. ミュンヘンの Gärtner の Ludwigskirche の記事の中にある。

50 *E.*, V, 1845, 254.

51 *Durandus*, cxxiv.

52 *Durandus*, cxxvii.

53 III, 356-7.

54 II, 1844, 2.

55 ワイトウィックについては、Colvin's *Dictionary* を参照。

56 *The Palace of Architecture*, 183.

57 Ibid., 200.

58 *Quarterly Papers*, II, 10. ちなみにこの感覚は、ホープが例証しているような「風変わりなロンバルディア風道化」は含んでいない。

59 Ibid., II, 3.

60 Ibid., 12-13.

61 Ibid., 15.

62 Ibid., 4.

63 Ibid., 7-9.

64 *E.*, I, 11.
65 これはニールの言である。E., VII, 1847, 238.
66 *E.*, VII, 91.
67 *E.*, IV, 1845, 99.
68 *E.*, VIII, 1848, 109.
69 *E.*, I, 1842, 141.
70 *E.*, I, 197.
71 *E.*, XV, 1857, 116.
72 *E.*, VII, 367.
73 *E.*, II, 113.
74 *E.*, VIII, 54.
75 122.
76 *E.*, XII, 1851, 268 ff.
77 *E.*, XII, 384 ff.
78 *E.*, I, 9.
79 *E.*, I, 19.
80 J. Rothenstein in *Arch. Rev.*, XCVIII, 1945, 176 ff. を参照。
81 *E.*, I, 81.
82 *E.*, I, 58.
83 *E.*, I, 68.
84 *E.*, I, 56-8.

85 *E.*, II, 95.

86 *E.*, VIII, 1848, 368.

87 *E.*, XI, 1850, 259.

88 *E.*, XI, 209. この発言は、Stoke Newington の St Matthew について言われたものである。

89 *E.*, XX, 1859, 184-9.

90 P. 275. Collins, *Changing Ideals,* 245 からの引用。しかし、バターフィールドはスコットより八歳若いだけである。

91 *E.*, XI, 1850, 227 ff.

92 ミュンヘンの Theatinerkirche は「すばらしい fine」(p.139)、ミュンヘンの St Michael は「豪華だ gorgeous」(p.139)、フィレンツェの Santo Spirito は「荘厳だ magnificent」(p.343)、ローマのパンテオンは「望むべきものを何も残していない」(p.524)、ただ S. Pietro in Montorio のブラマンテのテンピエットだけは「冷たくて冷酷」(p.540)、そしてミケランジェロの「最後の審判」は「キリスト教教会には最も不向き」(p.551) としている。ウェブがミュンヘンの新しい *Rundbogen* の教会を簡単に片づけていることはとりわけ注目すべきである。Allerheiligen 教会は「ビザンティン様式の一種の応用」(p.142) で、Ludwigskirche は「一種の偽ビザンティン」(p.143) で、Basilica は「他のどんな教会よりも確かに［バシリカに］似ている」(p.143)。なんの激しい言葉もない。

93 *E.*, XIII, 1852, 247 ff.

94 Ibid., 253.

95 *E.*, IX, 1849, 212.

96 *E.*, I, 91 ff.

97 *E.*, X, 1850, 120 ff.

98 *Durandus,* xxxiii.

99 *E.*, IV, 1845, 76.

100 *E.*, VII, 203. しかし、White 教授は、一八四二～三年に協会からの助言を求める九十二件の要望があったことをすでに語っている（p.158)。

101 *E.*, II, 59.

102 *E.*, I, 65.

103 *E.*, IV, 104.

104 *E.*, V, 77.

105 ストリートは何年か後に、ニールの宣言は一つの瀬踏みだと言い、つまりそれを全面的には真面目に捉えていない（*E.*, XXVI, 246)。

106 *E.*, VII, 167 also VII, 238. この議論は、一八四七年の協会の第八回年次会合で行われた。ウェブとベレスフォード・ホープは折衷的を宣言したが、ストリート（240）は日和見的態度だった。

107 *E.*, XVII, 107, and XXVIII, 231.

108 *The Church Restorers*, a Tale, 53.

109 *Seven Lamps*, Libr. Ed., VIII, 242.

第十五章　ラスキン

ラスキンについては多くのことが書かれてきた。(1) この本の文脈では、彼の生涯に関しては二、三の重要な事実以上のものを概術する必要はない。彼は一八一九年に、富裕なワイン商人の息子して生まれた。母親はスコットランドのピューリタンの出身である。彼は、異常に遅くまで両親と親密な関係を保っていた。彼がオクスフォードに進学した時、母親も自身の部屋を設けたし、また彼の運命を決定することになる旅行は、なんと一八五九年に至るまで、両親と一緒だった。彼が十歳の時、父親が彼に書いている。「私はこの手紙を、素晴らしい、素晴らしい、素晴らしい……古典作家のような著述だと叫ぶことから始めなければならない。君は確かな能力、天才とさへ言ってよいものを授かっており、君はそれを君の存在の創造者に負っている……君の仲間の被造物のために……君の力を育み育てること。君は君の知恵によって人々を啓発することが望まれているのだろう……」。(2) ジョン・ラスキンが、自ずからこれをすべて信じて育ったことは不思議ではない。彼の最初の著作は『建築の詩情』で、これは Kata Phusin(訳31) の筆名で書かれ、一八三七年のラウドンの「アーキテクチュラル・マガジン」に掲載された。これは主として風景を扱っている。彼を有名にし、今後の引用もほとんどすべてそれらから取られている著書は、『近代画家論』(Ⅰは一八四三年、Ⅱは一八四六年、Ⅲは一八五六年)、『建築の七燈』(一八四九年)、『ヴェネツィアの石』(Ⅰは一八五一年、Ⅱは一八五三年)、そして一八五四年にエディンバラで行われた『建築・美術講義』である。エフィー・グレイとの悲惨な結婚——性的交渉がなかった——については、その詳細は彼の歪められた性格を明らかにし、輝かしいけれども歪んだ存在としてラスキンを理解させるに違いないが、あまり触れないほうがよいだろう。彼は一八四八年に結婚したが、エフィーは一八五四年に彼のもとを去っている。彼女が彼と会ったのは十二歳の時だったが、その時彼は彼女のために一つのお話を書いている。もし彼女がもう少し歳がいっていたら、彼は彼女との恋に陥らなかったであろう。なぜなら、思春期の若者、とりわけ思春期の少女にしか魅かれないというのが、彼の異常性格の一つだからである。(3) アデール・ドメックは十五歳だったし、ローズ・ラ・トゥーシュは九歳だった。(訳32) 彼はエフィーの十三歳の誕生日に草稿に手彩色を施しているし、十五歳のときに彼女のために『胡麻と百合』を書いている。

一八五五年に、ラスキンは労働者専門学校で教え始めるが、それは一八五八年まで続く。一八五七年に彼は、マンチェスター博覧会で芸術の政治経済学について講義をしているが、これは彼の関心が社会的問題へと集中していく変わり目であることを示している。『この最後の者にも』は、一八六〇年に「コーンヒル・マガジン」誌に掲載され、一八六二年に本になった。一八六七年の『時と潮』は最も重要な記録である。父親は一八六四年に、彼に一五七、〇〇〇ポンドを残して死んでいる。一八七四年に最初の神経衰弱に陥る。この年にローズ・ラ・トゥーシュが病気になり、一八七五年に亡くなる。狂気が最初に姿を現したのは一八七八年で、一八八一年から八三年まで再発。一八八九年から一九〇〇年の死まで、精神異常であった。

ラスキンは、狂暴ではあるが極上の書き手であり、混乱してはいるけれどもしばしば天才の閃きを示す思索家だった。彼は幼少期に、『時代の徴候』（一八二九年）、『チャーティズム』（一八三九年）、『過去と現在』（一八四三年）の著者であるカーライルから深い感銘を与えられているが、カーライルは中世の知恵を信じており、彼自身の時代の価値を強く疑問視していた。よく知られたいくつかの引用句を書き留めておくが、カーライルは以下のようなことを書いていた。「お金の支払いだけが人間の唯一の関係ではない」。(4)「『私の飢えかけた労働者ですって？』と金持ちの工場主は言う。『私は市場で公正に彼らを雇わなかっただろうか？私は契約した金額通り、最後の六ペンスまで彼らに支払わなかっただろうか？さらに彼らになにをすべきだというのか？』」(5)「成功しないこと……お金を稼がないこと」が、今のイギリス人が「まったくの絶望と考える」(6) 唯一のことである。そして、十九世紀の自由主義が主張してきた自由は、実際のところ「飢えで死ぬ自由」である。(7) しかし、カーライルの救済策は、彼自身「人間は戦うためにつくられている」(8) と説いてはいるけれども、チャーティズムのような労働者階級内での発展ではなく、支配する側と支配される側との間のほとんど封建的な信託という非現実的な中世的関係であった。「賢者によって導かれるべき無知な者の正義は、紳士的にではあれ強制的にではあれ、賢者によって真実の進路を辿らせられることである」。(9) ここでは、雇用者、製造業者は無知な者の間にあって導くという義務をもって受け入れられるということが含意されているに違いない。なぜなら、カーライルは中世に対する情熱と、彼が『衣服哲学』の中で「産業主義」と呼んでいるもの、あるいは『過去と現在』の中で「産業の船長」(10) と呼んでいるものに対する情熱を、驚くべきやり方で結合しているからである。マンチェスターの朝五時三十分の活気ある音は「ナイアガラの滝と同じように荘厳」(11) だし、ジョン・ブルの「海港、綿花貿易、鉄道、艦隊、都市」(12) も同じく荘厳である。彼はまた、自分の時代を「何事も直接もしくは手ではなされず、すべてが定規と計算された装置でなされる」「機械の時代」として感嘆している。もっとも、「機械で調べて理解できないものは、調べて理解することが全然できない」(13) という教養の危険性は認めてはいた。カーライルのメッセージは混乱しており、(14) そのいくつかはラスキンに反感を抱かしめただけだったが、残りはカーライルの教条的な言葉や激しさによって二重に強められてラスキンに熱心に聞き入れられたに違いない。「民主主義は永遠に不可能である。確かに自然の法に則っても……多くのことが……断言されるだろう……高貴なものは高いところに、下賤なものは低いところに、これは……あらゆる国において全能の創造者の法である」。(15) 同じころ、ラスキンもこのように書いていたのである。

しかし建築に関しては、カーライルは彼に与えるものがなにもなかった。これに関しては、彼は全面的にピュージンから影響を受けている。彼のヒステリカルな否認がそれを証明している。彼は書いている。「私は、ある退屈な午前中、オクスフォードの建築読書室でピュージンの『対比』を一度ちらっと見た……私は彼の他のどの著作も決して一語たりとも読んでいないし、彼の建築のスタイルからして彼の意見にこれっぽっちも興味を感じていない」。また、こうも書く。ピュージンは「偉大な建築家ではなく、考え得る建築家の中でありうる最も卑小な者の一人である」。(16) しかし、後に見るように、ピュージンのメッセージはラスキンのメッセージである。ただ、ピュージンが単一であるのに対して、ラスキンは非常に多くのメッセージを持っており、それらはもつれあって相互に争う傾向がある。

多くの例の代わりに二つの例をとりあげるが、それは絵画からとられたものである。あらゆる芸術は真実である。ラスキンはターナーにわくわくさせられていた。だからターナーは真実である。彼はコンスタブルが嫌いだった。だからコンスタブルの真実は、誤りかもしくは劣っている。[17]彼はまたラファエル前派が好きで、一八五一年にはすでに彼らを擁護している。[18]だから、彼らの真実はターナーの真実と一致しなければならない。そして、彼はティントレットを熱烈に称賛している。だからティントレットも同じ傘下の場所を見つけなければならないことになる。[19]『フロンデス・アグレステス』(一八七五年)の中の以下の脚注は、彼自身でごまかしを認めて許容しているから、もっと図々しくさえある。

私がこの一節を書いた時、私はルイーニやフィリッポ・リッピやサンドロ・ボッティチェリについてなにも知らなかったし、私が主に研究していたティントレットやフラ・アンジェリコに関してすら、深い感覚で論じる能力を持っていなかった。しかし、いまのイギリスの大衆はかつての私と同様に、この偉大なフィレンツェ人たちを少ししか知らないだろうから、この一節は彼らにとって、いまなお真実である。

これは、読者が見破らない限り、間違った記述をしても気に病むなという助言である。

これを認めることすら十分に難しいが、ラスキンはその語り口の尊大さによって、さらにそれを難しくしている。これは説教壇におけるテクニックであり、W・R・グリッグが「論証家ではなく演説家」と呼んだ多くの成功した同時代人たちのテクニックである。[20]「エディンバラ・レヴュー」誌はアーノルド博士の雄弁術のテクニックを「朗詠と雷鳴」と評したし、[21]「神託の如き尊大さ」というのがマコーレーのテクニックに関するモーリーの評であった。[22]そしてラスキンに関しては、メレディスが彼のスタイルを「怪物的な博識者ぶり」とか「馬鹿げた聖職者的態度」と呼んで、完璧に彼のスタイルを特徴づけている。[23] ラスキンはこれを知っていて、抗弁している。「私は感じてもいないことをしとやかに書くことはできない」。[24] 「私が美術について言うことすべてに人々が『疑問の余地がない』と受け容れる準備ができるまで……私はいかなる any 評判も気にする価値があるものとはまったく at all 思っていない」。[25] この「いかなる any—まったく at all」は説教のテクニックであるが、ラスキンの「いやむしろ nay」、「甘んじて fain」、「ありあまるほどの enough and to spare」もそうである。より広範な一節をあげてみよう。

測り、手で扱い、解剖し、明示することが可能なもの——一言でいえば、からだのみに関するもの——はなんであれ、知識派が決然と勇気をもって所持し、描くものである。しかし、測り得ず、さわれず、分割できないもの、そして精神に関するものはなんであれ、知識派は確かに置き忘れている……なぜなら、捉えられ、測られ、組織化され得るものはなんであれ……[26]

さらには、時間を埋めるためかもしくは強調するために一語のところに三語か四語を使うこと、頭韻を踏んだり、その他あらゆる説教の慣行を使うこと、その中にはもちろん常に聖書からの引用を使うこと、などのテクニックがある。それらについてクラーク卿がうまく言っている。「聖書の引用が始まりそうな感じがすると、いつも私は興味をなくし始める。なぜなら、その時点でラスキンは自分自身の聡明な観察力を使うのをやめ、聖書に頼ってしまってさらなる思考を省いてしまうからである」。[27] しかし、ラスキンは重要な時期に信心深いキリスト教徒であり——父親の家で定期的かつ長期間にわたって聖書朗読が行われていたわけではないが——、福音主義のキリスト教徒であった。因みに、この福音主義であるということが、彼の意地の悪いピュージン評価の説明の助けとはなる。[28]

しかし、聡明な観察者、特に自然の観察者としては、ラスキンは驚くべきすばらしさであり得た。以下はその一例で、ジュラ山脈のシャンパニョルの村の一地点を記述したものである。

それはアルプスのすべての荘厳さを持ち、まったく荒涼としたところのない地点である。そこには大地に現れ始めた偉大な力の感覚と、長く連なる低い松の丘が立ち上がってくる中に深く威厳に富んだ調和がある。最初にこれらの雄大な山々が交響の声をあげ、次第に大きく上がってきて広がりアルプスの胸壁に沿って砕ける。しかし、その交響音の力はいまだ抑制されている。遠くに達する田園的な山の尾根は、遠くの嵐の海からやってきて静かな水を押しのけて長くうねる波のように、相互に重なり連なる。そしてまた、広漠たる単調さに行き渡っている深い柔らかさがある。中央の山並みの破壊的な力や厳しい表情は同じく打ち消されている。古い氷河の霜が覆い埃に満ちた小道もジュラ山脈の柔らかな牧草地を損ねてはいない。割けた木の堆積も森の本来の並びを破ってはいない。青白く汚れて猛り狂う川も岩の間の道を粗雑で変わりやすいものにはしていない。渦から渦からへとゆったりと流れ、澄んだ緑の流れとなって決まった川床に沿って曲がっていく。そして乱されていない松の木の黒い静寂の下では、毎年、あらゆる地球の恵みの中でも類を知らないような一群の喜ばしい花が育ってくる。(29)

ラスキンの自然の描画も同様な感受性と強さを持っている。建築の描画もそうである（写真42、43）。しかし、本書の関心は彼の建築理論ではあるけれども、彼の描画も彼の美術理論と切り離せないし、彼の美術理論は倫理学や社会史、社会理論と密接に関わっている。

「理想的な芸術においてなにかよい仕事をするために最初に必要なことは、あらゆる不潔なものを嫌悪をもって見ることである」。したがって「いずれの国の芸術も倫理的な生活のまさに模範となる」。あるいは宗教をからめて言えば、「偉大な芸術は……三つの主たる目標しか持ちえない。一つは人の信仰を強めること、二つ目は人の倫理的状態を完全なものにすること、三つ目は彼らに物質的な貢献をもたらすことである」。(30) もちろん、これはピュージンやエクレジオロジストたちが説いたものである。同様なことは次の一節により明白に出ている。「偉大な芸術は偉大な人間の心の表現であり、卑しい芸術はひ弱な人間の心の貧困の表現である」。[31] ニールによるカトリックのオークの森に対しても、われわれにはラスキンの「風景の道徳」[32] がある。あるいは、これを建築にあてはめると、「馬鹿な者は愚かに建て、賢い者は賢明に建てる。徳高き者は美しく建て、邪悪な者は下劣に建てる」[33] ということになり、さらに約めて言うと、「悪漢は決してかわいい建物を建てないだろう」となる。この部分は『建築の七燈』の第二版からのものであるが、つまり一八八〇年に付け加えられたものである。[34] にも関わらず、これはこの時代を画した本の精神と理論を要約している。この本が一八四九年に出たとき、それは世紀中期の傾向を示しており、事実、世紀後半の建築に関するイギリスの姿勢を決定する事項を含むと同時に、ピュージンやエクレジオロジストたちを追憶する面も多々含んでいた。

ラスキンの七つの燈は、犠牲、真実、力、美、生命、記憶、従順である。直ちに注意されるべきは、これらのうち、厳密に建築の美的な側面に関わり得るのは一つだけだということである。他はすべて、人生、宗教、倫理に関するもので、実はラスキンのイギリスへの影響は、芸術としての芸術から、その他のあらゆるもの、すなわち確かに芸術の総体的な部分であるかもしれないが、やはり一つの部分にしかすぎないものへと注意を逸らすことであった。最初の燈が神への跪拝――その最上の形は神への捧げものにふさわしいということにすぎない――であることは言うまでもない。そしてクラーク卿がラスキンの神への言及について書いたことは、犠牲の燈のどんな読者にも喜んで受け入れられるであろう。「神は一つであり不変である。そして永遠に同じものに喜んだり不快になったりする。もっとも、神の喜びのある部分は、ある時に特に強く表現されるかもしれないし、神の喜びを求めるべき方法も、神の慈悲によって人々の都合で変えられるかもしれない」。[36] それを求めてわれわれはラスキンのもとへやって来たのであろうか。

ほかの燈は、もっと有益である。二つ目は真実の燈であるが、「決して嘘をつかないようにしよう」[37] とある。そしてラスキンは、ピュージンと同じように虚偽を論じ始める。彼によれば、虚偽には三つある。構造の虚偽は「真実のものとは異なる構造もしくは支持の見せかけの方法」[38] である。表面の虚偽は「実際の材料ではないなにか他の材料と見せるために表面を塗ること」[39] である。作業の虚偽は「どんな種類のものであれ鋳造したり機械でつくった装飾を使うこと」[40]

である。この項目は、典型的なラスキンである。三つの虚偽は、論理的には同じ次元には載っておらず、その上、ラスキンは煉瓦の壁の表面を大理石仕上げに見せたり、内装材料を塗金することは許されるが、木材の大理石模様は許されないという主張――ラスキン的虚偽――を熱心にやっている。作業の虚偽に関しては、このすぐ後で議論する機会があるだろう。

力の燈は、崇高さを備えた、あるいは人間の心がその生得の力によって一つの建物に押印する「厳格で……神秘的な壮麗さ」のことを言っている。(41) 美の燈は説明不要であろう。生命の燈は、「他の面でも同様だが、物事は……それが生命の活動の跡を残している度合いと……生命の充実度に応じて気高くなったり下賤になったりする」(42)と説くものである。記憶の燈と従順の燈は、二つ一緒に論じ得る。記憶の燈は「一つの建物の最大の栄誉は、その石にあるのでも、その黄金にあるのでもない。その栄誉はその年齢にある」(43)と説く。「公共建築や住宅建築において真の完成が得られるのは、記憶に刻まれ記念碑的になっていく過程にある」。したがって、それらは堅固に建てられねばならない。これは「道徳的義務の一つ」であり、それ故それらは「比喩的、歴史的意味」つまり「知的な意図」を伝えるようなやり方で装飾されなければならない。(44)

しかし、結局のところ、ラスキンはこの考えを過去の堅固で知的に装飾された建物すべてに託したわけではない。ピュージンやエクレジオロジストたちと同じように、彼はきわめて選り好みが激しいことがわかる。ギリシアは排除される。なぜならその労働者は奴隷であって、ゴシックの時代の労働者のような自由人ではないからである。したがって、ギリシアの装飾は「屈従的」(45)である。ロマネスクと初期中世は合わせて、「粗雑で滑稽」とされ、「痩せて細い」と非難される。前者はミラノのサン・タンブロージオの彫刻に関する評であり、(46)後者はヴェネツィアのモザイクに関する評である。(47)ルネサンスは「力を無くした官能性」(48)として除外されるが、それはルネサンスが「無力な豪華さと罪深い横柄さの極みにある堕落したローマ人によって」(49)なされてきたからである。ルネンサンスの装飾は、「教養のある愚かさの退屈な展示」(50)である。コロセウムは「公然の迷惑物」である。サン・ピエトロは、うんざりするような「デカく建てたレミントンの安物の部屋」。[51]「ハーリー街、ベーカー街、ガウワー街」のジョージ王朝期のテラスハウスは、「大運河から……煉瓦壁の四角のくぼみに至るまでの人間の発明的、構築的力」[52]の縮小版である。ガウワー街は、この後、ゴシック趣味の人や中世研究者総体の身代わりとなった。[53]グリーク・リヴァイヴァルは、ほとんど付け加える必要はないが、さらに悪い。「私はギリシア建築の通俗化を計画するほど非常識な建築家を考えることができない」。[54]

そして、ピュージンとエクレジオロジストたちに関して見たように、ゴシックですらその全体が十分に限定されているわけではない。後期ゴシックは、下劣で創意工夫に欠け、[55]フランスのフランボワヤンはすべて「戯画的形態と奇抜な処理」[56]であり、イギリスのパーペンディキュラーは忌まわしいものであり、[57]キングス・カレッジの礼拝堂ですら、「建築奇術的な作品」[58]ということになる。テューダー建築はすべて「無力で醜い堕落」[59]を示しており、国会議事堂——パーペンディキュラー・リヴァイヴァル——もまた、彼の「嫌悪」[60]の対象であることになんら不思議はない。

つまるところ、なにが残っているのだろうか。ラスキンはそれを明確に言っている。「一、ピサのロマネスク、二、我々の芸術がジオットのゴシックと同じ程度に遠く早く前進せしめたものとしての西部イタリアの初期ゴシック、三、最も純粋に発展した状態のヴェネツィアのゴシック、四、イギリスの最も初期のデコレイテッド」[61]がそれである。最終的には、ピサのロマネスクは、どんな形にしろ入れるのは論理的ではないから脱落させられ、一八五〇年のイギリスが他の三つと共に残された。二つ目のものについては、ラスキンの特別のお気に入りは、ジオット他によるフィレンツェ大聖堂の鐘楼であった。[62]三つ目のものは、なによりも「すべての完璧さの見本」[63]たる総督宮を指している。このスタイルは、とりわけラスキン的なものとして知られることになった。それは、たとえばオクスフォードのクライスト・チャーチのメドウ・ビルディングなどに見られるディーン&ウッドワード事務所の解釈に特に見られる。最後に四つ目は、万人の好みたるべきもので、とりわけラスキンが(たとえばトロワのサン・テュルバンなど)「フランスの優美なデコレイテッド・ゴシックからとられた装飾的な要素とのいくぶんかの混合によって豊かにされた」[64]と明確に認めている形式がそうである。

これらの諸例をあげた後、ラスキンは彼の最後の燈、従順の燈によって、それぞれの燈を統べる独裁制を打ち立てようと試みる。そしてこう言う。「建築は、宗教や信条や社会的関係を規定している法と同じように厳格で精密に規定する国法に従うとき以外には決して花開くことができない……一つの国の建築は、その国の言語と同じように普遍的で確立したものである時にのみ偉大である」。そして「我々の建築は……形態と職人気質の普遍的な体系があらゆるところで採用され守られるようになるまでは……苦しむであろう」。したがって、たった一つの方法しかない。「一つの様式を選ぶこと……そしてそれを至るところで使うこと」。(65)

職人気質を持ち出したことは注意されるべきである。なぜなら、「人間が人間として仕事をし、その心を仕事の対象の中に込め、最善を尽くす限り、作業する人の良否は問題ではない」(66)というのは、『建築の七燈』にすでにある通り、ラスキンの強い信念だからである。ここには、ラスキンが書いたものの中で最もすばらしく最も深い章節、すなわち『ヴェネツィアの石』（一八五三年）の第二巻の「ゴシックの本質」の章に至る彼の出発点がある。「ゴシックの本質」においては、ラスキンの建築理論が彼の芸術理論に基づいていることがわかる。ラスキンは書いている。

自然において……提示されるあらゆるものは自然の中では善悪混在している。それで真実追及者としての芸術家は……大きな三つの部類――右、左、中央――に分けられる。右側の人達は善を感じ追求し悪から去る。中央の人々は、最も偉大であって、善悪をありのままに全体として感受し追及する。左側の人々は悪を感じ追求し、善を捨て去る。

私の言いたいことは、第一の部類は善を受け入れ悪を捨て去るということである。しかし、この部類の人々に提示されたものなら何でも、彼らは優雅さ、生命、光、神聖さのうち、それが有するものを集めて、他のすべてを――少なくともできるだけ多くを――描かれないままにする。彼らの人物像の顔は邪悪な熱情を表現しないし、彼らの風景画の空は嵐など何処吹く風という調子である。初期イタリア派とフランドル派の画家アンジェリコ、メムリンク、(訳33) ペルジーノ、フランチア、全盛期のラファエロ、ジヴァンニ・ベリーニと私達イギリスのストットハードは何よりもこの部類に属している。

第二の最も偉大な部類は、すべての善と共感し、しかも善を告白し容認し、悪から善を引き出すので、自然の中に彼らが見るすべてを躊躇なく描くのに、全体についての一種の神聖な把握・支配をもってする。彼らの主題は自然のように無限であり、色彩は華麗と悲哀の間に均衡を保ち、時折その両方の最高度の色合いに達して、明暗は明と陰影の間に均衡を保っている。

この部類の主要な人々は、ミケランジェロ、レオナルド、ジオット、ティントレット、ターナーである。第二期のラファエロ、ティツィアーノ、ルーベンスは過渡期的で、最初の人は折衷派へ傾き、最後の二人は不純の部類へ傾いた。ラファエロは稀に悪弊をすべて示し、ティツィアーノとルーベンスは稀に善をすべて示した。

最後の部類は悪だけを感受し模倣する。彼らは樹幹を描けばかならず枯れ裂けた樹木になる。また、空を描けばかならず嵐雲に覆われている。彼れは人間性にまだ残っている乞食根性や獣性を喜ぶ。彼らの色彩は大抵地味で不気味であり、画面の大半が闇で占められる。

この部類の実例は幸運にも完成した形では滅多に見られない。サルヴァトール・ローザとカラヴァジオは最も特徴的である。この部類に属するその他の人々は、彼らが善を多く感じ表現する度合いに比例して、感ぜられないようなグラデーションによって中央の位置に近づく。(内藤史朗訳。ただしごく僅かではあるが、変更したところがある)

しかし、ムリーリョ、スルバラン、カミッロ・プロカッチーニ、レンブラント、テニールスはすべて当然、この「低級な部類」に属す。ムリーリョはその「嫌悪感を起こさせる邪悪な子供たち」の故に、テニールスは多くのオランダ人と同じように「酔っぱらって堕落した俗悪な人生」(67) を描いたが故に。ラスキンは第一の部類を純粋主義者と呼び、第三の部類を官能主義者と呼んでいる。第二の部類を自然主義者(彼らは「恐怖と美の交替を同じ心で受け入れる」)と呼び、ウィリアム・ハントの「健康的な色を塗られ」「絵画的に衣装を着た」農民の子供が、ムリーリョの「邪悪な浮浪児」とどんなに違っていることか。貧しい男の足の裏を見せること（たとえばカラヴァジオがやっているように）は、「堕落を光に……無理矢理さらすこと」である。

これがラスキンの最も旧式な芸術理論と倫理である。真面目な議論がもっと必要なのは彼の芸術と自然に関する理論である。「すべての純粋芸術は、自然物を彫り描くことを主たる目的としない偉大な［芸術の］一派は、いまだかつて存在したことがない」。[69]「芸術の判断はすべて……結局のところ自然の知識に基づいている」。[70] これらの文章で自然が意味していることは、その最も狭義なものから、すべてが動いており何物もじっとはしていない「生命の真実」を含むものまで多様である。[71]

さて、「ゴシックの本質」のメッセージの一つで最も当惑させられるものが、建築もまたもっぱら自然の知識に基づいているという説である。「建築において、理に適って美しいものは何であれ、自然の形態を模倣している」。これは、すでに「力の燈」のところで述べられているが、建築の美は建築ではなく、通常は彫刻、そして常に「美術」であることを言っている。実際、ラスキンにとって、「彫刻と絵画は……建築の……全き主人」[72] であり、したがって建築は、建物に「ある種の尊く美しい性格、そうでなければ不要な性格」[73] を押印することにある。これに関するラスキンの例証は次のように進む。「胸壁の高さや稜堡の位置を決めている法則を誰も建築的とは呼ばない。しかし、その稜堡の石の表面に綱形繰形のような不必要な特色が付け加えられると、それは建築である」。[74] これらは、すべて『建築の七燈』からとられている。「ゴシックの本質」では、彼は別の説明をしている。「良質の建物は、天国の樹葉に似たものに彫刻されているときに最も輝かしいものになる」。[75] 天国というのはラスキンの典型的な表現法で、何も意味していない。ただ、文章に高尚さを付け加えてはいる。

「ゴシックの本質」は『建築の七燈』と同様に、いくつかの範疇に分けられている。その範疇分けはそれほど厳格に行われているわけではないが、『建築の七燈』よりももっと精密で、より道徳主義的ではない。その範疇というのが、野性、不完全性、変化に富むこと、過剰性、剛性である。「北方の海のように荒れて気まぐれな」野性は、「暗い大気中に、鉄のようなバットレスとゴツゴツした壁と……不格好な形と堅い線ではあるが貪欲な生命力に溢れた創造物」(76)を持ち上げて投げる。不完全性はすべての「真に気高い」建築の属性である。なぜなら、偉大な人間は決して最終的には満足し得ないから。(77)変化に富むことも、不可欠である。「各部分の永遠の多様性」は、我々が職人の自立性に委ねる時に我々が得る報酬である。(78)過剰性は、「労働の……豊富さの計算されざる贈与物」(訳34)であり「材料の領域における充実度と豊富さに対する共感」(79)である。そして最後に、剛性は「手足の骨や樹木の繊維の堅さに似て、部分から部分への力のしなやかな緊張と伝達」(80)の堅さである。

これらがすべて美しく提示され、そしてある建物をゴシックたらしめる基準の最終的な要約は以下のようになる。「最初に、それが強い人によって建てられてきたように見えるか否かを見ること。それが一種の粗さと大きさと無頓着さを持っていて、その粗さなどが常に広い視野を持つ手の印のように見える得も言われぬ柔和さと所々で混じりあっているかどうかを見ること」。なぜなら「もしその建物がこの特徴をもっているなら、すでに大いに有利であり、苦難にあってもそれが気高いものであることがわかるであろう」。「第二番目に、それぞれ異なった部分が異なった目的に適応し、それらの部分からなにが生まれるかを誰も気にせず、部分が部分の役割を果たしているときに、それが不規則かどうかを観察すること。もし、一つの部分が他の部分に常に正確に応答しているとすれば、それは悪い建物であるに違いない」。「第三番目に、すべてのトレーサリーや柱頭やその他の装飾が不断に変わる意匠でできていることを観察すること。もし、そうでなければ、その仕事は本質的に悪い。最後に、彫刻を読むこと」。そして彫刻を読む際に、その評価は「一冊の本の評価と正確に同じ原則」に基づくものであること。(81)

これらの論題の中のある重要な結果で、今日に至るまでその妥当性を決して失わなかった唯一のものは、『建築の七燈』にすでに見られるラスキンの建物の修復に関する立場である。われわれはフリーマンやエクレジオロジストたちの態度の曖昧さを見てきたし、間もなくスコットやヴィオレ＝ル＝デュクのもっと危険で曖昧な態度を見ることになる。

ラスキンの態度には、まったく曖昧さがない。「修復は……一つの建物が被り得る最も全的な破壊を意味する」。なぜなら、一つの建物の生命は「その職工の手と目によってのみ与えられる精神」に依存しているからである。[82] したがって、修復ではなく維持保存である。一八七四年にラスキンが英国王立建築家協会の金賞を拒否した理由の一つは、「修復という名の下に建築家たちによってなされている破壊」であった。[83]

ラスキンは言う。一つの建物の生命は、工人によってつくられた現在の表面の維持保存にかかっている。そして、何がゴシックをつくっているかについての彼の要約が、生命の究極の基準を示している。「尖頭アーチがゴシックをつくっているわけではないし、ヴォールト天井もフライイング・バットレスもグロテスクな彫刻もゴシックをつくっているわけではない。しかし、それらのすべて、もしくはいくつかとその他の多くのものが、生命をもつために一緒に集まるときに、ゴシックをなす」。[84] この声明の最初の部分は、明らかにヒューエル一派やウィリス一派に向けて言われている。[85] けれども、ラスキンは彼らを注意深く読んでいたし、ウィリスを何度も引用し（'stump tracery'、'discontinuous impost'）、[86][訳35] 彼に感謝の意も表している。彼は「中心部のゴシックに関するあらゆる私の文法を教えてくれた」。[87] ラスキンはまた、時にヒューエルにも言及しており、[88] 一八五一年にマスターズ・ロッジ[訳36]に滞在し、そこでウィリスとも会っており、彼らと一緒にイーリーに行っている。

その時、ラスキンはヒューエルが「フレーザーズ・マガジン」誌[89]に発表した『建築の七燈』の批判的な評の著者であることをおそらく知らなかったであろう。それは、ラスキンのどの著作物についての評も含めた最も鋭い洞察力に富んだ評の一つであった。ヒューエルは、ラスキンの「熱のこもった絵画的な雄弁」を認めつつも、七燈は「光の輝きほどは多くの明るさ」を与えてくれないと言っている。なぜなら、それは人が期待したようには「厳密に調整された諸原理」を表現していないからである。もっとも、ヒューエルは、モンテスキューの『法の精神』もスタール夫人の『ドイツ論』も同じであるとさりげなく付け加えている。また、原理らしきものも、時に「［著者の］感覚と一致させるためには、多少押しつけがましい」[90]ところがある。ともあれ、『建築の七燈』は「洗練された批評性に富む」と彼は結論づけている。

「ゴシックの本質」もまた、洗練された批評性に富んでおり、言葉使いを高く褒めるべきか、中世の特質に関する感受性を褒めるべきか、あるいはまたその特質と職人の地位との相互依存性についての認識を褒めるべきかどうかを決めるのはかなり難しい。実際、ピュージンの立ち位置、すなわち良き建築はカトリックの建築である、からのラスキンの最も重要な前進が、良き建築は社会的に健康な建築にあること、はよく論じられているであろう。

この良き建築は社会的に健康な建築であるということと、そして彼がもっと夢中になった同時代の社会組織への批判とから、彼の十九世紀の建築に対する態度が推測され得る。「影を美しくするなどと試みることは、その影を投げかけている現実のものが不恰好なままである限り、最も空しい見せかけである」。[91] 人は「工場に煙を供給する燃料のような存在であるし、「彼らの魂は衰弱している」。「わがイギリスには奴隷制度がある」。そして分業というのは、人間を「小さな破片」に分けてしまうようなことの間違った呼称である。「労働者もしばしば思考するべきであり、思考家もしばしば労働すべきであり、双方が最も良き意味での紳士たるべきである」はずなのに、「社会は……不健全な思考家と悲惨な労働者によってつくられている」。これらの引用はすべて「ゴシックの本質」[92] からとられたものであるが、生産者ではなくわれわれ消費者がいかにすべきかという問題についてのラスキンの答えも、「ゴシックの本質」の中にある。「労働者の質の低下によってのみ得られるこうした便利さ、美しさ、安さを……犠牲にする」と決心すること、そしてただ「健康で品性を高める労働による生産物と成果を……求める」と決心すること。すなわち、「一、必ずしも必要ではない一切の物、その生産に創意が関わらない物の工場生産を決して助長しないこと。二、正確な仕上げのための正確な仕上げではなく、ただなんらかの実際的で高尚な目的のためにのみそれを要求すること。三、どんな種類のものであれ模倣と模写は決して助長しないこと」[93] である。

ラスキンがまた、特に七十年代に生産する側の改革を助ける試みをしたことは、よく知られている。一八七一年のセント・ジョージ・ギルドの設立、[94] 一八七四年のヒンクシー道路の建設、一八七六年のマン島ラクシーにおける羊毛工場建設の試み、一八八四年のラングデールにおける綿織物工場が、その例である。彼の社会批判は、芸術批判と同様に激しかった。「お金の全き純潔性に対する信仰は……聖母マリア信仰のプロテスタント的形態である」(95)。イギリスは、その紋章盾にライオンではなくハイエナ」(96)を据えるべきである。

ラスキンを、当初から愛好してやまなかったゴシック時代という隠れ家に誘ったのもこの激しさであった。彼が後に時代の所為に帰した社会秩序も、その時代が現実にどうだったかの真の像ではなく、ラスキンがその時代と現在とのなんらかの根本的な対比を識別せんとしていたことが、いまのわれわれにはわかる。ただ、工業社会を改革して手工業に戻すという希望はもちろんなかった。ギルドの失敗は、このことになんら疑問を残していない。一方、建築の様式を押し付けることに関しては、すでに見たようにラスキンは非常に成功した。過去の様式を使い続けるという施主たちの揺るがない信念は、他のどの批評家や理論家よりもラスキンに基づく。もしもその世紀にオリジナルのスタイルがつくられていたならば、ラスキンは自分の立場に脅威を感じたに違いない。彼がそのようなスタイルを考えることを拒む際のヒステリックな調子は、彼が危険状況を感じていたことを示している。以下は、彼が従順の燈の章で書いていることである。「オリジナルであること、新しいスタイルをつくりだすことを、わがイギリスの建築家たちが訴えているのを聞かない日は決してない……我々はどんな新しい建築のスタイルも望んでいない……すでに知られている建築の形は我々にとって十分良きものであり、我々のもののどれよりもずっと良いものである。それらをより良きものに変えることを考えてよいのは、それらをその属性通りに使い得た時である」。あるいはまた、このようにも言う。「我々が古い建築をもつか新しい建築をもつかは、大理石のかけらほどの重要性しかない……天賦の才をもった者は、どんなスタイルであれ流布しているもの、つまりその時代のスタイルをとりあげ、そのスタイルで仕事をし、そのスタイルで立派になるのであろう」(97)。

後者の主張のほうが前者よりも曖昧なように見える。しかし、ラスキンはそれがそのように読まれることは考えていなかった。(訳37) 彼は同時代の刷新の忌まわしさにまったく疑いを持っていなかった。格好の例であり、ラスキン前後の書き手たちに顕著に表れる例として、鉄とガラスの建築をとりあげることができる。ピュージンはクリスタル・パレスを「ガラスの怪物」と呼んでおり、エクレジオロジストたちは建築ではなくエンジニアリングの例とし、[98] ライヒェンスペルガーは偉大でも独創的でもないとし、[99] カーライルはシャボン玉と呼んだ。[100] 以下は、ラスキンが非常に特徴的で非論理的なねじれを加えて言ったことである。「クリスタル・パレスが表現しているまるごとの産業の質は、非常に偉大である。そこまではよい。それが表現している思考の量は、私が考えるに、単純で賞賛に値する考えで……かつて建てられたどの温室よりも大きな温室を建てることができるかもしれないというものであった。この考えとごく普通の代数学が、あのガラスが人間の知性によって表現していることのほぼすべてである」。[101] ガラスについてはこれで十分。そして鉄は、「我々が現代においてそうならないよう保護すべき腐敗の……おそらく最も豊かな源泉」である。しかし、この文章に続く陳述は、奇妙に入り組んでいて不確かである。鉄の建築は建築ではありえない。なぜなら、芸術は十九世紀初頭までは「大部分が粘土と石と木」で作られてきたからであり、またこのことから、「プロポーションの感覚や構造の法則は、こうした材料の使用に基づいたものに帰着してきた」からである。「したがって、金属の骨組みを全体的もしくは主要部分に使うことは、この芸術の最初の原理からの逸脱として通常は感じられるであろう」。とはいえ、ラスキンはこう付け加える。「時代はおそらく、建築の法の新しい体系が開発され、金属の構造に全的に適用される時が近づいている」[102]と。これは予言的な言葉であるが、彼が現に説き勧めており、説き勧めるべきであったこととまったく矛盾した言葉である。たとえば、鉄道駅などで彼が実際に鉄の構造物をみる機会があったところでは、彼の感想は駅のみならず鉄道そのものに対する憎しみで語られており、「場所から場所へと早く行くという力の非常に疑わしい利点」とも言っている。「避け得るならば、誰もあのような方法で旅をしないであろう」。「駅の装飾に金を施すよりも堤防に金を埋めたほうがましだ」。[103] そして、『建築の七燈』の最初の文章。すなわち建築を「人間が建てた建物を……それらを見ることが人間の精神の健康、力、喜びとなるように……配置し飾る芸術である」と定義した文章に後に加えた脚注として、一八八〇年にラスキンは、「これが、建築を蜂の巣や鼠の巣や鉄道駅から分けているのである」と書いている。

ラスキンには多くの憤激させるものがある。ヒューエルはラスキンのゴシック観のみを批判したが、他の人々は十九世紀のオリジナルの建築の可能性に関する彼の見解をもっと根本的に批判した。そうした人たちの中で最も聡明な人が、一八五一年の博覧会の実行委員会書記であったマシュー・ディグビー・ワイヤットであった。彼は「ジャーナル・オブ・デザイン・アンド・マニュファクチャー」誌に書いているが、以下は彼が言っていることの要約である。彼は『建築の七燈』を「思慮深く雄弁な本」と呼び、「まがいものを痛罵」していることを褒めているが、ピュージンが書いた多くのことの「真実と正義に対していささかの敬意」も払っていないことを非難している。さらに重要なことは、彼が建築とデザインの懸案の問題に関するラスキンの「生半可な見解」を非難していることである。「時代の不可避の傾向を潔く認めず……その傾向を改善する方法を考えず……彼はさらなる発展に抵抗して背を向けるか、あるいは芸術の世界を四百年前で行われた世界に連れ戻そうと企てているのであろう。この十九世紀の道における我々の進路は憎むべきかもしれない。それを告発するならしてもよい。しかし、それが我々の進路であり、賢明な人はこの事実を認めるべきである」。ワイヤットによれば、ラスキンはそうしないで、「機械の反復を芸術に適用され得るものとする調和的な理論」を一切無視して、「鉄道と鉄道建築に関する非常に偏った見解」に至らざるを得なかった。[104]

これは、たしかに前向きの発言である。その頃のしかるべき批評家がすべて、十九世紀半ばをピュージンやラスキンのように嫌悪をもって見ていたわけではなかった。ワイヤットもまたクリスタル・パレスの長所を認めていたことに間もなく触れることになるだろう。クリスタル・パレスについては折に触れてしばしば触れてきたが、いまやそれと、その中で催されていた大博覧会と、そしてその実現を主導した人々、コール、アルバート公、ワイヤット、オーウェン・ジョーンズ、リチャード・レッドグレーヴについて、もっと詳しく論じる時であろう。

註

1　ラスキンの参考文献をごく要約してあげると次のようになるであろう。E. J. Cook & A. Wedderburn, *The Works of John Ruskin*, 39 vols., 1903-12（いわゆる図書館版 Library Edition、本書では L. E. と示す）。見事に抜き出され、見事に注釈を加えられているClark卿によるアンソロジー、*Ruskin To-day*（London, 1964 ; also Penguin Books）。わたしの引用は非常に多くをこれに依っている。同様にすばらしいArts Councilでの展覧会*Ruskin and his Circle*, 1964のカタログ。それから伝記としては、Joan Evanceのもの（1954）とPeter Quennelのもの（1959）、それにもっと最近のものでもっと完璧なJ. D. Rosenberg, *The darkening Glass*（New York, 1961 ; London, 1963）。R. B. Stein, *John Ruskin and aesthetic thought in America*（Harvard U. P., 1967）は、ごく最近までわたしは知らないままだった。G. P. Landow, *Aesthetic and critical Theories of John Ruskin*（Princeton U. P., 1971）は、使うには届いたのが遅すぎた。H. Gill Viljoen, *The Froude-Ruskin Friendship*（New York, 1966）と同著者（この場合は編者）の*Brantwood Diary*（Yale U. P., 1971）も事情は同じ。より特殊なものでは、H. L. Sussman : *Victorians and the Machine*（Cambridge, Mass., 1968）, 76 ff.

2 Arts Councilのカタログからの引用（p.13）。

3 特に、Sir William James, *The Order of Release*（London, 1948）を参照。

4 *Past and Present*〔『過去と現在』上田和夫訳、『カーライル選集』日本教文社、一九六二－六三年、第三巻所収〕,Book III, Ch.2.

5 Ibid.

6 Ibid., Book III, Ch.13.

7 Ibid., Book III, Ch.2.

8 Ibid., Book III, Ch.10.

9 わたしはこの一節の出典を正確に指摘できない。

10 「産業主義」はRaymond Williams, *Culture and Society*, 1780-1950, Penguin Books 1961, 90からの引用。「産業の船長」は*Past and Present*〔『過去と現在』上田和夫訳、『カーライル選集』日本教文社、一九六二－六三年、第三巻所収〕のBook IV, Ch. IVのタイトルである。

11 *Chartism*, Centenary Edn., XXIX, 182.

12　*Past and Present*〔『過去と現在』上田和夫訳、『カーライル選集』日本教文社、一九六二－六三年、第三巻所収〕, Book III, Ch.5.

13　またしても、この一節の出所を追跡できなかった。

14　彼がロバート・オーウェンに負っていることに関しては、後掲四〇〇頁参照。

15　*Latter-Day Pamphlets*, 1850, No. 1, *Works*, 1870, 1870 edition, XIX, 26-7.

16　L.E., V, 428 ff., IX, 436 ff.

17　特に *Modern Painters*〔『近代画家論』全四巻、御木本隆三訳、春秋社、一九三二－三三年〕, III, L.E., V, 169 ff. を参照。

18　ケンブリッジ・キャムデン協会は同じ年に、ラファエル前派の「まじめな活動」に「大きな共感」を表明している（*Ecclesiologist*, XII, 1851, 221）。同じ年に、彼らはまたラスキンの *Stones of Venice*〔『ヴェネツィアの石』全三巻、福田晴虔訳、中央公論美術出版、一九九四－九六年〕の書評を載せ、彼のピュージン攻撃はこの本を損ねていると言っている（ibid., 275 ff., and 341 ff.）。彼らはすでに *Seven Lamps*〔『建築の七燈』高橋粂川訳、岩波文庫、一九三〇年〕について熱狂的に書いていた。もっとも、「宗教改革の影響を受けていない教会」に対する彼の寛容性がなく一貫しない偏愛に関しては感情を損ねていたけれども（ibid., X, 1850, 111 ff.）。

19　正確な引用は、L. E. の Index volume を参照。

20　*Literary and Social Judgements*, 1868, I, 157. 引用は W. E. Houghton, *The Victorian Frame of Mind*（Yale U.P., 1957）, 151 による。その他の例は 137, 139 にもある。

21　Ibid., 206.

22　Ibid., 137. Carlyle からの例は少し前に触れた（二〇七頁）。

23　*Letters of George Meredith*（London, 1912）, I, 200-2.

24　*Pre-Raphaelitism*〔『ラファエル前派主義』御木本隆三訳、東京ラスキン協会、一九三一年〕, L.E., XII, lii-liii.

25　一八五四年の手紙から（L.E., XXVI, 169）。

26 *Stones of Venice*〔『ヴェネツィアの石』全三巻、福田晴虔訳、中央公論美術出版、一九九四－九六年〕, L.E., XI, 61.

27 *Ruskin To-day*, xv. これは、たぶんラスキンに対しては少し不公平であろう。ほとんどすべての人が、ふつうの言葉を高揚させる手段として神を使うからである。たとえば、任意のほんの一例をあげるが、一八五一年の大博覧会の公式カタログの序文は、「栄光と賛美はただ神のためにのみ」という確証で終わっている（*Great Exhibition of the Works of Industry of all Nations, Descriptive Catalogue*, I, viii）。この件や、これに関連する件については、Houghton 教授の「偽善 Hypocrisy」の章を読むことが求められる（op. cit., 394 ff.）。その中でとりあげられている最良の例は、キングスレーの次の一節を含む説教である。「気高い人生、純粋な人生……神のごとき人生」を求めよ。そうすれば「この世界の良きこと、富も名誉も力もその他のものも……あなたの天国の父の摂理によって自ずとあなたのもとにやってくる」(p. 406)。

28 また *The Ecclesiologist* の「宗教改革の影響を受けていない教会」に関する所見も同じ（x, 1850, 112）。

29 *Ruskin To-day*, 95. わたしにはクラーク卿の選択を改良することは不可能であることがわかった。

30 *Lectures on Art* (Oxford, 1870) ; L.E., XX, 30, 39, 40.

31 *The Queen of the Air*〔『空の女皇』御木本隆三訳、東京ラスキン協会、一九三一年〕, 1865-6, L.E., XIX, 389.

32 *Modern Painters*〔『近代画家論』全四巻、御木本隆三訳、春秋社、一九三一－三三年〕, III, pt. IV, Chap. 17 ; L.E.

33 *The Queen of the Air*〔『空の女皇』御木本隆三訳、東京ラスキン協会、一九三一年〕, L.E., XIX, 389.

34 L.E., VIII, 48.

35 Ibid., 34-9.

36 Ibid., L.E., VIII, 3.

37 Ibid., 56.

38 Ibid., 60.

39 Ibid., 60 and 72.

40 Ibid., 60 and 81.

41 Ibid., 101-2.

42 Ibid., 190.

43 Ibid., 233-4. その三年後に、おそらくこれとは別々に、Theodor Fontane は *Ein Sommer in London*（14 June, 1852）の中で、セント・ジェームズ宮殿についてこう書いている。「古く味気のない建物だが、時間と歴史が授けた面白味を纏っている。それしかない。だからアメリカ人はきっと退屈するに違いない。スコットランド女王メアリーの巻き毛や、アン・ブーリンの古い生地のペチコートのほうが、バッファローとミルウォーキーをひとくくりにしたものよりも面白い」（*Nymphenburgur Ausgabe*, XVII, 523）。

44 L.E., VIII, 225, 227, 230.

45 *Stones of Venice*〔『ヴェネツィアの石』全三巻、福田晴虔訳、中央公論美術出版、一九九四－九六年〕, 'Nature of Gothic', L.E., X, 188.

46 *The Two Paths*, 1859, L.E., XVI, 277.

47 *St Mark's Rest*, 1877-84, L.E., XXIV, 292.

48 *Seven Lamps*〔『建築の七燈』高橋枀川訳、岩波文庫、一九三〇年〕, L.E., VIII, 98.

49 'Nature of Gothic', L.E., X, 185.

50 Ibid., 189.

51 一八四〇年の手紙と *Mornings in Florence*, 1875-6。引用は Clark, *Ruskin To-day*, 30 and 251 から。この後、サン・ピエトロを犬をけしかけるように苛めるのがまったくの娯楽となった。Metcalf 嬢は、まだ出版されていない彼女の論文 'The Rise of James Knowles, Victorian Architect and Editor'（Ph.D., London, 1971）により、James Knowles the Younger の出版されていない日記の一八五四年四月六日の記述に、「サン・ピエトロは死んだいかさまだ」があることを教えてくれた。

52 *Stones of Venice*〔『ヴェネツィアの石』全三巻、福田晴虔訳、中央公論美術出版、一九九四－九六年〕, III, 1853, L.E., XI, 4.

53 Disraeli はすでに *Tancred*（1845）の中で、「あなた方の Gloucester Places や Baker Streets や Harley Streets や Wimpole Streets

やこれらすべての平板で退屈で元気のない通り」と書いていたし（Book I, Chap. 10）、W. H. Leeds はさらに前に、「うんざりする煉瓦の箱の連続」と書いていた（J. Steegman, *Consort of Taste,* 1830-1870（London, 1950）, 283 からの引用）。Wimpole Street は、また Tennyson の *In Memoriam*（1850）に「味気ない通り」として登場する。その後にも、スコットが一八五八年に「Baker Street と Gower Street の耐え難い退屈さ」（*Remarks,* 170）と書き、さらに後の一八八三年に、ウィリアム・モリスが状態が非常に悪くなっているのを見て、「人々が Gower Street の行く末を注意して考え始めている」（*Coll. Works,* XXIII, 148）と書いている。

54 *Seven Lamps*〔『建築の七燈』高橋枀川訳、岩波文庫、一九三〇年〕, L.E., VIII, 258.

55 'Nature of Gothic', L.E., X, 261.

56 *Seven Lamps*〔『建築の七燈』高橋枀川訳、岩波文庫、一九三〇年〕, L.E., VIII, 97. しかし、クラーク卿はラスキンが若年期には「より純粋な建築よりもフランボワヤンの方を好んだ」ことを認めている一節（p.44）を *Praeterita* から引用している。つまり、これはピュージンと同じ展開である。

57 *Seven Lamps*〔『建築の七燈』高橋枀川訳、岩波文庫、一九三〇年〕, L.E., VIII, 108.

58 Ibid., 63. この部分は、この建物の「たくさんの魅力的な特質」の故に、第二版では削除されている。

59 Ibid., 258.

60 Ibid., 147（一八八〇年の加筆）。

61 Ibid., 258.

62 Ibid., 187. しかし、ヒューエルはこれを建物というよりも優雅な家具作品だとしている。*Fraser's Magazine,* XLI, 1850, 151 ff. を参照。この雑誌の『建築の七燈』評は、後述。

63 Ibid., 111.

64 Ibid., 258. ケンブリッジ・キャムデン協会の共同創立者であるウェブ（一八二頁参照）が、一八四八年に *Church Notes in Belgium, Germany and Italy* を出版していること、すでに一八四六年にE・A・フリーマンが、The Ecclesiologist がイギリスのゴシックのみを好む狭小な好みから大陸のゴシックをも含む好みへと変化したことに気づき、褒めていたこと（*The Eccles.*, V, 178）、そしてストリートが一八五〇年に大陸のゴシックにもっと大きな関心をもつことを薦めていたこと、は思いだす価値がある。ストリートの *Brick and Marble Architecture in North Italy* は五年後の一八五五年に出版されているが、ラスキンを褒め、「近頃の真の諸原理の復活」を認め、ルネサンスを「構造の偽り……装飾の粗雑さと悪しきグロテスク性」と「単純性と平穏さと繊細さの軽視」として非難している（Preface, ix-xi）。Lille 大聖堂のコンペに Clutton と Burges が勝ったことが大陸のゴシック研究派のより密接な研究に及ぼした影響は、十分よく知られている。C. L. Eastlake, *A History of the Gothic Revival*（London, 1872）, B. F. L. Clarke, *Church Builders of the Nineteenth Century*（London, 1938 ; paperback edn., 1970）, Ch. VII. を参照。

65　*Seven Lamps*〔『建築の七燈』高橋枀川訳、岩波文庫、一九三〇年〕, L.E., VIII, 251-2, 256.

66　Ibid., 214.

67　L.E., X, 221-2 と *The Cestus of Aglaia*, 1865-6, L.E., XIX, 49.

68　*Seven Lamps*〔『建築の七燈』高橋枀川訳、岩波文庫、一九三〇年〕, Preface to the Second Edition（1855）, L.E., VIII, 11.

69　*The Two Paths*, 1858, L.E., XVI, 270.

70　*The Elements of Drawing*, 1857, L.E., XV, 82.

71　ラスキンの自然についての思考や感覚も変わっていく。クラーク卿は、恵みを与えてくれる美しい自然への信仰から、「残酷さと恐ろしさ」が彼を怖がらせる自然への展開（Clark, *Ruskin To-day*, 119 ; letter of 1875）、ぞくぞくしている観察者としての芸術家から、「無慈悲で自己本位で」、たとえ彼の足下で死んでいく男を見ても助けようとはせず、ただ「唇の色」を見つめ、「滅亡を抱きしめている女」を見ても助けようとせず、ただ「彼女の腕の曲がり具合を見つめている」芸術家への展開（ibid., 184, from the MS. Appendix to *Modern Painters*, II, and L.E., IV, 388）を強調している。こうした絶望的な敗北の要約も、一度早い時期に現れている。「信仰に関しては正しく穏やかに見える人で、芸術について真面目に気にかけている人を私は決して知らない」（*Stones of Venice*〔『ヴェネツィアの石』全三巻、福田晴虔訳、中央公論美術出版、一九九四－九六年〕, II, L.E., X, 125）がそれである。この変化は、二つの展開と結びついている。彼自身の精神の破壊という否定的な展開と、芸術と社会生活の事象との関わりの洞察という肯定的な展開である。

72 *Seven Lamps*〔『建築の七燈』高橋枀川訳、岩波文庫、一九三〇年〕, Preface to the Second Edition（1855）, L.E., VIII, 10.

73 Ibid., 28.

74 Ibid., 29.

75 *The Stones of Venice*〔『ヴェネツィアの石』全三巻、福田晴虔訳、中央公論美術出版、一九九四－九六年〕, 1853, L.E., X, 239.

76 §8.

77 §22, 24.

78 §26.

79 §78.

80 §73.

81 §§111-4.

82 *Seven Lamps*〔『建築の七燈』高橋枀川訳、岩波文庫、一九三〇年〕, L.E., VIII, 242.

83 二六二頁参照。

84 §2.

85 L.E., IX, 228.

86 L.E., IX, 152.

87 L.E., VIII, 95. この一節に関して、さらに詳しくは L.E., XX, 213; IX, 183 を参照。

88 E.g., L.E., VIII, 65.

89 XLI, 1850, 151 ff.

90 ラスキンのキングス・カレッジの礼拝堂の見解に関するヒューエルの批評については、すでに詳しく触れた。彼はまた、ラスキンのイタリア・ゴシックに対する「闇雲な賞賛」を好ましくないと考えており、「最良の建築批評家」――もちろん、これはウィリスを指している――がイタリア・ゴシックの不完全さを認めている事実を指摘している。

91 この一節を L.E. の中に見つけられなかったことを、残念ながらまたしても白状しなければならない。

92 §§13-16, 21.

93 §§16-17.

94 このギルドに関しては、M. E. Spence, 'The Guild of St George', *Bulletin of the John Rylands Library*, XL, 1957-8 を参照。

95 *Val d'Arno*, 1874, quoted from Clark, *Ruskin To-day*, 299.

96 *Modern Painters*〔『近代画家論』全四巻、御木本隆三訳、春秋社、一九三二－三三年〕, V, 1860, L.E., VII, 425.

97 *Seven Lamps*〔『建築の七燈』高橋穼川訳、岩波文庫、一九三〇年〕, L.E., VIII, 252-5.

98 一九三頁参照。

99 一九三頁参照。

100 一七九頁註57を参照。

101 L.E., IX, 450 ff.（わたしが *High Victorian Design* とそれを再録した *Studies in Art, Architecture and Design*〔ニコラウス・ペヴスナー『美術・建築・デザインの研究I、II』鈴木博之・鈴木杜幾子訳、鹿島出版会、I、一九七八年、II、一九八〇年〕で書いた III, 450 ではない）。ラスキンはまた、一八五四年のシデナムにおけるクリスタル・パレスの再開に関する一冊のパンフレットを書いている（*The Opening of the Crystal Palace*, L.E., Xii, 417 ff.）。

102 *Seven Lamps*〔『建築の七燈』高橋穼川訳、岩波文庫、一九三〇年〕, L.E., VIII, 66. 肯定的な態度と同じく否定的な態度が見られることも、またしてもピュージンと似ている（一六八頁参照）。一方、ストリートはラスキンと同意見である。彼は一八五二年に鉄の建物について、「私はそれが建築であるとはまったく思わない」と書いている（*Ecclesiologist*, XIII, 1852, 248）。鉄の建築を全面的に擁護する人は、五十年代以前には稀である。Peter Collins 教授はその著書 *Changing Ideals* の中で、のぼせあがった William Vose Pickett の一八四四年の *Metallurgic Architecture* の特許を始め、そのいくつかの例をあげている

(PP.135 ff.)。Pickett については Collins, Arch. Rev., CXXX, 1961, 267 を参照。

103 L.E., VIII, 264, 159-60.

104 II, 1849-50, 72.

第十六章　コールの仲間たち

ヘンリー・コール卿は一八〇八年の生まれで、オーウェン・ジョーンズは一八〇九年、リチャード・レッドグレーヴは一八〇四年、マシュー・ディグビー・ワイヤット卿は一八二〇年の生まれである。コール(1)は、まだ二十五歳になっていない時に公文書館の副理事となり、三十歳の時にそこの上席館長補佐となった。同じ年に、ペニー郵便制度導入のための委員会の書記になった。その間、オーウェン・ジョーンズは、ルウィス・ヴリアミーの弟子であり、パリとイタリアに旅行し（一八三〇年）、ギリシアとエジプトとトルコに旅行し（一八三三年）、グラナダに二度旅行した。その成果が、一八四二〜六年にロンドンで出版された『アルハンブラ宮殿の平面図、立面図、断面図、詳細図』である。これに続いて、十六世紀を対象とした『イタリアの多彩色装飾』という本を一八四六年に出版している。その時以来、彼が夢中になったのはずっと装飾であり、とりわけ装飾の色彩と抽象的なオーナメントによる装飾であった。(2)(訳38)マシュー・ディグビー・ワイヤットはかなり年上の兄、トーマス・ヘンリーの教えを受けており、一八四八年に『中世の幾何学的モザイク』を出版している。彼の関心は明らかにジョーンズと一致している。コールもまた挿絵の入った本を出版しているが、彼の本は子供向けの本であり、ウェストミンスター・アベイとハンプトンコートのガイドブックであった。それらは一八四一年から出始めており、フェリックス・サマリーの『ホーム・トレジャリー』として知られていた。フェリックス・サマリーというのはコールの仮名である。その少し後で、彼はデザインに手を染めている。一八四五年に彼のティーセットが美術協会の賞を獲得し、一八四七年にはフェリックス・サマリー美術工房が発足し、陶器、ガラス、金属、木の作品を生産し始める。それらは、ジョン・ベル、ダニエル・マクリース、リチャード・レッドグレーヴといった一般に認められているアーティストによってデザインされ、しばしば人像と銘で装飾されていた。それまでレッドグレーヴは、歴史画を描いていて、それを王立アカデミーに発表し成功していた。この四人全員を結びつけたのは、デザイン、装飾、オーナメント、それにそれらの改良に対する関心であった。フェリックス・サマリーは、一八四七年と一八四八年と一八四九年の美術協会の展示会に出品している。一八四九年は、一八五一年の大博覧会のための実行委員会が設立された年である。コールとワイヤットがそのメンバーであった。一八四九年はまた、コールが「ジャーナル・オブ・デザイン・アンド・マニュファクチャー」誌を創刊した年でもある。レッドグレーヴがその編集長であった。それは僅か三年間しか続かなかったが、その三年間は批評と宣伝において顕著な仕事をした。一八四九年三月から一八五一年二月に至る最初の四巻の頁をくってみると、プレゼンテーションの新鮮さと批評の勇ましさに驚かされる。プレゼンテーションとしては現物の布地のサンプルが貼り付けられているところがあり、批評は時にケンブリッジ・キャムデンの若い学士の批評を偲ばせもする（「単純に嫌い」「大嫌いな」「仕事は雑で……デザインはきたない」）[3]。しかし、「ジャーナル」の無礼さはよき目的のための無礼さであり、まさに冒頭に述べられた構想には「装飾的な美術の確かな諸原理を進展させること」[4]とある。その諸原理というのは何であろうか。一つは、「オーナメントは……第一位のものではない。それは装飾されたものに対する二次的なものである」。「最良の時代はシンプルである。衰退はオーナメントの増大によって示される」[5]。

レッドグレーヴは、第四巻で「趣味の規範」[6]に関する特別な論考を書き、そこで「飾られたものに対するオーナメントの適切さ」を主張し、例証としてカーペットは「表面が平坦にされるべきで、よく見られる一段高くなった形や建築的装飾の模倣をもってはならない」と力説している。フランス十八世紀の「貝殻と渦巻模様」、「安っぽい花束」、「ヤシの木のある風景」にもまた異議がある。壁紙は家具と絵の背景である。したがって、「隙間があったり、目立ったりなどしてはならない。壁紙の図案の平坦さは、すでに第二巻と第三巻で求められていた」[7]。これらすべての主張はまさにピュージンであり（一六八頁参照）、現にピュージンは「その主張の多くにおける真実と正義」[8]（ワイヤットの言）が誉められているが、「ゴシック風」スタイルを「それがまったく似合わない現代の発明品に」(9)適用したとして攻撃もされている。「ジャーナル」が過去の模倣に反対していたことは、ほとんど言う必要がないであろう。(10)

しかし、「ジャーナル」はまた自然の模倣をも攻撃していた。最初の号で、三つの水差しが自然からとった装飾の故に褒められているが、「単なる自然の模倣は、その最も高い意味において装飾的デザインではない」(11)とも書かれている。レッドグレーヴはさらに論を進めており、彼は自然の植物を使うことを薦めているが、それを「ギリシア人を鼓舞していた精神」によって使うこと、つまりそうした自然からのモチーフを「オリジナルの思考」で扱うことを薦めている。これによってのみ、デザイナーは「退屈な剽窃」(12)を避けることができる。

「ジャーナル」における最も思慮深い発言は、ワイヤット――彼の発言についてはすでに示した――とナザレ派の画家ウィリアム・ダイスによるものである。ダイスは機械生産のためのデザインの教育に強い関心を抱いていて、一八三八年から一八四三年まで政府のデザイン学校の責任者であった。(13)彼は、第一巻に三つの論考を書いている。彼が言うには、生徒たちは装飾を「慣習や先例に煩わされずに……特定の用途と状況に適合する装飾として」見るべきである。決定は常識によってなされるべきである。たとえば一つの基準は、装飾と「デザインが施工される過程」との関係である。もし施工が機械によるものであれば、デザイナーはその技術に「完全に精通」していなければならない。(14)他の論考も、同様に健全で実際的な助言を与えてくれる。消費者の教育のための教室も大きな価値があるだろう。(15)ある製造業者は、「ジャーナル」に新しい型をおよそ二百二十、「一シーズンに通常必要とされる型以上の少なくとも二百」(16)の型を、送っている。

ワイヤットの論考だけが、本書が問題としている歴史の中で名誉ある地位を「ジャーナル」に与えている。彼が、過去ではなく現在の立場にたって、ラスキンの『建築の七燈』をいかに見事に批判したかをすでに見た。(17)次の文章は、「ジャーナル」の他の論考に見られる信念である。「宗教改革以来……イギリスにおいては今ほどデザインに対する見込みがよかったことは決してないと我々は信じている」。これは第四巻の開巻の挨拶で述べられたものである。(18)ワイヤットは批評力のある楽観主義者の中で最も雄弁であった。彼の二つの長い論文は金属の仕事を扱ったものであるが、その限定されたテーマの領域を優に超えるものとなっている。[19] 冒頭ですぐに、彼は鉄の使用者のタイプを二つに分けている。一方は実利主義者で「注意深い鋳鉄建設者」であり、「通常は鉄道の上屋を繰り返し建て、橋をいやになるほど架けている」人である。もう一方は観念主義者で、

犬小屋にクロケットとフィニアルを付け、ストーブと時計を大聖堂のファサードにし……装飾と印象のために……あまりにしばしば快適さを犠牲にしている……次のようなことの一つが行われるまでは、美しい鉄の仕事や他の美しい仕事において好結果は決して得られない。まず、製造業者とデザイナーが二つの才能を持った一つの個人となるまで。二つ目は製造業者が、少なくともアーティストを巧みにコントロールし得るほどにデザインの諸要素を研究し、習得する努力をするまで。さらに三つ目はアーティストが材料とその製造法を注意深く研究することにより、非常に進化した個別の特性と調和する、あるいはその特性のためのデザインの体系を練り上げ使うようになるまで。[20]

鉄の現状は、大きな仕事はエンジニアによってなされており、建築家のものは少ないが、「しかし、エンジニアリングがどこで終わり、建築がどこから始まるかを明確にすることは難しい」。残念ながら明らかなことは、鋳造場がつくりだすものの多くは「あらゆるデザインのスタイルによる奇形」であり、鉄でつくられる建築の装飾の多くは怪物のようなものだということである。「鋳鉄の萎縮形へと縮んでしまったエレクテイオンの優雅なハニーサックル」と「街灯柱にまで拡大したシンプルで美しいロータス文様の変種」。[21] しかし、ワイヤットはまた褒め言葉も持っている。「エンジニアの桁をそのまま残し」、魅力的に装飾された正面を後退させているオーウェン・ジョーンズによるボンド・ストリートのチャッペル商店と、アブニー・パーク墓地の重厚な石造りと調和している鋳鉄を褒め、[22] さらにもっと熱心に「世界

の驚異たるテルフォードのメナイとコンウィー[訳39]の橋」[23]とブルネルの「けばけばしくて余計な装飾をすべて取り去った」ハンガーフォード橋を褒めている。そしてワイヤットは、橋梁から次のように予言するに至っている。「将来の栄光をまだたくわえている最初期から、イギリスは橋梁の形のスケールとプロポーションの基準を体系化し、世界と話し合えるその力の言葉と、将来の思考と感覚を体系化してきており、我々は確かにそれを確信することができるだろうが、予言することはまだ出来ない」。[24] スケールとプロポーションの体系がまだ不足しているという留保は注意されるべきである。なぜなら、ピュージンと同じように、ワイヤットは鉄の使用に固有の特質として鉄材の細さを薦めねばならないが、構造的な鉄材の細さは懸念していたからである。教会の身廊と側廊を分ける鉄の柱は、「昔のプロポーションの通常の規則に慣れたどんな人の眼にも」[25] 不十分に見えるだろうと、彼は書いている。

ワイヤットの論文の最後はクリスタル・パレスに対する会釈の言で、クリスタル・パレスが確かにその体系化の『強く望まれるべき完成』を加速する」であろうとし、「その形態と細部の新しさは、おそらく国民の好みに大きな影響を及ぼすに違いない」[26] と書いている。

つまり、ワイヤットがこれを書いた時は、クリスタル・パレスが立ち上がりつつある時であった。その挿図が、ワイヤットの二つ目の論文が載る前にすでに「ジャーナル」[27] に掲載されていた。当時の状況は十分に知られている。コールは、始終最も重要な大博覧会の推進者であり続けた。彼がアルバート公を動かしたが、アルバート公だけがこの先例のない冒険的事業を比類ない成功にしえたのである。オーウェン・ジョーンズはパレスの装飾担当の事業監督官となり、ワイヤットは実行委員会の書記となった。建設委員会は、建築家のバリー、コッカレル、ドナルドソン、[28] エンジニアのブルネル、スティーヴンソン、施工家のキュービットからなっていた。しかし、「ジャーナル」が聡明に気づいていたように、この六人は一つの建物も設計することができていない。そこで、「方向としてエンジニアでもなく建築家でもない人」すなわちパクストンが選ばれ、「賞を獲得する」。[29]

クリスタル・パレスは激しい反応を生じさせた。われわれはそれに触れてきたが、これまでは肯定的なものよりも否定的なものを述べてきた。しかし、熱狂的な反応も欠けてはいない。女王の日誌は一般の人の反応を精確に表現している。一八五一年五月二日の「タイムズ」紙もそうで、「我々の最も高い大聖堂のヴォールトよりも……なお高いキラキラ輝くアーチ……すべての時代と地方が創造主の王座の周りに集められるあの日を意識する人もいただろう」[30]。聖と俗を区別するのに非常に適した人と見なされるキングスレーは、クリスタル・パレスへの最初の訪問を「聖地に入り込む」[31]ようだと言っており、テニソンは有頂天になって詩を詠んでいる。

人類が始まって以来、決して見たことがなかった
稀有のパヴィリオン

しかし、いまや建物ではなく展示物に関心を注ぐべき時であろう。[32] ここで引用する価値のある唯一の賞賛の言葉は、意外なところから出ている。すなわちヒューエルからで、彼は一八五一年の終わり頃、大博覧会の美術協会での講演会[33]で、こう言っている。「我々が見てきたものは何であろうか。我々はすべての民族を見て、しかも民族の生活のすべての段階を見た」。その結果はこうである。「人間は本質的に工夫する人であり、職人であり、芸術家である……未開人の中にも、なんと多くの実際的な知識と手の器用さが見られることか！より発達した国［ペルシアやインドのような］においても……我々はどれだけ褒め、羨み、実際、絶望にまで陥らせられることだろう」。しかしヒューエルは、にも関わらず、我々はそれらを超えて前進してきたと続けている。というのは、これらの国においては芸術は「少数の人の趣味を喜ばせる」ためにのみ役立っているが、いまや「我々は大量に生産する機械をもっている」からである。機械という手段によって、いまや芸術は富んだ人に「劣らず貧しい人にも役立つ」。製造業者は、「彼らが奉仕すべき大衆に満足と楽しみ」を与える。おお、無邪気な科学者よ！展示物の現実の作り手たちは、もっと深く見ていた。彼らは、この科学者が量しか見ていないのと違って、美的な質を考えることができたからである。

コールとその仲間たちは失望しており、博覧会は彼らの博覧会ではあったが、率直に失意を表明している。「ジャーナル」自体も、オーウェン・ジョーンズによる「博覧会落穂拾い」という記事を伴う批評の合唱を主導している。[34]ジョーンズ曰く、キリスト教建築は宗教改革で致命的打撃を受けた。ゴシックを復活させようとする試みも「ことごとく失敗」してきたし、エリザベス朝リヴァイヴァルにおける試みも失敗だった。そしてイタリアン・リヴァイヴァルは「結局つりあわないに違いない……我々の慣習や思考方法と調和する建築を求める普遍的な渇望が、究極的に満たされなければならない」。もし古代人が、我々の材料と「構造設備」、我々の制度と「産業工程の制御手段」を持っていたら、彼らの建築はまったく違ったものになっていたであろう。しかし、博覧会はそのことをほとんど提示していない。「美のない新しさ──知性のない美、すべてが信念なく動いている」。これがその状況の要約である。オーウェン・ジョーンズは、さらに二、三の基本的な規則をつくろうとする。その規則は、五年後に『装飾の文法』で練り上げられることになる。「ジャーナル」における最も包括的な非難は、「タイムズ」紙の一つの記事に合わせて現れた。「ジャーナル」はそれを引用する。「装飾のデザインにおけるきちんとした原則がまったくないこと」、そして「装飾の支配者としての実用性の否定……博覧会におけるまさに最上のものは、最も少なく装飾されているものである」。[35]

「ジャーナル」の編集長であり、一八五一年にスクール・オブ・デザインの校長にもなっていたリチャード・レッドグレーヴは、博覧会のデザインについてレポートを書いており、それは一八五二年に『審査委員会報告』の一つとして出版されている。以下が彼の発言。オーナメントは構築されたもののデコレーションである。用途が主でなければならず、オーナメントは副次的である。博覧会の「主たる誤り」は「この原則を覆す」傾向があったことである。「オーナメントが拒否されるほど用途が際立った……用途が完全な有用性をもつ物」が博覧会における最善のものである。「最も純粋と見なされるスタイルは……構造的有用性に……最も完璧に対応したスタイルである」。したがって高期ゴシックは後期ゴシックよりもよく、テューダーはルネサンスより劣る。ルイ十四世様式もまた堕落している。しかし、博覧会の四分の三にはびこっているのは、こうした遅れたスタイルの「派手で豪華な安ぴか物」であった。

装飾美術家の二つのタイプがある。一つは過去を崇拝しているタイプで、もう一つは「自然の豊かな源泉」を求めに行くタイプである。二つとも間違っている。過去はその原理のために学ばれるべきで、その形を模倣するためではない。そして自然の形の直接的な使用、たとえば、「自然の水床に浮いている睡蓮」のカーペット、ガラスのアネモネ、「植物と花の金属による模倣」は、「本当の原理に反する」。[36] そのような模倣的デザインが機械によって施されるとき、それらは二重に堕落する。

レッドグレーヴは次に、各事業を順に検討していく。ワイヤットは、製本とタイルで二度褒められている。その他のよいタイルは、ピュージンとグルナーによってデザインされたものである。ピュージンの「メディーヴァル・コート」もまた、高い評価の故に選び出されており、「相応な原理……美しいディテール……材料の正しい使用……すばらしい施工技術」[37] と書かれている。このレポート全体に行きわたっている主張は、「大博覧会の装飾の半分は……過剰だ」ということである。[38]

レッドグレーヴは、一八五七年に芸術総監となり、コールは一八五二年にはプレイフェアと一緒に、そして一八五八年には単独で、工芸部局の書記になった。彼は、レッドグレーヴとワイヤットと同様に、一八五五年にレジヨンドヌール勲章を受けている（この年のパリ博覧会のイギリス部門の故）。ワイヤットはまた、一八六五年に英国王立建築家協会の金賞を受けているが、これは一八五五年から一八五九年までその協会の名誉書記であったから。オーウェン・ジョーンズはその金賞を一八五七年に得ている。[39]

一八五六年に、ジョーンズの『装飾の文法』が出版されていたが、これは豪華な多色刷りの図版のフォリオ版で、一九一〇年にもまだ出版されていた。[40] その序文は、この本のねらいを簡潔に説明している。それは「ある程度の一般的な規則」を提示することである。図版は写すためにあるのではない。なぜなら、どのスタイルも「移植」できないから。そのかわりに、生徒たちはスタイルの背後にある「思考を探し出す」べきで、それを今日の状況に適用しなければならない。これは一種の「自然回帰」の要求ではある。しかし再び言うが、ただ過去のスタイルが自然を扱ってきたように自然を扱うためである。序文の後に、オーウェン・ジョーンズは三十七の提案を一気に示す。以下にあげるのは、そのうちのいくつかの一般的に最も重要なものである。

I．装飾美術は……建築に適切に付随するべきである。

II．建築は、それが建てられる時代の必要と機能と感情の物質的な表現である。建築は、気候と使用可能な材料の影響下にとられる表現の特有の形態である。

III．建築と同じように、すべての装飾美術の作品は、その結果が落着いたまとまりとなる適合性とプロポーションと調和をもつべきである。

V．構造は装飾されるべきである。装飾はそれが目的でつくられてはならない。美しいものは真実であり、真実であるものは美しいはずである。

XIII．花やその他の自然物は、オーナメントとして使われてはならない。ただし、意図されたイメージを心に伝えるに十分示唆的であり、それが施された対象物の統一性を壊していない自然物に基づいた伝統的な表現は別である。

この姿勢は、まったくコール、レッドグレーヴ、ワイヤットの姿勢である。現にワイヤットは、二つの部分に寄稿している。オーウェン・ジョーンズのその他の提案は、プロポーションと色彩を扱っていて、それらは全部で二十一項目となる。最後の三つの提案は以下である。

XXXV．樹木の木目や変わった色大理石の石目の模倣は、模倣されたものの使用が一貫したものであったときにのみ許される。

XXXVI．過去の作品に認められる諸原理は我々のものである。作品の結果がそうだというのではない。それは目的を手段と思い込むことである。

XXXVII・あらゆる階級、芸術家、製造業者、そして公衆がよく芸術の教育を受け、普遍的な原理の存在がもっと十分に認識されるようになるまでは、いまの世代の芸術における改善は起こり得ない。

つけられた百十一のカラー石版画の図版は、「未開の種族」から始まって、エジプト、アッシリアを経てギリシア、ローマに至り、最後は十八世紀である。しかし、一番最後の部分は、「自然の葉と花」となっている。オーウェン・ジョーンズの助言に関しては二つのことに注意すべきである。その包容性と東洋強調性である。オーウェン・ジョーンズは過去のどの特定のスタイルの支持者でもなかった。確かにゴシック主義者でもないし、イタリア主義者でもない(訳40)。彼の選択は、間違いなく折衷的である。しかし、仮に一つの好みがあるとすれば、それはムーア Moorish ——彼はそれを Moresque と呼んでいる——、アラビア、トルコ、ペルシア、インドであろう。彼は、これらの人々の建築を弁護しているのではなく、装飾を自然主義的にではなく伝統的に扱っているそのやり方の正しさを純粋に弁護している。彼の図版のほとんど三分の一が、近東と中東のものである。そして、各章に入る前の導入文は、彼の選択が何を示しているかを裏付けている。

アルハンブラ宮殿の装飾体系は、パルテノンの体系と同じくらい偉大である。「他のどんな人々の装飾美術研究から引き出しうるどの原理も……ここにはある」(41)。「カイロのモスクは世界で最も美しいものに入る」(42)。そして、またしても彼はそれらをまったく建築として扱ってはいない。博覧会においては、「美術の製造業への適用においてどこにでも見られる全般的な無秩序の中」にあって、「インドや他のイスラム教の国々」の作品は、「施工の非常な優美さと洗練さを伴った高度なデザインの統一性と、その応用の技術と判断の存在感」によって誰をも驚かせる。それは、ヨーロッパの「適合性とは無関係の新奇さのための成果なき争い」(43)とまったくの対照をなしている。オーウェン・ジョーンズは、東洋の装飾の適合性はまた、ヨーロッパの十三世紀の装飾の適合性であることを認めている。だから彼のゴシックは、ピュージンとラスキンとエクレジオロジストたちのゴシックであり、間もなく触れることになるスコットのゴシックである。「アーリー・イングリッシュの装飾は最も完全である」。なぜなら（スティフリーフ[訳41]のモチーフを示して）、それは自然を様式化しているから。十四世紀に入るとすぐに、自然の模倣は目的となり、衰退が始まる。「［葉が］自然になればなるほど、その出来はより芸術的でなくなる」[44]。

ワイヤットの『装飾の文法』への寄稿は、ルネサンスの装飾とイタリアの装飾の部分の長い導入部である。彼はこれらを賞賛し、オーウェン・ジョーンズもそれに異を唱えていないが、ワイヤットはまた「ルネサンス様式の放縦を避ける」よう読者を戒めてもいる。彼は千四百年代 Quattrocento と千五百年代 Cinquecento の図版を載せ、ミケランジェロをあまりにも新奇さに関わり過ぎるとし、ジュリオ・ロマーノを「利己的すぎる」とし、ルポートルとベランを詳しく区別しないで扱っている。彼自身の時代のものについては、ワイヤットは――パッディントン駅やインド政庁の中庭など彼自身が関わっているものにそれを見ることができる――オーウェン・ジョーンズがアルハンブラを好んだのに対して、ルネサンスと自由な千五百年代様式を他のすべてのものよりも好んでいた。「これらの様式は、最も気高く豊かで、高度に人為的な社会組織の複雑な要求に最もよく適用されており、そこではルネサンスと同じように建築と絵画と彫刻と産業における最高度の技術的卓越性」[45]が統合されていると彼は書いている。

これが十九世紀の状況に対するワイヤットの答えである。オーウェン・ジョーンズの答えはこれとは違っている。最後の章で、彼はまず最初に念を押している。

美術の最良の時代においては、装飾は装飾作品の完全な形を模倣しようとする試みよりも、自然の形の取り合わせを規定している原理の遵守に基礎を置いているものである……現在の不確かな状況においては……装飾作品として自然の形態をできるだけ忠実に再現しようという……一般的な傾向があるように見える……現在の花模様のカーペットや花模様の壁紙や花模様の彫り物には、こうした方法では芸術は生み出し得ないという十分な証拠……がある。

それでは、我々にはなにができるだろうか。「創出すべき、あるいは発展させられるべき新しいスタイルはどのようなものであろうか」。オーウェン・ジョーンズの最終の答えは、学生たちに、もし彼らが「自然の事物の普遍的な適合性の法則に十分な感銘を受け」、それと同時に「すべてが少数の法則に基づいてつくられた……すばらしく多様な形態」に感銘を受けているなら、新しい美の形態が見つかるだろう、と伝えることであった。

これはまさにウィリアム・モリスであり、もちろん彼は、デザインに関心をもつ誰しもと同じように『装飾の文法』を知っていたに違いない。この最後の章を彼は特別の注意をもって読んだに違いない。なぜなら、葉や花がどのようにすれば平らに見え、自然に対する真実性を失うことなく真の織物の図柄要素となり得るかを、彼が知ることができたのはこの章においてだからである。『装飾の文法』の図版の中で、この点でにおいてとりわけ効果的なのは、図版一（写真45）、つまりオーウェン・ジョーンズによる栗の木の葉と、図版八、つまりクリストファー・ドレッサー博士による花の「平面図と立面図」である。(46)

オーウェン・ジョーンズのウィリアム・モリスへの影響は遅きに失したが、しかし結局モリスは、オーウェン・ジョーンズの命題からジョーンズ自身よりもはるかに多くのものを得た。ジョーンズもコールの仲間たちの誰も、趣味を浄化することに成功しなかった。彼らの趣味は、あまりに不確かである。彼らはまず第一に組織者であった――コールはサウス・ケンジントン・ミュージアム（現ヴィクトリア・アンド・アルバート・ミュージアム）と美術とデザインの教育の組織者であった。コールは一八七五年に、ワイヤットは一八七七年にそれぞれ受爵している。

しかし本書の文脈においては、すなわち建築とデザインの書き手としては、彼らの位置のほうが中心をなす。コールなしには、大博覧会もなかったし、クリスタル・パレスもなかった。そして、この事業とこの建物は、単なる年代的数字――これ以前に五十年、これ以後に四十九年――のみならず、何を意味しているかということにおいても、十九世紀における中心をなす。大博覧会の展示物に対する反応はデザインの原理の正誤の試金石であり、クリスタル・パレスに対する反応は前向きに見るか後向きに見るかの試金石である。

しかし五十年代において、なにが前向きで、なにが後向きであろうか。答えは単純ではない。ジョージ・ギルバート・スコット卿の例が、それがいかに複雑かを示している。

註

1　*Fifty Years of Public Works of Sir Henry Cole*, 2 vols.（London, 1884）を参照。

2　オーウェン・ジョーンズに関する本はまだない。これはヴィクトリア朝デザインの史料編纂における深刻な空白である。

3　I, 87-8 ; II, 201 ; III, 52.

4　I, 3.

5　I, 56-7.

6　IV, 14 ff.

7　I, 79 ff. ; II, 129 ff. and 171 ff.

8　IV, 75.

9　III, 88.

10　II, 17.

11　I, 16.

12　I, 149.

13　Q. Bell, *The Schools of Design*（London, 1963）. また Dyce Exhibition のカタログ（Aberdeen and London, 1964）を参照。

14　I, 91 ff.

15 II, 87. いまもなおそうである。

16 IV, 49. これは、いまでも話題になるだろう。

17 二二三頁参照。

18 p. 1.

19 IV, 10 ff. and 74.

20 IV, 11.

21 IV, 14.

22 IV, 12-14.

23 IV, 77. これらの橋については、まったく異なる分野からの同じような評価がある。著名な俳優のEduard Devrientは、一八五〇年七月の手紙でこう書いている。「こうした大胆な冒険、イギリスの橋は……いつの日か、我々の時代の良き証明書となるだろう」(*Briefwechsel zwischen Eduard und Therese Devrient*, Stuttgart, 1909, 190)。

24 IV, 78.

25 IV, 75.

26 IV, 78. 公式カタログと *Proc. Inst. Civ. Eng.*, X, 1851 に掲載されている 'On the Construction of the Building for the Exhibition' という論文も事実上、ワイヤットが書いている。

27 IV, 50-3.

28 この後二者については一二〇〜一二五頁参照。

29 III, 190.

30 ある投書家が *The Ecclesiologiste*（XII, 1851, 271 ff.）で、建物のヴォールトの架かった部分、つまりトランセプト部分は「自然な雄大さ」を示しているのに対して、ヴォールトの架かっていない身廊部分は「惨めな平板さ」を示していると鋭く書いている。

31 Charles Kingsley: *Letters and Memoirs*, 1877, I, 280-1.

32 展示物に関しては、わたしは *High Victorian Design* (London, 1951), reprinted in *Studies in Art, Architecture and Design* (London, 1968)〔ニコラウス・ペヴスナー『美術・建築・デザインの研究I、II』鈴木博之・鈴木杜幾子訳、鹿島出版会、I、一九七八年、II、一九八〇年〕II, 38 ff. で概観している。

33 *The Grneral Bearing of the Great Exhibition on the Progress of Art and Science* (London, 1852).

34 V, 89 ff.

35 V, 1851, 158 ff.

36 *Reports by the Juries*, 708 ff.

37 Ibid., 718.

38 Ibid., 727.

39 ちなみにコールは金賞を貰っていない。その理由は、四二五頁のカーの補遺に掲載した論文でほのめかされている。

40 本書の引用箇所の頁数はこの版による。

41 *The Grammar of Ornament*, 66.

42 Ibid., 57.

43 Ibid., 77.

44 Ibid., 100-2. ストリートが一八五二年に同様なことを言っている（一九五頁参照）。

45 *The Grammar of Ornament*, 127, 及び137と145も参照。

46 ドレッサーに関しては、*The Architectural Review* LXXXI, 1937 のわたしの論文を参照。またより新しいものでは、Shirley Bury in *Apollo*, N. S. LXXVI, 1962, 766 がある。

第十七章　ジョージ・ギルバート・スコット卿

ジョージ・ギルバート・スコット卿[1]は、聖職者の子として一八一一年に生まれた。彼はジェームズ・エドメストンの徒弟であった。エドメストンはシティーの事務所ビルの建築家で、十九世紀に必要とされていたスタイルに関する彼の見解は後に触れることになる。エドメストンの事務所で、彼は後にパートナーとなるW・B・モファットと出会った。モファットとパートナーを組む前に彼は、大手の建設会社であるグリセル&ペト、後に労働者の住宅に強い関心をもつことになる建築家ヘンリー・ロバーツ、そして救貧院の専門家であるサンプソン・ケンプソーンの下で経験を積んだ。スコット&モファットはこれらと同じ専門をそつなく引き継いだ。一八三八年にスコットは初めての教会を設計するが、これは誇るべきものとはならなかった。しかし、一八四〇年にオクスフォードの殉教者記念碑（これのために「彼は見つけられる限りのあらゆる古い十字架の図像を手に入れた[2]」）が続き、すぐ後にオクスフォードの聖マグダラのマリア教会の殉教者側廊（写真46）が続いた。そしてこの二つは、同時代のピュージンのどれと比べても考古学的に正確なミドル・ポインテッドの例であった。後にスコットは「私はピュージンの著作の雷鳴によって眠りから覚めた」とか「その時から私は新しい人になった」と寛大に書いているにも関わらず、また彼はピュージンを「すべての未来のための偉大な建築の改革者」とか「私の守護天使[3]」と呼んでいるにも関わらず、年代の関係からすれば、このスコットの様式成熟の達成がピュージンからの感化の成果だということはありそうもない[4]。スコットはまた、ケンブリッジ・キャムデン協会[5]からも感銘を受けており、「エクレジオロジスト」の読者となった。しかし、彼はアングロ・カトリックではなく――見解や流儀からして彼は中庸派 juste milieu[6] と呼べるかもしれない――また協会も、彼の仕事のいくつかは褒めているけれども、ハンブルクのルター派の聖ニコラス教会のコンペに彼が勝ったことを決して許さなかった。それが一八四四年のことで、それ以降、教会の設計依頼の絶えざる流れが彼の成長しつつある事務所を通過していった。その中でも大規模で野心的なものは、パーペンディキュラーによるドンカスターの華麗な教区教会（一八五四〜八年）（写真47、48）、ラスキンに「かわいい教会」と評された[7]ミドル・ポインティドによるキャンバーウェルのセント・ジャイルズ（一八四一〜三年）（写真39）、そしてケンジントンのセント・メアリー・アボッツ（一八六九〜七一年）であろう。これらの教会やその他のスコットの教会は、きわめて的確かつ自信をもって処理されている。すでに一八四六年には、プティがキャンバーウェルの教会について「同規模のどんな古い教会との比較にも十分堪えるであろう作品」[8]と書いているし、一八四八年にはプールがスコットを「今日の最も偉大なゴシック建築の巨匠」[9]と評しているし、一八四九年にはフリーマンがハンブルクの聖ニコラス教会を「この時代が生み出した最も気高い作品」[10]と評している。

新しい建物の流れと並行して、修復の奔流もあった。最初の大聖堂はイーリーで、彼はこれを一八四七年に始めていた。その二年後に、彼はウェストミンスター・アベイの監視官となった。すでに見たように、修復は問題を引き起こしていた。ケンブリッジ・キャムデン協会は一八四七年に折衷的なやり方の選択を主張しており、ラスキンは一八四九年にいかなる修復にも根本的に反対する主張をしていた。スコットは、一八四一年と一八四三年にすでにいくつかの原則の要約の声明を出しており、一八五〇年にはそれをもっと詳しく本に書いた。一八四一年の声明は、彼のまさに最初の修復の仕事、すなわちスタッフォード教区教会の修復に関してプティとの往復書簡の中でなされたものであり、それはスコットにとっても十分に重要なものだったようで、彼はそれを『回想』に再録している。[11]それ故、それはここに全部引用する価値がある。スコットは、その教会が十分な二階席を備え、西端近くに説教壇を備えていることを見出した。身廊は、パーペンディキュラーのクリアストーリーと天井を備えた最初期のアーリー・イングリッシュであった（いまもそうである）。内陣とトランセプトもアーリー・イングリッシュであるが、大部分は後期のそれであり、内陣と南側トランセプトの上部は一五九三年のすぐ後のものであった。スコットはこの部分を「堕落した趣味の時期に気ままに切断改造された」ものとして、ある程度の根拠に則って本来のアーリー・イングリッシュに似たものに修復しようと望んだ。プティは反対した。建築家というものは、「衰退しつつある［時期］にいる人の仕事を下劣だとか価値がないと言う前に、長い間躊躇うべきである」というのである。しかし、この時のプティの実際的な提案は、この上部を「明らかな誤りと欠陥を取り除いて……パーペンディキュラーの外見」にすることであった。この曖昧な提案は、スコットの返答を容易にした。しかし、彼の返答もまた満足のいくものではない。彼は、これは「二人の伝統主義者の間」の議論で、プティの主張は正しい原理であり、彼自身の主張は「例外的なもので規則に反してはいない」と見えることを望んだ。これは、間もなく触れるように、スコットの典型的なやり方であった。しかし一方で、彼は以下のようにも要約している。

私は、我々の教会が時代から時代へと蒙ってきた改変を抹消し、全体を当初の統一的なスタイルに戻すべきだと良き趣味が要求していることを普遍的な規則だと決めることを望んでいるわけではない。こうした多様性は実際たいへん価値がある。建物の長く続く歴史もそうで、そこからはあらゆる改造や修理の年代が、まるで言葉で記録されているように明確に読み取れるであろう。そして多くの場合、後の増築はオリジナルの残存構築物と同じように貴重な建築の標本であり、同じように注意深く保存する価値がある。我々の教会がギリシアやローマの遺跡のように見られるようになり、そして古建築が学ばれるべきオリジナルのモニュメントとしてのみ見られるようになれば、それらは欠けていたり荒廃していたりしていても、どんな修復やたとえわずかの程度の修復であっても修復よりもいまの状況のほうが価値があるだろうとすら私は考えている。しかし、神の栄光と人間の使用（したがって、それは適切な修繕の状況に維持されねばならない）のために建てられた建物としての教会をもっと正しく見て、古い部分も後補の部分――オーセンティックなものとまがいもの――も、同様に朽ちていて、すべてが建物をその目的に合ったものにする刷新が望まれている荒廃の状況を見るならば、我々はこの課題に対して最良の判断をする自由を持っていると私は考える。そして、もしオリジナルの部分が「非常に貴重」で、後補の部分が「下劣」だと見なされるなら、我々は一方に永遠性を与え、他方を取り去ることはまったく正しかるべきことだと私は考える。

この主張が曖昧さに満ちたものであることは、[12]ほとんど指摘する必要がないであろう。この早すぎた卓越さから一八四三年の声明へと話を進めよう。一八四三年の声明はリンカンシャー州ボストンの教会の修復の必要性についての覚書である。彼は「古い教会の修復という深い関心と重大な責任を必要とする意見を建築家が求められた時に、それに則ってやれるような目あてとなるものはない」と述べ、さらに細かく述べる。「あらゆる修理の目標は、残存しているオリジナルの建物の特徴の忠実な修復と、そのさらなる損傷からの保護であるべきである……また失われた古い特徴の再生ではない改変、もしくは教区民の現在の必要に適した建物に変えるために必ずしも必要ではない改変は、なされるべきではない。そして、これはその建物の性格と意図に厳密に一致させてなされるべきである」。[13]しかし最終的な結果は、スコットがカーライル大聖堂からコピーした真新しい東側窓を伴うものであった。

したがって、スコットの一八五〇年の本を論じる際にも気をつけなければならない。この本は『我々の古い教会の忠実な修復のための嘆願』といういかにも特徴的なタイトルである。一九五〇年に出版されたこの本は、その主要部分はスコットが一八四八年に行った講演であるけれども、間違いなく一人の賢明で信頼できる人のラスキンへの返答と見なされた。[14]その本の意図は、不謹慎な修復によって引き起こされている「破壊の連発」[15]を止めることであったとスコットは書いている。「何世紀もの改変と放置よりも……善意の修復の気まぐれの改竄によるポインティド・アーキテクチュアの本物の例の破壊が盛んに行われているのは、非常に嘆かわしい事実である」。[16]ひとたび修復が始まると、「その建物の全体の性格とアイデンティティが変わり」[17]、「そのすべての真実性」[18]が失われるまで、「保存の原理から少しずつはずれていく」。しかし、スコットが自らをその「擁護者」と称している保存の原理とはなんであろうか。それはこうである。「一般的な規則としては、スタイルの混在や部分の不規則性で示される建物の生長と履歴の痕跡は維持保存されることが高く望まれる……少なくとも最も古い部分のいくつかの痕跡は常に維持保存されるべきである」。一方で、いくつかの後補の部分の除去は、「ある場合には……とりわけ後補の部分が荒廃していて、より古いものが完全な確かさでもって復元できるであろう場合には、望ましいかもしれない」。しかし原則としては、「後のもので貧弱なものであったとしても、オーセンティックな形姿は、より見事だとしても推測で復元されたより古い部分よりも価値がある」。[19] そしてこれは、「エリザベス、ジェームズ、あるいは殉教王チャールズの時代の追憶物」[20] にすら当てはまるように見える。

これらすべてもそれほど明確ではない。そしてスコットが「もし彼が後のものを取り去るという犠牲を払って古い形を復元することを好都合だと判断したとしても……［彼は］苦痛と共にそうするのだ」[21] ということをわれわれに請け負っても、彼がオクスフォード大聖堂に十二世紀後期のスタイルでまったく新しい薔薇窓をつくり（写真49、50）、チェシャー州ナントウィッチで、デコレイティドの門戸とパーペンディキュラーの西側窓を、セカンド・ポインティドの門戸と窓に取り換えた時、[22] 彼はなにを感じたか、われわれは不思議に思うのである。彼は、チェシャー州チャムリー[訳42]で、十七世紀半ばの礼拝堂を取り壊し、中世の内陣と調和する礼拝堂を再建する提案をした。[23] さらに、もっと不穏な発言もある。「オリジナルのディテールは……部分的に荒廃していたり壊れたりしていても、最も巧みなその修復の試みよりもはるかに価値がある」。然り――そして「修復の真の目標」は、「確実に追跡し得る近代の改変によって現実には破壊されてきた形態を取り替える」ことを含む。然り――しかし取り替えるための手がかりがないところでは、「そのヒントを一致する時代の近隣の教会から探すべきである」。[24] このやり方を、スコットは彼が「建築の性格を高める」[25] と呼ぶものの中に含めており、修復者が、このフリーマンが「破壊的」で「折衷的」と呼ぶ方法をしなければならないときは、彼は「暖かさと思いやり」[26] をもってやるべきだとしている。そしてこうした彼のすべての確信にしたがって、彼はカンタベリー大聖堂のノルマン風の北側西塔を取り壊して、ゴシックの南側西塔に合うものに取り替えることを認めるのである。[27] なぜなら、「イギリスの主要都市の教会が不規則で不完全な正面をもつこと」は堪えられないからである（「尊重すべきノルマン風の塔を失うこと」[28] の当然の「嘆き」があるにしても）。彼はまた、ケルン大聖堂の北側西塔の「フランボワヤンの走り」の部分を、一八一四年に見つけられていたオリジナルの計画に合うものに置き替えることも認めている。[29] このように、スコットは言論の上においても実践においても生涯、彼のべらぼうな原則をたっぷり外れ続けた。しかし、今日このことで彼を非難するのは、やりすぎかもしれない。一つには、人々は修復者がなすことを好んでいたからである。たとえばナサニエル・ホーソーン[30]は、イギリスにおける「教会の維持保存と再教化」に対する「強い熱意」と、「古い材料よりも古い考え」を重んじる熱意と、その結果古い教会が「愛情を込めて再建される」ことになることを褒めている。二つ目は、スコットが登場した時、たくさんの教会が、最も大きな教会のいくつかも含めて、実際、悲惨な状況にあったからである。ウェスミンスター・アベイのチャプター・ハウスでは、文書類が鉄の階段と階上席に保管され、[31] セント・オールバンズでは、馬車道もしくは荷馬車道が東側の礼拝堂のいくつかを通り抜けていたのである。それに、スコットが自分のスタイルとディテールを知った学識者であったことも忘れてはならない。

しかし一八五〇年の本は、修復のみを論じているわけではない。それはまた、十九世紀独自のスタイルの可能性と期待性に関する議論をも扱っている。この議論に関しても、ラスキンの否という主張が一八四九年に出ていた。スコットはラスキンに賛成しているが、いつものようにより順応しやすい形で賛成している。彼はドイツにおける勲爵士ブンゼン、すなわちブンゼン男爵との会話を語っている。ブンゼンについてはすでに触れた（一〇三頁と一一三頁の注19参照）。ブンゼンは、「現在以外のあらゆる時代が、程度の差はあれ、その時代独自のスタイルを持っていたから」、古いスタイルを再生しようとする努力は一貫性がないとした。スコットの返答はこうである。「キリスト教ヨーロッパ固有の建築が衰退に陥った」とき以来、我々は「誤った道」を三百年間歩んできた。それで我々は現在、我々自身のスタイルを持っていない。「我々が離れてきてしまった古い道の地点を見つける」[32] べきことが自然なことであろう。因みにスコットは、この離れてきてしまった責任を断固してローマと教皇制度のせいにしている。つまり、ピュージンを尊敬してはいたが、彼は非常にはっきりとした反カトリックであった。キリスト教の最も純粋な時代には、教会が圧迫されていたため、固有のキリスト教建築は成立しなかった。それで、異教信仰の時代に端を発するスタイルが使われた。[33] ルントボーゲンシュティールの被告たちをやっつけるに十分な主張。しかし、もし「異端説や腐敗によって苦しめ[34]」られていなかったならば、キリスト教建築はもっと早く頂点に達していたかもしれない。そして、もしゴシック様式が教皇制度の「最も絶対的な支配の前夜に」現れたとローマカトリック教徒が主張するとすれば、スコットの答えはこうである。「奪われた支配の結果としてではなく、むしろ奪われた支配にも関わらず」ゴシックが現れたのであり、「強奪した国ではなく、強奪に苦しめられた国々」にゴシックが現れたのである。しかしながらだいぶ後になって、ローマに「不信心者の規格」がつくりあげられた。(35) そして、この不信心者のスタイルは、スコットにとっては「空虚」であった。したがって、我々はこの空虚から離れて北方のゴシック建築へと戻らなければならない。それが我々のできることのすべてである。「我々がこの空虚を意図的な発明品で埋めようと試みることは無駄」であろう。我々は、まさに上昇が終わり下降が始まる場所に行かねばならない。「我々は経験から教訓を得て、上昇へと進撃を続けるべきである」。しかし、その場所はどこだろう？ロマネスクではない。それは「まったくすべてがキリスト教的な素材からできてきたわけではない」から、パーペンディキュラーでもない。それは「宗教的感覚の欠如」を示しているし、「基本的になにがしか頽廃の原則を含んで」いるから。(37) ましてやデコレイティド、すなわち流麗なトレーサリーの様式ですらない。「優雅さや豪華な美しさをキリスト教の聖堂の建築に最も必要な要素だとは我々は感じない」から。(38) 否——それはミドル・ポインティドでなければならない。スコットは、エクレジオロジストたちとラスキンと力を合わせる。それは「これまで達成された最高の発展段階」(39) であり、偶然にも（ウィリスが指摘していたように）「フランスでもドイツでもイギリスでも同時に起こった」、「それが最高点にあること」(40) を示す唯一のものでもある。

まだ一つだけ答えられていない質問が残っている。ミドル・ポインティドをどのようにして回復し始めるべきか、である。まず初めに、「謙虚な盲従的模倣の期間」(41)、すなわちミドル・ポインティドの徒弟期間の後に、我々はポインティド・アーキテクチュアの完全な知識と理解をもって「ポインティド・アーチを我々自身の時代の変化した要求に適用」させられるよう着手できる。この適用は、「それを本物の生きた建築にするために必要な他の新しい形姿」の付加を含まなければならない。そしてスコットは、彼が新しい形姿として受け入れられると考えたものについては、驚くほど成功している。彼が要求することの一切は、ミドル・ポインティドが「我々のよき作品の核心」として受け取られることであり、それが満たされるならば、「より早い時期やより遅い時期の必要で魅力的なものが混じることや……全体が必然的に一つのスタイルに融合しつつも……これまで達成されたどの発展段階が……示すよりももっと大きな多様性が見られること」[42]に彼は反対しなかった。

これは明らかに折衷主義であるが、折衷主義はヴィクトリア朝建築の重要な特質の一つであり、——故キャロル・ミークスはこれを最も重要な特質としている[43]——またこの言葉は多義的でもあるので、これについてもう少し触れなければならない。前章までで、われわれは二つの異なった折衷主義者を見てきた。いずれも、ゴシック側に立つピュージンやラスキン、ルントボーゲン側に立つヒュプシュのような、一つのスタイルの信奉者[44]と対立している。われわれはまた間もなく、ギリシア一辺倒の一つのスタイル信奉者としてアレクサンダー・トムソンを付け加えることができるであろう（二七〇頁参照）。二つのタイプの折衷主義者というのは、単純に「それぞれ固有の美を持たないスタイルはない」（ドナルドソン、一八四二年。一二四頁参照）と主張する人々と、一つの同じ建物に様式的に違いのあるモチーフを集めることを推奨する人々である。プティ（一八四一年）は前者の一人で、彼はセント・ポールを褒め、ラ・マドレーヌをすら褒めている。バーソロミュー（一八三九年）は、ギリシア、ゴシック、レンという三つの重要項目によって歴史的発展を見ているが、同じ前者の一人である。この包容的な態度は、たとえばシデナムのクリスタル・パレスの陳列場に反映されている。すなわちそこには、エジプト、ギリシア、ローマ、アッシリア、アルハンブラ、ビザンティンとロマネスク、三つの中世、ルネサンス、エリザベス朝、イタリアの各展示場があり、そこではあらゆるものが学べ楽しめるはずだった。実際、このタイプの折衷主義は、ヴィクトリア時代の一般的な歴史主義の一つの側面にしかすぎない。これに対して、われわれがすでに見たように、ホープはあらゆる過去の様式から最良のものを借りてきて新しい建築を構成し、その合成物に現代の利便さが要求し、新しい発見が可能にするものはなんでも付け加えるということを提案していた（一一一頁参照）。

さてスコットであるが、あんなにも声高のゴシック主義者にしては、この折衷主義に関する余談の部分ではホープに非常に近いところに来ている。要するに、彼はミドル・ポインティドを、単に自分の核として、そしてそれにより早い時代や遅い時代の要素を接ぎ木するために望んだのである。どんな要素を彼が考えていたかは、彼のその次の本『世俗建築・住宅建築所見、現在と未来』によってのみ明らかとなる。この本は一八五八年に出版され、ベレスフォード・ホープに献じられている。そこでは、彼はイタリアのゴシックから、窓割りの規則性、コーニスの強調、構造材料による多彩色、テラコッタとモザイクの使用を喜んで受け入れた。(45) しかし、彼はイタリア・ゴシックに関する補遺の部分を、「どの旅人をもたたまま最後に見たものによって想像をたくましくさせる当世の無制約の折衷主義」(46) を注意深く避けるよう警告することで終えている。というのも——細かな点で寛容であるにも関わらず——『世俗建築・住宅建築所見、現在と未来』の唯一の目的は、ゴシック様式が宗教建築のための様式であるのみならず、公共建築や私的建築にも著しく適した様式であることを示すことであったから。なぜゴシックは宗教と共に連想されるのか、と彼は問う。それはつまるところ、宗教的感情を「日曜日、さらには礼拝の時間」に限定し、「異教のスタイルが……私的な建物によりふさわしい」(47) と示唆することと同じである。しかし宗教を別にしても、ゴシックは実際的な観点からして最もふさわしいスタイルである。他のどんなスタイルも、「ゴシックほど直接的に実用性からその特色をつくりだしてきた」(48) わけではなく、ゴシックは「余分の費用」なしに「社会の慣習のどんな変化にも適応し得るすぐれて自由で包括的な」(49) スタイルなのである。その単調さをスコットが「まったく耐え難い」(50) と評したガウアー街と、多彩な窓割りや破風や出窓を備えたスコット自身の一八五四年のブロード・サンクチュアリーの住宅（写真51）を比べてみると、彼が何を望み、なぜそれを望んだかがわかる。この本で彼が言うように、「それぞれの住戸に周りの住戸から際立たせた正面を……与え……住宅を個性化すること」は街路の建築にとって非常に重要な要素である。(51) ブロード・サンクチュアリーがミドル・ポインティドであることは、言うまでもない。八年前と同じように、「我々の国の建築における最良の時代は、十三世紀の後半と十四世紀の初め」(52) だからである。

しかしこの発言やブロード・サンクチュアリーの存在にも関わらず、彼は非常に強調して書いている。「私は中世主義者ではない。私は中世の様式を中世であるから擁護しているわけではない。もし我々が我々の時代の偉大さにふさわしい我々自身の時代の独特の建築を持っているのであれば、私はそれに従うことに満足するであろう。しかし、我々はそれを持っていない」[53]し、「どの時代もこれまで新しい様式を意図的につくっては来なかった」。現に、そうすることは「実際上、不可能」である。[54] そして、なぜそれは不可能か？　スコットはここでも広い折衷主義の態度をとる。ただし、今回は議論の武器をずっとよく保留したままである。実際、彼の時代にはこうした議論は、論争の余地がなかった。その議論は長く引用する価値がある。

真の芸術のどの時代においても、過去はそれほど考慮されなかったし、――誰もが現在に全部の力を注いでいた。したがって、彼らの努力は集中的で、どの彼らの思考も目の前の一つの対象から散らされたりそらされたりしなかった。そして、そのことに我々は芸術の各段階が順に獲得する完成を負っているのである。

しかし、事実は頑固なもので、――かりに望んでも我々は我々が働かねばならない条件を変えることができないので、（以前に言おうとしていたように、条件に従うのではなく）条件を我々に従わせるようにし、それらを我々自身の仕事の補助となるようにしよう……

芸術の歴史全体に関する我々の知識が、我々自身が生み出す歴史に影響しないと想像することは馬鹿気ているであろうし、――そうであるべきだとすることも不可能である。それは影響を及ぼすに違いないし、――我々がその影響を我々の知性に従わせることによって導くのである……

我々の視野に絶えずあらわれるこの生き生きとしたパノラマと共に仕事をすることの最初の当然の結果は、我々自身のものを育むことなく歴史の花々を摘み取ることに甘んじる気まぐれの折衷主義――ある時はこのスタイル、ある時はあのスタイルの建物――を誘発することである。[55] しかし、これは知恵の本文ではない。我々は未来のための計画を立てねばならない——明確な進路を選び、それを決然として押し進め、とるべき路線を決定した後に、我々の最高の力でそれを発展させ強化しなければならない。(56)

書いたものと実践との差異は、一八五〇年の時と同じであるが、ここでは、現在は外務省の建物となっている官庁建築（写真52）の話によってさらにずっと激しいものとなっている。その話は、スコット自身によって詳しく、そして何度も述べられてきたものである。しかし、一人の人におけるスタイル間の葛藤と、スタイルの信念に関する葛藤についての重要な話として、ここに再び、スコット自身の言葉で述べられるべきだろう。

その建物のコンペが実施されたが、「テーマに関して驚くほど僅かしか知らない審査員たちは、我々のスタイルにあまり好意を寄せていなかった。そして彼らは最良のゴシックのデザインすべてに賞を与えたけれども、そのどれかによりチャンスが生じるような高い評価を与えないようにした」。かくして一等賞は誰か他の人のもとへ行き、スコットは三等賞を得たのみであった。

私は失望に苦しんでいたわけではないが、二、三カ月後にパーマーストン卿がコンペの結果全体を冷淡にも取り消し、コンペの応募者ではなかったペネソーンを指名しようとしていることがわかった時、私は自由に騒ぎを起こしてよいと考えた。会合がベレスフォード・ホープ氏邸で行われたが、それにチャールズ・バリーと私自身とディグビー・ワイヤットが出席した。正確に思い起こすと、そこで建築家協会をたきつけることが同意された……

その結果、このテーマを詳しく調査する選抜委員会をつくることになった。その委員会の議長はベレスフォード・ホープであった……

委員会は一八五八年七月に報告書を出したが、その決定は十一月の遅くまで届かず、そこで私が指名されていたことを知った……

しかし、パーマーストン卿は私を呼び出し、私に陽気な調子で自分はこのゴシック様式には関心を持つことができないと語り、私の指名を混乱させることは望んでいないが、私にイタリアの様式で設計することを要求せざるを得ないと言った。彼は私が他の様式とまったく同じようにイタリアの様式で設計できることが確かだと考えていた。私がゴシック様式で非常に成功していたことを彼は聞いていただろうし、私を一人にさせておいたら国全体をゴシック化してしまうに違いない等々と考えたのだろう……

この無情さは私がつけられたけちのうち最大のものであった……

そのしばらく後でパーマーストン卿は私を呼び出し、ゆったりとした慈父のような態度で私の前に座り、「スコットさん、この仕事について穏やかに語りたいのだが、私はこれについてずっと考えてきた。確かにあなたの友人たちの言うことにも十分説得力があると思う」と言った。私は彼の心変わりかと思って喜んだ。「ゴシックの建築家にクラシックの建物を建てるよう強いることは、実際のところかなりの矛盾だと思う。それで私はあなたに実際にデザインする助手役をつけようと考えている」。私はまたしても地面に投げ倒された……

かくしてこの仕事も舞台は閉じられ、まったく疲れ切ってしまい knocked up（お望みなら打ち倒された knocked down と言うべきか）、私はスコット夫人と私の家族とともにスカボローに静養のために引きこもった。それまで受けてきた悩みと不安と激しい失望とによって、私はまったく健康を損ねていた。二十四年前に仕事を始めて以降初めて、私は海の空気とキニーネ治療(訳43)を伴った二か月の休暇のようなものをとった……

私が決心した方向は、できるだけ私の経歴と矛盾しないような様々なイタリア風のデザインを準備することであった。ホークストーンのロードヒルの礼拝堂とコーンヒルのセント・マイケル教会の仕事を片付けつつ、一種の初期バシリカ様式を使うことによって既存のクラシック建築に一つの風格を与えようと試みていた。そして初期のヴェネツイアの諸宮殿のビザンティンはこれと必ずしも相容れないわけでないということ、またヴェネツイアの最も早い時期のルネサンスは同系統の要素を含んでいることに気がついた。そこで私は、これら二つの例の集合から厳格にイタリア風スタイルであろうものを生み出す考えを思いついた。実際、ビザンティンは、ビザンティンの作品の存在から影響を受けてきたルネサンスのこうした例を参照することによって、よりモダンで使いやすい形態の調子をもっていた。スカボローにいた時、私はこの研究に専念した……

一八六〇年九月八日に私はパーマーストン卿に呼び出された。そして言われた。私の地位をかき乱そうと望んではいないが、ゴシックにはまったく関心がない。そして最近の私のデザインのスタイルに関しては「一つのものでもなければ、他のものでもない――まぎれもない雑種のもの――であり、彼はそれにもまったく関心がない」。彼は私が通常のイタリア風でデザインすることを要求せざるを得ないし、私を解任するつもりはないけれども、私が拒否するなら私の指名を取り消さねばならない……

私は肝をつぶして去り、ひどく狼狽して辞任するべきか苦い薬を飲みこむべきか、いつ誰にペルメル街で会うべきかを考えたが、友人のハントは……私の家族の意見に応じるよう強く勧めた。単なる趣味の問題の個人的な好悪等々のために私自身と彼らの財産を奪う権利は私にはない。すぐ後でディグビー・ワイヤット氏に会った。彼はたいへん公明正大に同様な意見を強く言った。私も公明正大に言った。私が辞任したら、その半分が彼の手に委ねられていたインド政庁の設計の全体を、きっと彼がやることになるだろうと。私はひどい精神的動揺の状況にあったが、決心し、ディグビー・ワイヤットの意見に率直に応じ、高価なイタリア建築の本を何冊か買った。そして、かつてはかなり詳しく理解していたが、二十年もの間放置してさびつかせてしまったものを磨き直す仕事に元気よく取り組み始めた。

その秋、私は新しい設計に専念した。そして思った通りに大きな成功を収めた。私はパリへ行き、ルーヴルや主だった重要な建物を研究し、実際にこの様式に関する私の失った感覚のいくつかを回復させた。時折は絶望的な悲嘆と困惑の発作に陥ったけれども……

われわれはこの話の偽善性に驚かされる。(58) しかし、これはじっくり考えるための重要な事項を多く含んでいる。たとえば、スコットの彼自身の価値に対する絶対的な確信――ラスキンと同じような横柄さ――がある。ドンキャスター教区教会は「復興主義の仕事の中で非常に高い位置を占める」(59) とか、ハンブルクの市庁舎のためのコンペ応募作は「非常に気高い構築物であったであろう」(60) とか、裁判所のコンペ応募作は「他の建築家の私が聞き知っている最近のどんな作品にも十分に匹敵する良さであった」(61) 等々である。それに、ブロード・サンクチュアリーの後でセント・パンクラス（写真53）の前の作品、外務省の建物は、まさにスコットが建築家たちに、ある時はこのスタイルで、ある時はあのスタイルでとやってはいけないと言っている仕事であること、スコットは自分の原則に対するかくもはっきりとした違背を拒まなかったということ、そして結局はかくも見事に違背したという当惑させられる事実がある。というのも、まさにホワイトホールに完全に拮抗する外務省は、公園側にすぐれた構成を見せ（写真52）、すぐれたディテール――実際、ブロード・サンクチュアリーよりもはるかにすぐれたスコットの多様性の原理の実演――を示しているからである。(62)

さらに理解を複雑にさせることには、スコットはまた、『世俗建築・住宅建築所見、現在と未来』の最後で、街の倉庫の「大規模な功利主義」と鉄の建築について好意的に書いているのである。彼にとって倉庫は、「はっきりした事態の要求と条件に最も純正で自然な方法で応じていること――建物にそれ自身の性格以外の性格を与えようと企てていないこと――、同じ機能をもった部分を一様にしていること、さらに同じく……出入り口や軒の庇などの少数の特殊なポイントに建築的な手際を限っていることから」(63) 生ずる美をもっている。それで倉庫は美しいが建築的ではないということで、スコットは倉庫を設計していない。

それでは、鉄の建築についてはどうだろう。「現代の鉄の仕事の特徴は、鋳鉄であれ錬鉄であれ、その応用の範囲に制限がないことである。他の材料では不可能な幅の屋根をかけているることのみならず、幅の広い川や海の岬間ですら架け渡せる橋をつくっている。この現代の金属構築物の勝利が、建築の発展のための完全に新しい分野につながっていることは自明のことである」。さらには、「これらのすばらしい構築物のいくつかが、建築的でもあるそれ自身の固有の美を持っていることは真実である……シンプルな……鋳鉄の橋はほとんど常に一定の美を有している。吊り橋は、最も器用な粗忽者にも面白くなくすることが難しいであろう……しかし、芸術的に処理されなければ常に醜い他のいくつかの金属構築物がある。たとえば梁がそうである……建築化された鋳鉄の梁でともあれ成功している唯一の例が、マーガレット・ストリートのバターフィールド氏によるゴシックの建物の中にある」[64]。そして確かに、鉄の橋と鉄の屋根の原理は「我々が知っている古典古代の作品のどれによりも、中世の梁構造によく適用」[65]されるのである。なんという混乱！鉄は美しくなり得る、鉄は中世の技術と同類のものである、しかし鉄はなんらかの「建築化」によってのみ建築的にされうる——ついでながら、このことはバターフィールドによるオール・セインツの司祭室にもほとんど言い得ない。そして、もし鉄の屋根が美しいのであれば、あの時点で人が架け得た最大のスパンをもつバーローのセント・パンクラス駅（写真54）の屋根をスコットはなぜ全力で隠そうとしたのであろうか。彼のこのターミナル駅の内部には、大きな喫茶室に装飾的な大梁があり、主階段室（写真55）に華麗な装飾の仕事が見られること、また政府庁舎の内部にも鉄の仕事（むしろイットルフ的）が見られること、そしてブライトンのゴシック風のブリル浴場が大浴槽の上に鉄のドームがかかっていることは本当であるが[66]、これは「建築の発展のための完全に新しい分野」という彼の認識に比べると、ほとんど無価値である。それでも、この認識は、ラスキンの他のすべての発言と矛盾する唯一の発言以上のものであり、マシュー・ディグビー・ワイヤットの発言と同様のものである。

スコットの『回想』は晩年に書かれたもので、彼の理論と信条の集積になにも付け加えない。彼の晩年は次第に力を増す反修復運動によって間違いなく不幸にさせられた。スコットは一八七八年に亡くなった。一八七七年にモリスは「反引っ掻き運動 Anti-Scrape」と古建築保護協会をスタートさせていた。修復ではなく保護。それはラスキンの構想であった。さらにもっと前の一八七四年、すでに触れたように、ラスキンは建築家協会の金賞を、一つは修復家たちの悪行の故に拒否していた。スコットは建築家たちを擁護するために書き、最後は丁寧な講演までした[67]。その三年後、すなわち同じく一八七七年に、いわゆるクイーン・アン様式、つまり実際は十七世紀中後期のリヴァイヴァルで、ミドル・

ポインティドよりもずっと優雅でずっと手間のかからない様式、のネスフィールドを除けば最も早い主唱者であるJ・J・スティーヴンソンが、英国王立建築家協会における歯に衣着せぬ演説で、スコットを修復家として攻撃していた。(68) 彼は「様式が正確に中世的であることをもって、修復家の新しい仕事がなんらかの歴史的価値があるとするのは修復家の妄想である」と言い、箱形座席と二階席を取り去った例、壁からの漆喰の撤去、緩勾配のパーペンディキュラーの屋根の急勾配への取り替え、そしてベリオールにおける古い建物の破壊、を公然と非難した。この演説に対するしっぺ返しは激しかった。ベレスフォード・ホープはそれを知的野蛮と言い、フェレーがそれに同意し、スコットはスティーヴンソンの修復されていない典型的教会の最初の説明は理に合わないバラ色(訳44)だと不平を言った。

しかし恥辱は残った。それで彼の『回想』の最後には、一部はスコットの息子の挿入もあるが、長く繰り返しの多いゴシック擁護論と、ネオ・クイーン・アンを「ゴシック運動の苛立たしい攪乱者」(69)とする中傷がある。スコットは常に保守的な修復者であったとわれわれには読める。しかし、十八世紀の箱形座席が中世のピアを覆い隠しており、漆喰やガラスの間仕切りが内陣やトランセプトを切り離している教会堂でなにがなされるべきであったろうか。彼は三層式説教壇を保存することを好んだが、「私の施主の偏見」(70)があり、「我々は弱いし、脅しを受け入れるかもしれない」(71)。それに、スティーヴンソンにとって修復されていない教会を詩的に記述することは申し分ないことであったが、現実にはそうした教会は不安定で汚かったであろう。それはむしろまったく痛ましかった。それでも、われわれはたぶん心配し過ぎるべきではないであろう。スコットは、亡くなった時に十三万ポンドを残したのである。

註

1　スコットに関しては、彼自身による *Recollections*（次の註参照）は別として、*Victorian Architecture*, ed. P. Ferriday (London, 1963) の中の D. Cole の論文がある。H. V. Molesworth-Roberts によるスコットの作品に関する基本的な図表は、*J. R. I. B. A.*, LXV, 1958, 207 に掲載されている。また、P. Ferriday のアルバート・メモリアルに関するすぐれた論文 (*Arch. Rev.*, CXXXV,

1964）を参照。この章の主題と密接に関わるものとしては、P. Ferriday, 'The Revival: Stories Ancient and Modern', *Arch. Rev.*, CXXI, 1957, 155 と P. Ferriday, 'The Church Restorers', *Arch. Rev.*, CXXXCI, 1964, 86. がある。

2 *Personal and Professional Recollections*（London, 1879）, edited by G. G. Scott, jun., 89.

3 Ibid., 241, 373. スコットはピュージンと一八五二年に直接会っている。

4 実際、セカンド・ポインティドもしくはミドル・ポインティドへの転換は非常に速やかだった。もう少し多くの早い年次の例を次にあげる。Theale（一六五頁参照）は特殊なケースであった。一八三五年の Littlemore（一九三頁参照）もそうで、これを *The Ecclesiologist* は「イギリスがこれまで長い間見てきたよりよきものへの最初の率直な前進」と呼んでいる（IV, 1845, 33）。かつてピュージン父の事務所でピュージンと共に徒弟であった Benjamin Ferrey（1810-80）は、一八三九～四〇年に Dorset 州 Compton Valence の教会をセカンド・ポインティドで建てている。Pusey 博士の出費で建てられた Derick 設計の Leeds の St Saviour は一八四二年に起工した（G. G. Pace, *Arch. Rev.*, XCVIII, 1945, 178 ff. を参照）。Highgate West Hill の Bellamy 設計の St Anne は一八四一年に案が出来上がっている（*Eccl.*, I, 19）。もっとも実際の施工は一八五二～三年。いまは取り壊された Ambrose Poynter による Victoria Street の Christ Church は、一八四一～三年である。Ferrey 設計のよく知られた Westminster の Rochester Row にある St Stephen は一八四五～七年である。

5 「この憎むべき堕落からの我々の回復の名誉を主として帰すべき人へ」。*Recollections*, 86.

6 彼は自分自身を「民衆派 of the multitude」としている。Ibid., 112.

7 L.E., XXXV, 382.

8 *Remarks on Architectural Character*（Oxford, 1846）, 15.

9 *A History of Ecclesiastical Architecture in England*, 1848, 326.

10 *A History of Architecture*, 1849, 452.

11 pp. 97 ff., 400 ff. プティとの往復書簡は、最初に J. Masfen, jun., *Views of the Church of St Mary at Stafford*（London, 1852）, 15 ff. に掲載された。

12 結局、スコットの提案に関しては、主張が Oxford Architectural Society と Cambridge Camden Society に提出され、スコットが勝った。

13 Pishey R. Thompson, *The History and Antiquities of Boston*, 1856, 167.

14 スコットはラスキンへの賞賛を表明はしているが（p. 8）、付け加えられた注記では、彼がいかにラスキンと違っているかをはっきりと示そうとしている（p. 120）。

15 *A Plea for the Faithful Restoration of our Ancient Churches*, 2.

16 Ibid., 20.

17 Ibid., 6.

18 Ibid., 21.

19 *A Plea for the Faithful Restoration of our Ancient Churches*, 29, 31.

20 Ibid., 35.

21 Ibid., 28.

22 *Journal of the Architectural, Archaelogocal and Historic Society for the County ... of Chester* I, 1849-54 のスコットの報告を参照。

23 *Journ. Chester & N. W. Archit., Archaeol. & Hist. Soc.*, XLIII, 1956, 45.

24 *A Plea for the Faithful Restoration*, 126 and 31. Chester 大聖堂はスコットのやり方を見抜く最良の洞察力を与えてくれる。特に、内陣の南側の廊の東側礼拝堂を参照のこと。スコットのレポートは G. Ormerod: *The History of the County Palatine and City of Chester*, 2nd edn., 1882, I, 261-5 に再録されている。

25 Ibid., 35.

26 Ibid., 28.

27 Ibid. これは一八三四から四四年に George Austin によって実施された。

28 Ibid., 123.

29 Ibid., 123-4.

30 *The English Notebooks*, ed. R. Stewart（New York and London, 1941）568.

31 *The English Cathedral of the Nineteenth Century* 1861, 265 に引用されているが、ベレスフォード・ホープは一八五七年の講演でいくつかの「ぎょっとするような驚くべき論評」に言及している。

32 *A Plea for the Faithful Restoration*, 76.

33 Ibid., 14-15.

34 *A Plea for the Faithful Restoration*, 14.

35 Ibid., 40-3.

36 Ibid., 79.

37 Ibid., 93-4.

38 Ibid., 97.

39 Ibid., 72.

40 Ibid., 89-90.

41 Ibid., 110.

42 Ibid., 113-16.

43 *The Railroad Station*（Yale Univ. Press, 1956）.

44 そして中世建築全般の信奉者フリーマンである。しかし、彼はパーペンディキュラーがいちばん好きであったが、ノルマンをも許容していたことは注目されるであろう。

45 *Remarks*, 195 ff., 280 ff.

46 *Remarks*, 290. おそらくこの補遺は、一八五五年に出版されていたストリートの *Brick and Marble Architecture in North Italy* からの直接の産物であろう。ちなみにストリートはそこでこう言っている。「真の芸術の進歩に対する最も大きな危険は、折衷主義的な精神である。そうした精神はイタリア人が決して免れなかったものであり、我々自身の時代の人々を……過去の経験の最も誠実な成果であるスタイルではなく、当面気に入ったスタイルでデザインさせている」。一八五八年の *The Building News*（IV, 617）は、折衷主義に対してより肯定的な見解をとっている。「イギリス人は人類の中で最も折衷主義的である……建築において……彼らは外国の原典から諸要素を受け取り……それらから悪い部分や調和しない部分を取り除き、ブロンズと同じように耐久性があり独特であり明瞭で新鮮なハーモニーを発し得る一つの均一で引き締まった国民的混合物に溶かし込む」。これを読んだとき、スコットは喜んだに違いない。

47　*Remarks*, 226.

48　Ibid., 20.

49　Ibid., vi-vii.

50　Ibid., 171; p.174には「ひどい無味乾燥さ」という言葉も使われている。Gower Street の意見については、前掲の二一四頁も参照。

51　Ibid., 174.

52　Ibid., 17.

53　Ibid., 191.

54　Ibid., 204.

55　ある脚注で、スコットはこれを「明らかに悪い manifestly vicious」と書き、別の頁（166）では「不健全な自由主義 sickly liberalism」と書いている。

56　Ibid., 264-5. その強化のミドル・ポインテッドにおける一例が、スコットが推奨するようにピアと円柱に磨いた花崗岩を使うことであり（*Remarks*, 97, 199）、もう一つの例は柱頭の写実的な葉飾りを十三世紀が使った以上に広範な多様性をもって使うことである（*Remarks*, 197, *Recollections*, 205）。最近 Priscilla Metcalf 嬢は、James Knowles に関する未刊行の論文で、一八五八年の一年間に建築雑誌に載った写実的な葉飾りから八つの特色ある例を集めている。磨いた花崗岩の円柱については、ヤーコプ・ブルクハルトが一八七九年八月四日の手紙で、十九年前にはそれを二、三のロンドンのクラブで見たのみだったと書いている（*Briefe an einen Architekten*, 1870-89（Munich, 1913）, 89）。

57 *Recollections*, 178 ff.

58 再び、Houghton 教授の偽善の章が補強的な読書になるであろう。また、追加の例として、一八六二年の講演における Spurgeon の発言を参照のこと。「近頃は、人はキリスト教徒に見えることがキリスト教徒であることと同じくらい役に立つと信じる強い傾向がある」（*Lectures delivered before the Young Men's Christian Association in Exter Hall*, Nov. 1861-Feb. 1862, 340.）

59 *Recollections*, 172.

60 Ibid., 174.

61 Ibid., 274.

62 しかし、この特別の眺めを褒めるに際して、スコットが彼の Recollections の中で、この建物の公園側の「まとめと輪郭のアイデア」は「M・D・ワイヤットのスケッチによって」示唆されたと認めていることは忘れられてはならない。実際、一八九一年にカーはもっと徹底して「公園側の中庭と配合の手柄」はマシュー・ディグビー・ワイヤット卿にいくべきだと書いている（Kerr's third edition of Fergusson's *History of the Modern Styles of Architecture*, 139）。

63 *Remarks*, 220, 216.

64 バーソロミューとワイヤットが吊り橋を褒めていること、またプティが高架橋を褒めていることが想起されるであろう（一三八頁、一四八頁、一三七頁を参照）。

65 *Remarks*, 109-11.

66 *Civil Engineer and Architect's Journal*, XXIX, 1866, 313 and plates 37-8. S. Muthesius, 'The "iron problem" in the 1850s', *Architectural History*, XIII, 1970 を参照。

67 Ruskin, L.E., XXXIV, 513 ff.; reprinted *J.R.I.B.A.*, 3rd Ser. LXX, April 1963, 165 ff.

68 *Sessional Papers*, R.I.B.A., 1876-7, 219-35.
69 *Recollections*, 372.
70 Ibid., 410.
71 Ibid., 419.

第十八章　トムソン

スコットの最も野心的な世俗のゴシックの建物の一つがグラスゴー大学である（写真56）。一八六六年に、スコットはコンペなしで委託を受けた。それは、それまでほとんど思考を公表せず、スコットよりも卓越した建築家で、最も過激な反ゴシック主義者であった一人のグラスゴー人を行動に駆り立てた。言うまでもなく、その人はグリーク・トムソンことアレクサンダー・トムソンであった。(1)

トムソンは一八一七年に生まれた。彼の作品を見渡してみると、純粋にシンケル的なテラスハウス——一八五九年のモーレー・プレイス、一八六六年のノースパーク・テラス、一八六九年のグレート・ウェスタン・テラス——を彼は設計しているが、彼をギリシア人と呼ぶべきではない。なぜなら、彼は住宅建築や商業建築においてまずなによりも合理主義者であったし、彼の三つの堂々とした教会において圧倒的に独創的だったからである。その三つとは、一八五六年起工のカレドニア・ロード教会(2)（写真57）、一八五九年起工のセント・ヴィンセント・ストリート教会、それに一八六九年起工のクイーンズ・パーク教会(3)である（あった）。それらは、シンケル風のモチーフを持ち、あからさまなエジプト風モチーフも持ち、それに加えて三つすべてに、すべて先行する時代からとった塔の頂きのようなまるごとの引用部分もある。一八五九年起工のグロヴナー・ビルディングや一八七一年起工のエジプシャン・ホールのような商業的な建物もそうである。オフィス・ビルには、トムソンは、五十年代のグラスゴーやロンドンの非ギリシア的建築家と同様に自然に鉄を受け入れた。したがって、厳密に言えば彼は歴史主義者ではなかった。そしてこれは、彼の「グラスゴー大学の計画建物に対するゴシック様式の適応性の探求」を読んだことから明らかになることの一つである。この論考はグ

ラスゴー建築協会で発表されたが、その正確なコピーがミッチェル図書館に生き残っている。(4)

この論考は僅かに一万二千語ほどの長さであり、十年後にスティーヴンソンがスコットを攻撃することになるのと同じ抑制のなさで、終始スコットと大学当局の攻撃に徹している。その冒頭から、かくも巨大ですばらしい位置にある建物を競う機会を逸して怒っている一人の建築家が語っているということを疑いもなく露わにしている。「大学の教授たちは、英知と学識における我々の中の真の代表であるはずであろう」。したがって彼らは、「これらの建物の建設を大学に信頼される様式で引き受け得る人が……我々自身の中にいないかどうかを示そうと当然気をもんでいる」トムソン自身のようなグラスゴーの「地元の専門家に好意的」であるべきだ。そうした人が見つけられない時にのみ、「教授たちは、社会の進歩と知的文化の推進者として」、「適切な資格ある建築家をどこであれ探す」(5)義務をもっているのであろう。しかしそうではなくて、彼らは「ロンドンの著名な建築家、G・ギルバート・スコット氏」へと真っ直ぐに行ってしまった。そうすることによって、教授たちは「芸術への関心に関する俗な大衆に勝るなんらかの程度の知識と配慮を所持するという権利をすべて放棄してしまった」。なぜなら、「[スコット氏の事務所が]大首都で最も流行に乗った組織であること、そして彼の仕事は膨大なので、彼が事務所を通過する仕事にごくおざなりの考慮以上のものを費やすことを期待することはまったく不当だということ、を誰もが知っているからである。それ故、彼らがなすべきであったことは、「このような嫌悪と憤慨を伴った検討会を」やめて、「心と魂の全精力をこの種の仕事に捧げるであろう(6)」建築家たちの一人を選ぶことであった。

今日この頁を読む読者は、これほど露骨な自己宣伝と、まっとうな一人の建築家による他の建築家に対するこれほど直接的で徹底的な攻撃に、もっと驚くべきかどうかとまどう。しかし、トムソンはまだそうはしていなかったのである。彼は建築家ではなく様式を攻撃し続けたのである。「我々が景観物から得られる喜びは、一部はそれらがつくる連想のつながりから得られるのであり、一部はそれら自身の固有の美から得られるのである。学習と精神的強化にふさわしい建築的模範としてその採用を勧めるはずのゴシック様式との連想でなにごとかを見るのは難しい。それは暗黒の時代と呼ばれる時代に起源があり」、その時代は何世紀もの間、「学問と文化の進歩のために」ほとんど何もしてこなかった。実際のところ、「過去二、三世紀の仕事の大部分は、この中世的体系の誤りの修正にあったのである」。[7]

そして「ゴシック復興主義者たち」が彼らのものを「国民的様式」と主張するとしても、彼らが真実により近いわけではない。ゴシック様式は「疑いもなく国民的な起源をもってはいない」し、それがここで採用され、実際「国民的、地方的特色を纏って」いたとするならば、「古典様式」にも同じことが真実であろう。[8] ゴシック主義者はまた、我々にゴシックはキリスト教徒の様式だと言うが、これは「非常に図々しい主張」であり、「まじめで聡明なプロテスタントによっては受け入れられてこなかったはずである。[9] したがって、ゴシックは特別に国民的でもなければ、特別にキリスト教徒的でもない。それに構造的に特別の推奨に値するわけでもない。「まさに破壊の要因をもって骨組を建てる以上の不条理なことがあるだろうか?」。ゴシックや、アーチを用いるあらゆる様式は、実際、「重力の法則」との戦いである。そしてその結果は、アーチを使う様式はすべて「ヨーロッパに廃墟をまき散らしてきた。しかるに我々はエジプトとギリシアにおいては、開いた割れ目もその他の腐敗の徴候も見せず何千年もの試練に耐えてきた楣構造の構築物をもっている……ストーンヘンジは実際、ヨーク大聖堂よりも科学的に構築されている。[10]」

なんと多くのゴシックの構造に対する反論。つぎは、この様式の芸術的な価値に対するものである。高等動物の組織は左右対称であるが、「樹木や岩や丘のような」低級の生命形態の組織は非対称である。ゴシックは非対称である。[11] それ故にゴシックはピクチュアレスクであり、「純粋な喜びの源であるかもしれない」が、「明らかに理想的な質において劣っている」。[12] より早い時期の形においては、それは「言葉の精神——時に言われるように見せかけの外見ではなく……性格——を具現化していたように見える。……あたかも生長するのに長い時間が必要だったし、なお長い時間が必要であろうように……一種の森の生命が古い灰色の堆積物に浸透している。……ステンドグラスを通した光の流れは、葉と花を暗示しており、一方薄暗がりは潜んでいる狼や妖怪の恐怖を連想させる」。[13] だから、ゴシックの建物は「すばらしいというよりもむしろ面白い」。それに加えて、それは比例における「定着した調和」を欠いており、ギリシアの建物のように地面の上に立っているのではなく地面から飛び出してきており、「統一性……というよりもむしろ多様性」を求めている。同類のものが「正確に同等」ということは決して認められない。なぜなら「個々の職人」が「相当な自由裁量度」を許されてきたからである。[14] 結局、我々は「おびただしさと不可解さの印象」を植え付けられる。そしても し喜ばしいものがあるとすれば、それは「腐朽による和らげる力がこの様式に固有の多くの欠陥を覆い隠している」からである。[15]

これまでのところはグラスゴー大学にはほとんど適用しえないが、ここでトマソンはより本丸に近く矢を放つために前進する。

要するにゴシックは広大な広さをもつ建物［ここでは彼は非宗教的な建築のことを言っている］にはふさわしくない。なぜなら、それが水平的な形態をとったとすると、その異なった部分は相互の明瞭な関連をもつことを止め、広大な建物というよりも小さな街のようなものになるからである。コロネードにおいては……長さの要素は展開できるし……どんなに広さが大きくとも、この要素を使えない単体の建物も建物群もないということが容易にわかるであろう。

それ故、ジョン・マーティンの建築的ファンタジーをたたえよ。そしてターナーとロバーツをたたえよ。「心を空間に運び去って……水平線の不思議な力」[16]を彼らの絵画に示すために。平穏さを備えたエジプトの建築、その「すべてのざわめきが消えるまで静かに待つ表現」を見よ。あるいはまた、さらによいのはギリシアの様式を見よ。「モダン・イタリアン」はその代替品ではない。「そのたるんだ構成、その雑な繰形、そしてその樽のようにふくらんだ円柱は、太った智天使……膨らまされた形の花綱飾り、錯綜して貧弱なスパンドレルとぴったりとつながる」。[17] たしかに、ゴシックは柔軟性と「最も高度な自由裁量性を許す admite［ママ］」かもしれない。しかし、「慎重で注意深い自制」は好ましくないのであろうか？[18]

そして最後にグラスゴーの仕事について。「この王国における［最近の］最もすぐれた作品は疑いもなく」エディンバラ・ハイスクールとリヴァプールのセント・ジョージ・ホールである。[19]「誰かが少しでも関心がありそうな」最近のゴシックの建物は一つもない。もしそれが一度でも流行になったとすれば、それは「文人の助け」のお蔭である。そこで、これまでのすべての議論を要約すると、ゴシックは「この大学の性格と目的を表現するのに最も不適である」[20]ということになる。そして、もしスコット氏が「諸計画をこしらえ、教室の仕事が要求する正しい種類と量の便宜を各教授に分け――同時に社会の改良とスコットランド建築の再興をも考慮するという非常に謙虚な仕事に彼の主たる注意を捧げてきた」と言うとしても、彼はそれにも成功してこなかった。二つの中庭の主旨は、「換気と採光を必要なく排除する」[21]効果しか持たず、全体の構成は実際、ゴシックではなくクラシックで、「つまり、規則的に配された統一的な幅の広い形姿を備えた水平的な形であり、「重要ではない部分の形姿のみがゴシック」――フランスの十四世紀のゴシックである。構成における僅かにある多様性は、「ただ心をまごつかせ、理解をはぐらかすためだけに導入されている」。[22]こうした意図的な混乱の要素の例としては、塔の西側においては中庭への入口は各面に四つのベイがあるのに対して、東側においては一つの面だけが四つのベイで、他の面は五つであること、いくつかの窓は仕切りが二つであるのに対して、他の窓は三つや四つの仕切りをもつこと、そしてバットレスが不規則に置かれていること、があげられる。「こうした気まぐれの結果は、建物が丘の上の隔離された場所にあるのではなくて「街の街路の側」にあるように見えることであろう。[23]この論考の最後の文章はこうである。「つまるところ、教授たちがこうしたデザインの芸術的な価値について語らなくなればなるほど、当地方の建築家たちはこの南からの侵略を益々恐れなくなるということだと私は考える」。[24]

註

1　グリーク・トムソンに関しては、A. Gomme and D. Walker, *Architecture of Glasgow* (London, 1968) の Chapter VI を参照。ま

たGraham Law 'Greek Thomson', in *Arch. Rev.*, CXV, 1954, 307-16も参照（「グリーク」は「ギリシア人」の意で、トムソンの綽名——訳者）。

2　一九六五年に火災で大部分が取り壊された。

3　一九四二年に火災で取り壊された。

4　Law博士はまだ印刷されていないこの論考に言及しており、Ronald McFadzean氏は親切にもそのゼロックス・コピーをわたしに提供してくれた。McFadzean氏はトムソンの論文を準備中である。

5　Pages B and C.

6　D to F.

7　G and H.

8　H.

9　I.

10　J to M.

11　トムソンの教会はみなはっきりと非対称である。

12　M.

13　Q to R. 実際、後にトムソンはラスキンの「ゴシックの本質」の中のよきゴシックは「貪欲な」なにかをその中に持たねばならないという意見を非常に興味をもって語っている（page 418; また前掲二一八頁を参照）。

14　R to U.

15　V and W.

16　Z to B2.

17　C3 to D4.

18　F6.

19 トムソンのロンドンの自然史博物館のデザインは、Law 博士の論文に掲載されているが、実際のところ、明らかに Hamilton のハイスクールの影響を受けている。

20 L12 to N14.

21 O15 to P16.

22 R18 to U21.

23 U21 to Aa.

24 Ff.

第十九章　グリーノーとガーベット

グリーク・トムソンの「グラスゴー大学の計画建物に対するゴシック様式の適応性の探求」は、結局印刷されることはなかった。エドワード・L・ガーベットの『建築デザイン原理の基本論』は出版されたが、出版されたにも関わらず、またサリヴァン以前の最も有名なアメリカの機能主義者で彫刻家のホレーショ・グリーノー（一八〇五～五二）が一カ所ではっきりとそれに言及しているにも関わらず、ほとんど知られていないように思われる。(1) グリーノーは不可解な非凡人である。彫刻家としては、彼は新古典主義派に属する――彼の作品、ワシントン歴史・技術博物館の半裸体のジョージ・ワシントン像を見よ。彼は一八二九年から死ぬまでイタリアに住んでおり、建築について書いていた。ただし、イタリアの同時代人とはまったく違う風に書いていた。(2) 彼の諸論考が書かれた時期であるが、「アメリカの建築」が出た一八四三年と、ガーベットの『基本論』が出版された一八五〇年の少し後の間ではないかと思われる。グリーノーは十分すぎるほどしばしば言及されてきた。したがって、ここでは彼については簡単に扱い、およそガーベットの導入手段として扱うことにする。

グリーク・トムソンの「探求」は、様式間の争いに対する最も包括的な寄与であるが、イタリア風ではなくギリシア風を対ゴシックに置いた最後のものであった。グリーノーは、より時期が早く、彫刻における古典主義的な理想に身を委ねてはいたが、彼のどの論文でも特別の様式に関心を示しているわけではない。彼の議論は原理を扱っており、すべてに浸透している原理というのが、われわれが機能と呼ぶところの「有機的性」であった。「重要な公共建築についての注意として、よく考えなければならない二つのことがある。一つは作品の有機的構造であり、もう一つは記念碑性である。建物を地面にしっかり据えること、必要であろう光と必須の換気を建物に与えること、必要のために空間を割り当て、その大きさを決定し、機能のためにその形を形づくること――こうした行為が一つの建物を組織化する」。建築家は、「あらかじめ決められている成果ではなく、組織化ということをデザインの基本とする」べきである。[3] 彼はすでに一八四三年の「アメリカの建築」で、有機的と記念碑的の同様な識別をしており、有機的な建築は「機械と呼べるかもしれない」[4]と書いている。同じ論考の別のところで、彼は「コンパクトで効果的で美しいエンジン」について語っており、また有機的な建物が組織化される方法を、「動物の骨と皮」、「南洋諸島の未開人」の戦闘用棍棒、そして――もちろんのこと――船と比較している。[5] 彼がホガースの『美の分析』を知っていたことは十分ありそうである。なぜなら、その本の第一章「適合性について」の最初の頁には、「船が快調に帆走している時、船乗りたちは必ず船を美しいと呼ぶ。この二つの観念には、そうした関連がある」と書いてあるからである。もちろんピュージンも、グリーノーの「アメリカの建築」の二年前に出版された『真の原理』の最初の章を、適合性の訴えで始めているが、その後は特定の一つの様式のための戦いへと進んで行った。それはまさにグリーノーの拒んだところである。彼は「機能の約束としての美」という印象深い定義をしているし、続けて「機能の現前としての活動、機能の記録としての性格」[6]としている。かくして「最も美しい椅子」は、その彫刻で人を戸惑わせるようなものではなく、「安楽さの約束で人を招く」ようなものである。[7] そして「そうしたやり方は……剥き出しの裸を生み出すだろう」という人がおれば、その人はこの挑戦的課題を受け入れる用意ができているということである。「剥き出しの裸の中に、私は見せかけの飾りではなく、本質的なものの威厳を見る」[8]。

これらは、「ガーベット氏の学究的ですぐれた著作」[9]に含まれている声明を除けば、建築理論における十九世紀半ば全体を通じて最も進んだ声明である。グリーノーによる機能の約束としての美と剥き出しの裸の発言は、彼がガーベットを読んだ後でなされたということ――このことは記憶されるべきである。エドワード・レイシー・ガーベットの『建築デザイン原理の基本論』は一八五〇年に出版された。すなわちラスキンの『建築の七燈』の出版の一年後である。それは小さな控え目な本であるが、建築理論が必要とすべきことに真っ当に関わった当時のイギリスにおける唯一の本である。この本は、問題の設定の仕方において、それまで書かれてきたどの書物よりも、ずっと今日の建築デザインの教科書に近い。われわれは、エドワード・レイシー・ガーベットが何者なのかを知らない。おそらく、ウィンチェスター大聖堂のサーヴェイヤーであったウィリアムの息子であるか、もしくは一八一九年にシールにソールズベリー大聖堂をモデルとした注目すべき教会を設計したエドワード・ガーベットの息子であろう。われらがガーベットは、晩年には建築に関する著述を止めて、その代わりに『聖書改訂の創始者アルフォードの抹殺に見られる我がバビロンに関する神の見解』（一八八五年）、『ハクスリーの虚偽』（一八九一年）、『イギリスの神、聖書のバール神』（一八九二年）といったタイトルの小冊子を出している。『建築デザイン原理の基本論』を出版したのはジョン・ウィールで、彼についてはすでに詳しく触れた（一八八―九頁参照）。この本は成功して版を重ねた。ボンドは、一九〇六年の『ゴシック建築』で、この本の一八九一年の第七版を引用している。

第一章は、建築の目的として、利便性と堅固さだけではなく美しさをもあげている。「純粋に実用的な建物は常に醜い」が、それはそれらの「自己本位性」による。[10] そうした建物はどこにでも存在しているが、それらは「精神の健康」に有害である。[11]「自己本位の無礼さ」は「礼儀正しさ」によって修正されなければならない。[12] しかし、それは審美的な要求の最低線にしか過ぎない。「上品さは美になる必要がある」。[13] しかし、審美的な質にのみ関わる美は、なお一つの質を欠いている。表情である。しかし、これすらも「現代のイギリス建築においては……ほとんど忘れられているが……まだ最高の目標ではない」。[14] それは詩情であるが、詩情の定義についてはためらいがちである。次の章は、「最も低次の美」、すなわち色彩、繰り返しと均一性、統一性と多様性、グラデーションとコントラスト、屈曲が議論されている。第三章は崇高とピクチュアレスクに関する思考である。この二つの概念の並置はウヴェデール・プライスやペイン・ナイトの世代に戻る古いものであるが、ガーベットによって新鮮さを与えられて論じられている。[15] 第四章の「高次の美」は、自然の模倣、レイノルズにしっかり基礎を置いた巨匠の模倣、欺きに抗する誠実さ、[16] そしてとりわけ構築的真実が論じられている。構築的真実は構築的統一性と共に、「建築の歴史をたどる際に」そして「世界がこれまで見てきた二つの標準的な体系」――ギリシアとゴシック――を理解する際に「心に留めて置かれるべき二つの最も重要な原理である」。「構築的真実は、一つの建物が現実に使われているものとは異なる力学的原理で建てられているように見えてはならないということを要求する」。[17] 構築的統一性は、一つの建物の基礎となっている構造の原理の一貫した美的表現であり、当然その原理とは圧力の原理である。圧力に抗するには三つの体系がある。[18] ギリシアのものは、専ら垂直の圧力の体系である。「あらゆる斜めの圧力は排除されている」。二つ目は、ゴシックもしくは「圧縮の体系」である。「目に見える構築物全体を通して、目にわかる限り、単純な圧縮力以外の力に対応している材料の部分はない」。しかし、ゴシックの木造の屋根は「引っ張り構造」である。だが、それは見えない。「ゴシックの体系が次第に衰えていった」時、引っ張り構造が増えていった。「圧縮の体系においては、あらゆる開口部と空間はアーチの原理に則って覆われる。そして生じる斜めの力は……バットレスと迫台によって地面に伝えられる。しかし、木材や鉄などの引っ張り力に強く非常に長い材料をもった時には、この方法は上記の圧力に対応する最も経済的な方法とは言えない」。それで、人は様々な種類のトラスに至ったわけであるが、トラスでは「どの部材も剪断ひずみには対応しておらず、それぞれの部材が直接に圧縮力か引っ張り力かのどちらかに対応している」。しかし、ガーベットはこの最初の章を以下のように終えるのである。「三つの構造の様式があるけれども……構築的統一性をもつ……建築の体系は二つしかなかった。……三つ目はまだ体系にまで練り上げられていない。……二つの体系は過去のものであり死んでいる。三つ目は運命づけられた未来の建築である」。[19]

この過去と現在の建築の見方に続けて、第二部ではまずギリシアを詳細に検討し、ついでローマとロマネスクに少しの段落を費やし、ゴシックを再び詳細に論じ、最後に「ゴシック以後の建築」について僅かに二十頁余を投じている。イタリアのルネサンスは、フィレンツェ、ローマ、ヴェネツィアという三つの派に分けられおり、それらはドリス、イオニア、コリントの性格に巧みになぞらえられている。[20] ガーベットは、イニゴー・ジョーンズ、レン、ヴァンブラの「特別な才能」、そして彼が「最後の熱心な真理探求家」と評したチェンバーズを評価したのと同様に[21]、これらルネサンスの三つすべてを評価した。それ以降は、新奇性が真実にまさった。我々はどのようにして真実に立ち戻り得るか。ガーベットは、すでに第一部の終わりで一つの答えを与えていた。そしてもう一つの驚くべきすぐれてヴィクトリア朝的な答えがこうである。それはガーベットの本の常のように、知的に議論がされている。イタリアは「これまで構築的統一性の体系を成就させてこなかった」し、「構築的統一性の見せかけ」すら達成してこなかった。それは「混合した構築」の国である。「混合した構築」は、「単純な体系よりも……一般的なやり方でより多くの多様性の余地を与えてくれる……それは、すべての……目的に応じられる柔軟性を備えている」。それ故、「我々はこの建築が引き続き好んで考えられることを安心して予言するであろう」。[22]つまり、ガーベットはホープ（一一〇頁参照）と、クラブ建築とトレンサム・パークのバリーの側にいる。この論考の最後は以下の通りである。

もしあなたがアーチ無しの様式を模倣するなら、あなたの建物はアーチ無しか、もしくは大いなる嘘になるに違いない。[23]もしあなたが梁無しの様式を模倣するなら、それは梁無しになるに違いない。そして……この様式を猿真似した……ヴォールトの架かっていないすべての建物は、意味のないまがい物である。死んだ様式を復活させる試みと同様に不合理なのは、[24]普通の建物のために新しい様式を発明しようという要求である。我々が新しい構築の様式を持たない限り、我々は建築においても新しい様式を持ちえない。しかし、我々がこの混合した構築を新しい種類と見なすならば、それに合った新しい様式――現代の様式、生きている様式――をもつ……しかし、創意に富む建築家は誰も新しい様式を望んでおらず、三世紀の間の蓄積された才能によって豊かにされた新しい組み合わせや多様性にさらなる展望があると信じ込んでいる。しかし見方を変えれば、新しい様式が不可欠であることは確かである。構築の新しい様式を目指す傾向があり――混合の程度が減っている――、他の構法を排除してしまうほど引っ張りの被覆構築の一貫した使用に近づいている建物の部類がある。この三つ目の構築的統一性の体系に対しては、古い様式は適用されない……我々がなすべきことを誤らないようにしよう。過去にこうしたことが起こったのは僅かに二度、ドリス民族の時代と十三世紀である……我々自身を欺かないようにしよう。一つの様式は自然には生まれてこなかったし、今後もそうであろう。それは探し求められなければならず、正しく探し求められなければならない。我々はいつも間違った道に入り込んでしまい、目標に近づけないでいるのかもしれない……新しい様式は、自然と過去の多くの様式の広範な模倣を必要としている。そして新しい体系は、これに加えて（ヒューエル教授が言っているように）、明確に理解され、同意され、絶えず見える状態に置かれた新しい統一性の原理によってすべてが束ねられることが必要である。構築の力学には三つの原理がある――曲げ応力と圧縮力と引張り力――梁とアーチとトラスである。これらのうち、最初の二つは過去の体系の基礎をなしてきた。三つ目が、同じやり方で使われるべき我々の体系である。

これは真実の問題だと私は信じているが、こうしたことが今日の建築家たちに提示されているのである。

ガーベットは、この本の文脈からすれば、二つの理由で非常に重要である。彼は、未来の独自の様式の予言者のうちで、最も知的で最も合理的で最も先見の明がある。そしてまた彼は、歴史主義者の中にあって、イタリア風擁護者中、少なくともイギリスでは最も有能である。ドイツでは、後の章で見るように、ゼンパーが匹敵する役割を果たし、フランスではイットルフ(25)がある程度同様な役割を果たした。

しかし、イットルフは建築の理論について書かなかった。彼がやったことは、ガーベットが薦めたことを実践することであった。(26) 彼は、シチリアへの旅行（一八二三年）以降、古代の擁護者であった。シチリアで彼はギリシア建築のポリクロミーを発見し、それのために何十年間もラウル＝ロシェットや他の人々と戦った。イットルフはずっとギリシア派であったが、実際のところ一八二五年以降は、自由に変更した千五百年代の形態を使っていた。そしてこの形態は、およそ一八五〇年以降は益々頻繁に使われるようになった。しかし、彼はまた構築的真実を信じており、彼の一八五九

〜六二年のパリ北駅（写真58）は、一八五一年にイットルフがイギリスを訪れた時にはまだ存在していなかったキングス・クロス駅や、一八四七〜五二年に建てられていたデュケネーの古いパリ東駅（図8）と同じように、その機能を露わにしている。彼はクリスタル・パレスを知っており、一八五五年のパリの博覧会でガラスと鉄の建物を設計している。しかしその前にもすでに、彼は一八三八〜九年にシャンゼリゼのパノラマ館[27]で、鉄を目立つように使っている。すなわち、ヴィオレ＝ル＝デュクに感銘を与えたラブルーストのサント・ジュヌヴィエーヴ図書館より前である。イットルフとヴィオレ＝ル＝デュクは友達ではなかった。美術アカデミーにおける、あるいは美術アカデミーに対する彼らの態度には、イギリスにおける様式論争の反映が見られる。スコットは[28]、王立アカデミーは二つの建築教授職、「一つは古典主義建築、もう一つはゴシック建築」の教授職を持つべきだと言っていた。その妥協案はイットルフの受け入れるところではなかった。彼は頑強に古典主義の立場に立ち、ヴィオレはゴシックの立場に立った。一八六一年にイットルフはアカデミーでヴィオレを攻撃し[29]、エコール・デ・ボザールとアカデミーの分離に反対した。ヴィオレは学校の再生のために、それが絶対に必要だと考えていたのである。ヴィオレは勝ち、改革が成し遂げられたが、ヴィオレはその改革から望んでいたような利益を得られなかった。

註

1　グリーノーに関しては、二七八頁に引用されている著作物を参照。彼の著作は *Form and Function, Remarks on Art by Horaitio Greenough*, ed. H. A. Small (Univ. of Calif. Press, 1947; also as a paperback)[訳45] として集められている。

2　もっとも、彼が一七八六年に出版された会話体の Memmo 版で Abbate Lodoli の機能主義を知っていた可能性がないわけではない。

3　*Form and Function, Remarks on Art by Horatio Greenough*, ed. H. A. Small, Berkley & Los Angeles 1947, 20-2.

4　Ibid., 65.

5 Ibid., 57, 59-60.

6 Ibid., 71.

7 Ibid., 122.

8 Ibid., 75.

9 Ibid., 78.

10 *Rudimentary Treasise on the Principles of Design in Architecture*, 5.「大きな機械的仕事の自己本位的で非情ですらある側面」はラルフ・ウォルドー・エマーソンからの引用である。ガーベットは彼の作品と思想を知っていた。そして逆にエマーソンはグリーノーに一八五二年の手紙でラスキンもよいがガーベットのほうがより好ましいと書いている。R. W. Winter, 'Fergusson and Garbett in American Architectural Theory', *Journal of the Society of Architectural Historians*, XVII, Dec. 1958, 25-30を参照。

11 Ibid., 11.

12 Ibid., 7.

13 Ibid., 12.

14 Ibid., 30.

15 ちなみに、この本全体を通じて見られることであるが、『建築の七燈』やファーガソンの *Principles of Beauty* など、その頃出たばかりの本が評価と共に論じられており、そうした部分がこの章の半ばに達している（三四八頁参照）。ラスキンはガーベットの『建築の七燈』批判への回答を、『ヴェネツィアの石I』1851（L.E., IX, 450 ff.）の補遺として書いている。その補遺の頁は、ラスキンの見解を要約するものとして読む価値がある。ついでながら、クリスタル・パレスへの名高い痛烈な批判が書かれたのは、この回答の最後の部分である。

16 Ibid., 123.

17 Ibid., 130.

18 Leopold Eidlitz の「すべての建築は……ひずみとその抵抗力に条件づけられている」という定言がすぐに思い浮かぶ。しかしこれは一八九七年に言われたことであり（*J.R.I.B.A.*, 3rd Ser., V. 1897, 213-7）、その時ですらなお怒りをもって受け入れられていた。

19 Ibid., 130-5.

20 Ibid., 243 ff.

21 Ibid., 247-8.

22 *J.R.I.B.A.*, 3rd Ser., V, 1897, 260.

23 ガーベットは「古典主義の教会と呼ばれるものは……たいてい単なる反芸術にすぎない」で始まる脚注を書き加えている。

24 *British Critics* は一八三九年にこう書いていた。「建築は一つの言語になった。我々は死んだ言語を学ぶように多くの様式を学ぶ」。B. F. L. Clarke の *Church Builders of the Nineteenth Century*（London, 1938; いまはペーパーバックもある）, 32 からの引用。

25 三〇七―八頁参照。

26 イットルフについては、Karl Hammer, *Jakob Ignaz Hittorff, ein Pariser Baumeister*, 1792-1867（Stuttgart, 1968）を参照。

27 この建物のために、イットルフはまたイギリスを訪れている。Hammer, op. cit., 177 を参照。イットルフは一八四二年にパノラマ館に関する本を出版している。

28 *Recollections*, 176.

29 Hammer, op. cit., 232.

第二十章　ヴィオレ＝ル＝デュクとレイノー

ヴィオレ＝ル＝デュクはフランスのギルバート・スコットであり、スコットはイギリスのヴィオレ＝ル＝デュクであった。二人ともそれぞれの時代と国における主要な修復家で、二人とも十三世紀のゴシックがすべての時代の中で最良の様式だと信じていた。そしてまた、二人とも実際の建築家であると同時に学者であり、思索家であった。建築家としてはスコットが量と質で優り、思索家としてはヴィオレ＝ル＝デュクがスコットを凌駕している。

ウジェーヌ・エマニュエル・ヴィオレ＝ル＝デュクは一八一四年、スコットより三年遅く生まれた。[1] 彼は裕福な両親の子で、父親は王室の邸宅の管理官かつ書籍蒐集家、叔父のE・J・ドレクリューズはダヴィッドの弟子かつ『ジュルナル・デ・デバ』紙の美術批評家であり、情熱的な自由主義者であった。若きヴィオレ＝ル＝デュクは、リセ・コンドルセ校に通い、一八三〇年にバリケードを築くのを手伝い、自分の訓練のためにエコール・デ・ボザールに行くことを拒否し、一八三一年と一八三二年と一八三三年にフランスを旅行し、一八三四年から後にエコール・デ・ザール・デコラティフとなる学校で教え始め、一八三六〜七年にイタリア（そこで彼はパラディオ、サンソヴィーノ、ヴィニョーラを「きわめて退屈 plus qu'ennuyeux」だと思った[2]）を訪問し、一八三八年にテイラーとノディエの『絵画的な旅』（四〇頁参照）のためにピクチュアレスクなスケッチ――七年間で二二一点――を提供し始め、同じ年に公共建築審議会に入った。ギゾーは、内務相として一八三〇年に記念物総監のポストをつくり、一八三七年には教育相として歴史的記念建造物委員会をつくっていたが、公共建築審議会はこの歴史的記念建造物委員会に属していた。初代の記念物総監はリュドヴィック・ヴィテであった。一八三五年、ヴィテが審議会の会長になり、メリメが後任の総監となった。因みに委員会のメンバーには、テイラー、ル・プレヴォ、それにエコール・デ・ボザールに古典主義的な図書館を設計したデュバン、ランスに古典主義的な裁判所を設計したカリスティーなどの建築家もいた。(3) 一八四〇年にメリメはヴィオレ＝ル＝デュクに、ヴェズレーの修道院教会の状況の報告を依頼した。これが、フランスでは並ぶことのない教会修復の一つの履歴の始まりである。

歴史的記念建造物委員会の創設は、アルシス・ド・コーモンの活動の直接の成果であるが、彼の活動はノルマンディーから始まり、後にフランス全土に及んでいた。ヴィオレ＝ル＝デュクは、その偉大なる『事典』の序文で、彼（と彼のイギリスの先駆者たち）に感謝している。ヴィオレ＝ル＝デュクはこう書いている。「ド・コーモン氏の最初期の仕事は、北部のフランス建築の様々な時代からそれぞれの性格をはっきりと浮き彫りにした」。(4) 一方コーモンは、その著書『小学校の考古学』（カーン、一八六八年）の参考文献欄に『事典』の全巻を載せるまで長く生きた。

われわれはこれまで、コーモンの眼でしかフランスを見てこなかった。しかし、中世、特にゴシック建築への浪漫主義的な接近はドイツ特有のものであるとはいえ、それがフランスになかったとは決して言えない。シャトーブリアンの『キリスト教精髄』は一八〇二年に出版されたが、「ゴシックの教会」の章を含んでいた。(5) 彼はゴシックの教会に入る際の「震え frissonnement」について語っているし、時間の経過が加えた建物の不思議な魅力、ランスの壮麗さ、それにもちろんオシアン、さらにキリスト教遺跡（最も美しいものは、「カンバーランドの湖岸」と「スコットランドの山中」のイギリスのものである）について語っている。そして、ゴシック建築の森の木々からの派生を繰り返し語っている。「ガリアの森は……我々の祖先の聖堂の中で……ヴォールトの鮮やかさ、内陣の暗さ、側廊の薄暗さにつながってきた――すべてが森を思い起こさせる」。

しかし、真の固有のフランス浪漫主義運動は、ヴィクトル・ユーゴー、すなわち『エルナニ』とそれに続く『ノートル・ダム・ド・パリ』(6) に始まる。この大聖堂は、ヴィクトル・ユーゴーにとって「広大な石の交響曲で……一人の男と一民族の巨大な作品で……この大聖堂がその姉妹である『イーリアス』やロマンセロ(訳46)のように複雑で……その多様性と永遠性の二重の性格がそこに由来している神の創造のように力強く肥沃なもの」であった。そして「ルネサンスの無秩序で華麗な逸脱」と「さらなる怪奇で愚かな流行が続き……避けられない建築の退廃」へと至る。十八世紀は「滑稽でないとすれば下劣」で「醜悪でないとすれば滑稽」であり、パンテオンは「石でこれまでつくられた最も美しいガトー・ド・サヴォワ」で、(訳47) 穀物市場 Halle au Blé は「英国人騎手の帽子」であり、(7) そして最後に修復家の手による「削除と切断と転置」が来る。(8)

『ノートル・ダム』出版の二年後、ケンブリッジ・キャムデン協会によるカトリックという語の誤用を指摘した際にすでに触れたモンタランベールが、『フランスにおけるヴァンダリズム』という短い本をヴィクトル・ユーゴーに献じた。(9) それは一八三九年に出版されたが、モンタランベールはその冒頭で、「中世の建築に対する……深い……情熱」を宣言している。その後で彼は、政府、地方自治体、所有者、教区会、教区牧師が犯した建物へのヴァンダリズムの事例を詳細にリスト化している。さらに彼は詳しい書き加えをしている。ヴァンダリズムは必ずしも破壊であるわけではない。それは修復であることもできる。「野蛮人を排除しよう」が結びである。(9a)

ここでヴィオレ＝ル＝デュクに戻るが、戻るところはすでに触れたように、彼の経歴の最初である修復家としてである。しかし、彼はまた一八四〇年以前に、ゴシックを浪漫主義的なやり方で経験しており、一八三五年にシャルトルから書いた手紙の如き手紙類には、その建物の「名状し難いやわらかさ」や「魂を震わせる」彫刻や「薄暗い光」などが述べられている。(10) ヴェズレーの直後、まだ一八四〇年内のことだが、彼はデュバン指揮下のサント・シャペルの監督官に（ラシュスと共に）任命された。一八四四年には、ヴィオレとラシュスはノートル・ダムの修復家に選ばれている。(11)

四十年代はフランスにおける様式論争の時期であった。それはイギリスよりも時期的に早く、より激しいものであった。(12) この論争の最初の二人の主役は、一八四〇年に『ルヴュ・ジェネラル・ド・ラシテクチュール』を創刊したセザール・ダリ（一八〇九～九三）と、一八四四年に『アナル・アルケオロジーク』を創刊したA・－N・ディドロン（一八〇六～六七）である。ヴィオレ＝ル＝デュクはその創刊当初から『アナル・アルケオロジーク』に書いていた。(13) 彼らはヴィオレ＝ル＝デュクが支持したものを支持していた。『ルヴュ・ジェネラル・ド・ラシテクチュール』は様々な関わりを持っていた。ダリはドナルドソンの友人であったが、[14]雑誌に彼のことを書いている。一八四八年にダリは、A・J・マーニュの理想の教会案（写真59、60）を図版で――おそらく少し不公平に――取り上げているが、これも同様な事情による。[15]しかし、この二つの雑誌の違いや、それが故の公的な論争があったとはいえ、この二つはアカデミーとエコール・デ・ボザールに抗することでは一致していた。[16]フランスは、もちろんのこと格別なアカデミーの国である。ある意味で、アカデミーはフランスの発明である。コルベールがその創設者であったが、革命で粉砕されたときも、ほとんど直ちに再建されている。その組織のその後であるが、一七九五年に設立されたフランス学士院が美術のための部門を設け、それが一八一六年に王立美術アカデミーとなり、そしてそのアカデミーがエコール・デ・ボザールを運営することになる。アカデミーの終身書記はA・C・カトルメール・ド・カンシー（一七五五～一八四九）で、[17]彼はアカデミーの規律と唯一の型としての古代の守護者であり、「偶然の混合物」で「後期ローマ帝国の退廃した趣味を伝え得たものすべてによる支離滅裂の錯綜」たるゴシックの熱烈な憎悪者であった。「無秩序」とか「悪弊」とか「退廃」といった言葉が、他のところでもゴシックを特徴づけるために使われている。ゴシックのリブ・ヴォールトですら、彼はその価値を受け入れることを拒んでいる。彼にとっては、それは「ごくありふれた知恵」で「単純な労苦と出費の節約」にしかすぎない。[18]

彼が一八三六年に退いた時、ラウル＝ロシェット（一七九〇～一八五四）が彼の後任になる。彼はまた、学士院会員の考古学の椅子の保持者としてもカトルメールの後継者であった。ラウル＝ロシェットがカトルメールより寛容だったわけではないが、アカデミーの趣味は、いまや新古典主義から、ボザール・スタイルとも呼ばれる大イタリア調様式へと動きつつあった。その典型的な例が、凝った装飾を施した三つの駅、デュケネーよる東駅（ストラスブール駅）（一八四七～五二年）（図8）、ルノワールによるモンパルナス駅（一八四八～五二年）、イットルフによる北駅（一八六一～五年）（写真58）である。[19]それらは、ファサードの背後に、ガラスと鉄のヴォールト架構の列車上屋の存在を示していることでも典型的である。というのは、ボザールの人たちは自分たちを合理主義者と呼んでいたし、現にそうだと信じていたからである。一八四二年起工のラブルーストのサント・ジュヌヴィエーヴ図書館は、非常に純粋な記念碑的イアリア・ルネサンスの性格――どこであれ最もすばらしいものの一つ――のファサードをしているが、長い閲覧室の内部では鉄の円柱と鉄の屋根が誇示されている（写真61）。この状況は『ルヴュ』と『アナル』に反映している。そこで、これから四十年代を通じて一年ごとに両雑誌を追ってみよう。

『ルヴュ』のまさに第一巻で[20]鉄道駅が議論されており、第二巻で[21]エコール・デ・ボザールの教育が議論されている――もちろん非常に対立的に。巨大なコリント式円柱の長く均一なファサードと、待合室を覆う一連のドームを備えたリヨンの裁判所の建築家、ルイ＝ピエール・バルタールは、後期ローマ帝国の様式や中世の様式のいかなるものも自分の計画から排除していた。[22] ラウル＝ロシェットは、ペルシエの追悼記事でネオ・ルネサンスを攻撃している。「今日のような時代にルネサンスをやることを望むのは、ルネサンスを理解していないことと今の世紀をよく知らないことを示す」。[23] ダリはある程度まではこれに同意しているが、どの時代が何をしようとも、それぞれ個別の仕事を最上のものにもっていくべきだ――宮殿にはルネサンス、教会にはゴシック――ということを従うべき規則とすることをより好んだ。[24] つまり、当時はゴシック憎悪はなかったし、現に第四巻（一八四三年）では、ウィリスのヴォールトに関する論文がダリの翻訳で掲載されている。ついでながら、ダリは同じ巻で、明白にドナルドソンの『予備講演』に言及している。[25] その一年後、ダリは自分が英国王立建築家協会の名誉会員になったことを報告し得た。彼にそのことを通知する手紙は、もちろんドナルドソンによって署名されていた。[26]

しかし一八四四年は、また『アナル・アルケオロジーク』の第一号が出た年でもあり、その第一巻でディドロンが『ルヴュ・ジェネラル』における論争を早速報告している。[27] ラウル＝ロシェットは、ヴァチカン庭園内のピッロ・リゴーリオのヴィラ・ピアに関する本（一一六頁註40を参照）をすでに出版していた。彼はこの建築を褒め、それに衝撃を受けるのは「無知」か「見せかけの熱意」だと言っている。その後に、むき出しで不毛なものとしてのゴシックに対する不必要な攻撃が続く。M・ド・カロンヌは『ルヴュ』に答えて、異教徒の様式は確かに教皇のヴィラには適していない、そしてゴシックの教会が不毛になったのはラウル＝ロシェットのお気に入りたちとその先行者たちがそれを切り刻んできたからに過ぎないと言っている。言うまでもないが、ディドロンはカロンヌに賛意を表している。

一八四五年にはもっと深刻な争いが二つの編集者の間に起こり、遂には二つの雑誌ははっきりと分けられることになる。争いはそれほど重要ではないことに関するものであった。ルーアンのサン・トゥーアン、十四世紀のすばらしいこの教会のロココの錬鉄製内陣仕切りに関わることで、それをゴシックの建物に一致しないものとして捨て去るべきか、それ自体の美的価値の故に維持するべきかが問われたのである。かなり奇妙なことに、内陣仕切りの撤去を望んだのが『ルヴュ』であり、その維持を望んだのが『アナル』であった。彼らの議論はすべての美は相伴うというものであったが、ダリ（否むしろサン・トゥーアンの論文を書いていたM・H・ジャニアール）は、「例外なく……すべての様式が歴史的になることに……我々は同意する」と強く言っていながら、諸様式が切り離されたままであることを望んだ。(28)

これまでのところ、局面は混乱しているように見えるが、ゴシックと十九世紀に対する態度となると、すべてが明瞭になる。一八四五年二月の『アナル』で、ラシュス（ノートル・ダムの）は、アカデミーに抗してゴシック様式を今日のために使うことを擁護していた。アカデミーが言うように、たしかに我々の習慣は十三世紀の習慣ではないが、しかし我々の習慣は古代からはもっと離れており、少なくともゴシックは我々の土地に育った「我々の国民的芸術」である。(29)さらに、ラシュスは六月にも論を続ける。ラ・マドレーヌのような建物に責任のあるアカデミーの人と、ゴシック主義者の我々自身の他にも、第三のグループがいる。彼らは自分自身を間違って合理主義者と呼んでいるけれども、実際は折衷主義者である。彼らは、「あらゆる国のあらゆる時代から形を借り、時には形を新たに創りだし、それらを一つのアマルガムの中に合体させ、新しい芸術を創りだす」べきだと考えている。これをラシュスは不可能だと見なしている。その代わりに、「我々の国の最も美しい時代を出発点とし」、つまり十三世紀初期を出発点とし、そしてそれをコピーしないであらゆる新しい手段でそれを結合させ、ゴシックを我々の時代の芸術へと変換すべきだとしている。(30)ヴィオレ＝ル＝デュク（ノートル・ダムの修復者としてラシュスの同僚）は議論に加わったが、(31)別段目新しいことは言っていない。

アカデミーの先任者たちは、この四百年間、我々の遺産を切り刻み破壊し続けてきた。古代は今日には合わない。ゴシックは「良識の命ずる」ものであり、我々のものである。

この論争は『ルヴュ』にとっても、またアカデミーにとっても手に余るものであった。それで『ルヴュ』には、当初、我々の教会は我々の家屋や工場と同じスタイルであるべきだと書いた署名'X'の手紙以上のものは載らなかった。芸術は社会に従うべきであり、人は「建物に合わせてつくられる」ことを強いられるべきではないというのである。[32] 一年後、L・グノーがこれらすべての提案された中世風の例は「創造を殺す」と書いた。いずれにしても人はコピーするべきではなく、過去のあらゆる様式を学習し、それらを「新しい方法で」「巧みにグループ化」するべきである。ダリの脚注には、「新しい表現を創造するために」とある。[33]

しかし、そのときまでに一つの主要な出来事が両方の雑誌を揺さぶっていた。アカデミーはきわめて異例の処置を講じた。一八四六年にラウル＝ロシェットは公式の文書『十九世紀に教会をゴシック様式で建てることは適切かどうかを知る問題に関する考察』[34]を出版した。もちろん、答えは否である。既存のゴシックの建物に対しては気前よく賞賛が与えられているが、新しいものを建てることは「逆行」を意味することになる。それは、我々の社会に十二世紀の習慣を与えようと努めることと同じくらい悪い——明らかな「時代錯誤」「奇行」。そうした建物は、周囲のすべてと「著しい対照」をなすであろう。ゴシック建築は、「すぐれてキリスト教的な芸術」では決してない。逆にそれは、「すぐれてキリスト教的な都市」ローマに決してきちんと浸透しなかった。キリスト教の精神は、いつの時代にもあらゆる様式で現れている。しかし、どんな方法であれ、「存在を止めた芸術を蘇らせ」ようと決して試みてはならない。それは当然ながら「絶えず進歩に向かっている社会の性質を正しく認識しない」ことを意味するであろう。それに、ゴシックは深刻な構造的欠陥をもっており、ゴシックの彫刻は「自然の模倣」の欠如の故に失敗しているのである。

最後のほうの頁は、要約となっている。芸術は常に「それぞれの時代の」ものでなければならない。それは、文明の利用可能なすべての要素を使わねばならない。我々がオリジナルであろうと望むならば、「どのようにしてオリジナルであり得るかを学ぶためにルネサンスを例としないことがあるだろうか――よくある譲歩。我々はオリジナルでなければならないが、我々のオリジナルのスタイルはなお歴史主義的でなければならない。かくして、ラウル＝ロシェットは、アルベルティ、ブルネレスキ、ブラマンテ、サンガッロ、ペルッツィ、パラディオ、ヴィニョーラ、そして同じくビュラン、ドロルム、レスコーを呼び起こすことによって論を終えている。我々の建築家たちは「同じ様にする」べきであり、キリスト教徒のものでもあり「われわれの社会の」ものでもある教会を建てるべきである。これが、理性が命じ芸術の趣味が求めるものであり、我々の学校が教えるところ――「ギリシアやローマをコピーしないで、彼らと同じように、あらゆる社会の利便さとあらゆる時代の必要を与えるすべてを芸術と自然から得ることによって彼らを模倣すること」――のものである。

これはあまりにも悪い。考古学者たちとゴシック主義者たちが一斉に立ち上がった。『ビュルタン・モニュマンタル』(35)で、ヴィレルはラ・マドレーヌとノートル・ダム・ド・ロレットを、「気取った」もので宗教的性格を欠いていると書き、十三世紀の様式でバルテレミー(訳49)によって設計された最近の教会、ルーアン近くのブロッスビルのノートル・ダム・ド・ボンスクールを賞賛している。ディドロンはラシュスによる逆襲の特別の冊子を出版した。(36)アカデミーが薦めるものは、無統制状態である。アカデミーはかつては古典古代を擁護していた。少なくともそれは統一のある様式の勧めであった。しかしラウル＝ロシェットは「化け物のような混合物」(37)を好んでいる。彼自身の計画にしたがえば、彼は「まったく新しく、これまでの芸術から完全に自立した芸術」を弁護すべきである。しかし、そうする勇気を彼は持っていなかった。だから、彼の芸術は相変わらず「過去から選択した芸術によって……霊感を受けた未来の」芸術にとどまっているであろう。

ヴィオレ＝ル＝デュクのラウル＝ロシェットへの応答は、まさに同じ月に『アナル』に出た。(38)彼はラシュスよりもさらに攻撃的であった。「アカデミーは、自分がかくも愛している過去の神々と、世事から離れた雲に包まれているということを除けばなんの共通点もない」。ラウル＝ロシェットはヴィラ・ピアを賞賛することによって、異国人と異教徒の立場を表明している。我々は国民的・キリスト教徒的芸術を望んでおり、統一性を望んでいる。ラウル＝ロシェットは折衷主義を望んでいる。ラウル＝ロシェットの勧めるものが実現すれば、「二十年来の無秩序」になるであろう。それに、ルネサンスは「時に魅力的」でもあるが「所詮、庶出の芸術」であり、ラウル＝ロシェットのゴシックの構造と装飾に対する攻撃に関しては、もちろんヴィオレ＝ル＝デュクは造作もなく弱体化させることができた。(39) 十三世紀の装飾は「人間的精神の……最も創造的かつ最も自発的な創造の一つ」であり、かてて加えて「我々の森や野原の植物」から着想を得ている――エコールはこれらすべてに盲目なのか？そこにあるのは「あらゆる様式とあらゆる時代の混ぜ合わせ」と、一つではなく「十の建築」の教育である――しかし、異なった気候と特有の風習のためにつくられたものであるから、実際のところそれらすべてを模倣するのは不可能である。(40) その代わりに我々が要求しているのは、論理的な芸術、美しい芸術、そして「我々の土地」に育った芸術である。(41) 十三世紀の芸術がそれに当たる。さらには、礼拝は変わっていないから、それを我々の今日の教会の必要に合わせるのは容易である。フランスの十六世紀と十七世紀の建築家たちですらゴシック時代の平面図と構造を固く守ってきたのが特色でないことがあるだろうか？

我々は他になにを求めるべきだろうか？「新しい芸術」を？それをもつためには「新しい文明が必要であるが、我々はそうした事情にはない」(42) だから、「この類型が堕落する」前の瞬間から再び出発しよう。「我々の必要に応じて変更を加えるのは容易であろう。「近代工業のさ中にあって、進歩は我々を待たせてはくれないであろう」。しかし、ヴィオレはこうも書き加えている。「近代の才能がもたらしてくれる変更がどのようなものかは、我々はまだ知るに至っていない」(43) と。

後に、彼はそれが分かったと考えた。彼の信念の急進主義が成長し、彼の経験もまた成長し、急進主義でありながら彼の認識も成長した。アミアン、シャルトル、ランス、トゥールーズのサン・セルナン、クレルモン＝フェラン、さらにはピエルフォンの城郭とカルカソンヌの城壁の修復の指名が次々と彼にもたらされた。(44) 彼は一八四九年にレジオン・ドヌール勲章を受け、一八五三年に教区建造物総監となり、一八六四年に英国王立建築家協会の金メダルを受けている。『中世建築事典』は一八五四年から出版され始め、一八六八年に全十巻で終わった。それに続いて『フランス家具事典』（一八五八～七五年）全六巻と、その他たくさんの本を出した。そこには、モン・ブランの地質学に関する本（一八七六年）が含まれているが、それはヴィオレ＝ル＝デュクが偉大な登山家であったからで、彼がクレヴァスに落ち、二時間半置き去りにされた話は、スリリングな読み物である。

しかし、一八五〇年以降のヴィオレ＝ル＝デュクの理論と見解に入る前に、その年に出版され、十九世紀半ばのフランスの建築理論の最も実質的な手引書であり続けた一つの著作にある程度詳しく触れなければならない。それはレオンス・レイノーの『建築概論』(45)である。これは一八五〇～八年に二巻の本文と三巻の図版で出版された。レオンス・レイノーは一八〇三年に生まれた。すなわち彼はヴィオレ＝ル＝デュクよりも年上である。彼は最初はエコール・ポリテクニクで学んだが、政治的理由により間もなくそこを止め、その後エコール・デ・ボザールに行った。彼は一八三五年にエンジニアリングの学位を取り、一八三七年にエコール・ポリテクニクで、そして一八四〇年にエコール・デ・ポン・ゼ・ショセで教え始めた。一八五三年から一八五七年まで、彼は教区記念建造物の監督官の一人（ヴィオレ＝ル＝デュクと同じように）であり、一八五六年に土木総監となり、一八六九年にはエコール・デ・ポン・ゼ・ショセの学長になっている。彼はレジオン・ドヌール勲章をすでに一八三九年に受章しており、一八五四年にオフィシエ、一八六四年にコマンドゥールとなっている。(訳50) 要するに、ヴィオレ＝ル＝デュクを再三駆り立てた激しい敵対者に邪魔されることもなく、非常に成功した職業的・公的履歴を経たということである。

『建築概論』(46)は、レイノー自身が言うように、彼の連続講座の拡大版である。このような一般的で体系的な連続講座や概論は、イギリスよりもむしろフランスのものである。イギリスは、レイノーや後のガデに比べ得るものを生み出して来なかった。レイノーはこの本を二巻に分けている。第一巻は材料と建物の各要素――基礎、壁、円柱のオーダー、アーチ、出入り口と窓、屋階、コーニス、ペディメント、床と天井、ヴォールト、階段――を扱っている。これらはすべて石造の建物の要素である。木造の建物とその要素がこれに続き、最後に鉄の建物となるが、これについては後に触れる。第二巻は、コンポジション、すなわち建物のタイプを扱っている。教会、学校、図書館、博物館などから鉄道駅、灯台、橋に進み、そして住宅と都市に至る。

そこには様式の歴史と哲学がないことがわかるだろう。様式の歴史に関する部分は、教会建築の発展と、もちろん過去の個々の建物の分析を扱った百頁ほどだけである。レイノーが一般的な原理について言わねばならなかったことは、十六頁を超えない序文に要約されている。レイノーの原則は単純である。建築は「構築における適合と美の芸術」である。適合と美の関係は、「適合しているものしか何物も美しくない」[47]である。便利さが第一でなければならない。なぜなら「建築は……物資的な必要から生まれる」のであり、したがって「有用さがその第一の目的である」[48]しかし、それがすべてではない。機能的という制限内であっても多くの解決策が可能である。どれが美しい解決策であろうか。趣味が決定しなければならない。そして「我々の趣味は、我々の知性が導かれるものすべてを受け入れるわけではない」[49]。それでは我々はいかなる判断基準で選ぶべきだろうか。レイノーは、彼以前の多くの人と同様に、「秩序と簡素さ」[50]と調和に頼る。[51]建物にもたらされるべきこうした美的性質の後に、装飾、「重要な添付物」ではあるけれどもアクセサリーであるもの、すなわち建築の美に不可欠のものではないものの記述が続く。[52]そして最後の要約がこうである。「建築はすぐれて合理的な芸術であるが、我々の想像力を大いに必要としている」。[53]エジプト以降、どの時代もそれぞれの解決策を見つけてきた。我々はそれらを学ばなければならないが、我々が獲得すべきものは「形態よりもその精神」[54]である。模倣すべきただ一つのことは、「手段と目的の一致」[55]である。と言いつつ、レイノーにも好みはある。明らかに、それは中世寄りのものではない。ゴシックのフライイング・バットレスは「乏しい効果」しかもたない。それは建物を複雑にしており、その上、そのようにして支えなければならない建物には「なんらかの欠陥が……ある」。[56]それで、ルネサンスはこの体系を捨てて古代ローマの構造に戻ったのである。レイノーが古代ローマを気に入っていることは明らかだが、同時に彼は、我々自身は「古代ローマ人や我々の父祖よりも進歩している」という信念を表明している。その証拠が、我々はより少ない努力、すなわち以前のどの時代にもまして少ない材料で結果を得ることができるということであり、(57)これは科学と産業の進歩のためである。(58)つまり、レイノーは同時にイギリスのドナルドソンと同じような楽天家であることを示している。

『建築概論』の中で本書の文脈からして最も重要な部分は、鉄を扱った部分である。そこで、ヴィオレ＝ル＝デュクに戻る前にその部分を見ておかねばならない。ラブルーストがすでに四十年代に、サント・ジュヌヴィエーヴ図書館で鉄を誇らしげに露わにしていたことが思いだされるであろう。こんどは、レイノーが鉄は、その利点は明白なのでもっともっと使われると言っている。それは、石造や木造よりも「軽快さで大胆さ」を可能にし、より広いスパンとより細い支持物を可能にする。(59)加うるに、それは繰り返し求められてきた新しい建築の体系に対する答えを示している。鉄は新しい形態と新しいプロポーションを求めている。「石に適したものは、どこから見ても鉄には適し得ないだろう」。したがって、「完全な改革」ではないにしても、少なくとも新しい要素と相当な発展が見込まれるはずであり、仮に建築が建築家のみならず「それを喜んで評価する大衆の意見」を必要としていないとしても、すでに我々はいまではそれをたくさん見ているのである。新しいプロポーションは、「時代の感情」の要素となるべきである。(60)

一般的な考察はこんなところである。それが進歩的で道理にかなっていることに同意されるであろう。それに続いて錬鉄（fer forgé）と鋳鉄（font）の違い、接合法、そして石造の部分と同じように、壁、円柱、床、天井に関する段落が来る。ポロンソーの小梁が議論され、(61)鉄道駅が最も盛んに参考に供されているが、その中にはレイノー自身の北駅(62)も含まれている。(訳51)もっとも、これは間もなくイットルフのものに取り替えられているが、レイノーもエンジニアとして関わっている。(63)取り上げられたその他の建物の中で、なんといっても最も重要なものは、もちろんサント・ジュヌヴィエーヴ図書館である。(64)その記述の終わりはこうである。「この注目すべき構築はH・ラブルースト氏に帰せられる……形態の感情を最もよく進展させている時代の人の一人」。(65)

『建築概論』の第二巻は一八五八年に出版された。それは第一巻で述べたことを補強している。そしてこれはレイノーが必要だと考えたせいかもしれない。というのは、ゴシック主義者と反ゴシック主義者の論争、歴史主義者と十九世紀の擁護者の論争は、五十年代に猛威を奮っていたからである。ただし今度は、主としてヴィオレ＝ル＝デュクによって、あるいは彼に関してなされたものであった。鉄とその使用に関しては、レイノーは確認は必要ないと見なしていた。実際、レイノーが再検討しているビルディング・タイプの中で、鉄道駅とマーケット・ホールはそれぞれ独自の章を与えられているが、鉄の擁護はほとんど語られておらず、非常に奇妙なことに鉄の橋についてはまったく触れられていない。一方で、哲学的な面は第一巻の短い序文以上に拡張されている。コンポジションの章の冒頭は、伝統的なウィトルウィウスの用と強と喜びである。喜び、すなわち美は、議論するのが最も容易ではない。真実、単純さ、秩序、シンメトリー、これらはすべてさしたる助けにもならない。(66) また、合理的な美と理想的な美に分けるのも助けにはならない。理想的な美は、時代と共に変遷しているから。(67) その後に、結論には影響しない三十頁の装飾に関する部分が続く。

最も興味深い部分は、様式に関する頁である。この様式という言葉は、ゼンパーの『様式論』におけるような全般的な意味では使われておらず、単純にある時代の様式という意味で使われている。レイノーの言わんとすることはこうである。「自らの時代を信じている」時代とそうではない時代がある。そうではない時代は「精神が不決断のままあらゆる方向へと漂っている……それは芸術にとって悲しい時代で、本来の自身の様式を持たない……ある時は過去のこの様式、またある時は他の様式を望む」。したがって、建築家はこれらのあらゆる様式を学ばねばならない。なぜなら、「混成物のコンポジションは常に正しくない」(68) ので、建築家は自分の設計にいろいろな様式を混ぜることを避けねばならないからである。そこには、一八五〇年の序文にあったような未来の希望のための決定的な明示はない。

一八五〇年と一八五八年のもう一つの違いは、ゴシック様式に対する扱いである。当初は二、三の文章でしかなかったものが、いまは五頁に膨らまされている。(69) アミアンは然るべき賞賛を受けているが、(70) 頽廃が十三世紀後半に始まり、そして十五世紀は完全な衰微の世紀であった。実際、衰えは来るべき運命にあった。なぜなら、「出発点が間違っていた」から。明らかに精神的な理由のために、ゴシックの石工は物質の法則を否定し、現実性を軽蔑していた。その結果は、「健全な芸術の理論が受け入れる」ことに反するヴォールトとその支持の体系であった。その証明はされていないが、ミケランジェロのサン・ピエトロが賞賛され、また今日と同じような見解で、コンスタンティヌス（すなわちマクセンティウス）のバシリカ、ディオクレティアヌス浴場のサンタ・マリア・デリ・アンジェリ、ハギア・ソフィア、フィレンツェ大聖堂の東端部が賞賛されている。(71) つまり、この古典的記念碑性の方向に、レイノーは建築の価値ある未来を思い描いていた。そしてこう付け加えている。ゴシックの大聖堂の垂直性、そうだろう。神秘的な眺め、そうだろう。しかしそれと共に、「芸術と科学と産業が提供する……あらゆる可能性」(72) をと。

これをもって、われわれはヴィオレ＝ル＝デュクに戻り、五十年代と六十年代の彼を追う準備ができた。ヴィオレ＝ル＝デュクは、ヴィクトル・ユーゴーと同じように、常にアカデミーの敵であった。しかし、彼は教えることが好きだった。エコール・デ・ザール・デコラティフでの教育は、一八五〇年に一応の終わりを告げた。そこで一八五六年、彼が非常に尊敬していたラブルーストが――後に明らかになるであろう理由のために――彼のアトリエを閉じた時、ラブルーストの生徒たちはアナトール・ド・ボドに率いられてヴィオレにアトリエを開くよう頼んだ。彼はこれに応じたが、アトリエはわずかに二、三カ月しか続かなかった。ヴィオレが一八六二～三年と一八六三～四年に『ガゼット・デ・ボザール』に書いたものに影響を受けたこともあって、エコール・デ・ボザール自体も再編成され、遂にはヴィオレもボザールに加わることになった。しかし、僅か七回の講義の後に、職員や学生の敵意にあってやめてしまった。彼がボザールに加わる以前の教育的情熱の成果、そして実際に実施されたものも実施されなかったものも含めてのボザールでの講義の成果が、『建築講話』であり、これはわれわれの観点からして彼の最も重要な本である。これは二巻本として一八六三年と一八七二年に、一八六三年と一八六四年の二冊の図集と共に出版されている。全部で二十の講話からなり、書かれた時期は一から十までが一八五六～六三年、十一から終わりまでが一八六三～七二年、図版集が一八六三年と推定し得る。(73)

ヴィオレ＝ル＝デュクの考えを正しく知るためには、主として『建築講話』によるべきであるが、より早い時期の著作、一八五四年の『中世建築事典』の序文や、もちろんのこと『事典』の種々の項目にもよらねばならない。『事典』

の序文において、つまりラスキンの「ゴシックの本質」の一年後、ヴィオレは彼の成熟した原則を初めて表明している。自分の目的は、建築の形態のみならず、その存在理由 raisons d'être と、その背後にある習慣と思想を知らしめることである、と彼は書いている。なぜなら、中世の人々の芸術と精神の間には完全な調和が存在するからである。中世建築を研究する目的は、「芸術家を後ろ向きに歩かせ」、「他人が言ったことを繰り返し」そして「今日の我々の国に十三世紀の家や場所をつくる」ことであるべきではない。もし建築家がそのようにすれば、彼は単に「我々の好みに従って我々を装わせる衣装屋」になってしまうだろう。そうではなくて、中世の原理は人の考えを表現するのに有用だから、彼は中世の原理を学ぶべきである。なぜなら、十二世紀と十三世紀の原理は、「かつて成果を生み出したように、今日でも成果を生み出し得る」し、実際「幸福な革命」に導いてくれるかもしれないからである。

しかし、ラスキンと比べて見ると、いまの状況が強くとりあげられている。「決して建築家にはそれほど多くの資金が与えられてこなかった」。これは時事的な事項で、その他は政治的な事項である。ルイ十四世の時代にいたるまでは芸術家は自由であった。ゴシックのレリーフでは、王たちが地獄に導かれているのを見ることができるし、決して雲の上の王を見ない。「芸術は人々のものであった。そして……それを統制しようとは誰も考えなかった」。芸術が修道院を離れるやいなや、「知性の自由」という概念が出てきた。自由な職人というのは、ヴィオレ＝ル＝デュクがラスキンと分かち持つ概念であるが、『建築講話』が示しているように彼はその概念を違った意味で使っている。

『建築講話』は好戦的な序文で始まる。彼の講義は、ギリシア人に属すギリシア建築、ローマ人に属すローマ建築と同じように、実際のところ我々のものである芸術に注意を喚起するから危険として、ボザールの一教授によって攻撃されてきていた。(74) それよりも彼が意図していたこと、出版によって伝えようとしていることは、「あらゆる形態の理由を探求すること——なぜなら、あらゆる建築の形態はその理由をもっているから——、その背後にある様々な原理の起源を指摘すること……そして古い原理を今日の要求に適用し得るその応用に注意を促すこと」であった。したがって、ヴィオレが扱うことを約束するのは、歴史と十九世紀の必要であった。現に第一巻は、原始の建物、ギリシアとローマの建築、ビザンティンとロマネスクの建築、ゴシック建築で頂点となる中世の西洋建築の原理、その衰退、すなわちルネサンス、そして「十九世紀の建築」と題された最後の講義、を扱っている。

『建築講話』においては、ギリシアとローマは客観的な扱いを受けている。ヴィオレ＝ル＝デュクが客観性を逸脱するのはゴシックの講義においてである。ただし、そこでもまだゴシック・リヴァイヴァルの一味だと見えることを避けてはいる。彼の主張は、「ギルドで組織された……俗人だけが」ゴシックの建物を設計し得た、したがってその建物だけが「フランス人の特別の才能を示している」というものである。続けてヴィオレは、はっきりとゴシックを「フランスの俗人学校」(75)と呼んだが、リベラルで独断的ではない風にふるまうために、そうしなければならなかったのである。グーは彼を引用してこう書いている。「神がいると言い張ることは、いないと断言することが無礼であるのと同じように馬鹿気ている」(76)。そしてヴィオレは講義で、「十三世紀においては……芸術は根本的に民主主義であった」(77)と主張している。こうしたこじつけによって、彼は卓越したフランスの大聖堂を世俗化することに成功した。芸術家たちが感じていた「不法と圧制嫌悪」すら動員されている(78)。しかし一たび分析が始まると、ヴィオレのゴシックの原理に関する分析は、『中世建築事典』で同時期にさらに詳しく見事に行われているのと同じく見事である。ゴシックの建設者たちは、非常に複雑な構築によって均衡を創りだすのに成功した（写真62）。そして、なにが次にくるべきかを見越して、ヴィオレは続けてこう言っている。ゴシック建築の基礎となっている原理は、ギリシアやローマの原理よりもはるかに今日の必要に応用可能である。事実、彼はこの文脈で同時に鉄の可能性をも利用している。「現代の手段が提供してくれるある種の材料――たとえば鉄――によってギリシアやローマの建物を建てることは不可能である。しかし一方で、十二世紀末期の俗人建築家たちによって導入された原理と方法は、彼らを苦も無くこれらの新しい材料の使用に順応させている」。ヴィオレは、彼らが後の時代の「産業の進歩を予期していた」とすら言う(79)。それ故、彼らの「永遠に真実で、応用可能で生命力のある」原理を固守しよう、というのが、彼の講義の結論である。

第六講義は、様式という言葉がなにを意味するべきかに関する考察を中心とする。様式は「理性の法則にしたがう霊感」[80]である。それは「美に必須の要素の一つであるが、それのみで美を構成するわけではない」。[81]あらゆる動物が様式を持っているが、すべての人間が様式を持っているわけではない。人間は「不自然で粗野」[82]かもしれないからである。一方、基本的な容器はすべて様式を持っている。それらは、その目的のための最も自然な形をしているからである。ルイ十五世様式のことが話題になるかもしれないが、その時代の「適切な形の軽視」[83]は、それが様式を持っていないということを示している。しかし、そのことは「非常に進歩した文明は必然的に様式を排除する」[84]ということを意味するわけではない。なぜなら、百門の大砲を備えた帆船は、その形が「美しく見えるほどに完璧にその目的にかなっている」故に、様式を持っているからである。しかし、「造船技術者が汽船をつくる時や、機械技術者が機関車をつくる時に」、「ルイ十四世時代の帆船の形や駅馬車の形」を再生させるならば、彼らは様式を失うことになるであろう。しかし、彼らはそうはしない。彼らは、

自分たちが扱わねばならない新しい原理に順応し、その上で……様式……をもつ作品を生み出す。たとえば機関車は、誰もがその価値を認め、それを独特の創造物にする特殊な形相を有している。なにものも、これらの転がっていく大きくて重い機械以上によく制御された力を表現し得ない。それらの動きは緩やかかもしくは激しい。それらは恐ろしい激しさで前進する。あるいは、それらを意のままに動かし静止させる小さな生き物の制御する手の下でしびれを切らしてあえいでいるようにも見える。機関車はほとんど生き物であり、その外形はその力の単純な表現である。したがって、機関車は様式を持っている。それを醜い機械と言う人もいるであろう。しかし、なぜ醜いのか。[訳52]それは、それが持っている非情なエネルギーの真の表現を示してないであろうか。それは、大砲や銃がそうであるように、特別の性格をもつ体系づけられた完全なものとして誰からも評価されないであろうか。目的に合ったもの以外には様式はない……一挺の銃は様式を持っているが、石弓に似せてつくられた銃は様式を持たないであろう。我々建築家は長い間、できるだけ石弓の外観にしようと努めながら銃をつくり続けてきているのである。[85]

伝えたいことは十分にはっきりしており、ヴィオレはその正当性をまったく疑っていない。何年か後、彼は『ガゼット・デ・ボザール』に一八六七年の国際博覧会に関するコメントを書いた。

作品における材料の質と力の正しい遵守は、常にオリジナルな形を与える……各部分がその用途に応じて完璧に組み合わされ、取るに足りない「ルイ十四世時代」から伝えられた伝統的な形になにものも犠牲にされていない、そうした機械が、私の見解では厳密に正しい必要の表現でしかない形態の美によって私の心を奪うということを白状しかねないところまで、私は粗暴な思いに駆り立てられている。(86)

この主題は『建築講話』から決して離れてはいない。たとえば第八講義は、「偉大な芸術の時代に認められた原理のどれにも基づか(87)」ない十六世紀と十七世紀の間違った原理を扱っている。しかし、ヴィオレは十六世紀のルネサンスを、ルイ十四世時代よりもよく分析している。ここには、はっきりとした彼の党派性がある。ルイ十四世時代は、建築を独裁的にし、建築家が適合性や種々の要求や使いやすい部屋の配置に気を配らなかった時代である。(88)なぜ一つの四角い広場の家がすべて同じであるべきなのか――これは第十講義に付け加えられている――、なぜファサードはすべて同じ窓を持つべきなのか、なぜ市庁舎のファサードが教会のファサードと同様でなければならないのか、そして実際のところなぜ誰も使わないポルティコなのか。(89)後に彼は、『現代の住宅(90)』において、この議論を手際よくまとめている。「一つの箱をつくるためには、それがなにを含むべきか知ることがよい」。強要されたシンメトリーに抗して、ヴィオレは自然で望ましい性質としてアシメントリーを提示する。アシンメトリーはゴシックの世俗建築の規則であり、それ故に――あるいは時代精神 Zeitgeist の理由によってか――ヴィオレ自身の住宅ファサード（写真63）の規則でもある。しかし、ピュージンと同じように、彼は「不規則性を愛するがための不規則」には警告を発している。(91)彼の手紙の一つに書かれているすぐれた「都市景観」に関するコメントが示しているように、彼はたしかにアシンメトリーの魅力には敏感だった。[92] その手紙で彼は、アミアン大聖堂に新しく考案された軸景観について、「幾何学的な点は一点であるが、その他の点は無数にある。したがって、その一点の景観をもって建てるべきではなく、多数の他の点の景観をもって建てるべきである」。第八講義は、第一巻の他の多くの講義と同じように、歴史的なテーマに加えて一般的なテーマと時事的なテーマをたくさん含んでいる。時事的なテーマについて言えば、フランスのルネサンスとすでに触れたフランスの十七世紀の古典主義の歴史的な取扱いは、ヴィオレ＝ル＝デュクが自分の時代の「折衷派」と呼ぶもの、「古典の時代から我々の時代に至るまでに認められてきたすべての形態を歓迎する」「さらに自由な調子の」人々の折衷派、に対する戒めを求めるものである。彼は、彼らとなんの関係もないことを望んだ。彼らは「不変の法則」があることを忘れている。したがって彼らの形態の言語は、「雅俗混交体 macaronic であり……その意味は誰も判読できない」[93] に違いない。

そして次は第十講義と十九世紀のための現実的な計画。第十講義は、ラスキンやスコット、そして後に触れるように他の人々をも悩ましていた問題から始まる。「十九世紀は自らの建築を持たずに終わると非難されるであろうか。それは模倣物と混成物しか後世に伝えられないのであろうか」[94]。ヴィオレの答えは、マシュー・ディグビー・ワイヤットと同じように確信をもって、そして同様な理由によって、否であった。[95] 建築は決して「真実から外れて」はならない。我々は「計画予定に対して誠実であり、構築の過程に対して誠実」でなければならない。我々は「課す必要のある条件を正確かつ綿密に充たさ」なければならない。我々は「材料をその品質と特性に従って使用」[96] しなければならない。ここまではそれでよいが、「計画予定が充たされ、構造が現れても、それで一つの芸術作品を生み出すのには十分ではない。同様に形が必要である」[97]。それで、次の質問はこうなる。「今日の我々の文明に最もふさわしい形はどのようなものか」。その答えは予測し得る。つまり、必要とされる先例は、ギリシアでもローマでもなく、中世の俗人派だというのである。この一派だけが、「産業と機械と、輸送手段が我々に提供してくれる便利さを予見してきた」[98]。「石を石に、鉄を鉄に、木を木に見えるようにしよう」[99] そして彼は例として、ルネサンス主義者レイノーとまったく同じように、サント・ジュヌヴィエーヴ図書館をとりあげ、二つ目の例としてソルニエ設計の工場[100]をとりあげている。ソルニエの工場で、今日最もよく知られているのは、ムニエのチョコレート工場である。さらにヴィオレは、一八六四年に出版された『建築講話』の図集の第二巻に、鉄の柱で支える石造のリブ・ヴォールトで架構された公共空間の図を掲載している。[101]それはぎこちない建築で、ラブルーストの作品のようには出来上がっておらず、またそう見えるようにはオリジナルでもなかった。というのは、ルイ＝オーギュスト・ボワローが一八五四〜五年に、鉄のリブと支柱をもったパリのサン・トゥジェーヌ教会をすでに建てていたからである（写真64）。そしてまた、当然のことだがヴィオレが図集に示したものは建てられることはなかった。

とはいえ、彼の言葉の大胆さと彼の体系の論理は生き残っている。『建築講話』の第二巻は、それらを再述しており、そこでも鉄が主要なテーマであった。広大なスパンを架構する鉄、個人住宅の鉄、[102]階段の鉄、花模様の柱頭の鉄、[103]プレファブに有利な鉄――「部材が工場で作られ……準備完了状態で建物まで運ばれ……適切な位置に立ち上げられる」[104]――そしてもちろんのこと橋の鉄がとりあげられる。橋はエンジニアリングの仕事であるが、ヴィオレは何度も彼本来の道から出てエンジニアを褒め、建築家に警告している。たとえば、橋においては、「我々のエンジニアは新しい道をつくり出してきた。しかし我々の建築家はこれまでのところ、新しい技術を古い形態に恐る恐る使う以上のことをしてこなかった」。[105]そこには、この職業全体に及ぶ危機状態がある。「機関車を作ってきた」エンジニアたちは「大型四輪馬車をコピーしようとは考えてこなかった」。[106]「我々の時代の建築家たちが、この職業の衰退、ひいては建築芸術の絶滅を見たくなかったならば、彼らは……我々の社会状況が提供してくれるあらゆる手段を利用する用意のある有能な建設業者になるべきである」。

しかし、ヴィオレ＝ル＝デュク自身がこの警告に注意を払ったであろうか。以前にもしばしばそうであったが、彼が講義することと彼がなすことの間には懸隔がある。彼の教えは、十二世紀末と十三世紀のあらゆる他の建築に対する優越性であり、それの今日における宗教建築かつ世俗建築に対する適用可能性であり、そしてゴシックの原理に則った十九世紀様式の必要性であった。実際にわれわれが見るのは、ほどほどのゴシック・リヴァイヴァルの教会――その代表が一八六〇～五年のサン・ドニ゠ド゠レストレ――と、論理的というよりも気まぐれで、ぴったりしない凡庸な住宅であった。[107] それに加えて、並ぶことなき学識を用いてはいるが配慮に欠けている膨大な量の修復の仕事を、人は『中世建築事典』の著者の中に当然のこととして想像してきた。修復が彼にとって何を意味したかは、『中世建築事典』の第八巻（一八六六年）に要約されている。すなわち、その部分のまさに最初の文章は、一つの建物を修復するということは「まさにそれを維持保存し、修理し、模様替えすることではなく、かつて一度もあり得なかったかもしれないような完全な状態にそれを回復すること」である。その後の二、三頁で彼はその根拠を書いている。ある建物が後のある時代に改築されていたとすると、両方の時代を修復するべきか、「乱された様式の統一」を元へ戻すべきかは、事情による。たとえば、ヴォールトをかけた十二世紀の建物が、後のヴォールトに代えられているなら、十二世紀のヴォールトを復元するべきである。世俗の大きなホールの支柱が違う時代に作り変えられているとすれば、それをオリジナルの形に復元すべきでもあるし、あるいは「美術史の一点を明らかにする」[108] ために、それを時には残すかもしれない。そうした助言が現実にどのように見えるはずかは、クレルモン゠フェラン大聖堂で見ることができる。すなわち、その大聖堂は十四世紀半ばの身廊をもっていたが、ヴィオレが西側にそれを伸ばした際に、十三世紀の様式のまったく新しいファサード（写真65）、まさにスコットがやったであろうもの――永遠のミドル・ポインティド――が付与されている。

ヴィオレ゠ル゠デュクは――これはすでにこの章の冒頭で言ったことであるが――スコットと非常に共通点が多い。そしてまたこの章は、ゴシックか古典主義、すなわちイタリア風もしくは十六世紀風もしくは混合ルネサンスかの様式論争もまた両国で非常に共通点が多いことを示してきたことになるであろう。しかし、全体として論戦闘士たちの議論の知的レベルはフランスの方が高いということを言っておかねばならない。また、論争はフランスの方がはるかに激しく行われた。これはおそらく国民性の相違によるものであろう。フランス人は知的によりラディカルであり、またより強く力をもった中央の組織を信じていた。アカデミー・デ・ボザールの力とそのエコール・デ・ボザールへの締め付けが無かったならば、攻撃側にも防御側にもそれほどの獰猛さは必要なかったであろう。アカデミーはゴシック・リヴァイヴァルを時代錯誤だとし、ゴシック主義者は混ぜ合わせの素材の折衷主義を「奇形的組み合わせ」と呼んだ。そのはるかなイギリス版は容易に示すことができる。

しかし、フランスの状況がイギリスと異なっているところ、そして確かに非常にフランス的なところは、双方の党派が自分たちを合理主義者と呼んで誇っており、双方が建築における鉄に合意する用意ができていること――かたや論説におけるヴィオレ＝ル＝デュクと実践におけるボワロー、こなた論説におけるレイノーと実践におけるラブルーストとイットルフ――である。

これを最後にフランスと離れてしまう前に、イットルフとヴィオレ＝ル＝デュクへの一つの跋文を。ことは、過去二年間に出版された芸術に関する最良の本が受賞する一八六一年のボルダン賞に関わるものである。この年、ヴィオレが受賞した。授賞対象はその時までに出版されていた『中世建築事典』の各巻であった。[109] 八月十七日にボルダン委員会は、クールダヴォーの『自然と芸術における美について』、シュヴァナールの『ギリシア旅行』、サンゼの『四重奏曲の研究』、リオの『キリスト教芸術』、シャルル・ブランの『絵画史』、ルレーニュの『美の科学』、グランゼールの『ラファエロのロジアと部屋』、そしてヴィオレ＝ル＝デュクの『中世建築事典』を検討した。議論の中で、レイノーの『建築概論』とアレクサンドル・ルノワールの著作が付け加えられた。レイノーを提案したのはイットルフであった。その結論は、レイノー、ブラン、ルノワールへの賞の三分割であった。その時、フェリックス・デュバン（エコール・デ・ボザールの河岸の建物とオテル・プールタレスの建築家で、初期のヴィオレの修復と密接な関係がある）が、今日までの「最も完璧なゴシック美術史」である『中世建築事典』の「素材の豊かさ」、「図版の正確さ」そしてその「科学」と「博識」の故をもって、ヴィオレが外されることに遺憾の意を表明した。[110] イットルフは『中世建築事典』の価値は認めるが、「主題に対する愛が著者を誇張に導き、ゴシック芸術はギリシア芸術よりも好まれるべきだとすらする非常に疑わしい教養を表明させるに至っている」と答えた。したがって、彼はこの提案には反対の票を投ずることになった。ド・ニーウェル

[訳53]ケルケはデュバンに同意して、「我々の中世の聖堂の保存」の故にヴィオレを賞賛した。イットルフは付け加えて、ヴィオレはゴシック様式を間違ってフランスの出来事にしてしまったと言った。それは、フランス、ドイツ、イギリスでも同時に花開いたのである。M・ルメールは『中世建築事典』とレイノーの『建築概論』は「互角」だと考えた。建築家であるジルベールはこれを否定した。レイノーの著作は教訓癖があり、教えることを目的に書かれているのに対して、ヴィオレのものは誇張があるかもしれないが、「考えができあがっている人」にとってその誇張はなにほどのものでもないというのである。そして資料の豊かさ、その図版、その研究調査は揺るぎがないとしている。

結論は得られず、議論は八月二十四日も続けられた。議論はデュバンの発言から始まった。イットルフはヴィオレがギリシア芸術の上にゴシックを置いたとして非難しているが、それは真実ではなく、ヴィオレはそうはしていないというのである。しかし、その場にイットルフはおらず、アカデミーの院長宛に個人的な理由により欠席さざるを得ない旨の手紙を書いていた。この手紙は存在しており、その中でイットルフは、『中世建築事典』の最新の巻のいくつかに、「我々の団体を攻撃する月並みな演説」があり、また「私に対する個人的な攻撃」があるということを指摘している。これは、彼が最近ゴシック芸術の上に古代を据えて褒めていたことと、あるいはイットルフが十二人の審査員の一人であったオペラ座のコンペにヴィオレが勝てず、誇りが傷つけられたせいではないかと彼は考えた[11]。

最終的に、ボルダン賞は三つではなく五つ、つまりレイノー、ヴィオレ、ルノワール、ブラン、ルレーニュに分けられた。最終的に？　より長い目で見れば、まさに最終的に、レイノーとイットルフが勝ち、ヴィオレとゴシック主義者は負けた。なぜなら、イギリスでは十九世紀末と二十世紀の大ドメスティック・リヴァイヴァルがモリスから起こり、モリスはラスキンから発し、二人はイギリスの中世主義者から発しているのに対して、フランスでは同時期に、アカデミーとエコール・デ・ボザールに因んでわれわれがボザールと呼ぶ古代ローマとルネサンスと合理主義のアマルガムであるスタイルが勝利を得ていたからである。

註

1　P.Gout, *Viollet-le-Duc*（Paris, 1914）; V. Sauvageot, *Viollet-le-Duc et son oeuvre dessiné*（Paris, 1880）; *Composition et Dessins de Viollet-le-Duc*（Paris, 1884）; *Lettres inédites de Viollet-le-Duc, Recueillies et annotées par son fils*（Paris, 1902）を参照。最上の近年の仕事は、Dr. Robin Middleton の Cambridge PH.D. 論文 'Viollet-le-Duc and the rational Gothic tradition'（1958）と Viollet-le-Duc, catalogue of an exhibition held in 1965 and published by the Caisse nationale des Monuments historiques である。前者は対象がドロルムからヴィオレ＝ル＝デュクまでのフランスのゴシック残存と復興に広がっており、後者はいまや不可欠である。またすぐれた論文、Maurice Besset, 'Viollet-le-Duc, seine Stellung zur Geschichte' in *Historismus und bildende Kunst*, ed. L. Grote（Munich, 1965）もある。J. P. Paquet and others, in *Les Monuments historiques de la France*, N.S. XI, 1965, 1ff. があるが、わたしはこれをこの章を書き終えた後でしか見ていない。最後にイタリアの文献をいくつか。C. Bricarelli, *Eugenio Viollet-le-Duc e il rifioramento degli studi medioevali nel secolo XIX*（Rome, 1915）; A. Nava, 'Le teorie de Viollet-le-Duc e l'architettura funzionale', in Critica d'Arte, VIII, 1949。R. De Fusco, *L'Idea dell'Architettura; Storia della Critica da Viollet-le-Duc a Persico*（Milan, 1964）の第一章は 'Viollet-le-Duc e Ruskin' となっているが、わたしが *Ruskin and Viollet-le-Duc*（First Neurath Lecture at Birkbeck College, London, 1969）〔『ラスキンとヴィオレ＝ル＝デュク』鈴木博之訳、中央公論美術出版、一九九〇年〕で書こうと努力したようには、なんの両者の比較もされていない。

2　Catalogue, p.34.

3　P. Léon; *La vie des monuments français,*（Paris, 1950）と *Congrès Archéologiques,* CXVII（Paris, 1934）I, 53 ff. を参照。

4　*Dictionnaire raisonné de l'architecture française du XIe au XVIe siècle*（Paris 1854-68）, I, ii.

5　Book I, Part III, chap. 8; また Book V, Part IV, chap.2.

6　一八三一年の出版。J. Mallion, *Victor Hugo et l'art architectural*（Paris, 1962）を参照。これは学位論文（Publications de la Faculté des Lettres et Sciences humaines, XXVIII）で、したがって非常に長い。『ノートル・ダム・ド・パリ』のわれわれにとって最も重要な部分は、Book III, chap. 1 である。しかし、われわれのこの本にとっては周辺的でしかないけれども、最も面白いのは Book V, chaps 1 and 2 である。そこでは Claude Frollo[訳48]が、本が教会を殺すこと、本が安くなりつつあり、さらに安くなること、神政的な示威に対するものとしての民主主義を予言している。「建築は永久に死んでしまった」。

7 これら三つの引用は、Mallion, op. cit., 624 and 629 からとっている。

8 ついでながら、ユーゴーはノートル・ダムを過渡的な建物と考えている。トゥールニュほど重々しくないし、ブールジュほど明るく多様でもない。彼は書いている。純粋なロマネスクでもないし、「純粋なアラブの類」でもないと。つまり Evelyn と Wren による古い紋切り型の解釈がまだ生き残っていることになる。ちなみにユーゴーは、サン・ジェルマン・デ・プレをカロリング朝的、ノートル・ダムをサクソン的としている。

9 Léon op. cit. を参照。また L. Réau, *Histoire du Vandalisme. Les Monuments détruits de l'art français* (Paris, 1959), II, 117 ff. を参照。

9a シンケルは、一八一六年にケルン大聖堂に関する覚え書きで、「我々はこの半世紀、せっせと（我々の遺産の）絶滅に勤しんできた。我々は、アッティカ時代のでたらめな野蛮性をはるかに超えてしまうほどの非常に野蛮なやり方でこれをやって来た」(Schinkel の *Bericht über den baulichen Zustand des Kölner Doms*, September 3, 1816)。Reichensperger: *Christlich-germanische Baukunst*, p. 113 からの引用。

10 Gout, op. cit., 33.

11 ラシュスはサント・シャペルについて、ヴィオレ＝ル＝デュクはノートル・ダムについて、それぞれ *The Ecclesiologist*, X, 1850, 297 and XI, 1850, 95 に報告書を書いている。ヴィオレ＝ル＝デュクは、この雑誌にすでに一八四六年（VI, 81 ff.）、後に触れることになるラウル＝ロシェットとの論争で登場していた。ラシュスは一八五二年の *The Ecclesiologist*（XIII, 46）にロンドンの新しい建物の批評で再度登場している。彼は国会議事堂をゴシックよりももっと古典主義の気分で構想されているとして非難し、エコール・デ・ボザールの「根源的に邪悪な」建築を——まさにヴィオレ＝ル＝デュクの精神で——攻撃して論を終えている。

12 フランスの建築理論のこの世紀半ばの状況に関しては、Collins 教授の *Changing Ideals* が必須の文献である。

13 ついでながら、ヴィオレ＝ル＝デュクの父親もこの雑誌に書いている（II, 261; III, 201）。

14　*Rev. Gén.*, III, 1842, 80.
15　Ibid., VIII, 64 ff.
16　これらすべてに関しては、Hautecoeur, *l'Architecture classique en France*, vol. VI が大いに参考になる。
17　R. Schneider, *Quatremère de Quincy et son intervention dans les arts*（Paris, 1910）を参照。
18　*Dictionnaire historique de l'Architecture*（Paris, 1832）II, 320, 670-9. より早い時期の著書 *Histoire de la Vie et des Ouvrages des plus célèbres Architectes du XIe. siècle jusqu'à la fin du XVIIIe. Siècle*（Paris, 1830）で、彼はゴシック建築を「まったくの無知」、「大胆さの空しさ」、「軽薄さの大言壮語」、無秩序と混乱と「気まぐれ」（I, 45）、ゴシック装飾の先行する「子供じみた切取り細工」と対照的な Giotto（I, 32）、「ゴシック趣味の誤り……の放棄を宣言する」人としての Arnolfo di Cambio（I, 20）などと語っている。
19　二八三頁を参照。また、Carroll Meeks, *The Railroad Station*（Yale University Press, 1956）を参照。
20　*Revue*, I, 1840, 513 ff., 733 ff., also II, 129.
21　Ibid., II, 1841, 634 ff.
22　Hautecoeur, VI, 335 は、中世の「野蛮な作品」の「構築する技術の無力」と「悪しき趣味」というバルタールの一八四三年の言葉を引用している。
23　*Revue*, II, 36.
24　Ibid., II, 36.
25　Ibid., IV, 1843, 123. ヴィオレ＝ル＝デュクもまた、*Dictionnaire* の第九巻でウィリスのヴォールトの論文に対する感謝を表明している（525）。
26　Ibid., V, 1844, 96.
27　*Ann. Arch.*, I, 1844, 133 and *Rev. Gén.*, V, 1844, 15.
28　一八四七〜八年、争いは悪化した。いまやいくつかの事実誤認の申し立てを巡るものになった。ダリは「真実か戦争か」

と書いている（VII, 427）。

29　*Annales*, II, 69 ff.

30　Ibid., II, 1844-5, 197 ff. and more 329 ff.　スコットが*Remarks*を書いた時、彼はこれを読んでいただろうか（二五四〜六頁参照）。

31　Ibid., 303 ff.

32　*Revue*, VI, 383.

33　Ibid., VII, 28 ff.

34　*Ann. Arch.*, IV, 1846, 326 ff. に復刻されている。

35　XII, 1846, 564-5.

36　*Réaction de l'Arcadémie contre l'art gothique*（Didron, Paris, June 1846）.

37　Ibid., 11.

38　*Annales*, III, 1846, 333 ff.

39　Ibid., 339 ff.

40　Ibid., 347.

41　Ibid., 349.

42　Ibid., 351.

43　最初の記念物総監ヴィテが、同じ年にさらにずっと急進的な講演をしていることは興味深い。それはノルマンディーの古物研究家たちになされたもので、*Revue Générale*（VII, 1847-8, 392 ff.）に報告されている。彼は「世界中で芸術が同じものを二度生み出したことは決してない」とか「ある時代の必要にぴったり合った建築はいずれも、ある種の美と同等の価値をもつ相貌を有している」と言い、したがって「新しい建築を創りだし得ることをあきらめていない人達に」敬意を払えと言っている。

44　ヴィオレ＝ル＝デュクの修復に関する代表的な報告が最近刊行されている。それは一八六四年に、当時のオランダで最も重要な建築家カイペルスによって Roermond Minster の修復に関する詳細な助言の一部として書かれたものである。*Opus Musivum*（Een bundle studies aangeboden aan Prof. Dr. M. D. Ozinga, Assen 1964), 106-11 を参照。

45 F. de Dartein: *Léonce Reynaud, sa vie, ses oeuvres*（Paris, 1885）. A. H. Wasencraft 氏は親切にもいくつかの伝記的な事実に関してわたしを助けてくれた。

46 英語圏では、Peter Collins 教授だけが、その著書 *Canging Ideals* で『概論』にいくらか言及している。

47 *Traié d'Architecture*, I, 1.

48 Ibid., I, 2.

49 わたしはこの引用の出所を特定できていない。

50 *Traié d'Architecture*, I, 3.

51 Ibid., I, 4.

52 Ibid., I, 7-8.

53 Ibid., I, 15.

54 シャルル・ガルニエは、そのことを彼の一八六九年の著作 *À travers les arts* の中でみごとに述べている。「つくる際には、折衷主義は完全に退けられなければならない。感嘆するために折衷的であるべきである」。M. Steinhauser, *Die Architektur der Pariser Oper*（Munich, 1969), 176 からの引用。

55 *Traié d'Architecture*, I, 16.

56 Ibid., I, 12.

57 Ibid., I, 13.

58 Ibid., I, 14.

59 Ibid., I, 446.

60 Ibid., I, 447-8.

61 Ibid., I, 470.

62 Ibid., I, 469, 478.

63 一八三八～九年のイットルフのシャンゼリゼのパノラマ館も引用されている。二八三頁を参照。

64 Ibid., 461-4.

65 ラブルーストに関しては、一九五三年に国立図書館で開かれた展覧会のカタログである Labrouste を参照。その参考文献には、私家版の *Henri Labrouste, Souvenirs, notes recueillées et classées par ses enfants*, Paris, 1928 があげられているが、わたしは見ていない。

66 *Traité d'Architecture*, II, 17, etc.

67 Ibid., II, 25.

68 Ibid., II, 90.

69 Ibid., II, 295-9.

70 Ibid., II, 247, 287.

71 Ibid., II, 316-7.

72 Ibid., II, 315.

73 英語版は一八七七～八一年。

74 もちろん、これはラウル＝ロシェットのことである。

75 *Entretiens*, I〔ヴィオレ＝ル＝デュック『建築講話Ｉ』飯田喜四郎訳、中央公論美術出版、一九八九年〕,265.

76 Gout, *Viollet-le-Duc*, 133.

77 *Entretiens*, I〔ヴィオレ＝ル＝デュック『建築講話Ｉ』飯田喜四郎訳、中央公論美術出版、一九八九年〕, 304

78 Ibid., I, 274.

79 Ibid., I, 274. 同様な考えが、一八六四年に一人のアメリカ人によってより適切に表明されている。すなわち A. W. Colgate が

Continental Monthly, vol. V に、「鉄の」クリスタル・パレスは「石のゴシック」に相当する、と書いている（R. W. Winter, *J.S.A.H.*, XVII, Dec., 1958, 28 からの引用）。

80　*Entretiens*, I〔ヴィオレ＝ル＝デュク『建築講話Ⅰ』飯田喜四郎訳、中央公論美術出版、一九八九年〕, 179.

81　Ibid., I, 180.

82　Ibid., I, 181.

83　Ibid., I, 183.

84　Ibid., I, 184.

85　*Entretiens*, I〔ヴィオレ＝ル＝デュク『建築講話Ⅰ』飯田喜四郎訳、中央公論美術出版、一九八九年〕, 186-7.

86　F. Welch, *Das Gebäude der Praiser Weltausstellung 1867*（Diss., Karlsruhe, 1967）, 208-9 からの引用。

87　*Entretiens*, I〔ヴィオレ＝ル＝デュク『建築講話Ⅰ』飯田喜四郎訳、中央公論美術出版、一九八九年〕, 323.

88　*Entretiens*, I〔ヴィオレ＝ル＝デュク『建築講話Ⅰ』飯田喜四郎訳、中央公論美術出版、一九八九年〕, 384. 一方で、ガブリエルのコンコルド広場については、彼は公平で好意的である（II, 199）。

89　Ibid., I, 482.

90　1875, 2 vols., I, 2.『現代の住宅 *Habitations Modernes*』はいくつかのイギリスの建物をとりあげている。一八七一〜三年のWaterhouse 設計による Cambridge、Pembroke College の Master's Lodge、一八七三年の Col. Edis 設計による Bournemouth の Boscombe Spa Hotel、一八七二年の Norman Shaw 設計による Harrow Weald の Grimsdyke である。ついでながら、『建築講話』の第八講義で、スコットの政府庁舎の話を判断を誤った「排他的な教義」の例としてとりあげている（VIII, 328）。

91　*Entretiens*, II, 279.

92　*Lettres*, 106.

93　*Entretiens*, I〔ヴィオレ＝ル＝デュク『建築講話Ⅰ』飯田喜四郎訳、中央公論美術出版、一九八九年〕, 338.

94　*Entretiens*, I〔ヴィオレ＝ル＝デュク『建築講話Ⅰ』飯田喜四郎訳、中央公論美術出版、一九八九年〕, 450.

95 ちなみに、一八五五年三月十七日に書かれたワイヤットからヴィオレに宛てた手紙が存在する。その中で、ワイヤットは『中世建築事典』の翻訳に関心があることを表明し、「我々の最良の出版社」に関心を持たせようと試みることを約束している（catalogue of the Viollet exhibition of 1965, 235 からの引用）。

96 Ibid., I, 455-6.

97 Ibid., I, 465.

98 Ibid., I, 465.

99 Ibid., I, 472.

100 II, 334.

101 それらの図版に関する文章は、第十一講義にある。

102 Lectures XVII and XVIII.

103 *Entretiens,* II, 126, 130.

104 Ibid., II, 95.

105 Ibid., II, 90.

106 Ibid., II, 64.

107 アメリカの批評家 Russell Sturgis は、ヴィオレ自身の建物は「ほとんど芸術的なデザインの形跡」を示していないと述べている（*The Nation,* XXIX, 220）。

108 *Dictionnaire,* VIII, 23-5.

109 David Stewart はいつも助けてくれるのだが、Académie des Beaux-Arts（Institut de France）の議事録から以下のものをわたしにコピーしてくれた。ボルダン賞 Prix Bordin は一八五二年に設けられたもので、いまも存在している。

110 ヴィオレ＝ル＝デュクの博識は実際、印象的である。その一つの証拠が、一八八〇年五月にオークションで売られた彼の蔵書である。David Stewart は親切にも *Catalogue des livres qui composent la bibliothèque de feu M. E. Viollet-le-Duc* から取られたゼロックス・コピーをわたしのために手配してくれた。建築と美術の分類下に八〇二点がある。それらには、フランス中世の事物や建物はもとより、Delorme、Ducerceau、Derand の *Voûtes*、Laugier、Durand の *Recueil*、Reynaud の *Traité*、Canterbury と Winchester と Holy Sepulchre に関する Willis の本、Willis による Villard de Honnecourt の翻訳本、Rickman の *Attempt* (edition of 1862)、Scott の *Gleanings*、Beresford Hope の *Cathedral of the Nineteenth Century* (三三四頁参照)、Hittorff and Zanth の Sicily に関する本（一〇三頁参照）、Percier and Fontaine の Roman Renaissance palaces に関する本（一一六頁註40参照）、そして Owen Jones の *Alhambra* が含まれる。

111　ヴィオレの応募作品のデザインは確かに決定的に弱い。このデザインについては、J. Corday, 'Viollet-le-Duc et l'Opéra', *Bull. de la Société de l'histoire de l'art Français*, 1941-4, 77 ff. と、より最近の M. Steinhauser, *Die Architektur des Pariser Oper* (Munich, 1969) を参照。

第二十一章　若きロバート・カー

ヴィオレ＝ル＝デュク、スコット、ラスキン、ケンブリッジ・キャムデン協会、そしてピュージンの後に、一八四六年に古物蒐集家を「ゴミ溜めの科学者」と呼んだ建築家を扱うのは、むしろ清々しいかもしれない。その偶像破壊主義者はロバート・カーで、その時二十三歳、後にロンドンのキングス・カレッジの建設構造の教授となった人である。ロバート・カーは生き生きとして人を楽しませる書き手であり、きわめて有能な住宅の計画家であり、凡庸な折衷主義的――雅俗混交体の――建築家であった。彼は一八二三年にアバディーンで生まれ、非常に若い時にアメリカを訪れ、――他の多くの人と同様に――建築家志望者の教育のされ方に不満を示しており、建築協会の創立者の一人となり、一八四七年にはその初代の会長となった。(1) 協会はクラブでもあり学校でもあることを意図したものであった。思いだして欲しいが、英国建築家協会は一八三五年に設立された。(2) 後に見るように、カーは古物蒐集家の同士ではないのと同じく建築家協会の同士ではなかった。そして建築協会の最初の公式の会合で、ドナルドソン教授が「我々は我々の時代の建築、十九世紀独自の様式を持つべきか」(3) という重要な質問を発したとき、若きロバート・カーはすでに自分の答えを出していた。というのは、『ニューリーフェの美術建築談話』が、『季刊建築雑誌』（一八八頁参照）の出版者であるジョン・ウィールによって一八四六年にすでに出版されていたからである。

『ニューリーフェの美術建築談話』は、英国建築家協会の会員であるヘヴィースヒール氏と思慮深い紳士であるニューリーフェ氏と、司書であり'your'ではなく'thine'と言い、'he designs'ではなく'he designeth'と言うヴァーディテュラス氏の間で展開し、その談話は「美術建築」に関するものである。なぜなら、建築は基礎や排水や石や煉瓦やモルタルやスレート等々――それらは建物――に関するものではないからである。それは「悪徳建設業者への注意」に関するものではない。それは五つのオーダー――それは馬鹿げたたわごと Fiddlededee and Fiddlededum ――に関するものではない。それは「キャムデン協会の類」に関するものでもない。それらは考古学であるから。それはギリシア様式や「ローマ、エジプト、イタリア、ビザンティン、ゴシック……ノルマンとアーリー・イングリッシュとデコレイテッド、テューダーとエリザベス朝と城郭風、スイス山小屋風、ジョン・ソーン卿スタイル等々」に関するものでもない。「それらは建築であるかもしれないが、建築はそれらではない」[4]。もし建築が過去の様式の模倣でないとすれば、新しい様式があるべきであろうか。「私は新しい様式を知的につくりだすことが出来るふりをしてこなかった。たぶん出来るかもしれないし、たぶん出来ないかもしれない」[5]とニューリーフェ氏はその名前にも関わらず[訳54]言っている。結局のところ、カー＝ニューリーフェは出来なかった。なし得べきすべてのことは、建築を「自然と理性の原理」によって検証することである。そしてその証人は偉大なコッカレル教授自身で、彼はまさに一八四六年の講義で「本当に建築家になろうとしている人は、特殊な様式の議論を止めて、この芸術の真の目標と目的をしっかりと見なければならない」と言っている。

　続いてカーは、間違った建築家たちを一人一人あげていく。最初は「建築ビジネスへと育て上げられた」「建築家兼エンジニアでサーヴェイヤーで家屋斡旋兼鑑定人のアルダーマン・ビーフィーター」、つぎに「スカモッツィ・ブルネレスキ・ブリック」で、彼は「様式の純粋性……純粋なオーダー、純粋なゴシック、純粋なエリザベス朝、純粋な某々」[6]を信じている。その後は、「建設が建築である……という教義」を熱烈に主張する人たちがくる。否と、カーは言う。建設と建築は別のことであり、「そして一方を他方に敵対的に置く必要はない」し、「パイプの鋳造……ナット、ボルト、ワッシャ、空気弁、防臭弁……五回塗装、四回塗装」[7]等々に携わる人（すなわちエンジニアではなくビルダー）は建設人である。「古物蒐集家――ゴミ溜めの科学者」については、カーは特殊な目付きで語っている。その古物蒐集家は「D. D., L.L.D., F.R.S., F.S.A.[訳55] 等々のブルーボトル・クレープ師」であり、「生来の芸術の完全な敵」[8]である。カーは彼に対して公正ではないし、彼との議論においてもあまり論理的ではない。カーは、彼の研究が過去に関するものだとして彼を全面的に非難しようとしているわけではない。「古代人を模倣するべきだというばかげた考え」(9)にとりかかろうとイライラしているのである。なぜ、ほかならぬ中世、「残虐で貪欲な封建領主たちの時代」(10)であるべきなのか。そしてその後で、カーは「暴政の廃止」と「囚われた思想の解放」とさらに「暗黒の時代の彫刻家と画家のぞっとするような奇形」と「醜く古い真鍮製器具」を長々と語る。(11)然り、中世は今日価値がある何物も我々に教えてくれない。我々は過去よりも進歩しており、我々はより年季を経ている。なぜなら世界がより成長してきたから。「我々はいまや最高の実力者である」。もし私が宗教において過去を褒めるとすれば、私はルターが熟考し決心したクローゼットを見るだろうし、あるいは大聖堂も見るだろう。しかし、私がそれをする時は、「私が歴史を読む」(12)ことである。ウィリス教授は粗雑さはないが、熱意のない考古学者の典型と言われる。(13)もっとも後にはその「発見における眼識」が認められてはいる。(14)

カーの歴史観は興味深い。ヴィオレ＝ル＝デュクの歴史観を先取りしているからである。十一世紀には、なお「修道院的慣習がほしいままにはびこっていた」けれども、「市民の自由が……芽生え始めていた」。ローマはなお「悪しき奴隷的境遇の源泉」ではあったが、フリーメーソン――自由な石工と理解されるべき――がヨーロッパ中に広がっていた。(15)しかし十五世紀には、模倣主義が現れ始め、建築の禍のもととなった。もっとも、カーはパラディオやジョーンズやレンなど(16)の才能を否定しておらず、ギリシア風を「旧風」(17)に対する一つの改良点だともしている。

そして今日の時代、「鉄道で旅行する選挙法改正後の人々」(18)にふさわしい建築について。自由主義的な政治と鉄道の結合というのが、十九世紀半ばの典型的特徴である。ニューマンですら、その著書『弁明』の中で、「美徳は知識の子供であり、悪徳は無知の子供である……それ故、自由な教育、定期刊行物、鉄道旅行が……人々を道徳的にし幸福にするのに役立つ」(19)と言っている。十九世紀建築を求めることに対するカーの答えはこうである。「静かで穏やかな繁栄と見える表面の下には、くすぶっている知られざる火山が隠されている。ギリシアとゴシック、二つの巨大パワーは世界を区分し……戦いたくてたまらずにいる」。しかし「芸術の守護神は……熱心な恵みの眼で……じっと見ている。魂のこもっていない体系は、二つの腰掛けの間に……おそらく地面に転げ落ちるだろう」。そこで、建築家たちはとうとう自分自身で考えようと決めるだろう。「我々はかつて得られた中で最も大きな理論的技術を持っている……我々はこれまでなされてきた中で最も大きな多様性を持つ需要を備えている……我々はこれまでで最も豊かな富を持っている。我々はこれまでで最も材料を自由にできる力を持っている」。それで「我々は大きなことを望まないのだろうか？」。[20]この最後の疑問符は残ったままである。コッカレル教授でも、その「芸術家魂」が「主義に縛られた」ままであり、「最も良き意志と最も明晰な視野をもってしても……暗闇の中で見ることができない」[21]のに、どうしてカーに序文で言った以上のことを言うことが期待できようか。

『ニューリーフェの美術建築談話』は、補遺の性格をもつ三つの章で終わる。その最初の章は、カトリックではあるがローマカトリックではない獅子心王ムウフェ師が行う荒っぽい教会建築の象徴主義による特殊な教会建築学攻撃である。それは普通の人にとってはまったく重要ではありえない。

よお、ホブ。

なんだい、ベル。

あの柱が何のためにあるのか、お前さんは分からないだろう。

柱？何の柱のことだい？

あの四本の柱のことだよ。

あれがどうしたというんだ？俺を馬鹿にしてるのか？

屋根を支えるために決まってるじゃないか。

いや、そうじゃないよ、ホブ。

違うって？そんなわけないよ。

もう一度言うけど、そうじゃないんだよ。

だったら何のためにあるんだい？

柱は四人の福音史家のためにあるんだよ、ホブ。

おいおい、デタラメを言うな、殴るぞ。

ほんとにやれるの、殴れるものなら殴ってみろ。

それじゃ、デタラメを言うな。

デタラメじゃないよ、ホブ。牧師さんが旦那に言って、旦那が奥さんに言って、奥さんが俺に教えてくれて、それから俺がお前に伝えているのさ。

この柱は四人の福音史家のためなんだ。

で、福音史家ってなんなんだい？

なんだ、お前知らないのか。

知らないよ。

いつも牧師が喋っていることだよ、知らないのか。

知らないよ、なんなんだ。

そうさなあ、実は俺も知らないんだよ、だけど、あの柱は彼らのためにあるんだよ。(22)(訳56)

そしてその後に、やや繰り返しの多い「心の汚れた嫌な僧」と「恐ろしい地獄の姿」についての話がくる。(23)「半インチの鉛の仕事の世界にある奇妙で退屈な聖人」(24)と「現代のアトリエにいるイヴと天使の優雅と美」(25)のなんという相違！その次の章は建築の勉強に対する酷評である。スマグ氏には絵の上手な息子がいるが、スマグ氏にとっては絵描きは「貧しい職業」のように見える。そこで「一種の妥協」がなされ、息子はある一流の建築家のところで実務研修に出される。彼は「原始の小屋と……コリントの少女」を描き、建築家協会の講演会に通い、「バリー氏と雇い主以外のロンドンのすべての建築家」を罵倒することと、「結構なイタリア建築の小片」と「古き良きエリザベス朝風」について語ることを学び、実務研修の後で「ミケランジェロ＝ラファエロ＝パラディオ＝ローマ＝フィレンツェ＝ヴェネツィア＝アクロポリス＝ビザンティン＝ラオコーン＝ベルヴェデーレのアポロン＝ティツィアーノ＝ダヴィンチ＝ミュンヘン＝ベルリン＝パリといったところ」に行き、それらに成りすまし、しかしイギリスは決して探求しない。(26) ともあれ、なされるべき勉強はこれではない。それは自然と理性によって決められねばならない。「建物の必要事項はその配置を基本としなければならない」。「建設が根本的な原理であるべきである」。「建設の実際と矛盾する」ように見えるものは「実施され得ない」。それに加えて、「適合性と適切性の原理」があり——一八四六年は『真の原理』が出てからわずか五年後——、「感性を要求し、見る人の感情に訴える」ための手助けとなる「絵画的効果の原理」もある。(27) この二つの終わりの章句には、たしかに後年のカーと、様式に対する後年の態度が窺える。

最後は「王立協会」に関する十八頁。すべてが非難される——間違った教義、間違った規約、そして「無責任で横暴な評議会」。かくして二十三歳のロバート・カーは、「より幅の広い基礎……より解放された自由」、そして職業根性ではなく芸術を主張して筆を擱くのである。(28) 四十六年後にノーマン・ショーとT・G・ジャクソンは、綿密に議論したこの協会の攻撃本を出し、その本のタイトルを『建築、職業か芸術か』とした。その時、カーはまだ生きており、七十近い老紳士で、なお様々な主題について書き続けており、最後にみごとなラスキンの追悼文を書いた。(29) 次の章で、さらに彼に触れることになるであろう。

註

1　簡潔ではあるが素晴らしい Sir John Summerson の *The Architectural Association, 1847-1947* (London, 1947) を参照。
2　四四頁参照。
3　一二五頁参照。

4 *TheNewleafe Discourses*, 2-4.

5 Ibid., 16.

6 Ibid., 20-1, 45.

7 Ibid., 48.

8 Ibid., 54-5.

9 Ibid., 58.

10 Ibid., 76.

11 Ibid., 75.

12 Ibid., 54-69.

13 Ibid., 69

14 Ibid., 136.

15 Ibid., 93-4, 106-7.

16 Ibid., 114, 122.

17 Ibid., 125.

18 Ibid., 76.

19 G. M. Young, *Portrait of an Age*（OUP, 1936）, 7 からの引用。同じ頁に、G. M. Young は Rochdale 先駆者協同組合の案内書を次のように引用している。「この組合の目的は、会員の道徳的・知的向上である。組合は会員に食糧雑貨、肉、反物、衣服と木靴を提供する」。鉄道については、一八九六年という遅さではあるがトマス・ハーディーの『日陰者ジュード』（川本静子訳、中公文庫、二〇〇七年）の中に、ジュードがスーに問う場面がある。「大聖堂に行って座りましょうか」。受け取った答えは「私はむしろ鉄道駅に座りたいと思います……駅は今の都市生活の中心です。大聖堂はいまや役にたちません」（Wessex Ed., 1912-31, 160）。

20 *The Newleafe Discourses*, 128-9.
21 Ibid., 132-3.
22 Ibid., 145-6.
23 Ibid., 152.
24 Ibid., 74.
25 Ibid., 161.
26 Ibid., 164-9.
27 Ibid., 176-9.
28 Ibid., 204-7.
29 *J.R.I.B.A.*, 3rd ser., VII, 1900, 181-8.

第二十二章　「ビルダー」紙における論争：コピー主義対オリジナリティー

イギリスでは一八四五年から一八五〇年は、フランスと同様に建築理論の分野で忙しい年であった。『ニューリーフェの美術建築談話』が一八四六年に、『建築の七燈』が一八四九年に、次の章で扱うことになるファーガソンの『芸術における美の原理』が同じく一八四九年に、スコットの修復の本が一八五〇年に、そしてガーベットの『建築デザイン原理の基本論』が同じく一八五〇年にそれぞれ出た。[1]「ビルダー」紙は創刊後日が浅かったが、いまやジョージ・ゴッドウィンのすぐれた編集力の下に、速やかに多様な意見をとりあげ、社説（ついでながらゴッドウィンは、その中で自分がゆるぎないプロテスタントであることを明らかにしている）[2]を掲載することによって、また主にコラム欄を学識者に開放することによって論争に加わっていた。その学識者の一人がカーであったことは言うまでもないであろう。[3]話は、資金難の故に当初の貴重な設計案の実施が損なわれていることを嘆いてピュージンが「ランブラー」紙に送っていた論説に触れたある社説から始まる。[4]それに対する応答がファーガソンから寄せられた。その寄稿は「現代の建築家の作品における現実性の欠如について」と題したものである。[5]彼は、公衆は自分が望むものに金を払うというピュージンの言を否定する。そうではなくて「死んだ……様式をコピーすること」は彼らの望んでいることではありえない。誰も模造品を望んでいるはずがない。「すべてが欺瞞と奇形を含んでいる」。今日の全体の状況は、「考古学と常識との争い」である。我々は大工に控え壁を必要ないものにしてもらえるし、薄い壁をつくることもできるし、煉瓦のアーチをつくることもできる。我々は安い費用で実用本位の仕事もできる。どうしてそれがいけないか。[6]ピュージンがそれに応える前に、別の社説が出た。それはガーベットの本の書評であった。[7]その本は、「なにがしかのむら気」はあるものの「大いなる力量」

として褒められ、多くの部分が引用された。しかし同時に、「本紙に取り上げるのは初めて」の『ニューリーフェの美術建築談話』からも引用された。われわれは、この本もまた常識、プロテスタンティズム、反考古学の態度を示していることを知っている。ピュージンの応答は怒りに満ちたものであった[8]――「我々、ポインティドの人間はポインティドの道具を持っている」。教会はそれほど実用本位のやり方で扱われるべきではない。教会の屋根を「駅や魚市場」と同じように葺くことをどのようにして勧めることができるだろうか。ファーガソンが再び答える。[9]「私はプロテスタントとして」ただ「プロテスタントの礼拝の場」のことを考えているにすぎない。然るに現代のそのような良い場がまだ存在していないのである。「コピーするという奴隷的な教義」が生きている限り、そうしたものは存在し得ない。ピュージンは「最も真実のコピー主義者」と認められるに違いないが、彼の真実は私のものではない、とファーガソンは言う。ファーガソンは、一つの建物における真実を「それを使う人々の必要と感情を忠実に」表現していることと定義している。十三世紀の模造品は「中世美術品の少数の愛好家」を楽しませるに過ぎない。十九世紀の精神は、また変化した精神である。ピュージンはこれには答えなかったが、スコットが答えた。[10]ポインティド建築のリヴァイヴァルはコピー主義ではない。批評家が自らが説くところの新しい様式を「発明し発見する」ことにこそもっと時間を使うことをスコットは望んでいる。言葉を習わなければならない期間に、コピーをしているに過ぎない。後には、「自発的に」言葉が使えるようになり、ゴシック様式を「それが許すどんな変種をも伴って自由に」再生できるようになる。我々は議論を知っている。ファーガソンは勝たないであろう。[11]建築家たちは自分の考古学を忘れ、「思考し判断する人として行動」するべきである。この投稿は、この討論をなんら発展させていない。スコットの次の投稿も同じである。[12]ただ――スコットらしく――より懐柔的にはなっている。我々もそれほど違っているわけではない。中世主義者は逸脱が始まった歴史の時点から新しい様式を発展させようと望んでいる。この議論も我々はすでに知っている。あなた方は出発点すら持っていないとスコットは言う。この一群の記事の最後は、再びファーガソンである。[13]そしてこれだけが、建築家がいかに働くべきかを言っている。建築家は「いかなる過去の時代をも少しも参照せずに、一つの建物をもっぱらそれが使われる目的のためだけに設計」するべきである。彼は使い得る最良の材料をその特性に従って用い建てるべきである。そして彼は、その建物を、構造を隠すことなく、どんなやり方であれ彼が思いつき得る最も適切で最も優雅なやり方で装飾をもって飾り、整えるべきである。後に見るように、ファーガソンを十九世紀歴史主義の範囲内ではあるが一つのスタイルに連れ戻すことになるのは、この最後の発言である。もしあなたが実用本位の家を見たいと思えば、あなたはそれを、ロンドンよりもパリやベルリンやハンブルクで見つけることができる。

その少し後で、「ビルダー」紙[14]は英国王立建築家協会で行われたジェームズ・ノウルズの講演を掲載している。彼は、ヴィクトリア駅のグロヴナー・ホテルを設計し、雑誌「十九世紀」を編集したジェームズ・ノウルズ・ジュニアの父親の建築家である。ノウルズは、今日の努力は「新しさと美しさと適合性と……大いなる節約を生み出すことになる研究」に向けられるべきだということを要求していた。「過去の様式や流行に退行する動きへと導くこと」を望んでいる「小さな非専門的一味」（ラスキンを指している？）に誰も誑かされてはならない。その代わりに、「科学の発見」が利用されるべきである。

この後は論争は小休止となるが、同じ年の遅く、カーが「建築におけるオリジナリティー」という論文を出してこの論争を続けることになる。[15]もし我々若い建築家が「オリジナリティーのなさを非難する」としても、あらゆる建築家に「直ちにすべてを新しくする」べきだと要求することは公平ではない。新しい様式は、かろうじて「その建築家の子供たちによって成就」されるものかもしれない。[16]さらなるカーの論文は、建築協会での講演を「ビルダー」紙が掲載したものである。[17]そのタイトルは、やはり同じように「建築におけるコピー主義」。カーはここではドナルドソンの事務所で過ごした時と、アメリカ――自由と進取主義の国――で過ごした時に触れている。スコットは、我々が我々自身の様式を持っていることを否定することで間違っている。「私は、我々が我々自身の様式を持っていること……究極的に勝利を占めざるを得ない様式を持っていることを非常に明確にみることができる」。その一つの例として、「ガラスのパレス」がすでに挙げられている――一八五〇年十一月のこと。他の例としては非国教徒の礼拝堂がある。この居心地のよい伝道の家は、ピュージンが「率直な人の常識的な判断で」激しく異議を唱えているけれども、新しいゴシック教会をつくっており、国会議事堂は「不評に……陥っている」。あるいは、イギリスやアメリカの普通の通りを歩いてみれば、「様々な様式」に費用を費やすことなく建てられた住宅の一つのスタイルを見ないだろうか。建築の基礎は必要と構造である、とカーは繰り返す。「建築の自然なスタイルとは、状況の必要性を……材料の精一杯の力と……適用力……によって最も適切かつ経済的に満たし得るようなスタイルのことである」。そうような自然なスタイルは――またしても逃げ道となるのだが――「主題の多様性に応じて……当然、非常に多様になる」に違いない。

二つの投稿がこれに続いた。最初のものは'F'すなわちファーガソンによるもので、より切迫した調子で問うている。「我々十九世紀の英国人にとってふさわしい［建築の］種類はどれか？」一つの種類の建物に一つのスタイル、もう一つの種類の建物にもう一つのスタイルを勧めるのは間違っているに違いない。「どんな種類の建築物にも適さないものは、建築の名に値しない」。その後彼は、古典主義、中世風、古典主義リヴァイヴァルを形態と表現の観点から一瞥し、三つとも拒否する。ギリシアは強い太陽光を伴った地中海地方に適しており、ゴシックは野心的でありケルン大聖堂において頂点に達した。後期ゴシック――ヘンリー七世礼拝堂を含む――は、「角ばっていて味気ない形をしており、意味のない装飾で覆われている」。古典主義リヴァイヴァルは、「実際にもっと美しい」が、陽射しが少なくすすの多い我々の気候の故に装飾的な人物・動物彫刻に頼り過ぎている。こうしてファーガソンは、結局、議論を広く開いたままにする。(18)

一週間後、ガーベットがこの論争に加わり、カーを攻撃する。イギリスとアメリカが「自然なスタイル」を持っているというのは馬鹿げている。新しいスタイルは確かにそこにあるかもしれない。しかしそれは「建築のスタイルではないし、そうなる可能性すらない」。なぜなら、それは純粋な構築ではないからであり、「基礎ではない見せかけの台座から、被覆物ではない見せかけの笠石に至るまで……見せかけの構築」だからである。エドワード七世時代に至るまでこれは「ずっと変わらぬ真実」である。この時代になっても「虚偽は絶えず増えている」からである。このことは、カーが良き例としてあげていた「非国教徒の会堂 conventicles」にも当てはまる。つまり、ここではガーベットもファーガソンと同様それほどはっきりしているわけではない。こうした状況下で、一八五〇年の終わりに至るのである。

一八五一年から五二年にかけて、カーは一連の論考を「ビルダー」紙に書いた。それは、読みやすく時に笑わせるということで典型的なカーの論考であった。しかし、『ニューリーフェの美術建築談話』と比べると、明らかにより順応的であった――カーは六十年代の成功に向けて準備し身を固めつつあった。この一連の論考は「息子への建築考 Architecturus to his Son」と題されたもので、ラスキンのとは違う七燈を提示している。「実際の建築家は、それぞれ別個の七つの事柄をよく身に着けていなければならない」。すなわち、芸術的なデザイン、正確な描写言語、科学的な構築、実際的な住宅建築、学ぶことと教えること、仕事の事務処理である。[19] かくして排水管の弁を知っているビーフィーターはこの仲間に受け入れられることになる。さらに修復に関してもまた、カーは別稿の最後の論考[20]（これもまたユーモアに富んでいる）で、妥協的である。「あらゆるものが科学的な体系をもっている」。そこで、ここに一つの例をとってみよう。古い建物は六つの価値をもっている。十分に使えるし、記念的であるし（今日のある英雄を記念している）、愛国的であるし（過去の歴史と結びついている）、芸術的、美術史的、考古学的でもある。ただし、最後の項目、考古学的に対してだけは、カーはなお攻撃的である（「流行りのようなもので独断的」）。また修復にも四つの形式がある。維持保存、受け身の修繕、廃墟になった際の全体的改築、増改築による修築である。もしこの四つの形式を六つの価値に適用するとすれば、十分に使える価値と記念的な価値に対しては四つの方法すべてが適用されるであろう。愛国的な価値に対しては、維持保存と修繕だけを適用すること。一方、芸術的価値については、四つの方法すべてが望ましいであろうし――カーはスコットと同様に新しい改善が古い建物の美的価値を増し得ることをまったく疑っていない――美術史的価値については、当然改善は禁じられるであろう。そして、考古学的価値については修繕ですら許されないが、これについてはカーは実証していない。

この「ビルダー」紙に掲載された事項についての報告は一八五二年のものである。[21] その五年後、「ビルダー」紙は、シドニー・スマークの講義の定期的な掲載を開始する。その講義は王立アカデミーで行われたもので、スマークは一八五七年にコッカレルに代わってそこの建築の教授になっていた。一八五七年から一八六二年の巻には、二十三の講義が掲載されており、一八六三〜五年にはわずかに六回分しか掲載されていない。その頃には編集者が講義の退屈さにうんざりしていたに違いない。その退屈さは、いまわれわれが読む際にもまさしく冒頭から感じるものである。シドニー・スマークは、一八三五年の古典主義のすぐれたオクスフォード・アンド・ケンブリッジ・クラブと、一八四六〜七年の十六世紀ヴェネツィア風の同じくすぐれたカールトン・クラブと、一八五七年のブリティッシュ・ミュージアムの閲覧室で知られる建築家ロバート・スマーク卿のずっと年下の弟で、決定的に中庸の見解の持ち主であった。[22] 美は「実用性が終わるところから始まる」が、美が「有用性の感覚」を害してはならない。適合性はエンジニアにとってはそれだけで十分であるが、「芸術家に対しては……なにかそれ以上のものを……我々は望む」。そして建築の美学について言えば、クラシックもゴシックも独占権をもってはいない。どちらも構造的には時代遅れであるが、なお感情を喚起するものがある。それでも我々は新しいスタイルを必要としているか。然り――しかし、新しいスタイルを創り出すことはできない。「一般的に、美学が……正確な科学に歩調を合わせて来なかったということを否定しても無駄である」。新しいスタイルを見つけるには、「なんらかの材料の応用の中に、もしくはなんらかの新しい構築方法の発明の中にそれを探すべきである。しかし、それは建築の仕事ではないであろう。なぜなら、建築は美術であり、アカデミーの講義は趣味に関わるものだからである。したがって、「新しいものを探すよりもむしろ良いものを探すこと、そしてそうした探求において、良いもので新しいものにたまたま出会うかもしれない」。いずれにしても、過去の様式の模倣はその答えではない。「過去の二番煎じを日常化することは……有害である」し、「折衷主義とか日和見の汚名」を着せられるに違いない。シドニー・スマークはこれ以上は論を進めない。たとえ最後で「このような進路は……十九世紀の精神と文明に値する正しく、一貫したオリジナルのスタイルに……究極的に至る最上の機会を我々に与えてくれるであろう」と要約はしていたとしても、「このような進路」が実際になんであるかはわれわれにはまったく分からない。

しかし一八六五年までには、イギリスの他の何人かの人々は、自分たちが分かっていると考えていた。トーマス・ハリスがその始まりにいるはずだし、またしてもカーが最後にいるであろう。それに加えて、ファーガソンが彼自身の章を占めることになるであろう。

トーマス・ハリス（一八三〇〜一九〇〇）は、実績の乏しい建築家で、グッドハート＝レンデルがごろつき建築家と呼んだ類の建築家であるが、大胆にも『ヴィクトリア朝時代の建築の諸例』という一八六〇年刊行の小冊子と、一巻しか出版されなかったが、『ヴィクトリア朝建築』[23]というタイトルをもつ一八六〇年刊行の小冊子と、一巻しか出版されなかったが、「ヴィクトリア朝時代の建築の諸例」というこれまたそれ自身大胆なタイトルをもつ月刊誌への寄稿によって、目下の話に関わってくる。その一巻は一八六二年の刊行である。[24]

『ヴィクトリア朝建築』は反歴史主義である。「過去の時代の作品は……どんな思慮深い精神にとっても賞賛に値するべきだし、ずっとそうであるであろう。しかし……いずれのものであってもその複製は満足させないであろう。改作も翻案もやはり満足させないであろう」。我々は「我々自身の固有のスタイル」を必要としている。過去の建物の研究は推奨され得るが、それもその原理のためだけであり、決して「定形化の模倣」のためではない。「建築における「すべての」真の芸術の根本原則は……自由に使える材料の自然な性質と、時代の要求に応じたその厳密な適用である」。かくして、石と木と錬鉄はその自然の性格を示すべきであるし、煉瓦や鋳鉄やプラスティックの材料はその機械製造的な性格を示すべきである。これは、ワイヤットを思いださせるが、一方である材料が他の材料に見えるように塗装されてはならないというハリスの主張は、ラスキンから来ている。このような原理を固守することによって、おそらく我々の時代の一つのスタイルが見つけられるであろう。我々の時代は「新しい創造の時代であり……蒸気の力と電気の通信が新しい革命的な影響を全体に及ぼしている。建築においてもそうであるべきだ。我々は……最初はその成果が単純で粗野なものかもしれないが、それに甘んじて我々自身で新しい表現を作り上げなければならない」。

「ヴィクトリア朝時代の建築の諸例」は、もう少し大胆である。ハリスは、カーと同様に「機械的な構築物」を「純粋芸術」と区別する。「今日の建築における悪い点は……純粋芸術の不足である」。しかし、最も刺激的な部分は、芸術とではなく構築と関係している。たとえば、ユーストン駅の大空間はアーチ形のリブの鉄の屋根で覆われていた。それは、目に曝されていれば美しく見えたが、「最も脆い類の見せかけの覆いで隠されてしまった」[25]。「今日強く求められるものの一つが、広大な空間に低価格で、しかもおそらく一時的な目的のためだけに、屋根をかけることである。この課題は、多くの壮大な鉄道駅で十分に解決されてきている」。同じ原理がクリスタル・パレスで適用されているが、「そこで、非常に注目すべき新しい建築のスタイルが……始められたと見なされるであろう。鉄とガラスが一緒になって、はっきりとして際立った建築の未来の特徴をつくりだすことに成功してきたと我々は考える」。これは予言的な言葉であり、控え目な添え書き、「十九世紀の建築は……我々の時代に究極的な発展に至ることは期待できないが、このスタイル、つまりヴィクトリア朝スタイルの未来は……保証されている」[26]もまた予言的である。

ちなみに、ハリスはカーとまったく同じように、自分の時代の建築の難点は「ギリシアとゴシック……という亡霊」の存在にあると見ていた。「誰がこの亡霊から我々を救い出してくれるのだろうか」[27]。悲しいかな、これは単なる修辞的な問いであって、ハリス自身の建物は、ゴシックであり、しかも奇妙に放埒で洗練されていない類のゴシックであった（写真66、67）。それは、彼の意図的な解決法であった。なぜなら、彼は論考の一つの末尾で「中世様式をとる新進の建築家たちに最もよく見られるのは、古いお手本からの最も大胆な逸脱をはっきり示すことである」[28]と指摘しているからである。

「ヴィクトリア朝時代の建築の諸例」が刊行される一年前、一八六五年に英国王立建築家協会の会長になる出色の建築愛好家が、『十九世紀のイギリスの大聖堂』という意欲的なタイトルの本とともに登場する。その著者はA・J・B・ベレスフォード・ホープ。彼はトーマス・ホープの息子で、早くからケンブリッジ・キャムデン協会とオクスフォード建築協会と関わりを持っていた。彼は裕福であり、ケント州キルンダウンの小さな教会の後援者となり、その支援のお蔭でサルヴィンが石の聖餐台を、カーペンターが内陣仕切りを、バターフィールドが真鍮の演台と二つの真鍮のシャンデリアをつくることができた。つまり、一八四〇年もしくは一八四一年に、ベレスフォード・ホープが三人のお気に入りのキャムデン協会員をそこに集めていたのである。一八四九年にホープは、これよりずっと大きな計画、エクレジオロジストの模範となるような教会を、ロンドンのウェストエンドに着手した。バターフィールドによるマーガレット・ストリートのオール・セインツ教会（写真41）がそれで、それはダイスによる壁画を伴っていた。教会の建設費は七万ポンドで、その相当部分がベレスフォード・ホープから出ていた。それは一八五九年に完成した。「エクレジオロジスト」誌がこの教会について何を言ったかは、すでに見た（一九四頁）。

ベレスフォード・ホープの『十九世紀のイギリスの大聖堂』は、イギリスの急速な人口増加の故にさらに大聖堂をつくる必要に関わるものである。どこの既存の教会を転用するのか、新しい大聖堂をどこに建てるのか、場所が議論されている。新しい大聖堂はどのようなデザインであるべきか。英国国教会の大聖堂はどのような収容設備を必要としているか。ベレスフォード・ホープは、聖歌隊の仕事の強い信奉者である。最初期のメソジストのチャペルが、「大声の聖歌詠唱を谷間に響くこだま」(29)となし得ているのであれば、英国国教会でなぜそれがよくないのか。必要なことを書き留め、それを計画した形に定式化し、そしてそれを大ブリテン島（たとえばパースやインヴァネス）や植民地の十九世紀の大聖堂の描写によって検証して、彼はスタイルを探し求めている。そこでは、彼が徹底したミドル・ポインテッドの人であることがわかる。彼は保守党の下院議員であり、第二次選挙法改正案の断固とした反対者となった。彼がミドル・ポインテッドを守ろうとしているのは――六十年代では特徴的なことであるが――、もはや「バシリカ」型だけに対してではなかった。なぜなら、それはイギリス的ではなく、我々を「過去の社会の状態」(30)に連れ戻すものとなっていたからである。そうではなくて初期フランスのゴシックに対してであった。思いだされるであろうが、初期フランスのゴシックは一八五五年のリール大聖堂のコンペ以来、新しい流行となっていたのである。(31)それで彼の選択は、彼がエドワード七世イングランドと呼ぶところのものである。もっとも、彼は、このスタイルは「そのうち古いゴシックとは非常に違ったものになるかもしれない」(32)と但し書きをしている。しかし、どう違っているのであろうか。注目すべきは、ベレスフォード・ホープが一、二頁を鉄とガラスに割くことを許していることである。(33)鉄は、オクスフォード・ミュージアムや、あるいはシデナム[訳57]のように、彼の未来の大聖堂に使用可能であろうか。確かに、「鉄は、さらに広範囲に、またさらにその良さを活かして使われるであろう」が、それは「古き良き時代から伝えられてきた建築に……大変革を起こさない」。そして、「クリスタル・カテドラルについて言えば、私はそれほど新奇な考えをつかめていないと謙虚に言わざるを得ない」。

可能な新しいスタイルの煮え切らない考察のあとで、大変驚くのは、枢機卿ワイズマンが一八六四年の講演[34]で、ロンドンの新しい倉庫群を「私的な企業によってなされた素晴らしい努力」と賞賛し、「それらは……我々の社会条件の……特色である故に……国民的となるかもしれない新しい精神の徴候である」[35]という信念を表明しているのに出会うことである。それは奇妙な講演で、ゆったりとした構成をもち、若干のローマ周辺の発掘の話から始まって、単に破壊するなという願いだけではなく、美しく建てろという鉄道会社に対する強い願いで終わる。そこには、鉄道の高架橋をその単純さにおいてローマの水道橋のように美しいとする賛辞も短いながら含まれている。[36]しかし、倉庫群がこのように全面的に彼の賞賛を受けているのに、今日の建物が、倉庫も含めて、ノルマン、ポインティド、ビザンティン、ヴェネティアン、ルネサンス等あらゆる様式で、あるいは「種々雑多な組み合わせ」の様式で表現されている事実を彼は悲しく思っている。彼は、ルネサンスが「しっかりとした基盤を獲得している」ことが分かっており、それについてはなんら異議を唱えていない。

この枢機卿がロンドンの倉庫を激賞したのと同じ年、まさに倉庫を得意とするある建築家が英国王立建築家協会でやはり講演をする。講演のタイトルは「建設材料としての鉄」で、講演者はジョージ・エイチソン。[38]彼が設計したまさにこの年のマーク・レーン59－61番地のビルは、基本的に鉄の構造である。そこで、彼はなぜ建築家たちは鉄の可能性に対して眼を閉ざすのかと攻撃的に問いかける。彼らは「これまでに多くのことが言われてきたが……ほとんど何もなされてこなかった……新しいスタイルに対する鉄の可能性に気づいていないのだろうか。」言うまでもないが、エイチソンは反ゴシック主義者である。「この時代のプロテスタント教会は、中世の教会とはまったく違った必要条件を有している」。科学と機械の時代の建築家が、「科学が揺籃期であった時代の建築」にいかに頼り得るであろうか。それは彼らを単なる軽薄人にする。新しい種類の建築家はエンジニアである。なるほど、彼らは「巨大な奇形物」に関わるが、しかし建築家をして、「醜い構築物を装飾的な箱」にするように試みさせてはならない。否、それ自体が「優美で優雅」にされるべきである。必要なことは、「輪郭の純粋さとプロポーションの優雅さであり、ほとんどすべての装飾の欠如」である。そしてこれは、「我々の建物から我々のティースプーンに至るまですべて」に適用されるべきことなのである。

これは、歴史主義者たちにとってはあんまりなものだったので、一人のとりわけ知的なゴシック主義者が、すぐ翌年に反論した。それがウィリアム・ホワイト(一八二五〜一九〇〇)[39]で、彼はコーンウォールにきわめてシンプルで実用的で小さなゴシックの教会と学校と牧師館を建てることから始め、後には六〇年代(一八五八〜七〇)で最も頑丈かつ華麗な教会の一つである大教会をニュー・フォレスト地区のリンドハーストに建てており、また常に道理にかなった論考をたくさん書いていた。英国王立建築家協会における講演で[40]、彼は、名指しはしていないけれどもエイチソンに抗議している。彼は、彼自身が鉄の使用とその「芸術的な処理」について長年関心を抱いてきたことを主張する。しかし、鉄が桁や柱や、壁や屋根や床などすべてに使われるべきだという人がいれば、彼らは正しいかもしれないが、「私の意見ではそれはユートピアにすぎないであろう」。鉄は「建築のしもべ」にとどまるべきである。なぜなら、それは「あらゆる真の建築のプロポーションが……実質的に依存している……嵩のあるまとまりを表現できない」からである。これは、かつてピュージンが議論していたことである。鉄は建築部材を細くすることを可能にするが、部材が細ければ、その結果できたものは建築ではあり得ない。かくしてホワイトの講演は、鉄の装飾的な使用について語り、まず錬鉄、ついで鋳鉄へと進んでいく。

しかし、ホワイトはラスキンよりも寛大である。彼は大衆のために安く提供する必要性に関して無関心ではないからである。彼はクリスタル・パレスと鉄道の上屋を評価しているが、それは芸術としてではなく科学のモニュメントとしてである。彼はすでに何年か前にクリスタル・パレスについで書いている[41]。「大規模な鉄とガラスによる構築技術の作品として、その目的は『芸術作品』を生み出すことではなく、単に特殊な用途の広大なエリアを短期間使用可能な手段で覆うことであるが……それが気高くあり得る限りでは……それは成功した作品であると同時に気高くもある」。ホワイトは建築家がエンジニアと共同すべきだとまで示唆しているが、両者はなお別個のものにとどまるべきだとしている。また、ホワイトは日常品を大量生産する機械設備をも評価している。「大量の人々が大量の必需品を適切な値段で持たなければならない」。それらはどのようなものであるべきか。

大量生産においては、我々は最高級の芸術を望んでいるわけではないし……高価なものの安く拙い模造品を望んでいるわけでもない……我々はその種のものの最良品を望んでいる……鉄製や白鑞製のスプーンが我々の小住宅に必要であるとすれば……我々はそれらが飾られた型を目指すことを求めない……我々は持つための柄を望む。それは指を傷つけるような装飾でそそけだっていてはならない……簡素さは必要性と常に結びついている。

このような発言が、ホワイトのような人から出てきていることは十分に驚くべきことであるが、すべてのイギリスのハイ・ヴィクトリアン・ゴシック主義者の中で最も奇抜で最も濃厚で派手なウィリアム・バージェス（一八二七〜八一）が、少なくとも一度、こうした発言を支持していたということは、ほとんど信じがたいことである。が、一八六五年の講演で、バージェスはこう言っている。(42) 我々の時代「特有の建築」はない。他の時代はすべて一つの様式を持っていた。今日、ロンドンの通りには「半ダースの種類の建築」が見られる。学生たちは、それらをすべて学ばねばならないが、そのための時間がない。だから彼らはどれも十分によくは知らない。今日最もよく見られるのは「非常に不純で粗悪なイタリア風」――我々はそれらをたくさん聞き知ってきた――と「しばしば純粋とはいかない……様々な十三世紀の建築」である。「このうちの一つもしくは双方ともが、そのうち消えていく」（そしてそれと共に「すべての……建築の本も消えていく）のを望まなければならない。その時にのみ、我々は「恥じる必要のない我々自身の何かを獲得するのであろう」。これは遅くとも二十世紀には実現するであろうと彼は予言的に付け加えている。この導入部に続いて、ガラス、陶器、金属細工、家具調度、織物に関する各章が続く。それらは概ね歴史的な記述であり、とりわけ面白いわけではない。バージェスの人像の装飾愛好は様々なところで現れているが、その他の話題になるようなものはほとんどなく、たいていは特に有益な方向をも示していない。彼は、「現代の我々の室内装飾の極悪さと不便さと破茶滅茶さ」(43)と新しい教会の「餓死状態の」木工事を酷評している。(44)そして鋳鉄については、中世であればどのように蒸気機関車を龍のように、そして蒸気船の煙突を城郭の塔のように見せようとしたかに思いを巡らせている。(45)とはいえ、少なくとも一つの文章において彼は「安い品物のためのよりよい形」を主張している。(46)違った観点から見れば、「中世芸術の現代的発展」という最終章が面白い。(47)バージェスはこれより以前にすでに、我々は建築を持っていないのみならず、「その出発点ですら決めて来なかった」(48)と言っている。しかしながら、彼にとっては、「中世の建築に基づいてつくられた建築が我々の気候には最も適しているということが、いまではほとんど普遍的な認識」だと思われた。バージェスは先覚者たち、とりわけリックマン、ブロア(「世界がこれまで見た最も細密で美しい建築図面家の一人」)、その著書『真の原理』が「計り知れず役立つ」ピュージン、建築にとっての絵画と彫刻の重要性の考えを彼が同意しているラスキンについて論評している。その後、彼は面取りや切欠きのやり過ぎ、教会内の大理石と「まだら」色の使い過ぎ等々の現代の中世芸術のはなはだしい欠陥を批判する。そしてそれで終わりである。

バージェスとホワイト、さらにはまたエイチソンとハリスと同様な考え方は、ロバート・カーが将来の施主や競合する同僚たちに助言をするための本質的に実践的な長い本『紳士の住宅』を書いた際に、彼の気転の利いた見解の中に受け渡されている。この本は一八六四年に出版されたが、一八六五年にすぐに第二版が出て、その時のタイトルは『イギリスの紳士の家』(49)となった。この本の最大の利点は、住宅をいかに計画するかのまったく「現実的な」手引書となっているることである。千二百五十ポンド、二千五百ポンド、五千ポンドなどから始まって四万ポンドやそれ以上に至るまでの費用で何が得られるか、「訪問者がセールスマンと肩を擦りあわさない」ような玄関をどのように設計するか、家の内部で「家族が歩くのを使用人のエリアから見えないようにする」にはどう設計するか、大きな住宅で執事と家政婦の領域をどのように分けるべきか（「執事は厨房といかなる関係も持たないとされるであろう」）、育児室は母親が「近づきやすい」ようにするためにどのような位置にするか、立面図において洗面所が「それほどはっきり同定できない」ようにするにはどのような場所にすべきか、といったことをこの本は語っている。(50) それは、冷蔵庫にすでに言及しているほかに、(51) 氷室、乾燥した食料貯蔵庫、湿った食糧貯蔵庫、猟鳥獣貯蔵庫について語り、(52) 食物の昇降機について語っている。(53)

これらすべては、本書のテーマ外のことであるが、初めと終りの部分は十分テーマ内でもある。そこで、カーは二つの貢献をしている。初めの部分で、(54) 彼は十九世紀にどのように、「久しくヨーロッパの固有のスタイル」となっていたパラディオ主義が「気難しいギリシア」に代わり、その後「浪漫的なゴシック」に関わり、「華奢で優雅なエリザベス朝スタイル」にいくらかの注意を割き、パラディオ主義ではないイタリアに「より大きな分け前」を与え、そして建築家たちは「多少とも新しく目立つ折衷主義の方針を公言」していたかを記述している。折衷主義は確かにカーの信条であったように思える。それは数年前にはスコットの信条でもあったが、はるかに包括的ではない意味においてである。また、スコットの「基盤となる作品」はゴシックであったが、カーのそれは、一八五一年の博覧会の批評家レッドグレーヴとワーナムが「自由ルネサンスもしくは混合ルネサンス」(55) と呼んだようなものであった。この呼称は、「フランスを通じて取り入れられた」ものではあるが、「まったくイギリス風に処理されており、マッシヴで豪放で、必要があればピクチャアレスクですらあり、実質的で気取らない」――実際ヴィオレ＝ル＝デュクの言葉を使えば雅俗混交体な macaronic――「古典主義（主としてイタリア風）の現代への適用」という彼の注目すべき提案の中に誰もが見ることを、はっきりさせたものである。(56)

そしてこれはまた、一八六一〜八年に建てられたカーの傑作、レディング近くのベアウッド（写真68）のスタイルの完璧な定義でもある。この建物は非常に大きく、非常にうまく計画されているが、外観はイギリスのジェームズ一世時代の邸宅とフランスのロワール川沿いの城郭の統制のとれていない混合物である。(57)

しかし、それまで述べてきたことすべてと矛盾するように見えるかもしれないもう一つの答えをカーがなお持っているというこの本の非常に驚くべき点がある。それは、三五六〜七頁に見られる。

あなたはどんな建築様式であなたの家を建てようとするのか……通常、建築家はこの質問を折衝の最初に施主に対してするであろう。そして施主がそのようなことに詳しくなければ、勧められるものを知って少し驚くだろう。いくらかの天分を使って……施主は多少とも相互に対立的な半ダースの流行のスタイルの中から選択することを期待されている……当惑した紳士は、自分はただシンプルで快適な家を望んでいるのであって、あえていえば快適なスタイル以外のどんなスタイルも望んでいないと思い切って言う。もちろん、建築家は同意する。しかし、快適なスタイルはいくらでもあって、すべてのスタイルは快適である。ご主人、あなたがお金を払うのですから、あなたは型の主人でもなければなりません。あなたは、帽子の型を選ぶのとちょうど同じように、あなたの家のスタイルを選ぶ。円柱のあるものであれ円柱のないものであれ、アーチ式であれ柱梁式であれ、田園風であれ都市風であれ、あるいは宮殿風であれ、クラシカルなものを選ぶことが出来るし、同じく多様な変種のあるエリザベス朝のものを選ぶこともできる。同じくルネサンス。そして（マイナーな様式ではない）中世風——いまや熱狂的に流行しているゴシック——あるいは十一世紀、十二世紀、十三世紀の種々雑多な形式のお気に入りの一つ——封建制風、修道院風、学校風、教会風、考古学風、教会学風等々を選ぶことができる。

しかし、本当のところ、私はそうでないほうがずっとよいのだが。私は簡素で実質的で快適な紳士の家を望む。そして繰り返しを許してもらうならば、私はどんなスタイルも望んではいない。私は、実際、どのスタイルももたないほうがよい。あえて言うと、スタイルは多額なお金を必要とする。たぶん、私はそれを好むべきではないであろう。自分自身を見てみよう。私は大変地味な趣味の持ち主である。私は古典主義でもなければエリザベス朝趣味でもない——私は自分がルネサンス的でないことを信じているし、中世的ではないことも確かである……大変申し訳ないとは思うが、あなたが親切にも、私の家を私自身のスタイルで建てる私のありのままを受けいれてくれればと思う。[58]

これは一八六五年というよりも一九〇〇年のレザビーや場合によってはベイリー・スコットの発言のようである。しかも、これはカーが六〇年代やそれ以降に書き、もしくは講演したものの中で深い驚きを与える唯一のものでも決してない。たとえば、「街の貧しい人のために住宅を供給する問題について」[59]という論考があるが、そこでカーは、貧しい階層の人々には確かに高すぎるヘンリー・ロバーツや改良産業住宅会社の設計による広い部屋ではなくて、ワンルーム住宅による集合住宅棟を現実的に提案している。公的な助成金の住居制度は、当時はまだまったく考えられていなかった。カーの住宅は嘆かわしいものであったであろうが、チャドウィックやケイ・シャトルワースやその他の人達が書き、「ビルダー」紙[60]にゴッドウィンが描いたようなぞっとするようなスラムの改良であったであろう。カーはまた、古代の照明について、[61]人造石について、建築コンペについて――もちろん批判的視点から、[62]調停について、[63]イギリスの今後三十年の建築について、実際には建築家協会の設立から一八八〇年ころまで、すなわち成熟したフィリップ・ウェブ、ノーマン・ショー、ウィリアム・モリスの時代までのイギリスの建築について、[64]講演している。この講演は見事な出来栄えで、その時の建築家協会の壁の中としては信じられないほど率直で、偏ってはいるけれども洞察力があり――確かに非常に洞察力に富んでいるので、ウィリアム・モリスの唯一の建築に関する講演と一対をなす形で、本書の補遺として全文を再録している。そしてまた、これがカーの最後の言葉でもなかった。というのは、さらに後の一八九一年、彼はファーガソンの死後にファーガソンの『建築近代様式史』の第三版を編集しているからである。そこには、英国王立建築家協会における講演と同じものがたくさんあるが、カーはなおさらに遠くに論を進めてもいる。その最も面白い部分は、「一つの新しい国民的様式の背骨」としてのリチャードソンの男性的な力強さの認識で終わるアメリカに関する三十頁分である。[65]

しかし、それは本書の範囲を超えているであろうし、たしかにこの章の範囲を超えている。それで、われわれは六十年代に戻らなければならない。しかしながら、ファーガソンの初版の議論に移る前に、リックマンからスコット、トーマス・ハリス、ウィリアム・ホワイトに至る以前の諸章において時に話題となってきた一つの疑問が、真面目に問われなければならない。ある建築家の思考と、同じ建築家の設計結果との間の不一致が、なぜしばしばあるのだろうか。

その答えは、ヴィクトリア朝期が矛盾に満ちていたというものである——ホートン教授は各章を二項対立で整理している。すなわち楽観主義／不安、急進的な批判／信じようとする望み、商業的精神／情熱、力の賛美／家族愛、等々である——が、それでは十分ではない。もっと特有のなにかがあるに違いない。絵画においては、歓迎される芸術と歓迎されない芸術の分裂、つまりサロン・アートとクールベやマネの分裂がこの世紀を走り抜けたことがよく知られている。建築においては、歓迎されない芸術は不可能である。画家は飢えても描くことはできるが、建築家は施主がある時にのみ建てることができる。彼の仕事ぶりがいつも施主に不快感を与えていれば、建物を建てられなくなるだろう。だから、美的な才能を持ち、本性においても信念においても過激な若者は、建築という専門を選ばないということは十分あり得る。つまり、ヴィクトリア朝期の建築家たちが提起する過激な主題は、大小のなされた妥協に対する罪の償いである。これが、一つの説明である。

もう一つの説明は、ジョージ王朝時代の建築家は因習的で、極端な変化を考えることを拒んでいたというものである。ヴィクトリア朝期の建築家も違ってはいないが、ただ、一つの型の様式にのみすべてが行儀よく従うべきだという教義は、もはや信じられてはいなかった。益々多くの様式が型として同時に使用されるにつれて、歴史主義の価値そのものに対する疑いが増していった。これは紙の上での急進主義を生み出すことに継承されてはいたが、そうした考えが指示することを現実化する努力はあまりに大きすぎた。結局、ヨーロッパは四百年以上も過去の素材と要素を用いて建築を行ってきたということは記憶されるべきであろう。この因習を破るためには、例外的な能力もつ人たちが必要であったし、彼らですらモリスとその門下たちが抵抗勢力を弱化させた後にのみ勝利を得ることができた。本書で扱っている時代を通じて、建築家と建築批評家は、彼らの過激な理論が煉瓦とモルタル、あるいはむしろ鉄とガラスにおいてどのようになるかを実際に見ると同時に脅える心を増してきていた。建物を装飾的なファサードとして見る習慣は、あまりに根深いものであった。これを示すには、この時代の主導的な建築史家、ジェームズ・ファーガソンよりもよい例はない。

註

1　一二八頁参照。
2　たとえば、ピュージンの内陣仕切りに関する本の書評において（IX, 1851, 399）。
3　Stefan Muthesius 博士が数年前に、この一連の記事に注目するよう教えてくれた。
4　*The Builder*, VIII, 1850, 109. また本書一五五頁参照。
5　「現実性 reality」に関しては一八六頁参照。
6　*The Builder*, VIII, 1850, 122.
7　Ibid., 133.
8　Ibid., 134.
9　Ibid., 147-8.
10　Ibid., 169.
11　Ibid., 183.
12　Ibid., 197.
13　Ibid., 209.
14　Ibid., 253, 266, 278.
15　*The Builder*, VII, 1850, 401.
16　まさに同じことが、五年前に、ウィーンの建築家で Sicard von Sicardsburg と共にウィーン国立歌劇場を設計した Edouard

von der Nüll によって言われている。Von der Nüll は一八四五年に、こう書いている。「新しい構造は新しい特徴を生み出すに違いない。これに基づいてより若い才能が相互に接近しつつ一つの一致に至り、ずっと後には遂に新しい構造のやり方の特徴が芸術的に高められ、後の子孫たちに真にオリジナルな国民的様式に到達する機会を与えるであろうことを我々は信ずる」（*Österreichische Blätter für Literatur und Kunst*, II, 1845, 401 ff. and 411 ff. H. C. Hoffmann, 'Notizen zu Eduard von der Nüll und August Sicard von Sicardsburg', in *Darmstädter Schriften*, XXII, 1968, 48. からの引用）。

17 Ibid., 541, etc.

18 Ibid., 555.

19 Ibid., IX, 701.

20 Ibid., X, 226-7.

21 実際、もっと後の五十年代にはさらに多くの記述が見られる。たとえば、Alfred Bailey in 1853, p. 713（ゴシックとクラシックの「党派心」が「一つの国民的様式をつくるために……融合する」だろうという希望を述べている）、J. K. Colling in 1858, p. 81（「過去の諸様式を近代的な性格のごく些細な部分と見なそう」）、そしてスコットの *Remarks* に関する社説 in 1858, p.1 である。そこで *The Builder* は、「現実的でもあり現在的でもある……その真の論拠」に賛意を表してはいるものの、現代建築に至る方法は、「どの系統も無視することなく、どこの出自であれ美しい形を見逃すことなく……多くの典拠」に頼るべきだとしている――すなわち、まさしく折衷主義であり、間もなく見るようにカーが六十年代にとることになる立場である。

22 J. M. Crook : 'Sydney Smirke' を参照。これは Victorian Society による何人かのヴィクトリア朝建築家に関する本に掲載されることになっており、一九七二年に出版されたはずである。

23 ちなみに、この用語はこれより二年早く *The Building News*（18 June 1858, 617）で使われていた。

24 P. F. R. Donner, 'A Thomas Harris Florilegium', *Architectural Review*, XCIII, 1943, and Dudlry Harbron, 'Thomas Harris', ibid., XCII, 1942. F. Jenkins, 'Nineteenth Century Architectural Periodicals', in *Concerning Architecture*, ed. Sir John Summerson (London,

1968）は、この巻に言及していない。

25 *Examples of the Architecture of the Victorian Age*, 78.

26 Ibid., 57-8.

27 Ibid., 79.

28 Ibid., 58.

29 *The English Cathedral of the Nineteenth Century*, 117.

30 Ibid., 182-3.

31 Ibid., 56.

32 Ibid., 66.

33 *The English Cathedral of the Nineteenth Century*, 66-7.

34 *Judging from the Past and Present, what are the Prospects for Good Architecture in London*（London, 1864）. この講演は、一八六四年四月十二日にSouth Kensington Museumで行われている。

35 Ibid., 16-17.

36 Ibid., 3.

37 Ibid., 21.

38 *Sessional Papers 1863-4*, 1864, 97-107.

39 P. Thompson, 'The Writings of William White', in *Concerning Architecture*, ed. Sir John Summerson（London, 1968）.

40 *Trans.* R.I.B.A., 1865-6, 15-30.

41 *The Palace; an Artistic Sketch*（London, 1854）, quoted in *The Ecclesiologist*, XVI, 1855, 162-3.

42 *Art applied to Industry*, The Carter Lectures（Oxford, 1865）. この本はベレスフォード・ホープに献じられている。バージェスについては、C. Handley-Read in *Victorian Architecture*, ed. P. Ferriday（London, 1963）を参照。

43 Ibid., 69.

44 Ibid., 82.

45 Ibid., 31-2.

46 Ibid., 39, 49.

47 Ibid., 109 ff.

48 Ibid., 91.

49 まさに同じ一八六四年に、王立パブリック・スクール委員会は、その役割を定義していた。他の人々を統治するが自由と秩序の結合に基づいて自身を制御することによる、そして男らしさと健康なスポーツによる「英国紳士の性格を形づくること」がそれである。G. Kitson Clark: *The Making of Victorian England*（London, 1962）, 271を参照。この理想の背後にDr. Arnoldがいることはほとんど言うまでもない。

50 *The English Gentleman's House*, 75, 221, 246-7. 139, 171.

51 Ibid., 273-5.

52 Ibid., 238.

53 Ibid., 108.

54 *The English Gentleman's House*, 58 ff.

55 N. Pevsner, *Studies in Art, Architecture and Design*（London, 1968）〔ニコラウス・ペヴスナー『美術・建築・デザインの研究Ⅰ、Ⅱ』鈴木博之・鈴木杜幾子訳、鹿島出版会、Ⅰ、一九七八年、Ⅱ、一九八〇年〕Ⅱ, 60-2.

56 The English Gentleman's House, 379, 381. まったく同じようなアメリカの例が最近得られた。Bruce Price（1845-1903）が彼のカリフォルニア州S. Mateoの家について、こう書いている。「それは、『フランス的な感覚的である』とか『ロマネスク的な処理』とか『オランダ的な量塊』といった主張にも応えるものであろう。それでもなお、それはアメリカで使われるために計画されたアメリカの家である」と（From *Modern Architecture and Practice*, I, New York 1887, preface. Reprinted in H. D.

Kalman, 'The Railway Hotels and the Development of the Château style in Canada', *Studies in Architectural History* (University of Victoria, B.C., Maltwood Museum), I, 1969, 29.)。

57 M. Girouard, *The Victoria Country House* (Oxford, 1971) 121-4 を参照。また *Country Life*, CXLIV, 1968, 964 ff. and 1060 ff. をも参照。

58 *The English Gentleman's House*, 356 ff.

59 *Trans. R.I.B.A.*, XVII, 1866-7. *Studies in Art, Architecture and Design*〔ニコラウス・ペヴスナー『美術・建築・デザインの研究 I、II』鈴木博之・鈴木杜幾子訳、鹿島出版会、I、一九七八年、II、一九八〇年〕, II, 1968 内のこの主題に関するわたしの論文を参照。もっと徹底したものとしては、J. N. Tarn 'Housing in Urban Areas', Ph.D., Cambridge 1962 がある。わたしはこの論文が適切な形式に変えられていま出版されつつあることをうれしく思う。また *Working Class Housing in Nineteenth-Century Britain* (Architectural Assiciation Papers 7), (London, 1971) もまた、より簡潔ではあるが同じく信頼できる。

60 *The Builder*, XVI, 1865-6.

61 Ibid., XIII, 1862-3.

62 Ibid., XXI, 1870-1.

63 Ibid., 3 ser., IV, 197.

64 *The Builder*, XXXIV, 1883-4.

65 *Modern Styles of Architecture*, 374. この見解に関しては、もちろん Van Brunt がカーに先行していた。

第二十三章　ジェームズ・ファーガソン

ジェームズ・ファーガソンは一八〇八年に生まれた。(1) 壮年期の初めの頃、彼はインドでインジゴを製造していた。十年後、彼は引退してロンドンに住むことができるようになった。彼のインド時代の成果は、一八四五年と一八四七～八年に出版したインド建築に関する二つの本である。(2) 一八四九年、『建築の七燈』が出版された年に、『芸術、特に建築における美の真の原理に関する歴史的探求』が出て、続いて一八五五年に二巻本の『図解建築便覧』が出た。その後、一八六二年に、彼の最も重要な本『建築近代様式史』が出る。これと『便覧』は一緒にして、一八六五～七年に三巻本の『建築史』として出版される。一八七一年に、ファーガソンは英国王立建築家協会の金賞を受賞している。一八八六年に、シュリーマンが『ティリンスの遺跡』を彼に献じているが、同じ年に彼は亡くなっている。「ビルダー」紙は、「彼は、古代におけるウィトルウィウスと同じように、現代世界における重要な建築の著作家である」と書いている。(3) これは、ほとんど信じ難いほどである。(4) 彼の本の中では、彼自身のお気に入りは『美の真の原理』であった。(5)

『美の真の原理』は、ピュージンの『真の原理』と正反対である。ファーガソンは宗教には動かされないし、この本における過去の芸術と建築にほんとうに関心を抱いていたわけでもなかった。彼の愛着は、体系＝建物 system-building であって、芸術と建築が一つの体系をこれほど強固に押し付けられたことはかつてなかった。一方で、時代に対する遠慮のなさにおいては、彼はピュージン、さらにはラスキンとよく似ており、尊大さにおいては時にラスキンをも超える。

すでに見た同時代の建築に対するファーガソンの強い告発は、『美の真の原理』の一年後に、彼がコピー主義対オリジナリティーの論争に加わって「ビルダー」紙に書いた投稿書簡に明確に述べられている（三二六頁）。それをここでは『美の真の原理』の序文の言葉で述べてみよう。彼は「常識」と「誠実なキリスト教精神」に立って「現代ヨーロッパの猿真似スタイル」に抗して戦うと宣言する。(6)と同時に彼は、公衆衛生のような項目以上の社会的な法整備に反発している盛期ヴィクトリア時代の製造業者の甘い信念を公言する積極的な自由主義者でもある。「自身の状況を楽しんだり、改善したり、悪化させる力において……すべての人間は平等」であり、「貧乏と不運は、よく訓練された徳のある人に長くとりつくことはあり得ない」。知識を追求させせよ、そうすれば成功するであろう。(7)

こうした言葉の後に、すぐに体系の記述が始まる。それは分類という情熱（と分類についてのベーコン、ダランベール、ベンサム、アンペールおよびヒューエルの『帰納的科学の哲学』への賞賛）と、エーテル学 Etherics、生物機能学 Biotics、熱学 Thermotics(訳58)、疾病分類学 Nosology、好色性 Amativeness、美的形態論 Eumorphics といった新しい用語(8)——今日のどのアメリカの学者の心をもほのぼのとさせるに十分——を使う異常な喜びとを伴って非常に厳格に記述される。この理論とも言えない理論を、本書の文脈で説明する必要がないことは幸いである。そこにはまた、美食、室内装飾、徐臭を含むあらゆる芸術がそれぞれ所を得ている独創的な一覧表がある。諸芸術は、まず政治的芸術——まじない Medicine、道徳 Morals、宗教 Religion と、人間的芸術——技術的 Technic、感性的 Aesthetic、音声的 Phonetic に分けられる。技術的は道具を、感性的は我々の感覚を、音声的は発話をそれぞれ使用することを示しており、したがって Aesthetic は通常の意味では使われていない。美に関することになると、それは美的感性的 cal-aesthetic と書かれるはずである。この美的感性学 cal-aesthetics、すなわち芸術における美の分野では、さらなる分類が導入される。我々は船や機械の美について語るが、それは単なる技術的な美にすぎない。(9)より高度なのは感覚の美であり、最も高度なのは音声的、すなわち知的な美である。かくして、一つの図表が可能になる。(10)それは次のようになるだろう。技術的美には単位ごとに一点、感性的美には二点、音声的美には三点が与えられている。

	技術的	感性的	音声的	合計
暖房装置、換気装置等	11	1	0	＝13
美食	7	5	0	（＝7＋2×5）＝17
造園	4	6	2	（＝4＋2×6＋3×2）＝22
建築	4	4	4	（＝4＋2×4＋3×4）＝24
絵画	3	3	6	（＝3＋2×3＋3×6）＝27
詩	0	2	10	（＝0＋2×2＋3×10）＝34
雄弁術	0	1	11	（＝0＋2＋3×11）＝35

体系についてはこれぐらいにして、次はその体系にこめられた考え方である。「すべての有用な日常品は、美の対象へと洗練されるであろう」[11]とファーガソンは書いている。しかし、彼は洗練という言葉を最大限の適合性の意味には使っておらず、「商店主の支配下」にある故にいまは不可能だが望ましい「高級芸術の外見」の意味に使っている。[12]適合性だけでは十分ではないという考えは、倉庫や共同住宅の建築に関するファーガソンの見解にも現れている。今日、それらは単なる実用品にすぎない。「それらをより高いランクに高めるためには、どれだけの装飾と配置の変更が必要であろうか」。[13]一八六二年のこの本はその答えを含んでいる。橋や駅などのエンジニアの建物の場合には、ファーガソンはもっとはっきりしている。それらは、「我々の前に裸で冷たく立って」おり、いまだ「きわめてわずかの風味もそれらに加味されてはこなかったであろう」。[14]

これらの見解や図表は、ラスキンのとほとんど違わない建築の定義のために備えられているが、ファーガソンの本の出版年から考えると彼独自のものであるかもしれない。絵画と彫刻は、演説や記述とともに、彼の音声的芸術に属する。なぜなら、それらは「詩的感興や感情の高揚を試み」ており、言いかえれば「なんらかの発話という知的形式」を試みているからである。したがって、それらは芸術作品の価値についてのファーガソンの定義を共有している。「一つの芸術作品は、それが包含している思考の量と質に比例した価値をもつ」。これは、またしてもラスキンであるが、またレイノルズでもある。[15]思考という言葉によって、ファーガソンは、使いやすさの平面計画はもちろんコンポジションですら言っておらず、はっきりと中味のことを言っている。建築は、絵画と彫刻を付け加えることによってのみ、音声的になり得る。[16]このような定義の下にあって、今日、建築はどこに位置しているのか、そしてどのような未来を目指すべきであろうか。

ファーガソンにとっての最大の敵は、「ビルダー」紙における彼の論考が明らかにしている通り、コピー主義である。ファーガソンはコピー主義を、「最も理屈に合わない最低の美の源泉」と、面白いことに観念の連想から説明している。連想のために建築家や施主は建物の様式を選ぶ。そして「同じ建築家が、同時に、あらゆる様式で建てることを強いられる［かもしれない］し、それは一時間おきに自分を否定することになる」。[17]このような発言は、建築家は一つだけの様式で設計すべきだということを暗に意味することになるであろうし、ひとたびそれが言われると、ファーガソンはギリシアかゴシックかイタリアを選ぶか、それともこの世紀のための新しい様式を選ぶか決意しなければならなくなるであろう。しかし、それまでの他のすべての人々がわれわれを失望させてきたように、そこでは彼もわれわれを失望させる。ファーガソンにとって確かなことは、建築は「過去の様式のあらゆる模倣をやめ」なければならないということである。それが、「進歩的な生命力」が確保される唯一の方法である。たとえば、「粗野で重いノルマン式の支柱」から「後期ゴシックの束ね柱」へ、あるいは「粗野な半円筒ヴォールト」から「優美なトレーサリーの天井」へと、進歩は常に存在してきた。今日の建築家を、科学者や造船技師や製造業者のようにしよう。すべての蓄積された知識をもとに仕事をさせよう。こうして進歩は、幅広い活動の場でなされるであろう。ワットやアークライトのような人は稀にしか現れない。[18]建築家が彼らのように振る舞ったら、これまでなされたどれをも超える進歩をなし得るかもしれない。たとえば、彼らは「英国国教会プロテスタントの信仰儀式の実施に最適の建物」はなにかを先入観のない方法で問うかもしれない。そして彼らが最善を尽くせば、高さとか照明とか音響とかに欠点があり、あるいは「コーニスが重すぎるとか装飾が不適切」だとかの欠点がなおあるかもしれないけれども、最終的には最善の解決が実現されるであろう。[19]

ファーガソンが客観的な基準と主観的な基準を混同していることがわかるであろうが、われわれは後に、この主観的な基準が過去の建物に対する彼の評価で大混乱を演じているのを見ることになるであろう。「時代遅れのエキゾチックな様式」で建物を建て続けることが「乾いた標本」を提示しているに過ぎないことをファーガソンが確信していることは、今日ではわかっている。しかし、何を代わりにすべきかと彼に問うてみれば、「答えは単純である……私は知らない」[20]と彼はいう。そして、特定の提案だけでは助けにはならない。「下劣な精神は高尚さを表現できない」のである。「より高い血の階級」がこの職業に入らなければならないが、これはそれほど個人的な願望ではないはずである。最も偉大な建築作品は、常に匿名の「国民の仕事」であった。「紳士的な感覚の持ち主は、コンペの不公平性にわが身を曝してはならない」等々——玉石混交。[21]

こうした状況から、建築の歴史は、どのようにして一つの世代に受け入れられる教科書となるのかが、自問される。『真の原理』の最後で与えられた根拠は、薄弱である。よい建築は、建築家が自分の建物の「配置のための常識的な指針と装飾のための眼識ある趣味の指針とに」自らを委ねるときに生まれる。[22]したがって、それが『建築近代様式史』の中にわれわれが探さねばならないことである。

この本が一八六二年に出版されたとき、ラスキンの『ヴェネツィアの石』とスコットの『世俗建築・住宅建築所見』は利用可能であったし、クリスタル・パレスは誰もが見られたし、バリーとピュージンの国会議事堂もそうだった。ファーガソンの近代様式というのは、ゴシックの終わりから同時代までである。何が彼にこの本を書かしめたか。その返事は一風変わっている。この優に五百頁に達する大量の図版付きの本の存在理由は、否定することである。その端書きにおいて、彼は自分の物語ることは「この芸術の逸脱の歴史についての批判的論考」だとしている。序論でそれがなにを意味するかを明らかにし、結論でそれをまとめている。一連の流れの悪役は、「建築芸術のコピー用の様式」である。

サン・ピエトロもセント・ポールもどちらも不正直である。模倣的な作品は、「我々のより高度な知的能力に決して訴え得ない」し、働くべきなのはその高度な知的能力なのである。建築家は、なにが「最も便利で適切」か、どのように一つの建物を「便利さの最小限の犠牲でより装飾的」にし得るかを、常に考えるべきである。われわれは、この本の論題を知っており、実際、ファーガソンは自分の技術的、感性的、音声的芸術形式へとすぐに戻ってしまう。(23) 気をそぐような序論の末尾は、全文引用されねばならない。

我々は、真実の原理もしくは構築的な原理に則った芸術ではなく、当の建物とはなんら現実的な関係がないなにかを再生しようとする模倣的な試みに則っている芸術を扱わねばならない。テンプル騎士団や教会のような高められた目的ではなく、住宅や俗な必要というよりつましい目的に専ら関わっている建築を扱わねばならない。内装と内部の配置がほとんどすべてであり、建築を見せる真の場所である外観がなんでもよく、したがって大抵は見せかけであるような建物の様式を扱わねばならない。何千人もの精神の真面目な思考の成果であり、何百年もかけて広り、それを存在あらしめた国民の声と調和して機能している芸術のかわりに、その表現がクラシックであれゴシックであれ、必ずしも最高級のものではなく単純な精神の余暇の産物であるような芸術、を扱わねばならない。我々は、そのすべての形式において技術的である芸術について書いているのであるが、しかしそれは今、音声的芸術にしか適用できない原理に則っているのである。(24)

こうした警告を与えられてから、読者は、イタリアからロシア、インド、アメリカまでの諸国をめぐるファーガソンの旅に乗り出すのである。残念ながら、ファーガソンはよき案内人ではない。それは、一つは彼がそれほど多くの国と建物を見ていないからであり、(25) もう一つは彼がうまく書いていないからである。「非常に魅力的な効果をもつデザインに共通する簡素さと優美さ」は、マンサールのブロワの建物を語るに十分ふさわしくはない。(26)「優美な」とか「上品な」

という形容句が、たとえばアルベルティのリミニのサン・フランチェスコ、ガリレイのサン・ジョヴァンニ・イン・ラテラノなどに、何度も繰り返されている。[27] さらに、他の欠点もある。

その一つが、盛期ヴィクトリア朝に通有の欠点で、ラスキン、スコット、マコーレーにもあるものであるが、過剰な自信と、それ故の発言の横柄さである。例はありあまるほどある。彼は、ミケランジェロを「ひどい俗悪さ」と咎め、サン・ピエトロのミケンランジェロの窓を「最も押しつけがましい最悪の趣味」だとしているが、[28] これは以前に、ミリツィアや他の人によっても言われている。ジュリオ・ロマーノも俗悪で、ボロミーニは無秩序で、エスコリアルは「人間的興趣が皆無」[29] で、レンは「デザインに関する芸術的な原則の知識の欠如」[30] の故に非難されている。実際、ファーガソンはさらに論を進めて、セント・ポールをとりあげ、その建物をよりよくするためになすべきだったことをレンに命令している。次の引用は、実際はもっとずっと長い非難のほんの一端にすぎない。

低層部分のデザインの大きな欠陥は、レンがクリアストーリーと側廊の中世的な配置を率直に受け入れなかったことから生じている。もし側廊が上階の線を越えて突き出していたなら、あんなにもしばしば批判されてきたところの、一つの上に一つを重ねる二つのオーダーを採用した明確で必須の理由と即なっていたであろうに。さらにその側廊が平面図のAの位置で点線で示したように、入り口 propylaea とトランセプトの間を埋めるようにつくられていたら、全体は調和したものになっていたであろう。そして、このデザインの大きな汚点の一つである上層のニッチの土台の中に、窓を隠すであろう。また、低い階に、より単純さと広さを与えることによって、全体はいくぶん不足している落ち着きを得るであろう。[31]

チェンバーズのサマセット・ハウスもよりよくは書かれていない。

河岸であることは……チェンバーズの絶好の好機であったが、残念ながら彼のこれまでの仕事とほとんど同じであることを示している。およそ六百フィートの幅の南側ファサードを、一三二フィートの長さしかない北側ファサードと同じやり方で扱うことは、およそ一人の建築家がかつてなした中でも大きな不手際であったろう。同じ効果の調和を生み出すために、その部分の寸法を同じようなプロポーションにするために誇張しなければならなかったが、それをやらないで、基礎階とオーダー柱階ともにストランド通り側より三分の一と四分の一ぶん小さくしている。もっとも、見た眼には同じようなものであるが。そして、この重要な欠陥を他のやり方でやるよりもより目立つようにすらするかのように、彼は主たる建物のおよそ三分の二の高さの四十六フィート幅のテラスを前面に置いている。このテラスがあまり高く見えず、リージェンツ・パークなどの個人住宅のテラスよりも威厳に満ちているわけではないことは、なんら不思議ではない。建物の高さを少しも増やすことなく水際から百フィートの立面が自由に使えるのに、これは許しがたい。彼がこの高さの使い方を知っていたなら、もっと十分な建築的効果が得られたであろう。(32)

外国や十九世紀の話になっても同様で、シンケルの晩年の最も独自の時代の傑作、ベルリン建築アカデミーもそれほどよくは書かれていない。たしかに、そこではファーガソンはより好意的であり、彼が何を気に入ろうとしているかのおぼろげな考えも得られる。にもかかわらず、賞賛の後に粗探しが続くのである。

この建物のデザインはきわめてシンプルである。プランは正確に正方形で、各辺百五十フィート、全高七十フィートである。一階は店舗となっており、二、三階はこの組織のために使われ、その上は屋根の屋階である。ただし屋根は真ん中の中庭で後方への勾配をもっているので、外からは見えない。装飾面はもっぱら構築的なものに依存しているが、その構築的なものは窓間壁、床の位置を示している胴蛇腹、細い蛇腹、窓とドアの周囲の繰形だけからなる。これらすべては優雅であり、これまでのところはこれ以上に真実で適切なものはありえない。全体は煉瓦でできており、それはどこでも見える。それにもかかわらず、この建築学校 Bauschule は、その一般的な特徴を決めて使用しようとしていた材料の性質を建築家が十分には考慮していないが故に、全面的に成功しているとはいえない。そのシンプルな輪郭は、大きな石塊で建てられたフィレンツェやローマの宮殿やその他の場所の花崗岩の大建築にこそふさわしいものであったろう。しかし、煉瓦のような小さな材料で建てられるべき建物に、このような厳格な輪郭を採用するのは間違いであった。もしもシンケルが建物の隅を前面に出し、それをもっと頑丈に見えるようにしていたならば、非常によくなっていただろうに。隅の部分も部屋は両側から採光できるので、隅の部分の窓のスペースがもっとずっと小さければ、これは容易だったであろう。一方で、この最も弱い部分の強調は、材料の塊量性によって得られることが多い記念碑的な性格を建物に与えたであろう。(33)

こうした自信の類の例はいくらでも増やし得る。ハギア・ソフィアですら、「容易に改良できる」。(34) クリスタル・パレスでパクストンは煉瓦とテラコッタを使うべきだった。なぜなら、実際それは堅固さを欠いているから等々である。(35) しかし、われわれは今日、あまりに臆病すぎるし、過去の建物を畏れすぎる。そして、その原則の適用にはしばしば驚かされるけれども、ファーガソンがある種の原則に則って批判していることは認めねばならない。しかし、かりにそうであっても、その国の建物をまったく知らないかほとんど知らない全部の国について包括的な発言をする言い訳にはなり得ない。ドイツは三百年の間、国が誇りとし得る建築家を生み出してはこなかった。ホーエンシュタウフェン家以降、ドイツ人は「偉大でオリジナルななにものも」生み出してこなかった。なぜなら、彼らは「洗練された芸術のための本物の感覚をもっていない」(36) から。ついでに言えば、彼らは「自然美の本当の鑑賞力」ももっていない。(37) 北西ヨーロッパ、すなわちベルギー、オランダ、デンマーク、スウェーデン、ノルウェーは、「芸術的な建物の点で、ごく僅かしか貢献してこなかった」。(38) ベルギー人は、「必ずしも芸術的な国民」ではない。デンマーク人については、「美術としての建築が彼らのもとには存在してこなかったということは、ほとんど言う必要がないであろう」。そしてスウェーデン人もノルウェー人また「芸術的な国民」ではない。[39] ロシア人は「芸術的な人種ではない」し、合衆国では「言及……する価値のある……たった一つの建物」も見つけられない。[40]

この横柄さは悪く働いて、Palazzo Valmarina とか 'the Griefswald' と呼ばれる家とか、複数として piazzi、単数として Sposalizia などと記させるにいたっている。[訳59] ときにファーガソンは、的確に述べることがある。たとえば、コレン・キャンベルについて、「彼のデザインは優雅であるが、もう一度見たいとは誰も思わない」[41] と言っている。しかしこの本は、図々しくてイライラさせられるけれども、欠点を補う長所がある。そして、これを繰り返し誇示しながら、彼は個々の建物を原理にしたがって判定していくのである。

彼の判断基準は、より以前の本を見ていれば予測できるものであるが、以下の通りである。まず、真実性。それは「見えないけれども説明されねばならない……重要な規則の一つ」で、それがなければ、我々は「その建物が偽りなく誠実に建てられているか」どうかがわからない。[42] しかし、彼は後に、「あらゆるエンジニアリングや内的要請が……まさに最も便利になるところで、優先され［なければならない］」わけでは必ずしもないと言うことによって、これを否定してもいる。[43] 実際、ファーガソンはエンジニアとエンジニアの仕事について曖昧である。彼は、スコットと同じように橋を賞賛するが、スコットと違って石と煉瓦の橋に対してだけである。高架橋は「けなすのが困難なほど、それ自体で美しい対象物」である。[44] さらに一般的に言えば、ファーガソンはエンジニアが建築家と分けられるべきではないと主張している。彼らが分けられている間の、「一つの大きな望みは、エンジニアが建築家に自分たちの原理の採用を強いるよう影響力を及ぼすであろうことである」。[45] しかし、またしてもすぐに矛盾した発言がでてくる。というのは、「いわゆる厳密な」建築家は、なお「建物の装飾的な配分と建てられる際の装飾物に仕える芸術家にとどまるべきである」。[46] したがって、エンジニアは真実性を提供し、建築家は芸術を適用するように見える。適用された芸術がない真実性は十分ではない。目標は「真実性をもった建物を建築にまで彫琢すること」[47] でなければならない。ところで、それはどのようになさ

図８．ジェームズ・ファーガソン、東駅、パリ、デュケネーによる。『建築近代様式史』1862年より

れるか。もちろん、過去の衣装で装い上げることによってではない。実際、時代と模倣に対する狩猟的捜索は激しい調子で続いており、引用の必要はないであろう。『真の原理』がすでにそうした例で一杯である。[48] その中でも最良の例は、オクスフォード・ミュージアムに関する感想で、その図書館には「ブラックレターで書かれ彩飾された」[49] ダーウィンの『種の起源』があるべきだというものである。[訳60]

それでは、ビルディングをアーキテクチュアにするためのファーガソンの処方箋はなにか。われわれはそれを知っている。それは芸術の適用であり、つまりはファサードを飾ることである。ロンドン橋は「アーキテクチュアになるには、ほとんど十分には装飾されていない」。キングス・クロス駅は、「まったく誠実」であるが、もしお金が「もっと装飾に使われていたならば、もっと建築的なファサードが得られていたであろう」。パリ東駅（図８）では、それがなされていて、それがため、そして「その装飾のレベルの高さ」の故に、「真に建築的芸術作品」となっている。最後にクリスタル・パレスであるが、これは「美術の領域にまで高めるまでには装飾されていない」[50]。

これらすべては、もちろん基本的にヴィクトリア朝的である。これは、ラスキンによるビルディングをアーキテクチュアに変

図9．ジェームズ・ファーガソン、ルーアンの税関、『建築近代様式史』1862年より

える絵画と彫刻の強調と一致している。しかし、どんな装飾を使うべきかという問いに対するファーガソンの答えは、ラスキンのそれとは正反対である。過去の建物に対する彼の判定をもっと詳しく検討することによって、われわれはその答えに近づくことができる。彼は、十五世紀のフィレンツェのパラッツォを、その「雄々しいエネルギー」の故に賞賛している。「ヨーロッパのどの宮殿も、その雄大さにおいて［ピッティ宮と比べられない］」。(51) しかし、ラスキンのゴシックのヴェネツィアではないが、彼はヴェネツイアをフィレンツェ以上とすら言えるほど賞賛している。「住宅という目的に適用された建築的美術のこれほどの流派を、他のどの都市ももっていない」。(52) ヴェネツィアからまた、現在のためのヒントが得られるであろう。「もし我々が、現代の要求に適したスタイルを創り出すもととなる型を探さなければならないとすれば、おそらくその最も適したものを我々が見つけるのは、十六世紀初期のヴェネツィアの例の中である」。(53) しかし、十分に奇妙なことに、ウラトン(訳61)——一八五二〜四年に建てられたロスチャイルド男爵のメントモアの邸宅の原型——もまた、ファーガソンは細部がより純粋にできていれば、「今日に適しているであろう」と言っている。(54) つまりエリザベス朝風も許されるわけである。実際のところ、

ファーガソンが激しく排除した唯一のものは、「芸術の真の発展に致命的なことが……わかっているゴシック狂」である。[55]

要約すると、ファーガソンによれば、進歩は二つの方向で見られる。一つは装飾によって建物を芸術にまで高めることである。もう一つは、彼がルーヴルについて言っているところに現れている。そのコロネードは単なるスクリーンだとして批判されているが、ルーヴルの北側面は、「実質的には無装飾」の「珍しく簡素な」もので、もう少し役立っていたのではあろうが、もしフランス人がこのスタイルを「洗練させることに邁進していた」なら、「真の時代のスタイル」に到達していたかもしれない。本の終わり近くで、彼は以下のように概括している。「我々が、簡素で誠実で堅固で、しかし有用な建造物に満足していることのほうが、我々の建物が間違った原則に則って飾られていることよりもはるかによいことである」。[56] 簡素さは外見に、堅固さは構造に関わるが、誠実さは意図に関わる。そして、この建物の背後にある精神的、倫理的態度に関して、ファーガソンはさらに語る。常識は、常に賞賛の対象となる特質である。それはイタリア・ルネサンスに授けられている。イタリア・ルネサンスは、彼にとっては「常識のスタイル」であり、ついでに言えば「さらなる発展を締め出す完璧さというものに決して至らない」スタイルであった。[57] それ故、彼によればルーアンの税関（図9）は、今日の機能に合ったルネサンスということになる。

「ルーアンの新しい税関は……今日のフランスの建築家たちが比較的に小規模な公共建築をデザインする型のもう一つの好ましい実例である。こうした建物のスケールや用途では、壮大さや豊かさは得られないと認められる。しかし、これは地方都市の税関としては、十分に堂々としており、その用途も明確に表現している。一方で、どんな有用な要素も効果のために犠牲にされていないし、いずれにしても実用的な機能と抵触することになる装飾もまったく付加されていない。こうしたデザインの通常の処方は、とりわけこの国においては、四本か六本の柱によるポルティコだったであろうが、それはいくつかの窓を暗くし、他の窓の採光を妨げ、加えて建物の高さが二階まで――少なくと外観は――であることを要求する。だから建築家たちが、ここに見られるような多くの考慮を適用しうるようになることは、計り知

図10. ジェームズ・ファーガソン、ベルンの連邦院、『建築近代様式史』1862年より

れない収穫である。そして、細部にもう少し注意が行き届き、各部分の配置にもう少し多様性があれば、これはいまよりももっと美しいデザインになっていたに違いない。もっとも、このクラスの建物で、全体として満足しうると言えるものはほとんどない」(58)。

ラブルーストのサント・ジュヌヴィエーヴ図書館については、これよりずっと少なくしか書かれていない。「常識の約束」はこの建物でも提供されているが、ファサードの崇高さについての特別の賞賛はなく、ラブルーストの剥き出しの鉄の使用に関する言葉もない(59)。そして、この「常識の人」は、ウィンザー城のワイヤットヴィルの設計した部分にも満足することになるであろう。なぜなら、それは「十九世紀の王宮」であることをはっきりと示しているからである(60)。つまり、建物はその機能を語らねばならない――実際、語る建築 architecture parlante でなければならない。それ故に、ニューゲート監獄、「抵抗と安全を語っている」シンケルの新衛兵所 Neue Wache、ウィーン兵器庫、ベルンの連邦院（図10）は賞賛される(61)。ファーガソンが「適切な」という言葉を使っているところでは、この意味をも指している。たとえば、巨大なコリント式ポルティコをもつブルボン宮殿は「不適切でそれ自身の階を語っていない」。しかし、教会にゴシックの形を使うのは適切である。エリザベス朝の邸宅も適切で、イニゴー・ジョーンズのウィルトン・ハウスも適切である。しかしホルカムは適切ではない。なぜなら、そのファサードは「高貴な主人と女主人が四十フィートの高さの寝室」か屋根裏部屋で眠ると考えさせるからである。[62]

ファーガソンの本は四頁分の結論で終わる。

……将来のスタイルはどうあるべきだろうか。

こうした質問に明瞭で断定的な答えを与えることは、もちろん不可能である。それは、考案されてこなかったものがなにかを見越し、まだ存在していないものを説明する試みと同等であろう。それは、ワットに装甲艦「ウオーリア」のエンジンを説明するように頼み、スティーヴンソンに彼がストックトンとダーリントン間路線の「実験」を始めた矢先にグレート・ウェスタンの特急列車の外見を描写するよう頼むのと同じ道理である。もしそのスタイルが真実のスタイルであるべきであれば、入念につくりあげるのに多くの年数がかかるであろうし、多くの人がその仕事に従事しなければないであろう……しかし、その間に、それは確かにゴシックではないであろうと否定的に答えることは容易である……ゴシックは我々の習慣や我々の感覚とはまったく異なり相性の悪い過去の残骸——知識人の娯楽で、大衆の間には根付いておらず、我々の文明の本質的な部分ですらない——にすぎないに相違ない。

……同様なことは、純粋な古典主義の諸スタイルについても真実である。我々はそれらから時間的に長く離れてしまっており、我々の気候に適していない地理的障害によっても隔てられている。しかし、同じく我々の共感がそれらに引き付けられていないということは、まったく正しいわけではない……すべてこれらのことが、サラセン、インド、中国、メキシコのスタイルについてもさらに真実であることは、ほとんど付け加える必要がないであろう。しかし、その範囲内でなお進歩が可能なもう一つのスタイルがまだある。イタリア・ルネサンスは決して掘り尽くされても完成されてもおらず、これまでの頁で指摘してきた理由により、いまだほとんどその価値を正当に試してすら来なかった……この進歩が可能に見えるようなスタイルの範囲内であれば、問題は容易に解決される。一つの新しいスタイルをつくり出すのに、通常考えられてきたような人や人群を必要としない。いま最も必要なものは、自制と自己否定である。我々が要求しているのは、建築家たちが借り物を慎む倫理的勇気をもつことであり、考え、仕事をし、得たものを少しずつ改善していくことに満足することである……しかし、その要求は公衆とともに起こるに違いなく、建築家から起こることはありえない。自分でもっとよいものが出来ると考えて、ゴシック風の教会やギリシア風の神殿や中国風の四阿を建てることを拒み、ひもじい思いをするかもしれないということを一人の建築家に頼む権利は我々にはない。人々は自分が雇った建築家たちに、常識の命じるところにしたがってデザインを整え、熟考してそれを練り上げ、そして練り上げたものに趣味に応じて装飾を施すようにしろ、しかしこの三つの基本的条件を超えてやるな、と言わねばならない。これがなされた時に、我々は再びこの芸術が何を意味するかを知ることになるであろう。もし我々がなにか他のものを求めるならば、我々は非常に美しくあり得るものを得るかもしれないが、それはアーキテクチュアではないであろう。

註

1　ファーガソンについての本があれば、十分価値があるであろう。いまのところ、わたしは *Concerning Architecture*, ed. Sir John Summerson（London, 1968）の中の Maurice Craig の論文しか持っていない。

2　*Illustrations of the Rock-cut Temples of India* と *Picturesque Illusrations of Ancient Architecture in Hindostan*。この二冊の本のうち、最初の本はジョン・ウィールにとっては十分印象的だったようで、彼は *Quarterly Papers* の第二巻を「建築の科学に対する彼の献身への敬意の証」としてファーガソンに献じている。

3　*The Builder*, L, 1886, 113.

4　そしてまた、*The Ecclesiologiste*（XI, 1850, 43）は、確かに異なった意見を持っている。ファーガソンは王立アカデミーにおいて、ナショナル・ギャラリーの改築案を展示したが、それを *The Ecclesiologiste* は、「常軌を逸している」と評し「一人のアマチュアの才能人、よく知られたJ・ファーガソン氏の生産物」としている。

5 *British Architect*, XXV, 1886, 48, reprinted from *The Times* を参照。

6 *True Principles*, xiii-xvi.

7 Ibid., 4, 6.

8 Ibid., 27, 37, 58, 104.

9 ホガースとグリーノーとヴィオレ＝ル＝デュクが想起されるであろう（二七八頁、三〇二頁参照）。

10 Ibid., 140-3.

11 Ibid., 96.

12 Ibid., 100-1.

13 Ibid., 102.

14 Ibid., 105. ついでながら、技術的進歩に関しては、ファーガソンは「初期的段階の力」として電気（83）と、それから特に電信（118）に言及している。

15 実際、ファーガソンの *True Principles* は、レイノルズの *Discourses* についてたくさん触れている。

16 Ibid., 119-21.

17 Ibid., 144-5.

18 Ibid., 156-8.

19 Ibid., 160.

20 Ibid., 164, 161.

21 Ibid., 164-5.

22 これもまた、直接レイノルズから来ている。

23 *History of the Modern Styles of Architecture*, 2, 9-10, 17.

24 Ibid., 37.
25 ちなみに、フリーマンも彼の *History of Architecture* で、部分的には図版によって仕事をしなければならなかったことを認めている。
26 *History of the Modern Styles of Architecture*, 207.
27 Ibid., 43, 67.
28 Ibid., 103, 62.
29 Ibid., 124, 132.
30 Ibid., 280.
31 Ibid., 273.
32 *History of the Modern Styles of Architecture*, 291-2.
33 Ibid., 355-6.
34 Ibid., 407.
35 Ibid., 483-4.
36 Ibid., 330-1.
37 Ibid., 365.
38 Ibid., 368.
39 Ibid., 369, 374, 377.
40 Ibid., 381, 436.
41 Ibid., 287.
42 Ibid., 213.――ピュージンは、もちろん正直だと受け取られてはならない。彼は芝居がかった人であり、我々に「絶対的な虚偽の価値」を教えている（318, 406-8）。これは明らかにプロテスタントの発言である。

43 *History of the Modern Styles of Architecture*, 325.

44 Ibid., 476.

45 これは、ヴィオレ＝ル＝デュクの『建築講話』が出版される以前に書かれている。

46 Ibid., 474.

47 Ibid., 491.

48 *History of the Modern Styles of Architecture* の中では、たとえば「品位を下げる模倣の足枷」(321)、「これらの偽造品の一つ」(322)、「無味乾燥の標本」(342) 等を参照。

49 *History of the Modern Styles of Architecture*, 328.

50 Ibid., 476, 478, 480, 483.

51 Ibid., 82, 85.

52 Ibid., 100.

53 Ibid., 100.

54 Ibid., 251.

55 Ibid., 129.

56 *History of the Modern Styles of Architecture*, 482.

57 Ibid., 329. この「発展可能な développable」――彫刻家 Antoine Pevsner の用語を使えば（展開可能な勝利の円柱 Colonne développable de la victoire）――議論は、すでにヒュプシュによって使われており、次章で見るようにゼンパーによっても使われている。ちなみに、ファーガソンはヒュプシュの *Die altrichristlichen Kirchen*, 1862 を所有していた。彼はまたブンゼンの *Basilikas*、Hittorff and Zanth の *Architecture moderne de la Sicile*、ガリー・ナイトの *Ecclesiastic Architecture of Italy*, 1842-4、Puttrich の *Baukunst des Mittelaters in Sachsen*, 1836-44、Gruner の *Terracotta Architecture of North Italy*, 1867、ボワスレーのケルンについての本、ストリートのスペインについての本、Vogüé のシリアについての本、Percier and Fontaine の

Maisons de Plaisance de Rome, 1809、Letarouilly の *Edifices de Rome Moderne*, 1840-57、デュランの *Recueil*、Klenze の *Entwürfe* を使っていた——加えて、ヴォルテールの七十巻なる著作、ルソー、ヴィーラント、ゲーテ、シラーの著作も使っていた。Catalogue of the sale, 22-24, June, 1886 at Sotheby's を参照。これは British Museum にある。

58 Ibid., 230.

59 Ibid., 229.

60 Ibid., 313.

61 Ibid., 296, 355, 362, 366. シンケルは一八三四年に、もっと一般的に書いている。「建築における理想は、一つの建物が全体として、あるいはそのすべての部分が、その目的に物理的にも精神的にも合致することによってのみ達成される」(A. Freiherr von Wolzogen: *Aus Schinkel's Nachlass*, 4 vols.（1862-4）III, 333)。ファーガソンの話に戻って、彼は連邦院を、国会議事堂の場合に何がなされなければならないかの一例としてとりあげている。連邦院は、彼にとって「おそらく、これまで試みられてきたフィレンツェ風スタイルの最良の標本」であり、ロンドンにこれを置くことを想像していた。「ベルンの連邦院の中央部分に似た棟を両端に置き……その中間にもっと装飾的であるが翼部と同じ高さの中央棟を置き……それらを四階建ての高さの隔壁でつなぐ……どちらがより崇高な建物だったろうか」。哀れなファーガソン。今日、彼の回答に応じるものは誰もいないであろう。グウィルトだけが賛意を表した。同意しない者はたくさんいるが、ゴシックのマンチェスター巡回裁判所と市庁舎、ゴシックのプルデンシャル・ビルの建築家ウォーターハウスが例としてよいであろう。彼は、ベルンの連邦院を「天井と壁画を除けばすべてにおいて失望」と評している。この評は、Stuart A. Smith 博士がウォーターハウスに関する Ph. D 論文（London University, 1970）で言及している未刊行の一八五七年の日記にある。

62 *History of the Modern Styles of Architecture*, 319, 223, 255, 263, 295.

63 Ibid., 488-90.

第二十四章　ゼンパー

本書が跡付けしようとしている傾向の流れにおけるファーガソンの位置は、はっきりしている。彼はカーとごく近い位置に立ち、真実、見分けられる構造の重要性、エンジニア、語る建築、常識、そしてそれらに加えてイタリア・スタイルによる装飾の付加を主張している。しかし、彼がカーに比べてかなり純粋なイタリア・スタイルを尊重しているのに対して、カーはかなり荒っぽい混合を擁護している。

このルネサンスへの敬意において、ゴットフリート・ゼンパーはファーガソンと一致している。たしかに、ゼンパーはヨーロッパ中央部における最も偉大なネオ・ルネサンスの代表者であった。彼は、一八〇三年にハンブルクで生まれ、最初はゲッティンゲンで数学を学び、その後ゲルトナー（ミュンヘンのルートヴィッヒ教会やその他のルントボーゲンの建物の建築家）の下で建築を学び、一八二六～七年と一八二九～三〇年の二度パリにしばらく住み、そこでゴシック主義者ガウの下で働き、イットルフとも知り合った。一八三三年には、イタリア、シチリア、ギリシアを旅行している。その二年後、彼はドレスデン・アカデミーの教授に任命される。一八四八年――彼を「親しい友人」[1]と呼んでいるドナルドソンによる死亡追悼記事から引用すると――彼は「彼のよりよき判断を威圧している王の規制に対する止むに止まれぬ政治的、民主的感情に身をまかせた」。つまり彼は、革命に加わったのである。[訳62]革命は、知られているように失敗し、ゼンパーは亡命を余儀なくされた。彼は最初パリへ行き、その後ロンドンへ行き、そこに一八五一年から一八五五年まで滞在した。彼は、一八五一年の博覧会のいくつかの部門の展示に関わっており、新しく設けられたヘンリー・コールの工芸部局で後に金属の技術を教えている。彼は、少なくとも一度、コールの「ジャーナル・オブ・デザイン・アンド・

マニュファクチャー」誌に短い文章を書いている。[2] 一八五五年に、彼はポリテクニクの教授としてチューリヒへ行き、一八七一年にウィーンの帝国建築監督官 Baurat になった。一八七九年に死去。[3] 彼は幸せな人だったとは思えない。俳優エドアルト・デフリーントは一八五四年にロンドンで彼と会っており、一八五七年にはスイスで再度会っている。彼は一度目は、「もちろんいまでも彼は我々の老いた屁理屈屋 raisonneur だ」と手紙を自宅に書き送っており、二度目は「口の端に絶えず世界と人類に対する憎悪が出てくる徹頭徹尾気難しい（vergrämelt）人——しかしいつも鋭い判断力があった」[3a]と書き送っている。

ゼンパーの主要な建築の仕事は、初代と二代目のドレスデンの歌劇場（一八三八～四一年と一八七一～八年）（写真69、70）、ドレスデンのオッペンハイム邸（一八四五～八年）、ドレスデン美術館（一八四七～五四年）（写真71）、チューリヒのポリテクニク（一八五九～六四年）、そしてハゼナウアーと共同で行ったウィーンの美術館とブルク劇場（一八七二年以降）である。抑制された千五百年代様式からより自由でバロック的なそれへの推移は明白で、それは一般的なヨーロッパの推移と呼応している。ゼンパーの多くの著作の中で主たるものは、一八五一年の博覧会の報告書である簡潔な『科学と産業と芸術』（ブラウンシュヴァイク、一八五二年）と、簡潔とは程遠い『様式論』（一八六〇～三年）二巻本で、その三巻目は完成されなかった。

『様式論』が苦心して示しているように、ゼンパーはファーガソンと同様、体系家であり分類家であった。しかし、彼は哲学的な精神をもっており、それがためファーガソンの素朴なものではない体系になっている。ゼンパーはシラーとシンケルを読んでおり、彼の体系はかなり複雑な観念論の一つである。彼はまたカントも読んでおり、その結果は恐ろしいほどの文語的スタイルである。一節だけで十分に違いないが、当然の理由ながらドイツ語のままにしなければならない。'Letztere sucht alle Eigenschaften oder Bedingungen des Rein-Schönen in der Form aus letzterem heraus, als nur für sich bestehend und sich selbst erklärend, zu entwickeln'[訳63]

ゼンパーの最初の本は、ギリシア建築のポリクロミーを扱っている。それは一八三四年に出版された。ゼンパーより十一歳年長でガウと同じくケルン出身のイットルフ(4)は、一八二三〜四年にシチリアを調査し、パリへ戻るとすぐにポリクロミーについて話し、書き始めていたが、最終的な出版物となったのは一八五一年のことである。この主題に関する激しい論争に本書は関わるものではないが、(5)ゼンパーとイットルフの強いポリクロミー愛好は、バターフィールドや他のイギリスの建築家たちによるネオ・ゴシックの建物における同時代のポリクロミー闘争のクラシック版である。(6)しかし、ゼンパーは彼の後のもっと包括的な著作にとって重要となるいくつかのことを、すでにその序文において書いている。

その門徒は世界中を駆け巡り、プレス加工された紙の帳面にあらゆる種類の写し図面をうまく貼り込んでためこみ、幸せになって家に戻り、戻ってすぐにパルテノン風のヴァルハラ、モンレアーレ風のバシリカ、ポンペイ風の居間、ピッティ宮風の宮殿、ビザンティンの教会、あるいはまたトルコ趣味のバザールですら設計を頼まれるのではないかと機嫌よく期待して待っている。(7)

この嫌みは、ミュンヘンのクレンツェに向けられている。彼のヴァルハラは、ゼンパーの本の出版年には完成されていたし、彼の万聖宮廷教会と、ピッティ宮にいくらか似た王宮も、一八二六年と一八二五年にそれぞれ工事が始まっていた。二、三頁後に、ゼンパーはこのリストに、ごく最近の模倣の典拠としてルイ十五世のロココを付け加えており、そしてその速やかな型の継承に関するコメントは、「この嫌なものはすぐに終わるであろう」(8)という彼の願望の表現であった。この種の歴史主義に対するゼンパーの敵対的な態度は、もちろんヒュプシュのものと同様なものであるが、ヒュプシュの『いかなる様式で我々は建てるべきか』が出版されたのは一八二八年であった。

しかし、同じ序文で、ゼンパーは二つの建設的な原則も述べている。一つは「材料に、経験と科学によって適したとされる形とプロポーションを材料自体が決める明白な決定権を与えよ……木材は木材のように見え、鉄は鉄のように見えるべきである」[9]というものである。もう一つの原則は、さらにもっと断言調に聞こえる。「芸術は必要というただ一人の主人を持つ。それは、一人の芸術家の気まぐれに従っているところでは堕落し、強力なパトロンに屈従しているところではさらに悪化する」。[10] しかし、ゼンパーは必要を、実用的な意味だけで用いているわけではない。「宗教はいつの時代にも芸術の保母であった」し、ギリシア人の「自由と政治的自信に対する熱情」、彼らの「専制君主に対する自由のための戦い」は、「趣味で和らげられた自由」たるギリシア芸術の偉大さを説明している。[11] ゼンパーが一八四八年に革命側にいたのは少しも不思議ではない。

その少し前に、ゼンパーが自分の信念を表明すべき機会が出来した。すなわち一八四五年、ハンブルクの聖ニコラス教会のための彼の案（図11）に審査委員会で一等が与えられたのであるが、二度目の審査委員会でそれが退けられ、スコットの案が選ばれた時である。スコットの案については、われわれはすでに論じた。それは、考古学的に正確で、同時に一八四〇年代のイギリスでのみ可能であった力強い流儀をもつミドル・ポインティドであった。ゼンパーの案はゴシックではなかったし、彼のより早い時期の作品、ドレスデン歌劇場のようにルネサンスでもなかった。それは、ロマネスクとビザンティン、それにブルネレスキに由来するドームの漠然とした混合物であった。純粋さを好む審査員なら、誰でもスコットをより好んだであろうが、スコットはまた、まだ試みられていない平面図と立面図よりもすでに受け入れられたものを好む審査員の選択の結果でもあった。というのは、ゼンパーは基本的には中央集中式で実際は少し細長くされた平面図とオーディトリウム形式の座席を提示していたからである。オーディトリウムは「聞く audire」に由来するラテン語である。ゼンパーは実際には Hörsaal（大学の講義室を意味するドイツ語）という用語を、自分の案とその背後にある考えを記した短い出版物で使っている。[12] この出版物は、スコットの案とゴシックの聖ニコラス教会を擁護していたF・シュテーターという人によって無署名で出されたパンフレットに答えて書かれたものである。

シュテーターの論は本質的に連想的なものである。ゴシックは――我々はこうした議論をフランスと同じくイギリスから知ったのであるが――最も偉大なキリスト教的性格 Christlichkeit を有しており、それに加えてドイツの建築方式

図11．ゴットフリート・ゼンパー、聖ニコラスのためのデザイン、ハンブルク、『福音主義教会の建築について』1845年より

deutsche Bauweiseでもある。ゴシックの尖塔は、真の「心を挙げて主を仰げsursum corda」であり、「高いところにあるものに対する憧れ」を表現している。それに対してドームは、「天に向かって手を差し伸べるが地上に戻ってくる」。側廊と東端部の放射状に配された礼拝堂を備えた大聖堂の平面図が有用であるとは、シュテーターですら証明できていない。しかし彼は、側廊は「福音主義の礼拝には無用でもないし邪魔になるわけでもない」としている。だから、それらを取り除くために、なぜこの様式全体を犠牲にするのか。それに放射状の礼拝室については、祭服室や聖具保管室などとしても使うことができる。ゼンパーの答えは、まず第一に機能的なものであったが、同時に様式的なもの、すなわち反ゴシックでもあった。ゼンパーの反論はシュテーターのみならず、シュテーターの主たる証人であるブンゼンにも向けられている。ブンゼンのキリスト教ローマのバシリカに関する著作は、すでに見たように、[13]ゴシック様式、「いわゆるドイツ的ヴォールト架構様式」の勧めで終わっていた。しかしブンゼンはまた、「古いもののどれも文字通りには再興され得ない」という警告で終えてもいた。シュテーターはブンゼンの前者の発言に呼応し、ゼンパーは後者の発言にのみ呼応したということになる。ついでながら、われわれは一八五〇年のスコットの本に報告されているスコットとブンゼンとの会話にも触れてきた。[14]ブンゼンは十九世紀独自の様式があるべきか否かを彼に尋ねたとスコットは語っている。さて、この質問に対するゼンパーの答えはイエスである。彼は「学識がもたらした」「我々の時代の混同」を咎めており、「我々の教会は十九世紀の教会でなければならない」と主張している。しかしこれが言われたあとの結果は、しばしば見てきたように困惑であった。ゼンパーは「まったくオリジナルであろうと努める敵対的な精神によってなされた試み」に異を唱え、そのかわりに、彼の平面図がプロテスタントの礼拝に機能的に適用されたものであることを示した後、彼のビザンティン＝ロマネスク・スタイルをそれまでよりもずっと合理的ではない議論で擁護する。まず、それはキリスト教教会の原型Urtypusに回帰するものであること。二つ目に、「パルツィファルやティトゥーレルやヴィガーロイスやすべての十三世紀の幻想的な騎士物語よりもニーベルンゲンの英雄譚の方が我々には近いように、ルントボーゲンは尖頭アーチよりも我々の時代には親密である」こと。そして三つ目は、ロマネスクは「その真の国内の発展は、尖頭アーチという超越的に加えられた要素によって妨げられたが、ゴシック様式のようにそれ自体を超えて生き延びてはおらず、したがってさらなる発展が可能で、加えて柔軟で排他的な面が少ない」。

これらの議論は疑わしいが、ゼンパーの機能に関する議論は確かであり、イギリスのプロテスタント主義の擁護者がレンの是認にまで戻るように、ゼンパーはドレスデンのフラウエンキルヒェを賞賛することができた。ドレスデンは彼が住んだところであり、フラウエンキルヒェはその建設が一七二六〜三八年に遡るギャラリーを持った中央集中式の平面図をもったものであった。気の毒なスコット！　エクレジオロジストたちは彼をルター派の教会を建てることに応じているからとして非としていたが、ゼンパーは十分にはプロテスタントではないとして彼を非としているのである。

聖ニコラス教会から離れる前に、一八四五年にハンブルクで出版された百頁ほどのほとんど見過ごされている本からの一節を付け加えておかねばならない。それは『建築様式、特に教会建築の様式の選択はいかなる原則に導かれるべきか』という本で、その著者はG・パームである。彼は冒頭で、考え方には二つの派があり、一方はあらゆるスタイルがなにがしか注目するべきものを持っていると言い、他方は材料や技術的経験や気候や需要などから始める、ということを書いている。パームは、それぞれの建物の性格と調和するようにスタイルを選ぶことを主張する。[15] ギリシアとローマとゴシックの様式は、性格と形態の同一性を達成してきた。我々も同様にすることができるはずである。たしかに我々は十九世紀のドイツ人であるが、我々は我々が何者であるかを過去に負っている。それで我々のスタイルを決定する要素は、ギリシア・ローマ、ゴシック、モダンであるべきである。[16] 劇場、コンサート・ホール、博物館、図書館、グラマースクールなどにはギリシア・ローマ、モダンにはたとえば理工科学校や鉄道の駅、[17] しかし、教会には断然ゴシックである。パームは、シュテーターと同様、ブンゼンを彼の議論の中で用いており、またついでになるが、トーマス・ホープと彼のゴシック様式ドイツ起源説を用いている。[18] ルントボーゲンシュティールは鈍重で精神性を欠いている。円形アーチは立ち上がり、再び落ちてくるの対して、ゴシックは「天を目指す himmelanstrebend」。[19] だから、なぜより初期の段階に戻らずに、頂点を継続しないのだろうか。ビザンティンはさらにもっと合わない――ここではパームは聖ニコラスの名前をあげている。ドームはドイツ的ではない。それは受動的で、上方を指し示さない。ハンブルクの聖ミカエルのようなプロテスタントの教会にそれを使うのは、もはや我々のものではないキリスト教精神の型にそれが合っているということを暴露しているだけである。[20] 否——教会はゴシックでなければならない。かりに長い内陣と側廊がプロテスタントの礼拝に厳密には不要であったとしても、それらは少なくとも順応し得るであろう。[21]

パームは保守的である。彼にとって古典的ということは、いまだにギリシア・ローマであってイタリアではない。モダンな機能をもつ建物に関しては、彼はそれらが「真実と純粋さと特色ある有機的な造形」[22] の自立的なスタイルを持つべきだと言うことしかできない——言うのはやるよりも簡単。シンケルによってかくも見事に使われているきれいな煉瓦、円形アーチ、フィレンツェ風のパラッツォ——それは我々にはなんの役にも立たない。そして鉄は言及されていない。

ゼンパーは、一八三四年という早い時期に、鉄は鉄に見えなければならないと書いていた。その十五年後、彼は温室に関する論考の中で再び鉄について書いている。それは先述の革命の後に訪れていたパリの温室 Jardin d'Hiver について書いたものであるが、この論考でもまた、彼は矛盾したことを言っている。温室は、当然、建築における剥き出しの鉄の使用、「裸の鉄」を意味することになる。クリスタル・パレスはまだなかったが、ラブルーストのサント・ジュヌヴィエーヴ図書館は完成しており、開館していた。ゼンパーはこの図書館に言及しており、その目に見える天井の構造を適切でないとしている。かなり興味深いことであるが、彼の議論はピュージンとウィリアム・ホワイトの議論とちょうど同じである。鉄は、その本性にしたがって細い形を求める。しかし建築は「量塊の効果」を必要とする。それ故、鉄は「軽量の付属物」にのみ使用可能である。[23] そして温室については、それは「かなりぶざまな平面図の上の巨大なガラスの箱」[24] にすぎない。

ごく最初期の著作においても、ゼンパーは建築と同等に工芸にも間違いなく関心を抱いていた。それ故、一八五一年にロンドンに滞在していたとき、大博覧会についての彼の考えを——レッドグレーヴとワーナムのように——論文に記すよう頼まれるようになったのは理解できる。依頼はアルバート公からであったかもしれない。ともあれ、それはゼンパーのいうところの「私的な資料」に由来しており、一八五二年にドイツ語の小冊子としてブラウンシュヴァイクで出版された。ゼンパーはその表題を『科学と産業と芸術』としている。この小冊子の多くは、本書との関連があまりないが、二、三の部分は『様式論』の序章として有効に引用することが可能かもしれない。ゼンパーにとって様式は、「芸術的な意義へと高められた［一つの作品の］基本的な考え」であって、一つの時代に他の時代と異なって使われた要素と形態の総体ではない。すなわちたとえばバロックに対するルネサンスというのではない。さらにゼンパーは論を続けて、様式は材料と道具、また場所や気候や時代や慣習によって変わるとする。[25] こうした定義は、ゼンパーにとって、この博覧会の文脈内で重要であった。なぜなら、問題は我々の新しい生産手段が我々の基本的な考えにどのように影響しているかということに起因していたからである。この問題の状況は非常によく観察されている。材料の価値の低下（「最も堅い石でもチーズやパンのように切断され得る」[26]）と、労働の価値の低下と、場所と時間の価値の低下である。あらゆるものがどこででも作られ、それらは手ではなく機械で作られる。[27]「家全体ですら、既製品として市場で買うことができる」し、合衆国では住宅の機械化はヨーロッパよりも進んでいると、ゼンパーは提供された情報に基づいて語る。最後に、施主ではなく投機家がとりあげられる。芸術家は「雇用者と時代の流行の奴隷」となっている。[28] 芸術的な質が、この新しい状況のあおりを受けている。

しかしゼンパーは、マシュー・ディグビー・ワイヤットや、すでに見てきたヒューエルと同様に楽観主義者であり、生産者に対しても消費者に対しても自由放任主義者であった。生産に関しては、いまの状況は「早晩、社会の利益と名誉のために改善されるであろう」[29] と予言しているし、大衆については以下のようなことが絶対的に必要だとしている。

彼らが……趣味に関しても……決定する権利を維持すること……したがって、大衆の趣味の後見人として活動するという芸術家の審査委員会や学協会に対する提案は必要ないし、高級芸術と産業芸術の二元性もいらないし、美の警察もいらない……大衆の趣味を高めることが必要であるが、大衆自体がそれをやるべきである。大衆が押し付けられた趣味をもつことに同意するよりも、しばらくは馬鹿げたものになお関わっていたほうがよほどよい……もっと体系的に状況を改善することが必要となったときに、その処方箋ができるだけ普遍的なふさわしい趣味の教えとなる。

そしてそのために必要とされるものが、美術学校における教育工房であり、公開されたコレクションである。[30] ゼンパーがやろうとしていたのはこれであり、現にサウス・ケンジントン・ミュージアムは設立されたし、政府のデザイン学校も改革された。[31] この新しいコレクションには、一年の間、「恐怖の間 Chamber of Horrors」[訳64] すら含んでいた。[32]

ロンドンに滞在中、ゼンパーは建築とデザイン、それに様式の起源と範疇に関する多くのテーマで講演をしている。一八五一年にブラウンシュヴァイクで、ゼンパーのもう一つの小冊子『建築の四要素』が出版されているが、これは彼のロンドンにおける講演の成果である。彼のロンドンでの講演の他の成果品は、彼の『小著作集』に復刻されている。講演は、イギリスの聴衆をいたく当惑させたに違いない。講演は実際的というよりももっと意味の深いものであり、少し風変わりでもあった。見得る限りでは、その反響はなかった。というのも、ゼンパーの見解はコールやその仲間たちの見解と近いところがあり、コールの「ジャーナル・オブ・デザイン」が一八四九年以来ずっと彼らの見解を掲載してきたということを想起しなければならないからである。様式と諸様式はゼンパーの主たる主題であり、それらは歴史的かつ体系的に扱われている。分類そのものに関しては、ゼンパーはキュヴィエを主たる模範としている。様式に対して、彼はここでは修正した定義を与える。様式は、利用できる手段の芸術的に適切な使用と、決定的な解決策を変えさせる手段の制限の遵守とによって達成された「ある程度の完成」である。これらの制限は、一部は作業に本来備わっているものであるが、一部は状況に付随する。前者においては、制限は自然の法則や機能に基づいており、ゼンパーはそれらをモチーフとかタイプとも呼んで混乱させている――たとえば、飲むための碗は、高度に発達した文明はその形を正しく選ぶ感覚を曇らされているけれども、あらゆる場所とあらゆる時代に有効なタイプである。建築における仕切り壁の「タイプ」は、マットか敷物である。(33)こうした例は、『様式論』にはもっとたくさん見つけられるであろう。予めここで見て面白いのは──というのはタイプは『様式論』の基本的な概念の一つでもあるから──ゼンパーが建築の要素を応用美術の要素から取っているということである。「建築美学の原理は、初めは産業の対象物に対して用いられたのであり、そして我々が現在しているような建築と純粋美術と美術産業の区別は、美術産業の衰退の主たる原因の一つである」。(34)

再び言うことになるが、ただし別な風に言うと、タイプは「必要によって規定された基本的な形態」ということになる。それは材料によって変えられるが、タイプがより支配的である。一つの目的のための異なった材料は、同じ形態をとり、異なった目的のための同じ材料は異なった扱いを身に着けるようになる。目的と材料の組み合わせに応じて、ゼンパーは四つの部門、衣類（すなわち基礎的な織物）、陶器、木構造、石構造を定める。金属はこれには入っていない。なぜなら、彼の言では、これらのタイプは金属が登場したときにはすでに存在していたからである。建築はこの四部門の組み合わせであり、かつ四つの範疇に分割可能でなければならない。まず家庭の中心としての炉辺であり、つまりはより発展した文明において祭壇に発展すべき原住まい Ur-house である。そして、そこには容器が必要されるから、炉辺は陶器となる。壁は、すでに見たように、初めはマットであったが、これは織物であることを説明する。木構造は屋根であり、石構造は土台である。(35)

これまでのところは、ゼンパーの論評はまったく材料の側に立っていた。しかし、ロンドンにおけるもう一つの講演では、彼はさらに深いところへと論を進めている。「異なった建築体系の特徴は、それらの建築様式のもととなっている国民と時代の社会的、政治的、宗教的状況がわからないと、我々には曖昧なままである。実際、建築の記念碑は社会的、政治的、宗教的制度の美的表現にほかならない」。(36)

しかし、これもまた十分ではないが、「建築的象徴について」というロンドンでのまた別の講演は、三つ目の手がかりを打ち立てている。建築は、詩的な質を手段としてのみ建築になるのであり、詩的な質は構造の裸の部分につけられた絵画と彫刻によって表現されるのである。ここで、ゼンパーがラスキンやファーガソンと繋がっていることを指摘する必要はあまりないであろう。そして要求される詩的言語を――ゼンパーがオリジナルであるのはこの点――建築は、すでに見てきたように建築よりも早い時期に発展した応用美術から引き継ぐことができたのである。ゼンパーはこの詩的言語を、ギリシア建築と装飾に言及することによって説明している。なぜなら、それらの原理は完璧であるから。だからこそ、それらは死滅し得ず、ギリシア「復活」が可能となった。そしてゼンパーは、部分が全体をどのように支えているかを説明するために、椅子の猫脚や、卵鏃文様やシーマといったモチーフをとりあげる――猫脚の鉤爪は動物などを移動させるためであり、部分は全体の理念を伝えるに十分である。(37)

ロンドンでのいくつかの講演は、ゼンパーの最高傑作であり、一九〇〇年ころのウィーンのオットー・ワグナーの仲間によって、なお読まれ議論がされていた『様式論』に向けての試走であった。しかし、それは浩瀚で、未完成で、それにわかりやすさからは程遠い。それに、本書の観点からすれば、未完の部分が最も重要である。なぜなら、この本の第一巻が織物美術を扱い、第二巻が陶芸美術を扱い、第三巻が「建築の様式」を扱うことになっていたからである。(38)

とはいえ、建築的な問題は著作全体を通じて見られるし、それに三十八頁にわたる序文もある。その序文の冒頭で、ゼンパーはただちに時事的な目的に触れている。我々は「危機の真っただ中」にいる。「全般的な衰退」、あるいは少なくとも「一時的な混乱」の徴候がある。(39)もし、芸術がその推進力を失ってきているとすれば、人間ではなく専門家をつくっている教育が大いに責められるべきであろう。中世においては、「あらゆる職人が彼らなりのやり方で芸術家」であった。(40)いまは、もはやそうではない。製造業者は需要をつくり出し、新奇さを主張する。彼らは、一方の側から芸術的創造を妨げ、「アカデミーの階層」が他方の側から妨げる。建築家は風味を添えるだけの取るに足りない人、「趣味助言者 Geschmacksrath」にすぎない。我々が必要としているものは、まずなによりも人文主義的な初等学校と、技芸を教える研修場である。(41)

ゼンパーは、この後、現在の建築家の姿勢を論評する記述に移り、建築家を材料主義者、歴史主義者、純粋主義者の三つに分類している。材料主義者は、材料は理念に関わるものであるにもかかわらず、形態は専ら材料と構造から生み出されると誤って信じている。歴史主義者は、「現在が課す条件に従って自由に仕事を解決」せずに、遠い過去の異国の人々の芸術を出来るだけ正確に模倣しようとする。この文章はさらに「こうした歴史的な形態が何世紀もの間、タイプの揺るがぬ真の表現であることを証明してきたことを考慮にいれて」(42)と続く。われわれはゼンパーがタイプによって何を意味させていたかを知っているが、そうであったとしても、この但し書きは注目されなければならないであろう。

ゴシック・リヴァイヴァルに関するゼンパーの態度は、面白い。導入部分で、ゲーテや浪漫主義者とともに庭園のパヴィリオンをとりあげているが、ゴシックはその一貫した構造の故にもまた推奨されるとする。なぜなら、少なくともイギリスでは、そのリヴァイヴァルが始まったとき、ゴシックは現実には死に絶えてはいなかったからである。ゴシック主義者は戦う人である。彼らは、ヨーロッパを異教徒の地と見なし、征服されるべきだとしている。フランスでは、賢明にもまだ発展が可能な早い時期のものから霊感を得ているのに対して、ドイツとイギリスでは「石化した形態」から取りかかろうとしているとゼンパーは言う。(43) 彼は、国会議事堂のことを考えていたのに違いなく、奇妙なことだが、イギリスの一般的なミドル・ポインティド好みを知らなかったらしい。

概して、クラシック・リヴァイヴァルはもっと有望である。その一つの理由は、我々は古典古代をあまりよく知らず、したがって芸術家の「直観的感覚」の余地がより多いことにある。これが、「比類なき千五百年代」を可能にしたものであり、「比類なき千五百年代」はそれに加えて「それ自体完成されてはいない」という利点をもっていた。(44) ゼンパーが彼自身の建物のスタイルを正当化する理由がここにある。彼のスタイルは、ファーガソンの主張するものよりも、いわんやカーが用いるものよりも、ずっと純粋で規律正しいものであった。

ゼンパーが純粋主義者と呼んでいるものを、彼はまた形式主義者とも、あるいはまた現実的には未来主義者(Zukünftler)ともしている。しかし、彼はクリスタル・パレスを未来の前兆と見なす人々のことを考えているようには見えない。彼は単に、バイエルン王マクシミリアンの命のままに一つの新しいスタイルを創ることになっていたミュンヘンのゲルトナー一派のことを言っているにすぎない。これについてゼンパーは、後の論文「建築の諸様式について」[45]で語っている。マクシミリアン・スタイルは、「我々の文明が混じりあっているので」、「あらゆる時代と人々の様式の混合」とならざるを得ない。

この時事的な探求の後に、ゼンパーは彼の分類体系へと入っていく。それらの多くについてすでに触れたが、ロンドンの講演に新たに加えられたものもある。たとえば、シンメトリー、よきプロポーション、高さと幅と奥行きを調整する方法といったことが語られる。しかし、これらすべてはただ導入部の手段として扱われているにすぎない。この二巻本の大部分は、たくさんのラテン語とギリシア語の引用[46]と原始民族に関する豊富な参考文献を伴った織物と陶芸についての学問的な研究である。その研究は、非常に刺激的なやり方で技術的なものと歴史的なものを混合している。もっとも、ゼンパーの仮定する発展の最も初期の段階については、ヤーコプ・ブルクハルトの『世界史的考察』を想起したほうがよいであろう。すなわち、ブルクハルトはその本の序文で、「歴史の研究を除いて、我々の研究のいずれにおいても、我々は起源からスタートするかもしれない。我々の起源のイメージは、通常は単につくられたものにすぎない」と書いている。典型的な好例が、技術的な芸術が建築に先行するというゼンパーの根本的な命題である。彼のお気に入りの議論は、最初期の社会をすべて追及的に調べた結果、同じ基本的な芸術のタイプが生じているというものである。それ故、タイプは社会よりも古いものでなければならない。[47]

研究の至るところで、ゼンパーはまた時事的な助言を与えている。この本全体が「実践的美学」という副題をもっているのである。したがって、教育的な側面も無視されてはならないし、「守らなければならない法律は……」、「……することは罪である」、「許可されるのは……」、「もっと適したものは……」、「それはよき趣味に反する……」といった表現がたくさん見られる。[48]床の敷物上の果物、貝殻などは、「絶対的に非難されるるべき」[49]という風に、助言は、時に命令となる。

ゼンパーの理論のなかで最も奇妙なところは、建築が構造的な骨組み、すなわちロジエが基とした木の幹の小屋から発展してきたのではなく、その間の表面、すなわち骨組みの覆いから発展してきたする点である。もともとは籠細工であり後に織られた筵になった覆いが空間を規定する。これが、なぜ織物がゼンパーの第一巻であるかの理由である。織ることが建築に先行し、そして織物の原理が展開して行って、壁の漆喰模様や、金属被覆や、切石積みと彩色したギリシアのポリクロミーになる。(50)

しかし、ゼンパーによるギリシアの高評価は、また一つの新たな理解困難性をもたらす。ギリシアの神殿がかつての木造の要素を石で表現したものだというのは古くからある説であるが、これをゼンパーの用語でどのように正当化できるであろうか。それには、いくらか複雑な議論が必要であり、「構造的象徴主義」という用語が導入される。ギリシア古典建築は、「材料とありのままの必要からの形態の解放」である。その結果生ずる形態は、彼が以前に詩的形態と呼んでいたものになる。ポリクロミーが「最も精妙で、最も物資性に乏しい覆い」であるのとちょうど同じように、ここでは真の構造が隠されており、ただ象徴的に表現されている。(51)この理論の最も啓発的な陳述は以下のところである。「もし形態が意味深い象徴として、つまり人間の自律的な創造性として現れようとするのであれば、現実性や材料的な要素が消滅することが必要である。我々は、意図された芸術的印象を達成するために使われた手段を忘れなければならない。実際の手段をうっかり漏らしてこのゲームを台無しにするのではなく」(52)――「精神的な形成物 ideelle Gebilde」(53)の創造たるゲーム。ゼンパーは、しばしば唯物主義者とされてきたし、基本的な記述の多くはそれを裏付けるように見える。しかし、彼自身それをはっきりと否定している（「著者は、芸術における現代の唯物主義には根本的に反対である」）(54)のみならず、紀元前五世紀のギリシアを価値の階層の頂点に位置づけることによって、この「精神的な形成物」支持を宣言しているのである。ゲーテを読んだことは、彼を勇気づけたに相違ない。なぜなら、ゲーテは『建築』（一七九五年）の中で、建築芸術を「ある物質の性質を他の物質に見えるようにする転換」と定義し、それを「詩的な虚構」と呼んでいるからである。(55)この理論を続けていくことは、ゼンパーにとって簡単ではなかった。彼は、ギリシアが「公然と続けられた矛盾の一例」(56)であり、古代の著者たちが高価な建築材料を褒めることを好み、ゼンパーが言う「覆い」の機能については触れていないことを認めざるを得なかった。彼らはこの機能について言及しないが、それはこの機能が彼らにとって「いわば当然のこと」[57]だからである、とゼンパーは言っている。

つまり、ギリシアが頂点であることはゆるぎがないが、ゼンパーは建築家としては、同じ時期にグラスゴーのトムソンがやったようにはギリシアを見本とはしていない。[58]しかし、トムソンと同様に、ゼンパーはゴシック様式とその十九世紀のリヴァイヴァルには反感を持っていた。もし建物がヴォールト架構であるならば、眼は支持物の情報を求めると、ゼンパーは主張する。ゴシックの建物のように、それが外部にあるのであれば、ヴォールトは内部であるから、「眼は不安を感じるに違いない」。さらには、ゴシック建築がオーガニックとされ得ることをもゼンパーは否定する。ギリシアのコラムはオーガニックであるが、ゴシックのピアは単なる構造である。彼はまた、自由主義者として政治にも関わったが、彼よりも年長でやはりかつての活発な革命支持者であったヴィオレ＝ル＝デュクが、同様な政治的議論を彼とは反対の目的にどうように用いたかを見ることは面白い。ゼンパーは、ジオットがゴシックであること、あるいはダンテがゴシックであることを激しく否定する。[59]ダンテは、「この体系に対して」生涯、異議を唱えた。完全なゴシックは、異教徒に対する残虐な十字軍の時代に台頭していたのである。イタリアはゴシックの影響を受けていない。ゴシックはフランスのもので、オーガナイゼーションという言葉がフランスでもっている悪い意味はよく知られている。それが、あなたの言うオーガニックなゴシックである。ゴシックは柔軟性がない。なにはともあれ、家具調度はこの体系を十分には受け入れて来なかった。家具調度は、「建築の支配に対する抵抗の精神」を示している。十二世紀以降、家具調度は「反ゴシック」であり、「一種のプレ・ルネサンス」であった。[60]そして、ルネサンスは、ゼンパーが自分の世紀に推奨しようと望むものであった。したがって、当然のことながら、「疲れを知らない中世主義の熱意」は鞭の一振りで消され、[61]ネオ・ゴシックは、考慮の対象から消えていくのみである。

ルネサンスは、たしかに古代から借りてきたものであるが、「それ自体の素晴らしい創造的精神によって活性化」されており、「新しく決して匹敵し得ない」作品を創り出した。ルネサンスの建築家たちは、たしかにポリクロミーを使いはしなかったが、そのかわりに深い陰影を使った。ブラマンテは未だなお貧弱であるかもしれず、ベルニーニは「過剰なコロラトゥーラ」であるが、彼らの間に「フィディアスの時代を除けば、唯一、全的に野蛮さから解放されたと見なされ得る芸術の時代」[62]がある。これが第一巻の末尾の記述であり、第二巻においても、この信念が家具に関して繰り返し語られ、ルネサンスを超えてバロックにすら及ぶ。ルネサンスの家具は、「最も活発で自由で趣味のよいやり方」で処理された「構造的象徴主義の真の原理への」復帰であり、ルネサンスの装飾は「オリジナルで澄明であると共に、思慮深く華やかで優雅」である。ヤーコプ・ブルクハルトの「近刊の」『ルネサンス史』に言及しており、ちなみにそれを「大衆にとってのキャヴィア」であって、「考えるのに怠惰すぎる」人にとっての「パンとバターではない」としている。[63] ゼンパーは、いわゆる北方ルネサンス――イギリスではエリザベス朝に該当する――にまで言及し、それを「魅力的な気まま」、ロココを「活発で陽気」、ルイ十六世様式を「非常に愛想がよい」と言っている。しかし、イタリアの千五百年代がやはり彼の好みであることに変わりはなく、ここでは、それは「ギリシアの最高度の芸術をも含めて、先行するすべてに……優越」すると言っている。さらに、このイタリアの千五百年代に、かつてと同様いれこんで、「それはまだ目標には達しておらず、おそらくその道程のようやく中間にいる。そして不幸な時代のせいで、それは姉妹芸術である音楽に追い越され、惨めなほど引き離されている」[64]と言っている。したがって、ゼンパーが第二巻に彼自身のデザインによる対象物を一つ入れるとすれば、それはこの自由・千五百年様式によるものであり、それはわれわれが見てきたように、同時代のイギリスでも賞賛されていたものでもあった（図12）。

ゼンパー（一八一八〜九七）よりも十五歳若いブルクハルトは、彼と意見が一致していた。以下は、一八六七年にブルクハルトが中央集中式の平面図をもつ教会について書いたもので、ルネサンス建築の頂点を書いたものであり、ブルクハルトの霊感溢れる著述の頂点をなすものでもある。[65]

ルネサンスは完璧に近いところに達し、将来の宗教への遺言として、最高度の建築の形態であり、ゴシックのすべ

図12．ゴットフリート・ゼンパー、パンチ・ボウルのためのデザイン、『様式論』1860-3年より

てを本質的に凌駕する集中式平面の教会を伝えた。ギリシア神殿が絶対的な建築的形態の最初のものであるのと同様に、集中式平面の教会は究極のものである。それがもつ可能性は、決して使い尽くせはしない。十三世紀の教訓をいわば闇雲に暗唱しなければならなかった大半の十九世紀の期間のような中継ぎ的な時代もあるかもしれない。しかし、偉大な仕事がつぎつぎと現れるであろうし、その時にルネサンスの試みが不可欠の型としてみごとに蘇るであろう。

悲しいかな、ブルクハルトがこう書いた六十年代の建築の状況を見ると、彼のルネサンス――アルベルティとブラマンテのルネサンス――がみごとに蘇ったとは誰も言えない。当時の際立って印象的な公共建築は、一八六一年に起工したガルニエのパリのオペラ座と、一八六六年に起工したブリュッセルの裁判所であった。それらは、疑いもなくみごとであるが、一方は豊穣、他方はパワフルであり、どちらも非常に華麗なバロックであって、ブルクハルトの高貴なルネサンスではない。イギリスの話に戻して、ネオ・ルネサンスの行く末をたどると、なにがわかるだろうか。パラッツォ・スタイルは、千五百年混合様式とその他の漠然としたイタリア風の細部の表面の下に消滅しつつあった。イタリア風別荘スタイルはすでに消滅していた。一八四〇年ころはコッカレルの手の下であんなにも有望であったレン・リヴァイヴァルも、また衰えてしまい、世紀の終わりごろに公的な目的にかろうじて再覚醒したにすぎない。ブルクハルトの世代のまじめな建築家はたいてい、ゴシック様式で仕事をしており、それをこの上なく巧みに行った――スコット、ストリート、バージェス、ピアソン、ボドリーがそうであり、より個人的で精力的に合理的な流儀ではあるがウォーターハウスもそうである。ゴシック主義者はまた、きわめてまじめな著述家であったが、自分たちの信念については保守的であった。大胆な著述を望むなら、カーまで行かなければならないが、当のカーは、イタリア風がフランス・ルネサンスやイギリスのテューダー様式やジェームズ一世様式と押し合い圧し合いしている恥ずかし気もない混合スタイルで設計していた。

しかし、六十年代には新しい世代が、すでに前面に登場しつつあった。親密さと使い良さを信条とする世代である。これらの新しい質は、ネスフィールドとノーマン・ショーによって最も優雅かつ機略縦横に扱われ、フィリップ・ウェブによって最も思慮深くかつ根元的に扱われている。その最も早い時期の例は、キュー・ガーデンにある一八六六年のネスフィールドのロッジで、そこで、実際は英蘭風世紀中期スタイルにほかならないクイーン・アン様式と呼ばれるスタイルが始まっている。もう一つはケンジントン・パレス・ガーデンにある一八六一年のサッカレー邸で、そこで本物のネオ・クイーン・アンが始まっている。そして、もちろんのこと、一八五八年に設計されたウェブのレッド・ハウスがより早いものとしてある。この家は、誰もが知っているように、ウィリアム・モリスのために設計された。

註

1 *Trans. R.I.B A.*, 1879, 233 ff.

2 V, 1851-2, 112.

3　ゼンパーに関する二つの主たるモノグラフは、H. Semper, *Gottfried Semper*（1880）と C. Lipsius, *Gottfried Semper in seiner Bedeutung als Architekt*（1880）である。一八八一年に、*Bauten, Entwürfe und Skizzen* が著者の死後に出版され、一八八四年に彼のいくつかのロンドンでの講義を含む *Kleine Schriften*（原文の Schiften は誤植――訳者）が出版されている。これらのいくつかは *Wissenschaft, Industrie und Kunst*（以後の本文参照）と共に、H. M. Wingler の序文を付して最近復刻されている（Neue Bauhausbücher, Mainz and Berlin, 1966）。Semper の理論に関しては、E. Stockmeyer, *Gottfried Sempers Kunsttheorie*（Zürich and Leiptig, 1939）と H. Quitzsch, *Die aesthetischen Anschauungen Gottfried Sempers*（Berlin, 1962）を参照。英語文献では、わずかに最近の論文 L. Ettlinger, 'On Science, Industry and Art; some Theories of Gottfried Semper', *Architectural Review*, CXXXVI, 1964, 57 ff. と、O. Hornbostel からの書簡（ibid., 241）がある。一方で、八十年代の後半にはゼンパーに対する英米の関心がいくらかあったようである――Lawrence Harvey: 'Semper's Theory of Evolution in Architectural Ornament', *Trans. R.I.B.A.* n.s., I, 1885, 29 etc. と John Welborn Root, 'Development of Architectural Style' *Inland Architect and News Record*, XIV-XV, 1889-90。この二つの文献については、最初のものは D. Stewart 氏に、二つ目のものは David Gebhard 教授に負っている。Lawrence Harvey の最初の文章は、「おそらく私のイギリスの仲間たちの多くは、Semper のことを聞いたことがないであろう」である。カリフォルニアの優秀な建築家 Maybeck が一八九一年に *Der Stil* を翻訳することを計画している。このことは、Elizabeth Sussman 夫人と Lesile Freudenheim 夫人がわたしに教えてくれた。彼らが与えてくれたその出典は *The Architectural News*, San Francisco,（January, 1891）No. 3, Vol. I, 23 である。「我々は、我々の知る限りではその英語版がないゼンパーの *Der Stil* の翻訳を準備している。我々は、この著作の大きな価値に対することさらな言及は不要だと信じている」。C. Zoege von Manteuffel によるゼンパーについてのドイツ語の論文（Freiburg I. B., Ph.D. 1952, 326 pages）は、わたしは見ていない。また、Deutsche Kunsthist. Tagung, Cologne, 1970 で行われた *Semper und das Gesamtkunstwerk* と題する講演の内容もわたしは知らない。

3a　*Briefwechsel zwischen Edward und Therese Devrient*（Stuttgart, 1909）, 213 and 283.

4　K. Hammer, *Jakob Ignaz Hittorff*（Stuttgart, 1968）を参照。

5 「熱に浮かされた狭量な『ポリクロミー』追及」とか「ポリ安ピカ物 Poly-gewgawery」といった侮辱的言辞を書いた（*Specifications*, l. cit., p. lxxxiv）バーソロミューが、論争相手の中にいた。

6 *Die vier Elemente der Baukunst*（Braunschweig, 1851〔「建築芸術の四要素」『ゼムパーからフィードラーへ』河田智成訳、中央公論美術出版、二〇一六年所収〕）の中で、ゼンパーはドナルドソンはすでに一八二〇年にギリシアの建物の彩色に気づいており、一八三七年にはある委員会がロンドンでエルギン・マーブルの彩色の残痕を調べるために会合を開いたということを語っている。ドナルドソンもイットルフもそれに出席していた。ゼンパーはロンドンに滞在中、オーウェン・ジョーンズと特に親しかったに違いない。彼らはポリクロミーに対する情熱のみならず、まもなく論ずることになる装飾の原理に対する情熱をも共有している。

7 *Kleine Schriften*（Berlin and Stuttgart, 1883）216-17.

8 Ibid., 220.

9 Ibid., 219. ヴィオレ＝ル＝デュク（ついでながら彼はゼンパーの『様式論』を所蔵していた——一八八〇年の彼の蔵書売買カタログ、No.1009を参照）が、ほとんど正確に同じことを書いている。「石はまさに石製のように見えなければならず、鉄は鉄製、木は木製に見えなければならない」（*Entretiens*, I, 472）。彼の蔵書販売カタログについては、David Stewartが初めてわたしに教えてくれた（三一七頁註110参照）。August Reichenspergerが一八四五年に同じことを否定的に語っている。「木がブロンズを装って塗られ、鉄が石を装い、石が双方を装っている」（*Die christlich-germanische Baukunst*,（Trier, 1845）44）。

10 Ibid., 217.

11 Ibid., 226, 228.

12 ゼンパーの *Über den Bau evangelischer Kirchen*（Leipzig, 1845）は *Kleine Schriften*, 443-67に復刻されている。無署名のパンフレットは *Andeutungen über die Aufgabe der evangelischen Kirchenbaukunst*（Hamburg, 1845）というものである。シュテーターはゼンパーに *Erwiderung auf Herrn Profesor Semper's Schrift über den Bau...*（Hamburg, 1845）で答えている。これらすべてについては、K. E. O. Fritsch, *Der Kirchenbau des Protestantismus*…（Berlin, 1893）, 221 ff. と、ごく最近のM. Bringmann,

Studien zur neuromanischen Architektur in Deutschland（Diss. Heidelberg, 1968）, 159 ff. を参照。

13 一一三頁註19

14 二五三頁

15 *Von welchen Prinzipien soll die Wahl des Baustyls, imbesonderen des Kinchenbaustyls geleitet werden* ?, 9-12.

16 Ibid., 13-15.

17 Ibid., 15-20.

18 Ibid., 72-4.

19 Ibid., 76-7; 42.

20 Ibid., 78-80.

21 Ibid., 49 ff.

22 Ibid., 92.

23 *Kleine Schriften*, 484-5. Semper は同じことを再度 *Der Stil*, II, 263-4 で言っている。金属架構の構築物は「記念碑的な芸術から……はるかに遠く離れている」。金属構造の理想は「見えない建築」であろう。

24 *Kleine Schriften*, 488.

25 *Wissenschaft, Industrie und Kunst*, 15-16.

26 Ibid., 18.

27 ゼンパーは「新しい国会議事堂は、機械によって不快にされていないだろうか」と問うている（p. 19）――これはピュージンと彼の職人たちを正当に評価していないことになる。

28 Ibid., 20, 24.

29 Ibid., 10.

30 Ibid., 61-2.

31 Q. Bell, *The Schools of Design*（London, 1963）を参照。
32 *Der Stil*, I, 42-3.
33 *Kleine Schriften*, 267-70. ゼンパーは、明らかにゲーテの原型 *Urformen* を考えていた。
34 Ibid., 266.
35 *Die vier Elemente der Baukunst*, 32 ff.; cf. also *Kleine Schriften*, 283-8.
36 *Kleine Schriften*, 351.
37 *Kleine Schriften,* 293-301.
38 *Der Stil*, II, 371. しかし、第二巻のまさに終わりに、ゼンパーは第三巻の望みをあきらめたとはっきり書いている。
39 Ibid., I, v.
40 およそ二十年後、モリスから同様なことが聞けないであろうか。四〇三頁参照。
41 Ibid., viii-xiii.
42 Ibid., xv.
43 Ibid., xvi-xvii.
44 ファーガソンがまったく同じことを言っている——三六〇頁参照。
45 *Kleine Schriften,* 399 ff. Maximilianstil に関しては、*Hundert Jahre Maximilianeum* ed. H. Gollwitzer（Munich, 1952）の中の A. Hahn を参照。
46 E.g. I, 279, 341, 405, 519.
47 *Der Stil,* I, 5-6; cf. I, 276.
48 Ibid., I, 46; II, 218, 219.
49 Ibid., I, 43. ピュージンがゼンパー以前にこのことを言っている。
50 Ibid., 227-8, 368, 409.

51 Ibid., I, 443-5.
52 Ibid., 216-17; also I, 232.
53 Ibid., II, 347.
54 Ibid., II, 249.
55 Weimar Edition, XXXXVII, 69.
56 *Der Stil*, II, 246.
57 Ibid., 448.
58 二七〇頁以降を参照。
59 これは、Didron の *Annales Archéologiques*, XIV, 341, XV, 51, 171 ff. とは反対の見解である。すなわちそこでは、ローマはルーアンよりもゴシック的であり、シエナはブールジュよりもゴシック的だとしている。
60 *Der Stil*, II, 328-33.
61 Ibid., I, 507-9.
62 Ibid., I, 510.
63 Ibid., II, 336. ブルクハルトの *Geschichte der Renaissance in Italien* は一八六七年に出版された。
64 *Der Stil*, II, 457.
65 *Geschichte der Renaissance in Italien*, para. 62.

第二十五章　モリス

この最終章の始めに、少し振り返っておくことが必要であろう。ゼンパーは、建築家ではあるが、建築よりも工芸とデザインについてより多くを書いた。ピュージンの理論は、建築と同じくデザインにも適用される。ラスキンにとっては、彫刻と絵画が建築を建築たらしめるものであった。ヴィオレ＝ル＝デュクとカーとファーガソンだけが、厳格に建築を固守しており、コールとその仲間たちは厳格にデザインを固守している。

彼らのすべてが、歴史を扱う際に、当の時代のためにも書いており、主に自分自身の時代を攻撃していた人々は、一つの例外を除いてゴシック主義者——ピュージンとラスキン——だったということができる。一方、自分自身の時代に満足し、未来に楽観的な人々は、折衷主義者で自由ルネサンスもしくは混合ルネサンスの信奉者で、広く言って千五百年代主義者である——カーとファーガソンとゼンパー。

例外がヴィオレ＝ル＝デュクで、彼のまさにそのゴシック主義は、十九世紀にふさわしい一つの様式であるという信念へと彼を導いた。しかし、二つ目の例外がある。ウィリアム・モリスがそれで、彼はラスキンと同じように熱烈に中世を信仰しており、自分自身の時代をピュージンと同じように激しく攻撃していた。しかし、彼はヴィオレ＝ル＝デュクと同じように彼の世紀にふさわしいスタイルの可能性を理論的に示しただけではなく、絶えず未来を目指して活動した。この一種の未来に向けての実際的な仕事への専念が、モリスを本書でとりあげた他のすべての人々と分かつものであり、最後の章を彼に割いた理由である。(1) ウィリアム・モリスは一八三四年にウォルサムストーに生まれた。彼の父親は裕福な債券仲買人で、デヴォンの大合同鉱山の株の四分の一以上を所持して豊かになり、息子が一八五五年に成人になった際に、年に九百ポンドを息子が自由に使えるものとしていた。ウォルサムストーは、その頃「エッピング・フォレストの端にある郊外の村」であったが、いまや「ひどくロンドン化されて安普請の建物で息が詰まらされている」とモリスは一八八四年の手紙で付記している。(2) モリス少年は、ポニーに跨って森を散策したが、その頃の森の散歩は自然に対する深い愛情と広範な知識を獲得させることになった。後年の『ユートピア便り』の一節が思い起こされる。「よく手入れされた小さな庭園で、薔薇が十二分な香りを発して相互に絡み合い、見る者をして瞬時にあらゆる思考を放棄させてその美しさのみへと連れ去る。クロウタドリが大声で歌い、鳩が屋根の棟でクークーと鳴き、向こうの高いニレの木にいるミヤマガラスが若葉の間で騒々しく囀り、アマツバメが甲高い鳴き声をあげながら軒の廻りを旋回している」。(3)

一八四八年に彼は、世紀の半ばにできたたくさんの新しいパブリック・スクールの一つであるマールボローへ通い、一八五二年にオクスフォードへ進学した。彼が入ったのはエクセター・カレッジで、そこで彼はバーン＝ジョーンズを生涯の友とした。彼らは神学を専攻したが、それは二人を満足させなかった。後年、モリスは、英国国教会を「あの奇妙な口実と妥協のかたまり」(4)、彼自身を「形而上学と宗教に無頓着」(5)だと書き、「新しいものごとの秩序においては……社会倫理は……神学的倫理にとって代わるであろう」(6)と予言している。

卒業する前から、彼は社会団体を設立する渇望をもっていたが、そうした早い時期に一種の世俗の修道院もしくはギルドのようなものを創ることを望んでいたというのが、モリスの特徴である。(7) その発想が、正確にどこに由来するかは、われわれは知らない。彼はラスキンを熱心に読んでいたが、(8) ラスキン自身はその時はまだそうした考えには向かってはいなかった。一方で、ラファエル前派が、モリスとその友人たちに感銘を与えたに違いない。マッケイルは、リトルモアにおけるニューマンの共同体が刺激となった可能性を示唆しているが、また彼は一八四八年頃に建築家ストリートが考えていた計画も指摘している。すなわちそれは、「カレッジでもあり修道院でもあり工房でもあるような性格」を兼ね備えたものであった。そして、モリスが卒業後に入ったのもストリートの事務所であった。つまり彼は、建築が自分のしごとであるべきだと決めたのである。しかし、間もなく彼は再び失望する。彼がストリートの事務所で出会い、親しい友達となったフィリップ・ウェブは、モリスが「事務所には向いていなかった」と言っている。(9)しかし、ストリートは確信的なゴシック主義者であり、華麗な図面描き、とりわけ家具のディテールの図面描きであり、それが、学生時代にすでにチョーサーやテニソンやロセッティに夢中になっていたモリスを刺激したに違いない。(10)ストリートは、その頃、オクスフォードの教区建築家であった。一八五二年に、彼はカズドン・トレーニング・カレッジの建物を開始しており、一八五五年にはリール大聖堂のコンペに応募するために活動していた。

同じ年に、モリスは「オクスフォード・アンド・ケンブリッジ・マガジン」を始めていた。彼はその雑誌のオーナーであり——彼はその費用を三百ポンドと見積もっていた！(11)——そこにアミアン大聖堂について情熱的に書いた。アミアンは、一八五四年の最初の外国旅行で訪れていたもので、その記事はストリートを喜ばせたに違いなく、セカンド・ポインティドの同志たちの誰をも喜ばせたに違いない。「激しい歓喜」がアミアンが彼にもたらしたものであった。(12)

机の上や製図版での作業を埋め合わせるものとして、モリスはものを手でつくることを好んだ。時に彼は、石（柱頭）や木で彫刻をし、手彩色をした。(13)彼の手彩色を、ロセッティは「現代ではまったく並ぶものがない」(14)と評したが、そのロセッティのせいで、建築に失望したモリスが画家になることを決め、「非常に気まぐれなやり方」(15)で、何か月かロンドンのロセッティの下で絵を描くことになった。こうして彼は、一八五七年にオクスフォード・ユニオン図書館を装飾するチームに加わった。モリスは木造天井の装飾を担当したが——現状は一八七五年の彼の塗り直し——それをバーン＝ジョーンズはそのオリジナリティーとふさわしさからして「一つの驚異」だと評した。(16)彼の唯一現存する絵画は、一八五八年のもので、「麗しきイゾルデ」（テート・ギャラリー。「王妃グイネヴィア」としても知られる）である。これは、明らかにロセッティとバーン＝ジョーンズの影響を受けて描かれたものであるが、また同時に布地の型と彩色本の頁に関する鋭敏な関心をもはっきりと示している。(17)この絵は、一八五八年に出版されたモリスの詩集『グイネヴィアの抗弁』の第一巻の表題作品の詩の挿絵となっている。モリスにとって、ものごとは容易であった。彼が何を選ぼうと、努力の必要がなかったように見える。「もしこれが詩なら、書くのはいとも容易である」と彼は言っている。[18]

モリスがオクスフォードを離れてロンドンに身を落ち着けた際、彼は自身とバーン＝ジョーンズのためにレッド・ライオン・スクエアーに部屋を借りたが、そこに家具が必要となった。店舗にあるものは彼はたしかに嫌いであった——一八五一年の博覧会を彼は「驚くほど醜い」[19]と呼んでいた。そこで、自分たちの仕様でつくられた家具を持つことに決めた。ロセッティはそれが「夢魔と魔女 incubi and succubi のように」見えると言い、特に大きなテーブルをロセッティは「岩のように重い」と書いている。椅子については、彼は「バルバロッサ[訳65]が座っていたかもしれないと思わせるもの」[20]と言っており、これらの家具がどのようなものであったかを知るすべはたくさん与えられている。その当時、店舗で買える類のものではなくシンプルに特別にデザインされた家具を考えていたのは、モリス一人ではなかった。ホルマン・ハントは、一八四七〜八年に「もし我々が家具のデザインを小売商人に任せ続ければ、家具は……過去五十年間と同じ悪い状態にとどまるであろうと明言し」、自分の「今日の家具の基礎と俗悪な形態に対する批判」に「ロセッティの注意を引き」、二人で「あらゆる家庭用品や家具や織物の改善に思いを凝らした」ということを語っている。[21] もしこのホルマン・ハントの年代記述を全面的に信用できたとしたら、これは非常に興味深いし、興味深いことになるであろう。唯一の現物の証拠は、現在バーミンガム・アート・ギャラリーにあるエジプト風の肘掛椅子であるが、この制作年は一八五五年である。[22] フォード・マドックス・ブラウンにある早い時期の誠実な家具への関心については、より多くの証拠がある。彼が五十年代にセドン商会で家具のデザインをしており、一八五七年にホルマン・ハントのためにオーク材のテーブルをつくり、家具を展示できないということでホガース・クラブを辞めたということを我々は知っている。[23] 一八六〇年頃の椅子が一つ現存しており、それは優雅でもあり誠実でもある。[24] 真実は、ラファエル前派の短命の雑誌『芽生え The Germ』のモットーであり、真実はラスキンのモットーでもあった。それで一八五八年にモリスが結婚をし、部屋ではなく家全体の建築と家具が問題となった際に、フィリップ・ウェブがロンドンから九マイル程のケント州のベクスリー・ヒースにレッド・ハウスを設計した。先ずレッド・ハウスと呼ばれた理由であるが、それはこれが煉瓦でつくられており、そして煉瓦は「ジャーナル・オブ・デザイン・アンド・マニュファクチュアーズ」誌が一八五〇～一年に呼んでいた「漆喰嫌悪」によって隠されてはいなかったからである。(25) つぎに、平面図が、ピュージンがすでに要求したように、立面図以前にあり、それでどの窓が主たる部屋のものであり、どの窓が廊下や階段室のものであるかが外から分かる。そして、この家は、とりわけ庭園側に向けては、間違いようもなく中世的な雰囲気をもっているにもかかわらず、単純な歴史主義はほとんどない。修道院的な井戸の覆い屋——然り。出入り口のポインティド・アーチ——然り。しかしその他の点では、ウェブは過去の要素やモチーフを、自分がふさわしいと思えるように使っている。この点が、カーの混合ルネサンスと非常に異なっているところである。ウェブがより識別力に富み、より押しつけがましくないことのみならず、彼が選択のための機能的な理由を持っているからである。すなわち、アーチは尖頭にしたほうが実際により安全だし、窓はウィリアム三世とメアリー二世時代かジョージ王朝期のタイプ(訳66)にしたほうが安心だということである。そして、レッド・ハウス（写真72）の入口に来てみると、時代を想起し得るようなものはほとんど残されていないことがわかる。そこには、歴史主義総体に対する革命の始まりがある。(26) さらに内部には、「芸術は長く人生は短し」の銘が施された驚くべきマントルピース（写真73）と、階段室の天井の型付け捺染が見られるが、どちらにも単一の時代的なモチーフはない。さらにレッド・ハウスは、少なくとも建築史家にとっては、他の道を目指す新しい展開の一つの印となっている。レッド・ハウス以前は、あるいはたいていの場合にはもっと後までも、イギリスの世俗建築の発展におけるマイルストーンは、大邸宅と公共建築であった。それがいまや、ウェブによるベンフリート・ホールやスミートン・マナーハウス（写真74）やスタンデン、あるいはノーマン・ショーによるチェルシーとハムステッドの住宅やグレン・アンドレッドのどちらを思い浮かべるにしても、普通の大きさの住宅となっている。なるほど、これは雑で性急な概括ではあるが、レッド・ハウスはそのようなものとして立っている。

モリス一家はレッド・ハウスに長くは住まなかった。気候がよくないことがわかって、彼らは一八六四年にそこを去った。「私は泣いた」と彼はバーン＝ジョーンズに書き送っている。(27) これもいかにも彼らしい。そもそも彼は、性急で衝動的な気分の人であった。マールボローの学校友達の一人が、すでに彼の「恐ろしく怒りっぽい気質」[28]を知っていた。ウィリアム・ラッセル・フリント卿のある友人が、晩年のモリスを訪問し、涙を浮かべた女中に迎えられ、モリスが旅行鞄を閉めようとして指を挟み、怒りに狂ってドアの羽根板を蹴り破ってしまったということを語っている。[29] ある時は、ヴァル・プリンセプに対する怒りで、彼は「怒りを飲み込んだが……ほとんど見分けがつかずに自分のフォークを少し飲み込んでしまった」[30]。またある時は、彼は十五世紀の二つ折り版の本を職人に投げつけている。[31] 一度、彼は窓枠を噛み切りそうになったことがあり、漆喰壁に深い窪みを残すほどに頭を壁にぶつけたこともある。[32] アリンガムは一八六四年と一八六六年に、彼を「無愛想で強気で、しばしば騒々しい」[33]と評している。バーン＝ジョーンズ夫人は、彼が「その場所[訳67]にもう草が生えてこないほど精力的に」[34]庭の木を描いていたことを語っている。彼は休むことなく何かをやっており、[35]食事中ですら、じっとテーブルに座っていることができなかった。[36] そして彼は、マッケイルによれば、ロセッティが指摘しているように並外れた「噂話を作りだし尾ひれを付け加える能力」を持っていた。[37][訳68]

しかし、これは性格と同じく外見に関わることであり、外見に関しては、様々な資料から多くのことが知られる。彼は背が高くなく、ずんぐりしていて、黒に近い豊かな髪をもっていた。声は甲高く、[38]「服装は無頓着で洗練されておらず」[39]、肉屋の着る青いシャツを着ていた。ある友人の女中は、彼を肉屋だと思っていた。[40] ヴァーノン・リー（ヴァイオレット・パジェット）は、彼を「鉄道の赤帽か船頭」[41]のようだと見なしていた。「ともあれ、彼は客間では場違いだった」とジョージ・バーナード・ショーが言っている。[42] 一八八五年十一月四日の「ワシントン・イーヴニング・スター」紙に、一読者がロンドンから彼を以下のように書いている。「彼の衣服は……袖口が擦り切れており、縫い目で油汚れがしていた。彼は襟もネクタイもない薄汚れた青い綿のシャツを着ており、彼の鉄灰色の顎鬚は手入れがされておらずぼうぼうであった……彼のみすぼらしさを救うべき懐中時計の鎖も、カフスボタンもどんな種類の装身具もなかった」。[43]

これは一八八五年に書かれているが、青いシャツは早くも一八七〇年には登場しているのである。[44] ここまで、われわれはモリスをレッド・ハウスにとどめてきたが、彼が彼の人生における最も重要な決断をしたのも、彼がそこに住んでいた間のことなのである。すなわち一八六一年四月に、彼は「絵画・彫刻・家具・金属製品美術工房」モリス・マーシャル・フォークナー商会を設立している。これは、つまるところ、ギルドをつくり、あまり多くは得られなかったが建築と絵画から学んだことをよき用途に転じる彼の手段であった。たしかに、もっと後のことではあるが、ラスキンもセント・ジョージ・ギルドを持ったが、モリスは実務家であったのに対し、ラスキンはそうではなかった。それ故に、後にモリス商会と名を改めるこの商会は、理論面のみなら実践面においてもヨーロッパの発展につながり得た。その目論見書において、モリスは、近年の「イギリスの建築家たちの努力による……装飾美術の成長」に言及している――彼は、ストリートやボドリーやバターフィールドや他の真面目なゴシック・リヴァイヴァリスト、あるいはひょっとしてピュージンのことをすら、考えていたに違いない。彼はまた、この商会の芸術家たち――ウェブ、バーン＝ジョーンズ、フォード・マドックス・ブラウン、ロセッティ、アーサー・ヒューズ――が「長年の間、装飾芸術の研究に深く関わって来て」おり、したがって「本物で美しい性質の仕事を獲得し作りだすなんらかの場所の必要性を大抵の人よりも強く感じていた」と述べている。

商会はすぐに成功した。ボドリーは、ステンドグラスが注文されるよう取り計らい、一八六二年の博覧会の中世陳列場での展示会を整え、一八六六年と一八六七年にはサウス・ケンジントン・ミュージアム（食堂）で作品が使われ、セント・ジェームズ宮殿ですらそれが使われるよう取り計らった。壁紙はデザインされ、家具はデザインと制作も行われた（写真75、76）。壁紙は、ピュージンの誠実さと同様の二次元の誠実さを有しており、同時に自然に満ちた感覚も決して衰えていなかった。家具はシンプルで、宮殿よりも田舎家やマナーハウスに感化されている。そしてステンドグラスについては、モリスは一八八三年のボストン博の際に、当時と同様、今日でも真実のいくつかの原理を表明している。

描く方法とデザインに関しては、ステンドグラスは、一言弁明を許されるなら、他の種類のものとはまったく異なる。ステンドグラスの絵は、主として材料の半透明性と、必ず黒くならざるを得ない輪郭の強さにおいて、油絵やフレスコ画とは異なる。この黒い輪郭は、多様な色のガラスを使う際にガラス片を支えるために絶対に必要な鉛の縁や嵌めこみ枠を使うことによって生じる。したがって、それはステンドグラスの条件であり特色でもある。また輪郭の必然的な黒さと色彩の半透明性は、ステンドグラスとパネル画や壁画との本質的な違いである。それによって、特殊な光と陰や構成の原理による扱いをすることになる。まず、線描きと構成は、間違いを隠したり群像を助けたりするための陰影と反射する光の助けを得られる絵よりもずっと簡潔に、かつ注意深くされなければならない。次に、光と影が、強い輪郭線が生硬に見えたり輪郭線の中がか細く見えたりしないように取り扱われなければならない。これはある程度の慣習的な処理を意味し、図形の細部を色で描くよりも線で描く事柄のものにする。なぜなら、線で描くことによって――すなわち、輪郭線をそれぞれつりあった線で埋めることによって――支配的な線の力がより不自然でなくなるからである。これらが、我々が気づいたよきステンドグラスの第一の条件である――つりあいのよくとれた姿のよい図形、純粋で簡潔な線描、そして最小限の光と陰。この最後の光と陰については別の理由もある。陰をつくることは、ガラスを暗くすることである。それ故、これは明るさのために選択された材料の使用とは矛盾することになる。これらの後に、我々は美しい色彩を求める。多い色彩も少ない色彩もあるだろうが、我々がステンドグラスにする窓が、汚く醜くなるべきではないということが唯一、道理にかなってふさわしいことである。純粋で快い色彩が、色づける窓に求めるべき最小限のことである。(45)

一八八三年までには、モリス商会は、織った布地やプリントした布地――後者はチンツと呼ばれた――を作って売り、それを竪機織りのタペストリーや房飾り付きの絨毯にする仕事へと事業を拡大していた。そして根っからの情熱的な職人であるモリス自身は、染色を学び、タペストリー全体に精通するようになるまで学んだ（写真77、78）。われわれは、彼が四カ月の間に五一六時間、タペストリーの織機に費やしたことを知っている。(46)

それは、一八七九年の夏の月々のことであり、その頃、モリスは一つの新しい仕事に心を奪われていた。一八七七年十二月四日、彼は美術とデザインの理論と経済に関する最初の講演を行っていた。その最初の講演のタイトルは「小芸術 Lesser Arts」であったが、後には政治的な演説に多くの時間が費やされるようになった。

さて、ウィリアム・モリスがどんな人で、どんな人生を送ったかを知ったいまは、われわれは彼の教義に移ることができる。ラスキンと同じように、彼の出発点は「現代文明に対する憎悪」(47)であったが、彼に現代文明を憎ましめたものは、「歴史の研究と、美術への愛と実践」(48)であった。彼の最初期の反発は、「あなたのマンチェスター、ソルフォード、オールダムの如き奇形物」(49)と、「ぞっとするようなあばらやで一つの行政区全体が覆われ」(50)、「不潔さと汚物とむさくるしさの塊で、もったいぶって下品な醜悪さで所々を誇張された」(51)ようなロンドンに対する眼の反発であった。ロンドンよりもよいボーンマスの金持ちの家についても同じだった。それらは「単なる駄物」で、洗練された人々のためではなく、「機械を消化する無知な金自慢の人々」(52)のために建てられている。そして中に入って、あなたは何を見つけるだろう。「ひどいがらくたの山また山」(53)である。「私は、この無用なものをつくるために費やされた膨大な仕事のことを考えて唖然とする」(54)と彼は別の講演で言っており、遂にはある手紙でロンドンを、「この燻製のペテン師とその奴隷たちの下劣な集合体」(55)と評している。これらの引用は、視覚的なものと社会的なものをつなぐ道がいかに不足しているかを示している。ラスキンは一八五七年にすでにそれを大いにやっていた。モリスはそれを引き継いでおり、ラスキンにどれほど多くを負っているかを隠してはいない。一八八四年の講演で、彼はラスキンの「比肩し得ない雄弁さと素晴らしい倫理的資質」(56)を称賛しており、一八九四年の論考で「ラスキンは理想を目指す私の先生だった」(57)と書いている。そして、彼のデザインにおける最後の企図であるケルムスコット・プレスを始めたとき、ラスキンの『ゴシックの本質』を復刻している。(58)それは、彼が亡くなるわずか四年前のことであった。

ほかに誰が彼に影響を与えたであろうか。もちろん、すでに見たようにラスキンに影響を与えたカーライルが考えられる。この二人に、ロバート・オーウェンの一八一三年の『新社会観』と一八二〇年の『ラナーク州報告』からのいくつかの引用が示しているように、オーウェンを加えなければならない。(59)あなた方工場主は、「生命のない機械の状態に当然の注意」を払っておきながら、「生きている機械に同等の注意」を払っていないと、オーウェンは言っている。[60]「労働者階級の個々人の幅広い精神と手の力」を使わないで、「手の労働を……微細に分割すること」[61]、あるいはまた「機械装置を導入」[62]することには、深刻な危険が伴う。「悪い状況をよいもの」に置き換えれば、「人は悪いものから……解放されるかもしれない」。[63]しかし、「近代のお金稼ぎでお金探求者の貴族」[64]たる工場主は、そうはしないであろう。彼らは、雇用者と被雇用者のあらゆるつながりを「粉々に砕き」、労働者を単なる「利益の道具」[65]だと見なしている。その結果は、「金持ちは、生活に不可欠のものすら自分のために十分に得ることを禁じられた人々の労働のみにより、彼自身にも有害な過剰な贅沢に耽っている」[66]ということである。

これは、はっきりした社会主義であるが、モリスはたしかに一八八三年、彼が民主連合に加入した年に、オーウェンを読んでいる。同じ年に、彼はマルクス（フランス語の）を読んでいる。しかしながら、そもそも彼を民主連合に加入せしめたのもまた、視覚的なものであった。一八九四年に公刊された「いかにして社会主義者となりしか」という論文で、彼は、いたるところで醜いものを見て、「これらすべての醜さは、我々が現在の社会の形式によって強いられている固有の道徳的劣悪さの外的表現に他ならないという結論に至らしめられた」[67]と書いている。彼はオーウェンを「とても褒め」[68]、マルクスよりも「最初期の社会主義者の第一と位置付け」[69]ているが、彼はそのオーウェンよりもさらに強くこうした信念を確認していた。モリスは自分自身をコミュニストと呼んでいたかもしれないが[70]、彼はマルキストではなかった。『資本論』を読んで、「この偉大な著作の純粋な経済学」のところに至ったとき、彼は「頭の激しい苦痛」を味わっているし[71]、ある会合で、マルクスの価値の理論についてコメントを求められた際、彼は「まったく率直に言えば、私はマルクスの価値の理論がなんであるかを知らず、知りたいと思っているかどうかもわからない」[72]と答えている。出席していた人はどれだけ喜んだであろうか。彼の社会主義はまた、フェビアンでもなかった。一八九〇年の『フェビアン協会社会主義論文集』に対する書評で、彼は「使われるべき目的を離れて、体系の仕組みの重要性」[73]を過大評価しているとしてシドニー・ウェブを非難している。国家社会主義は、彼にとっては「退屈な目標にすぎない」[74]ものであった。

そして、彼は彼が「嘆かわしい功利主義の洪水」[75]とか「ガスと水の社会主義」[76]と呼ぶところのものが嫌いであった。

モリスの社会主義は、まったく独自のものであった。「私は革命、社会の本当の変化、すべての人に幸せをもたらすよく統制された力をもつ偉大な組織された集合体を望む」。[77]これは聞こえは良いが、悲しいかな全然はっきりしていない。彼は現実の革命のつもりで言ったのであろうか。後に見るように、時にはそうであった。彼は組織や規則のことを言うつもりだったのであろうか。彼はそれをどのように思い描いていたのであろうか。その答えは、ラスキンと同様に、中世流の言い方によるものであった。「言っておきますが、私は中世主義にかなり染まっています」と、彼はマールブルクの一学生への手紙で書いているし、[78]後年の理想郷たる『ユートピア便り』においても、テームズ川にかかる橋は、なお「金色の風見と小尖塔」[79]を備えていた。やはりラスキンと同様に、彼はルネサンスが嫌いであった。[訳69]そして最悪の状態のラスキンと同じくつむじ曲がりで、一八七三年に、「ローマでは、私がホワイトチャペルで見られないものを見られるとでも君は思っているのか」[80]と言っている。とはいえ、彼は結局はイタリアへ行き、「豚として」[81]ではあるけれども楽しんだ。彼は、ヴェローナ、[82]サン・マルコ、トルチェッロ、フィエーゾレ、サン・ミニアト、そしてフィレンツェの洗礼堂に敬服し感動している。[83]しかしそこでも、彼は、四十年前のウィリスと同じように、イタリアのゴシックは「まったくネオ・クラシカルな感じがする」[84]ことを確かめている。それ以降のあらゆるものについて、彼は「正直に包み隠さず言えば、南ヨーロッパのこれ以降の作品については、私はまったく共感しない。その壮大な力と活力にもかかわらず、私はそれを敵として感じている」[85]と書いている。人々は、「彼らがもたらしたはずの病気を、死ではなく、新生」すなわちルネサンスと呼んでいる。というのも、「初めて……我々を奴隷状態に置いた」[86]のは、ルネサンスだからである。古代ローマの美術と建築は、「資本家地主の忌まわしい貪欲さ」[87]を表しており、ルネサンス以降の何世紀かは、「学者的衒学趣味の廃物 caput mortuum」[88]である。とりわけサン・ピエトロを、またロンドンのセント・ポールを彼は嫌っていた。それらは、彼にとっては「質素な simple 人々の芸術への愛を押しつぶしてしまう高慢と圧制の……まさに典型」[89]であった。

さて、これらの文章にも、やはり視覚的なものから社会的なものへの道筋がある。圧制に対する質素な人々である。そして、これがまた、彼の思い描く中世を決定するものでもあった。中世においては、「あらゆる手職人が芸術家であった」し、「人の手で作られたものはすべて、多かれ少なかれ美しかった」。[90] 今日では、芸術は「優れた人々と劣った人々とより劣った人々に分けられており」、したがって価値のある芸術は、「とりわけすぐれた才能をもつ人々の考えを完全に表現しようとする個々の努力の成果である意識的な努力によってつくられている」。[91] 一方で、「ほとんどすべての通常の製品は……みすぼらしいかもったいぶるかして醜い」。[92] 今日の芸術は「秘教的な謎」[93] となっており、芸術家たちは「たいていの人が生活をしている日常の不潔な状況を……見えなくし」、「彼らの芸術の宮殿への通路を注意深く監視している」。[94] 建築家も同様である。[95] これが、おそらくモリスが才能、さらにはまた神的な霊感といったものに激しく攻撃的だったことの理由であろう。「霊感の話はまったく馬鹿げている……そのようなものは存在しない。それは単に職人の技巧の問題にすぎない……タペストリーを織っていながら一つの叙事詩的な詩をつくることができない奴は、やめたほうがよい」。[96] モリスの叙事詩がこれに苦しんでいたことは、誰も否定できなかった。そして才能については、ある個所で彼は「才能を開花させるのは、人々の幸せである」と言い、別の個所で「私は、人殺し murder から成り立っている一つの才能よりも、十万の幸せな人々がむしろ欲しい」[97] と言っている——疑問の余地のある二つの発言。

彼のゴシックの職人の理想に関する最もみごとな発言は、たぶん以下のようなものであろう。「どうかお願いだから、これらの素晴らしい作品がどういうものであるか、そしてそれらがどのように作られているかを考えて欲しい……それらはありふれたもので……珍しいものではない……それらのデザインを偉大な芸術家、教養があり、高い収入があり、おいしい食べ物で育ち、入念に手入れされた家に住み、ぜいたくな衣服を着た人がしたのであろうか……とんでもない……それらはふつうの人たちによって作られた……彼らの日常的な労働の中で……そして……多くの喜びの笑いが……」彼らの仕事の「達成に役立った」。[98] あるいはまた、「歴史はほとんどすべてそうであったかのように読めるけれども、毎日が虐殺と騒動の日であったわけでないことは確かであろう。しかし毎日、ハンマーが鉄床の上で鳴り、鑿がオークの梁で踊っていたことは確かである」[99]。

これは、もちろんラスキン的である。たとえば『近代画家論』の第三巻で、ラスキンはこう書いている。「中世に与えられた『暗黒時代』という呼び名は、芸術に関してはまったく不適当である。逆に、中世は輝ける時代であり、我々の時代は暗黒の時代である」[100]。また、中世は「争いや苦痛があったが、強烈な喜びもまたあった」と。そして、モリスが非常に名高い声明の一つで「芸術は、人間による労働の喜びの表現である」[101]と言ってするとすれば、ラスキンは『建築の七燈』の中で、「問うべき正しい質問は……ただこれだけである。それは楽しみをもってなされたか、彫った人は、彫っているときに幸せだったか」[102]と書いていた。しかし、モリスのさらに二つの名高い声明は、現在への応用可能性で、ラスキンに勝る。「私は、少数の人のための教育、少数の人の自由を望まないのと同じく、少数の人のための芸術を望まない」[103]と、「生活の正直さと簡素さ」は「作る人と使う人にとっての幸せと同じく、人々による人々の」ものたるどんな芸術にとっても必須条件である」[104]がそれである。

モリスをラスキンから分けるのは、この現実主義、この実際の活動に対する切迫感である。モリスの講演を読んだり再読したりすると、何がなされ得るかという問いに対する答えをほとんど常に見つけ得る。全体として否定的な過激主義は稀で、それだけになお、以下のような文を見つけると心動かされる。

昔は［彼はこれを一八七四年八月に書いている］、人間たちの頭は、芸術やら高貴な生活を見せびらかすことやらで一杯で、正義や平和について考える暇はほとんどなかった。そして人間が受けたそれに対する報復は、気にかけていなかった暴力が増えたことではなくて、気にかけていたはずの芸術が壊れてしまったことだ。だから、神様たちはもしかしたら、世界（というか、私たちのいる世界の小さな片隅）が美しく、その上にドラマチックなものに再び戻るように、世界のために難儀なことや恐ろしいことをまた準備しているのかもしれない。なぜなら、私には神様たちが世界を永遠につまらなくて醜いままにしておくとは思えないから。[105]

さらにもっとシュペングラー的なものは、一八八六年のこれである。「おそらく人は、なんらかの恐ろしい大災害の後で、健全な動物主義を目指すことを学び、寛容な動物から獰猛な動物へ、さらに獰猛な動物から野蛮人へと育ち、何千年かの後に、人は我々がいまや失ってしまった芸術をもう一度作り始めるのかもしれない」。[106] しかし、モリスがそれほど悲観的であることは長くは続かなかった。彼はモリス商会で忙しすぎたし、社会主義運動にも忙しく、未知の状況 tabula rasa を常に凝視していた。「変化のための準備と変化の衝撃を和らげるのにベストをつくすのは、我々すべての仕事である」[107] ということすら、稀である。

概して、彼の助言は実際的であり、芸術家と消費者としてのわれわれ双方に向けられている。建築は、「主要芸術」[108] であり、「人が取り組みうる最も重要なものの一つ」[109] であると彼は書いている。「合理的でよい建築をもつことを固く決めているのでなければ……そもそも芸術について考えることは無駄である」[110] が、「この芸術が気高いものだとしても、それは独自で存続し進歩してきたことはこれまでもないし、いまもそうであり、逆にそれはあらゆる手わざを慈しみ、手わざによって育まれていなければならない。手わざによって、人はものが……過ぎ行く日を超えて生き続けるようにするのである」。[111] 注意されるべきだが、これは、ラスキンの建築に付けられた彫刻と絵画と建築美の同一視ではなく、日常品をつくることを建築と同様に真面目にとらえるべきだというすべての人に対する訴えである。そしてまた、美術と同様に真面目にとらえるべきである――というのは、それが一八六一年に彼が画家たちとともに「美術職人」になり、われわれのためのものをデザインさせた理由だからである。同時代の建築に関しては、「真に生きた芸術の土台となり得る建築の様式は一つしかない……そしてその様式はゴシックである」[112] と彼は考えていた。しかし、彼はウォーターハウスのマンチェスター巡回裁判所（「つまらない勿体ぶりの山」[113]）のような普通のゴシック・リヴァイヴァルの例には同意せず、一方で、ノーマン・ショーのいわゆるクイーン・アン――「趣きがあってきれい」[114]――や、見せびらかしの欠如の故にジョージアンにも、条件付きながら同意している。結局、彼は自宅にジョージア王朝期の家を選んでいる――ハンマースミスのケルムスコット・ハウスで、彼はそこへ一八七八年に移っている。彼はこれを「甚だしい俗悪さがない」[115]

ものとしており——それですべてである。そこには、彼をケルムスコット・マナーに結びつけていた彼の中の愛着は現れていない。(訳70) 彼にまつわる現実の建築に関する彼の論評は、ここではこれ以上触れない。四五七〜六九頁の補遺は、一八八八年に『フォートナイトリー・レヴュー』に掲載された彼の「建築の復興」全体の再録である。それは、一八八三〜四年のカーの論文の後に、完全に再録されている。というのも、この二つは一緒になって、理想主義者のモリスと現実者のカーが論じた当時の建築様式に関する包括的でかなりバランスのとれた報告をなしているからである。モリスは啓示的であり、カーは地上的である。モリスは熱狂的であり、カーはシニカルである。

建築に関するモリスの論評は、当然ながら、デザインについての論評ほど具体的ではない。ここに現場の実践家としての発言をあげるが、その発言は今日でもなお有益である。

曖昧さはすべて避けるよう気をつけること。あなたがなにをしようとしているのか人々が分からないように、そしてあなたを責めることがないように曖昧な言動をするよりも、はっきりとした目的をもっていて、誤りがわかったときに見破られたほうがよい。芸術的に明確な形に速やかに決めること。様式についてはあまり考え過ぎないようして、あなたが美しいと思うものを自分から取り出せるようしにておき、それを非常に慎重に表現すること。ただし、繰り返すが、きわめて明瞭にかつ曖昧さがないように表現すること。紙の上に描き始める前に、常にデザインを頭の中で考え抜いておくこと。そこからなにか生まれるのではないかという希望的観測の下に、だらしなくべたべたといたずらに仕事を始めないこと。あなたは、それを描きうる前に、それを見ていなければならない……(116)

もう少し一般的な発言。「ありあまるほどの知識と貧弱な実践というこの時代、我々が古い作品を直接に学ばず、それを理解することを習得しなければ、我々周辺のひ弱な作品の影響を受けてしまう……だからそれを賢く学ぼう……それを模倣したり繰り返したりしないと始終決心しつつ」。(117) 実際、彼の理解には深いものがあった。彼は、トルコとペルシアの絨毯について、「彼らは、彼ら自身のやり方で、花はダマスカスの庭にどのように育つか、狩猟はキルマンの平原でどのように行われるかを、語ろうとしている」(118)と語っている。

デザイナーに対する助言はこれくらいにしよう。それにこれは二次元のデザインに限られる。建物と家具のデザインにおいて二次元のデザインに匹敵し得たウェブは、信条を定式化する人ではなかった。そこで、これからはモリスの消費者への助言に移ろう。「あなたの家に、有用だとはわからず、美しいとは思えないなにものも置かないこと」(119)。これは、たいへん寛大で例外的な発言である。他のところでは、モリスはもっと断言調である。「我々が芸術を望んでいるのか、それとも芸術がないことを望んでいるのかはっきりさせよう。そしてもし芸術を望んでいるのであれば、多くのことを捨てる覚悟をしよう」(120)、あるいは、もっと簡単に言えば「それなしですますことを身につけよう」(121)。実際、もしあなたが裕福な家を手に入れたとしたら、「その家が所持しているものの十分の九を家の外で焼く」(122)のが最良である。もし、なにか品位あるものを見つけるとすれば、それは客間ではなく、たぶん台所においてであろう」(123)。なぜなら、台所においてのみ、「正直さと簡潔さ」(124)が表れる機会を得そうだからであり、それらがあなたの第一の原理であるべきだからである。別の文脈で、「私としては、ペルシアの砂漠のテントに住んでも、アイスランドの芝草で葺いた家に住んでも「別段構わない」」(125)と言ったとすれば、それは誇張であるかもしれない。が一方で、彼が「大きな納屋のような家が好きで、一つの隅で食べ、もう一つの隅で料理し、三つ目の隅で眠り、四つ目の隅で友人を迎える」(126)と言った時、おそらくまったく本気であった。実際、モリス家では、食事はテーブルクロスなしのテーブルで行われていて、これは当時では驚くべき革新であった。(127)モリスが過剰な家具に警告を発し、(128)敷き詰めた絨毯に反対して小さな敷物による剥き出しの床を称賛しているのも、これと一致している。(129)

こうした局面で、モリスは、簡素さはさておき、なにを推奨しているのであろうか。我々の街路を「見苦しくなく整然とした」ものに保つこと、(130)サンドウィッチの包み紙を投げ捨てないこと、(131)煙はいまや街を害しているのでそれを大目に見ないこと、(132)すべての樹木を切り倒す敷地開発を始めないこと、(133)そして——モリスの心情としてはなによりもまず

――古建築を修復しないで、維持保存すること、[134]である。この最後のものによって、われわれはラスキンに戻ってしまうが、ラスキンが説教し、説示したところで、やはりモリスは行動し、実際うまく行動した。古建築物保護協会は一八七七年に彼によって設立されたが、それはいまなお成長しつつあり、その主義は誰にでも受け入れられてきている。ついでながら、オクスフォードに関しては、モリスはとりわけ厳格であった。あの街が「繁盛する店舗や開進的なカレッジの猛威」によって完全に破壊される前に、「あの気分が悪くなるほど馬鹿げたオクスフォードの詩の講座」と「あの滅茶苦茶なスレード芸術講座[135]」の代わりに、中世考古学の講座が設けられるべきではなかったであろうか。[136]その講座の役割は、「大学のメンバーに彼らが守るべき建物の価値を教えることである。私がオクスフォードを知っていたこの三十年の間に、芸術に……何百年にもわたって教授たちが修理してきた以上の危害が、オクスフォード『文化』によって加えられてきた」。それらすべてが「教育の悪臭」をもたらすというのが彼の意見であり[137]、教育はその時もいまも同じく、唯一の安全な処方箋であった。二十世紀は「教育の世紀」になるであろうと、モリスは一八八〇年に予言している。[138]

実際、モリスには予言的なところがたくさんある。しかし、彼はヤヌスの顔をもっていて、前方と同様に後方をも真剣に見ている。たとえば、彼の押韻詩や散文の伝奇的文章の古風な言語は、まったくヴィクトリア朝の歴史主義によるものであり、建築家の歴史主義よりも、ずっとなじむのが難しいものであった。'Unholpen', 'he spake', 'I hight', 'no city that I wot of' といった言葉は[訳71]、読者を疲れさせるものであった。[139]モリスのデザインは、中世を想起させるものであるかもしれないが、それらは常に新鮮で、決して回顧的ではない。一方、彼の手仕事へのこだわり、機械の憎悪は、十九世紀のものであって、二十世紀のものではない。

しかし、モリスは、みごとに一貫性を欠いていた。「生活の条件としては、機械による生産はともあれ悪である」[140]が、「我々が取り除くことを望んでいるのは、あれこれのさわれるはがねや真鍮の機械ではなく、商業的圧制という巨大なさわれない機械である」[141]と彼は言っている。かてて加えて、彼は、機械は「自尊心を傷つけ壊す労働を実施してくれるから」[142]許されるべきだと言う用意はあったし、さらには一度だけではあるが、我々は「十分に親しい」機械を持っていないが、結局は「人に必要なほとんどすべては、機械によって作られるであろう」[143]と予告すらしている。その時がやってきたら、誰もが多くの余暇をもつであろう。しかし、「その時、我々は余暇をなにに使うのだろうか」。[144]われわれは、益々強まる擬似体験的生活という悲しむべき答えを知っているが、モリスの中にも「疑似体験的生活は、我々の文明の合言葉である」という言葉が見つかる。[145]つまり、ここでも二十世紀のモリスが語っていることになる。

他の一貫しない矛盾性の例は、ずっと個人的な性格のものである。モリスは、自分自身を――正しくも――「装飾主義者」としているが、彼は建築家に「装飾を控える」よう勧めている。[146]彼は熱烈な社会主義者であるが、また工場主でもあり小売業者でもある。それが彼を悩ましたが、彼の答えはこうである。彼の収入を溜めておいて、それを社会の変化を促進するために使うほうが、もっと道理にかなっているのではないだろうか。もし彼の収入を週に四ポンド下げても、個々の働き手の収入を週に五シリング増やすことにしかならない。[147]ロンドンの南のマートンにある彼の工房では、彼は出来高払いを好み、どの出来高払い職人にも分け前を支払った。また利益分配制度もあって、ガラス絵描きの親方であるジョージ・キャンプフィールドは、その条件を「どんな好条件と比べても引けを取らない天国に近い」[148]ものと評している。

たいへん良いことである――しかし、マートンの働き手がどれほど幸せであったとしても、その工房のデザインの多くが、機械に頼る製造業者によって普通の工場の環境で製作されていることは事実である。これは、イズリントンでプリントされている壁紙、マックルズフィールドで織られている絹、リークでプリントされているチンツ、ヘックモンドワイクとウィルトンで作られているカーペットに当てはまる。[149]

そしてもう一つの、最も奇妙な矛盾性は、工場主であるのみならず疑いもなくデザイナーであるモリスが、デザイナーを最小限にしか評価していないことである。

ペックスニフ（訳72）の如き高い才能に恵まれ、教育を受けた人は、一枚の紙を一瞥し、そして……その一瞥の成果は、栄養十分で満足した膨大な数の技能工（彼らは恥じて自らを職人とは呼ばない）を一日に十時間、クランクのハンドルを回させる……さて、この制度は三倍の恵みをもたらすことになる――熟練工には食料と衣類と貧乏たらしい宿と少しの余暇、資本家には彼らを雇う莫大な富、そして紙の一瞥者には適度な富を。そして最後に、まさに最後に技能工やクランク回しが買うための大量の安っぽい芸術。(150)

「人々による……製造者の幸せとして」の話は、この程度で終わり。

こんどは「人々のため」に関する話。モリスがデザインしたものは、決して安くはなかった。彼は、その理由を知っていた。「すべての芸術には、時間と苦労と思慮を要する……そしてお金は、こうしたものを表明する計数機に過ぎない」。(151)ウェブがロージアン・ベル卿のために設計した屋敷、ラントン・グレインジでモリスが仕事をしていた時、何をしているのかと問われ、彼は「狂った動物のように」見つめながら、「私は金持ちのブタみたいな贅沢を世話するために私の人生を費やしているのだ」と答えている。(152)さらには彼は、多くの人が彼の仕事に近づきにくいことを知っており、のみならず彼らがそれを望んでもいないことも知っていた。「私は、普通の人々が、装飾芸術への関心にまったく心動かされないことを認めざるを得ない」。「少数の上層や中間階級の人々」のみが心動かされる。(153)

彼の最後の試業は、一八九〇年に始められたケルムスコット・プレスである。その紙版が二十ギニーで販売された(訳73)チョーサーに人々は注目し、印刷された四二五部はすべて売り切れた。しかし、チョーサー以外の大半の本は二ギニーで販売された（いくつかは三十シリングで、またいくつかは三ギニーや五ギニーで売られた）。(154)それでも、これは明らかに「大衆」を排除していた。改善策はなかったのであろうか。明らかに価格は、日用品を誰もが楽しみ使えるように、堅実で目的にかなっていて美しいものにするというモリスの目的を挫折させていた。

彼の製品の価格は、彼の手仕事に対する信仰とちょうど同じように、モリスを二十世紀から引き離していた。しかし、晩年に彼は解決法を見つけていたように思われる――また一つの矛盾性を追加することなしにではないと言われるかもしれないが。一八九三年六月十九日に書誌学学会で、[155] 彼は以下のように語っている。

あなたが、安い本と同様に見ばえのする版の本を出版したいとする。そしてそれらが二つの本だとする。もし、あなた（もしくは公衆）がそうする余裕がないとすれば、あなたの創意とお金を、安い本をできるだけ見ばえがよくなるように使いなさい……どんな本でも、頁が紙上に適切に配されていれば、字体が貧しいものであっても、見るに堪える――全体を台無しにする「装飾」がない限り、常に。

ここには、「その唯一の装飾が、一揃いの技能とその使用目的とが適合していることから生ずる必要不可欠の美しさである本」[156] に対する最終的な願いがある。

使用目的に対する適合性――それは二十世紀前半のスローガンとなる。「形態は機能に従う」とサリヴァンが言い、「神聖な適合性の法則」とヴォイジーが言い、[157] そしてわれわれはドイツ工作連盟やグロピウスやバウハウスへと近づいていく。三十年以上も前にわたしが建築とデザインにおける二十世紀の様式について書いた本の副題は、「ウィリアム・モリスからワルター・グロピウスまで」[158] であったから、この十九世紀の著作物の要約を一九〇〇年まで続けなくても許されるであろう。先の本ではモリスは最初でもあったが、この本をモリスを最後にして終えるのは妥当なことであろう。

十九世紀の最後の二十年間に、二つの新しい動きが現われた。どちらも反歴史主義で、この点において十九世紀よりも二十世紀に近い。アール・ヌーヴォーとシカゴ派である。アール・ヌーヴォーは一八八三年にマックマードーと共に始まり、九十年代にオルタとヴァン・デ・ヴェルデと共にセンセーショナルな人気を得た。それは、形態としてまったく新しいものであった。もっとも、モリスのチンツや壁紙の一部の造形が、（彼の意志に反して）一つの刺激として働いてはいた。[159] しかし、それもまだ非常に個人的で趣味人向けであり、つまり「人々のため」のものではなかった。シカゴのオフィス・ビルは、モリスはおそらくそれを嫌っていたであろうが、(160)人々のためのものであった。そしてそれは、形態としても過去から自立していた。アール・ヌーヴォーの感性とシカゴの機能主義の統合は、新しい世紀の最初の十年に、ヴァン・デ・ヴェルデとペーター・ベーレンスと共に現れたが、彼らは共に画家から出発し、出版されたモリスの講演録の直接の影響下に、デザインと建築に転じている。

それは、なんの不思議でもない。なぜなら、その講演録は、今日ですら抗いがたい魅力を持っているから。そして、わたしがこの二十五の章を収集してきた一つの意図は、読者をして、ホレス・ウォルポール、ヒューエルとウィリス、ピュージン、ラスキン、ヴィオレ＝ル＝デュク、ゼンパー、モリス、さらには同様な他の人々の読者となるよう勧めることなのである。

註

1　ウィリアム・モリスの標準的な伝記はいまでも J. W. Mackail, *The Life of William Morris*, 2 vols., originally 1899, also in The World's Classics である。わたしはその一九五〇年版から引用している。Mackail をわたしは少しだけ知っているが、バーン＝ジョーンズの娘婿である。より最近の本では、三つの本が大いに推奨し得る。E. P. Thompson, *William Morris, Romantic to Revolutionary*（London, 1955）は、とりわけモリスの政治的な見解についてすぐれており、Paul Thompson, *The Work of William Morris*（London, 1968）は詩や散文やデザインに関してと同様、政治に関してもすぐれており、そして Philip Henderson, *William Morris, his Life, Work and Friends*（London, 1968）は率直な伝記で、Mackail が使えなかった伝記的事実を使っており、彼のものよりも優る。Henderson 氏はまた、*The Letters of William Morris to his Family and Friends*（London, 1950）も編集しておられる。*The Collected Works of William Morris* は、一九一〇～一五年にロンドンで二十四巻で出版されている。それらは、モリスの娘、May Morris によって編集されており、May Morris は *William Morris, Artist, Writer, Socialist*（Oxford, 1936）という二巻本を付け加えている。以上に比べれば、ずっと重要性は劣るが、*Journal of the William Morris*

Society（editor R. C. H. Briggs）と、この Society で行われ、同 Society で出版されている講演録がある。Briggs 氏は、また *A Handlist of the Public Addresses of William Morris*, 1961 と *The Typographical Adventure of William Morris*, 1957 を作成された。モリスと機械については、H. L. Sussman: *Victorians and the Machine*（Cambridge, Mass., 1968), 134 ff. の中に一章が割かれている。モリスのデザイン、とりわけ織物のデザインについては、故 Peter Floud が 'William Morris as an artist, a New View' and 'The Inconsistencies of William Morris'（*Listener*, 7 Oct. and 14 Oct. 1954） と 'Dating Morris Patterns'（*The Architectural Review*, CXXVI, 1959）という三つのきわめて重要な論文を書いている。ステンドグラスについては、A. C. Sewter 氏が完全なカタログを印刷準備中である。それが間もなく出版されることを願っている。この章を書いた後であるが、E. D. Lemire, *The unpublished lectures of William Morris*（Wayne State University Press, Detroit, 1969）が出て、不可欠のモリス文献が増えた。

2　Henderson, *Letters*, 184.

3　A. R. Dufty, *Kelmscott, an Illustrated Guide*（London, 1969), 28 からの引用。

4　Lemire, *Unpublished Lectures*, 203（1887）.

5　*Coll. W.*, XXIII, 280.

6　Ibid., 112.

7　Mackail, *Life*, I, 64.

8　「ジョン・ラスキンの本は……その頃、私には一種の啓示であった」(Henderson, *Letters*, 185)。

9　May Morris, op. cit., I, 68.

10　ついでながら、彼は Kenelm Digby の *Mores Catholici* も読んでいた。Henderson, *William Morris*, 14 を参照。

11　P. Thompson, *The Work of William Morris*, 6 からの引用。

12　*O. & C. Mag.*, I, 1856, 101.

13　Mackail, *Life*, I, 106.

14 Ibid., 118.

15 Henderson, *Letters*, 185.

16 Georgiana Burne-Jones, *Memorials of Edward Burne-Jones*（London, 1906）, I, 161.

17 Morris の絵画については、Janet Camp Troxell の *Journal of the William Morris Society*, II, no.1, 4 ff. の論文を参照。

18 Mackail, *Life*, I, 54.

19 Lewis F. Day, *Art Journal*, Easter Annual 1899, I. そして装飾芸術一般については、二十年後に彼は「無秩序の状態」にあると言っている（Coll.W., XXII, 9）。

20 Mackail, *Life*, I, 116.

21 *Pre-Raphaelitism and the Pre-Raphaelite Brotherhood*（London, 1905）, I, 76, 106.

22 R.Ormond の *Apollo*, July 1965 の論文と、Victoria and Albert Museum, *Catalogue of an Exhibition of Victorian and Edwardian Decorative Arts*, 1952（I, 1）を参照。また、Holman Hunt の *Pre-Raphaelitism*, II, 137 も参照。

23 F. M. Hueffer, *Ford Madox Brown*（London, 1896）, 161.

24 E. Aslin, *Nineteenth Century English Furniture*（London, 1962）, 56 を参照。そこに説明がされており、椅子の挿絵も入れられている。わたしはまた、この椅子の挿絵を、J. Cassou, E. Langui, and N. Pevsner, *The Soueces of Modern Art*（London, 1962）, fig. 216 と *The Sources of Modern Architecture and Design*（paperback, London, 1968）〔ニコラウス・ペヴスナー『モダン・デザインの源泉』小野次郎訳、美術出版社、一九七六年〕, fig. 9 にも入れて置いた。Kelmscott Manor には、緑色に塗られた Brown による寝室の家具があるが、これは一八六一〜二年、すなわち一八六一年という重要な年の後である。これについては以下の本文を参照。また、Thompson, *The Work of William Moriss*, 261, no. 10 を参照。

25 IV, 40,「正直な煉瓦に勇敢に挑む漆喰嫌悪」。

26 しかし最近、Paul Thompson 博士は、それがまったくの始めではないことを明白に立証された。ウェブは、一八五〇年ころのバターフィールドのいくつかの牧師館や学校に影響を受けているというのである——*Victorian Architecture*, ed. P.

Ferriday（London, 1963）を参照。ストリートの牧師館や学校も同じ特色をもっている。

27 Mackail, *Life*, I, 169.

28 Ibid., 18.

29 Sir William が一九五九年十月にそのように私に語った。

30 1857; Mackail, Life, I, 133.

31 Ibid., 221.

32 Ibid., 222.

33 *William Allingham. A Diary*, ed. H. Allingham and D. Radford（London, 1907）, 106, 139.

34 *Memorials*, I, 157.

35 J. J. Bruce Glassier, *William Morris and the early Days of the Socialist Movement*（London, 1921）, 23.

36 Mackail, *Life*, I, 221.

37 Ibid., 223.

38 故 D. S. McCall がそうわたしに語った。

39 Percy Lubbock, *The Letters of Henry James*（London, 1920）, I, 18.

40 Mackail, *Life*, I, 224.

41 Peter Gunn, *Vernon Lee*（London, 1964）, 79.

42 May Morris, op. cit., II, xviii.

43 William Morris Society によって小冊子として復刻されている。

44 Mackail, *Life*, I, 223.

45 Ray Watkinson, *William Morris as Designer*（London, 1967）, 39 からの引用。この要目を表明する際、ストリートが一八五二年二月に Oxford Architectural Siciety で行い、同年八月の *The Ecclesiologist*（XIII, 247）に掲載されていた講演のことをたぶ

ん考えていたであろう。前掲の一九五頁を参照。

46 Mackail, *Life*, I, 385.

47 *Coll. W.*, XXIII, 279.

48 Ibid., 280.

49 Henderson, *Letters*, 92.

50 *Coll. W.*, XXII, 11.

51 *Coll. W.*, XXIII, 170.

52 Ibid., 149.

53 *Coll. W.*, XXII, 23.

54 *Coll. W.*, XXIII, 194.

55 Herderson, *Letters*, 138.

56 Lemire, *Unpublished Lectures*, 77.

57 *Coll. W.*, XXIII, 279.

58 *The Nature of Gothic* のほかに、彼に影響を与えたのは、とりわけ一八五七年のマンチェスター講演の最初のものである'A Joy for Ever'であったに違いない。

59 引用は、最近の Penguin edition, ed. V. A. C. Gatrell（Harmondsworth, 1970）による。

60 Ibid., 95.

61 Ibid., 238-9.

62 Ibid., 53.

63 Ibid., 41.

64 Ibid., 44-5.

65 Ibid., 49.
66 Ibid., 57.
67 *Coll. W.*, XXIII,2.
68 Mackail, *Life*, II, 104（私的な日記から）.
69 *Commonweal*, 30 Oct. 1886（Thompson,*The Work of William Morris*, 228 からの引用）.
70 たとえば May Morris, op. cit., II, p. ix で Shaw がそう語っている。また、E. P. Thompson, *The Communism of William Morris*, William Morris Society, 1965 を参照。
71 *Coll. W.*, XXIII, 278.
72 Glasier, op. cit., 32.
73 *Commonweal*, 25 Jan. 1890.
74 Henderson, *Letters*, 293.
75 May Morris, op. cit., II, 315.
76 Henderson, *William Morris*, 319 からの引用。
77 Henderson, *Letters*, 228.
78 Mackail, Life, I, 203.
79 *News from Nowhere*〔ウィリアム・モリス『ユートピアだより』川端康雄訳、岩波文庫、一九六八年〕, Coll. Works XVI, 1912, 8.
80 Ibid., 302.
81 Henderson, *Letters*, 56.
82 ヴェローナのサン・ゼーノを、彼は「世界がこれまで見た中で最も美しい建物」の中に数えており（Lemire, *Unpublished Lectures*, 61）、したがってロマネスク様式を、「実際のゴシックの最初の段階」と見なしている（ibid., 62-3）。

83 Henderson, *William Morris*, 183.

84 Henderson, *Letters*, 124.

85 Ibid., 125.

86 Lemire, *Unpublished Lectures*, 66, 54.

87 Ibid., 99.

88 Ibid., 55.

89 *Coll. W.*, XXII, 208.

90 *Coll. W.*, 9 and 145. ダイスがすでに同様なことを言っている。「かつては、芸術家は職人であり、職人は芸術家であった……そしてこの幸せな繋がりを修復することがまさに望まれる」。W. Dyce and C. Wilson, *A Letter to Lord Meadowbank and the Committee of the Hon. Board of Trade for the Encouragement of Arts and Manufactures*（Edinburgh, 1857）, 28.

91 *Coll. W.*, XXII, 55.

92 Ibid., 9 and 146. モリスが使った「安くて不快な cheap and nasty」という語は、Lemire 教授によれば、一八五〇年に Kingsley によって創られた（*Unbublished Lectures*, 84-5）。Lemire 教授の典拠は、M. Ferrand Thorp, *Charles Kingsley*（Princeton, 1937）である。

93 *Coll. W.*, XXII, 133.

94 Ibid., 39.

95 Ibid., 41.

96 Mackail, *Life*, I, 191-2.

97 May Morris, op. cit., II, 203.

98 *Coll. W.*, XXII, 40. ヴィオレ＝ル＝デュクが大なり小なり似たようなことを、*Revue Gén. De l'Arch.*, X, 1852, 377 で言っているのは興味深い。「それでは中世において、この偉大で見事なモニュメントを誰が作りだしたのか……特権階級であろうか……全然そうではない。建築家と画家と彫刻家は庶民の子である」。

99　*Coll. W.*, XXII, 42.

100　*Libr. Ed.*, V, 321. 第三巻の出版年は一八五六年である。

101　*Coll. W.*, XXII, 42.

102　*Libr.* Ed., VIII, 218.

103　*Coll. W.*, XXII, 26.

104　Ibid., 46.

105　Henderson, *Letters*, 64.

106　*Coll. W.*, XXIII, 95-6. 同様な発言に、「再び生まれる前に……芸術は死なねばならない」（Henderson, *Letters*, 180）と「芸術は滅びなければならないが、にもかかわらずそこから再び芽を出すであろう」（Ibid., 157）がある。

107　*Coll. W.*, XXIII, 152. また、Lemire, *Unpublished Lectures*, 135 に「我々が困難な状況からいち早く脱出し、人類への被害を少なくするよう……手助け」しようというのがある。

108　*Coll. W.*, XXII, 318. Morris と建築に関しては、*J.R.I.B.A.*, 3rd series, LXIV, 1957, reprinted in *Studies in Art, Architecture and Design*（London, 1968）II〔ニコラウス・ペヴスナー『美術・建築・デザインの研究Ⅰ、Ⅱ』鈴木博之・鈴木杜幾子訳、鹿島出版会、Ⅰ、一九七八年、Ⅱ、一九八〇年〕のわたしの論文を参照。

109　*Coll. W.*, XXII, 119.

110　Ibid., 73.

111　Ibid., 119. また「あらゆる建築の仕事は、協同でなければならない」（ibid, 301）と Lemire, *Unbulished Lectures*, 40 の「協同を意識した偉大な人的団体」によって実施された偉大なゴシックの建物の「集合的才能」を参照。

112　May Morris, op. cit., I, 266.

113　Henderson, *Letters*, 303.

114 *Coll. W.*, XXII, 73. Lemire 教授は、'The Gothic Revival' という題の一八八四年の二つの講演を掲載している。それによると、モリスは Elizabethan and Jacobean 様式を「家庭的で生活愛がある」としており、「多くの欠陥にも関わらず」それへの好みを告白している。Queen Ann 様式にすら、「なにがしかのゴシックの生き残りがなお」あるとし、彼はそれを「最終的な頽廃」の前の「奇妙な様式の亡霊」と呼んでいる（*Unpublished Lectures*, 67-8, 80）。

115 Henderson, *Letters*, 114.

116 Mackail, *Life*, II, 24.

117 *Coll. W.*, XXII, 15.

118 Ibid., 112.

119 *Coll. W.*, XXII, 76.

120 Ibid., 117.

121 Ibid., 150.

122 Ibid., 48.

123 Ibid., 24.

124 Ibid., 47.

125 Ibid., 76.

126 W. B. Yeats; *Autobiographies*（London, 1926）, 180.

127 Introduction, 'William Morris as I knew him', by G. B. Shaw in May Morris, op. cit., II, p. xx. Shaw の Introduction は、一九六六年に William Morris Society によって別途復刻されている。また「オークは鉋をかけ終わった状態」のままにせよというモリスの助言も思いだすべきである（*Coll. W.*, XXII, 97）。

128 *Coll. W.*, XXII, 113.

129 Ibid., 77, 93.

130 Ibid., 138.
131 Ibid., 72.
132 Ibid., 138, also 70.「マンチェスターにいかに煙を消滅させるかを教えること」(Ibid.,15) を参照。
133 Ibid., 72-3, also 87, 129.
134 これにモリスは「すべての時代と様式の」と付け加えている（Mackail, *Life*, I, 354）。彼は、Bentley、Bodley、Brooks、Street、Norman Shaw、Webb 等と共に St Mary-le-Strand の意図的な破壊に抗議する手紙に署名している。これは *The Century Guild Hobby Horse*, IV, July 1889 に再録されているが、この文献を利用できたのは Lisa Tickner 夫人のお蔭である。
135 Henderson, *Letters*, 261.
136 *Coll. W.*, XXIII, 169.
137 Herderson, *Letters*, 262.
138 *Coll. W.*, XXII, 63.
139 現に、A. H. R. Ball の *Selections from the Prose Works of William Morris*（Cambridge, 1931）には用語解説がある。
140 *Coll. W.*, XXII, 335-6.
141 Ibid., 352.
142 *Coll. W.*, XXIII, 160. また、ibid., 193 や E. P. Thompson, *William Morris, Romanric to Revolitionary*, 758 に引用されている未刊行の講演（B. M. Add. 45330）や May Morris, op. cit. II, 134 を参照。
143 *Coll. W.*, XXII, 166.
144 *Coll. W.*, XXII, 33.
145 Ibid., 338.
146 彼は、この助言を William Richmond から引用している。Lemire, *Unpulished Lectures*, 83 を参照。
147 これは、その当時ではまったく立派なことだったことは言って置かねばならない。Henderson, *Letters*, 196-7. 一八八四年のある講演（Lemire, op. cit., 74）で、モリスは「装飾品」を復活させるための「絶望的な努力」と、人——もちろん彼自身——が「それからお金を得よう」としていることについて語っている。

148 Herderson, *Letters*, xxiii からの引用。

149 Thomson, *The Work of William Morris*, 99 ff を参照。故 Peter Floud が、この矛盾性に注意を向けた最初の人である。Hugh McKenna 氏は一九四七年十一月十三日に、Glasgow の Anderson and Lawson が一八九二年ころ、モリスのためにシェニール織物の絨毯生地を作っていたことをわたしに教えてくれた。また、Kidderminster にある Brinton 社の John H. Lemon 氏は一九四七年十一月五日に、Brinton 社がモリスのために Axminster と Wilton 両方の絨毯生地を作っていたことを教えてくれた。このような場合には、モリスは Brinton 社に方眼紙に描かれたデザインを渡した。一時期 Templeton 社に勤め、一時期フリーランサーであったカーペット・デザイナーの Frederick J. Mayers は一九四七年十一月十一日に、次のようにわたしに書き送ってくれた。「私は一八八八年に Kidderminster を去ってパリに住むことになった……一八八四〜七年ころ、私は Brinton 社の人々と共に働いており、その間、モリス氏のスケッチから三つか四つのカーペットの実施デザインを行った。工場は彼の仕事の製造を請け負っていたのである」。Mayers 氏は Kidderminster の Naylor 社や John Barton & Sons 社もまたモリスの仕事をしていたことを示唆しておられる。本文で言及した Kidderminster カーペットは、Heckmondwike で製造され、Wilton カーペットは Wilton Royal Works によって製造され、絹は Macclesfield の J. O. Nicholson よって製造されている。

150 *Coll. W.*, XXII, 114-15.

151 Ibid., 75. Paul Bourget がアメリカを旅行し、二十世紀を見事に予言しているシカゴの新しい事務所ビル群を、それらが「民衆のために民衆によって by the crowd and for the crowd 造られた新しい類の芸術、民主主義の芸術」を表現していると書いた時、彼はもっと正しかった（*Outre Mer*（Paris, 1895）, 162; English translation by W. H. Jordy and R. Coe（Cambridge, Mass., 1961）, 380）。フランス語では 'par le foule et pour le foule'。

152 W. R. Lethaby: *Philip Webb and his Work*（London, 1935）, 94. Priscilla Metcalf 博士は、Russell Barrington 夫人の *The Works and Life of Walter Bagehot*（London, 1915）, X, 442-3 への注意を促してくれた。Bagehot は Queen's Gate Place の自宅の装飾をモリ

スに頼んでいるが、「モリスのあらゆる趣味の問題に対する独裁的態度」や、「ある種の色彩とデザインの道徳性と不道徳性」に関するモリスの見解や、モリスが「構成」した青いダマスク織の絹の仕上がりの遅さについて語っている。彼はまったく「オードを書くように客間を構成していた」とBagehotは言っている。

153 一八八二年、マンチェスターでの挨拶の言葉。William Morris Societyによって*Manchester Gurdian*から復刻されている*Mr. William Morris on Art Matters*, 1961, 5を参照。

154 この価格は、Briggs氏の*The Typographical Adventure*, 23に記されている。

155 May Morris, op. cit., I, 310-18.

156 装飾の少なさを積極的に受け入れることは、室内装飾の分野でもっと早くに現れている。それは、レッド・ハウスから、簡素なウィリアム三世とメアリー二世スタイルの家というテーマの個人的な変種としか呼べない一八七七年のSmeaton Manorへと至るウェブの動きと対応する。*Making the Best of it*（*Coll. W.*, XXII, 30）の中で、つまり一八七九年か、それより少し前に、モリスは外壁の漆喰と、家屋の木製部分の白い塗料を勧めており、ウェブも同意している。

157 J. Brandon-Jones, 'C. F. A. Voysey', *Architectural Association Journal*, 1957, 248からの引用。

158 *Pioneers of the Modern Movement*（London, 1936）, later editions *Pioneers of Modern Design*（New York, 1949 ff., also as a Penguin paperback）〔ニコラウス・ペヴスナー『モダンデザインの展開——モリスからグロピウスまで』白石博三訳、みすず書房、一九五七年〕

159 モリスはビアズリーの『アーサー王の死』を「まったく軽蔑にも値しない」としている。Henderson, *William Morris*, 378からの引用。

160 そうでなかったかもしれない。というのは、彼が擁護した変化が、「生活を……洗練された人にとっては粗野なものにし、恵まれた人にとってはおそらく暫くは退屈なものにする」であろうと書いていたのは彼だからである。（*Coll. W.*, XXII, 117）。たとえばギルバート・スコットが嫌ってはいなかったフォース湾の橋を、彼が嫌っていたということは驚きである。二十世紀半ばの人間にとっても、それは非常に力強い美的感動であるが、モリスはそれを「あらゆる醜の究極の見本」としている（Thomas Mckay, *Life of Sir John Fowler*（London, 1900）, 313-4 からの引用）。しかし、その頃、あらゆる近代的な技術は、彼にとっては「恐ろしく不安な」ものであった（Henderson,210）。

補遺　I　イギリス建築、三十年後(1)

ロバート・カー　著

私が甘受することを要請されている問いは、まさにいま、かなり特別で実際的な重要性をもつものである。イギリスで建築家の職能が動いていく道はいかなるものかというのがそれで、言い方を変えれば、たとえば三十年後、イギリスの建築家の地位はどうなっているかということである。この問題の芸術的な面にあなた方の注意を限ろうと思うが、しかし実際的な見方で見ようと思う。

この科学的な時代において、いまや我々はかなりよく、人間の産業や技術、あるいは社会的・知的活動に関する継続的な事業が、程度は別にして事態の本質から見れば、ある種の進歩した法をもつ政府に従属していることを理解している。そのため、未来を予測する唯一の方法となるのは、過去の批判的な研究である。とりわけ芸術においては、あらゆる時代を通じて流れていく避け得ない一つの大きな推移という継続的な発展の流れがあるという思慮深い観察者の認識が押し付けられているという事実がある。いまは陽射しの時代、いまは影の時代、ここでは迅速で強く、かしこでは弱く緩慢というわけである。しかし、いつも同じ、同じ水源で、同じ所産。偉大な人と偉大な業績――そして彼らによる大きな失敗――は、出来事の表面の大きな泡にしか過ぎず、最も慎ましやかな職人でも、それぞれがこの潮流に不可欠の貢献をしているのである。

このようにあえて大上段に構えた調子で私が語っている芸術の中で、私は直ちに建築を最も偉大で――おそらく、いや確かに、議論の余地なく最も精妙で輝かしい——ものの一つと見なしていると言おう。こうした会合の前で立っている私に、言葉をやわらげるよう言われたり、画家や詩人の前ではベールで顔を包んでほしいとあなた方に頼むよう言われることがあるとしても、それは私にとってはどうでもいいことである。そうしたことは私はやらない。むしろ、私は壮大な建物の広がりに沿って振り返っていただきたい。その長さはハロンやフィートで測るためのものではないし、その広さはエーカーで測るためのものではない。そうではなくて、歴史の各時代によって、少なくとも五千年間を通じて、途切れることのない連続性を最も初期の自然のままの仕事の状態で見てほしい。そうしたものが、この芸術、諸芸術の女王の固有の権威であり、人類の最も高貴な部分が、神の最も高貴な考えに最も高貴なオマージュを捧げようとしてきたものに他ならない。

このすばらしい芸術的な顕現の軌跡に沿って、我々はいまでは進化という名で知られる変遷の営みが、哲学が引き合いに出すほとんどどんなものよりも明晰に例示されているのを見る。その進化の単純さは、たしかにすばらしい。そして美しく建てようという願い——それ以上のものはない——を考えれば、限なき過去の建築史の全体の図式が理解されるし、同じ図式が未来へと持続的につながっていくのも理解される。この願いのほかに、新しさを求める絶え間のない努力と、選択し得る材料を供給する多様性がすぐに現われる。価値のあるものが再生され、そうでないものは再生されず、それ故に最適なものの生き残りによる最も直接的で明白な形態に関して学派と様式が生じる。かくして、この芸術の学習、まさしく学生のように学習することは、本質的に過去に依存することになる。なぜなら、その名に値するどんな訓練も、歴史的展開の全体の図式を概観することを止めるわけにはいかないからである。また、この芸術における進歩の変化は、非常にゆっくりと現れ、最も熱意をもった独創性ですらその範囲は限られており、あまりに野心的なものの失望もたくさんある。

したがって、イギリスのこの偉大な芸術のさしあたりは代表として、いまの我々の位置を理解しようと試み、次の世代の我々の組織の状況を予見しようと試みるとすれば、最も簡単なやり方——おそらく唯一のやり方——は、我々の研究が我々を少しでも未来へ向けて前進させる契機となるかもしれないという希望をもって、世代を遡って始め、現在にまで進めることである。

およそ五十年前、その時代をイギリスの建築の歴史における一つの大きな指標とするいくつかの出来事が起こった。一八三四年に、今日、英国建築家協会としてよく知られている我々の職能団体が設立された。同じ一八三四年に、前のウェストミンスターの国会議事堂が全焼した。建築家協会の設立と、その後すぐの王立の公認は、イギリスにおける建築家の職能が発展においても組織においても重要な段階に到達したことを示している。立法府の仕事を行っていたこの重要な建物の破壊は、この職能に新たな経歴を始める機会をもたらした。若きヴィクトリア女王の一八三七年の即位は、新たな国民精神の樹立と共に、この一連の出来事のもっと重要で、おそらく最重要なものと見なされるであろう。さらに、そのすぐ後の、偉大な文化主義の盟友たる女王陛下の最も称賛すべき配偶者の到来を数えるならば——そして我々のいまの目的からすれば、とりわけ重要な、それまで彼の助けの如きものを待ち望んでいたすばらしい新国会議事堂をあげるならば——、その半ダースの年の期間内に、我々が望む出発点の正確な構成要素となる一連の状況の同時発生が見られるのである。

十七世紀の後半にイギリスの建築が新しい発展の方向を始めた時、これといくぶん似た出来事の集合があったことを思いだしてほしい。陰鬱な清教徒の優位の廃止、新しく輝かしい王権の成立、大火災の惨事——我々はこれをロンドン大聖堂の焼失と呼ぶことにしよう——、そして一人の偉大な建築家の出現が、それである。我々のいまの時代にも、ウィリアム四世の死に伴って、若々しいヴィクトリアの即位があり、古くすり切れたジョージ王朝の俗物主義が、相変わらず頑固で洗練されていないけれども、いよいよ駄目になっていって、まったく新しく輝いていて世界の希望であるもう一つの新しい体系が現われている。それと共に、もう一つの大火と、もう一つの偉大な建築家が出現している。私は、近代イギリスの二人の偉大な建築家、レンとバリーについて話すのに慣れている。彼らの傑出性に比べれば、それに匹敵する資格のある三人目の偉大な建築家は、まだいない。二人ともであるが、彼らの手にかかるとあらゆるものが、箇単には記述したり説明したりできないある種の個性的な優雅さを帯びた形態になるように見える。おそらく彼らとて、我々が考えているこの素晴らしい芸術の完全な巨匠、つまり彼らにおいて物理的な科学と美的優雅さが密接に関係しあって素描から完成へと導かれる、そのような巨匠の理想には到達していないであろう。たしかに彼らのどちらも、それなりに極めて優れた、真実を言わねばならないとすれば、表面 superficiation のデザイナーであるが、その表面を、彼ら自身の芸術的属性でもって限りない優美さの成功へと成就せしめたのである。つまりはロンドンの大火とクリストファー・レン卿の活動から、前の国会議事堂の焼失とチャールズ・バリー卿の活動までの間に、広く普及したネオ・クラシシズムの発展全体、その出現から没落まで、を示すイギリス建築の歴史の一時代が広がっている。すなわち、セント・ポール大聖堂とグリニッジ・ホスピタルから、セント・パンクラス教会、ナショナル・ギャラリー、ブリティッシュ・ミュージアム、クラブ建築、(訳74) そしてリージェンツ・パークの漆喰塗りのファサードまでである。それは、いずれ何らかの変化が来るべき時でもあった。そしてあなた方の考えとしては不可解だとしても、私はこの顕現のまさに始まり、そしてその間には並ぶものがない二人の巨匠の顕著な状況のまさに終焉を見ていると考えている。バリーの時代から我々の時代までに、もう一つの注目すべき建築の発展の推移があるということを、不思議な一致として述べてもおそらく良いだろう。その推移の最も強力で特徴的な要素が、やはり始めと終わりだが、ピュージンとストリートである。私は、これらの状況を好奇心の旺盛な人に委ねるが、バリーが彼のクラブハウスの建物で、レンの古典主義の新しい解釈を提示した時、我々はそれを見捨て、ゴシックに戻ったのである。そしてストリートが彼の裁判所でピュージンのゴシックを至高のものにまで高めた時、我々はいまそれを見捨てて古典にもどっている。作用、反作用の活動はこうしたものである。芸術は長い物語であるが、その各章は短い。

さて、住むことが我々の特権であったヴィクトリア朝時代の始めは、古典がロンドンにおける建築芸術の条件であった。老齢で引退していたジョン・ソーン卿が、ごくふつうのギリシア趣味の有能な代表者であった。彼のアカデミー教授職の後継者であったコッカレルは、同じ一派のより高い理論性を備えたより華々しい熟達した主唱者であった。スマークとハードウィックは、単に職業的に成功したに過ぎない立場であるが、それでも同じ種類のデザイナーであった。ウィルキンズのナショナル・ギャラリーとユニヴァーシティー・カレッジは、イギリスにおけるギリシアの模範として作られていたが、期待された人気を獲得し得ずにいた。バリーは——国会議事堂の大火をウェスミンター橋に立って凝視していた時、四十歳に達していず、曰く言い難い夢を夢見たのであるが——すでにペルメル街に新しい流儀で二つのクラブハウスを設計しており、ウィルキンズには与えられなかった賞賛を博していた。私としてはただ、新しく設立された協会で、成功した商業的実践家の粗雑な精力の代表者で、徹底した商売人による便利で空理空論の折衷主義の信奉者として、タイトがドナルドソンと主導権を分かち合っていたことを付け加えておかねばならない。ドナルドソンは疲れを知らない書き手であり話し手であるが、彼の有頂天になった知性にとっては、建築の研究は礼拝であり、はるか古代に遡るすばらしい起源は決して揺るがすことができない信仰であった。こうして私が述べてきた世評の状況が著しく洗練されてきたのは、ディレッタント協会による形と成果が与えられたためである。その数年後に、ディレッタント協会の権威の下に、一連の長い事業のうち最も新しく特徴的な事業がペンローズ氏によってなされたが、彼のパルテノンの視覚矯正の精密な測定は、いまでも再生できない批評体系の至高の最終的成果である。

その間に、反作用と反感という自然な法の不可避的な作用によって、このひ弱になった伝統的な古典主義に対する敵意の感情が、多くの心に生じてきていた。つまり、もっと頑健な秩序をもつ浪漫主主義が、柔弱で冷淡な批評を軽蔑し始めていた。そこで、イギリスの浪漫主義派は二つの形をとることになる。先祖崇拝と教会主義であるが、どちらの場合にもある変化が建築に及んできていた。オクスフォード運動、もしくは高教会派運動、もしくは中世リヴァイヴァル——後の呼び名で呼んでいるのだが——が、教会で力を得ていた。一方で、国家について言えば、新しい立法府が大きな規模で建てられるべきだということと、政府の常設建築家の一人、ロバート・スマークがその設計案の準備を委託されることとが了解されるとすぐに、国会の議員たちが、そのころ豪華様式 Baronial style と称されていたもの——「ゴシック」または「エリザベス朝風」が結局は受け入れられた表現となる——が愛国的に採用されるよう、そして平凡なスマークの手から、公的なコンペによって選ばれるべき誰か無名の浪漫主義者の手へと建築家の依頼料が移転されるよう、速やかに活動し始める。バリーがコンペに勝ったが、「フェアプレー」があらゆる悪を除くだろうという希望をもって（フェアプレーは要求に応えるには相変わらず内気に見える）、コンペの美徳に対する熱心な信念が復活してきたいま考えると、バリーの設計案の選択の公正さが、この会よりも厳しいどんな批判をも受けなかったこと、王室の影響ある友人たちの好意が拒まれなかったこと、そして最も有能な専門家の支援が賢明にも確保されたことは、興味深い。

新しい国会議事堂のこの設計案の採用は、ゴシック・リヴァイヴァルを頂点に至らしめた。豪華様式はすぐに公衆の好みとなった。それは一つの刷新を定式化し、不安感をやわらげ、真の反発の要求を満足させた。教会は、たしかにかなり間、様々な種類の尖頭アーチの構造で建てられていた。城もまた、愛国的な大地主のために、ウィルキンズ自身によってすら、特段の特徴のないゴシック・アーチで建てられており、時にはゴシックの大砲——漆喰の銃眼から威圧的に出る装飾的な木造の大砲——を伴っていた。大聖堂もまた、鋳鉄とモルタル合成物の助けを得て修復されていた。そしてロンドンの食堂は、薄い樅の板からくり抜かれ、木目塗りにニスを塗られたトレーサリーによって巧みに飾られていた。しかし、いまやこれらすべては改善されるべきであった。ピュージンは、すべてのまがい物、すべての不信心者、すべてのモダンなものに対する呪詛を激しく叫んだ。ブリットンやル・キューが描いた大会堂の繊細な版画ですら、新しい一派の旅行写生家の男性的なリトグラフに取って代わられた。ラスキンが大多数の人に知られていない神秘的な福音の主唱者として現れた。そしてイギリスで、不可解な建築市民戦争が始まった。

戦う部隊は、徐々に勢力を組織していった。一方はゴシック部隊と自称し、他方はクラシック部隊と自称した。熱心さを除けばこの二つよりも強力な三つ目の部隊があり、これは折衷部隊を自称していた。たしかに最初は、あらゆる変革の創始者と同様に、ゴシック主義者は希望に甘んじ、あざけることで納得しなければならなかった。イギリスは妥協の本場であり、ついに、ゴシックは教会にふさわしい様式だと認められるべきで、エリザベス朝スタイルはカントリーハウスに、そしてイタリアのクラシックは市の公共建築にふさわしいということが同意された。そしてまた、どの専門家もこの三つのスタイルすべて、あるいは他の自分の好みのスタイルで、最善を尽くすこと、またこの世界がそうしていることを尊重することが許されるべきだということも同意された。コッカレルは、王立アカデミーの何度かの講演で、彼が包容性あるいは普遍的寛容と呼ぶところのものを熱心に主張している。ドナルドソンは、建築家協会で、ゴシックにおいてもギリシアにおいても、ある程度までの理外性を受け入れることに同意している。タイトは、すでに現実として、リージェント・スクウェアのスコットランド教会によって、ゴシックのデザインを先導してきていた。しかし、奇妙なことに、実践的なリヴァイヴァルの大家として受け入れられてきたバリーが、本当はその敵だった。もしも政府が彼に説得されていたとすれば、ウェストミンスター宮殿が結局はイタリア・ルネサンスの威厳のあるスタイルで建てられたであろうことは十分に理解できると思う。我々が理解している意味での建築ジャーナリズムが、この時期に設立されたと言い得るということを指摘し忘れないようにしなければならない。もちろん、これは我々の週刊新聞の創刊のことを言っている。かつては、ひ弱な月刊誌『シヴィル・エンジニア・アンド・アーキテクツ・ジャーナル』が唯一の専門誌であり、当然、非常に不十分な影響力しか持ちえなかった。ただ、その時以来、建築とエンジニアリングのジャーナリズムの個別の発展が、十分だったことを言っておきたい。そして、私はとりわけ、イギリスの建築芸術の週刊誌の挿絵における眼を瞠る発展について言わずにはいられない。それは、必ずや世界中いたるところで計り知れない芸術的価値を有するはずのものである。

すぐに一八四八年という年がやってくる。それはヨーロッパの革命の年であって、その革命によってフランスは、伝統の障害を捨てて、新しい未知の国の歩みを始めたということだけを思いだしてほしい。二百年の間、パリは芸術文化の中心であったが、人々の活力は、次第に宮廷の模範によってはほとんど促進されなくなってきていた。いまや固有の階級となった大胆な実務家の手に渡された政府は、人々のための無限の快適さを犠牲にして、彼ら自身のための無制限の権力を手に入れることにした。芸術は、その顧客の性格をあまり詳細には調べなくなった。そして、他人がナポレオン三世についてなにを言おうとも、建築家は、(政治的な賢明さは言うまでもなく)自分がうまく処理した建築的操作の芸術的な輝きの名誉の記憶を常に保持していなければならない。

イギリスの建築は、従来パリに刺激を求めては来なかった。現にいまもそうであるし、あえて言えば将来もそうであろう。というのも、私はフランスの芸術をたいそう敬愛しているので、女性的な魅力のものに感嘆する感覚を捨てられないからである。それ故、まさに無骨な男性性の本場たるイギリスは、おそらく精確なフランス的な趣味のやり方を踏襲しないであろう。しかし、一八四九年にフランスが社会的な展示会で行った新しいスタートは、なんらかの形でイギリスの芸術に影響を及ぼさないでいることは不可能であった。国際博覧会という大きな体制での博覧会の発足は、この影響がもたらしたものである。そして、一八五一年と一八五五年は、二つ合わせて、イギリスの建築の歴史における一つの危機をつくり出したが、その危機の結果は、現代のどんな類の出来事よりも注目すべきものであったことがいまはわかっている。

一八五一年に博覧会が開催された時、我々の職業世界は変わらないままだった。女王の夫君アルバート公は、当時三十一歳という進取の気性に富んだ年齢であったが、彼が婿入りした国の文化一般の進歩における重要な推進者となっていた。まもなくわかったことだが、彼は建築の仕事をかなり尊敬していたが、しかし同様にイギリスの建築家に敬意をもっていたわけではない。たぶんその理由の一部は、芸術的な建物の批評が、私がこれまで述べてきたような混乱した状態にあって、たしかに低次元の場と呼ばざるを得ない一種の非科学的な論争の場となっており、ドイツ人の高い知性が関わる方法がほとんどないような状況にあったことによるだろう。彼に課せられた公的な義務の中で、最も顕著なものの一つが、新しい国会議事堂の芸術的完成の差配であった。我々は、彼が商人的な条件(この言い方が許されるならば)の感覚に深く印象づけられ、そこによくあるイギリス建築とその補助的な芸術全体を見たであろうと思う。そうした性質は、当時、悲しいかな強力に現われていたということが、いまでは率直に認められている。私は、アルバート公に個人的なリーダーの性格を結びつけようと望んでいるわけではない——そう望むことは間違った批評になるであろう。しかし、彼はイギリスの公的知性における切迫した変化におけるとりわけ良き代表者であったと私は思う。そして、苦々しいことながらとりわけこの十五年から二十年の間に非常にしばしば例示されてきた建築家という職業のことさらの不人気が、アルバート公の建築への介入の最初期に端を発しているという事実はおそらく間違いないであろう。思いだして欲しいのだが、その頃の旗頭は、バリーとピュージン、ラスキンとファーガソン、スコット――あるいはむしろスコット・アンド・モファット――、そして建築家協会におけるドナルドソンとタイトである。バリーの国会議事堂の仕事はよくわからないまま遅々として進まず、それに対する理解のない人々の不平が、建築家と立法が協力しあっていないかのように、下院で絶えず聞かれた。ゴシック・リヴァイヴァルの純粋の主唱者ピュージンは、その時、個人的にもこの大仕事自体におけるバリーの忠実な盟友として行動しながらも、彼の公的な役割は単なる熱狂者であって、彼の所構わぬこれしかないという中世への狂信は、混乱をよりひどいものにした。もう一度ラスキンについて言えば――彼は自身の意志に反して年齢的に若いほうへ戻っているとさらに確信的に言えるだけに益々――彼の魅力的な著作のもっともらしく向こう見ずな、そしてしばしば無意味なレトリックは、曖昧で擬似的な感傷主義をかきたてただけで、それは建築を益することなく、建築家に限りない損害を与えたということのみが言える。次にファーガソンであるが、彼はラスキンと同様に独断的ではあるが、ラスキンが詩的で熱狂的であるのに対して散文的で冷静であり、またラスキンが軽蔑的で敵意ある態度であったのに対して、実際の建築家として活動するつもりが十分あった。しかし、彼は無意識の内に自分たちを導いてくれる愛好家を必要とする芸術家たちの職業的社会を公然と軽んじていたので、彼のこの芸術への相当な貢献によっても、彼がこの職能を助けたとは言えない。その次に私はスコット・アンド・モファットをあげた。いまのところ、彼らより後の偉大な教会建築設計者は、向こう見ずな名の知れた野心家たちの事務所以外は見当たらない。彼らの下では、常に容易に陥ってしまう実務の悪用が、早晩、高貴な美的職能が商売獲得のレベルにまで落としてしまわずにはいないというところにまですでに達している。私は思い出に残るギルバート・スコット卿を尊敬しているが、いま彼と彼の四十年前の非常に賢明なパートナーを、彼らがどんな犠牲を払っても仕事のために奮闘努力するというやり方を導入してきたということで、責めるのを躊躇っていれば、私の義務に忠実でないのではないかと感じている。そのやり方は、イギリスの建築家にある程度の損害を与えてきたと私は思っているし、いまもなお遺憾ながら、多少とも損害を与えていると思っている。最後に、私は建築家協会のドナルドソンとタイトのことを話した。ドナルドソン教授については、我々の輝かしい芸術とその文献、そして我々の芸術家と考古学者と批評家の名誉ある歴史的地位の高邁な性格が高潔に大胆に維持されることが、我々を俗悪もしくは洗練された攻撃から守ってくれるよう、彼はその会のリーダーとして自分の義務から一瞬たりとも逃げなかったということだけを言っておきたい。そしてウィリアム・タイト卿については、非常に異なった性質の人ではあるが、個人的に知っていることもあって、以上のこととまったく同じと言うことに喜びを覚える。それに、コッカレル教授が彼の職業的社会の大義を擁護する勇気を決して欠いておらず、傍観者以上のものであるよう求められたことはほとんどなかったということを加えることができるであろう。

ここで、かの注目すべき人、ヘンリー・コールについて語らなければならない。私は、彼がイギリスの建築芸術に起こった変化においてきわめて真剣で効果的な先導役を果たしてきたと考えている。私はこの言葉――建築芸術 art architectural――を使っているが、それは一八五一年以前の時期のアカデミー的建築と、その頃に現われ始めたアカデミー的ではない建築芸術一般の重要で実際的な区別を示すためである。いまは、構築芸術、造形芸術、装飾芸術、産業芸術の小宇宙全体が問題となっているのであって、その中にあって古い伝統の純粋な建築芸術はほんの中央の星にすぎない。

コールは生涯の仕事として、我々がマイナー・アーツと呼び習わしてきたものの促進に携わってきた。それを彼は、建築の職業的実践に対する反感をもとに始めたことは疑いない。その反感を彼は生涯持ち続け、後継者に伝えた。正しいか間違っているかは別にして、建築家というのは化石のような存在で、古代ローマの街や、中世の修道院の回廊や、近代的ではあるが近代的すぎないイタリアの市場では、残されたその仕事の痕から判断すれば、建築家の働きはたぶん有用であったろうが、現代のロンドンにおいては、建築家は語るに足るほどの人でもなく、彼なしでもまったくうまくいくほどの仕事をするに過ぎない人だという結論に彼は至ったものと思われる。実際の仕事の問題としては、これは馬鹿げたことだということを我々は知っている。一流の建物の適切なデザインがそのようなものでないとしても、建築を知らない人士でも完成を望まないようなものは、この世界の仕事にはおそらくないであろう。そして、建築の知識をあまり持たない人が、多くの失敗にも関わらず彼ら自身の建築をつくりたいとする継続的な努力は、たしかに実現不可能なものに魅せられたことの証拠ではある。しかしコールは、多くの人がそうしているようにアマチュア建築家になろうとはせず、誰か他の人をそうさせようと励ましたわけでもないように見える。彼が過小評価したのは、芸術でも事業でもなく、人間であった。彼の全精神は、ディテールに夢中であり、建築家たちはこうしたディテールの知識を欠いていて、施工会社の管理の仕事から得られた少々の経験に乗ずることで満足していると彼は考えていた。ディテールの芸術について彼自身が知っていることをすべて知っており、あるいは知ることを望んでおり、そしてまた、彼自身の能力を超えると認めたもの、つまり光輝ある建物の歴史的芸術の全巻を知っていたディグビー・ワイヤットのような建築家と関わりができた時、彼はその建築家を誉めることができたし、便利に使える限り彼を誉めた。しかし、ディテールの芸術を備えない単なる建物だけが問題であれば、工兵隊でも誰もが望むのとまったく同じ程度にうまくやることができるというのが、彼の意見であった。実際、彼らは訓練を受けていない多くの建築家とは違って、訓練を受けた兵士であるという一事をもってしてもなおさらそうであろう。そして、本当のことを言わねばならないとしたら、訓練を受けていない建築家の後継者はさらにまた訓練を受けていないのである。

一八四八年にアルバート公が建築家を使わないでオズボーン・ハウスを建てたという事実は（もちろん施工者は雇ったけれども）、意見を述べ合うためにやって来たコール氏の信念を強めさせたかもしれない。しかし、すでに示しておいたように、私がこれに関して言いたいことは、実際、非常に知的で真面目なこの二人は共に、単に個人的で酔狂な考えを抱いていたのではなく、鋭い洞察力を発揮していたということである。いずれにしても、一八五一年の大博覧会の直接の成果は、芸術的なデザインに関する繊細な精神は、ほとんど手をかけるに値しないと見なすのに慣れてきていた工業生産の様々な分野をも貫徹するべきだという事実に、イギリス人の眼を開かせたことである。これらの多くが、大なり小なり建物、もしくは建物の装飾あるいは仕事に関係しているということは、非常に明白であった。そしてコールの大業績は、装飾芸術の全体、とりわけ建築的なマイナー・アーツの普及のための基礎を築いてきたことである。一八五五年にパリで開かれた博覧会は、同じ考えをさらに発展させた。そして、何人かのイギリスの建築家たちは、彼らの学習が普遍的な芸術のディテールに益々関わらねばならないということに気づき始めた。したがって、建築はいま一つの新しい方向へと動きつつある。

コールじきじきの非常に巧みな運営の下に、これらの博覧会の実際的な成果が、国立デザイン学校の設立とさらにはサウス・ケンジントン・ミュージアムの設立という形と中身で、速やかに現われた。シデナムの芸術的な大衆行楽地であるクリスタル・パレスの施設もまた、同じ目的で実施された措置であるから、こうした事業と共に合わせて考えられるべきであろう。建築家についていえば、公爵の庭師が、あたかも建築家が時代に付いていっていないのは、芸術的な建物においてだけではなく、科学的な建物においてもそうであると示すがごとく、博覧会の建物の設計に加わってきたことは、おそらく瞠目すべきことであったろうし、たぶん不幸な状況であったであろう。しかし、我々はこの出来事の見方を受け入れることを強いられているわけではないし、パクストンも芸術や科学で足跡を残しているわけでもない。

「サウス・ケンジントン」は、政府のいくぶんでしゃばりの案内所といった性格をもつものと長い間広く考えられてきたが、もはやアカデミックではなくなったものというのではなくて、本質的に非アカデミックな種々の芸術の司令塔と見なされると私は思う。アカデミックな芸術という言葉を、私は狭い意味で使っている。つまりルネサンスのアカデミーで受け入れられた古い伝統的な芸術の範囲で、絵画、彫刻、建築のみからなり、すべて威厳ある伝統をもつ高度なレベルのものを指して使っている。たとえば、我々は一八五四年以降も、タイト氏による王立アカデミーの展覧会「イニゴー・ジョーンズの作品による構成」と、ドナルドソン教授の「建築家の夢、あるいはセント・ポールの地下聖堂の開放のための設計スケッチ」（パリのアンヴァリッドの手法にならって）を見ているのであるから、アカデミー主義は非常に長い間君臨してきたことを認め得る。また同様に、我々がこのような不便な形式主義から大いに解放されて実施してきたこと、そして我々のクラシックもゴシックもどちらも、しばしばほとんど自由な扱いをしており、それぞれの派の独断的な批評をこれみよがしに無視していることを考えると、建築家の実際的な働きは、同時に拡大された領域を獲得してきたことも認め得る。建築家は、他の人なら装飾的なもので覆い、飾ったアクセサリーで終えるところを、単純に便利に計画し、適切に構築し、そしてよい比例をもつ建物を提供したということだけで、もはや満足してはいられない。どこにでも仕上げの仕事、マイナー・アーツの仕事があり、それらは建築家の仕事の一部、一片であり、自分自身でそれらをデザインし、制御しなければならない。たとえば、特徴的な彫刻があれば、彼は彫刻する人を指導しなければならないし、絵画があればなおさらそうである。時には、絵画と彫像のセットが置かれているかもしれない。金属細工、ガラス細工、石膏細工等々、あるいは壁紙張りなどもある。床の仕事、壁の仕事、飾り棚の仕事、家具の仕事があり、時には室内装飾やカーペットやタペストリーもある。たくさんの種々雑多な作りつけ備品に家具調度に、さらには固定していない装飾品すらある。これらすべては、思いがけなくゆがんだものが全体のデザインの効果を台無しにしないように、一人のデザイナーによって「芸術的価値が付与」されていることが概ね要求される。そして、この建築家の仕事の活動範囲における大きな変化は、サウス・ケンジントンの方針の影響と関わっているに違いない人々の感覚の類似変化に応えて起こったものだと、私は考える。たしかに、我々がクイーン・アン建築と呼んでいるものの骨董 bric-à-brac スタイルと言われるものは、正しくはサウス・ケンジントン・ミュージアム・スタイルであると言いたい気持ちにかなり私はなっている。サウス・ケンジントンの卓越した才能であるコールは、私的に当初、フェリックス・サマリーとして、ずっと骨董に身を捧げることに満足していた。ミュージアム全体がいまだに骨董だという皮肉な批評家もいる。もし私が骨董という名前を種々の非アカデミックな芸術という概念と同一視することを許されるならば、私としてはこれに反対はしない。種々の非アカデミックな芸術は、マイナー・アーツの領域全体の基礎となるものであり、しばしば定式化はされておらず、伝統的でもないが、毎日の喜びの無尽蔵の源泉をなしているものである。その毎日の喜びを、空しい伝統の自負に慢心してしまって、それを試みるよりも無視しがちである。

しかし、おそらくゴシック・リヴァイヴァルは、建築家の仕事――すべての作業員のチーフとしての建築家の仕事ということを私は言いたい――の拡大において然るべき分け前を主張する資格がある。たとえばピュージンは、とりわけマイナー・アーツの使徒であった。彼の時代で先行していたネオ・ギリシア愛好主義やジョージア朝俗物主義は、マイナー・アーツに門戸を閉ざしてきたと言える。現在、マイナー・アーツが建築の仕事にもっている形と力を獲得したのは、ピュージンの後継者たち――彼のゴシック狂の直接の後継者たち――の下においてである。おそらくサウス・ケンジントンは、その狭量な骨董の鑑賞眼を、あらゆる可能な類の装飾的デザイン性に通ずる人々の広範な関心に転じはしなかったけれども、その熱心さにおいては、十分正確に言って、ピュージンとピュージン派的であった。それでもコール主義もピュージン主義も、意図的な同盟ではなかったし、いまもそれ以上のものではない。今日までサウス・ケンジントンは、イタリア・ルネサンス以外はあまり認めていないが、一方で我々のクイーン・アン主義者ですら――彼ら自身、ごく最近中世主義であることを抑制している――彼らが見つけた何か他のものにむしろ変わって来たようである。いずれにしても、私が言いたいことは以下のことである。すなわち、最初期の大国際博覧会の時代は、イギリスの建築の歴史において、マイナー・アーツの勃興と同一であり、マイナー・アーツはこのおよそ三十年間の間に我々の間にかくのようにして発展してきたということである。

ここで、ゴシック・リヴァイヴァルが、そのためにのみ記述されるべきであろう。我々に普及しているプロテスタンティズムの言葉でいえば、この大きな運動は単純に、ローマ・カトリックあるいは中世主義の教会の芸術的なスタイルへの回帰であり、そのことから、それは「詩と芸術の教会」だと正しく言われてきた。大博覧会の時代には、ゴシック主義は、イギリスの建築の実際において、あらゆる教会分野の確かな領土を獲得していたのみならず、どんな世俗の作品でもそれを採用する価値があると主張するまでになってきていた。イタリア芸術はイタリアの土壌にのみふさわしい、イギリスはイギリス的なスタイルを必要としている、そして唯一のイギリスのスタイルはゴシックであるという理論は、大胆に主張されていた。そして一八五七年に、ホワイトホールに建つべき戦争省と外務省の公開コンペを実施したとき、応募者の嗜好がクラシック主義とゴシック主義に均等に分かれたので、審査員たちは、人々の評価における世俗ゴシックとクラシックのまったく等しい価値の公的な承認として、二つの派の代表者を受賞者として交互に、全部で十四等賞まであったと私は思うが、並べなければならないと感じた。我々誰もが、どのようにして最終的にスコットのゴシックのデザインが、ダービー卿の内閣が終わる直前に、示威的にクラシックに変えられたかを知っている。様式論争とはこうしたものであった。

おそらくゴシック一派が持っていると主張していた主たる価値は、真実の分節という中世の原理、あるいは表面的なデザインの意図と表面下にある構造の意図との正しい一致の復活であったであろう。ルネサンスの諸様式は、ほとんど絶望的にごまかしにからめとられているのに対して、彼らが言うところの中世はなにものも隠したり偽ったりしていないと、十分正当に主張している。これは、正しい方向への大きな一歩であった。なぜなら、間違った建築は真の芸術ではありえないからである。しかし、我々のゴシックの建築家たちが彼らの派の主張を完全に貫いたと言うべきではない。彼らがそうしたはずだということは、ほとんど期待すべきではない。製図版上のごまかしの習慣は、セント・ポール大聖堂（その価値にもかかわらず、ごまかしの塊）以来、慢性のものとなっていた。いまでも、構造の実際は表面的なデザインと妥協してはならないというスパルタ的厳格性をもつ原則は、あまりに弱くしか認められていない。

しかしゴシック・リヴァイヴァルは、十分な力を獲得したときに、我々の職業の世評にとってはそれほど満足できるものではないもう一つの結果をもたらした。建築家は、いまや二つの「同志 camp」（ギルバート・スコット卿の適切な言葉を使えば）に分かれ、お互いに「相互の蔑視」をもって見ている。イギリス人は、政治の世界では政党の対立のもたらす恩恵を十分に評価しているであろうが、芸術の世界ではそうはいかない。その結果、ゴシック主義者がクラシック主義者を、あからさまに愚かな同胞だと公言し、クラシック主義者がゴシック主義者をまったく同様に言うということになると、この職能全体の評判は不可避的に下がり、その影響は議会やメディアであまりにもはっきりと現われる。職能集団自体の中においても、権威が教義において分かれてしまう。ゴシック主義者は、その優越性の主張を、主として正直さと男性的な剛毅さの性質に頼っているが、そうした性質は間もなくストリートなどの作品において、優美さの軽視といったものへと展開していった。一方クラシシズムは、その採用がすべての近代のヨーロッパで同時発生していることに頼っており、まがい物であるという罪を十分に認識しながらも、時には男性的、時には女性的に見えるかもしれないけれども、醜に美を代替させることに異議を唱えている。

この職能の外でも、新しい俗物主義が現われた。それは、何年も前にエアトン氏が公共事業局長官 First Commissioner of Works にまったく偶然に任命されることによって、思わぬ重要性を得たのである。エアトンはまさにペリシテ族のゴリアテで、エドワード・バリーが向こう見ずにも彼と交戦した時、バリーはきわめて憂鬱そうな様子で彼の前に跪いた。そして不幸にも、彼は建築家の不評判がほとんど国家的原則となるまでに、我々全員を彼とともに引きずり込んだ。しかし、最終的に名誉もしくは不名誉を与えたのは、サウス・ケンジントンであった。コールは、建築家のみならず、アカデミックな集団の専門的芸術家のあらゆる部類をも嫌っていたとされている。彼は、どこにでもある似たような気どりを、単なる伝統的で因習的でまがい物のうぬぼれに過ぎないと見なしており、国民的な趣味の真の糧をもたらすものと彼が考えていたマイナー・アーツの発展を阻害するものと見なしていた。したがって、コールの下で芸術的になされるべきものは、原則として、いわば非専門的になされねばならない。そして建築が専門的芸術の最も卓越したものである限り、もしサウス・ケンジントン自体のための建物が建てられることになった場合、専門的な建築家は徹底的に排除されるべきだということになる。工兵がその代わりとなることがはっきりと示される。総合的な能力に富んでおり、愛想のよいよく訓練された性格の若い将校、フォーク大尉が、この方針の代表者とされた。彼は、アルバート公のお気に入りとなった。彼は、広い考えを持った人であることを示した。彼は、この新しい芸術的企業のシステムにすっかり入り込んだ。彼は、鉄やテラコッタなどのデザインのための新しい材料の特別学習を行った。彼は、確かな判断力をもつチーフであり、同時に確かな判断力をもつ助手でもあった。彼は早くに亡くなったが、仮にもっと長く生きていたとしても、彼がなしたこと以上のことはほとんど成し遂げられなかったであろう。彼の後継者のスコット少将は、同じ方法で彼の仕事を続けたが、より温和な性格のスコットは、彼自身はまったく建築家ではないということを率直に認めることにより、このシステムが結局は空しいものであることを建築の世界に発見させることを許した。もっとも、大変な大建築、アルバート・ホールは、それでも名義上は彼個人の仕事ということになってはいる。しかし、アルバート・メモリアルを建てねばならなくなった時、サウス・ケンジントンは思慮深くも、名義上ですら工兵に芸術的慈悲を託すという試みをしなかったということを、思い起こしてもらう必要はないであろう。

我々は、いまや二十年前より近い時期に到達した。そして裁判所とナショナル・ギャラリーの大きなコンペで示された通り、イギリスの建築の状況はこうしたものであった。様式の戦いは、いまも進行中であり、ゴシック派が始めからずっと勝利を占めていたということを否定することはできない。スコットとストリートとバージェスが、その最も卓越した闘士であった。スコットは、どこの教会建築の仕事でも、鉄壁の指導力を示した。しかし、彼が聖職者の仲間のように社会的に高名となったことは、彼が闘士的な態度を続けるのを困難にした。そうした闘士的な態度は、彼の優れた弟子ストリートの性格にずっとふさわしい。にも関わらず、スコットは、党派心の要請と、それからもちろん我々が言うところのより穏やかなゴシックに対する彼自身の真摯な賞賛とに従って、戦闘的な中世主義者として先頭に立っており、時には強く思える言葉も使った。しかし、それによって誰も状況が悪くなるようなことは一度もなかった。ところが、ストリートの場合には、リヴァイヴァルの才能に本質的な闘士的性格を宿していた。エアトンですら、彼のライヴァルであった。実際、この建築家の生涯にわたる怖れを知らぬ態度がもたらした影響は、自身は地位の高い法曹も、その死んだ男の意志の強力な力によって心地の悪い仕事をせざるを得ないので、そのあまねく存在している時代錯誤や不合理にひどくいらいらして、声をころして彼を非難しているほどであった。我がゴシック・トリオの三人目とするバージェスは、力の人というよりも陽気な熱狂家で、やさしい寛容を示し、決して憤激を生じさせるようなことはなかった。彼の親友たちにとっては、彼は「ビリー」であったが、おそらくストリートは「ジョージー」と呼ばれなかったであろう。しかし三人の中では、バージェスが断然最も純粋な芸術的精神の持ち主であった。スコットは、性分にあった職業をもった勤勉で進取に富んだ仕事人であり、ストリートは戦う聖職者であり、バージェスは夢につかれた少年であった。一人は低教会派、一人は高教会派、そして一人は無教会派であった。しかしこの三人は、共に偉大なゴシック・リヴァイヴァルの勝利の象徴的存在であった。そして、我々のすべての束の間の小さな勝利と同じように、その時は永遠と思えたこの勝利が、いまや単なる歴史の偶然であり、なおかつほんの短い年数のものであったことに、我々の一部は奇妙な感じにとらわれるに違いない。

大物の巧みな計略によって、新しい裁判所がほしいという切迫した要求と、新しいナショナル・ギャラリーめいたものがほしいという願望とを組み合わせて、一対のコンペの機会が設けられ、一つはゴシックが勝ち、もう一つはクラシックが勝つはずであった。しかし、当時のクラシックの指導者たちは、それほど多くもなく、強くもなかった。真に芸術的な活力はすべてゴシックで浪漫主義的であった。競技の結果は、いつも通りの紆余曲折を経て、ストリートに、たぶん考古学的芸術の世界でかつて試みられなかったほどの厳格で妥協のないアカデミックなスタイルの裁判所を建てよという指名であった。その建物は、ようやく最近竣工したところである。それは、芸術的意志と、また当然ながら芸術的熟練の一つの記念碑であるが、それだけではない。その芸術的姿勢の怖れを知らないたくましさと、その独特のゴシックの力の激しさは、それがなければ、このリヴァイヴァルの全過程がまったくの不完全になってしまうほどのものであった。まさにその理由により、この長い間をかけての完成は、その偉大な運動が自身の疲弊を語るにふさわしいものとなった。ストリートはゴールに達して死に、彼の主義は彼と共に死んだ。教会の仕事を除いて、強い主張をともなった現代のゴシックはもはや存在しないが、その役目は果たされてきたし、よく果たされてきた。

世俗ゴシックを継承する人気のあるスタイルが、近年、自然の法則の作用によって必然的に成長してきた。たしかに建築の刷新はゆっくりとしたペースなので、この新しい流行は通常考えられるよりも年数をかけてゆっくりと波及してきていた。それが、言い表し難くていささか独断的にクイーン・アン様式という名で呼ばれているものである。これは単純なリヴァイヴァルの行為であるように見えるが、私がすでに言ってきたように我々自身の時代特有の骨董スタイルであり、サウス・ケンジントンの影響がもたらしたとも言えるマイナー・アートのスタイルである。この広く波及した建築的実践の変化に関しては、限定的にではあれ直接的にであれ、官僚的な影響は及んではいない。公衆の要求のみが影響を及ぼしている。しかし私には、主として小規模な作品のデザインにしか見られないが、限りなく魅力的でピクチュアレスクなディテールに満足するその公衆の要求をつくりだしてきたのはサウス・ケンジントンのように思える。それが、この変化を偶然のせいにしたり個人的な権威に帰したりするよりも、合理的な考えだと思う。とはいえ、ノーマン・ショー氏は、その控え目で勤勉な忍耐と極度に巧みな図面能力が、この種の芸術的な仕事を行うエージェントの資格を彼に付与しており、十分に先導者としての評価に値する。そして彼に何人かの同じくすぐれた人たちが続いたが、いまや彼らは一つの派の地位を獲得しており、その派は非常に重要な価値を有するものとなっている。

この独特の運動の結果がどうなっていくかを問うことは、きわめて興味深い批評の課題である。この運動が、普遍的なヨーロッパのルネサンスへの回帰によって次第に衰えていくに違いないことは、おそらくまず確かであろう。このルネサンスという偉大な歴史的スタイルは、しばしばイタリア様式と別の名で呼ばれているけれども、単にイタリアの地方的なものではなく、たまたまヨーロッパ全体に広がってしまったものであることを――ここではネオ中世主義者の批評はまったく非科学的である――我々は心にとどめおかなければならない。それはモダンなヨーロッパのスタイルであり、モダンなヨーロッパが誕生した場所でモダンなヨーロッパが生まれた時に発生したものである。それが普遍的に受け入れられた建物の方式としてヨーロッパ全体を覆うまでに西方へ広がったこと、そしてそれ以降使われ続け、いまもなおなんら疑問もなく通常のあらゆる目的に使われ続けていることを語ることは——その時代以前の人や時代に遅れた人によるものを除いて——、まさに偉大なデザインのスタイルが必然的に支配領域を広げていくその過程を記述することになる。そして、我々がイギリスでゴシック・リヴァイヴァルを起こし、それを立派な完成にまで導いたことを、我々の望みを十分に満足させた後の展開点にある特殊な意欲の特別の行為として、世界に功績を主張するとすれば、——これを我々はやっており、現にその資格が十分ある——これは非常に独特の例外によるこの原則の承認ということになるであろうか。

さらにもう少し細かく将来を覗いてみるとすれば、現在イギリスで使われている三つのスタイルの原因を探って見なければならない。まず、現代ヨーロッパの普通のスタイルがあり、二つ目は復興ゴシックもしくは中世ヨーロッパのスタイルがあり、そして三つ目はある種の大衆的で地方的な方式で、前二者と異なると言ったけれども、前二者に似ており、基本的にマイナー・アートのスタイルであり、明らかに過渡的なもので、それに続く永久的な四つ目が何かをすでに我々に問うよう促しているものである。

まず最初に、ゴシックを考えよう。現在、ゴシック・リヴァイヴァル——それが偉大な中世教会、特に想像上の教会の、芸術的体系全体への回帰であるということはすでに言っている——は、教会という用途に関する限りでは、まったく疲弊しているわけではない。一方にバターフィールド氏のようなタイプの建築家がおり、他方にピアソン氏のようなタイプの建築家がいるが、彼ら以前にすでに長い実績が積まれていると私は思う。つまり、ゴシックの教会は、イギリスにおいてはその人気を失いつつあるという徴候をまだ示してはいない。しかし、公共建築や住宅においては、事情は異なっていて、ロンドンの裁判所で頂点に達した世俗のゴシックは、その権利を永遠に譲り渡してしまっている。しかし、別の観点からこの問題を考えてみたい。ゴシック・リヴァイヴァルとそれに特有の形態とを生み出した国民的感情の動きは——もう一度言うが、イギリス特有のものであり、他の国は単なる模倣者にすぎない——一部は教会に関するものであるが、一部は社会的なものである。一八三四年に、新しい国会議事堂は「ゴシックもしくはエリザベス朝風」と呼ばれるもので設計されるべしという要求にしたがって動いたのは、その社会的な面であった。これは考古学のためであった。新しい建築がいわゆるゴシックで建てられるにいたるまで、そしてそれ以後の長い間、これはまた厳密に教会的な理由のためではなく、ただ単に考古学的な基盤に乗ったものであった。しかしまた、教会的な動機もこの期間中ずっと、主として大学で発展してきていた。そしてそれは、やがて強力な神学的団体の勃興と向上という形で、一般の人々の前に現われた。ただし、我々は神学者としてここにいるわけではなく、芸術家としてここにいる。そして、我々がこの非常に注目すべき社会現象を見るべき方法は、それを不可避的な芸術刷新——この語の非常に幅広い意味において——と見なすことであると私は考える。それは、何世代にもわたって保有されてきた退屈で陰気な俗物性に対立するものとして、無数の芸術的要素と詩的要素をイギリスの教会に導入することであった。我々は、未来のために芸術的な音楽、芸術的な装飾、芸術的な儀式、芸術的な建築、そしてあえて付け加えれば、芸術的な教義と規律をもつことになっていた。これは、一般の人々が事態を見てきたいつもの無邪気な見方であると、私は間違いなく断言できるだろう。そして、そうであることは、とりわけ非国教徒やスコットランド長老教会派ですら、可能な範囲でこの新しい体系を受け容れたという事情によって、示されるであろう。この新しい体系がイギリスの建築家たちによっていかに熱心に取り入れられたかを、あなた方に思い起こしてもらいたいという必要はないであろう。実際、建築はほとんどこの事業の中心の位置を占め、あらゆる要求にその資源の豊富さ——まさしくイギリスの才能がその芸術的世界の永続的な賞賛を獲得したといえるであろう——をもって応えていたと言えるのである。したがって、唯一の自然で歴史的なリヴァイヴァルの形であると私が見なすのは、芸術的宗教のスタイルとしての教会的ゴシックである。それが人々の好みに対して強い影響力を及ぼしてきたことは疑い得ないし、その人気が継続する期間をあなた方に決めてもらいたいとはほとんど思わない。あらゆる心情の示威と同じように、それも早晩、なにか新しいものにとって代わられるに違いないが、少なくとも、それがより悪いものではなくてより良いものであることを願おう。再びマイナー・アーツの影響のことを考えると、実際のところ、マイナー・アーツがイギリスにおいて現在重要になっていることは、ほぼ教会建築によってマイナー・アーツが復活したことのお蔭であることに留意しておかなければならない。したがって、もし来たるべき建築の様式がマイナー・アーツによって決まっていくべきだとしても、そのことが、リヴァイヴァルした我々の教会ゴシックに影響するという理由はないように思える。せいぜい、時に男性的にすぎるきらいがある様式を改良し続けるというやり方（この効果自体は止めるべきものでは決してない）によって影響を与えるだけであろう。

次に、フランスやイタリアや、そしてドイツですらそれからは外れておらず、我々も採用してきた——表面的な模倣の場合は除いて——普通の現代ヨーロッパの方式の我々における正確な位置については、すでに言ったこと、すなわち、我々はそこに戻らざるを得ないし、現に我々はすでにそうしているということをただ繰り返すのみである。

我々の三つ目の表現法——いわゆる「クイーン・アン」——に話を変えると、その根底にある動機は以下のように記述されるように思う。世俗のゴシックは、ピクチュアレスクな要素をその主たる根拠としている。実際、それはクラシックなスタイル、もしくは平静のスタイルとその特質が区別され、しばしばピクチュアレスクなスタイルと呼ばれている。したがって、このスタイルでデザインされた公共建築や私的な住宅建築が、真正性がはっきりと犠牲にされている場合は当然のこと、いまの時代の通常の感覚には受け入れ難いということが判明した時、そして現実に、イギリスの常識的な感覚が、ピクチュアレスクをひどく称揚しながらも、時代遅れの形と組み合わせの実際的な不便さに異を唱える時、ピクチュアレスクな特徴を捨てることなく、しばらくの間、拒絶されたスタイルの代わりとなる何物かを見つける必要があった。ノーマン・ショーと彼の仲間たちが、この目的をうまく果たしたと私は思う。そしてそれは、私があえて「紙上の筆の巧みさ sketchmanship」と呼ぶところの付随的な芸術を手段としてなされた。ゴシック主義者たちは熱心なスケッチ家であったし、ストリートはまさに戸外のスケッチ大家であった。現実に、ピクチュアレスクな調子の建築スケッチは、イギリス人の得意とするところと見られており、哲学的な研究よりも実践的な研究を優先させる大雑把な国民的好みもその力から生み出されている。したがって、なされねばならなかったことは、ピクチュアレスクな古い建物の新たな部類のスケッチをつくることであって、必ずしも純粋なゴシックである必要はなかったし、ゴシックである必要すらまったくなかった。私は、選ばれた実例が総じてオランダ風になると言わねばならないことを恐れる。要するに、その統治時代が、イギリスにおける一種のオランダ風芸術の使用時期とうまく一致するクイーン・アンという良い名前のおかげで、ゴシックでもなくクラシックでもないが、古風で魅力的な、いわば一種のオールド・イングリッシュ型式の人気ある赤煉瓦の建物が、ついにもたらさせることになったのである。このような場合に、これ以上ふさわしいものはなかったであろう。それに加えて、最近のマイナー・アーツの発展は十分に世に認められている。というのも、オランダ風芸術と骨董スタイルとは決して別々のものではないからである。実際、クイーン・アンの建築家たちは非常によく務めを果たしており、おそらくまだ改良の余地を残してはいるけれども、現にいま益々よい仕事を行っている。とりわけいくつかのインテリアの図面は、我々の多くが知らない人の名前で描かれているが、時が来れば非常に高度な建築スタイルの芸術的処理となるべき手先の巧みさの資格を証拠立てているように私には見える。

それでは、より高度なスタイルとはなんであるべきか。すでに言ってきたように、それはなにはともあれ、標準的なルネサンスであるに違いないと考え得るのみである。そこでこんどは、イギリスはそれ自身の国民的性格に合わせるためにその標準的なルネサンスになんらかの改変を加えることを主張するべきかどうかを問うことになるであろう。そしてそこに、非常に興味深いものが見えてくる。近代の知的な発展の歴史において、相互に関係しながらヨーロッパに住んでいる二つの民族、すなわちラテン民族とゲルマン民族について、ラテン民族が始めたものをゲルマン民族が完成するということがよく言われる。フランス人とイタリア人はより創造的な才能をもち、つまりほとんどすべての偉大な発見の初めに関わっており、その成長・展開の仕事を引き受けるのが、ドイツ人とイギリス人のより実践的で科学的な力である。もしこれが、芸術についても真実であるとすれば、次の世代のイギリスは、フランスをもリードすることになるかもしれない。そして私としては、その可能性をかなりまともに考えることになんら抵抗はない。我々自身の時代のイギリスの教会ゴシックは、すでにフランスのどれと比べても、確かに優位を保持しているかもしれない。おそらく、次の代のルネサンスにおいては、我々は才能に恵まれた隣国と競っても劣ることはないであろう。フランスのルネサンスはいつも輝かしく喜びに満ちているが、イギリスのためにとって置かれたある種の男性的な力強さもあるだろうし、それは男らしさが増しつつあり、イギリスの影響力が増しつつある時代においては思いがけない結果を生み出すかもしれない。個人的な権威が事態を統括しているかのように、一つのアカデミックなスタイルや他の同様なスタイルの単なるディテールや、そうした種類の特徴を取り入れたり、拒絶したりすることについて考えていてもほとんど役には立たない。この問題や他のどんな問題においても、自然の法が貫かれているのであって、もしイギリスの知的冒険心が、イタリア風ヨーロッパの多少とも使いこなされた形態の翻案の改正を正当に挑まれたとするならば、次の世紀において、イギリス風ヨーロッパ・スタイルが世界中をリードしてはならない理由がないだろうと私は思う。

イギリスの建築的感情のいまの潮流が一般的にどんなものであるかということをもう少し探ってみよう。つい数年前までは支配的な感情であった中世の浪漫主義は、最近、驚くべき速さで消滅しつつあり、ほとんど世俗のゴシックの一派が一丸となって敵に投降したのではないかと思わせるほどである。もしこれが真実そうであれば、私は残念だと言わざるを得ない。なぜなら、ピュージンやスコットやストリートやバージェスを駆り立てていた独特の芸術的熱狂は、今後しばらくの間も不要になったとはいえないと私は思うからである。確かに、新しい熱狂が沸き起こってくるであろう。しかし、クイーン・アンの動きはそうした類のものではない。それは、ずっと弱く果無い性格のある種の衝動である。「古建築保護協会 The Society for the Protection of Ancient Buildings」というちょっと不可思議な組織がとっている姿勢が、ゴシックの熱狂が残したものをたまに少し伝えるすべてであるように思える。しかし、より詳しく知ると、この印象は確証のあるものではない。というのも、この組織はゴシックのみの相続者だと見なされることを頑強に拒んでおり、実際、まったくゴシックの相続者ではないとも言える。その対象は、芸術的ですらないが、しかし歴史的ではある。過去から残されたものを最も幅広く保存すること。良かろうが悪かろうが、古かろうが新しかろうが、すべて保存すること。そうすれば、真正なもののみならず、生命の輝き、おそらくもともとそれほど輝いてはいなかったであろうが、その輝きがまったく消滅してしまったものでも、熟考するに値するすべてについて、旅人の夢想は適う。繰り返す必要はあまりないであろうが、これは芸術の情熱ではない——また実際、ほとんど考古学の情熱でもない。それは、建物は愛国的な崇敬の形として最もよく目につく遺品であるというただそれだけの理由によって、建築と結びつけられてきた。それに加えて、建築への考古学自体の影響が、ここ数年の間になくなってしまったように見えるということも言えるであろう。これもまた、我が考古学者たちが、かつての古物蒐集家、ディレッタントと同じように、かりに権威づけだったとしても、学識的成果を我が気高い作品とのすぐれた関係にもたらしてくれた故に、残念に思うべきであろうと私は考える。今日のマイナー・アート建築は、こうした関連において、再びサウス・ケンジントンとの一致を示しており、芸術をアカデミックな知識ではなくよく知られた技能にして、文化の土壌を広げている。もっとも、当然ながら文化の深さを犠牲にしてではあるが。我々のいまの時代が、この他にもたくさんのことにおいて皮相的であることは、よく認められた事実である。そして、私はそれを残念に思うべきかどうかわからない。というのも、現に多くの人に楽しまれている芸術の領域がこのように拡大されているのを見ることができれば、その学識が独自のやり方で、独自の時に再生させられることに我々は大いに満足するかもしれないからである。

しかし、ここで注意すべき別の要点がある。すなわち、建築芸術が、喜びを与えるものでありながら妄想上の巧みな手わざとも見なされる製図技術もしくはスケッチ技術の術策によって統制され、支配すらされるそのやり方である。ステンドグラスや彫り物や絵飾りなどの装飾というマイナー・アーツにおいては、巧みな図が芸術的表現の本質的部分の大部分を占めることを容易に見ることができる。しかし、非常に好ましい家具デザインの仕事において、建築家の管轄下にある場合にも、同じく巧みな図が同じようにすべて受け入れられるという事実に見て見ぬふりをすることは我々にはできない。そうなると問題は、家具から建築への契機におけるスタイルの段階にしかすぎなくなる。かくして我が建築は、スケッチでデザインされたスケッチ風の、ディテールのぞんざいで曖昧なものになって来ている。それは舞台背景のようで、なにはともあれピクチュアレスクで、絶えず変化しつつ他の何かになるとも限らない。それは紙上ではきわめて巧みで、注意深く施工されて、きれいで刺激的なものになるが、高貴な質に決定的に欠けている。しかしながら、これが長く続くとは私は考えない。そしていわゆるクイーン・アン式自体が消滅する前にも、もっと注意深い表現の操作法が一般的になることが期待されるであろうし、私もそれを望んでいるが、実際、それはすでに進展している。

指摘するべきもう一つの感情の問題が、ラスキン氏によって導入されたシニカルな詩的語法の減少という点である。このすばらしい理想的な画家が、不屈の勇気があったことは別にして、なぜ建築という主題をとりあげることになったかを、私は決して理解することができなかった。しかし、彼の予見的な教義——より予見的になれば必然的により漠然としたものになる——が、イギリス芸術の弱点を助けて、イギリスの強固な俗物性を克服することに大きな力を及ぼしたことは疑い得ない。そして、これが建築家たちの実際的な仕事に適用されて、ある程度の不便な夢想的誇張部分が生じたとしても、そのような結果は予測できるであろうし、そうした夢想の効果も徐々に消滅していくはずのものである。いずれにしても、いまや芸術的な精神が我々を虜にしてきているのであるから、我々はラスキンの著作の影響、そのおそらく専門家よりも一般の人々への影響に対する我々の感謝の表明を惜しむ必要はない。

にも関わらず、イギリスの社会の上層部で新たな俗物性が長い間に——実際のところ三十年の間に——一定の力を獲得してきている事実に、我々はなお直面しなければならない。そしてこれは建築および建築家の双方に敵対的な影響を及ぼすものである。ゴシック様式の国会議事堂の建設が始まって間もなく、立法府に関わる実利を重んじるタイプの人たちが、それを時代錯誤だとして反旗を翻した。もちろんこの建造物の建築家が、彼ですら最初は同様の意見だったのだが、すべての責任を取らざるを得なかった。そして、ようやくにしてその建物が使えるようになった時、不便さと不調和を嘆く叫びが沸き起こり、その叫びはそれ以来ずっと続いている。やがて、この偉大な建築家の息子が、彼は父親の遺産によってこの世襲的相続者の地位を手に入れたのだと思われるが、エアトン氏と衝突し、裁判所の非協力的な論理に後押しを受けたこの俗物性の親玉によって無慈悲に挫折させられたが、建築家たちの主張というものが——首相自身はかれらの主張は擁護できないと言わざるを得なかった——ひどく信頼されないものになってしまったということを見ないふりをしても詮無いことであろう。その直接の結果が、政府が公共事業局の役人を使うことによって、外部の建築家なしで済ますと決めたことであった。そしてこのルールは、いまなお実際に永久に有効であると思われている。この現場における職能に対してなされた非難は、以下のようなものである。便利さと経済性がモニュメンタルな外観の犠牲になっていること、施工業者との営業上の契約における厳格な性格が、余計な仕事を入れることによって改竄されていることである。この問題に関しては、イギリスにおいて最も成功した——最も芸術的なとは言わない——建築家は、最も商人的なやり方をしたということがわかるということ、そして次に、建築における芸術的な要素というものは法で認知されるものでもなければ、なんにしても法的な考えで識別し得るものでもないということを言うだけで十分であろう。私はまた、典型的なイギリスの紳士——そして典型的なイギリスの国会議員——の、建物に関する考えは、いまなお素朴で単純であり、彼らの建築という事業に関する印象もまた心情的な思考を欠いているということも指摘しておこう。しかし私は、建築家のいわゆる不人気が、実際、これ以上に根深くなるとは考えていない。そして、たまたま政府の雇用を獲得した建築家が——ほとんど望み得ないことではあるが——謙虚に彼の野心を自分の個人的な事業の実際的なレベルにまで下げて、厳格に商業的な形ですべてを行う時、満足感をもったものにならないという理由はない。

コンペの影響について、ここで一言いっておくべきであろう。こうした競技が始められた熱意や、この職能のリーダーたちからさえも表明されている商業的見積りの無視や、結果としてつきものの品のない口論などを考えると、我が国のような商業的常識の国の公共事業のトップにいるような人が、建築や建築家を相応の敬意をもって見るというようなことがいかに期待できようか。論理的に言えば、明らかに、無償で随意に提供されたデザインは価値がないし、無償ですんで働く人はそれなりの価値しかないと見るべきである。自分たちのためにコンペを求めるのは、ほとんどいつもオーナーではなく、事実上、相互に競争したいと願い出ている建築家たちであるということは認めるけれども、それにもかかわらず、この職能の将来を心配してよく考えると、このコンペというやり方が減るよりも増えることを期待しなければならない。しかし、早晩必ず、コンペに対するなんらかのチェックが、公衆の良識によって、あるいは建築家自身の側の恥の感覚によって行われなければならない。いままでのところ、この目的のための効果的な処置が、どんな形であれなされるのを私は見ていない。それでも一方で、コンペが引き起こす格別の芸術的修練や企てがなかったならば、イギリスの建築は過去半世紀の間になしてきたことをなし得なかったであろうという意見を私は率直に認めざるを得ない。私は主として、コンペの実施によって生じる金銭のみならず、時間、気風と性格の大きな浪費に反対しているのである。

私はここで、ビジネスという観点から建築家の地位について――ここでの主題である芸術的な視点をなお保ちながら――いくつかのことを言わねばならない。マイナー・アート建築の人気が高まっていること、そしてその処理の仕方についての我が建築家たちの力量が強まっていることについて私がこれまで言ってきたことを、なんにせよ繰り返す必要はないであろう。しかし、建築によって生きねばならない人の数のいまなお続いている急激な増加はなんであろうか。そして、彼らの組織の状態はどうであろうか。

まず最初に、五十年前に今日の状況とはまったく異なる状況下で設立された建築家協会が、我々がこの芸術の利害と芸術家の利害に注目するかどうかは別にして、この職能の業務が必要とする力も知恵も示していないということを言っておかねばならない。すみやかにこの面で何かがなされることが望まれる。しかし、それには時間を要するに違いない。ともあれ、三十年後に協会は、いまよりもずっと熱心に芸術の実践性、実用性に意を注いでいるべきだと私は間違いなく言いたい。

王立アカデミーもまた、もし建築芸術がそれとより長く関係を維持するべきであるとすれば、そのマイナー・アーツに関する考えを大幅に拡大すべきであると、あえて言いたい。そして、幸いなことに、画家も彫刻家も理解と誠実さをもってこの問題を考察してくれることを期待し得ると私は考えている。

次に教育の問題に眼を転じると、試験が当節の風潮となっていることがわかる。しかし建築については、芸術的なデザインがこの構想に導入され得るかどうかは、なお疑問の余地があるように思える。しかしながら、建築―芸術 art-architectural という広がった形のためのある種のアカデミックなディプロマは、芸術家を調停するためにも、公衆の要求に応えるためにも、早晩、導入されるべきだということは、ほとんど疑問の余地がない。

見過ごされてはならない状況は、全国で職業的建築家の雇用がなお増えていることで、個々の例で見れば不満足なこともたくさんあるであろうが、全体としてみれば、いまのところ励ましとなっている。それほど昔の話ではないが、ロンドンと比較的大きな地方都市を除けば、真に良い地位を占めていた建築家は僅かしかいなかった。いまでは、比較的小さな街や、ほとんど村ともいえる街にも、しばしば首都の仲間とまったく同じ技量を備えた専門家たちがいる。地方の徒弟たちもまた、時に、ロンドンの並の事務所の徒弟よりも、よい仕事を自分の手に経験させている。そして、専門誌の石版刷り写真の図版の学習のおかげで、彼らの製図技術も、しばしばロンドンの最良のものに匹敵する高いレベルである。これらすべては、近い将来のイギリス全体の状況を示しており、そこでは建築の教育を受けた人は、ある方式で、あるいは他の方式で、つまりは多様な方式で、たくさんの優れた芸術―仕事 art-work をこなす筈である。それ故、若い建築徒弟たちのホスト役の増加はどうなるのかと、しばしば尋ねられるのだが、私はこう答えることにしている。彼らは、まもなく益々魅力的な芸術の業務へと選抜して派遣されていくであろうと。というのも、建築の訓練には、かなり特殊な性格、すなわち構造的なデザインという習慣があり、それは、我々が望んでいるほど古い見せかけをまだ免れているわけではないけれども、表層と実体のつながりという精神をつくるためにいまもはっきりと計算されているからである。そしてこの精神が、あらゆる造形的、装飾的芸術が公的に了解される際に、最も基本的な魅力となるのであり、それは単なる会計事務所的なデザイナーですら、たとえ大きな不利益の状況下でも獲得する類のものである。

次の世代の建築家たちへの我々の期待に関するもう一つの重要な点は、いわゆるエンジニアリングの構築物につながる仕事である。威厳という点で、現在のイギリスの建築家たちの最も悲しむべき弱点は、高度な科学的技能を欠いていることで、彼らはそれを専らエンジニアに託してしまっている。よくある例をあげると、著名な建築家が、その大きさはどうであれ、鉄の仕事を扱わねばならなくなった際、証文を起草するために法廷弁護士を雇う事務弁護士のように、そのデザインをすっかりエンジニアに任してしまうということは非常によくあることである。いまや、これは残念に思われるべきである。そうしたことが起こる理由は、建築家をその仕事についていかせるために建築家自身の手を通す十分な仕事の流れがないからであり、したがって建築家は、まさにそうした役割を果たす専門家を呼び寄せなければならない。こうした議論を拒むことは、たしかに無用で不当であろう。ただ、私があなた方に望むことは、もし建築家も独力でそうした仕事をしていると広く認められたならば、たとえ、事実はこれとそれほど変わらず、助けがエンジニアではなく専門的な建築家から来るにすぎないとしても、建築家の職能ははるかに高い地位を占めることになると考えることである。さらに芸術のことを考えるならば、私が見たいのは、建築の教育を受けた人が、最も進歩した鉄の仕事をデザインし、そしてそのデザインの中に進捗状況に応じて真の建築的芸術を導入していくことである。そうでないとすれば、この二つの同類の職能が他方の専門家の助けを受けなければならないとしたら、なぜ建築のデザイナーの助けを借りるのが、エンジニアリングの建設技師であってはならないのであろうか。そう呼ぶのは不適切なのだが、エンジニアリングの部類のものと呼ばれているあらゆる建設工事――陸橋、橋、大屋根、鉄道駅、埠頭、堤防等々――が、その設計者たちが彼ら自身、芸術的な精神についてなにも語らず、そうしたものとはなんの関係もないと考えている故に、なぜ殺風景で優美さを欠いたままにされているのであろうか。むしろここに、私はもう一つのビジネスの分野、非常に重要で大きなビジネスの分野が、次世代のイギリスの建築家に開かれていることを望みたい。

終わりになるが、イギリスの建築の位置はどうなるかという問いにあなた方自身で答えてもらうために、この職能がどうなっているかを見るためにあなた方をたとえばいまから三十年度にいざなってみることとしよう。そうすれば、それはその間に一定の方向へ、一定のペースで発展していっているのがわかるし、それは私が述べてきたような近い過去の追想がはっきりと示しており、同じ進路をより早い変化で進んでいるように見えるであろう。もしも今後三十年が、過去五十年間と同じようになるとすれば、発展の過程が、旧式のウィリアム四世の統治時代に、我々の協会が設立され、新しい国会議事堂の設計が始められて以来の過程と同じことになるはずだということを理解するのが容易になる。我々は大異変の勃発を想像することを要求しているわけではない。しかし、我々の芸術と我々の職能の表面に生じる変化は、疑いもなく大きいに違いないし、おそらく私の議論が示しているものよりももっと大きいであろう。なぜなら、この五十年の間に、ディレッタント主義はゴシック・リヴァイヴァルの前に屈服してしまったからであり、そしてこんどはゴシック・リヴァイヴァルが、芸術史に輝かしい一章を加えた後に退陣してしまったからである。ジョージ王朝期の古い俗物主義は、民衆の運動としてのサウス・ケンジントン運動によって打破されてきた。そして、新たな俗物主義が起こってきたが、それはまた打破されねばならないし、いずれそうなるであろう。アカデミックな芸術の空しい因習的教義は、新しい非アカデミックで実質的なものによって厳しく攻撃されてきたし、マイナー・アーツはイギリスの良識の下にすでに大いに成功しているので、建築自体もマイナー・アーツのために少し悪くなっているところがあるかもしれないが、多くは良い方へ向かって奉仕している。これらの活動に、ピュージンやバリー、スコットやストリートといった偉人の全生涯が費やされ、ラスキンやファーガソンのような偉大な著作家の仕事が使い果たされた。コールは、その長くて忙しい、そして堂々として見事な経歴を閲した。アルバート公の好ましい影響は、芸術的な感覚にとってきわめて有益であったが、彼自身の威厳ある二十三年間の時代よりもすでに長く生き残っている。この芸術的な感覚は、我が国全体に初めて、すばらしいヴィクトリア時代の最も思いやりのある優美さの一つを流布させてきている。そしてイギリスは、願わくば、征服か防御であるかに関わらず武器を携えてではなく、科学の成果と芸術の精華とによって、いまその荘厳な歴史の新しい一章を開始する用意ができている。そして、ことによると、——実際、わたしは十分ありそうなこととして敢えて言っている――この会合で述べるのが誇りであり喜びであるような輝かしい芸術のリーダーシップ――その他のたくさんのものではすでにリーダーシップを発揮している――を引き受けるのが、前進するアングロ・サクソン文明の体系の展開における決して遠い先ではない時代のイギリスの運命であろう。

註

1　一八八四年五月五日から九日までロンドンで開かれた六回目で最後の建築家総会の会合 Meeting of the General Conference of Architects で、五月九日金曜日に講演された。これは、*Trans. R.I.B.A.*, XXXIV, 1883-4 に掲載された。

補遺　II　建築のリヴァイヴァル(1)

ウィリアム・モリス　著

現在、教養ある人々の間には、装飾的な諸芸術とその可能性について気づき、心動かされている関心事がたくさんある。これらの芸術はすべて、ほとんどその存在を建築という支配的な芸術に依存しており、建築が病んでいれば健康な状態ではいられないから、この国の建築の状況がどうなっているか、すなわち、我々はそれ自身の品位と美を主張し得る仕様式をもっているのか否か、それとも、我々の現実のスタイルは、単にはびこっている醜さと卑しさに、語る価値もない形を与える習慣にすぎないものかどうかを、考えてみる価値はあるだろう。

そこでまず、この国には建築のリヴァイヴァルのようなものがあり続けてきたということがあらゆる点で認められなければならない。そして、このリヴァイヴァルは、なにかほかのものに進展していく真の活力の本物の成長を示しているのか、それとも、過ぎ去ったあとはその後に何も残さない単なる過ぎ行く流行の波をしか示していないか、という質問が続く。私は、このリヴァイヴァルの歴史の概略を私が気づいた限りで示す以外に、この質問を解く試みのよりよい方法を考えることができない。英国における建築芸術のリヴァイヴァルは、文学における浪漫的な一派の勃興の自然な帰結であったと言えるであろう。もっとも、建物の芸術は、毎日の生活の散文的な出来事を扱わねばならず、またその存在は材料の要求によって制限されている故に、いくぶんかは文学の一派に遅れをとっていたであろうし、当然ながら実際そうであった。シェリー、キーツ、スコットの死後も長い間、建築は、一方で、最も不快な醜さをもつクラシックの建築のペダンティックな模造品か、それほど醜いわけではないがみすぼらしくて愚かなゴシックの建物の馬鹿馬鹿しいパロディーを生み出す以外のことを何もやることができなかった。他方で、近頃はアングロサクソンが通常ごまかしがまったくなく賢明でよい家と考えている、スレートの蓋をもつ実用本位の煉瓦の小屋がある。

これに関する最初の変化の徴候は、アングロ・カトリック運動によってもたらされたが、この運動はそれ自体は文学における浪漫的な運動の一部とみなされねばならず、現に、プロテスタンティズムの歴史的位置やばかげた孤立に対する抗議といった特殊な神学的傾向をもたない多くの人によって支持されていた。この影響下に、本物の中世建築研究が起こり、そして、それはスコットの時代に考えられていたように、廃墟や時の推移が与えてくれたピクチュアレスクなものの単なる偶然の寄せ集めではなく、古代の人々の古い様式から必要の問題として発展し、未開時代、封建時代、文明時代という社会生活の変化に応じて次第に前進してきた論理的で有機的なスタイルであることがわかってきた。もちろん、これが完全にわかるまでには長い時間を要したし、実際のところ、今日の芸術家や建築家の多くは実際上これを認めてはいない。もっとも、彼らのうち最良の人々は、おそらく本能的に新しい歴史家の一派の影響を感じ取っていたであろう。その歴史家としては、故ジョン・リチャード・グリーンとフリーマン教授がその例としてあげられるであろうし、彼らは長い間、この考えに精通してきたのである。

中世建築の研究が、この考えと共に一つの不運な結果をもたらしたが、それは実際、前述した歴史の展開の承認事項の不足のためであった。この国の建築家たちが中世の建物と装飾についていくつかのことを学び、思いを込めた研究によって、その時代のデザインが依拠している原理をおおよそ理解した際、彼らは、この原理があらゆる国のあらゆる芸術の美学に関わるものであり、永久に発展可能なものであるという考えをおぼろげに抱いた。彼らは、ゴシック芸術が生きた有機体であることがかすかにわかり、それが消滅しており、その場所が他のものによって占められているのを知ってはいたけれども、彼らはなぜそれが消滅したかを知らず、それを生んだところとはまったく違う社会に人工的に移植可能だと考えた。この生半可な知識の結果は、彼らをして、ゴシック建築の中に彼らがあると推測した原理にしたがって紙の上にデザインするほかないと信じさせ、そして、そうしてデザインされた建物が、彼らの監督の下に実現すると、この永遠の芸術の原理によって命を与えられた古い様式の真実の例だと信じさせるに至った。こうした仮定にたてば、彼らが、ゴシック以後の無知と蛮行と悪趣味とが、値のつけられない芸術と歴史の宝物、中世から我々になお残されてきた建物にもたらしてきた損傷と崩壊を自信を持って治そうと試みるようになることは自然なことであった。それ故に、致命的な「修復 restoration」の実践が生じたのであるが、その実践は四十年もの間、先の三世紀間の画期的な暴行と、下劣な貪欲（いわゆる功利主義）と、そして衒学的な軽視によるよりもさらなるダメージを我々の古建築に与えてきた。この主題に関しては、私はここにより以上を述べるスペースがない。ただここでは、この主題がほかならぬ現代の建築と過去の遺物の保存との関係という観点から見られるならば、我々の位置についての単純な錯覚が一度失われてしまうと決して取り戻せないこれらの宝を捨ててしまう方へ我々を導かないように、我々の間にある芸術の現状に関する事実を見ることはきわめて重要だということが言えるのみである。一方で、同じ生半可な知識が、新しい建築家の一派に強い情熱をもって仕事を続ける勇気を与えた。その結果、我々はそのデザイナーの学識と才能の大いに誇りとなるようなたくさんの建物を国中にもつことになり、そのいくつかは、最も品位を下げるような功利主義の最中にあって建築家に美を生み出すことを妨げている困難と苦闘した天才の印をすら示している。

このゴシック・リヴァイヴァルの最初期においては、このようにしてつくられた建物は、たいてい教会関係のものであった。明らかにいくぶんかは中世の教会の生き残りである英国国教会の使用に供される建物が、その建物の大部分が属している時代に通用した様式であるべきだということに、人々は容易に納得させられた。そして実際、「教会の ecclesiastical」という言葉を中世建築と同義語として使うことが習慣となった。もちろん、この馬鹿げた習慣は、リヴァイヴァルのごく最初期に建築家たちの間で否定されていたが、それでもそれは長く残り、おそらくいまなお一般の人々の間に生き残っている。そして間もなく、中世芸術を研究している人たちによって、その時代の住宅建築も世俗建築も教会建築も、様式においては違いがないということが認められた。この事実を十分に評価したことが、「ゴシック・リヴァイヴァル」における第二段階の印となるのである。

そこからもう一つの進展があった。人々は、この人類の偉大な発展段階、中世に共鳴しだしたのである。とりわけ歴史的な感覚に恵まれた人々がそうであったが、歴史的感覚は十九世紀の特別の贈り物、そして我々の現在の生活を取り囲んでいる醜さの一種の代償物といえるであろう。こうした人々は、さらに、中世の芸術は単に反動的で職権的な教会主義の産物でもなければ、すたれた神学の表現でもなく、ポピュラーで生きた進歩的芸術であること、そしてその進歩的な芸術は中世芸術と共に死んでしまったということを理解し始めた。彼らは、十六世紀と十七世紀の芸術はその力と美を、それに先立つ時代の刺激から得ていること、そして十七世紀の半ばにそれが死に絶えた時、空虚性と衒学性という残滓以外はなにも残さなかったこと、それは厳格な功利主義の時代に、新しい種子が蒔かれる前のいわば休耕地をつくるよう求めているのだということを認めることになった。

芸術と歴史双方について、これは一つの重要な発見であった。この新たなルネサンスのリーダーたちは、彼らの位置が現在の生活から孤立していることにもめげず、古い方のいわゆるルネサンスの衒学者たちが捨ててしまっていた歴史的芸術との連携を始めるという壮大な仕事にとりかかり、中世の様式は新しい生命と新鮮な展開が可能であること、またそれは十九世紀の必要にも対応可能であることを証明しようと試みることになった。彼らのこの望みは、表面上は、この様式が現実に生きていた時代に示した驚くべき柔軟性によって正当化されるように思える。その包括的受容にとっては、なにものも偉大すぎず卑小すぎず、ありふれ過ぎてもいなければ崇高すぎもしない。それはいかなる変更にもうろたえはしなかったし、いかなる改竄も深刻に阻止はしなかった。それは人々の生活の一部であり、普遍的で不可欠な喜びと悲しみの表現であった。再びそうはなり得なかったのであろうか。我々が考えるに、芸術の休耕期間は十分長くは続かなかったのであろうか。キーツやシェリーが眺めたはずの方形の茶色の煉瓦の小屋の並び、あるいはテニソンの天才を納めた漆喰のヴィラは、こうした言語の美の巨匠たちのとわの付属物であり得たであろうか。我々の時代の人々は、言葉以外の美を生み出し得なかったのであろうか。この時代の知性は、いつまでかくも非常識に不均衡であり得たのだろうか。我々はその理由を見ることができなかった。だからこそ、我々の希望は強かった。というのも、我々は中世の芸術と歴史のいくつかを学んだけれども、まだ十分には学んでいなかったからである。美しい周辺をつくるために、我々の時代のどんな状況も流儀を変える必要がないのだということ、安楽椅子やピアノや蒸気機関やビリヤード台や、あるいは下院の集会にふさわしいホールは、我々がそれを醜くつくらざるを得ないような本質的な要素はそれ自体にはないということ、そしてそれらが中世に存在していたとすれば、中世の人々はそれらを美しくつくったであろうということ、そのように言うことが、その時期の希望に溢れた芸術家たちの間で流行になった。たしかに、真実の要素を含んでいるもの、そのすべてが、真実であるわけではなかった。実際、美に対する中世の本能が、どんな状況に陥ってもなすべき最大限をなしたであろうことは事実であるが、この時代の生活が、それほど粗野ではないが単に実用的なだけのものに職人の手を注いでこなかったこともまた事実である。

それに対して、現代の生活は職人に、たとえば蒸気機関のような実用性以外ではありえない多くのもの、そしてまた紳士のクラブハウスや我々の現代の官僚的君主制の如き、俗悪さが本質的かつ必然的な多くのものの生産を強いる。ともあれ、この新鮮な希望と部分的には見識を備えたこの時代は、多くの興味深い建物とその他の芸術作品を生み出し、その仕事に関わった希望に満ちてはいるがきわめて少数派の人々に、多くの苛立ちと失望に関わらず確かに楽しい時を与えてくれた。そしてついに、他の誰よりもこの希望に満ちた時を可能にしていた一人の男が、不完全な知識に基づいていたこれらの希望を通して、一つの線を厳格に引いた。その人がジョン・ラスキンであった。天才（私はこれ以外の言葉を使えない）の驚くべき霊感によって、彼は一つの飛躍で中世芸術の真の概念を手に入れたが、その概念は何年にもわたる綿密な研究も人々に得させなかったものである。『ヴェネツィアの石』の中の「ゴシックの本質とそこにおける職人の働きについて」という章で、彼は我々と中世を隔てている深淵を我々に示している。その時から、すべてが変わった。今後は、中世の精神に対する無知は、頑固に眼を閉ざしている人は別にして、不可能になった。この新たな芸術リヴァイヴァルの目標は、私は多くの人が捨ててしまっていたのではないかとおそれているのだが、目標のすべてを捨ててはしまわなかった人々にあった時よりも、はるかに大きなものになった。それ以降、新しい知識を学ぶことができない人々は、十八世紀の非歴史的なおえら方と、彼らがつくり関心を抱いている芸術の外観のみにおいて異なるに過ぎない衒学者となる運命にあった。とはいえ、ラスキンが我々に教えたことの本質は、あらゆる偉大な発見がそうであるように、十分にシンプルであった。それは、実際、いかなる時代の芸術も必然的にその社会生活の表現でなければならないということと、中世の社会生活は、我々の社会生活が許していない個別的な表現の自由を職人に与えていたということ以上に深遠なものではなかった。

私は、この発見によって生じたゴシック・リヴァイヴァル主義者の変化が突然のものだったと言っているのではないが、しかしこの発見は効果的であった。それは、徐々に今日の芸術と文学の知性の中へと深く浸透し、最上位文化（この醜い言葉を使わねばならないならば）を、一方はシニシズムという独特の基本型と、他方は実践的で希望に満ちた利他主義とに分けることに大きく関わって行った。先述のように浪漫主義一般の外的な現われであった建築において、ゴシック・リヴァイヴァルがとった方向は、我々の社会と中世の社会との根本的な差異に対する増大する自覚の明確なしるしを示している。我々の建築家たちと考古学者たちがゴシック芸術の実際と原理を、彼らが考えた通りに初めて習得し、それを一つの普遍的な様式として再導入しようとし始めた時、彼らは、それを完成時と頽廃がまさに始まろうとする間で揺れ動いている時期にとらえるべきだという結論に達した。十三世紀の終わりと十四世紀の初めが、彼らが世界を征服する運命にあると望んだネオ・ゴシック様式の設立に最も適したものとして選んだ時期であった。過渡期直前のこの時期を選ぶことによって、彼らはこの様式の特質に関する注目すべき洞察力と正しい理解力とを示したのである。それは、その頃までには、クラシック芸術から使い得るものはなんであれ自らに取り込み、野蛮な古代の君主制と北方の部族から集められた様々な要素を混ぜ合わせていたが、それ自身は様々な要素を混ぜ合わせているという自覚はなく、なんにせよそれらに束縛されてもいなかった。それは、過去のどの建築の様式でもいまだ想像もしなかった程度の柔軟性を持ち、どんな実用的な目的にも、どんな材料や気候にも対応することにまったく困難がなかった。それに加えて、それは紛れもなく率直に美しく、粗雑さを含まず、気まぐれによって品位を落としてもいなかった。人間の手と心は、この時代の建築作品における以上にうるわしさ（決して飽きがこないうるわしさでもある）をもたらし得なかったと思われる。たとえば、後世の頽廃を被る前のウェストミンスター・アベイの内陣とトランセプトがその例であるが、これは真に人間が時に達し得る強情さの極致の前に人を唖然として立たしめるのである。ネオ・ゴシックの建築家たちの判断を評価する際に、一二八〇年から一三二〇年の半世紀は、歴史的な継続性を固く保持した世界のいたるところが建築の開花期であったこと、そしてこの時期、西洋と同じく東洋でも最もうるわしい装飾作品と芸術作品を生み出したということもまた、忘れてはならない。それにまた、この発展は、純粋に中世的な生産組織の最高期の発展と軌を一にしていた。実際の労働から離れて貴族的で特権的であった自由都市のギルド商人や名門家系が、その頃までには、実際の職人の民主的な団体である職人ギルドに権利を譲っており、職人ギルドは長い間かけて奮闘してきた地位を手に入れ、あらゆる生産業の主人となっていた。十四世紀の芸術の中心は、よく言われるような修道院ではなく、戦いのためのみならず職人の技能のためにも組織化されていた同業組合を擁していた自由都市であった。同業組合は、この時期の社会の保守的ではなく進歩的な部分であった。

それ故、中世の社会組織の最高度の発展段階を示しているこのゴシック様式の中心期は、ネオ・ゴシックの若木を接ぎ木する対象の木を選ぶのに、疑いなく最適の時期であった。私がいま考えている時代においては、有望な建築家はすべて、いまやっている仕事に、いまよりももっと後のもっと混じり気の多い様式を使うべきだという提案を軽蔑して拒んだであろう。実際、ゴシックの形態の質を低く見るこれより後のまったく自然な傾向があり、その傾向はしばしばグロテスクの極致にまで進められた。そして十六世紀末期と十七世紀の半ゴシックの生き残りは、少なくとも理論においては、単純な侮りの眼をもって見られた。しかし、時が経ち、リヴァイヴァル主義者たちが、望むと望まざるに関わらず、十四世紀と十九世紀の溝をつなぐことの不可能性に気づき始めた時、彼らは個々に輝かしい成功を収めてはいたけれども、ネオ・ゴシックの接ぎ木はヴィクトリア時代の商業的な雰囲気の中では育つのを拒まれていると認めざるを得なくなった。彼らは良心的に懸命に働き、現代のロンドンのポドスナップ的身勝手さを（訳75）、シモン・ド・モンフォールやフィリップ・ヴァン・アルテヴェルデ(訳76)のような人生の表現で調和させることに疲れていたので、彼らは高すぎる調子でやっていたことがわかり、もう一度やり直すか、ゲームそのものをすっかり放棄するかしなければならなかった。その頃までには、彼らは、遅い時期のゴシック様式の価値や、少なくともイギリスにおいては（美術においても文学においても）、エリザベス一世とジェームズ一世の時代の奇抜さと人為性と美辞麗句のさ中にあり、ゴシックの輝かしい時代の美と適合性のいくつかを保持していた様式の価値をもすっかり学び終えていた。それどころか、彼らは劣ったスタイルの遺跡を過大評価し始めた。それは衒学趣味によるものではなく、むしろおそらく歴史の推移に対する共感と、そして人生の高い希望と喜びを我々自身の過ぎ行く気分の水準にまで狭めてしまう悲観主義からの反動によるものだったであろう。しかし概ね、彼らは、いまなお着手しようと望んでいる新しい生活様式のためのもう一つの立脚点を見つけようとして、この方向へと動いた。イギリスのどの村の教会もその例を与えてくれる十五世紀の様式の弾力性と適応性、また教会建築であれ住宅建築であれ研究の準備ができているその様式で完成された膨大な量の作品、そして自分たちの時代により近いし、漸増しつつある社会の複雑さを表現しているのだという半ば自覚的な感覚が、リヴァイヴァル主義者を新鮮な希望で魅了したのである。十四世紀の美と浪漫の夢は消えてしまった。もっと日常的な「パーペンディキュラー」は、ポドスナップ氏の世間体と会計事務所、一家団欒、日曜礼拝の住み家をつくる機会を、さほどの不合理性なしに我々に与えなかったのであろうか。

そうして建築家たちは、十五世紀の形態に取りかかり、この時までには中世の意図と方法の知識をずっと多く得ていたので、益々良い作品を生み出した。しかし、新しい生活様式はまだやって来なかった。十四世紀の様式によるネオ・ゴシックは、しばしばオリジナルの正当な解釈表現であった。十五世紀の解釈表現もしばしば実によく、たいていはオリジナルの雰囲気を周囲に漂わせており、その設計者の能力と繊細な趣味を誉めさせるものである。しかし、そこからは何も出てこず、すべてはいわばただ漂っているだけである。ロンドンは十五世紀の街のようには見えてこず、美の趣きや、ゆったりした建物の趣きですら、郊外に無数に建てられる住宅の中には見えてこなかった。

十五世紀以降、自然な過程に従って、我々はさらに後のもの、我々自身の時代や生活習慣や流儀により近いものを模倣することに傾いてきていたが、それは少なくともそこから一つの成功が生まれるかもしれないという期待があったからである。ウィリアム三世とクイーン・アンの時代に流行した煉瓦造のスタイルは、たしかに普通に使われれば、あまり崇高ではない。ポドナップですら、膝までの半ズボンをはき三角帽子をかぶったその時代のブルジョワとのある程度の親近感を認めているかもしれない。我々がゴシックをすっかり捨ててしまい、作業場と分業の時代と調和するスタイルをとって来た時、職人ギルドが残したすべてが腐敗し、閉じた企業や会社によってただ悪用され、企業や会社の労働制限の下に商売人がひどくいらいらし、職人ギルドが完全に一掃されようとしている時、新しいスタイルの接ぎ木が育ち始めていないだろうか。

ところで、クイーン・アン時代の発展が、一見したところ、近代的な感覚を多かれ少なかれ退けたように見えたことは確かである。しかし、実際のところ、退けたのは近代的な感覚のほんの影にしかすぎなかった。我々の精力的で若い建築家たち（その時彼らは若かった）が、あらゆる住宅スタイルの中で最新のこのスタイルに向けてとった転換は、彼らの良き趣味や良き感性との不和なしで説明され得る。実際のところ、最良のものでもそれは、魅力的だったクイーン・アン様式の本質的な特徴ではなかった。すべては、単なる思いつきの束だった。このスタイルにおいては、なおゴシックの感覚がいくらか残っていたということ、少なくとも、建物が十八世紀の進歩的な側から遠いところにあった場所や状況下においてはそうであったことは事実である。そこには、ゴシックの感覚のいくつかが、窓のサッシのように、我々自身の時代にもなお使用可能な形態と結びついて残っていると言える。一つのスタイルを探し求める建築家は、次のように言うであろう。

我々は溝から溝へと追い立てられてきた。我々はもう踏みとどまることができないのだろうか。十四世紀の近付きがたい優美とうるわしさは、我々の背後のかなたに消えかかっており、十五世紀の作品は、今日の常識的な線からすれば、繊細にすぎ豊麗にすぎる。そこで、謙虚になり、もう一度、よく建てられかなり釣り合いのとれた煉瓦の家のスタイルから始めよう。そうした煉瓦の家は、大都会ロンドンにもよく立っているし、いくつかの村のはずれに心地良くて快適そうに立っているし、あるいは素封家の庭園の緑の樹木の中にも見られる。その上、建築家としての我々の必要は大きくはない。我々は、もはや教会を建てようとは望まない。高貴な人々は、都会と田舎にすでに大邸宅をもっている（私は彼らがそのいくつかを楽しんでいることを願う！）。労働者は建築家が設計できるようなところには住む余裕がない。金持ちの中間階級の人々のためのウサギの寝床、我々自身が属している寄食者級の人々のためのもっと小さなウサギの寝床が、我々が考えるべきすべてである。たしかに我々はピュージンの『対比』からの長い疲れる道を降りてきたけれども、おそらく一つのスタイルのいくぶんかは、こうしたみすぼらしい始まりから我々の間に立ち上がってくるのであろう。我々はいまでもピュージンに賛成するが、我々はまさに彼が罵ったもののいくつかを、我々の熱意ある是認をもって称賛し、模倣することに駆り立てられている。

さて、この類のそこそこの住宅が、おそらく住み手の大いなる満足の下に、たくさん建てられてきた。しかし、新しいスタイルは使い始めるまでには程遠いので、普通の建設業者は我々を嘆かせる五十年前のスレートの蓋のついた煉瓦の箱の出来損ないで、イギリス中を覆っている一方、教養のある階層は、ジョージア王朝時代の石のかたまりで例示される似非パラディアンの最後の残りかすのような厳格さ（つまりは文字通りの高価な醜悪さ）へとむしろ戻る傾向がある。実際、ショー＝レフィーヴァー氏[訳77]の造営官手腕 Aedileship が我々を脅かした新しい公共事務所群のデザインの実施に抗議して、「教育を受けた中産階級」が、トラファルガー広場付近で激しい抗議集会を持とうとする意図を示したということを、私は聞いたことがない。公共建築について言えば、ストリート氏の裁判所が、我々がみることができそうな、用途に適した美しいものをつくる最後の試みである。一般の人々は、一つの部局に押しつけるのが便利だということで、どんなに凡庸で低俗なかたまりに対しても、おそらくそこで行われる仕事（仕事と称している）にはともかく十分よいという半ば自覚した気持ちで甘んじて従ってきたのであろう。

つまるところ、我々は、この論考を始めるに際して課した問いに対して、以下のように答えなければならない。建築のリヴァイヴァルは、単なる人為的な馬鹿げた類のしわざではないけれども、真の発展が可能な活気ある成長をするには、その活動範囲があまりにも限られており、あまりにも教育を受けた人々に限定されていると。重要なことは、これが歴史に対する共感と、歴史を普遍化する技芸とに基づいているということで、それは先述のように、我々の時代の贈り物ではあるが、まだ少数の人しか分け前に与っていない不幸な贈り物だということである。この贈り物を受け取っていない人々の間では、時折の美の試みですら、いまは可能ではなく、そのような場所においては、いまの社会の性格が続くならば、各世代は、日常生活において美への切望の感覚をまったく持たずに生き死ぬことになるであろう。そして、最も望ましい状況においてすら、必要から生まれて美を目指す総合的な衝動がないのであるが、この衝動だけが普遍的な建築のスタイル、すなわち、住宅と家具とその他の我々の生活をとりまく材料を高め美しくする習性を、生み出し得るのである。

我々がもっているもので建築と呼べるようなものはすべて、かなりの自己意識と苦心ありありの折衷主義の結果であり、明白に過去の作品の模倣である。その過去の作品の知識を、我々は他のどの時代よりも抜きんでて多く獲得してきたのである。一方で、自覚的な努力なしになされたものがなんであっても、時代の真のスタイルの作品は、つまりは美と適切さの感覚を攻撃するものであり、そのことは形態の美の知覚力をもつ誰もが認めている。それは、ジョンソン博士(訳78)の時代の退屈な実用主義に、ヴィクトリア朝時代の特別の発明である一つの野卑さを加えたのであるから、もはや受身的な醜ではなく、積極的な醜である。あの時代の本物のスタイルの例としては、郊外の安普請の家、海水浴場の漆喰塗りの海岸通り遊歩道、英国のどの町にもある派手なかどのパブ、エディンバラのクイーンズ・パークの荘厳な景観を台無しにしている痩せこけておそろしく醜い家々があげられる。これらは、我々の真のヴィクトリア朝建築を形づくっているのである。ボドリー氏のマグダレン・カレッジのすばらしい新築建物、ノーマン・ショー氏のチェルシーの優雅で素敵なクイーン・アン様式の住宅、ロブソン氏のシンプルであるが目立ついくつかのロンドンの公立小学校は、一般の人々とはなんら関わりのない奇矯さでしかない。

これはみのりのない悲観主義だと読者は言うかもしれない。とんでもない。ゴシック・リヴァイヴァル主義者の熱情は、一つの生活様式を持たないだろうし現に持ち得ていない社会の一部になってしまっているという事実に彼らが直面した時に、消滅してしまったのである。なぜなら、住民の毎日の仕事が機械的で辛いものになるというのは、社会の存在のための経済的な必要性であり、また、ゴシック、つまり生きた建築芸術を生み出すのは、住民の普通の毎日の活動の調和であり、機械的で辛い仕事は芸術とは一致し得ないからである。我々の無知の希望は消え去ってしまったが、それは新鮮な知識から生まれる希望の場所を与えた。歴史は我々に建築の変遷を教え、建築の変遷はこんどは我々に社会の変遷を教えている。以下のことは、我々には、あるいはそれを認めるのを拒んでいる多くの人々にとってすら、明らかである。我々のところで発展してきた社会は、一般の人々のようには、機械的で辛い仕事を必要とはしなくなるであろうし、それに耐えもしないであろうということ。新たな社会は、現在の我々のようには、利益のための商品を、それを誰かが必要としているか否かに関わらず、次々と生産するという悪夢にとりつかれてはいないであろうということ。そして人々は、生きるために生産するであろうし、我々がやっているように生産するために生きているのではないであろうということ。こうした状況下で、一般の人々の生活の一部としての建築は、再び可能となるであろう。そして、それが可能となる時、建築は真に新しく生まれるであろうし、どうして人はそれなしで生きることができたかと不思議に思うほど、人生に喜びを付け加えるであろうと私は信じる。それまでは、我々はこの社会の新たな発展を待ち受け、我々の一部は臆病になにもしないでいるであろうし、また一部は変化を目指して希望のある活動の最中にいるであろう。しかし、少なくとも我々はすべて、少数の学者や作家や芸術家の余暇や趣味ではなく、文明化された世界中の労働者の必要と切なる希望の仕事であるべきものの到来を待っているのである。

註

1　*Fortnightly Review*, May 1888 からの復刻。

訳注

訳1　本書のタイトルは"Some architectural writers of the nineteenth century"である。

訳2　原文ではByronとなっているが、正しくはBiron。詩人のバイロンとは関係がない。シェイクスピアの戯曲「恋の骨折り損」の登場人物である。引用されている二行は、第一幕、第一場の台詞である。Bironは小田島訳では「ビローン」となっていて、表記はそれに従った。

訳3　図書室としか解しようがないが、次に図書室のマントルピースに関する記述がでてくる。図書室には暖炉が二つあるのだろうか。

訳4　これらは、いずれも中世の建築に見られる繰形もしくは装飾の術語で、billetは円筒形の部分と平らな部分が交互にある帯状繰形、nailheadは釘の頭の形に似た四角錐台の繰形、zigzagはジグザグの形をした帯状繰形、corbel-tableは持ち送りによって支えられた突出する帯飾り。

訳5　基本的には『ゲーテ全集　13』（潮出版社、1980）の芦津丈夫訳によっている。

訳6　billetとnailheadは（訳4）を参照。chevronはzigzagと同じで、ジグザグ形の帯状繰形。

訳7　ヴォールト天井のリブとリブの間の曲面三角形の部分を指していう。

訳8　ambulatoryは周歩廊とかそのままアンビュラントリーと訳され、以下、bowtel（for torus）は断面が半円形で突出する繰形で、boltelとも書かれる。古典建築では半円形の凸面の繰形の代表はトールス（torus）なので、bowtelはその代わりということであろう。crocketはゴシックの植物模様の彫刻装飾で、そのままクロケットと書かれる。cuspはゴシックのアーチの内側にある突出物で、これもそのままカスプ。filletは平縁ともフィレットとも訳され、矩形断面の細い繰形をいう。finialはゴシックの小尖塔の頂上飾りで、フィニアルともファイニアルとも書かれる。

hood-mould は入口や窓の上につけられたアーチ形の突出する繰形。mullion はドアや窓の中にある垂直材で竪子に相当し、中方立ともマリオンとも訳される。ogee はそのままオジーで、葱花線や反曲線のこと。oriel は中世の建物の出窓のこと。parclose は中世の教会における特別の部分と一般的な部分を分ける衝立、スクリーンのこと。pendant はゴシックのヴォールト天井の垂れ飾り。respond はアーチやヴォールトのリブを受ける壁付きの支柱。spandrel はそのままスパンドレルとして使われ、三角小間とも訳される。squinch もそのままスキンチで、入隅迫持とも訳される。stauncheon は stanchion とも書かれ、屋根などを支える垂直の支柱や竪材をいう。transom はドアや窓の上や中間の横材で、楣のこと。wall-plate は梁を支える水平材で敷桁のこと。billet、chevron、corbel table、zigzag は（訳4）と（訳6）を参照。

訳9　archivolt はアーチの前面の繰形で、そのままアーキヴォールトとか飾り迫縁と訳される。clustered columns は束ね柱とか簇柱と訳す。groin は交差ヴォールトの交差線の部分を指し、穹稜とも訳される。herringbone はジグザグ模様のことで杉綾模様や矢筈に相当する。label は庇などの雨垂れ石のことで、そのままレーベルとかドリップストーンと訳す。reredos は 祭壇の後ろの衝立のことで、そのままリアドスと訳し、またリテーブルとも呼ばれる。rose-window は薔薇窓、set-off は上部が斜めに後退してできた外壁面の段のことで、off-set もしくは offset とも書かれる。severy はヴォールト天井の一つのベイや一つの区画をいう。tabernacle はそのままタバナクルと訳し、聖像などを置くための天蓋付きのニッチを指すことが多いが、聖櫃自体を指したり、聖櫃を置いた礼拝堂を指すこともある triforium はそのままトリフォリウムで、教会堂の側廊上部の高窓層と大アーケードの中間部分。weepers は柩や墓碑につけられた悲しむ人を彫った彫像。nail-head は（訳4）を参照。

訳10　順に、「初期イギリス式」、「装飾式」、「垂直式」とも訳す。

訳11　コラム column は円柱とも訳し、ギリシア・ローマ以来の一本柱。ピア pier は支柱とも訳すが、数個の部材を組み合わせてつくる複雑な断面を持つ太い柱。シャフト shaft は壁についた細い柱で、ピアの一部をなすこともある。

訳12　原文は'series of pannels'（古くはpanelをpannelと綴った）で、トレーサリーの発展段階のことを言っているものと思われる。パーペンディキュラー・トレーサリーのことをパネル・トレーサリーともいう。

訳13　（訳8）参照。いずれも主としてゴシック建築に関わる基本的な用語である。

訳14　cushion-capitalは方円柱頭とも訳し、下部の隅部が円くなった立方体の柱頭のことである。sexpartite vaultはそのまま六分ヴォールトと訳し、曲面部分が六つの部分に分けられたヴォールトのことである。

訳15　'dwarf galleries'　外壁の軒下などに設けられる飾りの通路。小さなアーチ列で飾られていることが多い。

訳16　ここにあげられているポストや身分の実態はわかりにくいが、原語をあげておくと「自費生」はpensioner、「執事」はdeacon、「司祭」はpriest、「特別研究員」はfellow、「学生監」はdean、「給仕長」はsteward。また、「ジャクソン寄贈講座の教授」はJacksonian Professorで、これはRichard Jacksonの寄贈によって一七八二年に設けられた教授席である。

訳17　continuous mouldingsは意味としては連続する繰形であるが、アーチの下端の繰形がなんら中断物なしに床のほうまで繋がっているものを指す。Saxon mid-wall shaftsはサクソン時代によく見られる壁内柱。窓を少し広く開けるために真ん中に柱を置いている。tracery barsはトレーサリーを構成している組立格子状の部材を指す。compound piersは複合柱のことで、細い柱が束ねられて太い一本の柱になったものを指す。clustered columnともいう。

訳18　原文は'Ce que il fait, est fait'。

訳19　装飾リブのことで、そのままリエルヌとも訳す。

訳20　この本の正しいタイトルは、Choix des plus célèbres maisons de plaisance de Romeのようである。

訳21　十六世紀のこと。

訳22　「トランク状天井」の意。

訳23 「八十の小住居」の意味と思われる。この部分、バーソロミューの原本では一つの構造物にたくさんの施設を入れ込む構造的危険性を指摘したところで、補助金で建てられた八十あるいはそれ以上の小さな住居の集合物への警告と思われる。

訳24 原語は'A Gin Temple'で、「Gin の殿堂」ということで「ジン酒場」としたが、実のところ意味はよくわからない。

訳25 原語は'Compo fronts'で、実際、なにを指しているのかわからない。おそらく建築部材であろうから、こう訳した。

訳26 「永遠のシェフィールド」の意味であるが、それがなにを指すかは不明。なにかの商品名でもあろうか。

訳27 アルバート・メモリアルの台座の四面に「パルナッソスのフリーズ」と呼ばれる芸術家群像のレリーフが彫られている。イギリスのみならずヨーロッパ全体から百数十人の詩人、音楽家、画家、彫刻家、建築家が選ばれているが、そのうち北面のレリーフが建築家群で、そこには四十五人の建築家像が彫られている。ピュージンもそのうちの一人ということ。

訳28 一六〇九年、ジェームズ一世時代につくられた養老院・救貧院。大学ではない。

訳29 原文は写真40となっているが、これは明らかに誤植。

訳30 原文は写真41のみであるが、写真40の方がより文脈にはふさわしいと思われ、40を付け加えた。原文中の写真40(訳29参照)が間違いだとすると、本文中には写真40を参照する箇所が一つもなく、これもまた誤植だとも思われるが、41もまったく文脈と無関係でもないので残した。

訳31 「自然に従って」(英語で言えば'According to Nature')を意味するギリシア語に基づく。

訳32 二人ともラスキンが恋に陥った女性で、年齢は初めて会ったときのもの。アデールは父親の商売のフランス人パートナーの娘で、ローズはアイルランドの人。彼女の母親はマイナーな詩人・作家。ラスキンはローズの絵の家庭教師だった。時期的にはアデールがエフィーより前で、ローズがエフィーより後。

訳33 Pevsner の原文では'Memling'であるが、'Stones of Venice'の Library Edition 版では'Hemling'となっており、邦

訳書もこれに応じて「ヘムリング」としている。Hans Memling（c.1430-1494）のことであろうが、Memling はかつては 'Memlinc' とも 'Hemling' とも書かれたようで、Pevsner は当時、そして今日もより一般に使われている 'Memling' にうっかり変えてしまったのであろう。ついでながら、Memling が入っている文章の前の一文も、Pevsner は省略している。つまり、「……調子である。」と「初期イタリア派……」の間に Ruskin では色彩に関する一文が入っている。

訳34 この部分、Pevsner では 'link' となっているが、これは間違いで、正しくは 'limb'。

訳35 'stump tracery' は一般的な英語の建築に関する辞典によると、「ドイツのゴシックによく使われるトレーサリーで、その相互に貫入する桟が切り株（stump）のように断ち切られているもの」ということになる。'discontinuous impost' は「不連続の迫元」ということになるが、下部の垂直のシャフトと上部のアーチの繰形が異なっているものをいう。

訳36 ケンブリッジのトリニティー・カレッジの建物の一部。グランド・コートの翼部の一部をなし、当時学長であったヒューエルの住まいもこの一部にあったものと思われる。

訳37 この部分の原文は 'But Ruskin did not indend it to be read in that way' であるが 'indend' は 'intend' の誤植であろう。

訳38 この章では decoration と ornament が使い分けられている。同一の文章にこの二語がしばしば共に使われていて訳し分けるのが難しいが、decoration は本体そのものが装飾化したもの、ornament は本体に付け加えられた付加的な装飾と解して、decoration を「装飾」もしくは「デコレーション」と訳し、ornament をそのまま「オーナメント」としている。ただし、ornament が単独で使われているところでは、ornament も「装飾」と訳している。

訳39 原文では 'Conway' となっているが、正しくは 'Conwy'。

訳40 原文は 'Italist' であるが、誤植ではないかと思われる。

訳41 'stiff-leaf' で、初期ゴシックの柱頭などに見られる定形化した葉飾りのこと。

訳42 原文は 'At Cholmondeley, to stay in Cheshire' であるが、'to stay' は意味不明。'to stay' は 'today' の誤りか？

訳43 原文は 'a course of quinine' であるが、これがどういう治療かは不明。キニーネ水による治療か？

訳44 原文は 'couleur de rose'。「楽観的にすぎる」という意味であろう。

訳45 Carlo Lodoli のことで、もちろんロードリ神父の意味。'Abbate' は 'Abate'（イタリア語でもある）とも書く。Memmo は書いたものを残さなかったロードリ神父の語ったことを本にした Andrea Memmo である。

訳46 原文は 'romanzeros' で、スペインの叙事詩の集成を指しているものと思われる。Hugo の原文では 'les Romanceros' となっており、なぜこれを 'romanzeros' としたかは不明。もちろん Heinrich Heine の "Romanzero" とは関係がない。

訳47 原語は 'gâteau de Savoie' でお菓子の一種。Savoie 地方特産のスポンジケーキ。

訳48 『ノートル・ダム・ド・パリ』の登場人物で助祭長クロード・フロロ。

訳49 原文は 'Barthélemy' となっているが、正しくは 'Barthélémy'。Jacques-Eugène Barthélémy（1799-1882）でルーアン生まれで主としてルーアンで活躍した。

訳50 レジオン・ドヌール勲章は、「グラン・クロワ」（一等）、「グラン・トフィシエ」（二等）、「コマンドゥール」（三等）、「オフィシエ」（四等）、「シュヴァリエ」（五等）からなる。つまり一八三九年にシュヴァリエ、一八五四年にオフィシエ、一八六四年にコマンドウールになったということである。なお、原文ではオフィシエの年を一八三四年としているがこれは一八五四年の誤植。

訳51 初代の北駅はレイノーの設計で建てられた。一八四六年のことである。しかし一八六五年にはイットルフの設計の現在にものに建て替えられた。レイノーはその構造に関わっている。

訳52 原文は 'Buy why ugly' であるが、'But why ugly' の誤植であろう。

訳53 原文は 'M. de Nieuwekerke' であるが、'Nieuwerkerke' の間違いだと思われる。Émilien de Nieuwerkerke（1811-1892）

のことで、原文の'M'は不明。Monsieur か。

訳54 'Newleafe' の名前が 'new leaf' を想起させるからであろうか。逐一読んだわけではないが、カーのこの本には名前の由来は書かれていないようであるから、この一節は著者の解釈。

訳55 学位や肩書を意味するものと思われるが、詳細は不明。

訳56 この引用文はスコットランド方言を使っている。以下に原文を掲げる。"Oy zay Hob! Whoat, Beell? Thee doant know whoat thim poasts be vor, thee doant. Poasts? Whoat poasts? Thim voar poasts? Whoy thim? Whoat does thee take Oy vor? Thim be vor a-bearin' the roof, to be zure. No thim beant, Hob. Thim beant? Thim be. Oy tell thee thim beant. Whoat be thim vor, thin? Thim be vor the voar vangelisters, Hob. Coom, noon of thoy gammonin' of Oy; Oy'll give thee a whackin'. Will thee? Oy'd loyke to zee thoy whackin'. Doant gammon Oy, thin. I beant, Hob. Parson toald measter, measter toald missis, missis toald Oy, and Oy be a-tellin' of thee; thim poasts be vor the voar vangelisters. And whoat be the vangelisters? Whoy, doant thee know? No, I doant. Thim be whoat the parson speaks about; doant thee know? No, I doant; whoat do thim be? Whoy, I doant know noyther, I doant, But thim poasts be vor 'em."（これを読み説いてくれたのは訳者の愚息吉田龍平である）。

訳57 Sydenham は一八五四年にクリスタル・パレスが移築されたロンドン東南郊外の街。移築されたものも一九三六年に焼失した。なお、これと並べて書かれている Oxford Museum は正確には Oxford University Museum of Natural History（約めて Oxford University Museum とも）のようである。

訳58 原文では 'Thermatics' となっているが、Fergusson の原典では 'Thermotics' となっており、誤植であろう。

訳59 この部分、ファーガソンの『建築近代様式史』の間違い（誤植に近いものもある）をあげている。Palazzo Valmarina は正しくはパラディオ設計の Palazzo Valmarana、Griefswald は正しくは Greifswald で、しかもこれは建物の名前ではなく都市の名前。piazzi は正しくは piazze（piazza の複数形）、Sposalizia は正しくは Sposalizio である。

訳60 建物の様式が十三世紀の中世なので、そこに置く本も彩飾写本であるべきだという皮肉。

訳61 Wollaton は、ノッティンガム州にある街で、今日 Wollaton Hall として知られる十六世末に建てられたエリザベス朝様式のカントリーハウス（設計は Robert Smythson とされる）が建っている。Rothschild が Mentmore に建てる邸宅をパクストンに依頼したとき、パクストンはこの Wollaton Hall をモデルにした。

訳62 ドイツ各地で起こった市民革命である三月革命のこと。

訳63 訳すと「後者は、形態それ自体に基づく純粋な美のあらゆる特質もしくは条件を選び出し、形態を自ずから明らかでそれ自体のためにのみ存在しているものとして展開する」となる。冒頭の「後者」は「現代の美学 moderne Aesthetik」である。Pevsner はこの出典を示していないが、これは G. Semper, Über die formell Gesetzmässigkeit des Schmuckes und dessen Bedeutung als Kunstsymbol（Akademische Vorträge I), Zürich, Verlag von Meyer & Zeller, 1856 の p.23 にあり、Der Stil ではない。文体を示すためだけの引用とはいえ、出典を書いていないのは不思議である。

訳64 South Kensington Museum は、当初、入館した最初の部屋を「Chamber of Horrors」と称して、そこに無意味に装飾的で漫画的な作品を反面教師として展示していたらしい。

訳65 神聖ローマ皇帝フリードリヒ一世（1122-1190）のこと。赤髭王の意。

訳66 原文は ' the William and Mary and Georgian types' で、これがいかなる窓を指すかよくわからない。ウィリアム三世とメアリー二世の時代が十七世紀の終わりから十八世紀にかけてで、その後がクイーン・アンの時代、そしてジョージ朝へと続くが、この時期、イニゴー・ジョーンズやクリストファー・レンが活躍し、イギリス古典主義建築が根付いた。レッド・ハウスの窓は、概ねやや幅広のシンプルな矩形の上げ下げ窓であり、それを指しているものと思われる。

訳67 描くために据えた椅子の場所のこと。ついでながら、このバーン＝ジョーンズ夫人の記述は、オクスフォードにある Archibald MacLaren（1820-1884）家滞在中の話である。MacLaren は最初期の体操研究家で体操場の所有者でもあった。Burne-JonesもMorrisも学生時代からMacLarenと親しい。MacLarenが書いた'The fairy family, a series of ballads and metrical tales illustrating the fairy faith of Europe'（London, Longman & cie, 1857）の本の挿絵をBurne-Jonesが描いている。

訳68　この部分の原文は、"……he had an exceptional 'capacity for producing and annexing dirt' as according to Mackail, Rossetti noted."であり、これだけでは引用部分の意味がわからない。当初は、モリスが噂話の対象になりやすい性格をもつという意味かと考えていたが、Mackailの同書の別の個所（1901年版でp.127）に"Rossetti said that Topsy had the greatest capacity for producing and annexing dirt of any man he even met with."という同様の表現があり、これだとモリスが他人のゴシップを広めていたということになりそうである。ちなみに、引用部分の原書は"The capacity for producing and annexing dirt, noted by Rossetti, remained strong in him;……"（1901年版ではp.217）である。

訳69　ロンドン中心市街地の東端部にある地区で、当時は有数の貧民街であった。「切り裂きジャック」の犯行現場として名高い。

訳70　話が複雑だが、ロンドン西郊外Hammersmithにある Kelmscott Houseは、一八七八年以来のモリスのロンドンにおける住宅で十八世紀前半のジョージア王朝期に建てられている。そして彼はその少し前にKelmscottの創建は十六世紀に遡るという古いマナーハウスを得て、そこにも住宅兼事務所を営んでいた。Hammersmithにある住宅はKelmscottのマナーハウスに因んでモリスが名付けたもので、場所的にはKelmscottとなんら関係がない。この二つの住宅は、ともに彼の死まで使われた。

訳71　'Unholpen'は普通は'unhelped'、'he spake'は普通は'he spoke'となる。'hight'は中世英語に由来する語で'call'とか'name'と同じ意味をもつという。'wot'は「知る」を意味する'wit'の過去形。

訳72　ディケンズの小説『マーティン・チャズルウィット』の登場人物で、建築家。実際の建築の仕事はまったくせずに、建築徒弟から金をとって生活しているなかば詐欺師。

訳73 「紙版」の原語は'paper edition'であるが、ここでわざわざpaper editonと言っているのは、上質皮紙(vellum)版のチョーサーもケルムスコット・プレスは刊行していたからであろう。この皮紙版の価格は紙版の六倍の百二十ギニーだったという。

訳74 原文は'Club-houses'で、これは特定のクラブハウスではなく、たとえばバリーの旅行者クラブやリフォームクラブなどを含むクラブ建築の集合を指しているものと思われる。

訳75 原語は'the Podsnappery'。ディケンズの最晩年の小説『互いの友』中の登場人物で保険業者のジョン・ポドスナップの不都合な事実を無視して自己満足に耽る態度を言う。

訳76 シモン・ド・モンフォール Simon de Montfort(1208-1265)とフィリップ・ヴァン・アルテヴェルデ(c.1340-1382)は、共に市民革命に先駆ける愛国的英雄。前者はイギリスの議会制度の基礎をつくったとされ、後者はヘントでフランドル伯に抗して市民を率いて反乱を起こした。

訳77 原語は'Mr. Shaw-Lefevre'。George Shaw-Lefevre(1831-1928)のことではないかと思われる。彼は公共事業局長官First Commissioner of Worksを二度務め、ロンドン州会London County Councilの議長も務めている。

訳78 原語は'Dr. Johnson'で、Samuel Johnson(1709-1784)のことではないかと思われる。

写真リスト

1. ホレス・ウォルポール他、ホルバインの部屋、ストローベリー・ヒル、トウィッケナム、1759年
2. ジェームズ・エセックス、リンカーン大聖堂の装飾衝立、1761年
3. ジェームズ・エセックス、内陣仕切り詳細、リンカーン大聖堂、1761年
4. ジェームズ・エセックス、キングス・カレッジ・チャペルの東側窓、ケンブリッジ、装飾衝立と共に1770-5年施工、図面はロンドンのブリティッシュ・ミュージアム所蔵
5. ジェームズ・ワイヤット、フォントヒル・アベイ、ウィルトシャー、1796年起工。J・P・ニール作画、W・トンブレソン版画
6. ジェームズ・ホール卿、その著書『ゴシック建築の起源と原理試論』の口絵、1813年
7. A・C・ピュージンとE・J・ウィルソン、ハンプトン・コート宮のアーチの詳細。『ゴシック建築の実例』より、1822年
8. トーマス・リックマン、パーペンディキュラーの詳細。「ノルマン征服から宗教改革までのイギリス建築の諸様式識別の試み」より、1817年
9. トーマス・リックマン、フィッツウィリアム・ミュージアムのためのデザイン、ケンブリッジ、1829年。R.I.B.A.ドローイング・コレクション
10. トーマス・リックマン、フィッツウィリアム・ミュージアムのためのデザイン、ケンブリッジ、1829年。R.I.B.A.ドローイング・コレクション
11. トーマス・リックマン、フィッツウィリアム・ミュージアムのためのデザイン、ケンブリッジ、1829年。

12. R.I.B.A.ドローイング・コレクション
13. トーマス・リックマン、セント・ジョージ、エヴァートン、リヴァプール、1812-14年
14. トーマス・リックマンとヘンリー・ハッチンソン、ハンプトン・ルーシー教会の南側側廊、ウオリックシャー、1822-6年
15. トーマス・リックマンとヘンリー・ハッチンソン、ハンプトン・ルーシー教会の南側側廊、ウオリックシャー、1822-6年
16. J・ポッター、セント・メアリー、シェフィールド、1826-9年
17. J・ポッター、セント・メアリー、シェフィールド、1826-9年
18. W・トーマス、セント・マチュー、ダデストン、バーミンガム、1829-40年
19. アルシス・ド・コーモン、ゴシックの詳細。『主としてノルマンディーの中世建築について』より、1824年
20. アルシス・ド・コーモン、ゴシックの詳細。『古記念物講義』より、1831年
21. ロバート・ウィリス、扇状ヴォールト。「中世におけるヴォールトの建設について」より、1842年
22. ロバート・ウィリス、ヘンリー七世のチャペルのヴォールト、ウェストミンスター、「中世におけるヴォールトの建設について」より、1842年
23. ロバート・ウィリス、キングズ・ウオーク墓地礼拝堂、ウィズベック、ケンブリッジシャー。1841年、ネイル・ウオーカーとトーマス・クラドック『ウィズベックと沼沢地域の歴史』より、1849年
24. ロバート・ウィリス、ヌヴェール大聖堂の戸口。「フランボワヤン様式の特徴的な相互貫入について」より、1842年
25. ロバート・ウィリス、ウィンチェスター大聖堂の身廊。『ウィンチェスター大聖堂の建築史』より、1846年
26. ロバート・ウィリス、司祭席を描いた紙片、ケンブリッジ大学図書館（Add. 5023）より

26. レオ・フォン・クレンツェ、万聖宮廷教会、ミュンヘン、1827年起工。ポッペルの版画より
27. T・H・ワイヤットとD・ブランドン、ウィルトン・パリッシュ・チャーチ、ウィルトシャー、1840年起工
28. トーマス・ホープ、サン・ミケーレ、パヴィア、『建築歴史論叢』より、1835年
29. ルートウィッヒ・グルナー、カジノ、バッキンガム宮殿、1844年。『バッキンガム宮殿の庭園にあるパヴィリオンの装飾』1846年より
30. C・R・コッカレル、王立商品取引所のためのデザイン、1839年。R.I.B.A.ドローイング・コレクション
31. C・R・コッカレル、クリストファー・レン卿への賛辞、1839年。B・O・クライトン夫人コレクション
32. T・L・ドナルドソン、ドクター・ウィリアムズ・ライブラリー、旧ユニヴァーシティー・ホール、ゴードン・スクエア、ロンドン、1848年
33. A・W・N・ピュージン、「キリスト教建築の現在の復興」、『キリスト教建築復興のための弁明』の口絵、1843年
34. A・W・N・ピュージン、セント・オズワルド、オールド・スワン、リヴァプール、1840-2年、同時代の印刷物より
35. A・W・N・ピュージン、セント・ジャイルズ、チードル、スタッフォードシャー、1841-6年
36. A・W・N・ピュージン、セント・オーガスティン、ラムズゲート、ケント、1846-51年
37. A・W・N・ピュージン、セント・オーガスティン、ラムズゲート、ケント、1846-51年
38. A・W・N・ピュージン、セント・メアリー、ダービー、1837-9年
39. ジョージ・ギルバート・スコット卿、セント・ジャイルズ、キャンバーウェル、1842-4年
40. ウィリアム・バターフィールド、キーブル・カレッジ礼拝堂、オクスフォード、1868-76年
41. ウィリアム・バターフィールド、オール・セインツ、マーガレット・ストリート、ロンドン、1849-59年

42. ジョン・ラスキン、カーサ・コンタリーニ＝ファザーン、ヴェネツィア、1841年。アシュモレアン・ミュージアム内のドローイング、オクスフォード
43. ジョン・ラスキン、サン・ミケーレ、ルッカ、1845年。アシュモレアン・ミュージアム内のドローイング、オクスフォード
44. T・N・ディーン、庭園側正面、クライスト・チャーチ、オクスフォード
45. オーウェン・ジョーンズ、栗の木の葉。『装飾の文法』より、1856年
46. ジョージ・ギルバート・スコット卿、聖マグダラのマリア教会の側廊、オクスフォード、1840年
47. ジョージ・ギルバート・スコット卿、セント・ジョージ、ドンカスター、1854-8年
48. ジョージ・ギルバート・スコット卿、セント・ジョージ、ドンカスター、1854-8年
49. 修復前のオクスフォード大聖堂、同時代の印刷物より
50. ジョージ・ギルバート・スコット卿、オクスフォード大聖堂の東端部、1870-6年
51. ジョージ・ギルバート・スコット卿、ブロード・サンクチュアリー、ウェストミンスター、1854年
52. ジョージ・ギルバート・スコット卿とマシュー・ディグビー・ワイヤット卿、セント・ジェームズ公園から見た外務省、1868-73年
53. ジョージ・ギルバート・スコット卿、セント・パンクラス駅、1868-74年
54. W・H・バーロー、セント・パンクラス駅の鉄骨屋根、1868-74年
55. ジョージ・ギルバート・スコット卿、主階段室、セント・パンクラス駅、1868-74年
56. ジョージ・ギルバート・スコット卿、グラスゴー大学、1866年起工
57. アレクサンダー・トムソン、カレドニア・ロード教会、グラスゴー、1856年以降
58. ヤーコブ・イグナーツ・イットルフ、北駅、パリ、1859-62年

59. A・J・マーニュ、ある教会のためのデザイン、「ルヴュ・ジェネラル・ダルシテクチュール」、1848年より
60. A・J・マーニュ、ある教会のためのデザイン、「ルヴュ・ジェネラル・ダルシテクチュール」、1848年より
61. アンリ・ラブルースト、サント・ジュヌヴィエーヴ図書館、パリ、1842年起工
62. ウジェーヌ・ヴィオレ＝ル＝デュク、エンジェル・クワイア、リンカーン大聖堂。ヴィオレ＝ル＝デュク資料の中の1850年のドローイングより。写真資料館
63. ウジェーヌ・ヴィオレ＝ル＝デュク、ロジエ邸、パリ。『現代住宅』1875年より
64. ルイ＝オーギュスト・ボワロー、サン・トウジェーヌ、パリ、1854-5年
65. ウジェーヌ・ヴィオレ＝ル＝デュク、クレルモン＝フェラン大聖堂のファサード。1864年のドローイングより、建築部門。写真資料館
66. トーマス・ハリス、ニュー・ボンド・ストリート155番地、ロンドン。「ヴィクトリア朝時代の建築の諸例」1862年より
67. トーマス・ハリス、ハローの連続住宅、ミドルセックス。「ビルダー」1862年より
68. ロバート・カー、ベアウッド、バークシャー、1861-8年
69. ゴットフリート・ゼンパー、歌劇場、ドレスデン、1838-41年、1869年焼失
70. ゴットフリート・ゼンパー、歌劇場、ドレスデン、1871-8年
71. ゴットフリート・ゼンパー、美術館、ドレスデン、1847-54年
72. フィリップ・ウェブ、レッド・ハウス、ベックスリー・ヒース、ケント、1858年
73. フィリップ・ウェブ、レッド・ハウスの暖炉、ベックスリー・ヒース、ケント、1858年
74. フィリップ・ウェブ、スミートン・マナーハウス、ヨークシャー、1877-9年
75. モリス商会によって復活されたサセックス・チェア、1870年以前

76. モリス商会のためにフィリップ・ウェブがデザインしたテーブル、1870年ころ
77. ウィリアム・モリス、クロンプトン更紗木綿、1895年
78. ウィリアム・モリス、ユリ模様のカーペット、1870年ころ

図版リスト

訳者あとがき

この本は、Nikolaus Pevsner, Some Architectural Writers of the Nineteenth Century（Clarendon Press, Oxford, 1972）を全訳したものである。原書のカバーの表紙には、レッド・ハウスの階段室のウィリアム・モリスのデザインによる天井装飾のパターンのディテールが使われており、折り返しの惹句には「この本でとりあげられている著述家は、ホレス・ウォルポールからウィリアム・モリスまでであり、ピュージン、ラスキン、ヴィオレ＝ル＝デュク、ファーガソン、ゼンパーはもちろんのこと、レオンス・レイノーやエドワード・レイシー・ガーベットといったそれほど知られてはいない人も含んでいる。これは学究的な本であるが、ニコラウス・ペヴスナー卿はこれまでの著作でもその学識を軽々と展開しうることを示してきたし、この本も好奇心をそそり驚かせる、きわめてヴィクトリア朝的な逸話に満ち溢れている。鍵となる諸文献のほかに、ロバート・カーの『イギリス建築、三十年後』とウィリアム・モリスの『建築のリヴァイヴァル』が補遺として全文が復刻されている」とある。

この惹句の通り、この本は十九世紀の英仏独で（米国は少し取り扱われているが、イタリアはイタリア人自身の著作ではなく、イタリアの影響を受けた人の著作によって代替されている）、建築について書いた人たちの記述内容をほぼ時代順に紹介したものである。つまり、十九世紀英仏独の建築史・建築論・建築批評の一種のアンソロジーといえるかもしれない。しかし、全文が引用されているのは、惹句にあるように補遺の二編のみで、また本文中に長文で引用されているものもあるが、概ね引用文は換骨奪胎されて著者の文脈の中で簡潔に引用されており、したがって本文は引用と叙述が密接にからみあった緊張感溢れるものとなっている。実際、緊密で少しも弛緩したところのない書きぶりではあるが、にもかかわらず決して無味乾燥な引用句の羅列というのではなく、著述家の人となりまでが的確にとらえられており、モリスやラスキンを扱った章では、思わず笑わせられた。つまり、本書は単なるアンソロジーではなく、それぞれの書き手の簡潔で的確な伝記付きのアンソロジーといえる。著者は、本書を巧みな筆さばきによる絵ではなくてモザイクにすぎないと謙遜しているが、そのモザイクは眼を瞠る絢爛さを備えたものであり、著者にして初めて嵌め込み得たものであろう。

とりあげられた著作家の数は、各章のタイトルに名前があげられた人だけでも三十一人、章題には組織や団体の名でしか現れない人や、章題の人物に関連して触れられている人を含めれば、その数は何倍にもなる。言及された著述家は、建築家などの建築関係者が一応主となっているが、考古学や建築史の愛好家、詩人・作家、社会改良家、批評家、役人、デザイナー、出版人、宗教家など、多彩である。そもそも、この時代はたとえば建築家といった専門的な職能が確立されつつある過渡的な時期であったから、建築家と実際に設計もしたアマチュアの建築愛好家を分けることすら実際には難しい。現に、本書の第八章の対象となっているロバート・ウィリスは、ケンブリッジの「自然哲学・経験哲学」の教授であるが、技術者でもあり、建築の設計も少しやっていたという。つまり、こうした職業による肩書きがあまり意味をなさない時代ではあるが、様々な分野の人が建築について書き、語っていたということである。そうした風土は、建築をメジャーなアートの一つとしたルネサンス以来の伝統の賜物でもあり、一九八八年にチャールズ皇太子がＢＢＣテレビで建築について講演をし、それが本になって出版されるという今日の状況につながっているのであろう。

こうした様々な出自の建築の書き手に対するペヴスナーの評価であるが、アルシス・ド・コーモンやウィリアム・ヒューウェルや先述のウィリス、そして当然ともいえるモリスなど、いわば建築愛好家の評価が高く、スコットなど職業的な建築家に対する評価が厳しいような気がする。それは主として建築家の言うこととやること、とりわけ保存修復の理念と現実の修復作品が違うということによるものであるが（もっともペヴスナーも、それだけを声高に糾弾しているわけではない）、理論と実践の齟齬というのはどんな芸術の分野でもよくあることであるから、これは少し酷であろう。実際、スコットの章を読んでいて、歴史主義の時代であるから当然と言われればそれまでだが、当時の建築家が非常に勤勉に学習した優れた建築史学者でもあったことにむしろ感心した。現実のままならなさや施主の気まぐれに対応するために建築家が術数をこらすことに対する嫌悪の表明はまた別のことである。

数多くの著述家の文章を紡いでいくペヴスナーの基本的な意図はなんであろうか。そう正面切って構えなくても、彼の語る文脈全体から、なにが感じ取られるであろうか。この本は、まずゴシック・リヴァイヴァルを支えた理論の歴史として読めるが、ゴシック・リヴァイヴァルは盛んなゴシック研究を背景としていたから、それはまたヨーロッパの中世建築史学の発展史でもある。当初は、古典主義とは異なる単なる風変わりな新奇性の故に用いられ始めたゴシック・リヴァイヴァルは、次第に考古学的正確さを求められるようになっていく。本書では、その考古学的厳密さの追求の嚆矢を十八世紀後半のジェームズ・エセックスの活動としているが、そこから始まって、ゴシックの発祥地はどこか、各国におけるゴシックの相互の影響関係、それぞれの遺構の創建年を誰かどのように定めていったか、ロマネスクを含む中世建築の時代区分を誰かどのようにやったか、中世建築の各部材のネーミングの変遷、ゴシック建築の構造の力学(力学的にリブが現実にどれだけ働いているか)、ゴシックの造形的イメージの源泉(それを最初期に森のイメージに比定したのは誰か)、そして当時の英仏独の中世建築研究者の相互影響関係などを辿っている。つまり、本書は中世建築研究史のドキュメンタリーでもある。そして建築史研究は、その重要な要素として各様式の造形的特徴の指摘を含むから、本書は後の美術史研究の主流となる様式論の発展前史でもある。ちなみに、そうした様式論のパイオニアとして本書はヒューエルをあげている。

さらにいえば、ヨーロッパ建築が中世から始まるという見方に立てば、中世建築研究はつまりはヨーロッパ建築史研究の始まりでもある。当時の建築史研究は、考古学研究や古物研究と一体をなして発展して行ったから、本書は考古学や古物研究の発展史でもある。十九世紀は、考古学会や古物研究会、また建築学会の機能を兼ね備えていた建築家協会や土木学会の草創期であり、学問研究と専門的職能の成立が併行して進展していった時代であった。

中世建築研究は、規範研究としての古典主義ではなく、ほかならぬヨーロッパ自生の郷土の建築遺構の研究であったから、風土愛的なナショナリズムの感興を喚起し、建築遺産の保存という考えも生み出した。つまり中世建築研究は、建築保存の理念と実践と軌を一にしているのである。したがって、本書は建築保存論の歴史としても読める。そこには、建て替えるべきか保存利用すべきかの基本的な議論から始まって、創建当初のものではない増改築部分を修復に際してどう扱うか、重要ではないと見なされる部分を取り壊して改築する際に改築部分にどんなスタイルを採用すべきか、鉄材という新しい材料を保存に用いてよいか、等々の当時の議論の跡がたどれる。つまり、本書は建築保存論のドキュメンタリーでもあり、ラスキンとヴィオレ＝ル＝デュクという保存論の両雄のみならず、多くの保存論論客をめぐる抗争史でもある。

様々な歴史様式が用いられた十九世紀であるから、公共的な建築にいかなる様式を採用するべきかという議論は絶えず起こっていた。ゴシックかクラシックか、あるいは時と場合に応じて双方を使い分ける折衷的な態度か、なにが時代にふさわしいかという論争である。この時代、クラシック一辺倒という人はあまりいないが、アカデミーや教育機関は相変わらずクラシックもしくは折衷主義を基本としており、ゴシック支持派は在野に多い。またゴシック支持派には非妥協的な激しい論客が多く、折衷主義的な論を展開する人は概ね穏健的な人が多いように思われる。そして、ゴシックか折衷主義かという論争は、結局は十九世紀の様式はどうあるべきかという議論となり、十九世紀固有の新しい様式は可能かという議論に至る。折しも、この世紀半ばの鉄とガラスによるクリスタル・パレスの登場があり、クリスタル・パレスの評価をめぐる活発な批評が展開される。同時に鉄という新材料の可能性や、従来の建築と鉄との親和性をめぐる議論も行われる。そうした様々な議論の末に、二十世紀の建築が現われるわけで、したがって本書は近代建築の胚胎期の理論史でもある。

以上、本書のゴシック・リヴァイヴァル史、中世建築研究史、建築保存論史、近代建築胚胎史という側面に触れてきた。訳者の個人的な感想を言えば、あらためてこの時代は歴史研究と建築の設計とが不可分に結びついていたのだと感じさせられたこと、まさにこの時代に建築家の職能と学会の設立があり、建築雑誌が登場して激しい論争があったことを再度認識したこと（それにしても当時の建築批評の歯に衣着せぬ激しさよ）、建築は単なる建物ではないとするルネサンス以降の芸術としての建築という認識の根強い信仰と、それが故に建築が多くの専門の人々に語られ続けてきたことを確認したこと、オーウェン・ジョーンズの『装飾の文法』が単なるパターン・ブックではなく、その時代に持っていた重要な意味を教えられたこと、あの大部なゼンパーの『様式論』が読んでもいないのになんとなく分かったような気になったこと、といったところであろうか。いずれにしても、十九世紀は保存を論じる際にも、近代建築を論じる際にも基本となる世紀であり、本書はその議論のソースをつぶさに提示してくれる。膨大な注記は引用箇所を逐一指示しており、近頃はネットで全文が読める文献も多いので、それを簡単に確かめることもできる。

さて、本書の著者、ペヴスナーについては、すでにその著書が八点、編著書が二点邦訳されているのでここに書くまでもないであろうが、近年 Susie Harries, "Nikolaus Pevsner, The Life" (Pimlico, 2013) という大部な彼の伝記と、ドイツ時代の彼に詳しく触れた Stephen Games, "Pevsner–the early life : Germany and Art" (Continuum, 2010) が刊行されてもいるので、それらの助けを得て少し触れておきたい。まず簡単な紹介として、訳者が二〇〇二年に書いた「日本大百科全書（ニッポニカ）」の解説を転載することをお許しいただきたい。

ペブスナー　Nikolaus Bernhard Leon Pevsner（1902—1983）
ドイツ生まれのイギリスの美術史家、建築史家、建築批評家。ライプツィヒに生まれる。実家は富裕な毛皮商。郷里の聖トマス学校、ライプツィヒ大学で学んだ後、ミュンヘン、ベルリン、フランクフルトの各大学で美術史家ハインリヒ・ウェルフリン、アドルフ・ゴルトシュミット Adolph Goldschmidt（1863—1944）、ルドルフ・カウチュ Rudolf Kautzsch（1868—1945）に学ぶ。郷里に戻り、1924年ライプツィヒ大学でライプツィヒのバロック建築に関する論文を提出して学位を取得。ドレスデン絵画館の学芸員助手、ゲッティンゲン大学の美術史・建築史の私講師を経て、33年（35年説もある）

イギリスに渡る。44年から69年までロンドン大学バークベック・カレッジの美術史の教授を務めるかたわら、49年から55年までケンブリッジ大学のスレイド美術講座（フェリックス・スレイドFelix Slade（1790—1868）が提供した資金によってオックスフォード、ケンブリッジ、ロンドンの各大学に設けられた美術の講座）教授、68年から69年までオックスフォード大学のスレイド美術講座教授（1869年、最初にこのポストについたのがジョン・ラスキン）を兼任した。63年にアメリカ、エール大学のヘンリー・エリアス・ハウランド記念賞、67年にRIBA（英国王立建築家協会）のロイヤル・ゴールド・メダルを受賞したのをはじめ多くの賞・名誉学位を受けている。69年ナイトに叙爵。

1925年に「反動宗教改革とマニエリスム」という最初の論文を発表し、28年に最初の単行本『ライプツィヒのバロック』Leipziger Barok を刊行して以来、『近代運動のパイオニアたち』Pioneers of the Modern Movement from William Morris to Walter Gropius（1936、1949年にPioneers of Modern Design from William Morris to Walter Gropius に改題増補、邦訳『モダン・デザインの展開』）、『英国のインダストリアル・アート研究』An Enquiry into Industrial Art in England（1937）、『美術アカデミーの歴史』Academies of Art, Past and Present（1940）、『ヨーロッパ建築序説』An Outline of European Architecture（1942）、『ハイ・ビクトリアン・デザイン』High Victorian Design（1951）、『英国美術の英国性』The Englishness of English Art（1951）、『モダン・デザインの源泉』The Sources of Modern Architecture and Design（1962）、『美術・建築・デザインの研究』Studies in Art, Architecture and Design（1968）、『19世紀の建築著作家』Some Architectural Writers of the Nineteenth Century（1972）、『ビルディング・タイプの歴史』A History of Building Types（1976）などの多数の著書を半世紀にわたって刊行しつづけた。

アカデミックな経歴の一方で、1941年から45年まで（顧問としては75年まで）『アーキテクチュラル・レビュー』Architectural Review 誌の編集に関わり、ピーター・ドナー Peter F. R. Donner の筆名で自身多くの建築批評記事を書いた。また学術的信頼性のきわめて高いペリカン美術史叢書の創立編集者であり、51年から74年まで46巻を刊行した「英国の建築」The Buildings of England 叢書の編者、書き手でもあった。その他『世界建築事典』A Dictionary of Architecture（1966）、『反合理主義者たち』The Anti-Rationalists（1973）を編集・執筆するなど、編集者・批評家としても活躍した。

ワルター・グロピウスとバウハウスを中心に据えた近代建築運動のイデオローグとしての言論活動に対して一定の批判もあるが、研究対象は近代にとどまらずマニエリスム、バロックから広く19世紀に及んでおり、その著作の量と影響力は20世紀最大の建築史家の名に値する。［吉田鋼市］

『小林文次ほか訳『ヨーロッパ建築序説』（1954、新訳版1989・彰国社）▽白石博三訳『モダン・デザインの展開』（1957・みすず書房）▽中森義宗・内藤秀雄訳『美術アカデミーの歴史』（1974・中央大学出版部）▽小野二郎訳『モダン・デザインの源泉』（1976・美術出版社）▽鈴木博之・鈴木杜幾子訳『美術・建築・デザインの研究』1・2（1980・鹿島出版会）▽友部直・蛭川久康訳『英国美術の英国性』（1981・岩崎美術社）▽鈴木博之訳『ラスキンとヴィオレ・ル・デュク』（1990・中央公論美術出版）▽Leipziger Barock; Die Baukunst der Barockzeit in Leipzig（1928, Jess, Dresden）▽An Enquiry into Industrial Art in England（1937, Macmillan, New York）▽High Victorian Design（1951, Architectural Press, London）▽Some Architectural Writers of the Nineteenth Century（1972, Clarendon Press, Oxford）▽A History of Building Types（1976, Princeton University Press, Princeton）▽N・ペヴスナー、J・M・リチャーズ編、香山壽夫・武沢秀一・日野水信編訳『反合理主義者たち』（1976・鹿島出版会）▽ニコラウス・ペヴスナーほか著、鈴木博之監訳『世界建築事典』（1984・鹿島出版会）▽Nikolaus Pevsner ed. The Buildings of England 1〜46（1951〜74, Penguin Books, Harmondsworth）』

これに付加もしくは訂正すべきものは、まず彼の最後の著書A History of Building Types（1976, Princeton University Press, Princeton）が、『建築タイプの歴史I，II』越野武訳（中央公論美術出版、Iは2014年，IIは2015年）として邦訳刊行されたことと、それに本訳書の刊行である。

つぎに、この解説に書いた両説あるというペヴスナーの渡英の正確な時期である。これは単純には一九三三年十月が正しい。彼は一九一三年と一九三〇年にも渡英しており、これが初めての英国訪問ではない。ただし、この時は五か月間のみの滞在奨学金を得ての渡英であり、彼はその年のクリスマスには家族の住むライプツィヒに帰っている。その後も何度か帰ったようであるが、しかしこの時以降、彼の活動の場所は基本的には英国となる。そして、家族を呼び寄せたのは、一九三六年三月のことである。渡英後、パーマネントな研究職を絶えず探していたペヴスナーが、皮肉なことに研究職ではなく家具メーカー、ゴードン・ラッセル社の買付け人兼アドヴァイザーの仕事を一九三五年十月頃にようやく得た結果であった。同じころ、イタリアでの研究職ポストを探しており、現にオーストラリアの大学の美術史のポストの照会があったようだが、それを蹴っての出発であった。したがって、最終的にイギリスに留まることを決意したのは一九三五年と考えることもできないわけではないが、やはり一九三三年に渡英、以降はイギリスで活動と考えるのが自然である。そもそも、ペヴスナーは両親ともロシア系ユダヤ人であるが、彼自身は渡英を亡命とは認識しておらず、先述のように渡英後もいくどかドイツに帰郷している。一九三五年までは親ナチ的な姿勢と発言を明らかにしていた。渡英は、むしろラプツィヒのバロックに関する研究の後に取り組んだ英国美術に関する研究の自然な帰結とも見なせる。とはいえ、ナチスの一九四〇年のイギリス侵攻作戦後に検挙するべき英国在住人のブラックリストにペヴスナーは入れられている。しかし、これも単純に彼の影響力の大きさと見なすべきかもしれない。一九三六年に最初の英語による本を出して以来、一九四〇年までに、すでに2冊の英語の著書を出していたからである。ついでながら、ウィキペディアなど、彼の名を「ペヴズナー」と書くむきもあり、おそらく英語での発音はそれのほうが近いと思われるが、これまでの主たる文献がすべて「ペヴスナー」としており、それが定着していると見なされるので、「ペヴスナー」を踏襲しておきたい。もっとも、ロシア系の彼の本来の名は Nikolai Pewsner であり、それだと「ペフスナー」が近いであろうし、Pevsner は Posen（ポーゼンともポズナニともポズナンとも）のユダヤ人の名によくある Posener に由来するともされ、そうだとすると、やはり「ズ」のほうがよいような気もするからややこしい。

もう一つ付け加えておきたいのは、この解説に「近代建築運動のイデオローグ」としたことについてである。たしかに、彼はモダニズムのイデオローグであったが、もちろん単純なモダニストではない。「自転車小屋は建物であるが、リンカーン大聖堂は建築作品である」という『ヨーロッパ建築序説』の冒頭の文章に現われている伝統的な姿勢を、ペヴスナーは終生保持していた。これが、ベーレンスやマッキントッシュやペレやガルニエなど伝統ともつながっている近代建築のパイオニアに対する高い評価に関係しているのであろうし、アンリ・ソヴァージュという少しマイナーな建築家を大きくとりあげることにも関係しているものと思われる。また、ペヴスナーのル・コルビュジエ評価は辛《から》い。ギーディオンがル・コルビュジエと一体となって活動したのに対して、ペヴスナーはグロピウスを半ば崇拝している。グロピウスとは、若き日、ドイツで彼の講演会を企画しており、グロピウスがイギリスに亡命していた時にも会って長時間会話したことの感激を書き残している。『モダン・デザインの展開』における自分を先駆者であるかのように見せかけようと苦心しているというル・コルビュジエ寸評は、奇妙なことに彼がフランス人ではないという指摘から始まり、スイスのフランス語圏の出身で、それがフランス本流ではないフランス性の源泉となっているといったやや屈折した書き方になっている。もっとも、この記述は、後の版では削られて、単に彼はスイス人であるという一言のみに書きかえられている。また、『モダン・デザインの源泉』にはル・コルビュジエに関する記述は一行にも満たず、索引には彼の名はない。このル・コルビュジエがスイス出身であることのことさらの指摘は、彼の推進する「芸術地理学 geography of art」を背景としたものであるが、『英国美術の英国性』の中に、「肉片」を意味するイタリア語のコストレッタと英語のチョップのリズムの違いを指摘し、リズムが言語と芸術の出会いの場だとするくだりがある。やや唐突になるが、ペヴスナーはプロポーションよりもリズムに反応する建築史家であるかもしれない。ついでながら、彼の「芸術地理学」は、彼がライプツィヒで学位論文を書いている際の指導教官ウィルヘルム・ピンダー（一八七八〜一九四七）の影響下に培われたものとされている。ピンダーはシュマルゾー（一八五三〜一九三六）の下で学位を得ており、若きペヴスナーは、シュマルゾー、ピンダー、自分という学的系譜を誇りにしていたという。なお、ピンダーは親ナチの学者としても知られる。

もう一つ書いておきたいことは、一九五一年から一九七四年にかけて出版された四十六巻に及ぶ The Buildings of England についてである。これは "Pevsner architectural guides" あるいは単に "Pevsner" として知られるいわばイギリスの

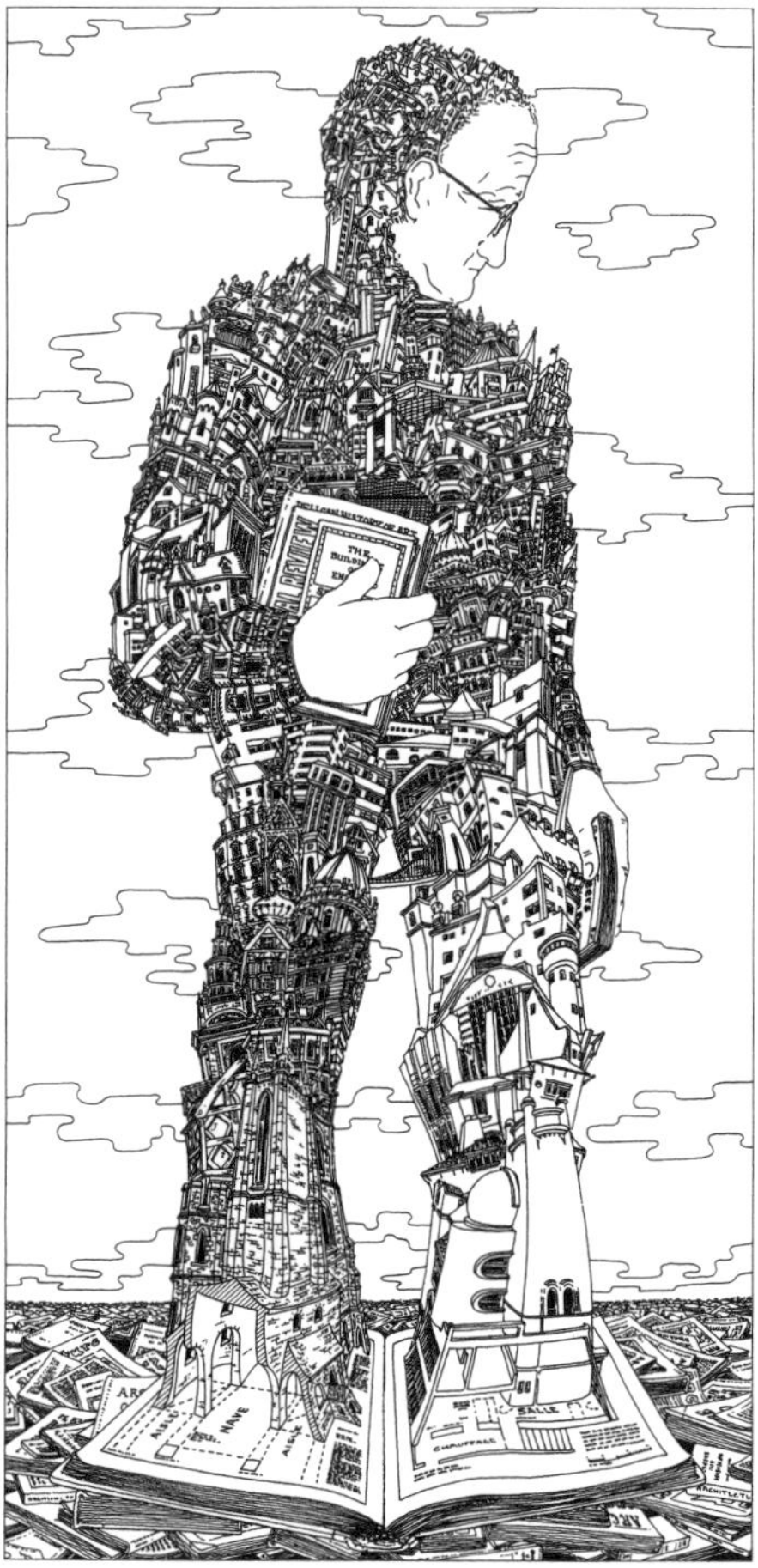

建築ガイドの決定版である。ほぼ州ごとに一冊をなしているが、ロンドンなどは三冊からなる。版型は日本の新書より少し大きい程度であるが、数百頁を擁する厚いハードカバーであり、持っているだけでもくたびれるので、これを持参する旅行客の熱心さが思い知らされる。冒頭に、地図とその州の歴史や歴史遺産に関する長い序文があり、各地域、遺産（二十世紀の遺産も記述の対象）ごとの解説があり、中間に写真頁が挿入され、末尾に用語解説がある。このシリーズの準備は一九四五年から始められたようで、ペヴスナーは四十六冊のうち、三十二冊を単独で書き（もっとも、第二版以降は彼以外の著者の増補加筆があることもある）、十冊を共著で書いている。驚くべき執筆量である。このシリーズはしばしば版を重ね、さらに一九七〇年代からは、それぞれ十冊程度からなる The Buildings of Scotland, The Buildings of Wales, The Buildings of Ireland へと拡大発展しており、まだ完成していないシリーズもあるらしい。ペヴスナーはそれらには執筆していないが、どのシリーズもすべて“Pevsner architectural guides”のタイトルを冠せられており、イギリスの建築遺産＝ペヴスナーとなった感がする。先に触れた Susie Harries “Nikolaus Pevsner, The Life” の表紙には、The Buildings of England のシリーズの四十六冊を二列に積んで、その上に両手を置いた好々爺然としたペヴスナーの写真が使われている。また、右に掲げたイラストは、The Architectural Review 誌の一九八四年十月号の Robert Harbison,

"With Pevsner in England"という記事の中で使われている挿絵（描いたのはGerald Nason）であるが、彼の仕事の巨大さ、いってみれば彼の怪物性をよく示している。またついでながら、彼が書いたThe Buildings of Englandの各巻には、見返しに献辞があって、それを読むのも面白いのだが、"London 1"のそれは、"To the memory of G. T. Troup Horne and the nights of 1941-1944 at the old Birkbeck College in Bream's Buildings"とある。この頃、彼は夜間開講のBirkbeck Collegeで教えていたのだが、戦時中で授業もできず、空襲に備える夜間の火災監視人となっていて、消火用のバケツに座って本を書いていたという（『ヨーロッパ建築序説』は現にこの時期、そこで書かれた）。なお、Troup HorneはBirkbeck Collegeの首脳の秘書的な仕事をしていた人で、このカレッジとペヴスナーを結びつけたのも彼である。

ペヴスナーが序文に書いている通り、本書はオクスフォードのスレード講座での講義を基としたものである。先に転載したニッポニカの解説にも書いたが、この講座の初代の教授がラスキンであった。それをペヴスナーは意識したであろうか。本書は、彼の著書の中でも最も学術的なものに属する。残念ながら、これは再版されていないようであり、たいていは幾度もの改版を重ねている彼の著書の中では珍しい。一見とっつきにくいと読者に思わしめたか。しかし、本書は単なる解説付きの文献史料集では決してなく、普通の読み物としてもたいへん面白い。それぞれの著述家の人なりを簡潔に切り取って見せる手腕は流石としか言いようがない。

私的な回想になるが、京都大学建築史研究室のゼミで、本書の「十五章　ラスキン」と「十七章　ジョージ・ギルバート・スコット卿」と「二十章　ヴィオレ＝ル＝デュクとレイノー」を発表したことがある。湿式のコピーにたくさん書き込みをしたものと、トレペ用紙にロットリングで書いてゼミで配ったレジュメがいまも手元にある。そのレジュメに、一九七二年十月と日付を記入しているから、本書が出版されて間もなく発表したことになる。よくはわからないながらも、意気込んでいたのであろう。最初はヴィオレ＝ル＝デュクとラスキンだけを発表する予定だったのが、ヴィオレ＝ル＝デュクの章の冒頭に「ヴィオレ＝ル＝デュクはフランスのギルバート・スコットであり、スコットはイギリスのヴィオレ＝ル＝デュクであった」という文章がでてきて、慌ててよく知らなかったスコットを付け加えたような気がする。それから四十数年。多少は理解が深まったかもしれないが、訳者の老化現象もあるからそれほどは変わっていないかもしれない。しかし、インターネットには大いに助けられた。それがなければ、書かれていることのより正確な理解は不可能であったろう。十九世紀の英国の一企業の実際などまずはわからない。しかし、それが少し可能になった。まさにネットは集合知であることを痛感した。

原註に対応する邦訳文献は書き加えたが、それ以外は「――訳者」と付記していない限り、原書になにも付け加えていない。括弧や引用符もできるだけ原書の通りにした。ウィキペディアにあるようなことを付け加えても仕方がないと思い、訳注もなんとか理解できたこと、逆に確信が持てないことのみを記しており、最小限にとどまっている。ご寛恕いただきたい。正直に言えば、本書の翻訳は訳者の手に余るものであった。短い引用文の文脈がわからず、可能な限り原典にも当たってみたが、それでも最後まで釈然とはしなかった部分もあり、あるいは間違って読んでいる個所もあるかもしれない。これもまた、ご寛恕を願う次第である。

訳者にとってこの思い出深い、かつ思い入れ深い書物の全訳が可能となったのは、ひとえに中央公論美術出版社長の小菅勉氏のお力による。また同社編集部のご尽力を得た。記して深甚の謝意を表したい。

二〇一六年四月

吉田鋼市

各項も見よ
ロンドン・コルニー　London Colney (Hertfordshire), 教会　church 114註24
「ワーテルロー」教会群　'Waterloo' churches 52

ワ行

ワーナム　R. N. Wornum 113註15, 339, 375
ワイズマン　Nicholas Wiseman, 枢機卿　Cardinal 335
ワイトウィック　George Wightwick 122, 189, 191（図7）
ワイヤット　Benjamin Dean Wyatt 118註61
ワイヤット　James Wyatt 11-2, 23, 45, 106, 114註24, 135
ワイヤット　Sir Matthew Digby Wyatt 168, 223, 233-7, 240-1, 243-4, 258, 260, 268註62, 268註64, 304, 316註95, 332, 376, 435
ワイヤット　T. H. Wyatt 104, 233
ワイヤットヴィル　Sir Jeffry Wyatville 127, 361
ワイルド　J. W. Wild 104, 192
ワインブレナー　Friedrich Weinbrenner 111註2
ワグナー　Otto Wagner 379
ワシントン　George Washington, グリーノーの彫像　statue by Greenough 277
ワット　James Watt 351, 362

セント・メアリー・ル・ストランド St Mary-le-Strand 421註134
ソーン・ミュージアム Sir John Soanes Museum 139, 157
チャッペル商店 Chappell's, ボンド・ストリート Bond Street 236
テート・ギャラリー Tate Gallery 394
テンプル教会 Temple Church 166
ナショナル・ギャラリー National Gallery 120, 155, 159, 363註4, 428-9, 441-2
ニューゲート監獄 Newgate Prison 361
ハーリー街 Harley Street 214, 227註53
バーリントン・アーケイド Burlington Arcade 38
ハイド・パーク・コーナー Hyde Park Corner 135
バッキンガム宮殿 Buckingham Palace 159；「カジノ」 'Casino' 105
パッディントン駅 Paddington Station 243
ハノーヴァー・チャペル Hanover Chapel, リージェント・ストリート Regent Street 122
ハンガーフォード橋 Hungerford Bridge 237
ブリティッシュ・ミュージアム British Museum 159, 428；閲覧室 Reading Room 331
プルデンシャル保険（ホルボーン） Prudential Assurance（Holborn） 367註61
ブロード・サンクチュアリー Broad Sanctuary 256, 261
ベーカー街 Baker Street 214, 227註53
ベーレンス商会 Behrens & Co., キャノン・ストリート Cannon Street 131註33
ペルメル街 Pall Mall, 16-17番地（かつての） Nos. 16-17（former） 116註39
ホープ邸 Hope house, ピカデリー Picadilly 124
ホワイトホール Whitehall 35
マーク・レーン Mark Lane, 59-61番地 Nos. 59-61 335
ユーストン駅 Euston Station 333
ユニヴァーシティー・カレッジ University College 124, 126, 169, 192, 429
リージェンツ・パーク Regent's Park 159, 355, 428
リージェント・ストリート Regent Street 159
リフォーム・クラブ Reform Club 190
旅行者クラブ Traveller's Club 106, 116註40, 134, 190
ロンドンデリー・ハウス Londonderry House 118註61
ロンドン橋 London Bridge 358
アブニー・パーク墓地、ベックスリー・ヒース、キャンバーウェル、チェルシー、クラーケンウェル、クリスタル・パレス、グリニッジ、ハンマースミス、ハロー・ウィールド、ハイゲート、ホクストン、イズリントン、ケンサル・グリーン、ケンジントン、ケンティッシュ・タウン、キュー・ガーデン、ランベス、マートン、ローハンプトン、サウスウォーク、ステプニー、ストーク・ニューイントン、ストレタム、ウォルサムストーの

90, 439
ガウアー街　Gowaer Street 214, 228註53, 256
カスタム・ハウス　Custom House 176註25
ギルドホール　Guildhall 157
キングス・カレッジ　King's College 124, 318
キングス・クロス駅　King's Cross Station 283, 358
クイーンズ・ゲート・プレース　Queen's Gate Place, バジョット邸　Bagehot's house 422-3註152
クライスト・チャーチ　Christ Church, ヴィクトリア・ストリート　Victoria Street 264註4
クライスト・チャーチ　Christ Church, ワトニー・ストリート　Watney Street 104
グロヴナー・ホテル　Grosvenor Hotel 328
グロスター・プレイス　Gloucester Place 227-8註53
クロックフォード・クラブ　Crockford's 118註61
ケンジントン・パレス・ガーデン　Kensington Palace Gardens, サッカレー邸　Thackeray's house 386
ゴールドスミス・ホール　Goldsmiths' Hall 122
国会議事堂　House of Parliament 62, 105, 116註37, 120, 126, 140, 165-6, 214, 310註11, 329, 352, 367註61, 380, 389註27, 427-30, 432-3, 445, 450, 455, 461
裁判所　Law Courts 261, 428, 441-2, 444, 466
サウス・ケンジントン・ミュージアム South Kensington Museum ヴィクトリア・アンド・アルバート・ミュージアムの項を見よ
サマセット・ハウス　Somerset House 354-5
サン・ファイア・オフィス　Sun Fire Office, スレッドニードル・ストリート　Threadneedle Street 190
自然史博物館　Natural History Museum（トムソンの設計　Thomson's design）276註19
スコットランド長老派教会　Scottish Presbyterien Church, リージェント・スクウェア　Regent Square 431
セント・ジェームズ宮殿　St James's Palace 227註43, 398
セント・ステファン　St Stephen, ロチェスター・ロウ　Rochester Row 264註4
セント・パンクラス駅　St Pancras Station 261-2
セント・パンクラス教会　St Pancras Church 428
セント・ベネト・フィンク　St Benet Fink 123
セント・ポール大聖堂　St Paul's Cathedral 35, 59註6, 121-2, 138, 145, 163, 189, 190, 255, 353-4, 402, 428, 436, 439；旧聖堂　Old, 内陣仕切り　chancel screen 12
セント・マイケル　St Michael, コーンヒル　Cornhill 197, 259
セント・メアリー　St Mary, サマーズタウン　Somerstown 157
セント・メアリー・マグダレーヌ　St Mary Magdalene, マンスター・スクウェア　Munster Square 193

Constantine）13, 299
ロジエ　M. A. Laugier 30-1註4, 112-3註14, 316-7註110, 381-2
ロス　Sir William Ross 105
ロスチャイルド　Meyer Amschel Rothschild, Baron de 359
ロセッティ　Dante Gabriel Rossetti 394-5, 397-8
ロチェスター　Rochester（Kent）
古橋　old bridge 17
大聖堂　Cathedral 91
ロック　Dr. Rock 178註45
ロッシ　G. B. de Rossi 93
ロッシュ　Sarah Losh 115註25
ロッシュ修道院　Roche Abbey 64
ロッチデイル先駆者協同組合　Rochdale Pioneers 324註19
ロバーツ　David Roberts 273
ロバーツ　Henry Roberts 248, 341
ロバートソン　Daniel Robertson 103-4, 114註24
ロビンソン　J. Robinson 136
ロビンソン　P. F. Robinson 103
ロブソン　E. R. Robson 468
ロマッツォ　G. P. Lomazzo 93
ロルシュ Lorsch 43
ロワヨーモン修道院　Royaumont Abbey 65
ロング　Robert Cary Long 178註46
ロングフェロー　H. W. Longfellow 185
ロングフォード・キャスル　Longford Castle（Wiltshire）17
ロングリート　Longlest（Wiltshire）127
ロンコ　Ronco 144
ロンドレ　J. B. Rodelet 136
ロンドン London
アルバート・ホール　Albert Hall 441
アルバート・メモリアル　Albert Memorial 125, 131註31, 173, 441
イングランド銀行　Bank of England 134
インド政庁　India Office, 中庭 courtyard 243, 260
ヴィクトリア・アンド・アルバート・ミュージアム　Victoria and Albert Museum 244, 377, 398, 436-8, 440
ウィリアムズ・ライブラリー Williams Library, ゴードン・スクウェア　Gordon Square 124
ウィンポール・ストリート　Wimpole Street 227-8註53
ウェストミンスター・アベイ Westminster Abbey 15, 33, 35, 59註6, 76, 159, 165, 233, 249；ヘンリー七世の礼拝堂　Chapel of Henry VII 12, 21註44, 165, 329；チャプター・ハウス　Chapter House 47, 253；ジョン・オブ・エルサムの墓碑　monument to John of Eltham 12
ウェストミンスター・ホスピタル Westminster Hospital 155
王立商品取引所　Royal Exchange 166；（計画案）（projects）117註40, 122-4, 190
オール・セインツ　All Saints, マーガレット・ストリート　Margaret Street 194, 262, 334
オール・ソウルズ　All Souls, ポートランド・プレイス　Portland Place 155
オクスフォード・アンド・ケンブリッジ・クラブ　Oxford and Cambridge Club 331
カールトン・クラブ（当初の） Carlton Club（first）155, 331
外務省　Foreign Office 258-61, 315註

ルンゲ　L. Runge 113註17
レイノー　Léonce Reynaud 295-299, 304, 307-8, 317註110
レイノルズ　Sir Joshua Reynolds 279, 351
レイン　David Laing 176註25
レヴァートン　Thomas Leverton 123
レヴェット　Nicholas Revett 94
レーゲンスブルク　Regensburg 77
レオナルド・ダヴィンチ　Leonardo da Vinci 216, 323
レオ十世　Leo X，教皇　Pope 172
歴史的記念建造物委員会　Commission des Monuments historiques 287
レザートン　Letherton，教会　church 197
レザビー　W. R. Lethaby 341
レスコー　Pierre Lescot 293
レスリー　C. R. Leslie 105
レッグ　D. Legg 127
レッドグレーヴ　Richard Redgrave 124, 223, 233-5, 239-40, 339, 375
レディング　Reading (Berkshire)，セント・ジェームズ　St James 104
レプトン　Repton (Derbyshire)，教会　church 57
レミントン　Leamington (Warwickshire)，クライスト・チャーチ　Christ Church 103
レン　Sir Christopher Wren 15, 35, 39, 47, 59註6, 121-3, 136, 138, 140, 163, 197, 255, 280, 310註8, 320, 354, 374, 386, 427
レンブラント　Rembrandt 216
ローザ　Salvator Rosa 216
ローズ　F. Lose 105
ローディ大聖堂　Lodi Cathedral 107
ロード　William Laud，カンタベリーの大司教　Archbishop of Canterbury 183
ロードリ　Carlo Lodoli 283註2
ローハンプトン　Roehampton，教会　church 193
ローマ　Rome 115註31, 169-70, 280, 323, 391註59
　ヴィラ・バルトルディ　Villa Bartholdy，フレスコ　fresco 105
　ヴィラ・ピア　Villa Pia 290, 293
　カジノ・マッシーミ　Casino Massimi，フレスコ　fresco 105
　コロセウム　Coliseum 213
　サン・ジョヴァンニ・イン・ラテラノ　S. Giovanni in Laterano 107, 354
　サン・ステファノ・ロトンド　S. Stefano Rotondo 16
　サン・タゴスティーノ　S. Agostino 103
　サン・パオロ・フォリ・レ・ムーラ　S. Paolo fuori le Mura 103, 107
　サン・ピエトロ　St Peter's 129註3, 189, 213, 227註51, 299, 353-4, 402；旧サン・ピエトロ　Old 13, 103
　サン・ピエトロ・イン・モントリオ　S. Pietro in Montorio，テンピエット　Tempietto 204註92
　サンタ・クローチェ・イン・ジェルサレンメ　S. Croce in Gerusalemme 107
　サンタ・コスタンツァ　S. Costanza 16
　サンタ・マリア・ソプラ・ミネルヴァ　S. Maria sopra Minerva 103
　サンタ・マリア・デリ・アンジェリ　S. Maria degli Angeli 299
　パラッツォ・ファルネーゼ　Farnese Palace 110
　パンテオン　Pantheon 204註92
　ピンチョ　Pincio，ヴィラ　villa 115註29
　マクセンティウスのバシリカ　Basilica of Maxentius (of

リーク　Leek（Staffordshire）409
リーズ　Leeds 180註68
　セント・セイヴィヤー　St Saviour 193, 264註4
　セント・ピーター　St Peter 200註22
　マーシャル工場　Marshall Mills 74
リーズ　W. H. Leeds 48註1, 71註46, 94, 106, 116註40, 134, 190, 228註53
リール大聖堂　Lille Cathedral，コンペ competition 229註64, 334, 394
リヴァプール Liverpool
　セント・ジョージ・ホール　St George's Hall 274
　エヴァートン、オールド・スワン、トクステスの各項も見よ
リオ　Alexis François Rio 307
リゴーリオ　Pirro Ligorio 290
リジウー大聖堂　Lisieux　Cathedral 63
リチャードソン　C. J. Richardson 127
リチャードソン　Henry Hobson Richardson 341
リックマン　Thomas Rickman 29, 44-5, 48, 50-60, 61-2, 65, 72註53, 75, 83註39, 86-7, 89, 98, 150, 164, 179註64, 183, 192, 317註110, 338, 342
リッチフィールド大聖堂　Lichfield Cathedral（Staffordshire）90
リッチモンド　William Richmond 421註146
リッピ　Filippo Lippi 209
リトルモア　Littlemore（Oxfordshire）393；教会　church 193, 264註4
リプスコム　William Lipscomb 115註28
リミニ　Rimini，サン・フランチェスコ S. Francesco 354
リヨン　Lyons，裁判所　Palais de Justice 290
リンカーン大聖堂　Lincoln Cathedral 13, 17, 46；主祭壇外枠飾り high altar surround 13
リンドハースト　Lyndhurst（Hampshire），教会　church 336
リンブルク・アン・デア・ラーン Limburg an der Lahn 43, 76-7
ル・キュー　J. and H. Le Keux 40, 430
ル・コント　Florent Le Comte 20註27, 36
ル・バ　L. –H. Le Bas 44, 132註36
ル・プレヴォ　Augustin Le Prévost 39, 61, 287
ル・ロワ　J. D. Le Roy 94
ルイーニ　Bernardino Luini 209
ルイ九世　Louis IX，フランス王　King of France 28
ルーアン　Rouen 61-3, 157
　税関　Custom House 359（図9）, 360-1
　サン・トゥーアン　Saint Ouen 64-5, 291
　大聖堂　Cathedral 148, 391註59
　ブロッスヴィルの項も見よ
ルーイス　Lewes（Sussex）180註68
ルート　John Welborn Root 387註3
ルートヴィヒ一世　Ludwig I，バイエルン王　King of Bavaria 102, 119
ルーベンス　Sir Peter Paul Rubens 27, 216
ルーミューとゴフ　Roumieu & Gough 192
ルールモント大会堂　Roermond Minster 312-3註44
ルソー　Jean-Jacques Rousseau 366-7註57
ルタルーユィー　P. Letarouilly 94, 116註40, 366-7註57
ルドゥー　C. N. Ledoux 105
ルノワール　Alexandre Lenoir 69註7, 307-8
ルノワール　V. B. Lenoir 289
ルポートル　A. Lepautre 94, 243
ルメール　M. Lemaire 308
ルレーニュ　Lerègne 307-8

註7
モンレアーレ大聖堂　Monreale Cathedral 36, 370

ヤ行

ヤング　Edward Young 26
ヤング　Michael Young 33-5, 37, 39, 41-2註19, 83註30
ユーウィンズ　Thomas Uwins 105
ユーゴー　Victor Hugo 176註22, 287, 299
ヨーク大聖堂　York Minster 44, 46, 90, 272

ラ行

ラ・シャリテ=シュル=ロワール　La Charité-sur-Loire 41註18
ラ・トゥーシュ　Rose La Touche 207
ライヒェンスペルガー　August Reichensperger 173-4, 193, 222, 310註9a, 388註9
ラヴェス　G. L. F. Laves 132註36
ラヴェンナ　Ravenna，テオドリック宮殿 Palace of Theodoric 107
ラウス　Louth (Lincolmshire)，教会　church 150
ラウドン　J. C. Loudon 94, 123, 126-8, 176註25, 206
ラウル=ロシェット　Raoul-Rochette 48註5, 116註40, 282, 289-94, 310註11, 314註74
ラクシー　Laxey（マン島　Isle of Man）220
ラサウルクス Johann Claudius von Lassaulx 67-8, 72註53, 73註59, 75, 77, 81註7, 96註18, 102, 132註36
ラシュス　J. B. A. Lassus 93, 202註46, 288, 291, 293, 310註11
ラスキン　John Ruskin 29, 80, 86, 95, 113註19, 148, 151, 160, 174, 188, 193, 195-6, 198, 206-32, 235, 243, 249, 251, 253-5, 261-2, 265註14, 275註13, 284註10, 284註15, 300, 304, 308, 318, 323, 328, 330, 332, 338, 348, 350, 352, 354, 358-9, 379, 392-3, 395, 398, 400, 402, 404-5, 408, 412, 430, 433, 450, 455, 461-2
ラピッジ　Edward Lapidge 189
ラファエル　J. Raphael 149
ラファエロ　Raphael 27, 62, 105, 216, 323
ラフトン・エン・ル・モーゼン　Laughton-en-le-Morthen（Yorkshire）57
ラブルースト　Henri Labrouste 283, 290, 297, 299, 305, 307, 361, 375
ラマルティーヌ　Alphonse Marie Louis de Lamartine 176註22
ラム　E. B. Lamb 94, 128
ラムズゲート　Ramsgate（Kent），セント・オーガスティン St Augustine 165
ランカスター　Lancaster 180註68
ラングデール　Langdale（Westmorland）220
ランス　Reims
　裁判所　Law Courts 287
　サン・ニケーズ Saint Nicaise 65
　大聖堂　Cathedral 65, 287
ランツフート　Landshut 77
ランドシーア　Sir Edwin Landseer 105
ラントン・グレインジ Rounton Grange（Yorkshire）410
ランベス　Lambeth，セント・マチュー St Mathew 137
ラン大聖堂　Laon Cathedral 76
リー　Vernon Lee 397
リー・プライアリー　Lee Priory（Kent）23
リーエ　Wreay（Cumberland），教会 church 115註25

ミケランジェロ　Michelangelo 27, 110, 204 註92, 216, 243, 298-9, 323, 354
ミュンヘン　Munich 44, 323, 380
王宮　Royal Palace, ケーニヒスバウ Königsbau 117註40, 370
グリュプトテーク　Glyptothek 119-20
聖ボニファティウス　St Boniface 102
聖ミカエル　St Michael 204註92
テアティナー教会 Theatinerkirche 204 註92
万聖宮廷教会　Hofkirche（All Saints）102, 119, 204註92, 370
ルートヴィッヒ教会　Ludwigskirche 102, 202註49, 204註92, 368
ロイヒテンベルク宮殿　Leuchtenberg Palais 116-7註40, 119
ミラー　G. Miller 58註2
ミラノ　Milan 115註31
宮殿礼拝堂　Palace Chapel 107
サンタ・マリア・デレ・グラツィエ S. Maria delle Grazie 145
サン・タンブロージオ　S. Ambrogio 103, 213
大聖堂 Cathedral 86
ミリツィア　Francesco Milizia 354
ミル　John Stuart Mill 159
ミルウォーキー　Milwaukee 227註43
ミルトン　John Milton 105
ミルナー　James Milner 33, 39, 41註18, 94
ミルン　Chadwell Mylne 135
ミルンズ　Monckton Milnes 62
ミレイ　Sir John Millais 194
ミントン社　Minton's 196
ムリーリョ　Bartolomé Estéban Murillo 216
メイジャー　Thomas Major 94
メイスン　William Mason 15
メイベック　Bernard Maybeck 387註3
メナイ橋　Menai Bridge 237
メムリンク　Hans Memling 215-6
メリメ　Prosper Mérimée 286
メレディス　George Meredith 209
メンツ　Mentz マインツの項を見よ
メントモア邸　Mentmore House（Buckinghamshire）359
メンモ　Andrea Memmo 283註2
モウルド　John Wrey Mould 192
モーリー　Morley 209
モールトン　Moulton（Northamptonshire）, 教会　church 187
モズリー　James Mozley 182, 198註2
モズリー　Thomas Mozley 173, 198註2
モデーナ大聖堂　Modena Cathedral 102
モファット　W. B. Moffatt 248, 433
モラー　Georg Moller 43-4, 47, 48註6, 65, 68, 71註46, 73註59, 75-6, 94, 102, 120, 132註36, 136
モリス　May Morris 412-3註1
モリス　William Morris 196, 228註53, 244, 262, 308, 341-2, 386, 390註40, 392-424, 457-69
モリス・マーシャル・フォークナー商会 Morris, Marshall, Faulkner & Co. 398
モリス商会　Morris & Co. 398-9, 405
モルタン　Mortain 63
モルトメール　Mortemer 63
モレル・アンド・セドン　Morel & Seddon 154
モン・ブラン　Mont Blanc 295
モンクウィアマウス　Monkwearmouth（Durham）教会　church 62
モンタランベール　Comte de Montalembert 61, 94, 184, 190, 199註12, 288
モンテスキュー　Charles Louis Montesquieu 17, 219
モンフォーコン　Bernard de Montfaucon 69

ボストン　Boston（Mass.）187
ポタン　Nicolas-Marie Potain 112-3註14
ポチャンティ　Pasquale Poccianti 132註36
ポッター　Joseph Potter 56
ポッターズ・バー　Potters Bar（Middlesex），セント・ジョン　St John 114註24
ポツダム　Potsdam，平和教会　Friedenskirche 102
ボッティチェリ　Sandro Botticelli 209
ホットウェルズ　Hotwells（Bristol），ホーリー・トリニティー　Holy Trinity 122
ボド　Anatole de Baudot 299
ボドリー　G. F. Bodley 386, 398, 421註134, 467
ボドリー・アンド・ガーナー　Bodley & Garner 177註29
ホニトン　St John Honiton（Devon）114註24
ボフラン　Germain Boffrand 94
ホランド　Henry Holland 135
ホルカム・ホール　Holkham Hall（Norfolk）362
ボルトン　Bolton（Lancashire）180註68
聖ステパノ教会　St Stephen，レヴァー橋　Lever Bridge 81註7
ポレッチ（パレンツォ）大聖堂　Poreč（Parenzo）Cathedral 107
ボロミーニ　Francesco Borromini 93, 110, 354
ポロンソー　A. R. Polonceau 297
ホワイト　William White 336-8, 342, 375
ボワスレー　Sulpiz Boisserée 44, 65, 68, 72註53, 94, 102-3, 136, 366註57
ボワスレー兄弟　Boisserée brothers 26, 28
ポワチエ大聖堂　Poitiers Cathedral 107
ボワロー　Louis-Auguste Boileau 305, 307
ポンペイ　Pompeii 370
ボン大聖堂　Bonn Cathedral 77

マ行

マーシャル　Cordelia Marshall 74
マーティン　John Martin 273
マートン　Merton，モリスの工房　Morris workshops 409
マーニュ　A. J. Magne 289
マーフィー　James Cavanah Murphy 37
マールブルク　Marburg 402
聖エリーザベト　St Elizabeth 43, 76
マールボロー校　Marlborough School（Wiltshire）393
マインツ　Mainz 68
劇場　Theatre 44
大聖堂　Cathedral 43, 68, 77
マクシミリアン　Maximilian，バイエルン王　King of Bavaria 380-1
マクリース　Daniel Maclise 105, 233
マコーレー　Lord Thomas Babington Macaulay 209, 354
マックマードー　A. H. Mackmurdo 411
マックルズフィールド　Macclesfield（Cheshire）409, 422註149
マッケイル　J. W. Mackail 393, 397, 412註1
マッフン　J. Masfen Jun. 264註11
マネ　Édouard Manet 342
マビヨン　Jean Mabillon 69註7
マムヘッド　Mamhead（Devon）132註42
マルクス　Karl Marx 401
マロ　Jean Marot 94
マンサール　François Mansart 353
マンチェスター　Manchester 55-6, 180註68, 208, 400, 421註132, 423註153
市庁舎　Town Hall 367註61
巡回裁判所　Assize Courts 367註61, 405
ファロウフィールドの項も見よ

ヘックモンドワイク　Heckmondwike（Yorkshire）409, 422註149
ベツレヘム　Bethlehem，降誕教会 Church of the Nativity　16
ペテルスハウゼン　Petershausen　93
ベラミー　T. Bellamy　264註4
ベラン　Jean Berain（Bérainとも書く――訳者）243
ベリー・セント・エドマンズ修道院　Bury St Edmunds Abbey（Suffolk）91
ベリーニ　Giovanni Bellini　216
ベル　John Bell　233
ペルジーノ　Pietro Perugino　216
ペルシウス　Ludwig Persius　102
ペルシエ　Charles Percier　44, 116註40, 132註36, 290, 317註110, 366-7註57
ヘルダー　J. G. von Herder　26
ペルッツィ　Baldassare Peruzzi　293
ベルニーニ　Gianlorenzo Bernini　110, 384
ベルネイ　Bernay　63, 69註5
ベルリン　Berlin　323, 328
　アルテス・ムゼウム　Altes Museum　120
　建築アカデミー　Academy of Architecture　99, 355
　新衛兵所　Neue Wache　361
　大聖堂（計画案）Cathedral（project）102
ベルン　Berne，連邦院　Federal Palace　361（図10）, 367註61
ベル卿　Sir Lowthian Bell　410
ペロー　Claude Perrault　120
ベンサム　James Bentham　15-6, 21註44, 33, 39, 52, 349
ベントレー　J. F. Bentley　421註134
ベンフリート・ホール　Benfleet Hall（Essex）396
ペンローズ　Francis C. Penrose　429
ホイーラー　Gervase Wheeler　186
ポインター　Ambrose Poynter　264註4
ボウマン　Henry Bowman　149
ボーヴェー　Beauvais，サン・テチエンヌ Saint Étienne　108
ホーエンブルク　Ferdinand von Hohenburg　115註29
ホーキンス　John Sidney Hawkins　94
ホークストーン　Hawkstone（Shropshire），礼拝堂　chapel　259
ホークスモア　Nicholas Hawksmoor　54, 59註6
ホーソーン　Nathaniel Hawthorne　253
ポーツマス　Portsmouth（Hampshire）17
ポーデン　William Porden　137
ホープ　A. J. B. Beresford Hope　94, 205註106, 255, 258, 263, 266註31, 317註110, 334, 345註42
ホープ　Henry T. Hope　124
ホープ　Thomas Hope　62, 82註24, 104, 106-11, 115註25, 124, 126-7, 136, 140-1, 144, 146, 147, 150, 154, 195, 202註58, 256, 281, 333, 374
ポープ　Alexander Pope　15
ホール　Sir James Hall　33-4
ボーンマス　Bournemouth（Hampshire）400
　ボスクーム・スパ・ホテル　Boscombe Spa Hotel　315註90
ホガース　William Hogarth　278, 364註9
ホクストン　Hoxton，クライスト・チャーチ　Christ Church　192
保険計理士協会　Institute of Actuaries　123
ホスキング　William Hosking　124, 126, 128, 131-2註33, 132註35, 143註33
ポスト　Pieter Post　94
ボストン　Boston（Lincolnshire），教会 church　251

Mary Redcliffe 131註33, 190
テンプル・ミーズ駅　Temple Meads Station 167
ホットウェルズの項も見よ
ブリックスワース　Brixworth (Northamptonshire)，教会　church 57
ブリットン　John Britton 40, 41註19, 44-5, 47-8, 48註5-7, 52, 58註2, 65, 72註53, 136, 430
プリムス　Plymouth (Devon) 180註68, 189
ブリューロフ　C. K. P. Bruloff 132註36
ブリュッセル　Brussels, 裁判所　Law Courts 385
プリンセプ　Val Prinsep 397
フリント　Sir William Russell Flint 397
ブリントン社　Brinton's, キッダーミンスター　Kidderminster 422註149
ブルエ　G. A. Blouet 132註36
ブルクハルト　Jakob Burckhardt 267-8註56, 381, 384-6
ブルックス　James Brooks 194, 421註134
フルテンバッハ　Joseph Furttenbach 94
ブルネル　Isambard Kingdom Brunel 237
ブルネレスキ　Filippo Brunelleschi 109, 293, 319, 371
フレアール　Roland Fréart, Sieur de Chambray 15, 94
ブレアトン　Brereton (Staffordshire)，教会　church 145
プレイフェア　first Baron Playfair 240
フレジエ　A. F. Frézier 17, 88, 94, 142註25
プレストン　Preston (Lancashire)，セント・ポール　St Paul 57
フレデマン・ド・フリース　Hans Vredeman de Vries 94
フレデリック・バルバロッサ　Frederick Barbarossa 107
ブロア　Edward Blore 114註24, 192-3, 338
ブロードウェイ・タワー　Broadway Tower (Worcestershire) 114註24
プロカッチーニ　Camillo Procaccini 216
ブロクサム　John Rouse Bloxam 182
ブロクサム　Matthew Bloxam 182
ブロッスヴィル　Blosseville (Rouen)，ノートル・ダム・ド・ボン・スクール　Notre Dame de Bon Secours 293
ブロムフィールド　Canon Blomfield 58註1
ブロワ　Blois, 城館　château 353
ブロンデル　Blondel 古い方と若い方　the elder and younger 94, 161
ブロンプトン　Brompton (Kent)，ホーリー・トリニティー　Holy Trinity 192
ブンゼン　Baron Christian K. J. Bunsen 103, 113-4註19, 253, 366註57, 373-4
ベアウッド　Bearwood (Berkshire) 339
ヘイクウィル　Henry Hakewill 114註24
ヘイクウィル　J. Hakewill 127
ヘイコック　Edward Haycock 145
ヘイドン　Benjamin Haydon 179註58
ベイリー　Alfred Bailey 344註21
ペイリー　E. G. Paley 197
ペイリー　F. A. Paley 149-50,
ペイリー　William Paley 197-8
ペイリー＆オースティン　Paley & Austin 197
ペヴスナー　Antoine Pevsner 366註57
ベーコン　Francis Bacon 349
ベーダ　Venerable Bede 62
ベーレンス　Peter Behrens 412
ヘクサム修道院　Hexham Priory (Northumberland) 62
ベクスリー・ヒース　Bexley Heath (Kent)，レッド・ハウス　Red House 386, 395-6, 423註156
ペッカム大司教　Archbishop Peckham, 墓碑　monument 12

サン・ミニアト S. Miniato 402
サント・スピリト S. Spirito 204註92
洗礼堂 Baptistery 402
大聖堂 Cathedral 鐘塔 campanile 214；東端部 east end 299
パッツィ家のチャペル Pazzi Chapel 109-10
ピッティ宮 Pitti Palace 359, 370
ロッジア・デイ・ランツィ Loggia dei Lanzi 117註40
フィングボーンス Justus Vingboons 94
プーサン Nicolas Poussin 27
ブーシェ J. Bouchet 116註40
プール George Aycliffe Poole 150, 195, 200 註20, 249
ブールジェ Paul Bourget 422註151
ブールジュ大聖堂 Bourges Cathedral 41註18, 310註8, 391註59
フェビアン Fabians 401
「フェリックス・サマリー」 'Felix Summerly' 233-4, 437
フェリビアン J. F. Félibien 15, 32註27, 34
フェルスター Ludwig Förster 132註36
フェレー Benjamin Ferrey 172, 174註1, 179註58, 193, 263, 264註4
フェレーリオ Pietro Ferrerio 93
フォーク Francis Fowke 440
フォース橋 Forth Bridge 423註160
フォーディンガム Fordingham (Norfolk) 187
フォルスター Georg Forster 26-7
フォンターネ Theodor Fontane 227註43
フォンタナ Carlo Fontana 110
フォンタネッラ Fontanella 93
フォンテーヌ P. F. L. Fontaine 44, 116註40, 132註36, 317註110, 366-7註57
フォントヒル Fonthill (Wiltshire) 23
フック W. F. Hook 200註22
プティ John Louis Petit 144-9（図4，5), 151, 195, 202註47, 249-50, 255, 268註64
プトリッヒ Ludwig Puttrich 366註57
フュースリー Henry Fuseli 178註42
プライス Bruce Price 346註56
プライス Sir Uvedale Price 115註28, 279
ブライトン Brighton (Sussex) 159
ブリル浴場 Brill's Baths 262
フライブルグ・イム・ブライスガウ大聖堂 Freiburg-im-Breisgau Cathedral 138, 149
ブラウン Ford Madox Brown 395, 398, 414 註24
ブラウン Lancelot Brown ('Capability') 127
ブラウン R. Palmer Brown 114-5註24
ブラウンシュヴァイク Brunswick 44
ブラックバーン Blackburn (Lancashire), St Mark 教会 115註24
ブラマンテ Donato Bramante 204註92, 293, 384-5
ブラン Charles Blanc 307-8
フランス考古学会 Société française d'archéologie 67, 72註53, 112註2
ブランセペス城 Brancepeth Castle (Durham) 114註24
フランチア Francesco Francia 216
ブランドン David Brandon 104
ブランドン J. A. Brandon 149
フリードリッヒ・ウィルヘルム四世 Friedrich Wilhelm IV, プロイセン王 King of Prussia 102
フリーマン E. A. Freeman 20註27, 150-1, 182, 194-6, 201註42, 218, 228-9註64, 249, 252, 266註44, 365註25, 458
フリジ Paolo Frisi 136
ブリズー C. E. Briseux 94
ブリストル Bristol
セント・メアリー・レッドクリフ St

371-4（図 11）
聖ミカエル　St Michael 375
バンベルク　Bamberg 77
ハンマースミス　Hammersmith, ケルムスコット・ハウス　Kelmscott House 405-6
ビアズリー　Aubrey Beardsley 423註159
ピアソン　J. L. Pearson 386, 444
ピアチェンツァ大聖堂　Piacenza Cathedral 102
ヒアフォード大聖堂　Hereford Cathedral 90
ビアンキ　Pietro Bianchi 132註36
ビーズリー　S. Beazley Jun. 37-8
ピーターボロー大聖堂　Peterborough Cathedral 91, 192, 196
ピール　Sir Robert Peel 62
ピエルフォン　Pierrefonds 294
ピクトン　J. A. Picton 128
ピケット　William Vose Pickett 232註102
ピサ　Pisa 103, 214
美術協会　Art Union 113註17, 128
碑文文芸アカデミー Académie des Inscriptions et Belles Lettres 67
ヒューウェル　William Whewell 51, 68, 72註53, 73註59, 74-84, 85-7, 93, 103, 126, 136-7, 146, 149, 151, 154, 160, 183, 219, 222, 228註62, 230註90, 238, 282, 349, 376, 412
ピュージ　E. B. Pusey 126, 193, 264註4
ピュージン　A. C. Pugin 40, 45, 48註5, 93, 96註18, 149, 154, 264註4
ピュージン　A. W. N. Pugin 37, 45, 65, 87, 89, 95, 104, 121, 126-7, 134, 136, 148, 150-1, 154-81（図 6), 183-6, 188, 193, 195, 198註2, 199註12, 208-13, 220-1, 223, 225註18, 228註56, 231註102, 237, 240, 243, 248, 253, 255, 264註4, 278, 303, 318, 326-7, 329, 336, 338, 348, 352, 365註42, 375, 389註27, 390註49, 392, 396, 398, 412, 428, 430, 433, 438, 448, 455, 466
ヒューズ　Arthur Hughes 398
ヒュプシュ　Heinrich Hübsch 72註53, 98, 100-2, 110, 132註36, 255, 366註57, 370
ビュラン　Jean Bullant 293
ビュルガー　Gottfried August Bürger 80
ビリングス　R. W. Billings 149
ヒルデスハイム　Hildesheim 93
ビンハム修道院　Binham Abbey（Norfork）91
ファーガソン　James Fergusson 94, 195, 284註15, 326-30, 332, 341, 343, 348-67（図8-10), 368-9, 379-80, 390註44, 392, 433, 455
ファウラー　Charles Fowler 114-5註24, 176註25
ファリングトン　Farington（Lancashire), 教会　church 115註24
ファルヴィッヒ　Valwig, 聖マルティン St Martin 102
ファルダ　G. B. Falda 93
ファルマン　Farmin 116註40
ファロウフィールド　Fallowfield（Lancashire), ホーリー・トリニティー　Holy Trinity 81註7
フィエーゾレ　Fiesole 402
フィオリロ　Johann Dominik Fiorillo 28
フィッシャー・フォン・エルラッハ　J. B. Fischer von Erlach 94
フィディアス　Phidias 384
フィラデルフィア　Philadelphia 186
フィリップス　Ambrose Lisle Phillips 169-70
フィレンツェ　Florence 280, 323
ウフィツィ　Uffizi 174

Beaux-Arts，図書館　library 287；
河岸正面 river front 307
オテル・プールタレス　Hôtel Pourtalès 307
オペラ座　Opéra 179註64, 308, 385
温室　Jardin d'Hiver 375
北駅　Gare du Nord 283, 289, 297
穀物市場　Halle au Blé 288
コンコルド広場　Place de la Concorde 315註88
サン・サンフォリアン　Saint Symphorien 113註14
サン・ジェルマン・デ・プレ　Saint Germain des Prés 69註7, 310註8
サン・トゥジェーヌ　Saint Eugène 305
サン・フィリップ・デュ・ルール　Saint Philippe du Roule 113註14, 129註3
サント・シャペル　Sainte Chapelle 64-5, 288
サント・ジュヌヴィエーヴ（パンテオン）Sainte Geneviève（Panthéon）120, 288
サント・ジュヌヴィエーヴ図書館　Bibliothèque Sainte Geneviève 283, 290, 297, 304-5, 361, 375
シャンゼリゼのパノラマ館　Cirque（Panorama）des Champs-Élysées 283, 314註63
テュイルリー　Tuilleries 145
ノートル・ダム　Notre Dame 44, 287-8, 291, 310註8
ノートル・ダム・ド・ロレット　Notre Dame de Lorette 293
東駅　Gare de l'Est 283, 289, 358（図 8）
ブルボン宮殿　Palais Bourbon 361
マドレーヌ　Madeleine 145, 255, 291, 293
モンパルナス駅　Gare Montparnasse 289
ルーヴル　Louvre 145, 260, 360
バリー　E. M. Barry 440
バリー　Sir Charles Barry 94, 105-6, 116註39, 120, 127, 135, 193, 237, 258, 281, 322, 352, 427-31, 455
ハリス　Thomas Harris 332-3, 338, 342
ハリファックス　Halifax（Yorkshire）180註68
パルグレーヴ　Sir Francis Palgrave 114註23
バルタール　Louis-Pierre Baltard 290
バルテレミー　J. E. Barthélemy（正しくはBarthélémy、訳 49）参照——訳者）293
バルバロ　Daniele Barbaro 93
パルマ大聖堂　Parma Cathedral 102
パレンツォ　Palenzo ポレッチの項を見よ
ハロー・ウィールド　Harrow Weald，グリムスダイク　Grimsdyke 315註90
バンクロフト　Richard Bancroft，カンタベリー大司教　Archbishop of Canterbury 183
ハンセン　C. F. Hansen 129註3（原文は註4となっているが間違い——訳者）
ハンソム　J. A. Hansom 128
ハント　T. F. Hunt 127
ハント　William Holman Hunt 395
ハント　William Hunt 217
ハンプトン・コート　Hampton Court 233
ハンプトン・ルーシー　Hampton Lucy（Warwickshire），教会　church 55, 57
ハンフリー　Charles Humfrey 85
ハンブルク　Hamburg 328, 368
市庁舎案　Town Hall，design for 261
聖ニコラス　St Nicholas 187, 249；（ゼンパーの設計 Semper's design）

ハーディー　Thomas Hardy 324註19
バーデン＝バーデン Baden-Baden 飲泉所 Trinkhalle 112註2
ハードウィック　Philip Hardwick 122, 429
ハードマン　John Hardman 179註56
バートン　Decimus Burton 135
バートン　John Barton & Sons 422註149
バートン・オン・ハンバー　Barton-on-Humber（Lincolnshire），教会 church 52, 57
バーナック　Barnack（Northamptonshire），教会　church 57, 64
ハーバーション　Matthew Habershon 161
パーマーストン　Lord Palmerston 258-9, 439
バーマス　Barmouth，セント・デイヴィッド St David 145
ハーマン　J. G. Hamann 26
バーミンガム　Birmingham 17, 167, 179註58, 180註68
　アート・ギャラリー　Art Gallery 395
　主教の家　Bishop's House 164
　ダデストンとオスコットの項も見よ
バーミンガム教会建築協会　Birmingham Church Building Society 56
パーム　G. Palm 374
ハーラクストン　Harlaxton Manor（Lincolnshire）127
バーリー・ハウス　Burghley House（Northamptonshire）127
バーロー　W. H. Barlow 262
バーン　William Burn 127
バーン＝ジョーンズ Sir Edward Burne-Jones 393-7, 412註1
バーンウェル　Barnwell（Cambridgeshire），礼拝堂　chapel 13
ハイクリア城館　Highclere Castle（Hampshire）127
ハイゲート　Highgate，セント・アン　St Anne 264註4
ハイデロフ　Carl Alexander Heideloff 94, 103, 113註17
バイロン　Lord George Gordon Byron 36, 106
パヴィア　Pavia
　カルトジオ会修道院　Certosa 107
　サン・ミケーレ S. Michele 103, 146（図4）
バウハウス　Bauhaus 411
ハギット　John Haggitt 41註18
パクストン　Sir Joseph Paxton 125, 237, 356, 436
ハグレー　Hagley（Worcestershire）17
パジェット　Violet Paget 397
バジョット　Walter Bagehot 423註152
バセヴィ　George Basevi 199註4
ハゼナウアー　Karl Hasenauer 369
パターソン　John Patterson 114註24
バターフィールド　William Butterfield 86, 193, 195, 262, 333-4, 370, 398, 414註26, 444
バターリャ　Batalha 37
ハッセイ　R. C. Hussey 50, 62
ハッチンソン　Henry Hutchinson 50, 55
パッディントン駅　Paddington Station 243
バッファロー　Buffalo（N. Y.）227註43
パップワース　J. B. Papworth 132註37
パティー　Andrew Patey 114註24
ハミルトン　Thomas Hamilton 276註19
パラディオ　Andrea Palladio 26, 93, 110, 121, 181註85, 286, 293, 320, 323, 339, 466
パリ　Paris 44, 73註59, 260, 328, 368, 431
　アンヴァリッド　Dôme des Invalides 120, 145, 437
　エコール・デ・ボザール　École des

フラウエンキルヒェ Frauenkirche 374
ドレッサー Christopher Dresser 244
トレンサム・パーク Trentham Park (Staffordshire) 105, 281
ドロルム Philibert Delorme 88, 94, 136, 293, 317註110
トロワ Troyes, サン・テュルバン Saint Urbain 214
ドンカスター Doncaster (Yorkshire), 教区教会 parish church 249
トング Tong 187
トンプソン Pishey R. Thompson 265註13

ナ行

ナイト Henry Gally Knight 62-5, 72註53, 82註17, 94, 103, 144, 164, 366註57
ナイト Richard Payne Knight 37, 145, 279
ナッシュ John Nash 104, 115註28,155
ナッシュ Joseph Nash 127
ナポレオン三世 Napoleon III 431-2
ナントウィッチ Nantwich (Cheshire), 教会 church 252
ニーウェルケルケ M. de Nieuwerkerke 307-8
ニール J. M. Neale 151, 180註74, 182-5, 187, 193, 195, 196, 199註12, 212
ニコルソン J. O. Nicholson 422註149
ニューアーク Newark (Nottinnghamshire), 教区教会 parish curch 53
ニューキャッスル Newcastle 180註68
大聖堂 Cathedral 165
ニューキャッスル・アンダー・ライム Newcastle-under-Lyme (Staffordshire), ハーツヒル教会 Hartshill church 193
ニューマン J. H. Newman, 枢機卿 Cardinal 126, 169-72, 182, 188, 193, 198註2, 320, 393
ニュル Eduard von der Nüll 343-4註16
ニュルンベルク Nuremberg 77
聖セバルドゥス St Sebaldus 27, 32註27
ヌヴェール大聖堂 Nevers Cathedral 90
ネイラー社(キッダーミンスターの) Naylor's (of Kidderminster) 422註149
ネーベル F. Nebel 102
ネスフィールド W. Eden Nesfield 263, 386
ネリ St Philip Neri 169
ノーウィッチ大聖堂 Norwich Cathedral 90
ノーフォーク eleventh Duke of Norfolk 114註24
ノッティンガム大聖堂 Nottingham Cathedral 165
ノディエ Charles Nodier 40, 69註5, 286
ノビレ Peter von Nobile 132註36
ノルマンディー古物研究協会 Société des Antiquaires de Normandie 48註5, 67

ハ行

バー James Barr 104
ハーヴェイ Lawrence Harvey 387註3
パーカー J. H. Parker 72註53, 182, 195
バーク Edmond Burke 33
バークベック George Birkbeck 169
バージェス William Burges 56, 178註45, 229註64, 337-8, 386, 441-2, 448
バース Bath (Somerset) 35
パース大聖堂 Perth Cathedral 334
バーソロミュー Alfred Bartholomew 84註47, 127-8, 134-43 (図1-3), 144, 148, 151, 255, 268註64, 388註5
ハーツヒル Hartshill (Staffordshire) 教会 church 193

Woodward 214
ディエップ　Dieppe 62
ディグビー　Kenelm Digby 30, 74, 160, 197, 413註10
ディズレーリ　Benjamin Disraeli 227註53
ディッターリン　Wendel Dietterlin 94
ティツィアーノ　Titian 87-8, 216, 323
ディドロン　A. N. Didron 94, 288, 291, 293, 391註59
テイラー　G. Ledwell Taylor 103
テイラー　Sir Robert Taylor 106, 135
テイラー（もしくはテロール）男爵　Baron Taylor 40, 69註5, 286-7
ディレッタント協会　Society of Dilettanti 429
ティントレット Tintoretto 209, 216
ティンマス　Teignmouth（Devon），教会　church 114註24
テニールス　David Teniers 216
テニソン　Alfred Lord Tennyson 228註53, 238, 394, 460
デフリーント　Eduard Devrient 246註23, 369
デューラー　Albrecht Dürer 27
デュカレル　C. Andrew Ducarel 40
デュケネー　François Duquesney283, 289, 358（図8）
デュセルソー　J. A. Ducerceau 94, 317註110
デュバン　J. F. Duban 287-8, 307-8
デュラン　J. N. L. Durand 94, 105, 317註110, 367註57
デリック　J. M. Derick 193, 264註4
デリル　Leopold Delisle 39
テルフォード　Thomas Telford 125, 237
ドイツ工作連盟　Deutscher Werkbund 411
トゥールーズ　Toulouse，サン・セルナン Saint Sernin 107, 294
トゥールニュ　Tournus，サン・フィリベール　Saint Philibert 310註8
トゥールのグレゴリウス　Gregory of Tours 62
トゥール大聖堂　Tours Cathedral（ペルペトゥース Perpetuus）62
ドゥランドゥス　Durandus 185
ドーケス　S. W. Dawkes 192
トーマス　William Thomas 56
トクステス　Toxteth（Liverpool），セント・マイケル・イン・ザ・ハムレット St Michael-in-the-Hamlet 50
ドナテッロ　Donatello 109
ドナルドソン　T. L. Donaldson 123-5, 128, 141, 143註33, 144, 148, 154, 180註67, 190, 192, 237, 255, 289, 290, 297, 318, 328, 368, 388註6, 431 433, 434, 436
土木学会　Institution of Civil Engineers 123
トムソン　Alexander Thomson（「グリーク」 'Greek'）255, 270-6, 277, 383
トムソン　James Thomson 128
ドメック　Adèle Domecq 207
ドラクロワ　Eugène Delacroix 87
トラブショー　Thomas Trubshaw 145
ドラン　François Derand 317註110
トリール　Trier 173
トリノ　Turin，スペルガ　Sperga 160
トルアール　Louis François Trouard 113註14
トルチェッロ　Torcello 402
トレヴァービン　Treverbyn（Cornwall），教会　church 193
ドレクリューズ　E. J. Delécluze 286
ドレスデン　Dresden 115註31, 368
　オッペンハイム邸　Oppenheim Palais 369
　歌劇場　Opera House 369, 371
　美術館　Gallery 369

タ行

ダーウィン　Charles Darwin 358
ダーウェン　Darwen (Lancashire), ホーリー・トリニティー　Holy Trinity 57
ターナー　Dawson Turner 40
ターナー　J. W. M. Turner 209, 216, 273
ダービー　Derby 17
　セント・メアリー　St Mary 165, 170
ダービー卿　fourteenth Earl of Derby 439
ダイス　William Dyce 105, 235, 334, 418註90
タイト　Sir William Tite 122, 166, 192, 429, 431, 434, 436
大博覧会　Great Exhibition (1851) 125, 221-223, 226註27, 234, 237-9, 240, 244, 368, 395, 432, 435；クリスタル・パレスの項も見よ
ダヴィッド　Jacques-Louis David 286
ダヴェンポート　Davenport 180註68
ダウス　Francis Douce 48註5
ダウニング　A. J. Downing 176註25, 201註32
タウン　Ithiel Town 132註36
ダグデール　Sir William Dugdale 12
ダデストン　Duddeston (Birmingham), セント・マチュー　St Matthew 56
ダラウェイ　James Dallaway 35-7, 42註19, 94
ダラム大聖堂　Durham Cathedral, 僧院寮 dormitory 150
ダランベール　Jean le Rond d'Alembert 349
ダリ　César Daly 288-91
ダルセル　A. Darcel 93
ダルムシュタット　Darmstadt
　カトリック教会　Catholic church 120
　劇場　Theatre 44
ダンス　George Dance 157
ダンテ　Dante 383
ダンディー　Dundee 180註68
タンブリッジ・ウェルズ　Tunbridge Wells (Kent), クライスト・チャーチ　Christ Church 115註24
チードル　Cheadle (Staffordshire), セント・ジャイルズ　St Giles 165
チェスター大聖堂　Chester Cathedral 50, 265註24
チェルシー　Chelsea, セント・マークス・カレッジ　St Mark's College 114註24
チェンバーズ　Sir William Chambers 94,120, 281, 354-5
チコニャーラ　Leopoldo Cicognara 116註40
チチェスター大聖堂　Chichester Cathedral 90
チャットバーン　Chatburn (Lancashire), 教会　church 115註24
チャドウィック　Sir Edwin Chadwick 97註32, 341
チャムリー　Cholmondeley (Cheshire), 教会　church 252
チャンドラー　Richard Chandler 94
チューリヒ　Zürich 369
　ポリテクニク　Polytechnic 369
チョーサー　Geoffrey Chaucer 394, 410
チョーリー　Chorley (Lancashire), セント・ジョージ　St George 57
ツァント　Ludwig von Zanth 103, 116註40, 132註36, 317註110, 366註57
ツィーブラント　G. F. Ziebrand 102
ティーク　Ludwig Tieck 26
ディージョン　Dijon, サン・ベニーニュ　Saint Bénigne 93
ディープディーン　Deepdene (Surrey) 104
ディーン＆ウッドワード　Deane &

スコット　Sir Walter Scott 48註5, 105
スコット小将　General Scott 441
スタージス　Russell Sturgis 316註107
スタール夫人　Madame de Staël 29-30, 32 註28, 64, 219
スタウアヘッド　Stourhead（Wiltshire）17
スタッフォード　Stafford, 教区教会 parish church 249
スタンダール　Stendhal（Henri Beyle）39
スタンデン　Standen（Sussex）396
スタントン　Stanton（Gerbyshire），教会 church 145
スタンフィールド　Vlarkson Stanfield 105
スチュアート　James Stuart 94
スティーヴンソン　George Stephenson 362
スティーヴンソン　J. J. Stevenson 263, 271
スティーヴンソン　Robert Stephenson 237
スティーグリッツ　Christian Ludwig Stieglitz 65-6
ステプニー　St Thomas Stepney, アーバー・スクエア　Arbour Square 192
ストーク・ニューイングトン　Stoke Newington, サン・マチュー　St Matthew 204註88
ストーン　Stone（Kent），教会　church 90
ストーンヘンジ　Stonehenge 13, 272
ストックポート　Stockport（Cheshire）55
ストットハード　Thomas Stothard 216
ストラスブール大聖堂　Strasbourg Cathedral 23-6, 27, 36, 43, 164
ストリート　G. E. Street 186, 193-5, 205註105, 205註106, 229註64, 231註102, 247註44, 266註46, 366 注 57, 386, 394, 398, 415註26, 415註45, 421註134, 428, 440-2, 446, 448, 455
ストレタム　Streatham, クライスト・チャーチ　Christ Church 104, 192
ストローベリー・ヒル　Strawberry Hill 11, 23, 45
スパージョン　C. H. Spurgeon 268註58
スパラト　Spalato 136, 142註28
スフロ　J. G. Soufflot 35, 38, 120
スマーク　Sir Robert Smirke 132註42, 135, 155, 331, 429
スマーク　Sydney Smirke 178註47, 331
スミートン・マナー　Smeaton Manor（Yorkshire）396, 423註156
スミス　George Smith 114註24, 192
スミス　James Smith 51
ズルツァー　Johann Georg Sulzer 20註27
スルバラン　Francisco de Zurbaran 216
セイ　J. B. Say 181註89
セイヤーズ　F. Sayers 36, 42註19
セエズ大聖堂　Séez Cathedral 63
セットフォード修道院　Thetford Priory（Norfolk）91
セドン商会　Seddon & Co. 395
セルリオ　Sebastiano Serlio 93, 135
セント・オールバンズ修道院　St Albans Abbey（Hertfordshire）253
セント・ジョージ・ギルド　St George's Guild 220, 398
ゼンパー　Gottfried Semper 163, 282, 298, 366註57, 368-91（図 11, 12）392, 412
ソープ　Archdeacon Thorp 200註16
ソールズベリー　Salisbury 17
　セント・マリーズ・グレインジ　St Marie's Grange 154
　大聖堂　Cathedral 13, 58, 90, 279
ソーン　Sir John Soane 138, 157, 189, 319, 428, 114註24, 121, 134-5
ソーンダース　George Saunders 38, 78
ソルニエ　Jules Saulnier 305
ソルフォード　Salford（Lancashire）400

シデナム　Sydenham クリスタル・パレスの項を見よ
シャープ　Edmond Sharpe 58註2, 81註7, 115註24, 149-50, 193
ジャクソン　Sir T. G. Jackson 177註29, 323
シャトーヌフ　Alexis de Chateauneuf 117註40
シャトーブリアン　Vicomte de Chateaubriand 32註28, 159, 287
シャトルワース　Sir James Kay-Shuttleworth 341
ジャニアール　M. H. Janniard 291
シャルグラン　J. F. T. Chalgrin 113註14, 129註3
シャルトル大聖堂　Chartres Cathedral 76, 108, 288, 294
ジャンヌ・ダルク　St Joan of Arc 28
シャンパニョル　Champagnole 210
シュイス　T. F. Suys 116註40
シュテーター　F. Stöter 371, 373-4
シュトゥルム　Leonhard Christoph Sturm 94
シュナヴァール　Antoine Chenavard 307
シュペックレ Daniel Speckle 94
シュペングラー　Oswald Spengler 405
シュリーマン　Heinrich Schliemann 348
ジュリオ・ロマーノ　Giulio Romano 243, 354
シュルーズベリー伯爵　Earl of Shrewsbury 165, 170
シュレーゲル　August Wilhelm Schlegel 27-30, 32註28, 52, 74, 95註10, 98
シュレーゲル　Friedrich Schlegel 27-30, 34, 41註19, 82註17, 98, 159, 164
ショー　George Bernard Shaw 397, 420註127
ショー　Henry Shaw 127
ショー　John Shaw 104
ショー　R. Norman Shaw 315註90, 323, 341, 386, 396, 405, 421註134, 443, 446, 467
ジョーンズ　Inigo Jones 12, 16, 35, 121, 280, 320, 361, 436
ジョーンズ　Owen Jones 94,114註22, 168, 223, 233, 236-7, 240-44, 317註110, 388註6
職工学校　Mechanics' Institutes 169, 180註68
ジョン・オブ・エルサム　John of Eltham, 墓碑　monument 12
シラー　Friedrich von Schiller 80, 367註57, 369
シール　Theale（Berkshire），教会　church 165, 264註4, 279
ジルベール　E. J. Gilbert 308
シンケル　Carl Friedrich von Schinkel 44, 73註59, 98-100, 102, 113-4註19, 120-1, 129註3, 132註36, 137, 181註85,270, 310註9a, 355, 361, 367註61, 369, 375
ジンジッヒ　Sinzig 77
スイントン　Swinnton（Lancashire），教会 church 187
スカーロー　Skirlaugh（Yorkshire），チャペル　chapel 157
スカモッツィ　Vincenzo Scamozzi 93, 319
スキャリスブリック・ホール　Scarisbrick Hall（Lancashire）154
スコット　George Gilbert Scott Jun. 263
スコット　M. H. Baillie Scott 341
スコット　Sir George Gilbert Scott 37, 55, 89, 93, 125, 127, 145, 150, 187, 193, 197, 243, 245, 248-69, 270-1, 274, 283, 304, 306, 312註30, 315註90, 317註110, 318, 326-8, 330, 339, 342, 344註21, 354, 357, 371, 373, 386, 423註160, 433, 439, 441, 448, 455

コベット　William Cobbett 159
コペンハーゲン　Copenhagen，聖母マリア教会　Church of Our Lady 129註3
コモ　Como，サン・クイリコと町役場　S. Quirico and town hall 107
コリング　J. K. Colling 149, 344註21
コルゲート　A. W. Colgate 314註79
ゴルトマン　Nikolaus Goldman 94
コルドモワ　J. L. de Cordomoy 94
コルネリウス　Peter Cornelius 62, 105
コルベイユ　Corbeil 69註7
コルベール　Jean-Baptiste Colbert 289
コンウィーの橋　Conway Bridge（正しくは Conwy、訳 39）を参照 ―― 訳者）237
コンスタブル　John Constable 209
コンスタンティノプル　Constantinople 109, 111註2
クリミア記念教会　Crimean Memorial Church 192
ハギア・ソフィア　St Sophia 299, 356
コンプトン・ヴァレンス　Compton Valence（Dorset），教会　church 264註4

サ行

サヴェジ　J. Savege 178註47
サウジー　Robert Southey 159
ザクロフ　Sacrow，救世主教会　Heilandskirche 102
サザーク大聖堂　Southwark Cathedral 88, 165
サッカレー　W. M. Thackeray 386
サリヴァン　Louis Sullivan 277, 411
サルヴィン　Anthony Salvin 127, 132註42, 183, 193, 333
サン・ガッロ　Antonio Sangallo 293
サン・ジェルマン＝アン＝レイ　Saint Germain-en-Laye，サン・ルイ　Saint Louis 112-3註14
サン・ドニ　Saint Denis
サン・ドニ＝ド＝レストレ　Saint Denis-de-l'Estrée 306
修道院教会　Abbey 28, 35, 37, 64, 69註7
サン・マテオ　San Mateo（Calif.），ブルース・プライスによる住宅　house by Bruce Price 346註56
サン・リキエ（サンテュラ）　Saint Riquier（Centula）80, 93
サン・ワンドリール　Saint Wandrille 63
ザンクト・ガレン平面図　St Gall plan 93
サンゼ　Sanzey 307
サンソヴィーノ　Jacopo Sansovino 286
サンテュラ　Centula サン・リキエの項を見よ
ジェームズ・ノウルズ　James Knowles シニア　Sen. 328
ジェームズ・ノウルズ　James Knowles ジュニア　Jun. 227註51, 328
シェーンブルン　Schönbrunn，グロリエッテ　Gloriette 115註29
シエナ大聖堂　Siena Cathedral 86, 391註59
ジェノバ　Genoa，サンタ・マリア・ディ・カリニャーノ S. Maria di Carignano 145
シェフィールド　Sheffield 55, 167-8
セント・メアリー　St Mary，ブラモール・レーン　Bramall Lane 56
ジェルヴァス　Gervase（of Canterbury）17
ジェルヴィル　M. de Gerville 39-40, 46, 61-3, 67, 82註17
ジオット　Giotto 214, 216, 311註18, 383
シカーズブルク　Sicard von Sicardsburg 343註16
シカゴ　Chicago 411-2, 422註151

ケンプソーン　Samoson Kempthorne 248
ケンブリッジ　Cambridge 35, 166
　キングス・カレッジ　King's College チャペル　Chapel 13, 64, 214, 230註90；(エセックスによる装飾衝立　altar-piece by Essex) 13；内陣仕切り　Screen 54
　グレイト・セント・メアリー教会　Great St Mary's 17
　ゴンヴィル・アンド・カイウス・カレッジ　Gonville and Caius College 85
　セント・ジョンズ・カレッジ　St John's College, ニュー・コート　New Court 50, 54
　セント・ピーター　St Peter 193
　セント・ベネット　St Benet 57
　セント・ボトルフ　St Botolph 西側窓　west window 89
　大学図書館　University Library (old) 192
　トリニティー・カレッジ　Trinity College 74；グレート・ゲイトの天井　Great Gate, ceiling 89；ヒューエル・コート　Whewell's Court 74
　フィッツウィリアム博物館　Fitzwilliam Museum 54, 116註37
　ペンブローク・カレッジ　Pembroke College, マスターズ・ロッジ　Master's Lodge 315註90
　ホーリー・セパルカー　Holy Sepulchre 183, 317註110
ケンブリッジ・キャムデン協会　Cambridge Camden Society（エクレジオロジストを含む――訳者）95, 121, 126, 148, 150-1, 152註19, 182-205, 212-4, 222, 225註18, 234, 249, 254, 264註4, 265註12, 288, 318-9, 334, 374
考古学会議　Congrès Archéologique 67
コーシャム・コート　Corsham Court (Wiltshire) 127
ゴーテ　E. –M. Gauthey 39, 136
ゴーティエ　P. Gauthier 116註40
コーモン　Arcisse de Caumont 29, 39-40, 61-73, 75, 79, 94, 112註2, 114註20, 164, 287
コール　Sir Henry Cole 124, 168, 223, 233-4, 239-41, 244, 247註39, 368, 377, 392, 434, 436, 455
コール　William Cole 12, 18註13
コールブルックデール　Coalbrookdale (Shropshire) 179註64
コールリッジ　Samuel Taylor Coleridge 30
古建築保護協会　Society for the Protection of Ancient Buildings 262, 408, 448
コッカレル　C. R. Cockerell 120-2, 180註66, 190, 192, 199註4, 237, 319, 321, 331, 386, 429, 431, 434
コッカレル　S. P. Cockerell 120
国教財務委員会教会　Commissioners' churches 55-7, 135, 178註46
コッティンガム　L. N. Cottingham 178註48, 193
ゴッドウィン　George Godwin 123, 128, 326, 341
コットマン　J. S. Cotman 40
古物研究協会　Society of Antiquaries 13, 37-8, 67
コブレンツ　Koblenz 68, 77（この77にはSt Castorの項目が別枠で設けられているが、St Castorなる文字は本文には見当たらない。実質的にこのロマネスクの聖カストア教会を指すということであろう――訳者）
コペ　Coppet (Lake Geneva) 29

クリスタル・パレス　Crystal Palace 125, 128, 167, 186, 193, 221, 223, 237-8, 244, 255, 283, 284註15, 315註79, 333, 335-6, 352, 356, 358, 375, 380, 436；大博覧会 Great Exhibition の項も見よ
グリセル＆ペト　Grissell & Peto 248
グリッグ　W. R. Grig 209
グリニッジ・ホスピタル　Greenwich Hospital 428；キング・チャールズ・ビル　King Charles Block（索引では Block であるが本文は Building——訳者）122
グルナー　Ludwig Gruner 105, 115註31, 240, 366註57
グルロ　Guillaume Joseph Grelot 17
グレイ　Effie Gray 206-7
グレイ　Thomas Gray 15-6, 33, 52
グレイトブリテン・アイルランド考古学会 Archaeological Institute of Great Britain and Ireland 90
クレイトン　John Clayton 123
グレート・ウェスタン鉄道　Great Western Railway 167, 362
クレシー　Edward Cresy 71註47, 90, 103, 114註20, 117註41
クレルモン・フェラン大聖堂　Clermont Ferrand Cathedral（Namantius）62, 294, 306
グレン・アンドレッド　Glen Andred（Sussex）396
クレンツェ　Leo von Klenze 44, 102, 116註40, 119-20, 132註36, 137, 366註57, 370
クロイランド修道院　Croyland Abbey（Lincolnshire）17
クロウザー　J. S. Crowther 149
グロース　F. Grose 33
グロスター大聖堂　Gloucester Cathedral 35, 89, 90-1
グロピウス　Walter Gropius 411
クロンクヒル　Cronkhill（Shropshire）104
ゲーテ　Johann Wolfgang von Goethe 23-6, 28, 80, 154, 367註57, 380, 382, 390註33
ゲッティンゲン　Göttingen 368
ケニントン　Kennington（Berkshire），教会 church 114註24
ケラー　Ferdinand Keller 93
ゲルトナー　Friedrich von Gärtner 44, 102, 132註36, 202註49, 368, 381
ケルムスコット・プレス　Kelmscott Press 400, 410-1
ケルムスコット・マナー　Kelmscott Manor（Oxfordshire）406, 414註24
ケルン　Cologne 370
　サンタ・マリア・イム・カピトル　St Mary in Capitol 82註17, 148
　聖ゲレオン　St Gereon 76
　大聖堂　Cathedral 27-8, 44, 65, 136, 164, 252, 310註9a, 329, 366註57
ゲルンハウゼン　Gelnhausen 43, 76, 78, 107, 146-7
ゲレス　Joseph Görres 30, 173
ケンサル・グリーン　Kensal Green　鉄道、運河、道路交差　railway, canal and road crossing 131註33
ケンジントン　Kensington
　セント・メアリー・アボッツ　St Mary Abbots 249
　ホーリー・トリニティー　Holy Trinity 123
建築協会　Architectural Association 123, 125, 318, 328
建築出版協会　Architectural Publication Society 125
ケンティッシュ・タウン　Kentish Town, 教会案　church project 134
ケント　William Kent 45, 94

Leedsの項を見よ
カント　Immanuel Kant 369
ギゾー　F. P. G. Guizot 286
キッダーミンスター　Kidderminster（Worcestershire）422註149
ギブズ　James Gibbs 94, 142註27
キャタリック　Catterick（Yorkshire），教会 church 150
キャッスル・アイカー修道院　Castle Acre Priory（Norfolk）91
キャメロン　Charles Cameron 94
キャンバーウェル　Camberwell，セント・ジャイルズ　St Giles 193, 249
キャンプフィールド　George Campfield 409
キャンベル　Colen Cambell 357
キュー・ガーデン　Kew Gardens（Surrey），ロッジ　lodge 386
キュヴィエ　Baron Cuvier 377
キュービット　Thomas Cubitt 105, 237
教会建築学（エクレジオロジー）Ecclesiology ケンブリッジ・キャムデン協会の項を見よ
キルンダウン　Kilndown（Kent），教会 church 333
キングスレー　Charles Kingsley 226註27, 238, 418註92
クヴァスト　A. F. von Quast 94, 103, 114註21
グウィルト　Joseph Gwilt 120, 367註61
クータンス大聖堂　Coutances Cathedral 62-3, 82註17
クーム　Thomas Combe 182
クールダヴォー　Victor Courdaveaux 307
クールベ　Gustave Courbet 342
クエルデン　Cuerden（Lancashire），教会 church 115註24
グッド　J. H. Good 134
グッドウィン　Francis Goodwin 48註5
グノー　L. Gounod 292
クラーク　John Willis Clark 95註1, 96註29, 97註41
クラーク　T. H. Clarke 127
クラーケンウェル　Clerkenwell（London），セント・マーク教会　St Mark's 135
クライン　Johann Adam Klein 75
グラスゴー　Glasgow 169, 422註149
　エジプシャン・ホール　Egyptian Halls 270
　カレドニア・ロード教会　Caledonia Road Church 270
　クイーンズ・パーク教会　Queen's Park Church 270
　グレート・ウェスタン・テラス　Great Western Terrace 270
　グロヴナー・ビルディング　Grosvenor Building 270
　セント・ヴィンセント・ストリート教会　St Vincent Street Church 270
　大学　University 270-1, 273
　ノースパーク・テラス　Northpark Terrace 270
　モーレー・プレイス　Moray Place 270
グラストンベリー修道院　Glastonbury Abbey（Somerset）91
クラッグ　John Cragg 54
クラットン　Henry Clutton 229註64
グラナダ　Granada 233
　アルハンブラ　Alhambra 242
クラファム　Clapham（Bedfordshire）52
グランジャン・ド・モンティニー　A. H. V. Grandjean de Montigny 116註40
グランゼール　Grinzère 307
グリーノー　Horatio Greenough 176註25, 277-8, 284註10, 364註9
グリーン　J. R. Green 458

オルレアン　Orléans，サン・テニャン　Saint Aignan 93

カ行

カー　Robert Kerr 122, 125, 247註39, 268註62, 318-25, 326, 328-30, 332-3, 338-41, 368, 380, 386, 392, 396, 406, 425-56
カークストール修道院　Kirkstall Abbey（Yorkshire）64
カークデール　Kirkdale（Yorkshire, North Riding），教会　church 57
カーター　John Carter 33, 42註20
カーディオン　Caerdeon（Bentddu），教会　church 151註2, 152註19
ガーナー　Thomas Garner 177註29
ガーベット　Edward Garbett 165,279
ガーベット　Edward Lacy Garbett 277-85, 326, 329-30
ガーベット　William Garbett 279
カーペンター　R. C. Carpenter 193-4, 333
カーライル　Thomas Carlyle 30, 32註28, 56, 159, 179註57, 207-8, 222, 225註22, 400
カーライル大聖堂　Carlisle Cathedral 46, 251
カーリッチ　T. Kerrich 13, 37-8, 78, 102
カーレンバッハ　Georg Gottfried Kallenbach 94
カーン　Caen 61
　サン・テチエンヌ　Saint Étienne（本文では別名の St Stephen で出てくる──訳者）63
カイザー　Henrik de Keyser 94
カイペルス　P. J. H. Cuypers 313註44
カイユー　de Cailloux 40
改良産業住宅会社　Improved Industrial Dwellings Company 341
カイロ　Cairo 242
ガウ　F. –C. Gau 44, 132註36, 368, 370
化学学会　Chemical Society 123
カステル　Robert Castell 94
カズドン・トレーニング・カレッジ　Cuddesdon Training College（Oxfordshire）394
カタネオ　Pietro Cataneo 93
「カタ・ピュージン」　‘Kata Phusin’（Ruskin）206
ガデ　Julien Guadet 295
カトルメール・ド・カンシー　A. C. Quatremère de Quincy 48註5, 289
カニーナ　Luigi Canina 132註36
ガブリエル　Ange-Jacques Gabriel 120, 315註88
カラヴァッジョ Michelangelo da Caravaggio 217
ガリーニ　Guarino Guarini 93
カリスティー　Augustin Nicolas Caristie 287
ガリレイ　Alessandro Galilei 354
カルヴァートン　Calverton（Buckinghamshire），教会　church 114註24
カルカソンヌ　Carcassonne 294
ガルニエ　Charles Garnier 179-80註64, 313註54, 385
カルルスルーエ　Karlsruhe
　美術館　Kunsthalle 112註2
　劇場　Theatre 112註2
カロンヌ　M. de Calonne 291
ガン　William Gunn 46, 94
カンタベリー大聖堂　Canterbury Cathedral 88, 90, 252, 317註110；ペッカム大司教とウォーラム大司教の墓碑　monuments to Archbishops Peckham and Warham 12
カンディドゥス　Candidus リーズ　W. H.

エクス Aix, サン・ソヴール Saint Sauveur 107
エグモント城 Egmont Castle (Cumberland) 132註42
エスコリアル Escorial 354
エセックス James Essex 11-7, 23, 30, 35, 37-8, 78-9, 164
エッティー William Etty 105
エディウス Eddius 62
エディス R. W. Edis 315註90
エディンバラ Edinburgh
クイーンズ・パーク Queen's Park 467
ハイスクール High School 274
エドメストン James Edmeston 248
エマーソン Ralph Waldo Emerson 284註10
エルヴィン・フォン・シュタインバッハ Ervin of Steinbach 23-4
エワート William Ewart 62
王立アカデミー Royal Academy 120, 124, 168, 192, 283, 331, 431, 436, 452
王立歴史的記念建造物委員会 Royal Commission on Historical Monuments 67
オーウェン Robert Owen 225註14, 400-1
オースティン George Austin 265註27
オータン大聖堂 Autun Cathedral 107
オードブール L. P. Haudebourt 116註40
オーブリー John Aubrey 47
オールダム Oldham (Lancashire) 400
オールド・ウォヴァートン Old Wolverton (Buckinghamshire), 教会 church 114註24
オールド・スワン Old Swan (Liverpool), セント・オズワルド St Oswald 165
オールトン・タワーズ Alton Towers (Staffordshire) 165
オクスフォード Oxford 35, 166, 182, 206, 393-4, 408
アシュモレアン・ミュージアム Ashmolean Museum 122
ウォーセスター・カレッジ Worcester College 166
オール・ソウルズ All Souls 54
クイーンズ・カレッジ Queen's College, 中庭建物 quad 166
クライスト・チャーチ Christ Church, メドウ・ビルディング Meadow 214 Building；ペックウォーター中庭建物 Peckwater Quad 166
殉教者記念碑 Martyrs' Memorial 248
聖マグダラのマリア教会 St Mary Magdalene, 殉教者側廊 Martyrs' Aisle 248
セント・クレメント St Clement 104
セント・バーナバス St Barnabas 182
大聖堂 Cathedral 90, 252
ベリオール・カレッジ Balliol College 263
マグダレン・カレッジ Magdalen College 182, 467；チャペル chapel 166；門構え gateway 121
ミュージアム Museum 334, 358
ユニオン図書館 Union Library 394
オシアン Ossian 287
オスコット・カレッジ Oscott College 161
オステン F. Osten 113註17
オズボーン・ハウス（ワイト島）Osborne House (Isle of Wight) 105, 435
オッテ Heinrich Otte 44
オットリーニ V. Ottolini 105
オッペンハイム Oppenheim, カタリネンキルへ Katharinenkirche 43, 149
オトマー Karl Theodor Othmer 132註36
オラトリオ会 Oratorians 169, 172
オルタ Victor Horta 411
オルデリック・ヴィタリス Orderic Vitalis 39

ウェイクフィールド　Wakefield (Yorkshire)
橋上チャペル　bridge chapel 158
ウェスミンスター・アベイ　Westminster Abbey ロンドンの項を見よ
ヴェズレー　Vézeley,　ラ・マドレーヌ La Madeleine 287, 288
ヴェッター　Johannes Wetter 48註5, 68, 72註53, 117註44
ウェッブ　Benjamin Webb 151, 180註74, 182, 183, 185, 192-5, 204註92, 205註106, 228註64
ウェッブ　John Webb 122
ウェッブ　Philip Webb 341, 386, 394-6, 398, 407, 410, 421註134, 423註156
ウェッブ　Sidney Webb 401
ヴェネツィア　Venice 259, 280, 323, 359
サン・マルコ　St Mark's 402
総督宮　Doge's Palace 214
ウェブスター　George Webster 132註42
ウェルズ大聖堂　Wells Cathedral (Somerset) 88, 90
ヴェローナ　Verona 402
ヴォイジー　C. F. A. Voysey 411
ウォーウィック　Warwick,　セント・メアリー　St Mary,　ボーシャン・チャペル　Beauchamp Chapel 150
ウォーセスター大聖堂　Worcester Cathedral 91
ウォーターハウス　Alfred Waterhouse 315註90, 367註61, 386, 405
ウォード　W. G. Ward 169
ヴォードワイエ　A. L. T. Vaudoyer 132註36
ウォートン　Thomas Warton 17, 33, 41註19
ウォーバートン　William Warburton,　グローセスターの主教　Bishop of Gloucester 15, 32註27, 34, 37
ウォーラム大主教　Archbishop Warham,
墓碑　monument 12
ヴォグエ　Marquis de Vogüé 366註57
ウォットン　Sir Henry Wotton 14, 47, 94
ウォルサムストー　Walthamstow 392-3
ウォルシュ主教　Bishop Walsh 170
ヴォルテール　Voltaire 367註57
ウォルポール　Horace Walpole 11-3, 15-6, 23, 154, 412
ヴォルムス大聖堂　Worms Cathedral 76-7, 108, 147, 147（図5）
ウッド　John Wood 94
ヴッパータル=ウンテルバルメン Wuppertal-Unterbarmen,　プロテスタント教会　Protestant church 102
ウラトン・ホール　Wollaton Hall (Nottinghamshire) 359
ヴリアミー　Lewis Vulliamy 233
ウルバッハ　Urbach 教会　church 102
エアトン　A. C. Ayrton 440, 441, 451
エイケン　E. Aiken 37
英国王立建築家協会　(Royal) Institute of British Architects 44, 80, 85, 87, 89, 112註2, 119, 121, 123-4, 128, 132註36, 139, 219, 240, 258, 262-3, 290, 294, 318, 322, 333, 335-6, 348, 427, 431, 433-4, 452, 455
英国建築家協会　Institute of British Architects,　英国王立建築家協会 Royal Institute of British Architects の項を見よ
英国考古学協会　British Archaeological Association 67, 90
エイチソン　George Aitchison 335-6, 338
エヴァートン　Everton (Liverpool),　聖ジョージ教会　St George 50, 54
エヴリン　John Evelyn 15, 310註8
エーレンブライトシュタイン城 Ehrenbreitstein Castle 176註21

366註57, 368, 370, 388註6
インヴァネス大聖堂 Inverness Cathedral 334
インウッド W. and H. W. Inwood 155
ヴァッケンローダー Wilihelm Heinrich Wackenroder 27
ヴァラディエ G. Valadier 115註29, 132註36
ヴァルハラ Walhalla（レーゲンスブルク近く near Regensburg）119, 370
ヴァン・デ・ヴェルデ Henri Van de Velde 412
ヴァン・ブラント Henry Van Brunt 153註24, 347註65
ヴァンブラ Sir John Vanbrugh 128, 280
ヴィーベキング Carl Friedrich von Wiebeking 66, 71註47
ヴィーラント C. M. Wieland 367註57
ウィール John Weale 116註35, 116註40, 188, 190, 199註12, 279, 318, 363註2
ウィーン Vienna 369, 379
歌劇場 Opera House 343註16
美術館 Museums 369
ブルク劇場 Burgtheater 369
兵器庫 Arsenal 361
ヴィエンヌ大聖堂 Vienne Cathedral 107
ヴィオレ＝ル＝デュク E. E. Viollet-le-Duc 87, 202註46, 218, 286-317, 318, 320, 339, 364註9, 366註45, 383, 388註9, 392, 412, 418註98
ウィカムのウィリアム William of Wykerham 91
ヴィクトリア Victoria, 英国女王 Queen of England 238, 427, 428
ウィスベック Wisbech（Cambridgeshire）, キングズ・ウォーク墓地礼拝堂 King’s Walk Cemetery Chapel 89
ウィッティンガム Whittingham（Northumberland）, 教会 church 64
ウィッティングトン G. D. Whittington 36-7, 39, 64, 79, 94, 164
ヴィットーネ Bernardo Vittone 93
ヴィテ Ludovic Vitet 286, 312註43
ウィテーカー John Whitaker 17
ウィトルウィウス Vitruvius 14, 93, 120, 298, 348
ヴィニョーラ Jacopo Barozzi da Vignola 93, 286, 293
ヴィラール・ド・オンヌクール Villard de Honnecourt 93, 317註110
ウィリス Robert Willis 51, 59註2, 68, 71註47, 80, 83註30, 83註33, 83註36, 85-97, 114註20, 126, 137, 149-51, 154, 160, 183, 199註5, 219, 231註90, 254, 290, 311註25, 317註110, 320, 402, 412
ウィルキンズ William Wilkins 54, 94, 120, 124, 135, 155, 429, 430
ウィルソン E. J. Wilson 43, 45-7, 52, 79, 93
ウィルトン Wilton（Wiltshire）
ウィルトン・ハウス Wilton House 362
カーペット工場 carpet works 409, 422註149
教会 church 104
ヴィレル Villers 293
ヴィンケルマン J. J. Winckelmann 26, 178註42
ウィンザー城 Windsor Castle（Berkshire）154, 361
ウィンチェスター Winchester 17
カレッジ College 13
セント・クロス・ホスピタル St Cross Hospital 158
大聖堂 Cathedral 33, 90, 91, 279, 317註110
ウェア Samuel Ware 38, 78, 96註18

索　引

ア行

アークライト　Richard Arkwright 351
アーノルド　Thomas Arnold 209, 346註49
アール・ヌーヴォー　Art Nouveau 411-2
アールズ・バートン　Earls Barton (Northamptonshire) 教会　church 57
アイドリッツ　Leopold Eidlitz 285註18
アウエルバッハ　Berthold Auerbach 80
アシュトン　Ashton 180註68
アダム　Robert Adam 94, 136
アダム兄弟 Adam brothers 120
アップジョン　Richard Upjohn 187
アテネ　Athens 109, 323
　パルテノン　Parthenon 242, 370, 429
　リュシクラテス記念碑　Monument of Lysicrates 142註28
アテネ学会　Athenian Society 36
アトキンソン　William Atkinson 104
アニック　Alnwick (Northumberland) 180註68
アバディーン　Aberdeen 180註68
アバディーン伯　fourth Earl of Aberdeen 36, 41註18
アブニー・パーク墓地　Abney Park Cemetry 131註33, 236
アフレック夫人　Lady Affleck 74
アベリストウィス　Aberystwyth, ウヴェデール・プライス卿のヴィラ Sir Uvedale Price's villa 115註28
アミアン大聖堂　Amiens Cathedral 58, 294, 304, 394
アランデル城　Arundel Castle (Sussex),
　ポーチ　porch 114註24
アリンガム　William Allingham 397
アルノルフォ・ディ・カンビオ　Arnolfo di Cambio 311註18
アルバート公　Prince Albert 62, 105, 223, 237, 376, 432-3, 435, 440, 455
アルベルティ　L. B. Alberti 93, 136, 293, 354, 385
アルント　Ernst Moritz Arndt 26, 32註27
アンジェリコ　Fra Angelico 209, 215
アンダーソン　James Anderson 34-5, 39, 42註19, 83註30, 133註50
アンダーソン・アンド・ローソン　Anderson & Lawson 422註149
アンダーリー・ホール　Underley Hall (Westmorland) 132註42
アンデルナッハ　Andernach 77
アンドルーズ　Lancelot Andrewes 183
アンペール　A. M. Ampère 349
イースト・グリンステッド　East Grinstead (Sussex), サックヴィル・カレッジ Sackville College 184
イーストレイク　Sir Charles Eastlake 84註47, 105, 229註64
イーリー大聖堂　Ely Cathedral (Cambridgeshire) 13, 15, 17, 58註2, 143註31, 219, 249
イェルサレム　Jerusalem, 聖墳墓教会 Church of the Holy Sepulchre 16
イズリントン　Islington 409
　セント・ピーター　St Peter 192
イットルフ　J. –I. Hittorff 48註5, 103, 110, 115註32, 116註40, 124, 131註31, 132註36, 262, 282, 289, 297, 307-8, 314註63,

【訳者略歴】

吉田鋼市（よしだ・こういち）

1947年（昭和22年）、兵庫県姫路市に生まれる。1970年、横浜国立大学卒業。77年、京都大学大学院博士課程単位取得退学。73～75年、エコール・デ・ボザールU. P. 6在学（仏政府給費留学生）。横浜国立大学名誉教授。専攻：建築史・建築理論。工学博士。

主要著書
『オーギュスト・ペレ』SD選書、1985年
『ヨコハマ建築慕情』鹿島出版会、1991年
『トニー・ガルニエ』SD選書、1993年
『ヨコハマ建築案内1950―1994』鹿島出版会、1994年
『オーダーの謎と魅惑――西洋建築史サブノート』彰国社、1994年
『トニー・ガルニエ「工業都市」注解』中央公論美術出版、2005年
『アール・デコの建築』中公新書、2005年
『西洋建築史』森北出版、2007年
『図説アール・デコの建築』河出書房新社、2010年
『日本のアール・デコ建築入門』王国社、2014年
『日本のアール・デコの建築家』王国社、2016年　ほか
訳書
P.A.ミヒェリス『建築美学』南洋堂出版、1982年、1991年　ほか

ニコラウス・ペヴスナー
十九世紀の建築著述家たち ©

平成二十八年六月　十　日印刷
平成二十八年六月二十五日発行

訳　者　吉　田　鋼　市
発行者　小　菅　　勉
印　刷　広研印刷株式会社
製　本　松　岳　社
用　紙　三菱製紙株式会社

中央公論美術出版
東京都千代田区神田神保町一－一〇－一
電　話　〇三－五五七七－四七九七

ISBN 978-4-8055-0766-7